6.80

Diogenes Taschenbuch

35/II

W. Somerset Maugham

Gesammelte Erzählungen

II

Diogenes

1.–10. Tausend dieser Ausgabe

Gesamtherstellung Welsermühl Wels
ISBN 3 257 20051 X

Inhalt

Vorwort

Es gibt einen Punkt, zu dem ich in Zusammenhang mit den folgenden Geschichten etwas sagen möchte. Der Leser wird bemerken, daß viele in der ersten Person Einzahl geschrieben sind. Diese Art des Erzählens ist so alt wie die Welt. Sie wurde von Petronius Arbiter in seinem ›Satyrikon‹ ebenso angewandt wie bei vielen Erzählungen in ›Tausendundeine Nacht‹. Die Absicht dabei ist, glaubwürdig zu wirken; denn wenn jemand etwas erzählt, was ihm selber begegnet ist, wird man eher geneigt sein, ihm Glauben zu schenken, als wenn er etwas erzählt, was anderen begegnet ist. Vom Standpunkt des Erzählers hat es außerdem den Vorteil, daß er nur das zu berichten braucht, was ihm tatsächlich bekannt ist, und alles, was ihm unbekannt ist oder wovon er nichts weiß und vor allem nichts wissen kann, der Phantasie des Lesers überläßt. Frühere Autoren, die in der ersten Person geschrieben haben, sind in dieser Beziehung recht bedenkenlos gewesen. Sie haben lange Unterhaltungen wiedergegeben, die sie unmöglich selbst mit angehört, und Vorgänge geschildert, bei denen sie nach Lage der Dinge nicht selber dabeigewesen sein konnten. Dadurch gaben sie den großen Vorteil wieder auf, der mit der ersten Person Einzahl verbunden ist, nämlich die eigene Glaubwürdigkeit. Nun ist das Ich dessen, der schreibt, jedoch ebenso eine Figur der Erzählung wie die anderen Figuren, mit denen es zu tun hat. Es kann die Hauptfigur oder ein bloßer Beobachter oder eine Vertrauensperson sein. Ein Autor, der diesen Kunstgriff benutzt, erzählt natürlich auch nur etwas von ihm Erfundenes. Und wenn er die Ichperson seiner Erzählung mit etwas mehr Geistesgegenwart, etwas mehr Urteilsfähigkeit, Gescheitheit, Tapferkeit, Erfindungsgeist, mit etwas mehr Witz und Klugheit ausstattet, als er in Wirklichkeit besitzt, so muß ihm der Leser das nachsehen. Er muß sich darüber klar sein, daß der Autor ja nicht ein getreues Porträt von sich selbst geben wollte, sondern eine Figur mehr erfunden hat, die den besonderen Umständen seiner Erzählung entsprechen sollte.

Der rote Ted

Es gibt wenige Bücher auf der Welt, die mehr an gediegenem Lesestoff enthalten als die ›Sailing Directions‹, die im Auftrag der Admiralität vom hydrographischen Departement herausgegeben werden. Es sind stattliche Bände, in verschiedenfarbenes Leinen eingebunden (ziemlich dürftig), und der teuerste von ihnen ist billig. Für vier Shilling kann man den ›Yangtse Kiang Pilot‹ kaufen, »enthaltend Schiffahrtsanweisungen für den Yangtse Kiang, vom Wusungfluß bis zum äußersten schiffbaren Punkt, einschließlich des Han Kiang, des Kialing Kiang und des Min Kiang sowie eine Beschreibung dieser Flüsse«; und für drei Shilling bekommt man Teil III des ›Eastern Archipelage Pilot‹, »umfassend den nordöstlichen Teil der Celebes-, Molucca- und Gilolo-Passagen, die Banda und Arafura See und die nördliche, westliche und südwestliche Küste von Neuguinea«. Aber es ist nicht ratsam, dies zu tun, wenn man ein Mensch mit festgelegten Gewohnheiten ist, in die man keine Störung bringen möchte, oder wenn man eine Beschäftigung hat, die einen an einen bestimmten Ort bindet. Diese geschäftsmäßig nüchternen Bücher verführen zu verzauberten Reisen im Geiste; und ihr trockener Stil, die bewunderungswürdige Ordnung, die sachliche Knappheit, mit der das Material behandelt wird, der strenge Sinn für das Praktische, der aus jeder Zeile spricht, vermögen nicht, die Poesie, die uns aus diesen Seiten entgegenweht, abzuschwächen. Ihr holder Duft betört, gleich der gewürzgeschwängerten Brise, welche unsere Sinne mit fast überirdischer Süße umfängt, wenn wir uns einer der magischen Inseln der tropischen Meere nähern. Diese Bücher nennen uns die Anker- und Landungsplätze und führen aus, was für Lebensmittel an den verschiedenen Orten zu haben sind und wo man Wasser bekommen kann; sie unterrichten uns über Lichter, Bojen, Meeresströmungen, Wind- und Wetterverhältnisse. Sie geben uns einen kurzen Überblick über Bevölkerung und Handel. Und wenn man bedenkt, wie sachlich und ohne überflüssige Worte dies alles geschieht, dann muß man staunen, wieviel mehr sie uns sonst noch geben. Was ich meine? Nun, Geheimnis und Schönheit, Romantik und den

Zauber des Unbekannten. Es ist kein gewöhnliches Buch, in dem der müßig Blätternde einen Absatz wie den folgenden findet: »Nahrungsmittel: ein paar Dschungelhühner sind noch erhalten geblieben. Die Insel beherbergt überdies eine große Anzahl von Seevögeln. In der Lagune gibt es Schildkröten sowie zahlreiche Fische verschiedener Art, darunter graue Seebarben, Haifische und Katzenhaie; man kann nicht mit Netzen fischen, aber es sind Fische da, die mit der Angel gefangen werden können. Ein kleiner Vorrat von Konserven und Branntwein wird für Schiffbrüchige in einer kleinen Hütte aufbewahrt. Gutes Wasser findet sich an einer Quelle in der Nähe des Landungsplatzes.« Kann die Phantasie mehr Anregung für eine Reise durch Raum und Zeit verlangen?

In dem Band, aus dem dieser Aufsatz stammt, haben die Verfasser mit der gleichen Sachlichkeit die Alas-Inseln beschrieben. Es handelt sich um eine Gruppe oder Kette von Inseln, in der Mehrzahl niedrig und bewaldet, die sich ungefähr fünfundsiebzig Meilen in ostwestlicher und vierzig Meilen in nordsüdlicher Richtung hinziehen. Was man über sie weiß, so heißt es, ist sehr gering; es gibt Kanäle zwischen den verschiedenen Gruppen, und mehrere Schiffe haben sie passiert, aber die Durchfahrten sind nicht genau erforscht worden, und die Lage zahlreicher gefährlicher Stellen steht noch nicht fest; es ist daher geraten, diese Durchfahrten zu meiden. Die Bevölkerung der Inselgruppe wird auf ungefähr achttausend Einwohner geschätzt, von denen zweihundert Chinesen und vierhundert Mohammedaner sind. Die übrigen sind Heiden. Die wichtigste Insel heißt Baru, sie ist von einem Klippengürtel umgeben, und hier wohnt der holländische Contrôleur. Sein weißes Haus mit dem roten Dach, auf dem Gipfel eines Hügels erbaut, ist das hervorstechende Wahrzeichen, das die Schiffe der Royal Netherlands Steam Packet Company erblicken, wenn sie jeden zweiten Monat auf ihrem Weg nach Makassar und alle vier Wochen nach Merauke, in Holländisch-Neuguinea, die Insel berühren.

Zu einem bestimmten Zeitpunkt der Weltgeschichte bekleidete Mynheer Evert Gruyter die Stelle des Contrôleurs, und er regierte die Bewohner der Alas-Inseln mit Festigkeit, zu der sich mildernd ein lebhafter Sinn für Humor gesellte. Er hatte es für einen großartigen Spaß angesehen, im Alter von siebenundzwanzig Jahren an einen dermaßen verantwortungsvollen Posten gesetzt zu werden, und mit dreißig amüsierte er sich immer noch darüber. Es gab keine Kabelverbindung zwischen seinen Inseln und Batavia, und die Post funktionierte mit solcher Langsamkeit, daß die Antwort auf eine Anfrage, wenn sie endlich eintraf, stets schon überholt war. Und so hatte er sich angewöhnt, seelenruhig zu tun, was er für das richtige hielt, und darauf zu bauen, daß sein guter Stern ihn schon vor Scherereien mit den Behörden bewahren würde. Er war sehr klein, nicht größer als fünf Fuß vier Zoll, und außerordentlich dick; er hatte eine blühende Gesichtsfarbe. Der Hitze wegen hatte er den Kopf rasiert, und auch in seinem Gesicht war kein Haar zu erblicken. Es war rund und rot. Seine Augenbrauen waren so hell, daß man sie kaum sah; und er hatte kleine, zwinkernde blaue Augen. Er wußte, daß es ihm an Würde fehlte, und suchte diesen Mangel durch ungewöhnliche Sorgfalt in der Kleidung auszugleichen. Ob er nun im Büro war oder zu Gericht saß oder durch die Straßen ging, nie sah man ihn anders als in tadellosem Weiß. Sein Rock mit den glänzenden Metallknöpfen saß ihm sehr stramm und enthüllte die erschrekkende Tatsache, daß er trotz seiner Jugend ein rundes und hervorstehendes Bäuchlein besaß. Sein gutmütiges Gesicht glänzte vor Schweiß, und er fächelte sich unausgesetzt mit einem Fächer aus Palmenblättern Kühlung zu.

Aber zu Hause trug Mr. Gruyter am liebsten nichts weiter als einen Sarong, und mit seinem ausgepolsterten weißen Körper sah er dann aus wie ein dicker, komischer Junge von sechzehn Jahren. Er war ein Frühaufsteher, und sein Frühstück stand stets um sechs Uhr für ihn bereit. Es war immer das gleiche. Es bestand aus einer Papayaschnitte, drei kalten Spiegeleiern, Edamerkäse in dünnen Scheiben und einer Tasse schwarzen Kaffees. Wenn er damit fertig war, rauchte er eine dicke holländische Zigarre, las die Zeitungen, falls er sie nicht bereits längst von Anfang bis zu Ende durchgelesen hatte, und zog sich dann an, um ins Büro zu gehen.

Eines Tages, als er gerade in dieser Weise beschäftigt war, kam sein Hauptboy ins Schlafzimmer und meldete, daß Tuan Jones ihn zu sprechen wünsche. Mr. Gruyter stand vor dem Spiegel. Er hatte die Hosen an und bewunderte seinen glatten Oberkörper. Er spannte den Rücken, um den Brustkorb zu wölben und den Bauch einzuziehen. Sichtlich befriedigt klatschte er sich mehrere Male schallend auf die Brust. Es war eine männliche Brust. Als der Boy seine Meldung vorbrachte, blickte er in seine eigenen Augen im Spiegel und wechselte ein ironisches Lächeln mit ihnen. Er fragte sich, was zum Teufel sein Besucher von ihm haben wollte. Evert Gruyter sprach Englisch, Holländisch und Malaiisch mit der gleichen Leichtigkeit. Aber er dachte holländisch. Das machte ihm Spaß. Holländisch, fand er, war eine so angenehm derbe Sprache.

»Bitte den Tuan, zu warten. Ich werde gleich kommen.«

Er zog seinen Rock über den nackten Oberkörper, knöpfte ihn zu und stolzierte ins Wohnzimmer. Der Reverend Owen Jones stand auf.

»Guten Tag, Mr. Jones«, sagte der Contrôleur. »Sind Sie gekommen, um einen kleinen Morgencognac mit mir zu trinken?«

»Ich bin gekommen, um eine sehr betrübliche Angelegenheit mit Ihnen zu besprechen, Mr. Gruyter«, antwortete er.

Der Contrôleur ließ sich durch den Ernst seines Besuchers nicht aus der Fassung bringen und durch seine Worte nicht die Laune verderben. Seine kleinen blauen Augen strahlten liebenswürdig.

»Setzen Sie sich, mein Lieber, und nehmen Sie eine Zigarre.«

Mr. Gruyter wußte genau, daß Reverend Owen Jones weder rauchte noch trank, aber ein innerer Kobold stachelte ihn an, ihm jedesmal, wenn er mit ihm zusammenkam, etwas zu trinken und eine Zigarre anzubieten. Mr. Jones schüttelte den Kopf.

Mr. Jones leitete die baptistische Mission auf den Alas-Inseln. Sein Hauptquartier war in Baru, der größten unter ihnen, mit der zahlreichsten Bevölkerung, aber er hatte Versammlungshäuser, die unter die Obhut eingeborener Helfer gestellt waren, auch auf verschiedenen andern Inseln der Gruppe. Er war ein großer, magerer, melancholischer Mann von etwa vierzig Jahren mit einem langen, gelblichen, kummervollen Gesicht. Sein braunes Haar war an den Schläfen bereits weiß, und er trug es aus der Stirn gekämmt, was ihm eine gewisse vage Geistigkeit gab. Mr. Gruyter mochte ihn nicht und achtete ihn zugleich. Er selbst, ein fröhlicher Heide, der die guten Dinge des Lebens liebte und entschlossen war, sich ihrer so viele anzueignen, wie seine Umstände erlaubten, wußte nichts mit einem Menschen anzufangen, der alle Genüsse verdammte. Er war der Ansicht, daß die Sitten eines Landes dem Wesen seiner Einwohner entsprachen, und hatte keine Geduld mit den energischen Anstrengungen des Missionars, Lebensformen auszurotten, die sich durch viele Jahrhunderte trefflich bewährt hatten. Er achtete ihn, weil er ehrlich, aufopfernd und gut war. Mr. Jones, ein Australier walisischer Herkunft, war der einzige qualifizierte Arzt auf den Inseln, und es war tröstlich zu wissen, daß man im Krankheitsfall nicht ausschließlich auf einen chinesischen Kurpfuscher angewiesen war; und niemand wußte besser als der Contrôleur, wie segensreich die Kunst des Geistlichen sich erwiesen und mit welcher Barmherzigkeit er sie ausgeübt hatte. Gelegentlich einer Influenza-Epidemie hatte der Missionar die Arbeit von sechs Männern geleistet, und es mußte schon ein Taifun sein, der ihn abhalten konnte, von einer Insel zur andern zu fahren, wenn seine Hilfe gebraucht wurde.

Er lebte mit seiner Schwester in einem kleinen weißen Haus, ungefähr eine halbe Meile vom Dorfe entfernt, und als der Contrôleur angekommen war, war Mr. Jones an Bord gegangen, um ihn zu begrüßen, und hatte ihn gebeten, sein Gast zu sein, bis sein eigenes Haus instand gesetzt wäre. Der Contrôleur hatte die Einladung angenommen und mit eigenen Augen gesehen, in welcher Einfachheit das Paar lebte. Es ging über seine Kraft. Drei kärgliche Mahlzeiten am Tag – immer Tee dazu –, und wenn er sich eine Zigarre anzündete, bat ihn Mr. Jones höflich, aber entschieden, nicht zu rauchen, da sowohl er als seine Schwester diese Gewohnheit mißbilligten. Nach vierundzwanzig Stunden zog Mr. Gruyter in sein eigenes Haus. Er floh, panischen Schrecken im Herzen, wie aus einer pestverseuchten Stadt. Der Contrôleur liebte den Spaß und lachte gerne; mit einem Mann beisammen zu sein, der jeden Unsinn tödlich ernst nahm und über den besten Witz, den man ihm erzählte, nicht einmal lächelte, war mehr, als ein Mensch aus Fleisch und Blut aushalten konnte. Reverend Owen Jones war ein trefflicher Mann, aber als Gesellschafter war er unmöglich. Und seine Schwester war noch schlimmer. Beide hatten sie keinen Sinn für Humor. Doch während der Missionar melancholisch veranlagt war und so gewissenhaft seiner Pflicht nachging, sichtlich überzeugt, daß alles auf der Welt hoffnungslos sei, war Miss Jones von unbeirrbarer Heiterkeit. Grimmig entschlossen sah sie die Dinge von ihrer freundlichen Seite an.

Mit der Unerbittlichkeit eines rächenden Engels suchte sie das Gute in ihren Mitmenschen. Miss Jones unterrichtete in der Missionsschule und half ihrem Bruder bei seiner ärztlichen Arbeit. Wenn er operierte, machte sie die Narkosen und war Oberin, Assistentin und Pflegerin des winzigen Hospitals, das Mr. Jones aus eigener Initiative der Mission angegliedert hatte. Aber der Contrôleur war ein eigensinniger kleiner Mann und verlor nie seine Fähigkeit, in Reverend Owens unbeugsamem Kampf mit den Schwächen der menschlichen Natur und in Miss Jones' unbarmherzigem Optimismus Stoff zur Belustigung zu finden. Er mußte sich seine Unterhaltung holen, wo er sie fand. Die holländischen Schiffe kamen dreimal in zwei Monaten für ein paar Stunden, und dann konnte er mit dem Kapitän und dem Ersten Ingenieur seine Witze reißen, und einmal in allen heiligen Zeiten legte ein Perlenlogger von Thursday Island oder Port Darwin im Hafen an, und dann verlebte er ein paar wunderbare Tage. Sie waren zumeist rauhe Gesellen, diese Perlenfischer, aber doch ganze Kerle, und sie hatten eine Menge Alkohol an Bord und viele gute Geschichten zu erzählen, und der Contrôleur lud sie in sein Haus ein und bewirtete sie fürstlich, und das Gelage wurde nur dann als gelungen bezeichnet, wenn schließlich alle so betrunken waren, daß sie nicht mehr auf ihr Schiff zurückfinden konnten. Aber außer dem Missionar lebte auf Baru nur noch ein einziger weißer Mann, nämlich der rote Ted, und der, natürlich, war eine Schmach für die Zivilisation.

Es gab auch nicht das geringste, was man zu seinen Gunsten anführen konnte. Er brachte die weiße Rasse in Mißkredit. Nichtsdestoweniger mußte der Contrôleur feststellen, daß er das Leben auf Baru, wenn der rote Ted nicht gewesen wäre, manchmal kaum erträglich gefunden hätte.

Seltsamerweise bildete dieser Tunichtgut die Veranlassung, daß Mr. Jones zu einer Stunde, da er sonst junge Heiden in die Mysterien des baptistischen Glaubens einzuweihen pflegte, Mr. Gruyter seinen frühen Besuch abstattete.

»Nehmen Sie Platz, Mr. Jones«, sagte der Contrôleur. »Was kann ich für Sie tun?«

»Nun, ich komme wegen des Menschen, der hier allgemein der rote Ted genannt wird. Was haben Sie jetzt vor?«

»Warum? Was ist geschehen?«

»Haben Sie es nicht gehört? Ich hatte gedacht, der Sergeant würde es Ihnen erzählt haben.«

»Ich ermutige meine Angestellten nicht, mich in meinem Hause aufzusuchen, wenn es sich nicht um Angelegenheiten von besonderer Wichtigkeit handelt«, sagte der Contrôleur ziemlich großartig. »Zum Unterschied von Ihnen, Mr. Jones, arbeite ich nur, um mir Muße zu verschaffen, und diese Muße genieße ich gerne ohne Störung.«

Aber Mr. Jones hatte keinen Sinn für Plauderei und interessierte sich nicht für Betrachtungen allgemeiner Natur.

»Es hat gestern abend in einem der chinesischen Läden eine abscheuliche Rauferei gegeben. Der rote Ted hat alles kurz und klein geschlagen und den Chinesen halb umgebracht.«

»Wieder einmal betrunken, nehme ich an«, sagte der Contrôleur seelenruhig.

»Natürlich. Wann ist er das nicht? Man hat die Polizei geholt, und er hat den Sergeanten tätlich angegriffen. Sechs Mann waren nötig, um ihn zu überwältigen und ins Gefängnis zu schaffen.«

»Er ist ein kräftiger Bursche«, sagte der Contrôleur.

»Ich nehme an, Sie werden ihn nach Makassar schicken.«

Evert Gruyter erwiderte den empörten Blick des Missionars mit einem belustigten Zwinkern. Er war nicht dumm und wußte bereits, worauf Mr. Jones hinzielte. Es amüsierte ihn, ihn ein wenig auf die Folter zu spannen.

»Glücklicherweise reichen meine Befugnisse aus, die Angelegenheit nach eigenem Ermessen zu ordnen«, antwortete er.

»Sie haben die Macht, jeden zu deportieren, Mr. Gruyter, und ich bin überzeugt, es würde uns viel Verdruß ersparen, wenn Sie uns ein für allemal von diesem Menschen befreiten.«

»Die Macht habe ich wohl, selbstverständlich, aber ich bin überzeugt, daß Sie der letzte wären, der von mir verlangen würde, sie willkürlich zu gebrauchen.«

»Mr. Gruyter, die Anwesenheit dieses Mannes auf dieser Insel ist ein öffentlicher Skandal. Er ist immer betrunken, vom Morgen bis zum Abend; es ist notorisch, daß er Beziehungen zu eingeborenen Frauen unterhält, und zwar zu einer nach der andern.«

»Das ist interessant, Mr. Jones. Ich hatte immer gehört, daß alkoholische Ausschweifung den sexuellen Trieb zwar anregt, aber seine Befriedigung verhindert. Was Sie mir hier über den roten Ted erzählen, scheint diese Theorie zu widerlegen.«

Der Missionar wurde dunkelrot.

»Das sind physiologische Angelegenheiten, auf die ich im Augenblick nicht einzugehen wünsche«, sagte er eisig. »Das Benehmen dieses Mannes fügt dem Prestige der weißen Rasse unberechenbaren Schaden zu, und sein Beispiel macht die Bemühungen anderer, die Bevölkerung dieser Insel zu einem weniger lasterhaften Leben zu erziehen, zunichte. Er ist ein durch und durch verdorbener Mensch.«

»Verzeihen Sie die Frage, aber haben Sie irgendeinen Versuch gemacht, ihn zu bessern?«

»Als er hier auftauchte, tat ich mein Bestes, mich mit ihm in Verbindung zu setzen. Er wies alle meine Annäherungsversuche zurück. Als es den ersten Skandal gab, ging ich zu ihm hin und sprach ihm ernst ins Gewissen. Er fluchte mir ins Gesicht.«

»Niemand weiß die verdienstvolle Arbeit, die Sie und die anderen Missionare auf dieser Insel leisten, besser zu würdigen als ich, aber sind Sie sicher, daß Sie sich Ihrer Aufgabe auch immer mit dem nötigen Takt entledigen?«

Der Contrôleur war sehr zufrieden mit diesem Satz. Er war außerordentlich höflich und enthielt doch den Tadel, den auszusprechen er für angezeigt hielt. Der Missionar blickte ihn ernst an. Seine traurigen braunen Augen waren voll Aufrichtigkeit.

»Hat Jesus Takt angewandt, als er die Peitsche nahm und die Geldwechsler aus dem Tempel trieb? Nein, Mr. Gruyter. Takt ist die Ausflucht, deren sich die Lauen bedienen, um ihren Pflichten aus dem Wege zu gehen.«

Diese Antwort hatte die Wirkung, daß der Contrôleur plötzlich den Wunsch nach einer Flasche Bier in sich aufsteigen fühlte. Der Missionar beugte sich ernst vor.

»Mr. Gruyter, Sie kennen die Verfehlungen dieses Menschen so gut wie ich. Ich habe es nicht nötig, sie Ihnen in Erinnerung zu rufen. Es gibt keine Entschuldigung für ihn. Und jetzt ist wirklich das Maß voll. Sie werden nie eine bessere Gelegenheit finden. Ich bitte Sie, sich Ihrer Macht zu bedienen und ihn ein für allemal von hier zu entfernen.«

Die Augen des Contrôleurs zwinkerten lustiger denn je. Er amüsierte sich großartig. Er fand, daß die Menschen viel unterhaltendere Geschöpfe wurden, wenn man sich im Umgang mit ihnen nicht berufen fühlte, Lob oder Tadel zu spenden.

»Aber Mr. Jones, verstehe ich richtig? Verlangen Sie von mir das Versprechen, diesen Mann zu deportieren, ehe ich noch weiß, was gegen ihn vorliegt, und ehe ich mir seine Verteidigung angehört habe?«

»Ich kann mir nicht vorstellen, was er zu seiner Verteidigung vorzubringen hätte.«

Der Contrôleur erhob sich von seinem Stuhl, und es gelang ihm tatsächlich, ein wenig Würde in seine fünf Fuß vier Zoll zu bringen.

»Ich bin hier, um Gerichtsbarkeit zu üben nach den Gesetzen der holländischen Regierung. Gestatten Sie mir, Ihnen mein größtes Erstaunen auszusprechen über Ihren Versuch, mich in der Ausübung meiner richterlichen Funktionen zu beeinflussen.«

Der Missionar wurde etwas verwirrt. Es war ihm nie in den Sinn gekommen, daß dieser Grünschnabel, zehn Jahre jünger als er, eine solche Haltung einnehmen könnte. Er öffnete den Mund, um zu erklären, sich zu entschuldigen, aber der Contrôleur hob seine ausgepolsterte kleine Hand.

»Es ist Zeit, daß ich ins Büro gehe, Mr. Jones. Ich wünsche Ihnen einen guten Morgen.«

Der Missionar, verblüfft, verneigte sich und verließ ohne ein weiteres Wort das Zimmer. Er wäre erstaunt gewesen, hätte er sehen können, was der Contrôleur tat, als er ihm den Rükken zugekehrt hatte. Ein breites Lachen erschien auf seinem Gesicht, er spreizte die Hand, hob den Daumen und machte eine lange Nase hinter dem Reverend Owen Jones.

Ein paar Minuten später begab er sich in sein Büro. Sein Sekretär, ein holländischer Mischling, trug ihm seine Version der Schlägerei vom vergangenen Abend vor. Sie stimmte ziemlich genau mit der von Mr. Jones überein. Es war gerade de Tag, an dem Gericht gehalten wurde.

»Wollen Sie den roten Ted zuerst vornehmen, Sir?« fra der Sekretär.

»Ich sehe nicht ein, warum ich das tun sollte. Es sind zwei, drei Fälle von der letzten Tagung übriggeblieben. ren Sie sie der Reihe nach vor.«

»Ich dachte, Sie würden ihn vielleicht privat sprechen weil er ein Weißer ist, Sir.«

»Die Majestät des Gesetzes kennt keinen Unterschied zwischen weiß und farbig, mein Freund«, antwortete Mr. Gruyter etwas pompös.

Der Gerichtssaal war ein großer viereckiger Raum mit hölzernen Bänken, auf denen zusammengedrängt Eingeborene aller Art saßen – Polynesier, Bugis, Chinesen, Malaien –, und alle erhoben sich, als die Tür geöffnet wurde und ein Sergeant die Ankunft des Contrôleurs ankündigte. Er kam mit seinem Sekretär herein und nahm auf einer kleinen Estrade an einem Tisch aus poliertem amerikanischem Fichtenholz Platz. Hinter ihm hing ein großes Bild der Königin Wilhelmine. Er erledigte ein halbes Dutzend Fälle, und dann wurde der rote Ted hereingeführt. Er stand vor der Anklagebank, mit Handschellen und zwischen zwei Wärtern. Der Contrôleur blickte ihn mit ernstem Gesicht an, aber in seinen Augen zwinkerte es belustigt.

Der rote Ted litt an einem Kater. Er wankte im Stehen, und seine Augen waren leer. Er war ein noch junger Mann, dreißig Jahre alt etwa, von mehr als durchschnittlicher Größe, ziemlich dick, mit einem aufgedunsenen roten Gesicht und einer Mähne dichten, krausen roten Haares. Er war nicht unversehrt aus der Schlägerei hervorgegangen. Er hatte ein blaues Auge, und sein Mund war aufgeschlagen und geschwollen. Er hatte kurze Khakihosen an, sehr schmutzig und zerlumpt, und sein Trikot war ihm fast vom Rücken gerissen worden. Ein großer Riß enthüllte den dicken roten Haarpelz, mit dem seine Brust bedeckt war, aber auch die erstaunliche Weiße seiner Haut. Der Contrôleur warf einen Blick auf die Polizisten. Er rief die Zeugen auf. Nachdem er sie angehört, nachdem er den Chinesen gesehen, dem Ted mit einer Flasche den Kopf gespalten hatte, nachdem er den aufgeregten Bericht des Sergeanten entgegengenommen hatte, der bei dem Versuch, Ted zu arretieren, einfach zu Boden geschleudert worden war; nachdem er sich die Verwüstung hatte schildern lassen, die der Rote in seiner Raserei angerichtet, indem er alles, was ihm unter die Hände kam, kurz und klein schlug, wandte er sich dem angeklagten Engländer zu.

»Nun, Ted, was haben Sie zu Ihrer Verteidigung vorzubringen?«

»Ich war besinnungslos. Ich erinnere mich an nichts mehr.

Wenn Sie sagen, daß ich ihn halb umgebracht habe, wird es wahrscheinlich stimmen. Ich werde für den Schaden aufkommen, wenn die Leute mir Zeit lassen.«

»Das werden Sie, Ted«, sagte der Contrôleur. »Aber ich werde es sein, der Ihnen Zeit läßt.«

Er blickte den roten Ted eine Weile schweigend an. Er bot ein Bild des Abscheus. Ein völlig verkommener Mensch. Es war schrecklich. Man schauderte, wenn man ihn ansah, und wenn Mr. Jones nicht so eifervoll gewesen wäre, hätte der Contrôleur in diesem Augenblick sicherlich nicht gezögert, ihn deportieren zu lassen.

»Sie haben Ärgernis gegeben von dem Moment an, da Sie auf diesen Inseln aufgetaucht sind, Ted. Sie sind ein Schandfleck der Menschheit. Sie sind unverbesserlich faul. Unzählige Male hat man Sie sternhagelbesoffen von der Straße aufgelesen. Sie stürzen sich von einer Rauferei in die andere. Sie sind hoffnungslos. Das letztemal, als man Sie hierherbrachte, habe ich Sie gewarnt. Ich habe Ihnen gesagt, wenn Sie noch einmal arretiert würden, müßten Sie sich auf eine strenge Strafe gefaßt machen. Heute ist das Maß voll. Ich verurteile Sie zu sechs Monaten Zwangsarbeit.«

»Mich?«

»Jawohl, Sie.«

»Beim Himmel, ich bringe Sie um, wenn ich herauskomme.«

Er brach in eine Flut unflätiger und lästerlicher Flüche aus. Mr. Gruyter hörte ihm spöttisch zu. Auf Holländisch kann man viel besser fluchen als auf Englisch, und der rote Ted sagte nichts, was er selbst nicht mit Leichtigkeit hätte übertrumpfen können.

»Schweigen Sie«, befahl er. »Sie ermüden mich.«

Der Contrôleur wiederholte seinen Urteilsspruch auf Malaiisch, und der sich wild sträubende Angeklagte wurde abgeführt.

Mr. Gruyter setzte sich in vortrefflicher Laune zum Mittagessen. Es war erstaunlich, wie unterhaltsam das Leben sein konnte, wenn man es nur geschickt anpackte. Es gab Leute in Amsterdam und selbst in Batavia und Surabaja, die seine Insel als einen Ort der Verbannung ansahen. Sie ahnten nicht, wie angenehm es sich hier lebte und wieviel Vergnügen er der scheinbar unergiebigsten Materie abgewinnen konnte. Sie fragten ihn, ob er nicht den Klub, die Rennen, das Kino, die Bälle, die einmal wöchentlich im Kasino stattfanden, und die Gesellschaft holländischer Damen entbehre. Nicht im geringsten. Er liebte die Bequemlichkeit. Die gediegene Einrichtung des Zimmers, in dem er wohnte, hatte eine wohltuende Solidität. Er liebte französische Romane frivoler Natur, und es machte ihm Spaß, einen nach dem andern zu lesen, ohne sich von dem Bedenken anfechten zu lassen, er vergeude damit seine Zeit. Es schien ihm ein großer Luxus, seine Zeit zu vergeuden. Wandte sich sein jugendlicher Sinn der Liebe zu, dann brachte ihm sein Hauptboy ein dunkelhäutiges kleines Wesen mit leuchtenden Augen ins Haus. Er war sorgsam darauf bedacht, keine Beziehung dauerhafter Art anzuknüpfen. Er fand, daß Abwechslung das Herz jung erhalte. Er freute sich seiner Freiheit und wollte sich nicht mit Verantwortung beschweren. Die Hitze machte ihm nichts aus. Kalte Duschen, oft sechsmal am Tag wiederholt, wurden durch sie zu einem fast ästhetischen Genuß. Er spielte Klavier. Er schrieb Briefe an seine Freunde in Holland. Er fühlte kein Verlangen nach geistigem Verkehr. Er lachte gerne, aber lachen konnte er ebensogut mit einem Narren wie mit einem Professor der Philosophie. Manchmal war er nahe daran, sich für einen sehr weisen kleinen Mann zu halten.

Gleich allen guten Holländern im Fernen Osten eröffnete er sein Mittagessen mit einem kleinen Gläschen holländischen Wacholderbranntweins. Er hat ein dumpfes, scharfes Aroma, und man muß erst auf den Geschmack kommen – aber Mr. Gruyter zog ihn jedem Cocktail vor. Zudem hatte er, wenn er ihn trank, das erhebende Gefühl, die Traditionen seines Volkes aufrechtzuerhalten. Dann aß er ›rijs-tafel‹. Er aß dieses Gericht jeden Tag. Er häufte sich einen großen Suppenteller voll Reis auf und nahm dann – bedient von drei Boys – von dem Curry, das der eine ihm reichte, den Spiegeleiern, die ein zweiter servierte, und der Sauce, die ihm von dem dritten angeboten wurde. Dann brachte jeder eine andere Schüssel herbei, Speck oder Bananen oder marinierte Fische, bis schließlich eine riesige Pyramide auf seinem Teller aufgehäuft war. Er mischte das Ganze durcheinander und fing zu essen an. Er aß langsam und mit Genuß. Er trank eine Flasche Bier.

Während des Essens stellte er das Denken ein. Seine Aufmerksamkeit war auf die Massen, die er vor sich hatte, gerichtet, und er verzehrte sie mit glücklicher Konzentration. ›Rijs-tafel‹ wurde ihm niemals über. Und wenn er mit seinem großen Teller fertig war, dachte er mit Befriedigung, daß es am nächsten Tage wieder ›rijs-tafel‹ geben würde. Er wurde dieses Gerichtes ebensowenig überdrüssig wie andere Menschen des Brotes. Wenn er sein Bier ausgetrunken hatte, zündete er sich eine Zigarre an. Der Boy brachte ihm eine Tasse Kaffee. Er lehnte sich in seinen Stuhl zurück und gestattete sich den Luxus der Reflektion.

Es befriedigte ihn, den roten Ted zu der wohlverdienten Strafe von sechs Monaten Zwangsarbeit verurteilt zu haben, und er lächelte bei der Vorstellung, wie er mit den andern Sträflingen Straßenarbeiten würde verrichten müssen. Es wäre töricht gewesen, den einzigen Menschen, mit dem er sich bisweilen aussprechen konnte, von der Insel zu verbannen, und überdies wäre die Genugtuung, die er damit dem Missionar bereitet hätte, vielleicht nachteilig für den Charakter dieses Herrn gewesen. Der rote Ted war ein Lump und ein Taugenichts, aber der Contrôleur hatte eine Schwäche für ihn. Sie hatten so manche Flasche Bier miteinander geleert, und wenn sie mit den Perlenfischern aus Port Darwin gezecht hatten, waren sie wunderbar blau miteinander geworden. Dem Contrôleur gefiel die unbekümmerte Art, mit der Ted den unschätzbaren Schatz des Lebens vergeudete.

Der rote Ted war eines Tages eingewandert mit dem Schiff, das von Merauke nach Makassar fuhr. Der Kapitän wußte nicht, wie er seinen Weg in diese Gegend gefunden hatte, aber er war Zwischendeck gereist, mit den Eingeborenen, und auf den Alas-Inseln hatte er sich absetzen lassen, einfach weil ihm ihre Lage gefiel. Mr. Gruyter hegte den Verdacht, daß ihre Anziehungskraft darin bestand, daß sie unter holländischer Flagge standen und sich der britischen Gerichtsbarkeit entzogen. Aber Teds Papiere waren in Ordnung, und es fand sich kein Grund, ihn abzuweisen. Er erklärte, daß er für eine australische Firma Perlmutter einkaufe, aber es zeigte sich bald, daß seine geschäftlichen Unternehmungen nicht ernst zu nehmen waren. Das Trinken beanspruchte einen so großen Teil seiner Zeit, daß ihm nur wenig für andere Beschäftigungen übrigblieb. Er bezog zwei Pfund pro Woche, die ihm monatlich ausbezahlt wurden und regelmäßig aus England für ihn eintrafen. Der Contrôleur vermutete, daß sich an diese Rente die Bedingung knüpfte, sich von den Personen, die sie sandten, möglichst entfernt zu halten. Die Summe war auf alle Fälle viel zu klein, um ihm irgendwelche Bewegungsfreiheit zu gestatten. Der rote Ted war verschlossen. Der Contrôleur wußte, daß er Engländer war, was aus seinem Paß hervorging – er wurde darin als Edward Wilson bezeichnet –, und daß er in Australien gelebt hatte. Aber warum er England verlassen und was er in Australien gemacht hatte, ahnte er nicht. Er hatte auch nie genau feststellen können, zu was für einer Klasse der rote Ted gehörte. Wenn man ihn sah, in einem dreckigen Trikot, zerfetzten Hosen, einen verbeulten Tropenhelm auf dem Kopf, in Gesellschaft der Perlenfischer, und seine rohen, zotigen, ungebildeten Reden hörte, hätte man ihn für einen gemeinen Matrosen gehalten, der von seinem Schiff desertiert war, oder für einen Arbeiter; bekam man aber seine Handschrift zu Gesicht, so mußte man mit Erstaunen feststellen, daß sie zumindest eine gewisse Bildungsstufe verriet, und manchmal, wenn man mit ihm allein war und er bereits ein paar gehoben hatte, aber noch nicht betrunken war, redete er von Dingen, von denen weder ein Matrose noch ein Arbeiter etwas wissen konnte. Der Contrôleur hatte ein gewisses Feingefühl, und er merkte, daß Ted mit ihm nicht wie mit einem Höherstehenden, sondern wie mit einem Menschen der gleichen Gesellschaftsstufe sprach. Der größte Teil seiner Rente war verpfändet, noch ehe er sie empfing, und die Chinesen, denen er Geld schuldete, wichen ihm nicht von der Seite, wenn ihm sein monatlicher Wertbrief ausgehändigt wurde; aber mit dem, was übrigblieb, zog er los, um sich zu besaufen. Bei diesen Gelegenheiten ergaben sich die erwähnten unliebsamen Zwischenfälle, denn wenn er betrunken war, wurde er gewalttätig und konnte Handlungen begehen, die ihn in die Hände der Polizei lieferten. Bislang hatte Mr. Gruyter sich damit begnügt, ihn im Gefängnis zu halten, bis er wieder nüchtern war, und ihm ins Gewissen zu reden. Hatte er kein Geld, dann bettelte er jeden, der ihm in den Weg lief, um Alkohol an. Rum, Schnaps, Arrak – es galt ihm gleich. Zwei- oder dreimal hatte ihm Mr. Gruyter Arbeit verschafft, auf der oder jener Insel, auf Plantagen, die von Chinesen bewirtschaftet wurden, aber er hielt es nirgends lange aus, und nach ein paar Wochen tauchte er wieder am Strand in Baru auf. Es war ein Rätsel, wie er es fertigbrachte, nicht zu verhungern. Allerdings hatte er etwas Bestechendes. Er machte sich die verschiedenen Dialekte zu eigen und verstand es, die Eingeborenen zum Lachen zu bringen. Sie verachteten ihn, aber sie hatten Respekt vor seiner physischen Kraft und waren gerne mit ihm beisammen. Es fehlte ihm infolgedessen niemals an einer Mahlzeit oder an einer Matte zum Schlafen. Das merkwürdigste war – und das empörte den Reverend Owen Jones am meisten –, daß er die Frauen um den Finger wickeln konnte. Der Contrôleur konnte sich nicht vorstellen, was sie an ihm fanden. Er bemühte sich nicht sonderlich um sie und war ziemlich brutal. Er nahm, was sie ihm gaben, schien aber der Dankbarkeit unfähig zu sein. Er benützte sie zu seinem Vergnügen, um sie dann achtlos wegzuwerfen. Einige Male war er dadurch in Schwierigkeiten geraten; Mr. Gruyter hatte einen erzürnten Vater bestrafen müssen, weil er dem roten Ted eines Nachts ein Messer in den Rücken gerannt hatte, und eine Chinesin hatte versucht, sich mit Opium zu vergiften, weil er sie verlassen hatte. Einmal kam Mr. Jones in heller Aufregung zu dem Contrôleur gelaufen, weil der Strandräuber eines seiner neubekehrten Schäflein verführt hatte. Der Contrôleur fand dies sehr bedauerlich, konnte aber nichts anderes tun, als Mr. Jones zu raten, besser auf seine jungen Frauenzimmer aufzupassen. Etwas weniger erbaut war der Contrôleur, als er entdeckte, daß ein Mädchen, das er selbst nicht ungern sah und mit dem er seit einigen Wochen liiert war, mit seiner Gunst während der gleichen Zeit auch den roten Ted beglückt hatte. Und als er sich an diesen speziellen Fall erinnerte, lächelte er abermals bei dem Gedanken an die sechs Monate Zwangsarbeit, die Ted nun bevorstanden. Selten im Leben ist es einem beschieden, strengste Pflichterfüllung und Rache für einen bösen Streich, der einem gespielt wurde, so glücklich zu vereinigen.

Einige Tage später machte Mr. Gruyter einen Spaziergang, teils um sich Bewegung zu verschaffen, teils um zu sehen, ob eine Arbeit, die er angeordnet hatte, richtig ausgeführt wurde, als er an einer Abteilung von Sträflingen vorbeikam, die unter der Aufsicht eines Wärters arbeiteten. Unter ihnen erblickte er den roten Ted. Er hatte den Gefängnissarong an, einen schmutzigbraunen Kittel, der auf malaiisch Baju hieß, und seinen eigenen verbeulten Tropenhelm. Die Sträflinge besserten die Straße aus, und der rote Ted schwang eine schwere Hacke. Der Weg war schmal, und der Contrôleur sah, daß er knapp an Ted vorbei mußte. Er erinnerte sich an seine Drohungen. Er wußte, daß Ted ein Mensch von heftiger Gemütsart war, und die Sprache, die er auf der Anklagebank geführt hatte, ließ deutlich erkennen, daß er kein Verständnis dafür hatte, was für ein glänzender Witz es gewesen war, ihn zu sechs Monaten Zwangsarbeit zu verurteilen. Wenn Ted plötzlich mit der Hacke über ihn herfiel, vermochte nichts ihn zu retten. Zwar würde der Wärter ihn sofort über den Haufen schießen, aber inzwischen würde der Kopf des Contrôleurs bereits zertrümmert sein. Mr. Gruyter verspürte deshalb ein komisches Gefühl in der Magengrube, als er durch die Abteilung der Sträflinge hindurchschritt. Sie arbeiteten paarweise, in Abständen von einem Meter. Er nahm sich fest vor, seinen Schritt weder zu beschleunigen noch zu verlangsamen. Als er an dem roten Ted vorbeikam, stieß dieser seine Hacke in den Boden und blickte zu dem Contrôleur auf, und als er seinem Blick begegnete, zwinkerte er ihm zu. Der Contrôleur unterdrückte das Lächeln, das sich ihm über die Lippen stehlen wollte, und schritt mit steifer Amtswürde weiter. Aber dieses Zwinkern, so voll von spöttischem Humor, erfüllte ihn mit Befriedigung. Wäre er der Kalif von Bagdad gewesen und nicht ein junger Beamter des holländischen Zivildienstes, so hätte er den roten Ted auf der Stelle freigelassen, Sklaven geschickt, um ihn zu baden und zu salben, er hätte ihn in goldene Gewänder gehüllt und zu einem festlichen Mahl zu sich geladen.

Der rote Ted war ein musterhafter Gefangener, und als sich nach ein, zwei Monaten eine Arbeit auf einer der entfernten Inseln bot, schickte der Contrôleur ihn mit einem Trupp anderer Sträflinge hin. Es gab auf dieser Insel kein Gefängnis, und so wurden die zehn Mann, die unter der Aufsicht eines Wärters hingebracht worden waren, bei Eingeborenen einquartiert und lebten nach des Tages Arbeit wie freie Menschen. Die Arbeit reichte aus, um den Rest von Teds Strafzeit auszufüllen. Der Contrôleur sprach mit ihm, ehe er abging.

»Da, Roter«, sagte er. »Da haben Sie zehn Gulden, damit Sie sich ein bißchen Tabak kaufen können da drüben.«

»Könnte es nicht ein bißchen mehr sein? Es kommen regelmäßig acht Pfund monatlich für mich.«

»Nein, es ist genug. Ich werde die Geldbriefe, die für Sie eintreffen, aufbewahren, und wenn Sie zurückkommen, werden Sie eine nette Summe vorfinden. Sie werden genug haben, um hinzugehen, wo Sie wollen.«

»Ich fühle mich sehr wohl hier«, war Teds Antwort.

»Nun, an dem Tage, an dem Sie zurückkommen, machen Sie sich hübsch sauber und besuchen Sie mich. Wir werden eine Flasche Bier miteinander trinken.«

»Fein. Ein bißchen Unterhaltung wird mir not tun, nehme ich an.«

Nun schiebt sich der Zufall ein. Die Insel, nach der der rote Ted geschickt worden war, hieß Maputiti, und wie alle übrigen war sie felsig, dicht bewaldet und von einem Kranz von Riffen umgeben. Es war ein Dorf da, zwischen Kokospalmen, am Meeresstrand, einer Öffnung des Riffs gegenüber, und ein weiteres Dorf lag im Innern der Insel, an einem salzigen See. Unter den Einwohnern des zweiten Dorfes gab es einige, die zum Christentum bekehrt worden waren. Die Verbindung mit Baru wurde durch ein Motorboot hergestellt, das in unregelmäßigen Abständen die verschiedenen Inseln anlief. Es führte Passagiere und Waren. Aber die Dorfbewohner waren seebewanderte Leute, und wenn es galt, sich eilig mit Baru in Verbindung zu setzen, bemannten sie ein Prahu und segelten die fünfzig Meilen, die sie von der Insel trennten. Als der rote Ted nur mehr vierzehn Tage abzubüßen hatte, geschah es nun, daß der Häuptling des am See gelegenen Dorfes plötzlich erkrankte. Die einheimischen Medizinen nützten ihm nichts, und er wand sich in Schmerzen. Boten wurden nach Baru geschickt, um die Hilfe des Missionars zu erflehen; aber das Unglück wollte es, daß Mr. Jones gerade an einem Anfall von Malaria litt. Er lag im Bett und war unfähig, sich zu rühren. Er besprach die Sache mit seiner Schwester.

»Es klingt nach akuter Blinddarmentzündung«, sagte er zu ihr.

»Du kannst nicht fahren, Owen«, meinte sie.

»Ich kann den Mann nicht sterben lassen.«

Mr. Jones hatte vierzig Grad Fieber. Sein Kopf schmerzte zum Zerspringen. Er hatte die ganze Nacht im Delirium gelegen. Seine Augen glänzten sonderbar, und seine Schwester fühlte, daß er nur durch die äußerste Willensanstrengung seine Vernunft beisammenhielt.

»In diesem Zustand könntest du unmöglich operieren.«

»Nein, das könnte ich nicht. Hassan muß also fahren.«

Hassan war der Spitalgehilfe.

»Auf Hassan kannst du dich nicht verlassen. Er würde es nie wagen, auf eigene Verantwortung eine Operation durchzuführen. Und man würde sich ihm auch nicht anvertrauen. Ich werde fahren. Hassan kann hierbleiben und dich pflegen.«

»Du kannst doch nicht einen Blinddarm herausschneiden.«

»Warum nicht? Ich habe dir oft zugesehen und kleinere Operationen auch schon selbst gemacht.«

Mr. Jones meinte, er höre nicht richtig.

»Ist das Motorboot da?«

»Nein, es ist nach einer der andern Inseln gefahren. Aber ich kann das Prahu benützen, mit dem die Männer gekommen sind.«

»Du? An dich habe ich nicht gedacht. Du kannst nicht fahren.«

»Aber ich fahre, Owen.«

»Wohin fährst du?« fragte er.

Sie merkte, daß er nicht mehr klar bei Bewußtsein war. Beruhigend legte sie ihre Hand auf seine trockene Stirn. Sie gab ihm eine Dosis Medizin. Er murmelte etwas, und sie sah, daß er schon wieder phantasierte. Sie war natürlich besorgt um ihn, aber sie wußte, daß seine Krankheit nicht gefährlich war und daß sie ihn beruhigt dem Missionsdiener, der ihr bei der Pflege half, und dem Spitalgehilfen überlassen konnte. Sie schlüpfte aus dem Zimmer. Sie legte ihre Toilettensachen, ihr Nachthemd und ein Kleid in den Koffer. Ein kleiner Kasten mit chirurgischen Instrumenten, Bandagen und antiseptischem Verbandzeug stand immer bereit. Sie übergab beides den zwei Männern, die von Maputiti herübergekommen waren, erklärte dem Spitalgehilfen, was sie vorhatte, und gab ihm den Auftrag, es ihrem Bruder mitzuteilen, sobald er wieder imstande sein würde, zuzuhören. Vor allen Dingen sollte er sich keine Sorge um sie machen. Sie setzte ihren Tropenhelm auf und machte sich auf den Weg. Die Mission lag ungefähr eine halbe Meile vom Dorf entfernt. Sie ging rasch. Am Ende der Mole wartete das Prahu. Die Besatzung bestand aus sechs Mann.

Sie setzte sich ans Heck, und mit kräftigen Ruderschlägen ging es schnell dahin. Innerhalb des Klippengürtels war die See still, aber als die Felslinie überschritten war, gerieten sie in eine tüchtige Dünung. Aber es war nicht die erste Reise dieser Art für Miss Jones, und sie vertraute der Seetüchtigkeit des Bootes, in dem sie fuhr. Es war Mittag, und die Sonne prallte von einem trüben Himmel herunter. Das einzige, was ihr Sorge bereitete, war, daß man nicht vor Dunkelheit am Ziel sein würde, und wenn es sich als notwendig erweisen sollte, sofort zu operieren, standen ihr als Beleuchtung bloß Windlichter zur Verfügung.

Miss Jones war eine Frau von ungefähr vierzig Jahren. Nichts in ihrem Äußeren hätte auf die Energie schließen lassen, die sie soeben an den Tag gelegt hatte. Sie war von einer seltsamen, hinfälligen Anmut, und man hätte meinen können, jeder Windhauch könnte sie umblasen; es war schon fast wie eine Affektiertheit; und die Charakterstärke, die man bald an ihr entdeckte, wirkte dadurch geradezu monströs. Miss Jones war flachbrüstig, groß und außerordentlich dünn. Sie hatte ein gelbliches Gesicht und bekam sehr leicht Hitzbläschen. Ihr schlichtes braunes Haar war glatt aus der Stirn gekämmt. Sie hatte ziemlich kleine Augen, grau, und da sie etwas zu nahe aneinander standen, gaben sie ihrem Gesicht einen listigen Ausdruck. Ihre Nase war lang und dünn und ein bißchen gerötet. Sie litt an Verdauungsbeschwerden. Aber diese Kränklichkeit vermochte nichts gegen ihre unerbittliche Entschlossenheit, die Dinge von der heitern Seite anzusehen. Fest überzeugt, daß die Welt schlecht und die Menschheit unsagbar verrucht sei, registrierte sie jedes bißchen Anständigkeit, das sie entdecken konnte, mit dem gleichen Stolz, mit dem ein Zauberkünstler ein Kaninchen aus seinem Hut hervorzaubert und dem Publikum präsentiert. Sie war flink, anpassungsfähig und tüchtig. Als sie auf der Insel landete, sah sie, daß sie keinen Moment verlieren durfte, wenn sie das Leben des Häuptlings retten wollte. Unter den größten Schwierigkeiten operierte sie – sie mußte einem Eingeborenen zeigen, wie man die Narkose gab –, und die folgenden drei Tage pflegte sie den Patienten mit liebevoller Hingabe. Alles ging ausgezeichnet, und sie stellte fest, daß ihr Bruder es nicht besser hätte machen können. Sie wartete so lange, bis sie die Fäden herausnehmen konnte, und schickte sich dann zur Heimreise an. Sie durfte sich schmeicheln, ihre Zeit nicht unnütz vergeudet zu haben. Sie hatte, wo es not getan, ärztliche Hilfe geleistet, sie hatte die kleine christliche Gemeinde in ihrem Glauben gestärkt, die Lauen ermahnt und guten Samen ausgestreut an Orten, wo er mit Gottes Hilfe Wurzel fassen würde.

Das Motorboot, das von einer der andern Inseln kam, lief etwas spät am Nachmittag ein, aber es war Vollmond, und sie konnten hoffen, Baru vor Mitternacht zu erreichen. Man brachte ihr das Gepäck zur Landungsstelle, und die Leute, die sie begleiteten, standen herum und wiederholten immer wieder ihre Danksagungen. Eine ganze Menge hatte sich eingefunden. Das Motorboot war mit Koprasäcken beladen, aber Miss Jones war den starken Geruch gewohnt, und er störte sie nicht. Sie machte sich einen Sitzplatz zurecht, so bequem, wie sie konnte, und plauderte, während sie auf die Abfahrt des Motorbootes wartete, mit ihrer dankbaren Schar. Sie war der einzige Passagier. Plötzlich kam zwischen den Bäumen, die das kleine Dorf an der Küste beschatteten, eine Gruppe von Eingeborenen hervor, und sie sah, daß sich unter ihnen ein weißer Mann befand. Er war mit einem Gefängnissarong und einem Baju bekleidet. Er hatte langes, rotes Haar. Sie erkannte sofort den roten Ted. Ein Polizist ging mit ihm. Sie schüttelten einander die Hand, und der rote Ted verabschiedete sich auch von den Dorfbewohnern, die ihn begleiteten. Sie trugen Obstbündel und einen Krug, der, wie Miss Jones vermutete, Branntwein enthielt, und legten alles in das Boot. Miss Jones entdeckte zu ihrem Erstaunen, daß der rote Ted ihr Reisegefährte sein würde. Seine Strafzeit war um, und es war Weisung gekommen, ihn mit einem Motorboot nach Baru zurückzuschaffen. Er warf ihr einen Blick zu, grüßte aber nicht – allerdings hatte Miss Jones den Kopf abgewandt – und stieg ein. Der Mechaniker brachte den Motor in Gang, und kurz darauf pufften sie bereits durch die Lagune. Der rote Ted kletterte auf einen Haufen von Säcken und zündete sich eine Zigarette an.

Miss Jones ignorierte ihn. Selbstverständlich kannte sie ihn sehr genau. Ihr Herz sank, wenn sie daran dachte, daß er nun wieder in Baru sein würde, Skandale vom Zaun brechend und trinkend, eine Gefahr für die Frauen und ein Dorn im Fleisch aller anständigen Leute. Sie wußte von den Schritten, die ihr Bruder unternommen hatte, um ihn deportieren zu lassen, und war ungehalten über den Contrôleur, der eine so offenkundige Pflicht nicht erkannte. Als sie den Felsgürtel überschritten hatten und sich auf offenem Meer befanden, zog der rote Ted den Stöpsel aus dem Armkrug, setzte ihn an die Lippen und tat einen kräftigen Schluck, dann reichte er den Krug den beiden Mechanikern, die die Besatzung bildeten. Einer war ein Mann in mittleren Jahren, der andere ein junger Bursche.

»Ich wünsche nicht, daß Sie während der Fahrt trinken«, sagte Miss Jones streng zu dem älteren.

Er lächelte sie an und trank.

»Ein bißchen Arrak kann niemandem schaden«, antwortete er. Er reichte den Krug seinem Kollegen, und dieser trank ebenfalls.

»Wenn Sie noch einmal trinken, werde ich mich bei dem Contrôleur beschweren«, sagte Miss Jones.

Der ältere Mann murmelte etwas, was sie nicht verstehen konnte, aber, wie sie vermutete, sehr ungezogen war, und gab den Krug dem roten Ted zurück. Sie fuhren eine Stunde oder länger. Das Meer war wie Glas, und die Sonne ging strahlend unter. Sie sank hinter einer der Inseln und verwandelte sie für einige Minuten in eine mystische Stadt des Himmels. Miss Jones wandte sich, um das Bild zu betrachten, und ihr Herz war erfüllt von Dankbarkeit für die Schönheit der Welt.

›Und nur der Mensch ist schlecht‹, zitierte sie für sich.

Sie fuhren in östlicher Richtung. In der Ferne tauchte eine kleine Insel auf, an der sie vorbeikommen mußten. Sie war unbewohnt. Eine felsige kleine Insel, dicht mit Urwald bewachsen. Der Bootsmann zündete seine Lampe an. Die Dunkelheit brach unvermittelt herein, und der Himmel war dichtbesät mit Sternen. Der Mond war noch nicht aufgegangen. Mit einem Male gab es einen leichten Ruck, und das Motorboot fing an, seltsam zu vibrieren. Die Maschine rasselte. Der Mechaniker rief seinem Kameraden zu, das Steuer zu übernehmen, und kroch unter das Gehäuse. Das Tempo verlangsamte sich. Die Maschine blieb stehen. Miss Jones fragte den Burschen, was los sei, aber er konnte es ihr nicht sagen. Der rote Ted kam von seinem Sackhaufen herunter und schlüpfte ebenfalls unter das Gehäuse. Als er wieder auftauchte, hätte sie ihn gerne gefragt, was denn passiert wäre, aber ihre Würde ließ es nicht zu. Sie saß still da und beschäftigte sich mit ihren Gedanken. Das Meer war nun etwas bewegt, und das Boot schaukelte leicht. Der Mechaniker tauchte aus seiner Versenkung hervor und setzte die Maschine in Gang. Obgleich sie wie verrückt rasselte, fing das Boot an, sich zu bewegen. Es bebte in allen Fugen. Man fuhr sehr langsam. Offenbar war etwas nicht in Ordnung, aber Miss Jones war eher erbittert als besorgt. Das Boot sollte mit sechs Knoten Geschwindigkeit fahren, aber nun kroch es nur so dahin; bei diesem Tempo würden sie Baru erst lange nach Mitternacht erreichen. Der Mechaniker, immer noch unter dem Gehäuse beschäftigt, rief dem Mann am Steuer etwas zu. Sie sprachen Bugi, wovon Miss Jones nur wenig verstand. Aber nach einer Weile bemerkte sie, daß sie den Kurs geändert hatten und auf die unbewohnte Insel zuzusteuern schienen.

»Wo fahren wir denn hin?« fragte sie den Steuermann mit plötzlichem Argwohn.

Er zeigte auf die kleine Insel. Sie stand auf, ging zu dem Gehäuse und rief dem Mann zu, er solle hervorkommen.

»Sie fahren doch nicht dorthin? Warum? Was ist los?«

»Ich kann nicht bis Baru kommen«, sagte er.

»Aber Sie müssen. Ich bestehe darauf. Ich befehle Ihnen, nach Baru zu fahren.«

Der Mann zuckte die Achseln. Er kehrte ihr den Rücken und schlüpfte abermals unter das Gehäuse. Nun redete der rote Ted sie an.

»Ein Flügel des Propellers ist abgebrochen. Er meint, daß er gerade noch bis zu der kleinen Insel kommen kann. Wir werden die Nacht über dort bleiben müssen und morgen, bei Ebbe, wird er einen neuen Propeller anbringen.«

»Ich kann die Nacht nicht auf einer einsamen Insel zubringen, allein mit drei Männern«, rief sie.

»Viele Frauen würden sich darum reißen.«

»Ich bestehe darauf, daß wir nach Baru fahren. Was immer geschieht, ich muß heute nacht noch nach Baru kommen.«

»Regen Sie sich doch nicht auf, altes Mädchen. Wir müssen das Boot an Land bringen, um einen neuen Propeller einzusetzen, und wir werden uns schon einrichten auf der Insel.«

»Wie können Sie es wagen, in einem solchen Ton zu mir zu sprechen. Sie sind unverschämt.«

»Es wird Ihnen nicht das geringste passieren. Wir haben eine Menge Proviant mit, und wenn wir landen, stärken wir uns zuerst einmal. Sie kriegen einen Schluck Arrak und werden sich fühlen wie Gott in Frankreich.«

»Sie sind ein impertinenter Mensch. Wenn Sie nicht nach Baru fahren, lasse ich Sie alle einsperren.«

»Wir fahren nicht nach Baru. Es ist unmöglich. Wir fahren zu dieser Insel hin, und wenn es Ihnen nicht paßt, können Sie ins Wasser springen und schwimmen.«

»Oh, das werden Sie mir bezahlen.«

»Halten Sie 's Maul, alte Kuh«, sagte der rote Ted.

Miss Jones stockte der Atem vor Empörung. Aber sie beherrschte sich. Selbst hier draußen, inmitten des Ozeans, hatte sie zuviel Würde, sich mit diesem gemeinen Individuum herumzustreiten. Das Boot mit der scheußlich rasselnden Maschine kroch vorwärts. Es war nun stockdunkel, und die Insel, auf die man zusteuerte, war nicht mehr zu sehen. Wütend saß Miss Jones da, die Lippen fest geschlossen, die Stirn finster gerunzelt; sie war nicht gewöhnt, daß man ihren Willen nicht respektierte. Dann ging der Mond auf, und sie unterschied die Umrisse des roten Ted, der sich oben auf den aufgehäuften Koprasäcken rekelte. Das Glimmen seiner Zigarette war seltsam unheimlich. Nun zeichnete sich die Insel vage am Himmel ab. Sie erreichten sie, und der Bootsmann fuhr das Schiff auf den Strand. Plötzlich packte Miss Jones ein kalter Schreck, die Wahrheit dämmerte ihr, und ihre Empörung verwandelte sich in Angst. Ihr Herz schlug heftig. Sie zitterte an allen Gliedern. Sie fühlte sich entsetzlich schwach. Nun begriff sie erst. War das mit dem zerbrochenen Propeller abgekartetes Spiel, oder handelte es sich wirklich um eine Panne? Sie war sich nicht klar darüber, aber eines wußte sie: der rote Ted würde sich die Gelegenheit zunutze machen. Der rote Ted würde sie vergewaltigen. Sie kannte seinen Charakter. Er war wie toll hinter den Frauen her. Ähnlich hatte er es auch mit dem Mädchen von der Mission gemacht – so ein nettes kleines Ding war sie und eine ausgezeichnete Schneiderin; man hätte ihn deshalb gerichtlich belangen können, und er wäre bestimmt zu mehreren Jahren Gefängnis verurteilt worden, bloß daß das unschuldige Kind immer wieder zu ihm zurückgekehrt war und sich erst dann über seine schlechte Behandlung beklagt hatte, als er es einer andern wegen verließ. Sie waren zum Contrôleur gegangen und hatten ihm den Fall unterbreitet, aber er hatte es abgelehnt, etwas zu unternehmen. Denn selbst wenn die Angaben des Mädchens stimmten, hatte er in seiner rohen Art erklärt, scheine es doch kein ausschließlich unerfreuliches Erlebnis für sie gewesen zu sein. Der rote Ted war ein Schuft. Und sie war eine weiße Frau. Wie groß war die Wahrscheinlichkeit, daß er sie verschonen würde? Gleich Null. Sie kannte die Männer. Aber sie mußte sich zusammennehmen. Sie mußte wachsam sein. Sie mußte Mut haben. Sie war entschlossen, ihre Tugend teuer zu verkaufen, und wenn er sie tötete – nun, eher sterben, als sich ergeben. Und wenn sie starb, würde sie in den Armen Jesu ruhen. Einen Augenblick blendete ein strahlendes Licht ihre Augen, und sie sah die Wohnstätten ihres himmlischen Vaters. Sie stellten sich ihr dar als eine prunkvolle Mischung zwischen einem Kinopalast und einem Bahnhof. Die Mechaniker und der rote Ted sprangen aus dem Boot und versammelten sich, bis zum Gürtel im Wasser, um den zerbrochenen Propeller. Sie benützte diesen unbeobachteten Moment, um ihren Instrumentenkasten aus dem Koffer zu holen. Sie nahm die vier Skalpelle, die er enthielt, heraus und versteckte sie in ihren Kleidern. Wenn der Rote sie anrührte, würde sie ihm ohne Zögern ein Skalpell ins Herz stoßen.

»So, Fräulein, jetzt steigen Sie lieber aus«, sagte Ted. »Am Strand werden Sie es besser haben als im Boot.«

Das fand sie auch. Dort hatte sie wenigstens Bewegungsfreiheit. Wortlos kletterte sie über die Koprasäcke. Er bot ihr seine Hand.

»Ich brauche Ihre Hilfe nicht«, sagte sie kühl.

»Sie können sich zum Teufel scheren«, antwortete er.

Es war ein bißchen schwer, aus dem Boot herauszukommen, ohne daß man die Beine entblößte, aber durch Anwendung großer Findigkeit brachte sie es schließlich fertig.

»Ein Glück, daß wir etwas zu essen mithaben. Wir werden ein Feuer anzünden, und dann stärken Sie sich und nehmen einen Schluck Arrak.«

»Ich möchte nichts. Ich will bloß in Ruhe gelassen werden.«

»Mir kann's gleich sein, ob Sie Hunger leiden oder nicht.«

Sie antwortete nicht. Hocherhobenen Hauptes schritt sie den Strand entlang. Sie hielt das größte Skalpell in der geschlossenen Faust. Der Mond leuchtete ihr auf ihrem Weg. Sie suchte nach einem Platz, wo sie sich verstecken konnte. Der dichte

Wald reichte fast bis an den äußersten Rand des Strandes; aber abgeschreckt durch seine Finsternis (schließlich war sie bloß eine Frau), wagte sie nicht, in seine Tiefen einzudringen. Man konnte nicht wissen, was für Tiere dort lauerten oder was für gefährliche Schlangen. Außerdem sagte ihr der Instinkt, daß sie besser täte, die drei bösen Männer stets im Auge zu behalten; dann war sie vor Überrumpelungen geschützt. Nach einer Weile fand sie eine kleine Grube. Sie schaute sich um. Die Männer schienen mit ihren eigenen Angelegenheiten beschäftigt zu sein und konnten sie nicht sehen. Sie schlüpfte hinein. Zwischen ihr und ihnen lag ein Felsen, der sie selbst verbarg, ihr jedoch gestattete, sie zu beobachten. Sie sah sie zwischen Boot und Strand hin- und hergehen und Gegenstände tragen. Sie sah, wie sie ein Feuer anzündeten. Es beleuchtete geisterhaft ihre Gestalten, und sie sah, wie sie sich herumsetzten und aßen und den Krug mit Arrak von einem zum andern wandern ließen. Sie würden sich alle betrinken. Was würde ihr dann geschehen? Mit dem roten Ted allein würde sie vielleicht fertig werden – das war denkbar –, obgleich seine Kraft ihr Angst einjagte, aber gegen drei würde sie machtlos sein. Eine wahnsinnige Idee kam ihr. Sollte sie zu Ted hingehen, sich vor ihm auf die Knie werfen und ihn anflehen, sie zu verschonen? Es mußte doch ein Funke von Anständigkeit in ihm sein. War sie nicht stets überzeugt gewesen, daß selbst der schlechteste Mensch nicht gänzlich verworfen war? Er mußte doch eine Mutter gehabt haben. Vielleicht hatte er eine Schwester. Aber ach, wie sollte man einen Mann rühren, der von sinnlicher Begierde verblendet und von Arrak berauscht war. Sie fing an, sich schrecklich schwach zu fühlen. Gleich würde sie in Tränen ausbrechen. Aber nein, das durfte nicht sein. Sie wandte ihre ganze Selbstbeherrschung auf. Sie biß sich die Lippen wund. Sie beobachtete die Männer wie ein Tiger seine Beute, nein, wie ein Lamm drei hungrige Wölfe beobachtet. Sie sah, wie sie mehr Holz aufs Feuer legten, und sie sah den roten Ted in seinem Sarong, sah sein Schattenbild auf dem Boden tanzen. Wenn er an ihr seine Lust gestillt hatte, würde er sie vielleicht an die andern Männer weitergeben. Wie konnte sie zu ihrem Bruder zurückkehren, nachdem ihr solche Dinge widerfahren waren? Er würde natürlich verständnisvoll sein, aber würde er sie je wieder lieben und achten können wie zuvor? Es würde ihm das Herz brechen.

Und er würde vielleicht denken, daß sie größern Widerstand hätte leisten sollen. Vielleicht wäre es besser – aus Schonung für ihn – die Sache überhaupt zu verschweigen. Die Männer würden bestimmt nichts sagen. Es würde zwanzig Jahre Gefängnis für sie bedeuten. Aber was, wenn sie ein Kind bekäme! Bei diesem Gedanken ballte Miss Jones die Fäuste vor Schreck und schnitt sich beinahe mit dem Skalpell. Es würde die drei natürlich bloß wütend machen, wenn sie Widerstand leistete.

»Was soll ich nur tun?« rief sie. »Was habe ich getan, um soviel Unglück zu verdienen?«

Sie warf sich auf die Knie und flehte zu Gott, er möge sie retten. Sie betete lang und inbrünstig. Sie erinnerte Gott daran, daß sie Jungfrau sei – beiläufig einflechtend –, für den Fall, daß es seinem göttlichen Gedächtnis entfallen sein könnte, wie hoch St. Paulus diesen trefflichen Zustand geschätzt habe. Und dann spähte sie wieder hinter dem Felsen hervor. Die drei Männer schienen zu rauchen, und das Feuer war am Erlöschen. Nun kam die Zeit, da Teds lüsterne Gedanken sich der Frau zuwenden würden, die ihm auf Gnade und Ungnade ausgeliefert war. Sie unterdrückte einen Schrei. Denn plötzlich stand er auf und kam in ihre Richtung geschritten. Sie fühlte, wie sich alle Muskeln in ihrem Körper strafften, und obgleich ihr Herz rasend schlug, ließ ihre Hand das Skalpell nicht los. Aber der rote Ted war zu einem andern Zweck aufgestanden. Miss Jones errötete und schaute weg. Er schlenderte langsam zu den andern zurück, setzte sich wieder hin und hob den Arrakkrug an seine Lippen. Miss Jones folgte, hinter ihrem Felsen kauernd, mit gespannten Augen den Vorgängen. Die Unterhaltung um das Feuer versiegte allmählich, und sie erriet eher, als sie sah, daß die beiden Eingeborenen sich in Decken einwickelten und sich zum Schlummern hinlegten. Sie begriff. Dies war der Augenblick, auf den der rote Ted gewartet hatte. Wenn sie fest eingeschlafen waren, würde er vorsichtig aufstehen und lautlos, um die andern nicht zu wecken, zu ihr herüberschleichen. Hatte er vielleicht keine Lust, sie mit den andern zu teilen, oder wußte er, daß seine Tat dermaßen schurkisch war, daß er sie lieber vor ihnen geheimhielt? Schließlich war er ein Weißer und sie eine weiße Frau. Er konnte nicht so tief gesunken sein, sie der Gewalttätigkeit von Eingeborenen auszuliefern. Aber sein Plan, den sie so genau durchschaute, hatte sie auf eine Idee gebracht. Wenn sie ihn herankommen sah, würde sie schreien, so laut schreien, daß die beiden Mechaniker aufwachen mußten. Sie erinnerte sich nun, daß der ältere, obgleich ihm ein Auge fehlte, ein gutmütiges Gesicht hatte. Aber der rote Ted rührte sich nicht. Sie fühlte sich furchtbar müde. Sie fing an, zu fürchten, daß sie nicht die Kraft haben würde, Widerstand zu leisten. Sie hatte zuviel durchgemacht. Sie schloß für einen Moment die Augen.

Als sie sie wieder öffnete, war es heller Tag. Sie mußte eingeschlafen und durch die Aufregung dermaßen erschöpft gewesen sein, daß sie bis spät nach Sonnenaufgang geschlafen hatte. Sie war bestürzt. Sie versuchte aufzustehen, aber etwas verfing sich in ihren Füßen. Sie schaute nach und entdeckte, daß sie mit zwei leeren Koprasäcken zugedeckt war. Jemand war in der Nacht gekommen und hatte sie über sie gebreitet. Der rote Ted! Sie stieß einen kleinen Schrei aus. Der furchtbare Gedanke schoß ihr durch den Kopf, daß er sie im Schlaf vergewaltigt haben konnte. Nein. Das war unmöglich. Und doch war sie ihm preisgegeben gewesen. Schutzlos. Und er hatte sie geschont. Sie errötete heftig. Sie erhob sich, ganz steif von der Nacht, und brachte ihre derangierte Kleidung in Ordnung. Das Skalpell war ihrer Hand entfallen, und sie hob es auf. Sie nahm die beiden Koprasäcke und trat aus ihrem Versteck hervor. Dann ging sie zum Boot hin. Es schwamm in dem seichten Wasser der Lagune.

»Kommen Sie, Miss Jones«, sagte der rote Ted. »Wir sind fertig. Eben wollte ich Sie wecken.«

Sie konnte ihn nicht ansehen, aber sie fühlte, daß sie über und über rot war.

»Möchten Sie eine Banane?« fragte er.

Ohne ein Wort zu sagen, nahm sie sie. Sie war sehr hungrig und aß die Frucht mit Genuß.

»Treten Sie auf diesen Felsen, dann können Sie einsteigen, ohne sich die Füße naß zu machen.«

Miss Jones war zumute, als müßte sie in die Erde sinken vor Scham, aber sie tat, wie ihr geheißen. Er packte ihren Arm – Himmel, seine Hand war wie eine eiserne Schraube, nie, nie hätte sie mit ihm kämpfen können – und half ihr in das Boot. Der Mechaniker setzte seine Maschine in Gang, und sie glitten aus der Lagune heraus. In drei Stunden waren sie in Baru.

An diesem Abend begab sich der rote Ted, nachdem er offiziell in Freiheit gesetzt worden war, in das Haus des Contrôleurs. Er hatte nun nicht mehr seine Gefängnistracht an, sondern das zerfetzte Trikotleibchen und die Khakihosen, in denen er arretiert worden war. Er hatte sich die Haare schneiden lassen, und sie sahen nun aus wie eine enganliegende krause rote Kappe. Er war magerer geworden. Er hatte seine aufgedunsene Schlappheit verloren und sah jünger und besser aus. Mr. Gruyter schüttelte ihm mit einem freundlichen Grinsen die Hand und forderte ihn auf, Platz zu nehmen. Der Boy brachte zwei Flaschen Bier.

»Es ist schön, daß Sie meine Einladung nicht vergessen haben, Roter«, sagte der Contrôleur.

»Keine Gefahr. Sechs Monate habe ich mich auf diesen Abend gefreut.«

»Auf Ihr Wohl, Ted.«

»Auf das Ihre, Contrôleur.«

Sie leerten ihre Gläser, und der Contrôleur klatschte in die Hände. Der Boy brachte zwei weitere Flaschen.

»Nun, ich hoffe, Sie tragen mir nichts nach wegen der Strafe, die ich Ihnen aufbrummen mußte.«

»Nein, nein. Einen Moment war ich wütend, aber das habe ich längst überwunden. Eigentlich ist es mir gar nicht schlecht gegangen. Nette Mädels auf dieser Insel, Contrôleur. Sollten Sie sich mal ansehen.«

»Sie sind unverbesserlich, Roter.«

»Furchtbar.«

»Gutes Bier, nicht?«

»Wunderbar.«

»Lassen wir noch welches kommen.«

Teds Rente war jeden Monat angekommen, und der Contrôleur hatte nun fünfzig Pfund beisammen. Wenn der Schaden, den er im Laden des Chinesen angerichtet hatte, bezahlt war, würden ihm immer noch mehr als dreißig Pfund übrigbleiben.

»Das ist eine ganze Menge Geld, Ted. Sie sollten etwas Vernünftiges damit anfangen.«

»Will ich auch«, antwortete Ted. »Es ausgeben.«

Der Contrôleur seufzte.

»Nun, dazu ist das Geld ja schließlich da.«

Der Contrôleur berichtete seinem Gast, was sich inzwischen

ereignet hatte. Es war nicht viel. Die Zeit spielte auf den Alas-Inseln keine große Rolle und die übrige Welt überhaupt keine.

»Irgendwelche neue Kriege irgendwo?« fragte der rote Ted.

»Nein. Jedenfalls ist mir nichts aufgefallen. Harry Jervis hat eine hübsche, große Perle gefunden. Er sagt, er wird tausend Pfund dafür verlangen.«

»Hoffentlich kriegt er sie.«

»Und Charlie McCormack hat geheiratet.«

»War schon immer ein bißchen doof.«

Plötzlich erschien der Boy und meldete, Mr. Jones lasse anfragen, ob er hereinkommen dürfe. Noch ehe der Contrôleur antworten konnte, trat Mr. Jones ein.

»Ich werde Sie nicht lange aufhalten«, sagte er. »Ich habe mich den ganzen Tag bemüht, diesen guten Mann zu erreichen, und als ich hörte, er sei hier, habe ich mir erlaubt zu kommen.«

»Wie geht es Miss Jones?« fragte der Contrôleur höflich. »Ich hoffe, die Nacht im Freien hat ihr nicht geschadet.«

»Sie ist natürlich ein bißchen mitgenommen. Sie hat etwas Temperatur, und ich habe darauf bestanden, daß sie sich ins Bett legt; aber ich glaube nicht, daß es etwas Ernstes ist.«

Die beiden Männer waren beim Eintritt des Missionars aufgestanden, und nun ging dieser auf den roten Ted zu und streckte ihm die Hand hin.

»Ich möchte Ihnen danken. Sie haben etwas Großes und Edles getan. Meine Schwester hat recht; man sollte immer nur das Gute in seinen Mitmenschen suchen; ich habe Sie in der Vergangenheit leider nicht richtig beurteilt: ich bitte Sie, mir zu verzeihen.«

Er sprach sehr feierlich. Der rote Ted schaute ihn voll Erstaunen an. Er hatte es nicht verhindern können, daß der Missionar seine Hand erfaßte. Er hielt sie immer noch fest.

»Was, zum Teufel, meinen Sie eigentlich?«

»Meine Schwester war Ihnen preisgegeben, und Sie haben sie verschont. Ich dachte, Sie wären durch und durch schlecht, und ich schäme mich nun. Sie war schutzlos. Sie war in Ihrer Gewalt. Sie haben Erbarmen geübt. Ich danke Ihnen aus tiefstem Herzensgrund. Weder meine Schwester noch ich werden es Ihnen je vergessen. Gott schütze und behüte Sie.«

Mr. Jones Stimme zitterte ein wenig, und er wandte den

Kopf ab. Er ließ Teds Hand fallen und ging rasch zur Tür. Der rote Ted sah ihm mit verständnislosem Gesicht nach.

»Was in aller Welt kann er meinen?« rief er.

Der Contrôleur lachte. Er versuchte, sich zu beherrschen, aber je mehr er sich bemühte, desto mehr mußte er lachen. Er schüttelte sich, und man sah, wie die Falten seines dicken Bauches unter dem Sarong wackelten. Er lehnte sich in seinem Stuhl zurück und wälzte sich von einer Seite auf die andere. Er lachte nicht nur mit dem Gesicht, er lachte mit dem ganzen Körper, und selbst die Muskeln seiner festen Beine bebten. Er hielt sich die schmerzenden Rippen. Der rote Ted betrachtete ihn mit finsteren Blicken, und da er nicht wußte, was eigentlich so komisch war, wurde er böse. Er packte eine der leeren Bierflaschen beim Halse.

»Wenn Sie nicht aufhören zu lachen, schlage ich Ihnen den Schädel ein«, sagte er.

Der Contrôleur wischte sich das Gesicht ab. Er trank einen Schluck Bier. Er seufzte und stöhnte, weil ihm die Seiten weh taten.

»Er hat Ihnen gedankt, weil Sie die Tugend von Miss Jones respektiert haben«, brachte er schließlich hervor.

»Ich?« rief der rote Ted.

Es dauerte eine ganze Weile, ehe der Gedanke in seinen Kopf eindrang, aber als er ihn endlich erfaßt hatte, wurde er rasend vor Zorn. Seinem Munde entströmte eine Flut der unflätigsten Obszönitäten, daß es einen Kaschemmenwirt erschreckt hätte.

»Diese alte Kuh«, schloß er. »Wofür hält er mich eigentlich?«

»Sie stehen eben im Ruf, ein gefährlicher Frauenjäger zu sein, Roter«, schmunzelte der Contrôleur.

»Nicht mit der Zange würde ich sie anrühren. Nicht im Traum. So eine Frechheit. Ich werde ihm den Hals umdrehen. Geben Sie mir mein Geld, Contrôleur, ich muß mich betrinken.«

»Ich kann es Ihnen nicht verübeln«, pflichtete ihm der Contrôleur bei.

»Diese alte Kuh«, wiederholte Ted. »Diese alte Kuh.«

Er war empört und schockiert. Die Zumutung beleidigte sein Anstandsgefühl.

Der Contrôleur hatte das Geld bei der Hand, und nachdem er Ted die Quittungen hatte unterzeichnen lassen, überreichte er es ihm.

»Gehen Sie und betrinken Sie sich, Roter«, sagte er. »Aber lassen Sie sich warnen: wenn Sie das nächstemal etwas anstellen, werden es zwölf Monate sein.«

»Ich werde nichts anstellen«, sagte der rote Ted düster. Er war voll Schwermut über das erlittene Unrecht. »Es ist eine Beleidigung«, brüllte er den Contrôleur an, »eine unverschämte Beleidigung.«

Er schlurfte aus dem Haus und murmelte im Gehen: »Schweine, dreckige Schweine.« Der rote Ted blieb eine Woche betrunken. Mr. Jones besuchte den Contrôleur abermals.

»Ich bedaure tief, daß dieser arme Mensch seinen lasterhaften Lebenswandel wiederaufgenommen hat«, sagte er. »Meine Schwester und ich sind furchtbar enttäuscht. Ich fürchte, es war nicht ganz richtig, ihm soviel Geld auf einmal zu geben.«

»Es war sein Geld. Ich hatte kein Recht, es ihm vorzuenthalten.«

»Kein gesetzliches Recht, wohl aber ein moralisches.«

Er erzählte dem Contrôleur die Geschichte jener furchtbaren Nacht auf der Insel. Mit weiblichem Instinkt hatte Miss Jones erkannt, daß der Mann, von sinnlicher Begierde entflammt, danach trachtete, sich an ihr zu vergreifen, worauf sie, zur äußersten Verteidigung entschlossen, sich mit einem Skalpell bewaffnet hatte. Er erzählte dem Contrôleur, wie sie gebetet und geweint und sich in einer Grube verborgen hatte. Ihre Seelenqual war unbeschreiblich gewesen; sie fühlte, daß sie die Schande nie und nimmer überleben würde. Sie zitterte und bebte, und jeden Augenblick dachte sie, er würde kommen. Und nirgends Hilfe, weit und breit; und endlich schlief sie ein. Sie war erschöpft, das arme Wesen – was sie durchgemacht hatte, war über Menschenkraft gegangen –, und als sie aufwachte, merkte sie, daß er sie mit Koprasäcken zugedeckt hatte. Er hatte sie schlafend angetroffen, und sicherlich war es ihre Unschuld, ihre Hilflosigkeit gewesen, die ihn gerührt hatte. Er brachte es nicht übers Herz, seinen ruchlosen Vorsatz auszuführen. Sanft breitete er zwei Koprasäcke über sie und schlich leise davon.

»Das zeigt, daß tief in seinem Innern etwas Edles lebt. Meine

Schwester hält es für ihre Pflicht, ihn zu retten. Wir müssen etwas für ihn tun.«

»Nun, an Ihrer Stelle würde ich das nicht eher versuchen, als bis er mit seinem Geld fertig ist«, sagte der Contrôleur, »und wenn er bis dahin noch nicht im Gefängnis sitzt, können Sie tun, was Ihnen beliebt.«

Aber der rote Ted wollte nicht gerettet werden. Ungefähr vierzehn Tage nach seiner Freilassung saß er auf einem Stuhl vor dem Laden eines Chinesen und blickte gedankenlos die Straße hinab, als er Miss Jones herankommen sah. Er starrte sie einen Moment an, und wieder packte ihn das Erstaunen. Er murmelte etwas in sich hinein, und es ist nicht daran zu zweifeln, daß es etwas Respektloses war. Aber dann bemerkte er, daß Miss Jones ihn gesehen hatte, und wandte schnell den Kopf ab; er war sich jedoch bewußt, daß sie ihn ansah. Sie war schnell gegangen, nun aber verlangsamte sie ihren Schritt. Er fürchtete, daß sie stehenbleiben und ihn ansprechen würde. Rasch stand er auf und ging in den Laden. Mindestens fünf Minuten wagte er sich nicht wieder hinaus. Eine halbe Stunde später kam Mr. Jones selbst heran und ging mit ausgestreckter Hand geradewegs auf ihn zu.

»Guten Tag, Mr. Edward. Meine Schwester hat mir gesagt, daß ich Sie hier antreffen würde.«

Der rote Ted warf ihm einen unwirschen Blick zu und verschmähte die dargebotene Hand. Er antwortete nicht.

»Wir würden uns so sehr freuen, wenn Sie am nächsten Sonntag zu uns zum Essen kommen würden. Meine Schwester ist eine hervorragende Köchin und wird Ihnen ein echt australisches Dinner vorsetzen.«

»Scheren Sie sich zum Teufel«, war Teds Antwort.

»Das ist nicht sehr liebenswürdig«, sagte der Missionar, aber lachend, um zu zeigen, daß er nicht beleidigt war. »Sie besuchen doch von Zeit zu Zeit den Contrôleur, warum sollten Sie nicht auch uns besuchen? Es ist nett, hie und da mit einem Weißen zu sprechen. Wollen Sie das Vergangene nicht begraben sein lassen? Ich kann Sie eines sehr herzlichen Empfanges versichern.«

»Ich habe keine Kleider, in denen ich mich sehen lassen kann«, erwiderte der rote Ted mürrisch.

»Oh, das spielt keine Rolle. Kommen Sie, wie Sie sind.«

»Nein, ich komme nicht.«

»Warum nicht? Sie müssen einen Grund haben.«

Der rote Ted war ein Mensch, der sich kein Blatt vor den Mund nahm. Er zögerte nicht, auszusprechen, was wir alle gerne sagen würden, wenn wir eine unwillkommene Einladung erhalten.

»Ich habe keine Lust.«

»Das tut mir leid. Meine Schwester wird sehr enttäuscht sein.«

Mr. Jones, entschlossen zu zeigen, daß er nicht im mindesten beleidigt war, nickte ihm munter zu und setzte seinen Weg fort. Achtundvierzig Stunden später traf in dem Haus, in dem der rote Ted wohnte, ein Paket ein – man wußte nicht woher –, das ein Paar weiße Hosen, ein Tennishemd, ein Paar Socken und Schuhe enthielt. Er war nicht gewohnt, Geschenke zu bekommen, und als er den Contrôleur das nächstemal sah, fragte er ihn, ob er ihm die Sachen geschickt hätte.

»Keine Spur«, entgegnete der Contrôleur. »Mich läßt der Zustand Ihrer Garderobe vollkommen gleichgültig.«

»Wer, zum Teufel, kann es dann gewesen sein?«

»Nicht die leiseste Ahnung.«

Miss Jones hatte von Zeit zu Zeit geschäftlich mit Mr. Gruyter zu sprechen, und kurz darauf erschien sie eines Morgens in seinem Büro. Sie war eine tüchtige Frau, und obzwar sie gewöhnlich von ihm verlangte, er solle etwas tun, wozu er keine Lust hatte, nahm sie seine Zeit nicht unnütz in Anspruch. Er war deshalb ein wenig erstaunt, als er entdeckte, daß sie in einer sehr belanglosen Angelegenheit gekommen war. Als er erklärte, daß er sich mit der Sache, von der die Rede war, nicht befassen könnte, versuchte sie nicht, wie es ihre Gewohnheit war, ihn zu überzeugen, sondern nahm seine Ablehnung als endgültig hin. Sie stand auf, um zu gehen, und fügte dann, als fiele es ihr eben noch ein, hinzu:

»Ach, Mr. Gruyter, mein Bruder legt großen Wert darauf, daß dieser Mann, der allgemein der rote Ted genannt wird, einmal zu uns zum Essen kommt, und ich habe ihm einen kleinen Einladungsbrief geschrieben. Ich glaube, er ist sehr schüchtern. Würden Sie uns vielleicht die Freude machen, auch zu kommen?«

»Das ist sehr liebenswürdig von Ihnen.«

»Mein Bruder meint, wir müßten etwas für den armen Menschen tun.«

»Der Einfluß einer Frau und so weiter«, meinte der Contrôleur scheinheilig.

»Wollen Sie ihm zureden zu kommen? Ich bin sicher, wenn Sie ihm dazu raten und er einmal den Weg zu uns gefunden hat, wird er wiederkommen. Es ist so schade, einen jungen Menschen wie ihn einfach verkommen zu lassen.«

Der Contrôleur schaute zu ihr auf. Sie war einige Zoll größer als er. Er fand sie sehr reizlos. Sie erinnerte ihn seltsam an nasse Wäsche, die auf einer Leine zum Trocknen aufgehängt ist. Seine Augen zwinkerten, aber sein Gesicht blieb ernst.

»Ich werde mein Bestes tun«, sagte er.

»Wie alt ist er?« fragte sie.

»Seinem Paß nach einunddreißig.«

»Und wie ist sein wirklicher Name?«

»Wilson.«

»Edward Wilson«, sagte sie weich.

»Es ist erstaunlich, daß er nach dem Leben, das er hier geführt hat, noch so gesund ist. Er muß Bärenkräfte haben.«

»Rothaarige Menschen sind manchmal sehr stark«, sagte Miss Jones, aber sie sprach, als brächte sie die Worte nur mit Mühe hervor.

»Das stimmt«, sagte der Contrôleur.

Dann, ohne ersichtlichen Grund, wurde Miss Jones dunkelrot. Sie verabschiedete sich von dem Contrôleur und verließ sein Büro.

»Godverdomme!« sagte der Contrôleur.

Er wußte nun, wer dem roten Ted die Kleidungsstücke geschickt hatte.

Er begegnete ihm im Laufe des Tages und fragte ihn, ob er von Miss Jones gehört habe. Der rote Ted zog ein zerknülltes Papier aus der Tasche und hielt es ihm hin. Es war die Einladung. Sie lautete folgendermaßen:

Lieber Mr. Wilson!

Mein Bruder und ich würden uns sehr freuen, wenn Sie am nächsten Donnerstag um sieben Uhr dreißig zu uns zum Dinner kommen wollten. Der Contrôleur hat freundlichst ver-

sprochen, ebenfalls zu kommen. Wir haben ein paar neue Platten aus Australien, die Ihnen sicherlich gefallen werden. Ich war leider nicht sehr nett zu Ihnen, als wir uns das letztemal begegneten, aber ich kannte Sie damals noch nicht so gut und bin offenherzig genug zuzugeben, daß ich einen Fehler begangen habe. Ich hoffe, Sie werden mir verzeihen und mir erlauben, Ihre Freundin zu sein.

Mit bestem Gruß
Martha Jones

Der Contrôleur stellte fest, daß sie ihn mit Mr. Wilson anredete und sein, des Contrôleurs Versprechen, ebenfalls zu erscheinen, erwähnte, was ihm bewies, daß sie mit ihrer Äußerung, sie hätte den roten Ted bereits eingeladen, der Wahrheit ein wenig zuvorgekommen war.

»Was werden Sie tun?«

»Nicht hingehen, wenn Sie es wissen wollen. Verdammte Frechheit.«

»Sie müssen den Brief beantworten.«

»Fällt mir nicht ein.«

»Jetzt hören Sie zu, Ted; Sie ziehen sich Ihre neuen Kleider an und kommen mir zuliebe mit. Ich bin verpflichtet zu gehen, und Sie werden mich doch nicht im Stiche lassen wollen. Das eine Mal wird Ihnen schon nichts schaden.«

Der rote Ted blickte den Contrôleur mißtrauisch an, aber das Gesicht des Holländers war ernst und sein Gehaben aufrichtig: Ted erriet nicht, daß er in seinem Innern vor Lachen fast zerplatzte.

»Was wollen diese Leute von mir haben, zum Teufel?«

»Weiß ich nicht. Das Vergnügen Ihrer Gesellschaft offenbar.«

»Wird es was zu trinken geben?«

»Nein, aber kommen Sie um sieben Uhr zu mir, und wir wollen uns stärken, ehe wir aufbrechen.«

»Na schön, wenn es sein muß«, sagte der rote Ted mürrisch.

Der Contrôleur rieb sich die dicken Hände vor Vergnügen. Er versprach sich eine Menge Unterhaltung von dem Abend. Aber als der Donnerstag herankam und es sieben Uhr wurde, war der rote Ted stockbesoffen, und Mr. Gruyter mußte allein gehen. Er sagte dem Missionar und seiner Schwester die ungeschminkte Wahrheit. Mr. Jones schüttelte den Kopf.

»Ich fürchte, es nützt alles nichts, Martha, der Mann ist hoffnungslos.«

Einen Augenblick war Miss Jones still, und der Contrôleur sah zwei Tränen an ihrer langen dünnen Nase herunterlaufen. Sie biß sich auf die Lippen.

»Niemand ist hoffnungslos. Jeder hat etwas Gutes in sich. Ich werde jeden Abend für ihn beten. Es wäre sündhaft, an der Macht Gottes zu zweifeln.«

Vielleicht hatte Miss Jones recht, aber die göttliche Vorsehung schlug einen sehr eigenartigen Weg ein, ihre Ziele zu verwirklichen. Der rote Ted fing an, schwerer zu trinken denn je. Man hatte soviel Verdruß mit ihm, daß selbst Mr. Gruyter die Geduld verlor. Allmählich gelangte er zu der Ansicht, daß er diesen Menschen nicht länger auf den Inseln dulden konnte, und beschloß, ihn mit dem nächsten Schiff, das in Baru anlegte, abzuschieben. Dann starb ein Mann unter mysteriösen Umständen, nachdem er von einer Reise nach einer der umliegenden Inseln zurückgekehrt war, und der Contrôleur erfuhr, daß es auf jener Insel mehrere Todesfälle gegeben hatte. Er sandte den Chinesen, welcher der offizielle Arzt der Inselgruppe war, hin, um die Angelegenheit zu untersuchen, und erhielt sehr bald Nachricht, daß die Todesfälle auf Cholera zurückzuführen waren. Zwei weitere erfolgten in Baru, und die Gewißheit zwang sich auf, daß es sich um eine Epidemie handelte.

Der Contrôleur fluchte hemmungslos. Er fluchte auf dänisch, er fluchte auf englisch, er fluchte auf malaiisch. Dann trank er eine Flasche Bier und rauchte eine Zigarre. Hierauf überlegte er. Er wußte, daß der Chinese nichts ausrichten würde. Er war ein kleiner, nervöser Mann aus Java, und die Eingeborenen würden sich weigern, seinen Befehlen zu gehorchen. Der Contrôleur war tüchtig und wußte sehr genau, was zu tun war, aber er konnte nicht alles allein tun. Er liebte Mr. Jones nicht, aber in diesem Augenblick war er doch froh, ihn bei der Hand zu haben, und ließ ihn unverzüglich rufen. In zehn Minuten war Mr. Jones in seinem Büro. Er kam in Begleitung seiner Schwester.

»Sie wissen, warum ich Sie zu mir gebeten habe, Mr. Jones«, sagte der Contrôleur unvermittelt.

»Ja. Ich hatte auf Nachricht von Ihnen gewartet. Deshalb

ist auch meine Schwester gleich mitgekommen. Wir sind bereit, Ihnen unsere ganzen Kräfte zur Verfügung zu stellen. Ich brauche Ihnen nicht zu sagen, daß meine Schwester es an Leistungsfähigkeit mit jedem Mann aufnehmen kann.«

»Ich weiß. Ich werde ihr sehr dankbar für ihre Hilfe sein.«

Sie begannen, ohne einen Augenblick Zeit zu verlieren, die nötigen Schritte zu besprechen. Spitalbaracken und Quarantänestationen mußten aufgerichtet werden. Die Einwohner der verschiedenen Dörfer der Inseln mußten gezwungen werden, die nötigen Vorsichtsmaßnahmen zu ergreifen. In vielen Fällen bezogen die infizierten Dörfer ihr Wasser von der gleichen Quelle wie die gesunden, und in jedem Fall mußte diese Schwierigkeit den Umständen entsprechend behandelt werden. Es war notwendig, Leute herumzuschicken, welche die Vorschriften bekanntgaben und darüber wachten, daß sie ausgeführt wurden. Nachlässigkeit mußte erbarmungslos bestraft werden. Das Schlimmste war, daß die Eingeborenen anderen Eingeborenen nicht gehorchten, und Befehle, die von einem eingeborenen Polizisten ausgegeben wurden, der selbst an ihrer Zweckmäßigkeit zweifelte, würden sicherlich nicht befolgt werden. Es war ratsam, Mr. Jones in Baru zu belassen, wo die Einwohnerzahl am größten war und sein ärztlicher Rat am meisten gebraucht wurde. Mr. Gruyter wiederum konnte nicht alle übrigen Inseln allein übernehmen, da ihn seine amtlichen Pflichten zwangen, mit seinem Hauptquartier in Verbindung zu bleiben. Miss Jones mußte also gehen; aber die Einwohner gewisser ferngelegener Inseln waren wild und heimtückisch. Sie hatten dem Contrôleur schon viel zu schaffen gemacht. Er hatte Bedenken, eine Frau allein der Gefahr auszusetzen.

»Ich habe keine Angst«, sagte sie.

»Das glaube ich Ihnen. Aber wenn man Ihnen den Hals abschneidet, bekomme ich Scherereien, und überdies sind wir so knapp an Personal – ich möchte Ihre Hilfe nicht verlieren.«

»Dann soll Mr. Wilson mit mir kommen. Er kennt die Eingeborenen besser als irgendeiner und kann ihre Dialekte sprechen.«

»Der rote Ted?« Der Contrôleur starrte sie an. »Er hat gerade einen Anfall von Delirium tremens hinter sich.«

»Ich weiß«, antwortete sie.

»Sie wissen ja eine ganze Menge, Miss Jones.«

Trotz des ernsten Augenblicks konnte Mr. Gruyter ein Lächeln nicht unterdrücken. Er warf ihr einen scharfen Blick zu, aber sie hielt ihm kühl stand.

»Nichts ist geeigneter, das Gehaltvolle, das in einem Menschen liegt, herauszuholen, als Verantwortung. Vielleicht ist das ein Weg, ihn umzuwandeln.«

»Hältst du es für geraten, dich auf Tage einem so nichtswürdigen Menschen anzuvertrauen?« fragte der Missionar.

»Ich setze mein Vertrauen in Gott«, antwortete sie ernst.

»Und glauben Sie, Ted wäre eine Hilfe?« fragte der Contrôleur. »Sie kennen ihn doch.«

»Ich bin überzeugt davon.« Dann errötete sie. »Schließlich weiß niemand besser als ich, daß er imstande ist, Selbstbeherrschung zu üben.«

Der Contrôleur biß sich auf die Lippen.

»Lassen wir ihn holen.«

Er gab dem Sergeanten einen Auftrag, und in ein paar Minuten war der rote Ted zur Stelle. Er sah krank aus. Offenbar hatte ihn sein letzter Anfall arg mitgenommen, und seine Nerven waren ganz kaputt. Er war in Fetzen und hatte sich seit einer Woche nicht mehr rasiert. Man konnte sich keinen verkommeneren Anblick vorstellen.

»Passen Sie auf, Roter«, sagte der Contrôleur. »Es handelt sich um diese Cholerageschichte. Wir müssen die Eingeborenen zwingen, Vorsichtsmaßregeln zu ergreifen, und Sie sollen uns dabei helfen.«

»Ich? Warum gerade ich, zum Teufel?«

»Ohne besonderen Grund. Menschenliebe vielleicht.«

»Nichts zu machen, Contrôleur. Ich bin kein Philanthrop.«

»Dann ist es gut. Das war alles, was ich wollte. Sie können gehen.« Aber als der rote Ted sich der Tür zuwandte, wurde er von Miss Jones angehalten.

»Es war meine Anregung, Mr. Wilson. Sehen Sie, man will mich nach Labobo und Sakunchi schicken, und die Eingeborenen dort sind so komisch, daß ich Angst hatte, allein zu gehen. Ich hatte gedacht, wenn Sie mitkämen, würde ich sicherer sein.«

Er betrachtete sie mit einem Blick äußersten Abscheus.

»Was geht es mich an, ob man Ihnen die Gurgel durchschneidet oder nicht?«

Miss Jones schaute ihn an, und ihre Augen füllten sich mit

Tränen. Sie fing zu weinen an. Er stand da und blickte sie blöde an.

»Nein, Sie haben recht, es geht Sie nichts an.« Sie riß sich zusammen und trocknete sich die Augen. »Es schadet nichts. Ich gehe allein.«

»Ich finde es blödsinnig unvorsichtig von einer Frau, allein nach Labobo zu gehen.«

Sie blickte ihn mit einem Lächeln an.

»Da mögen Sie recht haben, aber es ist mein Beruf, sehen Sie, und ich kann nicht anders. Es tut mir leid, wenn ich Sie mit meinem Ansinnen geärgert habe. Sie müssen es vergessen. Es war eine Zumutung, von Ihnen zu verlangen, sich einer solchen Gefahr auszusetzen.«

Eine volle Minute stand der rote Ted da und schaute sie an. Er trat von einem Fuß auf den andern. Sein mürrisches Gesicht sah ganz finster aus.

»Der Teufel soll's holen«, sagte er endlich. »Mögen Sie Ihren Willen haben. Ich komm mit. Wann wollen Sie aufbrechen?«

Sie machten sich am nächsten Tage auf die Reise, mit Medikamenten und Desinfektionsmitteln versehen, in dem Motorboot der Regierung. Mr. Gruyter sollte, sobald er die notwendigsten Arbeiten erledigt hatte, in einem Prahu in die entgegengesetzte Richtung fahren. Vier Monate wütete die Epidemie. Obgleich nichts unversucht blieb, sie zu lokalisieren, erfaßte sie eine Insel nach der anderen. Der Contrôleur hatte vom Morgen bis in die Nacht hinein zu tun. Kaum kehrte er von einer Insel nach Baru zurück, um dort nach dem Rechten zu sehen, mußte er auch schon wieder aufbrechen, um sich nach einer anderen zu begeben. Er verteilte Nahrungsmittel und Medizinen. Er sprach den erschreckten Menschen Mut zu. Er beaufsichtigte alles. Er arbeitete wie ein Hund. Den roten Ted sah er nie, aber er hörte von Mr. Jones, daß das Experiment über alle Erwartungen gut gelungen war. Der Tunichtgut nahm sich zusammen. Er verstand es, mit den Eingeborenen umzugehen: durch Überredungskunst, Festigkeit und gelegentlich durch den Gebrauch seiner Fäuste brachte er sie dazu, die für ihre Sicherheit notwendigen Schritte zu unternehmen. Miss Jones konnte sich zu dem Erfolg ihrer Kriegslist gratulieren. Aber der Contrôleur war zu müde, um sich darüber zu amüsieren. Als die Epidemie erloschen war, triumphierte er, weil von einer Bevölkerung von achttausend Menschen bloß sechshundert gestorben waren.

Endlich war er imstande, dem Distrikt ein Gesundheitsattest auszustellen.

Eines Abends saß er in seinem Sarong auf der Veranda seines Hauses und las einen französischen Roman, mit dem glücklichen Bewußtsein, daß er die Dinge nun wieder leichter nehmen durfte. Sein Hauptboy kam herein und meldete, daß der rote Ted ihn zu sprechen wünsche. Er erhob sich von seinem Stuhl und rief ihm mit lauter Stimme entgegen, er möge doch eintreten. Gesellschaft war gerade das, was ihm gefehlt hatte. Es war ihm durch den Kopf gegangen, daß es nett wäre, sich an diesem Abend zu betrinken, und er hatte den Gedanken mit Bedauern beiseite geschoben. Der rote Ted kam wie vom Himmel gesandt. Bei Gott, das sollte eine Nacht werden. Nach vier Monaten verdienten sie wahrhaftig ein bißchen Spaß. Der rote Ted trat ein. Er hatte einen saubern weißen Anzug an. Er war rasiert. Er sah aus wie ein anderer Mensch.

»Aber Roter, Sie sehen ja aus, als kämen Sie aus der Sommerfrische, nicht wie einer, der monatelang cholerakranke Neger gepflegt hat. Und diese Eleganz! Ja, was ist denn mit Ihnen los?«

Der rote Ted lächelte ziemlich unsicher. Der Boy brachte zwei Flaschen Bier und schenkte ein.

»Trinken Sie, Ted«, sagte der Contrôleur, sein Glas ergreifend.

»Danke; ich glaube, ich nehme lieber nichts.«

Der Contrôleur stellte sein Glas hin und blickte Ted verblüfft an.

»Warum denn nicht, um Gottes willen? Haben Sie keinen Durst?«

»Ich hätte nichts gegen eine Tasse Tee.«

»Eine Tasse was?«

»Ich bin im Begriff, mir den Alkohol abzugewöhnen. Martha und ich werden heiraten.«

»Roter!«

Dem Contrôleur fielen beinahe die Augen aus dem Kopf. Er kratzte sich seinen kahlgeschorenen Schädel.

»Sie können doch nicht Miss Jones heiraten«, sagte er. »Niemand könnte Miss Jones heiraten.«

»Nun, ich werde es tun. Aus diesem Grunde bin ich hergekommen. Owen wird uns in der Kapelle trauen, aber wir möchten auch nach holländischem Gesetz getraut werden.«

»Das ist ein Witz, Roter, ein Witz. Wie kommen Sie auf so eine Idee?«

»Sie wollte es. Sie hat sich in jener Nacht auf der Insel, als der Propeller zerbrach, in mich verliebt. Sie ist gar nicht so übel, wenn man sie näher kennt. Es ist ihre letzte Chance, wenn Sie wissen, was ich meine, und ich möchte ihr etwas zuliebe tun. Außerdem braucht sie jemanden, der auf sie aufpaßt, das habe ich gemerkt.«

»Roter, Roter, ehe Sie sich's versehen, wird sie einen Missionar aus Ihnen machen.«

»Da hätte ich offen gestanden gar nichts dagegen, wenn wir unsere eigene kleine Mission hätten. Sie sagt, ich könne Wunder wirken unter den Eingeborenen. Sie sagt, ich erreiche in fünf Minuten mehr als Owen in einem Jahr. Sie sagt, sie hätte nie jemanden mit so viel Suggestionskraft gesehen wie mich. Es wäre doch schade, eine solche Gabe ungenützt zu lassen.«

Der Contrôleur blickte ihn an, ohne zu sprechen, und nickte drei-, viermal langsam mit dem Kopf. Sie hatte ihn gut eingewickelt.

»Ich habe bereits siebzehn bekehrt«, sagte der rote Ted.

»Sie? Ich wußte gar nicht, daß Sie ein gläubiger Christ sind.«

»Gott, eigentlich war ich es auch nicht. Aber als ich zu ihnen sprach und sie mir zuliefen wie eine Schar verlorener Schafe, wurde mir ganz komisch zumute. Verdammt, sagte ich mir, vielleicht ist doch etwas daran.«

»Sie hätten sie vergewaltigen sollen, Roter. Es hätte keine besondern Folgen für Sie gehabt. Ich hätte Ihnen drei Jahre aufgebrummt, und drei Jahre sind schnell vorbei.«

»Verraten Sie ihr niemals, daß ich nie im Leben auf diesen Gedanken verfallen wäre, Contrôleur. Frauen sind empfindlich in diesem Punkt, und sie wäre furchtbar beleidigt, wenn sie es erführe.«

»Ich hatte schon gemerkt, daß sie ein Auge auf Sie geworfen hatte, aber nie hätte ich mir gedacht, daß es so weit kommen könnte.« Der Contrôleur ging aufgeregt auf der Veranda auf und ab. »Hören Sie mir zu, alter Junge«, sagte er nach einiger Überlegung, »wir haben wundervolle Zeiten miteinander verlebt, und Freund ist Freund. Ich will Ihnen sagen, was Sie tun sollen. Ich leihe Ihnen das Regierungsboot, und Sie können sich auf einer der Inseln verstecken, bis der nächste Dampfer vorbeikommt. Ich werde Weisung geben, daß man Sie an Bord nimmt. Es bleibt Ihnen nur mehr eines übrig: auszureißen.«

Der rote Ted schüttelte den Kopf.

»Es hat keinen Zweck, Contrôleur. Ich weiß, Sie meinen es gut, aber ich werde diese Frau heiraten, und dabei bleibt's. Sie wissen nicht, welche Freude es ist, die Reue in diesen armen Sündern zu wecken, und beim Himmel!, das Mädchen macht einen Siruppudding! Seit meiner Kindheit habe ich keinen solchen mehr gegessen.«

Der Contrôleur war sehr verstört. Der besoffene Kerl war seine einzige Gesellschaft auf der Insel gewesen, und er wollte ihn nicht verlieren. Er entdeckte, daß er eine gewisse Zuneigung zu ihm gefaßt hatte. Am nächsten Tag besuchte er den Missionar.

»Was höre ich da von einer Heirat zwischen dem roten Ted und Ihrer Schwester?« fragte er. »Es ist das Merkwürdigste, das mir je im Leben vorgekommen ist.«

»Aber es ist wahr.«

»Sie müssen etwas dagegen unternehmen. Es ist der hellste Wahnsinn.«

»Meine Schwester ist großjährig und kann tun, was ihr beliebt.«

»Sie werden mir doch nicht einreden, daß Sie damit einverstanden sind? Sie kennen den roten Ted. Er ist ein Strolch, und daran ist nichts zu ändern. Haben Sie Ihre Schwester aufmerksam gemacht, was für ein Risiko sie auf sich nimmt? Sünder zur Reue zu bekehren – gut und schön –, aber es gibt doch Grenzen. Kann der Leopard sein Fell ändern?«

Zum erstenmal, seit er ihn kannte, entdeckte der Contrôleur ein Zwinkern in den Augen des Missionars.

»Meine Schwester ist eine sehr energische Person, Mr. Gruyter«, antwortete er. »Seit jener Nacht auf der Insel war er verloren.«

Der Contrôleur war sprachlos. Er war ebenso erstaunt wie

der Prophet, als der Herr den Mund des Esels öffnete und ihn zu Balaam sagen ließ: »Was habe ich getan, daß du mich dreimal schlugst?« Vielleicht war Mr. Jones doch ein Mensch.

»Allejesus!« murmelte der Contrôleur.

Ehe das Gespräch noch fortgesetzt werden konnte, kam Miss Jones ins Zimmer gerauscht. Sie strahlte. Sie sah zehn Jahre jünger aus. Ihre Wangen glühten, und die Nase war fast überhaupt nicht rot.

»Sind Sie gekommen, um mir zu gratulieren, Mr. Gruyter?« rief sie, und ihr Gehaben war munter und mädchenhaft. »Sehen Sie, ich habe doch recht behalten. Sie können sich nicht vorstellen, wie großartig Edward sich in dieser schrecklichen Zeit benommen hat. Er ist ein Held. Er ist ein Heiliger. Selbst mich hat er in Erstaunen gesetzt.«

»Ich hoffe, Sie werden sehr glücklich sein, Miss Jones.«

»Ich weiß, daß ich es sein werde. Oh, es wäre sündhaft von mir, wenn ich daran zweifelte. Denn es ist der Herr, der uns zusammengeführt hat.«

»Glauben Sie?«

»Ich weiß es. Überlegen Sie doch nur. Wenn die Cholera nicht gewesen wäre, hätte Edward sich nie gefunden. Wenn die Cholera nicht gewesen wäre, hätten wir einander nie kennengelernt. Nie habe ich die Hand Gottes deutlicher erkannt.«

Der Contrôleur fand, daß es eine höchst umständliche Art war, zwei Menschen zusammenzuführen, wenn sie den Tod von sechshundert Menschen zur Voraussetzung hatte, aber da er in bezug auf das Walten der Allmacht nicht sonderlich versiert war, enthielt er sich jeder Bemerkung.

»Sie werden nie erraten, wo wir unsere Flitterwochen zubringen werden«, sagte Miss Jones schelmisch.

»Java?«

»Nein. Wenn Sie uns Ihr Motorboot leihen, gehen wir auf die kleine Insel, wo wir Schiffbruch erlitten haben. Sie birgt zarte Erinnerungen für uns beide. Dort erfuhr ich zum erstenmal, wie vornehm und gut Edward ist. Und dort soll ihm seine Belohnung zuteil werden.«

Dem Contrôleur verschlug es den Atem. Er verabschiedete sich rasch, denn das fühlte er: wenn er jetzt nicht sofort eine Flasche Bier trank, bekam er Krämpfe. Nie im Leben war er so schockiert gewesen.

Die Macht der Umstände

Sie saß auf der Veranda und wartete auf ihren Mann. Es war Zeit zum Mittagessen. Der malaiische Diener hatte die Jalousien herabgelassen, als die Frische des Morgens der Hitze wich, aber sie hatte eine davon zum Teil wieder aufgezogen, so daß sie den Fluß überblicken konnte. Es ging kein Lufthauch. Unter der Mittagssonne hatte das Wasser eine Totenblässe. Ein Eingeborener ruderte in einem Einbaum vorbei. Das kleine Boot ragte kaum über die Wasserfläche hinaus. Ringsum war alles in aschfarbenes, bläßliches Grau getaucht. Was man Farbe nennen konnte, waren nur die verschiedenen Tönungen der Hitze. (Es war wie eine östliche Melodie in Moll, die durch ihre dunkle Monotonie an den Nerven zerrt. Ungeduldig, aber vergeblich wartet das Ohr auf die Auflösung.) Die Zikaden zirpten wie besessen. Ihr Lied setzte ebensowenig aus und war ebenso eintönig wie das Plätschern eines Baches auf steinigem Grund. Aber plötzlich wurde es von dem vollen, lauten und doch weichen Gesang eines Vogels übertönt. Einen Augenblick setzte ihr Herz aus, weil sie an das Flöten der Amseln in England dachte.

Dann hörte sie den Schritt ihres Mannes auf dem Kiesweg hinter dem Bungalow. Der Weg führte zu dem Amtsgebäude, in dem er gearbeitet hatte. Sie stand auf, um ihn zu begrüßen. Er kam eilig die niedrige Treppe herauf, denn der Bungalow stand auf Pfählen. An der Tür nahm ihm der Boy seinen Tropenhelm ab. Dann trat er ins Zimmer, das ihnen zugleich als Eß- und Wohnzimmer diente. Seine Augen leuchteten vor Freude auf, als er sie erblickte.

»Na, Doris, bist du schon hungrig?«

»Wie ein Wolf.«

»Ich will nur noch rasch ein Bad nehmen und bin gleich fertig.«

»Mach schnell«, sagte sie lächelnd.

Er verschwand in seinem Schlafzimmer. Sie hörte ein fröhliches Pfeifen, als er mit der Sorglosigkeit, gegen die sie immer anzukämpfen versuchte, sich die Kleider herunterriß und sie auf den Boden warf. Er war neunundzwanzig, aber immer noch wie ein Schuljunge. Ein Erwachsener würde er nie werden. Darum hatte sie sich wohl in ihn verliebt; denn auch die größte Zuneigung konnte einen nicht davon überzeugen, daß er hübsch sei. Er war ein kleiner, rundlicher Mann mit einem roten Vollmondgesicht und blauen Augen. Dazu war seine Haut mit Pickeln bedeckt. Sie hatte ihn oft und lange genug angesehen und geprüft, mußte ihm aber jedesmal gestehen, sie könne nicht ein einziges lobenswertes Merkmal an ihm entdecken. Wie manches Mal hatte sie ihm gesagt, er sei durchaus nicht ihr Typ!

»Ich habe nie behauptet, daß ich ein schöner Mann bin«, sagte er dann lachend.

»Ich kann einfach nicht verstehen, was ich an dir finde.«

Aber sie wußte es natürlich ganz genau. Er war ein lustiger Geselle, der nichts sehr ernst nahm und ständig lachte. Dadurch brachte er auch sie zum Lachen. Seine Heiterkeit verschönte ihn. Er nahm das Leben von der leichten Seite und machte sich nicht allzu viele Gedanken darüber. Wenn sie in seiner Nähe war, fühlte sie sich glücklich und guter Laune. Die tiefe Zuneigung, die sie in diesen fröhlichen blauen Augen sah, rührte sie. Es tat wohl, so geliebt zu werden. Einmal, als er während der Flitterwochen auf ihren Knien saß, hatte sie zu ihm gesagt:

»Du bist ein häßlicher, kleiner, dicker Mann, Guy, aber du hast Charme. Ich kann mir nicht helfen, ich muß dich liebhaben.«

Eine Welle der Rührung überflutete sie, und ihre Augen füllten sich mit Tränen. Sie sah, wie sein Gesicht sich einen Augenblick unter dem Ansturm seiner Gefühle verzog, dann antwortete er mit zitternder Stimme:

»Es ist ein schrecklicher Gedanke, eine geistesschwache Person zur Frau zu haben.«

So eine Antwort hatte sie erwartet. Sie mußte immer laut lachen, wenn sie solche Bemerkungen hörte. Sie paßten so gut zu ihm.

Sie konnte sich nur schwer vorstellen, daß sie neun Monate zuvor noch nie etwas von ihm gehört hatte. Sie hatte ihn in einem kleinen Badeort am Meer kennengelernt, wo sie mit ihrer Mutter einige Ferienwochen verbrachte. Doris war Sekretärin bei einem Parlamentsmitglied, Guy war auf Heimaturlaub. Sie wohnten im selben Hotel, und in kurzer Zeit erfuhr sie von ihm alle Einzelheiten aus seinem Leben. Er war in Sembulu geboren, wo sein Vater dreißig Jahre unter dem zweiten Sultan gedient hatte. Nach Beendigung seiner Schulzeit hatte Guy dieselbe Laufbahn eingeschlagen. Er hing an seinem Geburtsland.

»England ist für mich ein fremdes Land«, sagte er. »Meine wahre Heimat ist Sembulu.«

Und jetzt war es auch die ihre. Als die Ferien zu Ende gingen, machte er ihr einen Heiratsantrag. Sie hatte das vorausgeahnt und sich entschlossen, ihn abzulehnen. Ihre Mutter war Witwe und sie ihr einziges Kind; sie konnte daher nicht weit von ihr fortgehen. Aber als der Augenblick kam, wußte sie nicht, wie ihr geschah. Eine unerwartete Gefühlsregung brachte sie aus dem Gleichgewicht. Sie sagte ja. Und nun waren sie bereits vier Monate in dem entlegenen Bezirk, den er zu verwalten hatte. Sie war sehr glücklich.

Sie hatte ihm einmal gesagt, sie habe ursprünglich seinen Antrag ablehnen wollen.

»Tut es dir leid, daß du es nicht getan hast?« fragte er mit einem Lächeln in seinen zwinkernden blauen Augen.

»Ich wäre schön dumm gewesen. Glück habe ich gehabt oder wie man sonst das Eingreifen des Schicksals oder des Zufalls nennen will, das mir meinen Entschluß auf einmal aus der Hand wand.«

Nun hörte sie Guy die Treppe zum Baderaum hinunterpoltern. Er machte immer viel Lärm, und selbst mit bloßen Füßen konnte er nicht leise auftreten. Er sagte jetzt ein paar Worte auf malaiisch, die sie nicht verstehen konnte. Dann hörte sie, wie jemand mit ihm sprach, nicht laut, sondern in einem zischenden Flüstern. Es war wirklich schlimm, daß ihm die Leute auch noch auflauerten, wenn er sein Bad nahm. Er entgegnete etwas darauf, und wenn er auch leise sprach, konnte sie doch hören, daß er ärgerlich war. Die andere Stimme wurde jetzt lauter; sie gehörte einer Frau. Sie hatte wohl, wie Doris annahm, eine Beschwerde vorzubringen. Das sah einer Malaiin ähnlich, sich so verstohlenerweise ins Haus zu schleichen. Aber sie konnte offenbar nichts von Guy erreichen, denn sie hörte ihn sagen: »Raus hier!« Das jedenfalls verstand sie. Dann hörte sie, wie er die Tür verriegelte. Danach fing er an, sich mit Wasser zu übergießen. (Die Badeeinrichtung erschien ihr noch immer sonderbar. Die Baderäume waren unter den Schlafzimmern. Es war nichts darin als ein großes Faß voll Wasser, das man mit einem kleinen Eimer herausschöpfte und über sich goß.) Nach ein paar Minuten war er wieder im Eßzimmer. Sein Haar war noch naß. Sie setzten sich zum Essen.

»Gut, daß ich nicht argwöhnisch oder eifersüchtig bin«, lachte sie. »Sonst könnte ich mit der angeregten Unterhaltung, die du während deines Bades mit Damen führst, nicht ganz einverstanden sein.«

Sein sonst so heiteres Gesicht hatte einen verdrossenen Ausdruck gehabt, als er hereingekommen war, aber nun hellte es sich auf.

»Ich war nicht gerade erfreut, sie zu sehen«, sagte er.

»Das entnahm ich aus dem Ton deiner Stimme. Wie es mir vorkam, warst du sogar mit der jungen Person sehr kurz angebunden.«

»Frechheit, mir hier so aufzulauern.«

»Was wollte sie denn?«

»Ach, ich weiß nicht. Es ist eine Frau aus dem Kampong. Sie liegt mit ihrem Mann im Streit oder was Ähnliches.«

»Möglicherweise ist es dieselbe, die heute morgen hier herumlungerte.«

Er zog die Brauen zusammen.

»Wieso? War eine da?«

»Ja. Ich ging zum Aufräumen in mein Schlafzimmer und dann ins Bad. Ich sah jemanden aus der Tür schleichen, als ich die Treppe hinunterging, und als ich nach draußen blickte, sah ich dort eine Frau stehen.«

»Hast du mit ihr gesprochen?«

»Ich fragte sie, was sie wollte, und sie sagte etwas, aber ich konnte es nicht verstehen.«

»Ich werde das abstellen, daß alle möglichen Strolche hier herumspionieren«, sagte er. »Sie haben kein Recht, hier ins Haus zu kommen.«

Er lächelte, aber Doris erkannte sofort mit der schnellen Auffassungsgabe einer liebenden Frau, daß sich nur seine Lippen kräuselten und seine Augen nicht wie gewöhnlich mitlachten. Sie fragte sich, was ihn wohl quälen könnte.

»Was hast du heute morgen getan?« erkundigte er sich.

»Oh, nicht viel. Ich habe einen kleinen Spaziergang gemacht.«

»Durch das Dorf?«

»Ja, ich sah einen Mann, der einen angeketteten Affen Kokosnüsse von einem Baum holen ließ, worüber ich nicht genug staunen konnte.«

»Spaßige Sache, was?«

»Unter den Zuschauern waren auch zwei Knaben, die viel heller waren als die übrigen. Ich hätte gern gewußt, ob sie von weißen Vätern stammten, und redete sie an, aber sie konnten kein Wort Englisch.«

»Es sind zwei oder drei halbblütige Kinder in dem Kampong.«

»Wem gehören sie denn?«

»Ihre Mutter ist eines der Dorfmädchen.«

»Und wer ist ihr Vater?«

»Ja, meine liebe Doris, das ist nun so eine Frage, die man hier ungern stellt.« Er machte eine Pause. »Eine große Anzahl Weißer hat eingeborene Mädchen zu Frauen. Wenn sie heimfahren oder sich verheiraten, geben sie ihnen eine Abfindungssumme und schicken sie in ihr Dorf zurück.«

Doris schwieg. Die Gleichgültigkeit, mit der er darüber sprach, kam ihr ein wenig herzlos vor. Es lag ein Schatten auf ihrem ehrlichen, offenen, hübschen englischen Gesicht, als sie sagte:

»Aber was geschieht mit den Kindern?«

»Die werden zweifellos gut versorgt. Ein Weißer sieht darauf, daß sie je nach seinem Einkommen gut erzogen werden. Sie bekommen später Stellen bei einer Regierungsbehörde. Es geht ihnen nicht schlecht.«

Sie lächelte ihn etwas kläglich an.

»Du erwartest wohl nicht, daß ich das als ein sehr gutes System ansehe.«

»Man darf nicht zu hart darüber denken«, erwiderte er ebenfalls lächelnd.

»Das tue ich auch nicht, aber ich bin froh, daß du nie eine Malaiin hier gehabt hast. Das wäre mir sehr arg. Denk nur mal, wenn diese zwei kleinen Jungen von dir gewesen wären.«

Der Boy wechselte die Teller. Ihr Menü war nie sehr abwechslungsreich. Zuerst gab es Süßwasserfische, die nach nichts schmeckten, so daß man sie mit einer Menge Tomatenketchup genießbar machen mußte, und dann irgendein Fleischgericht. Guy begoß es mit Worcestersauce.

»Der alte Sultan glaubte, das Land sei für weiße Frauen zu unruhig und ungesund«, fuhr er fort. »Er ermunterte die Weißen, mit eingeborenen Mädchen zusammenzuleben. Natürlich hat sich das nun ziemlich geändert. Das Land ist jetzt vollkommen ruhig, und wir werden auch wohl besser mit dem Klima fertig.«

»Aber, Guy, der ältere der beiden Knaben war nicht mehr als sieben und der andere etwa fünf.«

»Auf einer so entlegenen Station ist es schrecklich einsam. Oft sieht man ein halbes Jahr lang keinen anderen Weißen. Und dabei wird man hierher versetzt, wenn man fast noch ein Junge ist.« Er hatte nun wieder das reizende Lächeln, das sein rundes, wenig hübsches Gesicht so veränderte. »Weißt du, man muß schon ein bißchen Verständnis dafür aufbringen.«

»Gewiß«, sagte sie, streckte die Hand über den kleinen Tisch und legte sie auf die seine. »Ich bin nur froh, daß ich dich so jung erwischt habe. Ehrlich, es wäre mir schrecklich, wenn ich erfahren müßte, du hättest ein solches Leben geführt.«

Er drückte ihr die Hand.

»Bist du glücklich hier, Liebste?«

»Furchtbar.«

In ihrem Leinenkleid sah sie sehr kühl und frisch aus. Die Hitze machte ihr nicht viel zu schaffen. Sie besaß nur die Schönheit der Jugend, doch ihre braunen Augen und ihr angenehmes offenes Gesicht wirkten anziehend. Ihr kurzgeschnittenes Haar war gepflegt und hatte einen leuchtenden Schimmer. Sie machte den Eindruck einer geistig regen jungen Frau. Man war überzeugt, daß der Abgeordnete, für den sie gearbeitet hatte, mit ihr als Sekretärin zufrieden gewesen war.

»Ich habe das Land sofort liebgewonnen«, sagte sie. »Wenn ich auch viel allein bin, so fühle ich mich doch nie einsam.«

Natürlich hatte sie Romane über den Malaiischen Archipel gelesen und sich ein düsteres Land mit großen, unheimlich wirkenden Flüssen und einem totenstillen, undurchdringlichen Dschungel vorgestellt. Als der kleine Küstendampfer das junge Paar an der Mündung des Flusses absetzte, erwartete sie dort ein großes, mit einem Dutzend Dajaks bemanntes Boot, das sie zur Station bringen sollte. Ihr stockte der Atem, als sie die eher freundliche als Scheu einflößende Schönheit der Landschaft sah. Diese strahlte eine Heiterkeit aus, die sie nicht erwartet hatte, ähnlich dem fröhlichen Gezwitscher der Vögel in den Bäumen. An beiden Ufern des Flusses standen Mangroven und Nipahpalmen, und hinter ihnen wurde das dichte Grün des Urwalds sichtbar. In der Ferne erstreckten sich blaue Berge, Kette an Kette, so weit das Auge reichte. Sie hatte kein Gefühl der Eingeengtheit oder der Düsterkeit, sondern eher das einer grenzenlosen Weite, wo die überschäumende Phantasie nach Belieben schweifen konnte. Das Grün glitzerte in der Sonne. Der Himmel war heiter und klar. Das liebliche Land schien sie willkommen zu heißen.

Sie fuhren dicht am Ufer dahin. Hoch über ihren Köpfen flog ein Taubenpaar. Wie ein lebendiger Edelstein blitzte ein Eisvogel auf. Zwei Affen saßen mit baumelnden Schwänzen nebeneinander auf einem Zweig. Am Horizont, auf der anderen Seite des breiten und unruhigen Flusses, hing eine Reihe kleiner weißer Wolken – die einzigen am ganzen Himmel. Sie sahen aus wie eine Schar in Weiß gekleideter Ballettmädchen, die im Hintergrund der Bühne fröhlich und sprungbereit auf das Aufgehen des Vorhangs warten. Ihr Herz füllte sich mit Freude, und jetzt, da sie sich an das alles erinnerte, ruhten ihre Augen dankbar, liebevoll und vertrauend auf ihrem Mann.

Und was für ein Spaß war es nur gewesen, das Wohnzimmer in Ordnung zu bringen! Es war sehr groß, und als sie ankam, lag eine zerrissene, schmutzige Matte auf dem Boden; an den nicht gestrichenen Holzwänden hingen (viel zu hoch) Photogravüren akademischer Bilder, Dajakschilde und Parangs. Über die Tische waren handgewebte malaiische Decken mit düsteren Farben gebreitet, und auf ihnen standen Messinggeschirre, die dringend der Reinigung bedurften, leere blecherne Zigarettenschachteln und einzelne Stücke malaiischen Silbers. Auf einem rohgezimmerten Regal lagen billige Ausgaben von Romanen und eine Anzahl alter Reisebücher in zerfetzten Ledereinbänden. Auf einem anderen Brett sah man leere Flaschen. Es war eine unaufgeräumte und ungemütliche Junggesellenbude. Wenn sie auch darüber lächeln mußte, so tat ihr der Bewohner doch leid. Guy hatte hier ein ödes, trostloses Leben geführt. Sie umarmte und küßte ihn.

»Du armer Liebster!« sagte sie lachend.

Sie machte das Zimmer mit geschickten Händen bald bewohnbar. Sie stellte die Sachen um, und was sie nicht verwenden konnte, warf sie hinaus. Jetzt war der Raum freundlich und gemütlich. In Glasvasen leuchteten hübsche Orchideen und in großen Schalen Büschel blühender Sträucher. Sie war unmäßig stolz, weil es ihr Haus war – sie hatte ihr Leben lang nur eine enge, dumpfige Mietwohnung gekannt – und weil sie es für ihn so schön eingerichtet hatte.

»Bist du zufrieden mit mir?« fragte sie ihn, als sie fertig war.

»So ziemlich.«

Diese absichtliche Dämpfung des Lobes war ganz nach ihrem Sinn. Wie schön war es doch, daß sie sich so gut verstanden, selbst in so kleinen Dingen. Sie scheuten beide davor zurück, ihre Gefühle zu zeigen, und nur in seltenen Augenblicken gaben sie die scherzende Art auf, in der sie miteinander sprachen.

Nach dem Essen warf sich Guy in einen Liegestuhl, um zu schlafen. Sie ging in ihr Zimmer. Sie war ein wenig überrascht, als er sie an sich zog, während sie an ihm vorüberkam, und sie küßte. Sie waren es nicht gewohnt, zu allen möglichen Tagesstunden Liebkosungen auszutauschen.

»Ein volles Bäuchlein regt dich zu Zärtlichkeiten an«, neckte sie ihn.

»Marsch jetzt! Und laß dich vor zwei Stunden nicht mehr sehen!«

»Schnarch nicht!«

Sie waren bei Tagesanbruch aufgestanden, und nach fünf Minuten schliefen sie beide fest.

Doris wurde davon wach, daß sie ihren Mann im Badezimmer plätschern hörte. Die Wände des Bungalows waren gute Schalleiter, und so entging nichts, was der eine tat, dem anderen. Sie war zu faul, sich zu bewegen, aber sie hörte, wie der Boy bereits den Teetisch deckte. Darum sprang sie auf und stieg in ihr eigenes Badezimmer hinunter. Das Wasser war köstlich erfrischend; es war zwar nicht kalt, aber kühl. Als sie ins Wohnzimmer kam, nahm Guy die Tennisschläger aus der Presse, denn in der kurzen Abendkühle spielten sie Tennis. Es wurde schon um sechs dunkel.

Der Tennisplatz war nur einige hundert Meter vom Bungalow entfernt, und nach dem Tee brachen sie sogleich auf, um keine Zeit zu verlieren.

»Oh, schau!« sagte Doris. »Da ist die Frau, die ich heute morgen gesehen habe.«

Guy drehte sich hastig um. Seine Augen blieben eine Weile auf der Eingeborenen haften, aber er sagte nichts.

»Was für einen hübschen Sarong sie hat!« meinte Doris. »Woher mag sie ihn wohl haben?«

Sie war schlank und klein, mit den großen, dunklen, sterngleichen Augen ihrer Rasse und einer Fülle rabenschwarzen Haares. Sie rührte sich nicht, als sie vorübergingen, starrte sie aber sonderbar an. Doris sah, daß sie nicht ganz so jung war, wie sie zuerst angenommen hatte. Ihre Gesichtszüge waren ein bißchen grob, ihre Haut war sehr dunkel, aber sie war zweifellos hübsch. Sie trug ein kleines Kind auf den Armen. Doris lächelte ihr zu, als sie das Kind sah, aber die Lippen der Frau kräuselten sich nicht, um dieses Lächeln zu erwidern. Ihr Gesicht blieb unbewegt und ausdruckslos. Sie blickte nicht Guy, sondern nur Doris an. Er ging weiter, als sähe er sie nicht.

»Ist das Kind nicht süß?« wandte sich Doris an ihn.

»Ich habe es nicht bemerkt.«

Durch sein Benehmen stutzig gemacht, warf sie einen Blick auf sein Gesicht. Es war totenbleich, und die Pickel darin, an die sie sich mittlerweile gewöhnt hatte, waren röter als gewöhnlich. »Hast du ihre Hände und Füße bemerkt? Sie könnte eine Herzogin sein.«

»Alle Eingeborenen haben gute Hände und Füße«, antwortete er, aber verdrossen, wie sie es sonst nicht an ihm kannte. Es war, als müsse er sich zwingen, den Mund aufzutun.

Doch Doris faßte keinerlei Argwohn.

»Weißt du, wer sie ist?«

»Eins von den Mädchen aus dem Kampong.«

Sie hatten den Tennisplatz erreicht. Als Guy zu dem Netz ging, um sich zu überzeugen, daß es straff war, sah er sich um. Das Mädchen stand noch immer an derselben Stelle. Doris bemerkte, daß sie jetzt zu Guy hinblickte und dieser sie ebenfalls ins Auge faßte.

»Soll ich angeben?« fragte Doris.

»Ja, du hast die Bälle ja auf deiner Seite.«

Er spielte sehr schlecht. Gewöhnlich gab er ihr fünfzehn vor und schlug sie, aber diesmal gewann sie leicht. Im allgemeinen war er ein lauter Spieler. Er schrie die ganze Zeit, verfluchte seine Ungeschicklichkeit, wenn er einen Ball verfehlte, und zog sie auf, wenn er einen warf, den sie nicht erreichen konnte. Diesmal sagte er kein Wort.

»Du bist nicht bei der Sache, junger Mann«, rief sie.

»Wieso nicht?«

Er begann die Bälle zu schmettern, versuchte sie zu schlagen und schickte einen nach dem anderen ins Netz. Sie hatte ihn noch nie mit einem so finsteren Gesicht gesehen. War es möglich, daß er ungehalten war, weil er so schlecht spielte? Die Dämmerung kam, und sie mußten aufhören. Die Frau stand noch genau in derselben Haltung wie vorher, und wieder ließ sie beide mit ausdruckslosem Gesicht an sich vorbeigehen.

Die Jalousien an den Fenstern waren nun hochgezogen, und auf dem Tisch standen Flaschen und Sodawasser. Es war die Stunde, in der sie ihre ersten Drinks einnahmen, und Guy mixte den Gin mit Sodawasser. Der Fluß lag ruhig in seiner ganzen Breite vor ihnen. Auf dem anderen Ufer war der Dschungel schon in das geheimnisvolle Dunkel der beginnenden Nacht eingehüllt. Ein Eingeborener ruderte schweigend stromaufwärts; er stand mit zwei Rudern am Bug des Bootes.

»Ich habe sehr schlecht gespielt«, bemerkte Guy in das Schweigen hinein. »Ich leide ein bißchen unter dem Wetter.«

»Du wirst doch wohl kein Fieber bekommen?«

»Ach nein, morgen bin ich wieder auf der Höhe.«

Die Dunkelheit hüllte sie ein. Die Frösche quakten laut, und dann und wann hörten sie das kurze Trillern von einem Vogel, der im Dunkeln sang. Glühwürmchen zogen leuchtende Spuren über die Veranda und ließen die umgebenden Büsche wie Christbäume mit winzigen Kerzen erscheinen. Doris glaubte, Guy leise stöhnen zu hören. Das machte sie unruhig. Er war sonst immer so lustig.

»Was bedrückt dich denn, mein Junge?« sagte sie sanft bittend. »Komm, sag es Mama.«

»Nichts. Will mal lieber noch einen Gin trinken«, antwortete er mit erzwungener Unbekümmertheit.

Am nächsten Tage kam die Post, und Guy war wieder so gut aufgelegt wie immer. Der Küstendampfer kam zweimal monatlich zur Flußmündung, und zwar, wenn er zu den Kohlenbergwerken fuhr und wieder zurückkam. Auf der Hinfahrt brachte er die Post mit, die Guy durch ein Boot holen ließ. In ihrem ereignislosen Dasein war das immer eine große Abwechslung. In den ersten Tagen durchflogen sie schnell alles, Briefe, Zeitungen aus England und aus Singapur, Zeitschriften und Bücher, und sparten sich eine gründlichere Durchsicht für die folgenden Wochen auf. Um die illustrierten Zeitschriften stritten sie sich. Wenn Doris nicht so mit ihnen beschäftigt gewesen wäre, hätte sie gemerkt, daß mit Guy eine Veränderung vorgegangen war. Aber sie hätte sie schwer beschreiben und noch schwerer erklären können. Seine Blicke hatten etwas Lauerndes, seine Mundwinkel zogen sich wie unter sorgenvollen Gedanken nach unten.

Als sie etwa eine Woche später in dem gegen die Sonne abgedunkelten Zimmer saß und eine malaiische Grammatik studierte (denn sie lernte jetzt fleißig Malaiisch), hörte sie draußen einen Lärm. Sie vernahm die ärgerliche Stimme des Hausdieners und die eines anderen Boys, es konnte der Wasserträger sein, und dann die schrillen Schimpflaute einer Frau. Es war offenbar ein heftiger Streit im Gange. Sie ging ans Fenster und öffnete die Läden. Der Wasserträger hatte die Frau am Arm gepackt und zog sie fort, während der Hausboy von hinten mit beiden Händen nachschob. Doris erkannte sofort die Frau, die sie eines Morgens vor dem Hause herumlungern und später am Tage auf dem Weg zum Tennisplatz gesehen hatte.

Sie drückte ein Kind gegen die Brust.

»Halt! Was gibt's da?« rief Doris.

Als er Doris' Stimme hörte, ließ der Wasserträger die Frau sofort los. Diese fiel, da sie noch von hinten gestoßen wurde, zu Boden. Dann trat Stille ein. Der Hausboy sah sich mürrisch um. Der Wasserträger zögerte eine Weile und schlich sich dann fort. Die Frau stand langsam auf, nahm das Kind auf den Arm und starrte dann mit unbewegtem Gesicht auf Doris. Der Boy sagte etwas zu ihr, was Doris nicht hören konnte; sie hätte es auch nicht verstanden. In dem Gesicht der Frau deutete nichts darauf hin, daß diese Worte sie etwas angingen, aber sie wandte sich langsam dem Zaun zu. Der Hausdiener folgte ihr bis zur Gartentür. Doris rief ihn, als er zurückkam, aber er tat so, als hörte er es nicht. Sie wurde nun ärgerlich und rief ihn nochmals laut und in scharfem Ton.

»Komm sofort hierher!«

Da schritt er langsam auf den Bungalow zu, wobei er es

vermied, Doris anzusehen. Mit mürrischem Gesicht blieb er in der Tür stehen.

»Was hast du der Frau getan?« wollte sie wissen.

»Tuan sagen, sie nicht hierher kommen.«

»Du darfst eine Frau nicht so behandeln. Ich dulde das nicht. Ich werde Tuan genau sagen, was ich gesehen habe.«

Der Boy gab keine Antwort. Er blickte scheinbar weg, aber Doris hatte das Gefühl, daß er sie durch seine langen Wimpern beobachtete. Sie schickte ihn fort.

Ohne ein Wort ging er weg. Sie war betroffen und brachte es nicht mehr fertig, die malaiische Grammatik wieder zur Hand zu nehmen. Nach einer Weile kam der Boy zurück, um den Tisch zu decken. Plötzlich lief er zurTür.

»Was gibt's?« fragte sie.

»Tuan kommt.«

Er ging hinaus, um Tuan den Hut abzunehmen. Seine scharfen Ohren hatten Guys Schritte vernommen, ehe sie selbst sie gehört hatte. Guy kam nicht wie gewöhnlich sofort die Treppe herauf. Sie vermutete, daß der Boy ihm entgegengegangen war, um ihm den Zwischenfall zu erzählen. Sie zuckte die Schultern. Der Boy wollte offenbar seinem Herrn die Geschichte zuerst berichten. Aber sie war erstaunt, als Guy hereinkam. Sein Gesicht war aschfahl.

»Guy, sag doch, was ist mit dir?«

Er wurde feuerrot.

»Nichts. Warum?«

Sie war so betroffen, daß sie ihn in sein Zimmer gehen ließ, ohne ein Wort von dem Zwischenfall zu sagen. Er brauchte länger als sonst, um sein Bad zu nehmen und seine Kleider zu wechseln. Dann setzte sie sich zum Essen nieder.

»Guy«, sagte sie, »die Frau, die wir neulich gesehen haben, war heute morgen wieder hier.«

»Das habe ich gehört.«

»Die Diener haben sie brutal behandelt. Ich mußte ihnen Einhalt gebieten. Du mußt sie gründlich zurechtweisen.«

Obwohl der Malaie jedes Wort verstand, gab er das nicht zu erkennen. Er reichte ihr den Toast.

»Sie weiß, sie hat hier nichts zu suchen. Ich gab Anweisung, sie hinauszuwerfen, wenn sie sich noch einmal sehen ließe.«

»Mußten sie deshalb so grob zu ihr sein?«

»Sie wollte nicht gehen. Ich glaube, sie haben sie nicht gröber behandelt, als nötig war.«

»Es ist schrecklich, so etwas ansehen zu müssen. Sie hatte ein Baby auf dem Arm.«

»Baby kann man da kaum noch sagen. Es ist drei Jahre alt.«

»Woher weißt du das?«

»Oh, sie ist mir genau bekannt. Sie hat nicht das geringste Recht, hier einzudringen und Unfrieden zu stiften.«

»Was will sie denn?«

»Genau das, was sie tat: Unfrieden stiften.«

Eine Weile sagte Doris nichts mehr. Sie war überrascht über den Ton ihres Mannes. Er sprach absichtlich unklar, als ginge sie das alles nichts an. Ihr kam das unfreundlich vor. Er war nervös und gereizt.

»Heute werden wir wohl kaum Tennis spielen können«, sagte er. »Es sieht nach einem Gewitter aus.«

Als sie erwachte, regnete es bereits. Es war unmöglich, auszugehen. Während des Tees war Guy still und in Gedanken verloren. Sie nahm eine Näharbeit vor. Guy vertiefte sich in die englischen Zeitungen, die er noch nicht von der ersten bis zur letzten Zeile durchgelesen hatte. Aber er fand keine Ruhe. Er stand auf, ging in dem großen Zimmer auf und ab und trat dann auf die Veranda. Er sah in den Regen hinaus, der nicht aufhörte. Doris wurde es unbehaglich zumute.

Erst nach dem Essen wurde er erneut gesprächig. Während des einfachen Mahles hatte er sich bemüht, wieder so fröhlich wie sonst zu sein, aber man merkte die Anstrengung. Der Regen hatte aufgehört, die Sterne kamen hervor. Sie setzten sich auf die Veranda. Um keine Insekten anzulocken, hatten sie die Lampe im Wohnzimmer gelöscht. Zu ihren Füßen zog mit einer gewaltigen, großartigen Langsamkeit geheimnisvoll der Fluß dahin. Gleich dem Schicksal hatte er eine schreckliche, unerbittliche Macht in seinem majestätischen Lauf.

»Doris, ich muß dir etwas sagen.«

Seine Stimme hatte einen sonderbaren Klang. Kam es ihr nur so vor, daß er sie kaum beherrschte? Es ging ihr wie ein Stich durchs Herz, weil er in Not war, und sie legte sanft ihre Hand in die seine. Er zog seine Hand zurück.

»Es ist eine ziemlich lange Geschichte. Ich fürchte, sie wird dir nicht recht gefallen, und es wird mir ziemlich schwer, sie zu erzählen. Ich möchte dich bitten, mich nicht zu unterbrechen, noch überhaupt etwas zu sagen, bevor ich zu Ende bin.«

In der Dunkelheit konnte sie sein Gesicht nicht sehen, aber sie fühlte, daß es einen verstörten Ausdruck hatte. Sie sagte nichts. Er sprach so leise, daß seine Stimme kaum die Stille der Nacht durchbrach.

»Ich war erst achtzehn, als ich hierherkam. Ich kam direkt von der Schule. Ich verbrachte ein Vierteljahr in Kuala Solor und wurde dann auf eine Station am Sembulufluß versetzt. Dort fand ich einen englischen Verwaltungsbeamten und seine Frau vor. Ich wohnte in dem Amtsgebäude, nahm aber meine Mahlzeiten bei ihnen ein und verbrachte auch die Abende dort. Es gefiel mir außerordentlich gut auf meiner ersten Stelle. Dann wurde der Beamte, der vor mir hier war, krank und fuhr in die Heimat zurück. Wegen des Krieges herrschte Personalmangel, und ich mußte trotz meiner Jugend seine Stelle übernehmen. Ich sprach jedoch Malaiisch wie ein Einheimischer, und zudem hatte man meinen Vater in guter Erinnerung. Ich war überglücklich, einen Bezirk ganz für mich zu haben.«

Er klopfte die Asche aus seiner Pfeife und stopfte sie wieder. Als er ein Streichholz anriß, bemerkte Doris, ohne ihn anzusehen, daß seine Hand zitterte.

»Ich war noch nie allein gewesen. Die ganze Zeit hatte ich Menschen um mich gehabt, zu Hause, auf der Schule, auf dem Schiff, in Kuala Solor und auch auf meinem ersten Posten. Immer hatte ich unter Menschen gelebt, und zwar unter solchen, die sich von meinen Familienangehörigen nicht sehr unterschieden. Ich bin gern unter Menschen, ich brauche sie, weil ich eine gesellige Natur bin. Ich bin gern lustig. Alles mögliche bringt mich zum Lachen, aber man muß jemanden haben, der mitlacht. Hier war es anders. Bei Tage war es natürlich zum Aushalten. Ich hatte meine Arbeit und konnte mit den Dajaks sprechen. Es gab damals zwar noch Kopfjäger, und ich hatte manchmal Unannehmlichkeiten mit ihnen, aber im allgemeinen waren die Dajaks sehr anständige Kerle. Weiße wären mir natürlich lieber gewesen, aber sie waren besser als nichts, und es war leichter für mich, weil sie mich nicht als einen völlig Fremden ansahen. Ich hatte auch meine Arbeiter gern. Abends, wenn ich auf der Veranda saß und meinen Gin und meinen Bitteren trank, war es allerdings sehr einsam, aber ich konnte lesen. Dann waren ja auch die Diener in der Nähe. Mein eigener Boy hieß Abdul. Er hatte meinen Vater gekannt. Wenn ich genug gelesen hatte, rief ich ihn oft herbei, und wir hielten ein Plauderstündchen.

So gingen die Abende noch an, aber die Nächte erledigten mich. Spät abends kehrten die Diener in den Kampong zurück, und ich war ganz allein. Es war kein Laut zu hören, außer dann und wann das Krächzen des Tschiktschaks. Es kam so plötzlich aus der Stille, daß ich aufsprang. Drüben im Kampong ging es manchmal hoch her, denn es gab oft ein kleines Fest. Es war gar nicht so weit von mir, aber ich mußte daheim bleiben. Des Lesens war ich überdrüssig geworden. Wäre ich im Gefängnis gewesen, so hätte ich mich nicht mehr als Gefangener fühlen können. Nacht für Nacht war es dasselbe. Ich trank drei oder vier Whiskys, aber allein machte das keinen Spaß; es heiterte mich nicht auf. Ich fühlte mich nur am nächsten Tag noch elender. Ich versuchte, sofort nach dem Essen zu Bett zu gehen, aber ich konnte nicht schlafen. Ich lag da wie ein glühender Backstein und wurde immer wacher, bis ich nicht mehr wußte, was ich tun sollte. Mein Gott, war die Nacht lang! Ich kam immer mehr auf den Hund, ich tat mir manchmal selbst leid. Heute muß ich lachen, wenn ich daran denke, aber ich war erst neunzehneinhalb. Manchmal brach ich in Tränen aus.

Da zögerte Abdul eines Abends nach dem Essen, nachdem er abgeräumt hatte, mit dem Fortgehen. Er hüstelte, bis es mir auffiel. Ob ich mich nicht manchmal nachts einsam fühle, fragte er auf einmal. ›Nein‹, sagte ich. ›Warum?‹ Er sollte nicht wissen, wie mir zumute war, aber er schien es zu ahnen. Er stand stumm da, und ich merkte, daß er mir etwas sagen wollte. ›Na, was hast du denn auf dem Herzen? Schieß los!‹ sagte ich. Nach einigem Zögern rückte er mit der Sprache heraus. Wenn ich ein Mädchen haben und mit ihm zusammenleben wollte, wüßte er eines, das dazu bereit wäre. Sie sei ein sehr braves Mädchen, und er könne sie empfehlen. Sie würde mir keine Unannehmlichkeiten machen, und ich hätte dann doch jemanden im Bungalow. Sie würde mir auch meine Sachen ausbessern ... Ich war an diesem Abend besonders niedergeschlagen. Es hatte den ganzen Tag geregnet, und ich hatte mir keine Bewegung machen können. Ich wußte, ich würde wieder nicht schlafen können. Es würde mir gar nicht teuer kommen, fuhr

Abdul fort. Ihre Angehörigen seien arm und mit einem kleinen Geschenk zufrieden. Zweihundert malaiische Dollar. ›Sie können sie ja mal ansehen. Wenn sie Ihnen nicht gefällt, können Sie das Mädchen wieder wegschicken.‹ Ich fragte ihn, wo sie denn sei. ›Sie ist hier in der Nähe, ich kann sie gleich rufen.‹ Er ging zur Tür. Sie hatte mit ihrer Mutter draußen gewartet. Die beiden kamen herein und setzten sich auf den Boden. Ich gab ihnen Süßigkeiten zu essen. Das Mädchen war wohl schüchtern, aber nicht sehr verlegen, und als ich sie anredete, lächelte sie. Sie war sehr jung, fast noch ein Kind. Abdul und die Mutter sagten, sie sei fünfzehn. Sie war sehr hübsch und hatte ihr bestes Kleid angezogen. Wir unterhielten uns eine Weile. Sie sagte nicht viel, lachte aber herzlich, als ich sie neckte. Abdul sagte, sie werde schon aus sich herausgehen, wenn sie mich näher kennenlernte. Er forderte sie auf, sich neben mich zu setzen. Sie kicherte und weigerte sich, gab aber schließlich dem Drängen ihrer Mutter nach. Ich rückte auf dem Stuhl zur Seite, um ihr Platz zu machen. Sie errötete und lachte, aber sie kam und schmiegte sich an mich. Auch Abdul lachte. ›Sehen Sie, sie freundet sich bereits an. Darf sie hierbleiben?‹ ›Willst du?‹ fragte ich sie. Sie verbarg ihr Gesicht an meiner Schulter und lachte. Sie war sehr niedlich. ›Gut‹, sagte ich, ›laß sie hier.‹«

Guy lehnte sich vor und trank einen Whisky mit Soda.

»Darf ich jetzt etwas sagen?«

»Noch einen Augenblick! Ich bin noch nicht fertig. Ich war nicht in sie verliebt, nicht einmal am Anfang. Ich nahm sie nur auf, um nicht so allein in dem Bungalow zu sein. Ich glaube, ich wäre sonst verrückt geworden oder hätte angefangen zu trinken. Ich war vollständig fertig. Ich war noch zu jung, um allein zu sein. Ich habe nie eine andere geliebt als dich.« Er zögerte eine Weile. »Sie lebte hier bei mir, bis ich im vergangenen Jahr auf Urlaub fuhr. Es ist die Frau, die du hier schon ein paarmal gesehen hast.«

»Ich habe es geahnt. Sie trug ein Kind auf dem Arm. Ist das dein Kind?«

»Ja. Ein Mädchen.«

»Ist es das einzige?«

»Du hast neulich die zwei Knaben im Kampong gesehen. Du hast von ihnen gesprochen.«

»Sie hat also drei Kinder von dir?«

»Ja.«

»Dann hast du ja eine richtige Familie.«

Sie fühlte die plötzliche Bewegung, zu der diese Bemerkung ihn veranlaßte, aber er sagte nichts darauf.

»Hat sie erst erfahren, daß du verheiratet warst, als du hier plötzlich mit einer Frau auftauchtest?«

»Sie wußte, daß ich heiraten würde.«

»Seit wann?«

»Ich schickte sie ins Dorf zurück, als ich abfuhr. Ich sagte ihr, es sei nun alles vorbei. Ich gab ihr, was ich ihr versprochen hatte. Sie hat immer gewußt, daß es nur ein vorübergehendes Zusammenleben war. Ich hatte die Nase voll. Ich sagte ihr, ich würde eine Weiße heiraten.«

»Aber damals hattest du mich ja überhaupt noch nicht gesehen.«

»Nein. Aber ich hatte mich entschlossen, zu heiraten, wenn ich nach England kam.« Er lachte in seiner alten burschikosen Art. »Ich will dir ganz offen sagen, daß ich ziemlich verzweifelt war, als ich dich kennenlernte. Ich verliebte mich auf den ersten Blick und wußte dann, daß du es warst oder gar keine.«

»Warum hast du mir das alles nicht gesagt? Meinst du nicht, es wäre besser gewesen, mir Gelegenheit zu geben, mir selbst ein Urteil zu bilden? Es hätte dir doch der Gedanke kommen müssen, daß es eine tiefe Enttäuschung für ein Mädchen bedeutete, wenn sie entdeckte, daß ihr Mann zehn Jahre lang mit einer anderen zusammengelebt und drei Kinder von dieser Frau hatte?«

»Ich konnte nicht annehmen, daß du das jemals verstanden hättest. Die Verhältnisse sind doch hier ganz anders. Hier findet man nichts dabei. Von sechs Männern leben fünf auf diese Weise. Ich habe mir schon gedacht, es würde dir einen Schlag versetzen, aber ich wollte dich nicht verlieren. Verstehe, ich hatte dich schrecklich lieb, und ich liebe dich jetzt mehr als je. Ich konnte nicht annehmen, du würdest das jemals entdecken. Ich dachte, ich wäre versetzt worden. Nach einem so langen Urlaub geht man selten wieder auf dieselbe Station. Als wir hierher kamen, bot ich ihr Geld, wenn sie in ein anderes Dorf zöge. Zuerst willigte sie ein, aber dann besann sie sich anders.«

»Warum erzählst du mir das jetzt?«

»Weil sie so schreckliche Szenen macht. Ich weiß nicht, wie sie herausgefunden hat, daß du nichts von allem weißt. Sobald sie es erfuhr, begann sie, mich zu erpressen. Ich habe ihr schon viel Geld gegeben. Dann wies ich die Diener an, sie nicht mehr hereinzulassen. Die Szene heute morgen hat sie nur gemacht, um deine Aufmerksamkeit auf sich zu ziehen. Sie wollte mir Angst machen. Ich kann das so nicht mehr weitergehen lassen. Ich hielt es für das beste, dir ein offenes Geständnis abzulegen.«

Es trat ein langes Schweigen ein. Schließlich berührte er ihre Hand.

»Du verstehst das doch, Doris, nicht wahr? Ich weiß, ich habe Tadel verdient.«

Sie bewegte ihre Hand nicht. Er fühlte sie kalt unter der seinigen liegen.

»Ist sie eifersüchtig?«

»Sie hat sich allerlei Unverschämtheiten erlaubt, während sie bei mir war, und ich glaube, es ärgert sie, daß ihr das jetzt nicht mehr möglich ist. Aber sie hat mich ebensowenig geliebt wie ich sie. Eingeborene Frauen machen sich nichts aus Weißen.«

»Und die Kinder?«

»Den Kindern geht nichts ab. Ich habe für sie gesorgt. Sobald die Knaben alt genug sind, werde ich sie auf die Schule nach Singapur schicken.«

»Bedeuten sie dir gar nichts?«

Er zögerte mit der Antwort.

»Ich will ganz offen zu dir sein. Es würde mir leid tun, wenn ihnen etwas zustieße. Als sie mit dem ersten Kind schwanger ging, glaubte ich, ich könnte es lieb haben, wenigstens lieber als seine Mutter. Das wäre auch wohl eingetreten, wenn das Kind weiß gewesen wäre. Der Junge war natürlich drollig und rührend, aber ich hatte nie das Gefühl, daß er zu mir gehörte. Ich habe mir selbst manchmal Vorwürfe gemacht, aber die einfache Wahrheit ist, daß sie mir nicht mehr bedeuten, als wären sie anderer Leute Kinder. Wer keine Kinder hat, kann sich natürlich leicht in Gefühlsergüssen ergehen.«

Jetzt hatte sie alles gehört. Er wartete, aber sie sagte nichts. Sie saß starr da.

»Möchtest du mich vielleicht noch etwas fragen, Doris?« sagte er schließlich.

»Nein, ich habe auf einmal heftiges Kopfweh. Ich denke, ich werde zu Bett gehen.« Ihre Stimme war fest wie immer. »Ich weiß nicht, was ich dazu sagen soll. Es ist natürlich ziemlich überraschend für mich. Du mußt mir etwas Zeit zum Nachdenken geben.«

»Bist du sehr böse auf mich?«

»Nein – gar nicht. Nur – nur muß ich jetzt eine Weile für mich allein sein. Bleib sitzen. Ich gehe zu Bett.«

Sie stand auf und legte ihm die Hand auf die Schulter.

»Es ist heute abends so heiß. Schlaf lieber in deinem Zimmer. Gute Nacht.«

Er hörte, wie sie die Tür ihres Zimmers abschloß.

Am nächsten Tag war sie blaß. Sie hatte kein Auge zugetan, wie er ihr ansah. Es lag keine Bitterkeit in ihrem Wesen; sie sprachen wie gewöhnlich miteinander, jedoch ohne die frühere Leichtigkeit. Sie redete von diesem und von jenem, als mache sie Konversation mit einem Fremden. Sie hatten noch nie einen Streit gehabt, aber Guy spürte, daß sie so etwa nach einer Auseinandersetzung sprechen würde, wenn die Versöhnung den Stachel nicht ganz beseitigt hätte. Sie blickte so angstvoll um sich, wie es ihm schien. Gleich nach dem Essen sagte sie: »Mir ist nicht gut heute abend. Ich denke, ich gehe sofort zu Bett.«

»Oh, meine arme Liebste, du tust mir so leid«, rief er.

»Es ist nichts Besonderes. In ein paar Tagen werde ich wieder wohlauf sein.«

»Ich werde nachher zu dir kommen und dir gute Nacht sagen.«

»Nein, tu das nicht. Ich möchte mich hinlegen und sofort einschlafen.«

»Dann gib mir wenigstens einen Kuß, bevor du gehst.«

Er sah, wie sie rot wurde. Einen Augenblick zögerte sie, dann beugte sie sich mit abgewendeten Augen zu ihm hin. Er nahm sie in die Arme und suchte ihre Lippen. Schnell entzog sie sich ihm. Wieder hörte er, wie sie leise die Tür abschloß. Er warf sich schwer auf den Stuhl. Er versuchte zu lesen, lauschte dabei jedoch mit angestrengter Aufmerksamkeit auf das geringste Geräusch im Zimmer seiner Frau. Sie hatte gesagt, sie wolle zu Bett gehen, aber er hörte keine Bewegung. Er wußte selbst nicht, warum ihn diese Stille so nervös machte. Er hielt die Hand vor die Lampe und sah einen Schimmer unter der Tür; sie hatte also das Licht nicht ausgemacht. Was tat sie nur da drinnen? Er legte sein Buch hin. Es hätte ihn nicht überrascht, wenn sie böse gewesen wäre, ihm eine Szene gemacht oder geweint hätte; damit wäre er fertig geworden. Aber ihre Ruhe erschreckte ihn. Und was für eine Angst war das, die er so deutlich in ihren Augen gesehen hatte? Er überdachte noch einmal alles, was er ihr am Abend vorher gesagt hatte. Er wußte nicht, wie er es anders hätte ausdrücken können. Die Hauptsache war, er hatte dasselbe getan wie alle anderen, und es war alles vorüber, als er sie kennenlernte. Er hatte allerdings töricht gehandelt, wie sich jetzt zeigte, aber hinterher kann jeder klug sein. Er drückte die Hand in die Herzgegend. Komisch, wie es ihm da weh tat.

›Das meint man wohl, wenn man vom gebrochenen Herzen spricht‹, sagte er zu sich. ›Wie lange es wohl anhalten wird?‹

Sollte er an die Tür klopfen und sie um eine Aussprache bitten? Es war besser, reinen Tisch zu machen. Sie *mußte* ja verstehen, wie alles gekommen war. Aber die Stille im Zimmer hielt ihn davon ab. Nicht ein Laut! Vielleicht war es doch besser, wenn er sie allein ließ. Schließlich wußte sie doch, wie abgöttisch er sie liebte. Geduld – das war das einzige Rezept. Sie mußte das alles erst mit sich selbst durchkämpfen. Er mußte ihr Zeit lassen, Geduld haben.

Am nächsten Morgen erkundigte er sich, ob sie besser geschlafen habe.

»Ja, viel besser«, antwortete sie.

»Bist du sehr böse auf mich?« fragte er in kläglichem Ton.

Sie sah ihn aufrichtig und offen an.

»Nicht ein bißchen.«

»Das höre ich gern, das macht mich froh. Ich weiß, ich bin brutal und rücksichtslos zu dir gewesen. Das muß dich abgestoßen haben. Aber bitte, verzeih mir. Mir ist so elend zumute.«

»Ich verzeihe dir. Ich mache dir nicht einmal einen Vorwurf.«

Er machte ein reumütiges Gesicht und sah zu ihr auf wie ein geprügelter Hund.

»Es hat mir gar nicht gefallen, daß ich die letzten zwei Nächte allein schlafen mußte.«

Sie blickte weg. Ihr Gesicht wurde noch bleicher.

»Ich habe das Bett in meinem Zimmer entfernen lassen. Es nahm so viel Platz weg. Ich habe ein kleines Feldbett hineinstellen lassen.«

»Was ist denn das für eine sonderbare Neuerung?«

Nun sah sie ihn wieder fest an.

»Ich werde mit dir nicht mehr als deine Frau leben.«

»Nie mehr?«

Sie schüttelte den Kopf. Er blickte sie verblüfft an. Er konnte kaum glauben, daß er richtig gehört hatte. Das Herz tat ihm weh, so heftig begann es zu klopfen.

»Damit tust du mir unrecht, Doris.«

»Meinst du vielleicht, du hättest recht gehandelt, als du mich unter solchen Umständen hierher brachtest?«

»Aber du hast doch eben gesagt, du machtest mir keinen Vorwurf.«

»Das stimmt. Aber in allem übrigen hat sich etwas von Grund auf geändert.«

»Aber wie sollen wir denn so zusammen leben?«

Sie blickte auf den Boden. Sie schien angestrengt nachzudenken.

»Als du mich gestern abend auf den Mund küssen wolltest – wurde mir beinahe übel.«

»Doris!«

Als sie ihn wieder ansah, war ihr Blick kalt und feindselig.

»Das Bett, in dem ich schlief, ist es dasselbe Bett, in dem sie ihre Kinder bekommen hat?« Sie sah ihn über und über rot werden. »Oh, es ist scheußlich! Wie konntest du das nur fertigbringen?« Sie rang die Hände, und ihre zusammengepreßten, gekrümmten Finger sahen aus wie kleine sich windende Schlangen. Mit großer Anstrengung nahm sie sich zusammen. »Mein Entschluß steht unwiderruflich fest. Ich will nicht hart zu dir sein, aber es gibt gewisse Dinge, die du nicht von mir verlangen kannst. Ich habe mir alles reiflich überlegt. Seitdem du mir das erzählt hast, habe ich Tag und Nacht an nichts anderes gedacht, und jetzt bin ich erschöpft. Mein erster Instinkt war, auf und davon zu gehen. Sofort. In zwei oder drei Tagen wird der Dampfer zurückkommen.«

»Bedeutet es dir gar nichts mehr, daß ich dich liebe?«

»Ach ja, ich weiß, daß du mich liebst. Darum bin ich auch nicht fortgegangen. Ich will uns beiden noch eine Möglichkeit geben. Ach, ich habe dich so lieb gehabt, Guy.« Ihre Stimme brach, aber sie weinte nicht. »Ich will nicht unvernünftig sein. Weiß der Himmel, ich will auch nicht hart zu dir sein. Guy, willst du mir Zeit lassen?«

»Ich verstehe nicht ganz, was du damit sagen willst.«

»Du sollst mich nur in Ruhe lassen, ich habe Angst vor dem, was ich in mir fühle.«

Er hatte also richtig gesehen, sie hatte Angst.

»Was fühlst du denn?«

»Bitte frage mich nicht. Ich möchte nichts sagen, was dich verletzen könnte. Vielleicht komme ich darüber hinweg. Ich möchte es, ich will es versuchen, das verspreche ich dir. Laß mich ein halbes Jahr in Frieden. Ich werde alles für dich tun, nur das eine nicht.« Sie legte die Hände zusammen, als wollte sie diese Bitte noch durch eine Geste unterstützen. »Wir werden auch so miteinander glücklich sein. Wenn du mich wirklich liebst, wirst du – wirst du Geduld haben.«

Er seufzte tief auf.

»Gut«, sagte er. »Ich will dich natürlich nicht zu etwas zwingen, was dir zuwider ist. Es soll so sein, wie du sagst.«

Er saß eine Weile schwerfällig da, als wäre er plötzlich alt geworden und jede Bewegung eine Anstrengung. Dann stand er auf.

»Ich gehe ins Büro.«

Er nahm seinen Tropenhelm und ging fort.

Ein Monat verfloß. Frauen verbergen ihre Gefühle besser als Männer, und wenn ein Fremder zu Besuch gekommen wäre, hätte er nie bemerkt, daß Doris in ihrem Gemüt verstört war. Aber an Guy waren die Spuren deutlich zu erkennen. Sein rundes, gutmütiges Gesicht war hager geworden, und seine Blicke hatten etwas Hungriges und Gequältes an sich. Er beobachtete Doris. Sie war heiter und neckte ihn, wie sie es früher getan hatte; sie spielten zusammen Tennis und plauderten über dies und jenes. Aber sie spielte offenbar nur eine Rolle. Da er das nicht mehr mit ansehen konnte, versuchte er noch einmal, mit ihr über seine Verbindung mit der Malaiin zu sprechen.

»Ach, Guy«, antwortete sie resolut, »was hat es für einen Zweck, noch einmal von dieser Sache anzufangen! Wir haben uns schon längst darüber ausgesprochen, und ich mache dir keinen Vorwurf deswegen.«

»Aber warum quälst du mich denn so?«

»Mein armer Junge, ich will dich nicht quälen. Es ist nicht meine Schuld, wenn ...« Sie zuckte die Schultern. »Die menschliche Natur läßt sich nicht kommandieren.«

»Ich verstehe nicht.«

»Versuch es lieber auch nicht.«

Die Worte hätten hart geklungen, wenn sie nicht von einem freundlichen Lächeln begleitet gewesen wären. Jeden Abend, wenn sie zu Bett ging, beugte sie sich über Guy und küßte ihn leicht auf die Wange. Ihre Lippen berührten sie nur eben. Es war, als hätte ein Nachtfalter im Fluge sein Gesicht gestreift.

Ein zweiter Monat verging, ein dritter, und schließlich war das halbe Jahr, das so unendlich erschienen war, vorüber. Guy war gespannt, ob sie daran dachte. Er achtete nun aufmerksam auf alles, was sie sagte, auf jeden Ausdruck ihres Gesichts, auf jede Bewegung ihrer Hände. Sie blieb undurchdringlich. Sie hatte ihn gebeten, sie ein halbes Jahr in Ruhe zu lassen. Nun, das hatte er getan.

Der Küstendampfer kam zur Flußmündung, lieferte dort die Post ab und fuhr weiter. Guy schrieb emsig die Briefe, die der Dampfer auf der Rückfahrt mitnehmen sollte. Zwei oder drei Tage vergingen. Es war jetzt Dienstag, und am Donnerstag in der Frühe sollte das Boot dem Dampfer entgegenfahren. Außer beim Essen, wo Doris sich anstrengte, eine Unterhaltung in Fluß zu bringen, hatten sie in der letzten Zeit nicht viel miteinander gesprochen. Nach dem Essen nahmen sie an diesem Tag wie gewöhnlich ihre Bücher zur Hand und begannen zu lesen, aber als der Boy den Tisch abgeräumt hatte und ins Dorf gegangen war, legte Doris ihr Buch hin.

»Guy, ich muß dir etwas sagen.« Sie sprach leise und zögernd.

Er fühlte plötzlich, wie ihm das Herz gegen die Rippen schlug und er die Farbe wechselte.

»Mach doch nicht so ein Gesicht, so schrecklich ist es nicht«, lachte sie.

Es kam ihm aber vor, als zittere ihre Stimme.

»Ja?«

»Ich möchte dich bitten, mir einen Gefallen zu tun.«

»Meine liebe Doris, es gibt nichts, was ich nicht für dich täte.« Er streckte die Hand aus, um die ihre zu ergreifen, aber sie zog sie zurück.

»Ich bitte dich darum, mich heimfahren zu lassen.«

»Du willst –«, rief er außer sich. »Wann? Warum?«

»Ich habe so lange ausgehalten, wie es mir möglich war. Jetzt kann ich nicht mehr.«

»Wie lange willst du denn fortbleiben? Immer?«

»Ich weiß es noch nicht, ich glaube schon.« Sie nahm ihre ganze Kraft zusammen. »Ja, für immer.«

»O Gott!«

Sie dachte, er würde weinen, in so kläglichem Ton sagte er das.

»Mach mir keinen Vorwurf, Guy. Es ist wirklich nicht meine Schuld. Ich kann nicht anders.«

»Du hast mich um ein halbes Jahr gebeten. Ich bin darauf eingegangen. Du kannst nicht sagen, daß ich mich nicht an unser Abkommen gehalten hätte.«

»Nein, nein.«

»Ich habe mich zusammengenommen, damit du nicht bemerken solltest, wie elend mir zumute war.«

»Ich weiß. Ich bin dir dankbar dafür. Du bist nett und gut zu mir gewesen. Hör mich an, Guy, ich will dir noch einmal sagen, daß ich dir wegen deines Verhaltens keinen Vorwurf mache. Du warst ja damals noch sehr jung, und du hast nicht mehr getan als die anderen. Ich weiß, wie einem die Einsamkeit hier zusetzen kann. Glaube mir, du tust mir ganz schrecklich leid. Ich wußte gleich von Anfang an, wie es sein würde. Darum habe ich dich gebeten, mich ein halbes Jahr für mich allein zu lassen. Meine Vernunft sagt mir, daß ich einen Berg aus einem Maulwurfshügel mache. Ich bin unvernünftig, ich bin nicht gerecht zu dir. Aber sieh mal, mit vernünftiger Überlegung kann ich nichts dagegen ausrichten; meine ganze Seele ist in Aufruhr. Wenn ich die Frau und die Kinder im Dorf sehe, zittern mir die Knie. Alles hier im Hause erinnert mich an sie. Wenn ich an das Bett denke, in dem ich geschlafen habe, bekomme ich eine Gänsehaut ... Du weißt nicht, was ich ausgehalten habe.«

»Ich glaube, ich habe sie jetzt so weit gebracht, daß sie fortgeht. Ich habe bereits um einen Überweisungsschein nachgesucht.«

»Das würde nichts nützen. Sie würde immer da sein. Du gehörst zu ihnen, du gehörst nicht zu mir. Vielleicht hätte ich darüber wegkommen können, wenn nur ein Kind da wäre, aber drei! Und die zwei Jungen sind ja schon groß. Zehn Jahre hast du mit ihr zusammengelebt.« Und nun kam sie mit dem heraus, was sie eigentlich sagen wollte. Sie konnte nicht mehr an sich halten. »Es ist etwas Körperliches. Ich kann nicht dagegen an, es ist stärker als ich. Wenn ich an die mageren schwarzen Arme denke, mit denen sie dich umschlungen hat, wird mir schlecht. Es ist ein körperlicher Ekel. Diese kleinen schwarzen Kinder hast du auf den Armen getragen; ich darf nicht daran denken. Mich schaudert, wenn du mich berührst. Jeden Abend, wenn ich dich küßte, mußte ich mich dazu zwingen, ich mußte mir einen Ruck geben, es war mir eine Qual, deine Wange zu berühren.« Ihre Stimme überschlug sich, ihre Finger krallten sich in ihrem Nervenaufruhr zusammen und streckten sich wieder. »Ich weiß, jetzt könntest du mir Vorwürfe machen. Ich bin ein dummes, hysterisches Frauenzimmer. Ich dachte, ich würde darüber hinwegkommen. Es geht aber nicht und wird nie gehen. Ich nehme alle Schuld auf mich und bin bereit, die Folgen zu tragen. Wenn du sagst, ich soll hierbleiben, bleibe ich, aber wenn ich bleibe, gehe ich zugrunde. Ich flehe dich an, laß mich gehen.«

Die Tränen, die sie so lange zurückgehalten hatte, brachen jetzt hervor, und sie weinte bitterlich. Zum erstenmal sah er sie weinen.

»Natürlich will ich dich hier nicht gegen deinen Willen zurückhalten«, sagte er heiser.

Erschöpft lehnte sie sich zurück. Ihr Gesicht war verzerrt. Es war schrecklich und schmerzlich, diesen tiefen Kummer so offen auf dem Gesicht zu sehen, das immer so friedlich und ruhig gewesen war.

»Es tut mir entsetzlich leid, Guy. Ich habe dein Leben zerbrochen, aber meines auch. Und wir hätten so glücklich sein können.«

»Wann willst du gehen? Am Donnerstag?«

»Ja.«

Sie sah ihn kläglich an. Er verbarg sein Gesicht in den Händen. Schließlich blickte er auf.

»Ich kann nicht mehr, ich bin am Ende«, murmelte er.

»Kann ich gehen?«

»Ja.«

Etwa zwei Minuten saßen sie wortlos da. Sie fuhr auf, als der Tschiktschak seinen durchdringenden, heiseren und sonderbar menschlichen Schrei ertönen ließ. Guy stand auf und ging auf die Veranda hinaus. Er lehnte sich an die Brüstung und blickte auf das langsam fließende Wasser. Er hörte Doris in ihr Zimmer gehen.

Am nächsten Morgen klopfte er früher als gewöhnlich an ihre Tür.

»Ja?«

»Ich muß heute flußaufwärts fahren. Ich werde erst spät zurückkommen.«

»Gut.«

Sie verstand. Er hatte es so eingerichtet, daß er tagsüber, während sie packte, nicht da war. Das war eine Arbeit, bei der einem das Herz weh tat. Als sie ihre Kleider eingepackt hatte, sah sie sich im Zimmer nach den Sachen um, die ihr gehörten. Sie brachte es nicht über sich, sie anzurühren. Sie nahm nur das Bild ihrer Mutter fort. Guy kam erst um zehn Uhr abends heim.

»Ich konnte leider zum Essen noch nicht da sein«, sagte er. »Der Vorsteher des Dorfes, in dem ich zu tun hatte, legte mir eine Menge Sachen zur Entscheidung vor.«

Sie sah, wie seine Blicke im Zimmer umherschweiften und er das Fehlen des Bildes bemerkte.

»Ist alles vollständig fertig?« fragte er. »Das Boot fährt bereits bei Anbruch der Morgendämmerung vor.«

»Ich habe dem Boy gesagt, er solle mich um fünf Uhr wecken.«

»Du brauchst ja Geld unterwegs.« Er ging zum Schreibtisch, stellte einen Scheck aus und entnahm der Schublade einige Geldscheine. »Dieses Bargeld wird bis Singapur reichen. Dort kannst du den Scheck einlösen.«

»Danke.«

»Soll ich bis an die Flußmündung mitfahren?«

»Ich glaube, es ist besser, wir verabschieden uns hier.«

»Gut. Ich denke, ich lege mich jetzt hin. Der Tag war lang, und ich bin todmüde.«

Er gab ihr nicht einmal die Hand und ging auf sein Zimmer. Nach ein paar Minuten hörte sie, wie er sich aufs Bett warf. Sie blieb noch ein wenig sitzen und schaute sich ein letztes Mal in dem Zimmer um, in dem sie so glücklich und so elend gewesen war. Dann stand sie seufzend auf und ging in ihr Zimmer. Es war alles gepackt, außer den paar Sachen, die sie für die Nacht brauchte.

Es war noch dunkel, als der Boy sie weckte. Sie zogen sich rasch an. Das Frühstück wartete bereits. Gleich darauf hörten sie, wie das Boot unten am Bungalow zu dem Landungssteg fuhr. Die Diener trugen ihr Gepäck hinein. Sie taten nur so, als ob sie äßen. Die Dunkelheit lichtete sich, und geisterhaft wurde der Fluß sichtbar. Es war noch nicht Tag, aber es war auch nicht mehr Nacht. In der Stille hörte man die Stimmen der Eingeborenen an dem Landungssteg sehr deutlich. Guy blickte auf den unberührten Teller seiner Frau.

»Wenn du fertig bist, könnten wir jetzt zum Boot gehen. Es wird langsam Zeit zur Abfahrt.«

Sie antwortete nicht. Sie erhob sich und ging noch einmal in ihr Zimmer, um sich zu überzeugen, daß nichts vergessen worden war. Dann stiegen sie Seite an Seite die Stufen hinab. Ein kleiner Pfad führte in Windungen zum Fluß. Am Landungssteg präsentierte die malaiische Wache das Gewehr, als Guy und Doris vorbeigingen. Der Bootsführer reichte ihr die Hand. Sie stieg ins Boot. Dann drehte sie sich um und blickte ihren Mann an. Sie wünschte so sehr, noch ein letztes Wort des Trostes zu sagen, ihn noch einmal um Verzeihung zu bitten, aber sie schien mit Stummheit geschlagen.

Er reichte ihr die Hand.

»Also Lebewohl dann. Hoffentlich hast du eine angenehme Reise.«

Ein letzter Händedruck.

Guy nickte dem Bootsführer zu, und das Boot stieß ab. Durch den Nebel kroch jetzt die Dämmerung über den Fluß, aber in den Dschungelbäumen lauerte noch die Nacht. Seufzend wandte er sich ab. Er nickte in Gedanken verloren, als die Wache wieder präsentierte. Als er in den Bungalow kam, rief er den Boy. Er ging durch das Zimmer und stellte alle Sachen beiseite, die Doris gehörten.

»Pack das alles zusammen«, sagte er. »Wir wollen das nicht so herumstehen lassen.«

Dann setzte er sich auf die Veranda und sah den Tag langsam wie einen bitteren, unverdienten und überwältigenden Kummer auf sich zukommen. Schließlich blickte er auf die Uhr. Es war Zeit, ins Büro zu gehen.

Am Nachmittag konnte er nicht schlafen. Er hatte furchtbares Kopfweh. Daher nahm er seine Flinte und machte einen

Pirschgang durch den Dschungel. Er schoß nichts, aber er marschierte darauf los, um sich müde zu machen. Bei Sonnenuntergang kehrte er zurück, trank einige Whiskys – ja, und dann wurde es Zeit, sich zum Essen umzuziehen. Aber wozu sollte er sich nun noch umziehen, er konnte es sich ja jetzt bequem machen. Er zog eine weite malaiische Jacke und einen Sarong an. Bevor Doris kam, hatte er sich immer so gekleidet. Schuhe zog er nicht an, es war bequemer, barfüßig zu sein. Er nahm mechanisch seine Mahlzeit ein. Der Boy räumte ab und ging fort. Guy nahm eine Zeitschrift zur Hand, den *Tatler*. Aber er konnte nicht lesen und ließ das Blatt auf die Knie fallen. Er war erschöpft. Sein Kopf war seltsam leer, er konnte keinen klaren Gedanken fassen. Der Tschiktschak tat sehr wichtig an diesem Abend; sein plötzlicher heiserer Schrei schien ihn zu verspotten. Man konnte kaum glauben, daß der weit widerhallende Laut aus einer so kleinen Kehle kam. Dann hörte Guy ein diskretes Hüsteln.

»Wer ist da?« rief er.

Eine Pause. Er blickte auf die Tür. Der Tschiktschak lachte gellend. Ein kleiner Junge drängte sich um den Pfosten und blieb auf der Schwelle stehen. Es war ein Halbblutjunge in einer zerfetzten Jacke und einem Sarong. Es war der ältere seiner zwei Söhne.

»Was willst du?« fragte ihn Guy.

Der Junge kam ins Zimmer und setzte sich mit untergeschlagenen Beinen auf den Boden.

»Wer hat dich hierhergeschickt?«

»Meine Mutter hat mich geschickt. Sie läßt fragen, ob Tuan etwas wünscht.«

Guy hielt den Blick auf den Jungen gerichtet. Dieser sagte nichts mehr. Er saß mit niedergeschlagenen Augen scheu da und wartete. Da vergrub Guy in tiefer und bitterer Überlegung das Gesicht in den Händen. Wozu sich noch sträuben? Es war alles zu Ende. Zu Ende! Er ergab sich in sein Schicksal. Er lehnte sich im Stuhl zurück und seufzte tief auf.

»Sag deiner Mutter, sie soll ihre und eure Sachen zusammenpacken. Sie kann wiederkommen.«

»Wann?« fragte der Junge, ohne ein Anzeichen von Freude.

Heiße Tränen rannen über Guys komisches, pickeliges Gesicht.

»Noch heute abend.«

Strandgut

Norman Grange war ein Gummipflanzer. Er stand vor Tagesanbruch auf, um den Appell seiner Arbeiter abzunehmen. Dann schritt er seine Besitzung ab und schaute nach, ob das Abzapfen richtig gemacht wurde. Nachdem er diese Pflichten erledigt hatte, kam er nach Hause, badete und zog sich um; während seine Frau ihm gegenüber saß, verzehrte er die nahrhafte Mahlzeit, die, halb Frühstück, halb Lunch, in Borneo Brunch genannt wird. Er las beim Essen. Das Speisezimmer war düster. Das abgenutzte versilberte Besteck, der schäbige Essig- und Ölständer, die abgestoßenen Schüsseln deuteten auf Armut, aber eine Armut, die apathisch getragen wurde. Ein paar Blumen hätten dem Tisch ein freundlicheres Aussehen gegeben, aber es war anscheinend niemand da, der sich darum kümmerte, wie etwas aussah. Als Grange fertig war, rülpste er, stopfte seine Pfeife und zündete sie an, stand vom Tisch auf und ging auf die Veranda hinaus. Er nahm nicht mehr Notiz von seiner Frau, als wenn sie gar nicht dagewesen wäre. Er streckte sich auf einem Rohrliegestuhl aus und las weiter. Mrs. Grange griff nach einer Zigarettendose und rauchte, während sie an ihrem Tee nippte. Plötzlich schaute sie hinaus, denn der Hausboy kam die Treppe herauf und trat, von zwei Männern begleitet, zu ihrem Mann. Der eine war ein Eingeborener und der andere ein Chinese. Fremde kamen nur selten, und sie konnte sich nicht denken, was sie wollten. Sie stand auf und ging zur Türe, um zu horchen. Obwohl sie schon so lange Jahre in Borneo lebte, hatte sie nur so viel Malaiisch gelernt, wie zur Verständigung mit den Boys nötig war, und sie konnte kaum verstehen, was gesprochen wurde. Aus der Stimme ihres Mannes schloß sie, daß etwas geschehen war, was ihn ärgerte. Er schien zuerst an den Chinesen Fragen zu stellen und dann an den Eingeborenen – offenbar drängten sie ihn, etwas zu tun, was er nicht tun wollte –, schließlich jedoch erhob er sich mit gerunzelter Stirne aus seinem Stuhl und ging, von den Männern gefolgt, die Stufen hinunter. Neugierig schlüpfte sie auf die Veranda hinaus und sah ihm nach. Er hatte den Pfad eingeschlagen, der zum Fluß führte. Sie zuckte mit den mageren Schultern und ging in ihr Zimmer. Gleich darauf erschrak sie heftig, denn sie hörte, daß ihr Mann sie rief.

»Vesta!«

Sie kam heraus.

»Richte ein Bett. Ein weißer Mann ist in einem Prahu am Landungssteg. Er ist verdammt krank.«

»Wer ist es?«

»Wie zum Teufel soll ich das wissen? Sie bringen ihn sofort herauf.«

»Wir können hier niemand aufnehmen.«

»Halt den Mund und tu, was ich dir sage.«

Damit verließ er sie und ging wieder zum Fluß hinunter. Mrs. Grange rief den Boy und sagte ihm, er solle das Bett im Gastzimmer überziehen. Dann blieb sie oben an der Treppe stehen und wartete. Nach einer Weile sah sie ihren Mann zurückkommen und hinter ihm eine Gruppe von Eingeborenen, die einen Mann auf einer Matratze trugen. Sie trat zurück, um sie durchzulassen, und erblickte flüchtig ein weißes Gesicht.

»Was soll ich tun?« fragte sie ihren Mann.

»Geh hinaus und halte dich still.«

»Du bist aber höflich!«

Der Kranke wurde ins Zimmer gebracht, und nach wenigen Minuten kamen die Eingeborenen und Grange wieder heraus.

»Ich werde mich um sein Gepäck kümmern. Es soll heraufgebracht werden. Sein Boy sorgt für ihn, und du hast keinen Grund, dich da einzumischen!«

»Was fehlt ihm?«

»Malaria. Seine Bootsleute haben Angst, er könne sterben, und wollen ihn nicht weiterbringen. Er heißt Skelton.«

»Er wird doch nicht sterben?«

»Sonst werden wir ihn eben begraben.«

Aber Skelton starb nicht. Er erwachte am nächsten Morgen und fand sich in einem Zimmer, zu Bett und unter einem Moskitonetz. Er hatte keine Ahnung, wo er war. Es war ein billiges eisernes Bettgestell, und die Matratze war hart, aber es war nach der Unbequemlichkeit auf dem Prahu doch eine Erleichterung, darauf zu liegen. Er konnte von dem Zimmer weiter nichts sehen als eine Kommode, die von einem eingeborenen Schreiner grob gezimmert war, und einen hölzernen Stuhl. Gegenüber war eine Türe mit einem Sonnenvorhang, und er nahm an, daß sie zu einer Veranda hinausführte.

»Kong!« rief er.

Der Vorhang wurde zurückgezogen, und sein Boy kam herein. Das Gesicht des Chinesen verzog sich zu einem Grinsen, als er bemerkte, daß sein Herr fieberfrei war.

»Du viel besser, Tuan. Sehr glücklich.«

»Wo zum Teufel bin ich?«

Kong erklärte es ihm.

»Gepäck in Ordnung?« fragte Skelton.

»Ja, das alles gut.«

»Wie heißt der Mann – der Tuan, dem das Haus gehört?«

»Mr. Norman Grange.«

Um diese Behauptung zu unterstützen, zeigte er Skelton ein kleines Buch, in dem der Name des Besitzers eingetragen war. Er hieß Grange. Skelton bemerkte, daß es Bacons Essays waren. Es war merkwürdig, sie im Haus eines Pflanzers weit oben an einem Fluß in Borneo zu finden.

»Sag ihm, ich würde mich freuen, ihn zu sehen.«

»Tuan aus. Er kommen bald.«

»Wie wäre es, wenn ich mich waschen würde? Und bei Gott, ich müßte mich rasieren.«

Er versuchte aufzustehen, aber er wurde schwindlig und fiel mit einem betroffenen Ausruf auf das Bett zurück. Doch Kong rasierte und wusch ihn und zog ihm statt der Shorts und des Trikothemdes, die er während seines ganzen Krankseins getragen hatte, jetzt einen Sarong und ein Baju an. Danach war er froh, wieder stilliegen zu können. Nach einer Weile jedoch kam Kong herein und sagte, der Tuan des Hauses sei zurückgekommen. Es wurde an die Türe geklopft, und ein großer, ziemlich beleibter Mann trat ein.

»Ich höre, daß es Ihnen besser geht«, sagte er.

»Oh, viel besser. Es ist außerordentlich freundlich von Ihnen, daß Sie mich so aufgenommen haben. Es ist mir schrecklich, mich Ihnen so aufzudrängen.«

Grange antwortete ein wenig barsch.

»Schon gut. Es ging Ihnen ziemlich schlecht, wissen Sie. Kein Wunder, daß diese Eingeborenen Sie loswerden wollten.«

»Ich möchte Ihnen nicht länger als unbedingt nötig zur Last

fallen. Wenn ich eine Barkasse oder einen Prahu hier mieten könnte, würde ich heute nachmittag weiterfahren.«

»Es gibt hier keinen Prahu zu mieten. Sie bleiben besser noch ein wenig. Sie müssen so matt wie eine Fliege sein.«

»Ich fürchte nur, daß ich Ihnen viel Mühe mache.«

»Ich sehe nicht ein, warum. Sie haben Ihren eigenen Boy, der sorgt ja für Sie.«

Grange war gerade von seinem Rundgang zurückgekommen und trug schmutzige Shorts, ein am Hals offenes Khakihemd und einen breitrandigen, verbeulten alten Filzhut. Er sah aus wie ein Strandräuber. Er nahm den Hut ab, um sich den Schweiß von der Stirne zu wischen; sein graues Haar war kurzgeschnitten, sein Gesicht gerötet, breit und fleischig, mit einem großen Mund unter einem struppigen grauen Schnurrbart, einer kurzen, kampflustigen Nase und kleinen, gemeinen Augen.

»Könnten Sie mir wohl etwas zu lesen geben?« sagte Skelton.

»Welcher Art?«

»Das ist mir gleich, wenn es nur leicht ist.«

»Ich lese selbst wenig Romane, aber ich werde Ihnen zwei oder drei Bücher schicken. Meine Frau kann Sie mit Romanen versorgen. Es wird Schund sein, weil sie nichts anderes liest. Aber vielleicht ist es für Sie jetzt gerade das richtige.«

Mit einem Kopfnicken zog er sich zurück. Kein sehr liebenswürdiger Mann. Aber er war augenscheinlich sehr arm; das Zimmer, in dem Skelton lag, und etwas in Granges Erscheinung deuteten darauf hin. Er war vermutlich Verwalter einer Besitzung, mit magerem Gehalt, und es war nicht unwahrscheinlich, daß die Ausgaben für einen Gast und seinen Diener unerwünscht waren. An einem so abgelegenen Ort, wo er Weiße nur selten sah, konnte es sein, daß er sich Fremden gegenüber unbehaglich fühlte. Es gibt Menschen, die bei näherer Bekanntschaft unglaublich gewinnen. Aber seine harten, unsteten kleinen Augen wirkten befremdend; sie stimmten nicht zu dem roten Gesicht und der massiven Gestalt, die sonst den Eindruck hätte erwecken können, daß er ein recht gemütlicher Bursche sei, mit dem man sich rasch anfreunden könnte.

Nach einer Weile kam der Hausboy mit einem Bücherstapel herein. Es war ein halbes Dutzend Romane dabei, von Autoren, deren Namen er nie gehört hatte, und ein flüchtiger Blick darauf ließ erkennen, daß es Kitsch war. Die gehörten wohl Mrs.

Grange. Außerdem noch Boswells ›Johnson‹, Borrows ›Lavengro‹ und Lambs ›Essays‹. Eine merkwürdige Zusammenstellung. Diese Bücher hätte man kaum im Haus eines Pflanzers vermutet. Meist gibt es in den Häusern von Pflanzern höchstens ein oder zwei Bücherbretter, die vorwiegend Detektivgeschichten enthalten. Skelton hatte ein uneigennütziges Interesse an menschlichen Wesen, und er unterhielt sich jetzt mit dem Versuch, aus den Büchern, die Norman Grange ihm geschickt hatte, aus seinem Äußeren und den wenigen Worten, die sie miteinander gewechselt hatten, zu erraten, was für ein Mensch er sein mochte. Skelton war etwas erstaunt, daß sein Gastgeber ihn an diesem Tag nicht mehr besuchte; es sah so aus, als wollte er sich damit begnügen, seinem ungeladenen Gast Unterkunft und Beköstigung zu bieten, ohne an seiner Gesellschaft Interesse zu finden. Am nächsten Morgen fühlte Skelton sich wohl genug, um aufzustehen, und mit Kongs Hilfe ließ er sich in einem Liegestuhl auf der Veranda nieder. Sie hatte einen neuen Anstrich dringend nötig. Der Bungalow stand auf einem Hügelkamm, etwa fünfzig Meter vom Fluß entfernt, und am gegenüberliegenden Ufer konnte man die Eingeborenenhütten sehen, die auf Pfählen zwischen grünem Gebüsch versteckt lagen und über dieses breite Wasser hinüber sehr klein wirkten. Skelton hatte noch nicht die volle geistige Frische wiedererlangt, um anhaltend lesen zu können, und nach ein paar Seiten schweiften seine Gedanken ab, und er war ganz zufrieden damit, dem trägen Fließen des trüben Stromes müßig zuzusehen. Plötzlich vernahm er Schritte. Er erblickte eine kleine ältere Frau, die auf ihn zukam, und da er wußte, daß sie Mrs. Grange sein mußte, versuchte er aufzustehen.

»Bemühen Sie sich nicht«, sagte sie. »Ich wollte Sie nur fragen, ob Sie alles haben, was Sie brauchen.«

Sie trug ein blaues Kattunkleid, sehr einfach, aber eher für ein junges Mädchen passend als für eine Frau ihres Alters; ihr kurzes Haar war wirr, als hätte sie es nach dem Aufstehen kaum durchgekämmt, und es war grellblond und schlecht gefärbt, so daß es an den Wurzeln weiß war. Ihre geschminkte Gesichtshaut war spröde, und auf jedem Backenknochen befand sich ein großer Klecks von Rouge, so plump aufgetragen, daß man es keinen Augenblick für natürliche Farbe halten konnte; den Mund hatte sie mit Lippenstift verschmiert. Aber das merkwürdigste an ihr war ein Tick, der sie zwang, den Kopf so ruckweise zu bewegen, als wollte sie ihr Gegenüber in ein inneres Zimmer bitten. Es schien in regelmäßigen Abständen zu kommen, etwa dreimal in der Minute, und ihre linke Hand war in fast ständiger Bewegung; es war nicht eigentlich ein Zittern, eher ein rascher Wirbel, als müßte sie auf etwas hinter ihrem Rücken aufmerksam machen. Skelton war über ihre Erscheinung betroffen und geriet durch den Tick in Verlegenheit.

»Hoffentlich falle ich Ihnen nicht zu sehr zur Last«, sagte er. »Ich denke, ich werde morgen oder übermorgen wieder wohl genug sein, um aufzubrechen.«

»Wir sehen nicht oft jemanden an einem Ort wie diesem. Es ist eine Freude, mit jemandem sprechen zu können.«

»Wollen Sie sich nicht setzen? Ich will meinem Boy sagen, daß er Ihnen einen Stuhl bringt.«

»Norman hat gesagt, ich solle Sie in Ruhe lassen.«

»Ich habe zwei Jahre lang mit keinem weißen Menschen gesprochen. Ich habe mich nach einem guten Schwatz gesehnt.«

Ihr Kopf zuckte heftig, schneller als gewöhnlich, und ihre Hand machte die sonderbare krampfartige Bewegung.

»Er wird nicht vor einer Stunde zurück sein. Ich hole einen Stuhl.«

Skelton erzählte ihr, wer er sei und was er getan habe, aber er entdeckte, daß sie seinen Boy ausgefragt hatte und schon alles über ihn wußte.

»Sie können es sicher nicht abwarten, nach England zurückzukommen?« fragte sie.

»Es wird mir nicht leid tun.«

Plötzlich wurde Mrs. Grange von einem geradezu stürmischen Nervenanfall gepackt. Ihr Kopf zuckte wie wild, und ihre Hand zitterte so heftig, daß ein Zuschauer die Fassung verlieren mußte. Man konnte nur wegsehen.

»Ich bin sechzehn Jahre nicht in England gewesen«, sagte sie.

»Ist das möglich? Ich dachte, die Pflanzer gingen mindestens alle fünf Jahre einmal nach Hause.«

»Wir können es uns nicht leisten; wir sind vollkommen bankrott. Norman hat sein ganzes Geld in diese Plantage gesteckt, und sie hat sich seit Jahren nicht richtig bezahlt gemacht. Sie hat nur gerade genug abgeworfen, um uns vor dem Verhungern zu bewahren. Norman macht es natürlich nichts aus. Er ist kein richtiger Engländer.«

»Er sieht aber ganz englisch aus.«

»Er ist in Sarawak geboren. Sein Vater war im Staatsdienst. Wenn er irgendwas ist, so ist er ein Eingeborener von Borneo.«

Dann fing sie unerwartet an zu weinen. Es war äußerst peinlich zu sehen, wie die Tränen über die geröteten, geschminkten Wangen dieser Frau mit dem pausenlosen Tick liefen. Skelton wußte nicht, was er sagen oder tun sollte. Er tat das, was vermutlich am besten war: er schwieg. Sie trocknete sich die Augen.

»Sie müssen mich für eine törichte alte Närrin halten. Ich wundere mich oft, daß ich nach all den Jahren noch weinen kann. Es gehört wohl zu meiner Natur. Ich konnte immer sehr leicht weinen, als ich beim Theater war.«

»Ach, Sie waren beim Theater?«

»Ja, vor meiner Verheiratung. So habe ich Norman kennengelernt. Wir traten in Singapur auf, und er verbrachte seine Ferien dort. Ich glaube nicht, daß ich England je wiedersehen werde. Ich werde hier bleiben, bis ich sterbe, und jeden Tag meines Lebens werde ich diesen schauderhaften Fluß betrachten. Ich komme jetzt nie mehr weg. Nie mehr.«

»Wie sind Sie denn damals nach Singapur gekommen?«

»Ja, das war bald nach dem Krieg. Ich konnte nichts Passendes in London finden; ich war schon eine ganze Reihe von Jahren am Theater gewesen und hatte es satt, immer Nebenrollen zu spielen; die Agenten sagten mir, ein gewisser Victor Palace sei im Begriff, mit einer Truppe nach dem Osten zu reisen. Seine Frau spiele die Hauptrollen, aber ich könne die zweiten Rollen haben. Sie brachten ein halbes Dutzend Stücke, Lustspiele, wissen Sie, und Schwänke. Die Gage war nicht hoch, aber sie gingen nach Ägypten und Indien, in die Malaiischen Staaten und nach China und dann hinunter nach Australien. Es war eine Gelegenheit, die Welt kennenzulernen, und ich nahm an. Wir schnitten in Kairo nicht übel ab, und ich glaube, wir verdienten auch in Indien, aber in Burma war nicht viel los, und Siam war noch schlimmer; Penang war eine Katastrophe, und die übrigen Malaiischen Staaten ebenfalls. Na, eines Tages rief uns Victor zusammen und erklärte, er sei am Ende, er habe kein Geld für unsere Fahrkarten nach Hongkong, und die Tournee sei ein Mißerfolg, und es täte ihm sehr leid, aber wir müßten schauen, wie wir am besten nach Hause kämen. Natürlich sagten wir, daß er uns das nicht antun könne. Sie können sich nicht vorstellen, was es für einen Krach gab. Na, kurz und gut, er erklärte, wir könnten die Kulissen und Gerüste haben, falls wir meinten, die könnten uns etwas nützen, aber es sei sinnlos, ihn um Geld anzugehen, weil er einfach keins habe. Und am folgenden Tag entdeckten wir, daß er und seine Frau, ohne ein Wort zu sagen, ein französisches Schiff bestiegen hatten und ausgerissen waren. Ich war in keiner schönen Lage, das können Sie mir glauben. Ich hatte ein paar Pfund, die ich aus meiner Gage zurückgelegt hatte, das war alles; jemand sagte mir, die Regierung müßte unsere Heimfahrt bezahlen, wenn wir vollkommen auf dem trockenen säßen, aber nur im Zwischendeck, und das fand ich nicht sehr verlockend. Wir brachten die Presse dazu, unser Dilemma dem Publikum bekanntzugeben, und irgend jemand schlug vor, wir sollten eine Benefizvorstellung geben. Nun, das taten wir, aber ohne Victor und seine Frau war es nichts Besonderes, und nachdem wir alle Spesen bezahlt hatten, standen wir nicht besser da als vorher. Ich kann Ihnen ruhig zugeben, daß ich mir nicht zu helfen wußte. Und da machte mir Norman einen Heiratsantrag. Komischerweise kannte ich ihn kaum. Er hatte mich zu einer Ausfahrt rund um die Insel mitgenommen und wir hatten ein paarmal zusammen im ›Europa‹ Tee getrunken und getanzt. Männer tun selten etwas für unsereinen, ohne etwas dafür zu verlangen, und ich dachte, er wolle ein wenig Spaß mit mir haben. Aber ich hatte ziemliche Erfahrung und sagte mir, er müßte es schlau anfangen, wenn er mich herumkriegen wollte. Als er mich aber fragte, ob ich ihn heiraten wollte, da war ich so erstaunt, daß ich meinen Ohren kaum traute. Er sagte, er habe seine eigene Besitzung in Borneo, und es brauche nur noch ein wenig Geduld, bis er einen netten Brocken verdient hätte. Und sie läge an einem schönen Fluß, und rundherum sei der Dschungel. Das klang ganz romantisch. Ich war nicht mehr die Jüngste, wissen Sie, ich war dreißig, es wäre im Lauf der Zeit nicht leichter geworden, Arbeit zu finden, und ein eigenes Haus mit allem Drum und Dran war verlockend. Nie mehr in den Büros der Agenten herumsitzen zu müssen. Nie mehr nachts wach zu liegen und sich zu fragen, wie man die nächste Miete bezahlen könne. Er war kein übel aussehender Bursche damals, braun und groß und kräftig. Niemand könnte sagen, daß ich bereit war, jeden zu heiraten, nur um ...« Plötzlich verstummte sie. »Da ist er. Sagen Sie nicht, daß Sie mich gesehen haben.«

Sie ergriff den Stuhl, auf dem sie gesessen hatte, und schlüpfte rasch damit ins Haus. Skelton war ganz verwirrt. Ihre groteske Erscheinung, die peinlichen Tränen, ihre Geschichte, die sie mit fortwährenden Zuckungen erzählt hatte, und dann ihre sichtbare Angst, als sie die Stimme ihres Mannes im Hof hörte, und ihre eilige Flucht; er konnte sich das alles nicht zusammenreimen.

Gleich darauf stapfte Norman Grange auf die Veranda.

»Ich höre, daß es Ihnen besser geht«, sagte er.

»Viel besser, danke.«

»Wenn Sie Lust haben, mit uns zu essen, werde ich ein Gedeck für Sie auflegen lassen.«

»Das möchte ich sehr gerne.«

»Gut. Ich will noch baden und mich umziehen.«

Er ging. Nach einer Weile erschien ein Boy und meldete Skelton, daß sein Tuan auf ihn warte. Skelton folgte ihm in ein kleines Wohnzimmer, wo herabgelassene Jalousien die Hitze fernhalten sollten, ein unbehagliches, überfülltes Zimmer mit einem Mischmasch von englischen und chinesischen Möbeln und etlichen Tischchen mit wertlosem Kram darauf. Es war weder gemütlich noch kühl. Grange trug jetzt einen Sarong und ein Baju und sah in dieser Eingeborenenkleidung gewöhnlich, aber stattlich aus. Er stellte Skelton seiner Frau vor. Sie gab ihm die Hand, als hätte sie ihn nie vorher gesehen, und sagte ein paar höfliche Begrüßungsworte. Der Boy meldete, daß das Essen bereit sei, und sie gingen in das Eßzimmer.

»Ich höre, daß Sie schon einige Zeit in diesem verdammten Land sind«, sagte Grange.

»Zwei Jahre. Ich bin Anthropologe, und ich wollte die Sitten und Gebräuche von Stämmen studieren, die keinerlei Kontakt mit der Zivilisation gehabt haben.«

Skelton fand, er müßte seinem Gastgeber erklären, wie es dazu gekommen war, daß er eine Gastfreundschaft hatte annehmen müssen, die er ihm offensichtlich nur widerwillig geboten hatte. Nachdem er das Dorf, das sein Hauptquartier gewesen war, verlassen hatte, war er zehn Tage auf dem Landweg gereist, bis er an den Fluß kam. Dort hatte er zwei Prahus gemietet, den einen für sich selbst und sein Gepäck und den anderen für Kong, seinen chinesischen Diener, und die Zeltlager-Ausrüstung, um die Küste zu erreichen. Die lange Überlandreise war anstrengend gewesen, und er fand es sehr behaglich, auf einer Matratze unter einem Sonnendach aus Palmblättern zu liegen und sich auszuruhen. Während seiner ganzen Reise war Skelton vollkommen gesund gewesen, und als er den Fluß hinunterfuhr, wurde ihm plötzlich bewußt, daß er großes Glück gehabt habe; aber als ihm dieser Gedanke durch den Kopf schoß, fiel ihm auf, daß er sich wahrscheinlich gerade jetzt zu diesem günstigen Umstand beglückwünschte, weil er sich nicht ganz so wohl fühlte wie sonst. Er war allerdings am Abend zuvor gezwungen worden, in dem Rasthaus, wo er übernachtet hatte, sehr viel Arrak zu trinken, aber er war daran gewöhnt, und das war kaum eine Erklärung für seine Kopfschmerzen. Er hatte ein allgemeines Gefühl des Unbehagens. Er trug nur Shorts und ein Trikothemd, und er fröstelte; das war merkwürdig, denn die Sonne brannte grausam, und als er den Kopf auf das Schanzdeck des Prahus legte, war die Hitze kaum erträglich. Hätte er eine Jacke zur Hand gehabt, so hätte er sie angezogen. Es wurde ihm kälter und kälter, und schließlich fingen seine Zähne an zu klappern; er rollte sich schaudernd auf seiner Matratze zusammen, in dem verzweifelten Bemühen, sich zu erwärmen. Es war nicht schwer zu erraten, was das bedeutete.

»Mein Gott«, stöhnte er. »Malaria.«

Er rief den Prahuführer, der das Steuer bediente.

»Hole mir Kong.«

Der Bootsführer schrie zu dem zweiten Prahu hinüber und befahl seinen eigenen Leuten zu stoppen. Gleich darauf lagen die beiden Boote nebeneinander, und Kong kam herüber.

»Ich habe Fieber, Kong«, keuchte Skelton. »Hole mir die Reiseapotheke und um Himmels willen Decken! Ich erfriere.«

Kong gab seinem Herrn eine große Dosis Chinin und häufte alles, was sie an Decken hatten, über ihm auf. Dann fuhren sie weiter.

Skelton war zu krank, um an Land gebracht zu werden, als sie für die Nacht haltmachten, und blieb daher auf dem Prahu.

Den ganzen nächsten und den darauf folgenden Tag war er sehr krank. Von Zeit zu Zeit erschien einer der Bootsleute und betrachtete ihn, und häufig blieb der Prahuführer lange stehen und starrte ihn nachdenklich an.

»Wie viele Tage noch bis zur Küste?« fragte Skelton den Boy.

»Vier, fünf.« Er zögerte. »Prahuführer, er nicht gehen Küste. Er sagen, er will nach Haus.«

»Sag ihm, er solle zur Hölle fahren.«

»Prahuführer sagen, du sehr krank, du sterben. Wenn du sterben und er gehen Küste, er bekommen Verdruß.«

»Ich denke nicht daran zu sterben«, sagte Skelton. »Ich werde mich wieder erholen. Es ist einfach ein Malariaanfall.«

Kong gab keine Antwort. Dieses Schweigen irritierte Skelton. Er wußte, daß den Chinesen etwas beschäftigte, was er nicht gerne sagen wollte.

»Heraus mit der Sprache, Schwachkopf!« rief er.

Skeltons Mut sank, als Kong ihm die Wahrheit sagte. Wenn sie an diesem Abend ihren Landeplatz für die Nacht erreicht hatten, wollte der Prahuführer sein Geld verlangen und sich vor dem Morgengrauen mit den beiden Prahus heimlich davonmachen. Er hatte zu große Angst, einen Sterbenden weiter zu geleiten. Skelton fehlte es an Kraft zu der entschlossenen Haltung, die vielleicht geholfen hätte; er konnte nur hoffen, durch das Angebot eines höheren Betrages den Mann zum Einhalten des Vertrags zu bewegen. Der Tag verstrich mit langen Auseinandersetzungen zwischen Kong und dem Prahuführer, aber als sie für die Nacht festmachten, kam letzterer zu Skelton und erklärte ihm mürrisch, daß er die Fahrt nicht fortsetzen werde. In der Nähe sei ein Rasthaus, wo er bleiben könne, bis er sich wohler fühle. Er begann das Gepäck abzuladen. Skelton weigerte sich aufzustehen. Er ließ sich von Kong seine Pistole geben und drohte, jeden niederzuschießen, der in seine Nähe kam.

Kong, die Mannschaft und der Prahuführer gingen zum Rasthaus hinauf, und Skelton blieb allein zurück. Stunde um Stunde lag er da, während das Fieber in ihm brannte und seinen Mund austrocknete und wirre Gedanken in seinem Hirn hämmerten. Dann sah er Lichter und hörte Männerstimmen. Der chinesische Boy kam mit dem Prahuführer und einem andern

Mann, den Skelton noch nicht gesehen hatte, aus dem Rasthaus. Er bemühte sich zu verstehen, was Kong zu ihm sagte. Anscheinend wohnte wenige Stunden stromabwärts ein Weißer, und der Prahuführer wollte ihn zu dessen Haus bringen.

»Du besser sagen ja«, meinte Kong. »Vielleicht weißer Mann haben eine Barkasse, dann wir gehen schnell, schnell zur Küste.«

»Wer ist es?«

»Pflanzer«, sagte Kong. »Diese Mann sagen, er habe Gummiplantage.«

Skelton war zu erschöpft, um weiter zu streiten. Im Augenblick wollte er nichts als schlafen. Er nahm den Vergleichsvorschlag an.

»Um die Wahrheit zu sagen«, schloß er, »ich erinnere mich nicht an viel mehr, bis ich gestern morgen aufwachte und mich als ungeladener Gast in Ihrem Haus befand.«

»Ich mache diesen Eingeborenen keine Vorwürfe, wissen Sie«, sagte Grange. »Als ich zu dem Prahu hinunterkam und Sie sah, dachte ich, es sei aus mit Ihnen.«

Mrs. Grange saß schweigend da, während Skelton seine Geschichte erzählte; ihr Kopf und ihre Hand zuckten regelmäßig, wie durch ein unsichtbares Uhrwerk in Gang gesetzt, aber als ihr Mann sie um die Worcestersoße bat – und dies war das einzige Mal, daß er sie anredete –, wurde sie von einem so heftigen Anfall unfreiwilliger Bewegungen erfaßt, daß es grauenhaft war. Sie reichte ihm die Flasche wortlos. Skelton hatte den unbehaglichen Eindruck, daß sie sich vor Grange fürchtete. Das war sonderbar, denn allem Anschein nach war er kein übler Bursche. Er war gebildet und keineswegs einfältig; und wenn man sein Benehmen auch nicht herzlich nennen konnte, so sah man doch deutlich, daß er zu jeder Hilfeleistung bereit war.

Sie beendeten ihre Mahlzeit und trennten sich, um während der heißen Tageszeit zu ruhen.

»Ich erwarte Sie wieder um sechs, zu einem Abendschoppen«, sagte Grange.

Nachdem Skelton gut geschlafen, dann gebadet und etwas gelesen hatte, ging er auf die Veranda hinaus. Mrs. Grange kam auf ihn zu. Sie schien auf ihn gewartet zu haben.

»Er ist vom Büro zurück. Halten Sie es bitte nicht für sonderbar, wenn ich nicht mit Ihnen spreche. Wenn er dächte, daß ich mich über Ihre Gesellschaft freue, würde er Sie morgen hinauswerfen.«

Sie sagte das im Flüsterton und schlüpfte ins Haus zurück. Skelton war bestürzt. Er war auf merkwürdige Art in ein merkwürdiges Haus geraten. Er ging in das überladene Wohnzimmer und traf dort seinen Gastgeber. Die Armseligkeit des Haushalts hatte ihn bedrückt, und er war überzeugt, daß die Granges sich sogar diese geringen Ausgaben, die er verursachte, kaum leisten konnten. Aber er hatte schon den Eindruck gewonnen, daß Grange reizbar und empfindlich war und das Angebot eines Beitrages vielleicht übel aufnehmen würde. Er beschloß es zu wagen.

»Hören Sie«, sagte er, »da ich Ihnen anscheinend noch einige Tage zur Last fallen muß, wäre es mir eine große Erleichterung, wenn Sie mich meine Pension bezahlen ließen.«

»Ach, das hat nichts auf sich. Ihre Unterkunft kostet nichts, das Haus gehört den Gläubigern, und Ihr Essen macht nichts aus.«

»Nun, es kommen noch Getränke dazu, und ich habe Ihre Vorräte an Tabak und Zigaretten angreifen müssen.«

»Es kommt kaum öfters als einmal im Jahr vor, daß sich jemand hierher verirrt, und dann ist es höchstens der Bezirksbeamte oder so jemand – außerdem, wenn man so bankrott ist wie ich, kommt es auf gar nichts mehr an.«

»Wollen Sie dann vielleicht meine Lagerausrüstung annehmen? Ich brauche sie nicht mehr, und wenn Sie eines meiner Gewehre haben möchten, würde ich es Ihnen nur zu gerne dalassen.«

Grange zögerte. Ein Schimmer von Begierde trat in seine kleinen, schlauen Augen.

»Wenn Sie mir eines Ihrer Gewehre überlassen wollen, so bezahlen Sie damit Ihre Pension doppelt und dreifach.«

»Dann ist das also abgemacht.«

Sie begannen sich zu unterhalten, während sie, nach der Sitte des Ostens, mit Whisky und Soda den Sonnenuntergang feierten. Als sie entdeckten, daß sie beide Schachspieler waren, machten sie eine Partie. Mrs. Grange gesellte sich erst beim Abendessen zu ihnen. Die Mahlzeit war wenig anregend. Eine dünne Suppe, ein fade schmeckender Flußfisch, ein zähes Stück Fleisch und ein Karamelpudding. Norman Grange und

Skelton tranken Bier, Mrs. Grange nahm nur Wasser. Sie äußerte von sich aus kein einziges Wort. Skelton hatte wieder das unbehagliche Gefühl, daß sie sich vor ihrem Mann zu Tode ängstigte. Ein- oder zweimal versuchte Skelton aus einfacher Höflichkeit, sie ins Gespräch zu ziehen, redete sie an und erzählte ihr eine Geschichte oder fragte sie etwas, aber das stürzte sie augenscheinlich so in Unruhe, ihr Kopf zuckte so heftig, ihre Hand machte so krampfartige Bewegungen, daß er es für rücksichtsvoller hielt, nicht darauf zu bestehen. Gleich nach dem Essen stand sie auf.

»Ich überlasse die Herren jetzt ihrem Portwein«, sagte sie.

Beide Männer erhoben sich, als sie das Zimmer verließ. Diese gesellschaftliche Form wirkte etwas grotesk und fast unheimlich in einer so dürftigen Umgebung an einem Fluß in Borneo.

»Es ist zwar kein Portwein mehr da. Aber vielleicht ein wenig Benediktiner.«

»Ach, laß das nur.«

Sie sprachen noch eine Weile zusammen, und Grange begann zu gähnen. Er stand jeden Morgen vor Sonnenaufgang auf und konnte gegen neun Uhr abends die Augen kaum mehr offenhalten.

»Na, ich gehe jetzt zu Bett«, sagte er.

Er nickte Skelton zu und verließ ihn ohne weitere Umstände. Auch Skelton ging zu Bett, konnte aber nicht einschlafen. Obwohl es drückend heiß war, hielt nicht die Hitze ihn wach. Es war etwas Grauenvolles um dieses Haus und die beiden Menschen, die darin lebten. Er wußte nicht, was ihn so merkwürdig beunruhigte, aber das wußte er, daß er dankbar aufatmen würde, sobald dies alles hinter ihm läge. Grange hatte ziemlich viel von sich selbst gesprochen, aber Skelton wußte dadurch nicht mehr von ihm, als was er beim ersten Blick gesehen hatte. Offenbar war er nur ein gewöhnlicher Pflanzer, der schlechte Zeiten erlebte. Er hatte sein Grundstück sofort nach dem Krieg erworben und Bäume darauf gepflanzt; aber als sie zu tragen anfingen, kam der Preissturz, und seither war es ein dauernder Existenzkampf gewesen. Die Besitzung und das Haus waren schwer mit Hypotheken belastet, und jetzt, da Gummi wieder mit Gewinn verkauft wurde, bekamen die Gläubiger alles, was er verdiente. Das war in Malaya eine alte Geschichte. Ungewöhnlich an Grange war nur, daß er zu keinem Land gehörte. Er war in Borneo geboren und hatte dort bei seinen Eltern gelebt, bis er alt genug war, um in England zur Schule zu gehen; mit siebzehn Jahren war er zurückgekehrt und hatte Borneo nie mehr verlassen, außer während des Krieges, als er nach Mesopotamien kam. England bedeutete ihm nichts. Er hatte weder Verwandte noch Freunde dort. Die meisten Pflanzer kommen, wie die Regierungsbeamten, von England, kehren für ihren Urlaub von Zeit zu Zeit dorthin zurück und freuen sich darauf, sich später dort zur Ruhe zu setzen. Aber was hatte England Norman Grange zu bieten?

»Ich bin hier geboren«, sagte er, »und ich werde hier sterben. In England bin ich ein Fremder. Ich mache mir nichts aus ihren dortigen Gebräuchen, und ich verstehe nichts von dem, was sie reden. Und doch bin ich auch hier ein Fremdling. Für die Malaien und Chinesen bin ich ein weißer Mann, obwohl ich so gut Malaiisch spreche wie sie, und ein Weißer werde ich immer bleiben.« Dann sagte er etwas Bezeichnendes. »Wenn ich etwas Verstand gehabt hätte, so hätte ich natürlich ein malaiisches Mädchen geheiratet und ein halbes Dutzend Mischlingskinder gehabt. Das ist tatsächlich die einzige Lösung für uns Burschen, die hier geboren und aufgewachsen sind.«

Granges Bitterkeit war so groß, daß sie nicht nur durch seine finanziellen Schwierigkeiten erklärt werden konnte. Er hatte wenig Gutes über alle die weißen Männer der Kolonie zu sagen. Er schien anzunehmen, daß sie ihn verachteten, weil er im Lande geboren war. Er war ein verdrossener, enttäuschter Mensch, und dabei eingebildet. Er hatte Skelton seine Bücher gezeigt. Es waren nicht viele, aber so ziemlich die besten der englischen Literatur; er hatte sie immer und immer wieder gelesen; aber er hatte anscheinend aus ihnen weder Milde noch Güte gelernt, und ihre Schönheiten hatten ihn unberührt gelassen; sie so gut zu kennen, hatte ihn nur selbstgefällig gemacht. Sein Äußeres, das so herzhaft und englisch wirkte, schien wenig Beziehung zu dem inneren Menschen zu haben; man konnte sich schwer dem Verdacht entziehen, daß sich ein sehr düsteres Wesen dahinter verbarg.

Schon früh am nächsten Morgen saß Skelton, um die Kühle des Tages zu genießen, mit seiner Pfeife und einem Buch auf der Veranda vor seinem Zimmer. Er war noch sehr schwach, fühlte sich aber viel wohler. Nach einer Weile näherte sich Mrs. Grange. In der Hand hielt sie ein großes Album.

»Ich dachte, ich könnte Ihnen einige meiner alten Photos und Zeitungsausschnitte zeigen. Sie dürfen nicht denken, daß ich immer so ausgesehen habe wie jetzt. Er ist auf seinem Rundgang und kommt sicher nicht vor zwei oder drei Stunden zurück.«

Mrs. Grange, im gleichen blauen Kleid, das sie am Tag zuvor getragen hatte, und mit ebenso unordentlichen Haaren, schien eigentümlich erregt.

»Es ist alles, was ich zur Erinnerung an die Vergangenheit habe. Manchmal, wenn ich das Leben nicht mehr aushalte, schaue ich mein Album an.«

Sie saß neben Skelton, während er die Seiten umblätterte. Die Besprechungen stammten aus Provinzzeitungen, und die Stellen, die sich auf Mrs. Grange bezogen – deren Künstlername Vesta Blaise lautete –, waren sorgfältig unterstrichen. Aus den Bildern konnte man ersehen, daß sie auf gewöhnliche Art recht hübsch gewesen war. Sie war in Singspielen und Revuen, in Schwänken und Komödien aufgetreten, und wenn man die Bilder und die Kritiken zusammennahm, konnte man leicht darauf schließen, daß es sich hier um die übliche öde, ziemlich ordinäre Karriere eines Mädchens ohne besonderes Talent handelte, das wegen eines hübschen Gesichts und einer guten Figur zum Theater gekommen war. Mit zuckendem Kopf und zitternder Hand betrachtete Mrs. Grange die Photos und las die Besprechungen mit so viel Interesse, als habe sie diese noch nie zuvor gesehen.

»Man braucht Protektion am Theater, und die habe ich nie gehabt«, sagte sie. »Wenn ich nur eine richtige Chance gehabt hätte, dann wäre schon was aus mir geworden. Ich hatte Pech, darüber besteht kein Zweifel.«

Es war alles gewöhnlich und doch mitleiderregend.

»Ich glaube, daß Sie es jetzt besser haben«, sagte Skelton.

Sie nahm ihm das Buch weg und schlug es heftig zu. Sie hatte einen so schlimmen Anfall, daß Skelton bei ihrem Anblick erschrak.

»Was meinen Sie damit? Was wissen Sie von dem Leben, das ich hier führe? Ich hätte mich schon vor Jahren umgebracht, aber ich weiß, daß er meinen Tod wünscht. Weiterzuleben ist die einzige Möglichkeit, wie ich mich an ihm rächen kann, und ich werde leben; ich werde so lange leben wie er. Oh, ich hasse ihn. Ich habe oft daran gedacht, ihn zu vergiften, aber ich hatte Angst. Ich wußte nicht recht, wie ich es anstellen sollte, und wenn er stürbe, würden die Chinesen die Hypothek für verfallen erklären und mich hinauswerfen. Und wohin könnte ich dann gehen? Ich habe keinen Freund auf der Welt.«

Skelton war entsetzt. Es schoß ihm durch den Kopf, daß sie verrückt sein könnte. Er hatte keine Ahnung, was er sagen sollte. Sie warf ihm einen scharfen Blick zu.

»Sie sind wohl erstaunt, mich so reden zu hören. Aber es ist mein Ernst, wissen Sie, jedes Wort davon. Er möchte mich auch umbringen, aber er wagt es ebensowenig. Dabei weiß er ganz genau, wie es gemacht wird. Er weiß, wie die Malaien die Leute umbringen. Er ist hier geboren. Es gibt nichts in diesem Land, was er nicht kennt.«

Skelton zwang sich, etwas zu sagen.

»Hören Sie, Mrs. Grange, ich bin Ihnen vollkommen fremd. Finden Sie nicht, daß es etwas unklug ist, mir lauter Sachen zu erzählen, die ich gar nicht zu wissen brauche? Sie leben hier immerhin sehr einsam. Ich kann mir denken, daß Sie sich gegenseitig auf die Nerven gehen. Jetzt, da es wieder aufwärts geht, könnten Sie vielleicht eine Reise nach England unternehmen.«

»Ich will nicht nach England. Ich würde mich schämen, mich dort so zu zeigen, wie ich jetzt bin. Wissen Sie, wie alt ich bin? Sechsundvierzig. Ich sehe aus wie sechzig, das weiß ich. Darum habe ich Ihnen die Photos gezeigt, damit Sie sehen können, daß ich nicht immer so ausgesehen habe wie jetzt. Ach, mein Gott, wie habe ich mein Leben verpfuscht! Die Leute reden von der Romantik des Ostens. Ich gebe sie billig. Ich möchte lieber Garderobiere in einem Provinztheater sein, ich möchte lieber eine Putzfrau dort sein als das, was ich jetzt bin. Bevor ich hierhergekommen bin, war ich nie im Leben allein; ich hatte immer viele Leute um mich; Sie wissen nicht, was es heißt, von einem Jahresende zum andern keinen Menschen zu haben, mit dem man sprechen könnte. Alles in sich zu verschließen. Würde es Ihnen gefallen, Woche für Woche, Tag für Tag, während sechzehn Jahren niemand zu sehen als den Mann, den Sie auf der ganzen Welt am meisten hassen? Würde es Ihnen gefallen, sechzehn Jahre mit einem Mann zu leben, der Sie so haßt, daß er es nicht über sich bringt, Sie anzusehen?«

»Ach, hören Sie, so schlimm kann es doch nicht sein!«

»Ich sage Ihnen die Wahrheit. Warum sollte ich Sie belügen? Ich werde Sie nie wiedersehen; was mache ich mir daraus, was Sie von mir denken? Und wenn Sie weitererzählen, was ich Ihnen gesagt habe, wenn Sie an die Küste hinunterkommen, was dann? Man wird sagen: ›Himmel, Sie wollen doch nicht behaupten, daß Sie bei den Leuten gewohnt haben. Da tun Sie mir leid. Er ist ein Außenseiter, und sie ist verrückt, hat einen Tick; sie sagen, es sähe aus, als wolle sie immer das Blut von ihrem Kleid wegwischen. Sie waren in eine verdammt sonderbare Sache verwickelt, aber es ist keiner je richtig dahintergekommen; es ist vor langer Zeit passiert, und die Gegend war noch ziemlich wild damals.‹ Eine verdammt sonderbare Sache, das war es. Ich hätte beinah Lust, es Ihnen zu erzählen. Das wäre eine dreckige kleine Geschichte für die im Klub. Und Sie müßten tagelang nichts für Ihre Getränke dort zahlen. Zum Teufel mit ihnen. Ach Gott, wie ich dieses Land hasse. Ich hasse diesen Fluß. Ich hasse dieses Haus. Ich hasse den verdammten Gummi. Ich hasse die schmutzigen Eingeborenen. Und das ist alles, was ich zu erwarten habe, bis ich sterbe – bis ich sterbe, ohne einen Doktor, der nach mir schaut, ohne einen Menschen, der mir die Hand hält.«

Sie begann hysterisch zu weinen. Mrs. Grange hatte mit einer dramatischen Intensität gesprochen, die ihr Skelton niemals zugetraut hätte. Ihre ungebildete Ironie wirkte ebenso peinlich wie ihre Qual. Skelton war jung, noch nicht dreißig, und er konnte diese schwierige Situation nicht meistern. Aber er konnte auch nicht einfach schweigen.

»Es tut mir schrecklich leid, Mrs. Grange. Ich wollte, ich könnte Ihnen irgendwie helfen.«

»Ich verlange keine Hilfe von Ihnen. Niemand kann mir helfen.«

Skelton war bestürzt. Er mußte aus dem, was sie ihm gesagt hatte, schließen, daß sie in eine mysteriöse und vielleicht schreckliche Begebenheit verwickelt worden war, und wenn sie es ihm erzählte, ohne Konsequenzen befürchten zu müssen, mochte das gerade die Erleichterung für sie sein, die sie brauchte.

»Ich will mich nicht in eine Sache einmischen, die mich nichts angeht, Mrs. Grange, aber wenn Sie glauben, daß es Sie erleichtern würde, es mir zu erzählen, was Sie eben andeuteten, ich meine, was Sie eine verdammt sonderbare Sache genannt haben, so verspreche ich Ihnen auf Ehrenwort, daß ich es keiner menschlichen Seele jemals weitererzählen werde.«

Sie hörte ganz plötzlich auf zu weinen und sah ihn mit einem langen, gespannten Ausdruck an. Sie zögerte. Er hatte den Eindruck, als wäre ihr Verlangen zu sprechen fast unwiderstehlich. Aber sie schüttelte den Kopf und seufzte.

»Es würde nichts nützen. Nichts kann mir nützen.«

Sie stand auf und verließ ihn unvermittelt.

Die beiden Männer setzten sich allein zu Tisch.

»Meine Frau bittet sie zu entschuldigen«, sagte Grange. »Sie hat einen ihrer Migräneanfälle und bleibt heute zu Bett.«

»Ach, das tut mir leid.«

Skelton hatte das Gefühl, als läge in dem forschenden Blick, mit dem Grange ihn betrachtete, etwas wie Argwohn und Feindseligkeit. Der Gedanke schoß ihm durch den Kopf, daß er irgendwie von seinem Gespräch mit Mrs. Grange wußte, in dem sie vielleicht manches gesagt hatte, was ungesagt hätte bleiben sollen. Skelton bemühte sich, eine Unterhaltung in Gang zu bringen, aber sein Gastgeber blieb stumm, und sie beendeten die Mahlzeit in einem Schweigen, das von Grange erst unterbrochen wurde, als er aufstand.

»Sie scheinen heute in ganz guter Verfassung zu sein, und ich nehme an, daß Sie nicht länger an diesem gottverlassenen Ort bleiben wollen, als Sie müssen. Ich habe über den Fluß hinübergeschickt und vereinbaren lassen, daß zwei Prahus Sie an die Küste hinunterbringen. Morgen früh um sechs.«

Skelton war jetzt überzeugt, daß er richtig vermutet hatte; Grange wußte oder erriet, daß seine Frau zu offen gesprochen hatte, und er wollte den gefährlichen Gast so schnell wie möglich los sein.

»Das ist außerordentlich freundlich von Ihnen«, sagte Skelton lächelnd. »Ich bin gesund wie ein Fisch im Wasser.«

Aber in Granges Augen lag kein antwortendes Lächeln. Sie blieben kalt und feindlich.

»Wir könnten später noch eine Partie Schach spielen«, sagte er.

»Gut. Wann kommen Sie von Ihrem Büro zurück?«

»Ich habe heute nicht viel dort zu tun. Ich werde um das Haus herum sein.«

Skelton fragte sich, ob er sich nur einbildete, daß fast eine Art von Drohung in dem Ton liege, mit dem Grange diese Worte aussprach. Es schien, als wollte er jedenfalls dafür sorgen, daß seine Frau und Skelton nicht mehr miteinander allein blieben. Mrs. Grange erschien nicht zum Abendessen. Sie tranken ihren Kaffee und rauchten ihre Zigarren. Dann sagte Grange, während er seinen Stuhl zurückschob:

»Sie müssen morgen zeitig aufbrechen. Ich denke, daß Sie sich gerne gleich zurückziehen möchten. Ich werde schon meinen Rundgang angetreten haben, wenn Sie weggehen; ich will mich lieber jetzt von Ihnen verabschieden.«

»Lassen Sie mich meine Gewehre holen. Ich möchte, daß Sie das aussuchen, was Ihnen am besten gefällt.«

»Ich will dem Boy sagen, daß er sie holt.«

Die Gewehre wurden gebracht, und Grange traf seine Wahl. Er gab kein Zeichen der Freude über das schöne Geschenk.

»Sie wissen wohl, daß dieses Gewehr verdammt mehr wert ist, als was Ihr Essen und Trinken und Rauchen mich gekostet hat?« sagte er.

»Soviel ich weiß, haben Sie mir das Leben gerettet. Ich finde nicht, daß ein altes Gewehr dafür ein übertrieben großzügiger Ausgleich ist.«

»Na, wenn Sie es von diesem Standpunkt aus betrachten wollen, so ist das wohl Ihre Angelegenheit. Trotzdem, vielen Dank dafür.«

Sie schüttelten sich die Hände und trennten sich.

Am folgenden Morgen, während das Gepäck in den Prahus verstaut wurde, fragte Skelton den Hausboy, ob er sich vor der Abfahrt von Mrs. Grange verabschieden könnte. Der Hausboy sagte, er wolle sich erkundigen. Er wartete eine kleine Weile. Mrs. Grange kam aus ihrem Zimmer auf die Veranda heraus. Sie trug einen rosa Morgenrock aus Japanseide, reich mit billiger Spitze verziert, aber schäbig, zerknittert und nicht allzu sauber. Der Puder war dick auf ihrem Gesicht aufgetragen, die Wangen geschminkt und der Mund mit Lippenstift scharlachrot gefärbt. Ihr Kopf schien stärker als sonst zu zucken, und ihre Hand bewegte sich eigentümlich. Als Skelton sie kennengelernt hatte, war es ihm so vorgekommen, als wollte sie damit auf etwas hinter ihrem Rücken aufmerksam machen, aber jetzt, nach dem, was sie ihm gestern erzählt hatte, sah es wirklich so aus, als versuchte sie ständig etwas von ihrem Kleid abzuwichen. Blut, hatte sie gesagt.

»Ich wollte nicht fortgehen, ohne Ihnen für alle Ihre Freundlichkeit mir gegenüber zu danken«, sagte er.

»Ach, lassen Sie's nur gut sein.«

»Also, leben Sie wohl.«

»Ich will mit Ihnen zum Landungssteg hinuntergehen.«

Sie hatten keinen weiten Weg. Die Bootsleute waren noch mit dem Unterbringen des Gepäcks beschäftigt. Skelton blickte über den Fluß hinüber, wo man einige Eingeborenenhütten sehen konnte.

»Ich vermute, daß diese Männer von dort drüben kommen. Es sieht wie ein richtiges Dorf aus.«

»Nein, nur die paar Hütten. Früher war dort eine Gummiplantage, aber als die Gesellschaft verkrachte, wurde sie aufgegeben.«

»Gehen Sie manchmal dort hinüber?«

»Ich?« rief Mrs. Grange. Ihre Stimme war schrill, und ihr Kopf, ihre Hand wurden plötzlich von einem wilden Anfall unfreiwilliger Bewegungen geschüttelt. »Nein! Warum sollte ich das?«

Skelton konnte nicht verstehen, warum diese einfache Frage, die er nur gestellt hatte, um etwas zu sagen, sie so aus der Fassung brachte. Inzwischen war alles in Ordnung gebracht, und er gab ihr zum Abschied die Hand. Er stieg in das Boot und machte es sich bequem. Sie stießen vom Land ab. Er winkte Mrs. Grange zu. Als das Boot in die Strömung glitt, schrie sie mit rauher, kreischender Stimme:

»Grüßen Sie Leicester Square von mir!«

Skelton stieß einen tiefen Seufzer der Erleichterung aus, als die Bootsleute ihn mit kraftvollen Ruderschlägen immer weiter von diesem schrecklichen Haus wegbrachten und von diesen beiden unglücklichen und doch abstoßenden Menschen. Er war jetzt froh, daß Mrs. Grange ihm die Geschichte nicht erzählt hatte. Er wollte nicht durch die Erinnerung an einen tragischen Bericht von Sünde oder Torheit unauflöslich mit ihnen verbunden bleiben. Er wollte sie vergessen, wie man einen bösen Traum vergißt.

Aber Mrs. Grange sah den beiden Prahus nach, bis eine Biegung des Flusses sie ihren Blicken entzog. Sie stieg langsam zum Haus hinauf und ging in ihr Schlafzimmer. Das Licht war gedämpft, weil die Jalousien heruntergelassen waren, um die Hitze abzuhalten, aber sie setzte sich an ihren Toilettentisch und starrte ihr Spiegelbild an. Norman hatte diesen Toilettentisch bald nach ihrer Heirat machen lassen. Natürlich hatte ihn ein eingeborener Schreiner angefertigt, und sie hatten den Spiegel von Singapur kommen lassen, aber er war nach ihren Angaben gemacht worden, in der genauen Größe und Form, die sie haben wollte, mit reichlich Platz für alle ihre Sachen und Schönheitsmittel. Es war der Toilettentisch, nach dem sie sich ihr Leben lang gesehnt und den sie nie bekommen hatte. Sie erinnerte sich noch daran, wie erfreut sie zuerst darüber gewesen war. Sie hatte die Arme um den Hals ihres Mannes geschlungen und ihn geküßt.

»O Norman, du bist gut zu mir«, hatte sie gesagt. »Ich bin ein glückliches kleines Mädchen, daß ich einen solchen Burschen wie dich erwischt habe, nicht wahr?«

Aber damals entzückte sie alles. Das Leben am Fluß und das Leben im Dschungel unterhielt sie, das fruchtbare Wachstum des Waldes und die Vögel mit ihrem bunten Gefieder und die leuchtenden Schmetterlinge. Sie machte sich daran, dem Haus eine weibliche Note zu geben; sie stellte alle ihre eigenen Photographien auf und verschaffte sich Vasen, um sie mit Blumen zu füllen; sie stöberte allerlei Nippsachen auf, die sie überall herum verteilte. »Das macht ein Zimmer gemütlich«, sagte sie. Sie war nicht verliebt in Norman, aber sie hatte ihn recht gern; und es war schön, verheiratet zu sein, es war schön, von früh bis spät nichts zu tun zu haben, außer das Grammophon laufen zu lassen oder Patience zu legen und Romane zu lesen. Es war schön zu glauben, daß man sich über die Zukunft keine Sorgen zu machen brauchte. Natürlich war es zuweilen ein wenig einsam, aber Norman meinte, sie werde sich daran gewöhnen, und er hatte ihr versprochen, im nächsten Jahr, oder längstens in zwei Jahren, auf drei Monate mit ihr nach England zu fahren. Das würde einen Spaß geben, ihn ihren Freundinnen vorzuführen. Sie fühlte, daß das, was ihn angezogen hatte, der Glanz des Theaters gewesen war, und sie hatte sich als sehr viel erfolgreicher hingestellt, als sie tatsächlich gewesen war. Er sollte sehen, daß sie ein Opfer gebracht hatte, als sie ihre Karriere aufgegeben hatte, um einen Pflanzer zu heiraten. Sie hatte sich mit der Bekanntschaft von vielen Stars gebrüstet, mit denen sie in Wahrheit niemals gesprochen hatte. Das mußte, wenn sie nach Hause fuhren, ein wenig geschickt gehandhabt werden, aber im Grunde wußte der arme Norman ja nicht mehr vom Theater als ein ungeborenes Kind. Wenn sie einen so einfältigen Burschen, nach zwölf Jahren am Theater, nicht zum Narren halten konnte, na, dann konnte sie nur sagen, daß sie ihre Zeit vergeudet hatte. Im ersten Jahr ging alles gut. Einmal dachte sie, daß sie ein Kind bekommen werde. Sie waren beide enttäuscht, als sich dies nicht bewahrheitete. Dann begann sie sich zu langweilen. Es kam ihr so vor, als hätte sie seit einer Ewigkeit Tag für Tag das gleiche getan, und sie erschrak bei dem Gedanken, Tag für Tag bis in alle Ewigkeit das gleiche tun zu müssen. Norman erklärte, er könne die Plantage in diesem Jahr nicht verlassen. Sie hatten eine kleine Auseinandersetzung. Er ließ dabei eine Bemerkung fallen, die ihr Angst machte.

»Ich hasse England«, sagte er. »Wenn es nach mir ginge, würde ich keinen Fuß mehr in das verdammte Land setzen.«

Durch dieses einsame Dasein verfiel Mrs. Grange in die Gewohnheit, laut mit sich selbst zu reden. Man konnte sie in ihrem Zimmer Stunde um Stunde schwatzen hören; und jetzt drückte sie die Puderquaste in den Puder und bedeckte ihr Gesicht damit, während sie ihr Spiegelbild anredete, genau als spräche sie mit einem anderen Menschen.

»Das hätte eine Warnung für mich sein sollen. Ich hätte darauf bestehen sollen, allein zu fahren, und wer weiß, vielleicht hätte ich in London eine Anstellung bekommen. Mit meiner Erfahrung und allem. Dann hätte ich ihm geschrieben, daß ich nicht zurückkommen würde.« Ihre Gedanken richteten sich auf Skelton. »Schade, daß ich es ihm nicht gesagt habe«, fuhr sie fort. »Ich war nahe daran. Vielleicht hatte er recht, vielleicht hätte es mich erleichtert. Ich möchte wissen, was er dazu gesagt hätte.« Sie ahmte seine Oxford-Aussprache nach. »Es tut mir so schrecklich leid, Mrs. Grange, ich wollte, ich könnte Ihnen helfen.« Sie kicherte vor sich hin, aber es war fast ein Schluchzen. »Ich hätte ihm gerne von Jack erzählt. Ach, Jack.«

Als sie zwei Jahre verheiratet waren, bekamen sie einen

Nachbarn. Der Preis für Gummi war damals so hoch, daß neue Plantagen angelegt wurden, und eine der großen Gesellschaften hatte ein ausgedehntes Grundstück auf dem gegenüberliegenden Ufer erworben. Es war eine reiche Gesellschaft, alles wurde auf verschwenderische Weise eingerichtet. Dem Manager, den sie eingesetzt hatten, stand eine Barkasse zur Verfügung, so daß es ihm keine Schwierigkeit machte, zu einem Gläschen hereinzuschauen, wenn er gerade Lust dazu hatte. Er hieß Jack Carr. Er war ein ganz anderer Mensch als Norman: vor allem war er ein Gentleman, hatte eine höhere Schule und die Universität besucht, war ungefähr fünfunddreißig, groß, nicht massig wie Norman, sondern schlank, mit einer Figur, die im Frack blendend aussah; und er hatte krausgelocktes Haar und einen lachenden Ausdruck in den Augen. Gerade ihr Typ. Sie fühlte sich sofort zu ihm hingezogen. Es war ein Genuß, jemand zu haben, mit dem man über London und das Theater sprechen konnte. Er war heiter und unbekümmert. Er machte die Art von Witzen, die man verstand. Nach kaum zwei Wochen fühlte sie sich mit ihm mehr zu Hause als mit ihrem Mann nach zwei Jahren. Es war immer etwas an Norman gewesen, dem sie nie ganz auf den Grund hatte kommen können. Er war natürlich auf sie versessen und hatte ihr viel von sich selber erzählt, aber sie hatte ein seltsames Gefühl, daß er etwas vor ihr verbarg, nicht weil er es beabsichtigte, aber – nun, man konnte es kaum erklären, vielleicht weil es so fremdartig war, daß er es nicht in Worten ausdrücken konnte. Später, als sie Jack näher kannte, erwähnte sie das ihm gegenüber, und Jack sagte, es käme daher, weil er im Land geboren sei; obwohl er keinen Tropfen Eingeborenenblut in sich hatte, war doch etwas von dem Land in ihn übergegangen, so daß er kein richtiger Weißer war; er hatte einen östlichen Anflug. Soviel er sich auch bemühte, er konnte nie ganz englisch sein.

Sie schwatzte vor sich hin in dem leeren Haus, denn die beiden Boys, der Koch und der Hausboy, waren in ihren eigenen Räumen, und der Ton ihrer Stimme, zwischen den Holzböden und Wänden, klang wie das unheimliche, unmenschliche Raunen neuen Weines, der in einem Faß gärt. Sie sprach so, als ob Skelton da wäre, aber so unzusammenhängend, daß er ihrer Erzählung schwer hätte folgen können. Sie brauchte damals nicht lange, um zu entdecken, daß Jack Carr sie begehrte.

Sie war erregt. Sie war nie zügellos gewesen, aber während all der Jahre beim Theater hatte es natürlich Episoden gegeben. Es wäre kaum erträglich gewesen, Monat für Monat auf Tour zu sein, wenn man nicht zuweilen ein wenig Spaß erlebt hätte. Jetzt wollte sie natürlich nicht zu schnell einwilligen, sie wollte sich nicht wegwerfen, aber bei dem Leben, das sie führte, wäre sie eine Närrin gewesen, diese Gelegenheit zu verpassen; und was Norman betraf, nun, was ich nicht weiß, macht mich nicht heiß. Sie verstanden einander gut, Jack und sie; sie wußten, daß es früher oder später dazu kommen mußte, die Gelegenheit mußte nur abgewartet werden. Und die Gelegenheit ergab sich. Aber dann geschah etwas, womit sie nicht gerechnet hatten: sie verliebten sich heftig ineinander. Wenn Mrs. Grange diese Geschichte tatsächlich Skelton erzählt hätte, wäre ihm das vielleicht so unwahrscheinlich vorgekommen wie ihnen selber. Sie waren zwei ganz gewöhnliche Leute, er ein lustiger, gutmütiger, durchschnittlicher Pflanzer und sie eine Schauspielerin mit kleinen Nebenrollen, keineswegs gescheit, nicht einmal sehr jung, mit weiter nichts zu ihren Gunsten als eine gute Figur und ein recht hübsches Gesicht. Was als zufällige Affäre begonnen hatte, entwickelte sich unerwartet zu einer verheerenden Leidenschaft, und keiner von ihnen war dazu geschaffen, ihren ungeheuren Zwang auszuhalten. Sie sehnten sich, beieinander zu sein; getrennt waren sie ruhelos und elend. Sie hatte Norman schon seit einiger Zeit langweilig gefunden, aber sie hatte es ertragen, weil er ihr Mann war; jetzt reizte er sie bis zur Raserei, weil er zwischen ihr und Jack stand. Es konnte für sie keine Rede davon sein, zusammen durchzubrennen; Jack Carr hatte nichts als sein Gehalt, und er konnte eine Stellung nicht aufgeben, die zu erlangen ihm nur allzuviel bedeutet hatte. Es war schwer für sie, sich zu treffen. Sie riskierten viel dabei. Vielleicht waren die Gelegenheiten, die sie erhaschten, die Hindernisse, die sie überwinden mußten, Nahrung für ihre Liebe; ein Jahr verging, und sie war noch so überwältigend wie am Anfang; es war ein Jahr der Qual und der Wonne, der Angst und der Spannung. Dann entdeckte sie, daß sie schwanger war. Sie hatte keinen Zweifel, daß Jack Carr der Vater war, und sie war überglücklich. Das Leben war allerdings schwierig, so schwierig, daß sie oft glaubte, es nicht meistern zu können, aber ein Kind würde kommen, sein Kind, und das mußte alles erleichtern. Sie wollte zu ihrer Entbindung nach Kuching gehen. Nun traf es sich, daß Jack Carr etwa um diese Zeit geschäftlich auf mehrere Wochen nach Singapur fahren mußte; aber er versprach zurückzukommen, bevor sie fort mußte, und er wollte ihr sofort nach seiner Ankunft durch einen Eingeborenen Nachricht schicken. Als diese Botschaft endlich eintraf, fühlte sie sich ganz krank vor Freude. Sie hatte sich noch nie so nach ihm gesehnt.

»Ich höre, daß Jack zurück ist«, sagte sie beim Abendessen zu ihrem Mann. »Ich werde morgen früh hinüberfahren und die Sachen holen, die er mir mitbringen wollte.«

»Das würde ich nicht tun. Ziemlich sicher wird er gegen Sonnenuntergang hereinschauen und sie selber mitbringen.«

»Ich kann nicht warten. Ich bin zu gespannt darauf.«

»Also gut. Tu, was du willst.«

Sie konnte es nicht lassen, von ihm zu sprechen. Seit einiger Zeit hatten sie und Norman einander wenig zu sagen gehabt, aber an diesem Abend plauderte sie in ihrer gehobenen Stimmung so munter wie in den ersten Monaten nach ihrer Heirat. Sie stand immer früh auf, um sechs, und am folgenden Morgen ging sie zum Fluß hinunter und badete. Dort war ein kleiner Einschnitt in der Uferböschung, mit einem winzigen sandigen Strand, und es war herrlich, in dem kühlen, durchsichtigen Wasser herumzuplätschern. Ein Eisvogel saß auf dem Ast eines Baumes, der über dem Teich hing, und sein Reflex im Wasser war leuchtend blau. Entzückend. Sie trank eine Tasse Tee und bestieg dann ein Kanu. Ein Junge paddelte sie über den Fluß. Es nahm eine gute halbe Stunde in Anspruch. Als sie sich näherten, ließ sie die Blicke prüfend über das Ufer schweifen; Jack wußte, daß sie bei der ersten Gelegenheit kommen würde; er war sicher auf der Lauer. Ah, dort war er. Der beseligende Schmerz in ihrem Herzen war fast unerträglich. Er kam zum Steg herunter und half ihr aus dem Boot. Sie gingen Hand in Hand den Pfad hinauf, und als sie außer Sicht des Jungen und neugieriger Augen vom Haus her waren, blieben sie stehen. Er legte seine Arme um sie, und sie gab sich seiner Umarmung leidenschaftlich hin. Sie klammerte sich an ihn. Sein Mund suchte den ihren. In diesem Kuß lag die ganze Qual ihrer Trennung und die ganze Seligkeit ihrer Wiedervereinigung. Das Wunder der Liebe überströmte sie so, daß sie jedes Bewußtsein von Zeit und Ort verloren. Sie waren keine Menschen mehr, sondern zwei Seelen, die ein göttliches Feuer verschmolz. Kein Gedanke war in ihnen. Über ihre Lippen kam kein Wort. Plötzlich fühlte sie einen brutalen Stoß, und unmittelbar darauf, fast gleichzeitig, folgte ein ohrenbetäubender Lärm. Entsetzt, ohne zu begreifen, klammerte sie sich fester an Jack, und er hielt sie wie in einem Krampf, so daß sie keuchte; dann fühlte sie, daß er sie zu Boden riß.

»Jack.«

Sie versuchte, ihn aufrecht zu halten. Sein Gewicht war zu schwer für sie, und als er zu Boden stürzte, fiel sie mit ihm. Dann stieß sie einen lauten Schrei aus, denn sie fühlte eine heiße Welle, und sein Blut sprudelte über sie. Sie fing an zu schreien. Eine derbe Hand packte sie und zog sie auf die Füße. Es war Norman. Sie war außer sich. Sie konnte es nicht verstehen.

»Norman, was hast du getan?«

»Ich habe ihn getötet.«

Sie starrte ihn leer an. Sie stieß ihn beiseite.

»Jack. Jack.«

»Sei still. Ich gehe und hole Hilfe. Es war ein Unglücksfall.«

Er lief schnell den Pfad hinauf. Sie fiel auf die Knie und nahm Jacks Kopf in ihre Arme.

»Liebling«, stöhnte sie. »Ach, mein Liebling.«

Norman kam mit einigen Kulis zurück, und sie trugen Jack zum Haus hinauf. In dieser Nacht hatte sie eine Fehlgeburt und war so krank, daß tagelang mit ihrem Tod gerechnet wurde. Als sie genas, hatte sie den nervösen Tick, an dem sie seither litt. Sie erwartete, daß Norman sie wegschicken würde; aber er tat es nicht, er mußte sie bei sich behalten, um den Verdacht zu zerstreuen. Es gab etwas Geschwätz unter den Eingeborenen, und nach einiger Zeit erschien der Distriktbeamte und stellte viele Fragen; aber die Eingeborenen fürchteten Norman, und der Beamte brachte nichts aus ihnen heraus. Der Junge, der sie hinübergepaddelt hatte, war verschwunden. Norman erklärte, es sei an seinem Gewehr etwas nicht in Ordnung gewesen, und Jack habe es untersucht, und da sei es losgegangen. In jenem Land begraben sie die Toten rasch, und bis sie ihn wieder hätten ausgraben können, wäre nicht mehr viel übrig gewesen, um zu beweisen, daß Normans Bericht nicht der Wahrheit entsprach. Der Distriktbeamte war nicht zufrieden.

»Es sieht alles verdammt faul aus«, sagte er, »aber da jeder Beweis fehlt, muß ich wohl Ihre Darstellung annehmen.«

Sie hätte alles darum gegeben, fortzukommen, aber mit diesem nervösen Leiden behaftet hatte sie keinen Schimmer einer Möglichkeit mehr, ihren Lebensunterhalt zu verdienen. Sie mußte dableiben – oder verhungern; und Norman mußte sie dabehalten – oder gehängt werden. Nichts war seitdem geschehen, und jetzt würde nie mehr etwas geschehen. Die endlosen Jahre würden sich in ihrer müden Länge eines nach dem anderen dahinschleppen.

Plötzlich hörte Mrs. Grange auf zu reden. Ihre scharfen Ohren hatten den Laut von Schritten auf dem Pfad vernommen, und sie wußte, daß Norman von seinem Rundgang zurück war. Während ihr Kopf wütend zuckte und ihre Hand die unheimliche, unwillkürliche Bewegung machte, suchte sie in dem Durcheinander ihres Toilettentisches nach ihrem kostbaren Lippenstift. Sie schmierte ihn auf ihren Mund, und dann, ohne zu wissen warum, strich sie in einer grotesken Laune damit über ihre ganze Nase, bis sie aussah wie ein Clown im Zirkus. Sie betrachtete sich im Spiegel und brach in Gelächter aus.

»Zum Teufel mit dem Leben!« schrie sie.

Das fremde Samenkorn

Ich kannte die Blands schon lange, ehe ich erfuhr, daß zwischen ihnen und Ferdy Rabenstein Beziehungen bestanden. Als ich Ferdy Rabenstein zum erstenmal begegnete, muß er um die Fünfzig gewesen sein, und zu der Zeit, von der ich spreche, war er weit über siebzig. Er hatte sich kaum verändert. Sein kräftiges, volles, gekräuseltes Haar war weiß geworden, aber seine Figur war die gleiche geblieben, und er hielt sich gerade wie immer. Es fiel nicht schwer zu glauben, daß er in seiner Jugend so schön war, wie es allgemein hieß. Er hatte noch das feine semitische Profil und die schimmernden schwarzen Augen, die so manchen Sturm in einer weiblichen Brust entfesselt hatten. Er war sehr groß, schlank, das Gesicht oval und der Teint klar. Er war immer sehr gut angezogen, und auch jetzt noch war er im Abendanzug einer der bestaussehenden Männer, die ich je gesehen habe. Seine Hemdbrust war mit großen schwarzen Perlen und die Finger mit Ringen aus Platin und Saphiren geschmückt. Vielleicht war alles an ihm ein wenig auffallend, aber das gehörte so zu seiner ganzen Erscheinung, daß etwas anderes nicht zu ihm gepaßt hätte.

»Schließlich bin ich Orientale«, pflegte er zu sagen, »und kann mir ein wenig barbarischen Prunk schon leisten.«

Es ist mir oft in den Sinn gekommen, daß Ferdy Rabenstein einen großartigen Vorwurf für eine Biographie abgegeben hätte. Er gehörte nicht zu den ›großen Männern‹, aber innerhalb seiner selbst bestimmten Grenzen hatte er aus seinem Leben ein Kunstwerk gemacht. Es war ein Meisterwerk im Kleinen wie eine persische Miniatur, deren Wert in ihrer Vollkommenheit liegt. Leider gab es nur wenig Material dafür. Es hätte aus Briefen bestanden, wenn es sie noch gegeben hätte, und aus den Erinnerungen von Leuten, die heute alt und deren Tage gezählt sind.

Er besitzt ein glänzendes Gedächtnis, aber er würde niemals seine Memoiren schreiben. Seine Vergangenheit ist für ihn eine Quelle rein privaten Vergnügens. Außerdem ist er ein Mann absoluter Diskretion. Ich kenne auch niemanden, der einer solchen Aufgabe gewachsen wäre, es sei denn Max Beerbohm.

Außer ihm ist niemand in dieser harten, kalten Welt von heute imstande, auf das Alltägliche mit so zarter Sympathie zu blicken und dem Vergänglichen ein so feines Pathos abzugewinnen. Ich wundere mich, daß Max, der Ferdy besser und länger als ich kennt, sich nie versucht gefühlt hat, sein erlesenes Einfühlungsvermögen an einem solchen Thema zu erproben. Rabenstein wäre das geborene Modell für Max gewesen. Und wer hätte das Buch, das mir vorschwebt, illustrieren sollen, wenn nicht Aubrey Beardsley? Auf diese Weise wäre ein Denkmal aus dreifachem Erz entstanden und das Flüchtige wie in durchsichtigem Bernstein für die Nachwelt erhalten geblieben.

Ferdys Eroberungen waren gesellschaftlicher Natur und sein Wirkungskreis die große Welt. Er war in Südafrika geboren und erst mit zwanzig Jahren nach England gekommen. Eine Zeitlang hatte er sich mit Börsengeschäften abgegeben, aber nach dem Tod seines Vaters ein so beträchtliches Vermögen geerbt, daß er sich vom Geschäft zurückziehen und nur noch das Leben eines Weltmannes führen konnte. Damals war die englische Gesellschaft noch ein geschlossener Kreis, und für einen Juden war es nicht leicht, ihre Schranken zu durchbrechen. Vor Ferdy fielen sie wie die Mauern von Jericho. Er sah gut aus, war reich, ein guter Sportsmann und Gesellschafter, er hatte ein Haus in der Curzon Street, das mit den schönsten französischen Möbeln eingerichtet war, einen französischen Koch und ein Coupé. Es wäre interessant, die ersten Schritte seines Aufstiegs zu verfolgen, aber sie sind im Dunkel der Zeiten verlorengegangen. Als ich ihn kennenlernte, war seine Stellung als einer der elegantesten Männer Londons längst gefestigt. Es war in einem sehr großen Haus in Norfolk, in das ich als vielversprechender junger Schriftsteller von der Dame des Hauses eingeladen worden war. Die Gesellschaft war überaus vornehm, und ich kam mir sehr unbedeutend vor. Wir waren sechzehn Personen, ich fühlte mich eingeschüchtert und allein inmitten all dieser Minister, großen Damen und Pairs des Königreichs, die über Menschen und Dinge sprachen, von denen ich keine Ahnung hatte. Sie waren mir gegenüber höflich, aber gleichgültig, und mir war bewußt, daß ich für die Dame des Hauses so etwas wie das fünfte Rad am Wagen war. Ferdy rettete mich. Er setzte sich zu mir und unterhielt sich mit mir. Er entdeckte, daß ich Schriftsteller war, und wir sprachen über Theaterstücke und Romane. Ich erzählte, daß ich längere Zeit auf dem Kontinent gelebt hatte, und so brachte er das Gespräch entgegenkommenderweise auf Frankreich, Deutschland und Spanien. Ich hatte den Eindruck, daß er meine Gesellschaft suchte. Er verschaffte mir das schmeichelhafte Gefühl, daß er und ich abseits von der übrigen Gesellschaft standen und daß neben unserem Gespräch über geistige Dinge ihre Unterhaltung über die politische Lage, den letzten Scheidungsskandal und die wachsende Abneigung der Fasanen, sich abschießen zu lassen, etwas lächerlich wirkte.

Wenn Ferdy im tiefsten Grunde seines Herzens eine leichte Verachtung für diese vornehmen englischen Banausen hatte, die uns umgaben, so ließ er sich nur mir gegenüber eine Spur davon anmerken, und heute, in der Erinnerung, frage ich mich, ob er nicht letztlich mir damit eine kleine Aufmerksamkeit erweisen wollte. Ich bin überzeugt, daß er es liebte, seinen Charme spielen zu lassen, und ich wage zu sagen, daß das offensichtliche Gefallen, das ich an seiner Unterhaltung fand, ihm selbst größtes Vergnügen bereitete. Andererseits hätte er sich kaum soviel mit einem unbekannten Schriftsteller abgegeben, hätte er nicht wirklich Interesse für Kunst und Literatur gehabt.

Ich fühlte, daß er und ich gleicherweise Fremde in dieser Gesellschaft waren, ich, weil ich Schriftsteller, er, weil er Jude war; aber ich beneidete ihn um die Leichtigkeit, mit der er es trug. Er war völlig zu Hause. Jeder nannte ihn Ferdy. Er schien immer gut gelaunt zu sein, war nie um einen Scherz, einen Witz, eine treffende Antwort verlegen. Er war in jenem Haus sehr beliebt, weil er sie zum Lachen brachte, aber nie in ihnen ein Gefühl von Unterlegenheit aufkommen ließ. Er trug einen Hauch orientalischer Romantik in ihr Leben, jedoch in so kluger Form, daß sie sich noch mehr als Engländer fühlten. Es war nie langweilig, wenn er dabei war, in seiner Gegenwart war man sicher vor jenen verheerenden Gesprächspausen, die manchmal auf englischen Gesellschaften eintreten. Drohte einmal eine, dann brachte Ferdy Rabenstein irgendein Thema aufs Tapet, das alle interessierte. Er war für jede gesellige Zusammenkunft von unschätzbarem Wert. Er hatte einen unerschöpflichen Vorrat an jüdischen Anekdoten, war ein großartiger Schauspieler und konnte das Jiddische in Tonfall und Geste vollendet nachahmen. Dann zog er die Schultern hoch, sein Gesicht nahm einen verschlagenen Ausdruck an, und seine Stimme wurde ölig. Er war ein Rabbiner oder ein Kleiderhändler oder ein gewisser Hausierer oder eine fette Kupplerin aus Frankfurt. Es war eine richtige kleine Vorstellung, die er da gab. Da er Jude war und es betonte, konnte man rückhaltlos über ihn lachen, was mich betrifft, allerdings nicht ohne ein gewisses unterschwelliges Unbehagen. Ich war mir nicht ganz klar über diese Art von Humor, der die eigene Rasse zur Zielscheibe eines grausamen Spaßes machte. Jiddische Anekdoten waren, wie ich später erlebte, seine Spezialität, und ich bin selten irgendwo mit ihm zusammengekommen, ohne daß er die letzten, die er gehört hatte, über kurz oder lang zum besten gab.

Aber die beste Geschichte, die er mir erzählte, war keine jüdische. Sie machte auf mich einen solchen Eindruck, daß ich sie nie vergessen habe, aber aus dem einen oder anderen Grund nie Gelegenheit hatte, sie niederzuschreiben. Ich erzähle sie hier, weil sie einen kleinen interessanten Vorfall behandelt, der Personen betrifft, deren Namen wenigstens in den gesellschaftlichen Annalen der Viktorianischen Ära fortleben werden, und weil es meiner Meinung nach schade wäre, wenn sie in Vergessenheit gerieten. Nach seiner Erzählung also hielt er, damals noch ein sehr junger Mann, sich zu Besuch in einem Landhaus auf, in dem auch Mrs. Langtry als Gast weilte, die zu jener Zeit auf dem Höhepunkt ihrer Schönheit und ihrer größten Erfolge stand. Zufällig lebte in nicht allzu großer Entfernung von jenem Haus die Herzogin von Somerset, die bei der Konkurrenz von Eglinton Schönheitskönigin geworden war. Ferdy kannte sie flüchtig, und er hatte den Einfall, daß es doch interessant sein müßte, die beiden Frauen zusammenzubringen. Er machte Mrs. Langtry diesen Vorschlag, die damit einverstanden war. So schrieb er an die Herzogin und fragte, ob er die gefeierte Schönheit mitbringen dürfe. Es wäre doch angebracht, wenn die schönste Frau ihrer Epoche (nämlich der achtziger Jahre) der schönsten Frau der vorangegangenen ihre Aufwartung machen würde. »Bringen Sie sie auf jeden Fall her«, antwortete die Herzogin, »aber ich mache Sie darauf aufmerksam, daß es ihr einen Schock geben wird.« Sie fuhren in einer zweispännigen

Kutsche hinüber. Mrs. Langtry trug eine enganliegende blaue Kappe mit langen Satinbändern, die ihren feingeformten Kopf betonte und ihre blauen Augen noch blauer erscheinen ließ. Sie wurden von einer kleinen häßlichen alten Hexe empfangen, die mit trüben Augen ironisch die strahlende Schönheit betrachtete, die gekommen war, um sie zu besuchen. Sie tranken Tee, plauderten, und dann fuhren sie wieder nach Hause. Mrs. Langtry war sehr schweigsam, und als Ferdy sie einmal ansah, bemerkte er, daß sie leise weinte. Nach ihrer Rückkehr zog sie sich sofort zurück und wollte abends nicht zum Dinner erscheinen. Zum erstenmal war ihr bewußt geworden, daß Schönheit vergänglich ist.

Ferdy bat um meine Adresse und lud mich zum Dinner ein, kurz nachdem ich wieder in London war. Wir waren nur sechs Personen bei Tisch, eine Amerikanerin, die mit einem Pair verheiratet war, ein schwedischer Maler, eine Schauspielerin und ein sehr bekannter Kritiker. Das Essen war ausgezeichnet und der Wein hervorragend, die Unterhaltung beschwingt und klug. Nach dem Essen ließ Ferdy sich überreden, sich ans Klavier zu setzen. Er spielte nur Wiener Walzer. Wie ich später entdeckte, hatte er sich darauf spezialisiert, und die leichte, melodiöse, sinnliche Musik paßte ausgezeichnet zu seiner verhaltenen Leidenschaftlichkeit. Er spielte ohne Ziererei, mit Schwung und leichtem Anschlag. Es war das erste einer langen Reihe von Essen bei ihm. Er bat mich zwei- oder dreimal im Jahr, und im Laufe der Zeit begegneten wir uns immer häufiger auf andern Gesellschaften. Ich war im Aufsteigen und er vielleicht etwas im Absteigen. In den letzten Jahren hatte ich ihn ein paarmal in Häusern getroffen, in denen auch andere Juden verkehrten, und ich bildete mir ein, in seinen feuchtschimmernden Augen, die mit einer gewissen nachsichtigen Amüsiertheit auf seinen Stammesgenossen ruhten, so etwas wie Erstaunen zu lesen, wohin es mit der Welt gekommen war. Es gab Leute, die ihn für einen Snob hielten, was er meiner Meinung nach nicht war. Es hatte sich gefügt, daß er gleich zu Anfang immer nur mit Leuten erster Kreise zusammengekommen war. Für Kunst besaß er eine echte Leidenschaft, und im Umgang mit Menschen, die sie hervorbrachten, fühlte er sich am wohlsten. Ihnen gegenüber hatte er nie jene leicht ironische

Haltung wie im Umgang mit bekannten Persönlichkeiten, was den Verdacht aufkommen ließ, daß er sich nie von ihrer Größe blenden ließ.

Er besaß unfehlbaren Geschmack, und viele seiner Freunde waren glücklich, sich seiner Kenntnisse bedienen zu können. Er war einer der ersten, die den Wert antiker Möbel entdeckten, und er stöberte auf den Dachböden alter Herrschaftshäuser viele unschätzbare Stücke auf, die später einen Ehrenplatz in seinem Salon bekamen. Er hatte Spaß daran, die Auktionshäuser zu durchstreifen. Dabei war er immer bereit, alten Damen mit seinem Rat beizustehen, die ein schönes Stück erwerben und gleichzeitig ihr Geld gut anlegen wollten. Er war reich und gutmütig. Es machte ihm Freude, Kunst zu fördern, und er gab sich große Mühe, irgendeinem jungen Maler, dessen Talent er bewunderte, einen Auftrag oder einem Violinisten, der sich auf keine andere Weise durchsetzen konnte, die Möglichkeit zu verschaffen, im Hause eines reichen Mannes ein Konzert zu geben. Aber er legte den reichen Mann dabei nicht herein. Er hatte einen viel zu guten Geschmack, um jemanden zu betrügen, und so entgegenkommend er auch war, hätte er keinen Finger krumm gemacht, um einem mittelmäßigen Talent zu helfen. Seine eigenen musikalischen Abende, klein und sorgfältig vorbereitet, waren reiner Genuß.

Er hat nie geheiratet.

»Ich bin ein Mann von Welt«, pflegte er zu sagen, »und ich schmeichele mir, keine Vorurteile zu haben. *Tous les goûts sont dans la nature.* Aber ich glaube nicht, daß ich es über mich bringen könnte, eine Christin zu heiraten. Es ist kein Unglück, im Smoking in die Oper zu gehen, aber ich könnte es einfach nicht tun.«

»Und warum haben Sie keine Jüdin geheiratet?«

(Ich habe das Gespräch nicht selbst gehört, sondern es wurde mir von einer lebhaften unbekümmerten Person erzählt, die ihn auf diese Weise in die Enge trieb.)

»Ja, meine Liebe, unsere Frauen sind so schrecklich fruchtbar. Ich könnte den Gedanken nicht ertragen, die Welt mit einem kleinen Ikey oder einem kleinen Jacob oder einer kleinen Rebecca oder einer kleinen Lea oder Rahel zu beglücken.«

Dafür hatte er ernste Affären gehabt, und noch immer umgab ihn der Zauber vergangener Romantik. In seiner Jugend spielte

Erotik eine große Rolle. Ich habe alte Damen getroffen, die mir erzählten, daß er unwiderstehlich war. Wenn sie einmal in Erinnerungen schwelgten, nannten sie diese und jene Frau, die seinetwegen völlig den Kopf verloren hatte, und ich merkte, daß er ein so schöner Mann gewesen sein mußte, daß sie es nicht übers Herz brachten, diese Frauen zu verurteilen. Es war interessant, von großen Damen zu hören, deren Namen mir aus Memoiren bekannt waren oder denen ich als respektablen Witwen begegnet bin, die über das Wohl ihrer in Eton studierenden Enkel wachten oder sich furchtbar über ›eine Hand im Bridge‹ aufregen konnten, und zu denken, daß sie sich einmal vor Leidenschaft für den schönen Juden verzehrt hatten. Ferdys berühmteste Liebschaft war die mit der Herzogin Hereford gewesen, der schönsten, reizvollsten und elegantesten Frau am Ende der Herrschaft der Königin Victoria. Sie dauerte zwanzig Jahre. Zweifellos hatte er nebenbei andere kleine Affären, aber ihre Beziehungen waren etabliert und anerkannt. Es spricht für seinen bewunderungswürdigen Takt, daß er, als es zu Ende war, für eine alternde Geliebte eine treue Freundin eintauschte. Ich erinnere mich, beide vor nicht allzu langer Zeit beim Lunch getroffen zu haben. Sie war eine alte Frau, hochgewachsen, eine imposante Erscheinung, aber mit einer dicken Schicht Schminke auf ihrem verlebten Gesicht. Wir frühstückten im Carlton, und Ferdy, unser Gastgeber, kam ein paar Minuten zu spät. Er bot uns einen Cocktail an, aber die Herzogin lehnte mit dem Bemerken ab, wir hätten schon einen gehabt.

»Aha, und ich wunderte mich schon, warum deine Augen noch mehr strahlen als sonst,« sagte er.

Die alte rotbemalte Dame wurde vor Freude noch röter.

Meine Jugend verging, ich kam in das mittlere Alter und fragte mich, wie bald ich anfangen müßte, mich als älteren Herrn zu bezeichnen. Ich schrieb Bücher und Theaterstücke, reiste viel, sammelte Erfahrungen, verliebte und entliebte mich und begegnete auf Gesellschaften immer wieder Ferdy. Der Krieg brach aus und wurde durchgekämpft, Millionen von Menschen starben, die Welt bekam ein anderes Gesicht. Ferdy hatte nichts für den Krieg übrig, er war zu alt geworden, um daran teilzunehmen, und sein deutscher Name war verdächtig, aber er war zurückhaltend und darauf bedacht, sich keinerlei Demütigung auszusetzen. Seine alten Freunde blieben ihm treu, er lebte in einer komfortablen und nicht allzu strengen Abgeschlossenheit. Aber dann kam der Friede, und Ferdy machte sich tapfer daran, sich den veränderten Bedingungen anzupassen. Die Gesellschaft war jetzt gemischt, die Parties lärmend, aber Ferdy fand sich in das neue Leben. Er erzählte noch immer seine komischen jüdischen Anekdoten, spielte noch immer seine Walzer von Strauß, durchstreifte Auktionshäuser und sagte den Neureichen, was sie kaufen sollten. Ich lebte im Ausland, aber jedesmal, wenn ich in London war, sah ich Ferdy. Irgendwie kam er mir ein bißchen unheimlich vor. Er hatte nicht aufgegeben. Er war nicht einen Tag lang krank gewesen. Er schien keine Müdigkeit zu kennen. Er zog sich erstklassig an. Er interessierte sich noch immer für jeden. Er war geistig rege, er wurde von vielen zum Essen gebeten, nicht aus Erinnerung an frühere Zeiten, sondern um seiner selbst willen. Er gab noch immer kleine bezaubernde Musikabende in seinem Haus in der Curzon Street.

Als er mich wieder einmal zu einem solchen Abend eingeladen hatte, machte ich die Entdeckung, die dazu geführt hat, daß ich mich jetzt wieder mit ihm beschäftigt habe. Wir speisten in einem Haus in Hill Street, es war eine große Gesellschaft, und nachdem die Damen nach oben gegangen waren, setzten Ferdy und ich uns zusammen. Er erzählte mir, daß Lea Makart zugesagt hatte, am nächsten Freitag abend bei ihm zu spielen, und daß er sich freuen würde, wenn ich auch käme.

»Das tut mir schrecklich leid«, sagte ich, »aber ich bin bei den Blands eingeladen.«

»Welchen Blands?«

»Sie leben in Sussex. Der Ort heißt Tilby.«

»Ich wußte nicht, daß Sie sie kennen.«

Er sah mich etwas sonderbar an. Er lächelte, ich wußte nicht, worüber er sich amüsierte.

»O doch, ich kenne sie seit Jahren. Sie bewohnen ein behagliches Haus.«

»Adolf ist mein Neffe.«

»Sir Adolphus?«

»Der Name klingt nach einem der Beaus aus der Zeit der Regentschaft, nicht wahr? Aber ich möchte Ihnen nicht verheimlichen, daß sein Taufname Adolf war.«

»Er wird von allen, die ich kenne, Freddy genannt.«

»Ich weiß und verstehe, daß seine Gattin Miriam nur auf den Namen Muriel hört.«

»Und wieso ist er Ihr Neffe?«

»Weil Hanna Rabenstein, meine Schwester, einen Alfons Bleikogel heiratete, der sein Leben als Sir Alfred Bland, erster Baronet, beschloß, worauf ihr einziger Sohn Adolf zu gegebener Zeit als zweiter Baronet Sir Adolphus Bland wurde.«

»Dann ist Freddy Blands Mutter, Lady Bland, die in Portland Place lebt, Ihre Schwester?«

»Ja, meine Schwester Hanna. Sie war die älteste in der Familie. Sie ist heute achtzig, aber im vollen Besitz ihrer geistigen und körperlichen Kräfte und eine bemerkenswerte Frau.«

»Ich bin ihr nie begegnet.«

»Ich glaube, Ihre Freunde, die Blands, würden auch keinen Wert darauf legen. Sie hat heute noch einen deutschen Akzent.«

»Kommen Sie niemals mit ihnen zusammen?« fragte ich.

»Seit zwanzig Jahren habe ich kein Wort mehr mit ihnen gewechselt. Ich bin nun einmal ein Jude, und sie sind so englisch.«

Er lächelte. »Ich würde niemals behalten, daß sie Freddy und Muriel hießen. Ich würde im unpassenden Augenblick immer mit Adolf und Miriam herausplatzen. Außerdem mochten sie meine Anekdoten nicht. Es war besser, sich aus dem Weg zu gehen. Als ich mich bei Kriegsausbruch weigerte, meinen Namen zu ändern, war es endgültig aus. Für mich war es zu spät, meine Freunde hätten sich nie daran gewöhnt, in mir einen anderen zu sehen als Ferdy Rabenstein. Das genügte mir. Ich hatte nicht den Ehrgeiz, ein Herr Smith oder Brown oder Robinson zu sein.«

So leichthin er auch sprach, lag doch in seinem Ton ein kaum spürbarer Spott, und ich fühlte, ich kann es nicht einmal fühlen nennen, so flüchtig war der Eindruck, daß er, wie mir manchmal schon vage vorgekommen war, in der Tiefe seines undurchdringlichen Herzens eine zynische Verachtung für uns Engländer barg, über die er triumphiert hatte.

»Dann kennen Sie die beiden Jungens gar nicht!« sagte ich.

»Nein.«

»Der älteste heißt George. Ich halte ihn nicht für so intelligent wie Harry, den anderen, aber er ist bezaubernd. Ich glaube, Sie würden ihn mögen.«

»Wo ist er jetzt?«

»Sie haben ihn gerade aus Oxford abgeschoben. Ich glaube, er ist zu Hause. Harry ist noch in Eton.«

»Warum bringen Sie George nicht einmal zum Lunch mit?«

»Ich will ihn fragen, ich könnte mir denken, daß er sehr gern kommen würde.«

»Ich habe gehört, er soll etwas schwierig sein.«

»Nicht daß ich wüßte. Er lehnte es ab, in die Armee einzutreten, obwohl seine Eltern es gern gesehen hätten. Sie dachten sogar an die Garde. Statt dessen ging er nach Oxford. Er arbeitete nicht, gab entsetzlich viel Geld aus und stellte die ganze Stadt auf den Kopf. Alles völlig normal.«

»Warum hat man ihn abgeschoben?«

»Keine Ahnung. Nichts von Belang.«

In diesem Augenblick erhob sich unser Gastgeber, und wir gingen nach oben. Als Ferdy sich von mir verabschiedete, bat er mich noch einmal, die Einladung an seinen Großneffen nicht zu vergessen.

»Rufen Sie mich an«, sagte er. »Mir würde Mittwoch passen. Oder Freitag.«

Am nächsten Tag fuhr ich nach Tilby. Es war ein Herrenhaus aus der Zeit der Königin Elizabeth, mitten in einem großen Park gelegen, in dem es Damwild gab. Aus den Fenstern hatte man einen weiten Blick auf hügeliges Land. Man hatte den Eindruck, daß alles, soweit das Auge reichte, den Blands gehörte. Die Pächter müssen Sir Adolphus als vorbildlichen Pachtherrn angesehen haben, denn die Gehöfte waren so gut erhalten und gepflegt, die Scheunen und Ställe so tipptopp und die Schweineställe musterhaft. Die Wohnhäuser sahen aus wie auf alten englischen Stichen, und die Landhäuser, die er auf dem Gut hatte errichten lassen, vereinigten malerisches Aussehen und Zweckmäßigkeit in vorbildlicher Weise. Es muß ihn einen Haufen Geld gekostet haben, das Gut in diesem Stil zu führen. Zum Glück hatte er es. Der Park mit seinen großen alten Bäumen (und einem Golfplatz mit neun Löchern) war wie ein Garten gehalten, und auf die ausgedehnten Anlagen war die ganze Gegend stolz. Das prächtige Herrenhaus mit seinen steilen Dächern und doppelbogigen Fenstern war von Lady Bland mit Geschmack und Verständnis in einem Stil eingerichtet, der vollkommen zum Hause paßte.

»Aber alles ist doch sehr einfach gehalten«, erklärte sie. »Eben ein englisches Haus auf dem Land.«

Der Speisesaal war mit alten englischen Jagdszenen geschmückt und die Chippendale-Sessel von unschätzbarem Wert. Im Salon hingen Porträts von Reynolds und Gainsborough und Landschaften von Old Crome und Richard Wilson. Sogar in meinem Schlafzimmer mit dem Himmelbett gab es Aquarelle von Birket Foster. Alles war sehr schön und der Aufenthalt in Tilby jedesmal ein Genuß. Und doch – Muriel Bland wäre zutiefst verzweifelt gewesen, hätte sie eine Ahnung davon gehabt, daß sonderbarerweise genau das Gegenteil von dem entstanden war, was sie beabsichtigt hatte. Man hatte nicht einen Augenblick das Gefühl, in einem englischen Haus zu sein. Jeder Gegenstand war mit einer fast ängstlichen Berücksichtigung des Gesamteindruckes gekauft. Es fehlten die langweiligen akademisch gemalten Porträts, die im Speisezimmer neben einem Carlo Dolci hängen, den irgendein Vorfahre von der großen Europareise mitgebracht hatte, es fehlten die Aquarelle von der Hand einer Großtante, die damit den ganzen Salon vollgehängt hatte. Es gab kein häßliches viktorianisches Sofa, das schon immer da gestanden hatte und das rauszuwerfen niemals jemand in den Sinn gekommen wäre. Es waren keine Sessel da mit Stickereien, mit denen sich eine unverheiratete Tochter um die Zeit der großen Ausstellung solche Mühe gegeben hatte. Alles war wunderschön, aber unpersönlich.

Dabei war es sehr komfortabel, und man wurde von allen Seiten bedient. Wie herzlich wurde man von den Blands begrüßt! Es schien ihnen wirklich etwas an Menschen zu liegen. Sie waren großzügig und freundlich und niemals glücklicher, als wenn sie ein Fest für die ganze Gegend geben konnten. Obwohl sie erst zwanzig Jahre dort ansässig waren, waren sie bei allen Nachbarn sehr beliebt. Abgesehen vielleicht von dem Prunk, den sie entfalteten, und der vorbildlichen Weise, in welcher der Besitz verwaltet wurde, deutete nichts darauf hin, daß sie nicht schon jahrhundertelang hier saßen.

Freddy war in Eton und Oxford gewesen. Er war jetzt Anfang Fünfzig, von ruhiger Wesensart, verbindlich, sehr klug, wie ich glaube, aber eine Spur reserviert. Er war eine elegante Erscheinung, aber seine Eleganz war nicht englisch. Sein Haar war grau, und er trug einen kurzen grauen Spitzbart, hatte schöne dunkle Augen und eine Adlernase. Er war über mittelgroß. Meiner Meinung nach hätte man ihn nicht für einen Juden gehalten, eher für einen ausländischen Diplomaten. Er war eine ausgeprägte Persönlichkeit, machte aber trotz seiner Erfolge im Leben einen leicht melancholischen Eindruck. Seine Erfolge waren finanzieller und politischer Natur gewesen. Auf sportlichem Gebiet hatte er, trotz aller Mühe, sich nie hervorgetan. Jahrelang war er hinter den Hunden geritten, aber er war ein schlechter Reiter, und ich kann mir vorstellen, daß es eine Erleichterung für ihn war, als er seine Jahre und die Last der Geschäfte zum Anlaß nehmen konnte, um das Jagdreiten aufzugeben. Er besaß ein ausgezeichnetes Revier und gab große Jagdgesellschaften, war aber selbst ein schlechter Schütze. Und trotz des Golfplatzes in seinem Park brachte er es nicht weiter als zu einem mäßigen Spieler. Er wußte selbst nur zu gut, wie wichtig all diese Dinge in England genommen werden, und sein Versagen war eine bittere Enttäuschung für ihn. Aber das würde George eines Tages wettmachen.

George war ein unausgeglichener Golfspieler, Tennis spielte er besser als der Durchschnitt. Die Blands hatten ihm Schießen beibringen lassen, sobald er alt genug war, ein Gewehr zu halten, und er war ein guter Schütze. Mit zwei Jahren hatten sie ihn auf ein Pony gesetzt, und Freddy, der ihm beim Aufsteigen zusah, war sicher, daß den Jungen auf einer Fuchsjagd beim Sprung über eine Hecke ein Hochgefühl überkommen würde, und nicht die elende Schwäche in der Magengrube, die trotz der grimmigen Entschlossenheit, mit der er jahrelang Fuchsjagden geritten hatte, ihm diesen Sport zu einer Qual gemacht hatte. George war groß und schlank, sein hellbraunes welliges Haar war so fein, seine Augen waren so blau, daß er der vollkommene Typ des jungen Engländers war. Er besaß die entwaffnende Offenheit der Rasse. Die Nase war gerade, wenn auch eine Spur zu fleischig, und die Lippen waren ein wenig zu voll und sinnlich, aber er hatte herrliche Zähne, und seine weiche Haut war wie Elfenbein. Er war der Augapfel seines Vaters, der den zweiten Sohn Harry nicht sonderlich liebte. Dieser war eher untersetzt, breitschultrig, kräftig für sein Alter, hatte schwarze Augen, die vor Gescheitheit blitzten. Sein starkes dunkles Haar und seine große Nase verrieten seine Abstammung. Freddy war streng zu ihm und oft ungeduldig, während er George gegenüber von unendlicher Nachsicht war. Harry würde einmal Geschäftsmann werden, er hatte Verstand und Willenskraft, aber George war der Erbe. George würde ein englischer Gentleman werden.

George hatte sich erboten, mich in dem Roadster, den sein Vater ihm zum Geburtstag geschenkt hatte, abzuholen. Er fuhr sehr schnell, und wir kamen vor den übrigen Gästen an. Die Blands saßen im Garten, unter einer herrlichen Zeder, und tranken Tee.

»Übrigens«, sagte ich, »ich habe neulich Ferdy Rabenstein getroffen. Er möchte, daß ich George zum Lunch mitbringe.«

Unterwegs hatte ich George nichts von der Einladung erzählt, weil ich mir sagte, es sei besser, mit seinen Eltern darüber zu reden, da es sich um die abgekühlten Familienbeziehungen handelte.

»Wer um Gottes willen ist Ferdy Rabenstein?« fragte George.

Wie kurz ist menschlicher Ruhm! Noch eine Generation zuvor wäre diese Frage grotesk gewesen.

»Außer allem andern ist er Ihr Großonkel«, erwiderte ich.

Die Eltern wechselten einen Blick, als ich den Namen erwähnte.

»Er ist ein widerlicher alter Mann«, meinte Muriel.

»Ich halte es für gänzlich unnötig für George, die Beziehungen wiederaufzunehmen, die noch vor seiner Geburt endgültig abgebrochen wurden«, sagte Freddy entschieden.

»Ich habe jedenfalls die Einladung überbracht«, sagte ich etwas verschnupft.

»Ich will den alten Affen nicht sehen«, sagte George.

Die Ankunft der andern Gäste machte der Unterhaltung ein Ende, und kurz darauf ging George, um mit einem seiner Freunde aus Oxford Golf zu spielen.

Erst am nächsten Tag kamen wir auf das Thema zurück. Ich hatte am Morgen mit Freddy Bland eine wenig befriedigende Runde Golf und am Nachmittag ein paar Sätze von dem gespielt, was man als Wochenend-Tennis bezeichnet, und saß mit Muriel allein auf der Terrasse. In England haben wir so oft schlechtes Wetter, daß ein schöner Tag billigerweise noch schöner sein muß als irgendwo sonst in der Welt, und dieser Juniabend war vollkommen. Der blaue Himmel war wolkenlos und die Luft balsamisch. Vor uns lag das grüne hügelige Land und der Wald, und in der Ferne erblickte man das rote Dach einer Dorfkirche. Es war ein Tag, an dem es Glück genug bedeutete, zu leben. Unzusammenhängende Zeilen von Gedichten gingen mir durch den Kopf, Muriel und ich hatten über dieses und jenes geplaudert.

»Ich hoffe, Sie denken nicht zu schlecht von uns, weil wir nicht wollten, daß George mit Ferdy frühstückt«, sagte sie plötzlich. »Er ist so ein schrecklicher Snob, nicht wahr?«

»Glauben Sie wirklich? Mir gegenüber hat er sich immer sehr nett benommen.«

»Wir sprechen schon seit zwanzig Jahren nicht mehr miteinander. Freddy hat ihm niemals verziehen, wie er sich im Krieg benommen hat. So unpatriotisch meiner Meinung nach, und man muß ja schließlich einmal einen Schlußstrich ziehen. Wenn man nur daran denkt, daß er sich absolut weigerte, seinen gräßlichen deutschen Namen abzulegen. Wo Freddy im Parlament saß und mit der Munitionsbeschaffung zu tun hatte und allen diesen Dingen, es war völlig unmöglich. Ich verstehe nur nicht, warum er plötzlich George sehen will. Er kann ihm doch ganz egal sein.«

»Er ist ein alter Mann. George und Harry sind seine Großneffen, er muß sein Geld irgend jemandem hinterlassen.«

»Wir legen keinen Wert auf sein Geld«, meinte Muriel abweisend.

Natürlich war es mir völlig gleichgültig, ob George zum Lunch bei Ferdy Rabenstein erschien, und mir wäre durchaus recht gewesen, die Sache fallenzulassen, aber offensichtlich hatten die Blands darüber gesprochen, und Muriel hatte das Gefühl, mir eine Erklärung schuldig zu sein.

»Sie wissen natürlich, daß Freddy jüdisches Blut in den Adern hat«, sagte sie.

Sie sah mich scharf an. Muriel war eher eine ziemlich stattliche Blondine und verwandte viel Zeit darauf, ihre Neigung zur Korpulenz zu bekämpfen. In ihrer Jugend muß sie sehr hübsch gewesen sein, auch heute noch war sie eine ansehnliche Frau. Aber ihre runden, leicht hervorstehenden blauen Augen, ihre dicke Nase, die Form ihres Gesichts und ihr Nacken, ihr etwas übertriebenes Benehmen verrieten sie. So blond sie war, sie sah nicht wie eine Engländerin aus, und ihre Bemerkung deutete unmißverständlich an, daß sie es für selbstverständlich hielt, von mir für eine Engländerin gehalten zu werden.

Ich antwortete ausweichend: »Das haben heutzutage viele.«

»Sicher. Aber schließlich braucht man es ja nicht zu betonen. Im Grunde sind wir hundert Prozent Engländer. Keiner kann englischer sein als George, dem Aussehen, dem Benehmen, seinem ganzen Wesen nach. Ich meine, er ist ein so guter Sportsmann und was weiß ich sonst noch, und ich sehe nicht den geringsten Grund, warum er einen Juden kennenlernen soll, nur weil er zufällig ein entfernter Verwandter von ihm ist.«

»Es ist ziemlich schwer heute in England, keine Juden kennenzulernen, oder?«

»Ja, ich weiß. In London begegnet man ihnen auf Schritt und Tritt. Ich bin sogar der Ansicht, daß einige von ihnen sehr nett sind. Sie sind so künstlerisch, ich gehe nicht so weit, zu sagen, daß Freddy und ich ihnen absichtlich aus dem Weg gehen, das würden wir natürlich nie tun, aber zufällig kennen wir keinen Juden näher, hier bei uns trifft man überhaupt keinen.«

Ich mußte die überzeugende Art bewundern, mit der sie das vorbrachte. Ich hätte mich nicht gewundert, wenn sie mir erklärt hätte, daß sie an jedes ihrer Worte glaubte.

»Sie sagen, Ferdy könnte George sein Geld hinterlassen. Erstens glaube ich nicht, daß es sehr viel ist. Er hat vielleicht vor dem Krieg ein ganz hübsches Vermögen gehabt, aber heute nicht mehr. Außerdem hoffen wir, daß George sich der Politik zuwenden wird, wenn er älter geworden ist, und ich kann mir nicht denken, daß es ihm in seinem Wahlkreis sehr angenehm sein würde, Geld von einem Mister Rabenstein geerbt zu haben.«

»Interessiert sich George für Politik?« fragte ich, um das Thema zu wechseln.

»Oh, ich möchte es hoffen. Schließlich gibt es hier den Wahlkreis der Familie, der nur auf George wartet, ein sicherer konservativer Sitz. Man kann von Freddy nicht erwarten, daß er ewig in der Tretmühle des Unterhauses eingespannt bleibt.«

Muriel war ganz groß. Sie sprach von ihrem Wahlkreis so, als ob wenigstens zwanzig Generationen von Blands dafür kandidiert hätten. Immerhin waren ihre Bemerkungen für mich ein erster Hinweis, daß Freddys Ehrgeiz nicht gänzlich befriedigt war.

»Ich nehme an, daß Freddy zum Oberhaus überwechseln wird, sobald George alt genug für eine Kandidatur ist.«

»Wir haben viel für die Partei getan«, erwiderte Muriel.

Muriel war Katholikin, und sie erzählte immer wieder, daß sie in einem Kloster erzogen worden war. »Süße Frauen, diese Nonnen! Ich sage immer, hätte ich eine Tochter, ich hätte sie auch in ein Kloster gegeben.« Hingegen sah sie es gern, wenn die Dienerschaft zur Hochkirche gehörte, und am Sonntagabend gab es nur ein ›Souper‹, wie sie es nannten, weil der Fisch kalt war und Eis gereicht wurde, damit die Diener zur Kirche gehen konnten, und es bedienten nur zwei statt vier.

Als das Essen beendet war, war es noch hell, und Freddy und ich gingen in der Dämmerung, unsere Zigarren rauchend, auf der Terrasse auf und ab. Wahrscheinlich hatte Muriel ihm von ihrer Unterhaltung mit mir berichtet, und vielleicht beschäftigte es ihn immer noch, daß er gegen eine Begegnung Georges mit seinem Großonkel gewesen war. Aber da er behutsamer war als seine Frau, ging er auf die Frage mehr indirekt ein, erzählte, es sei für ihn eine große Enttäuschung gewesen, daß George nicht in die Armee habe eintreten wollen.

»Und ich hätte gedacht, daß das Leben in der Armee ihm großen Spaß machen würde«, sagte er.

»Die Gardeuniform hätte ihm sicher blendend gestanden.«

»Ganz sicher, ich bin überzeugt«, erwiderte Freddy naiv. »Ich verstehe nicht, daß ihn das nicht gereizt hat.«

In Oxford hatte er überhaupt nicht studiert. Obwohl sein Vater ihm ein sehr hohes Unterhaltsgeld ausgesetzt hatte, hatte er enorme Schulden gemacht und war schließlich relegiert worden. Auch wenn er sich in scharfen Worten über ihn aussprach, merkte man doch deutlich, daß er auf den Taugenichts von Sohn stolz war. Er liebte ihn mit einer so unenglischen Liebe, und im Grunde schmeichelte es ihm, daß George solch ein Draufgänger war.

»Worüber machen Sie sich eigentlich Sorgen?« bemerkte ich. »In Wirklichkeit legen Sie doch gar keinen Wert darauf, daß George seinen Doktor macht, oder?«

Er lachte in sich hinein.

»Ich nehme an, ich lege wirklich keinen Wert darauf. Ich war immer der Ansicht, daß die Bedeutung von Oxford darin liegt, daß die Leute wissen, daß man dagewesen ist, und ich möchte auch sagen, daß George es nicht ärger getrieben hat als alle jungen Leute seines Standes. Ich mache mir auch mehr über die Zukunft Gedanken. Er ist so verdammt faul. Er hat offenbar nichts anderes im Sinn als sein Amüsement.«

»Er ist eben noch jung.«

»Für Politik interessiert er sich nicht, und obwohl er ein so guter Tennis- und Golfspieler ist, macht er sich nichts aus Sport. Die meiste Zeit scheint er damit zuzubringen, auf dem Klavier herumzuklimpern.«

»Das ist ein recht harmloses Vergnügen.«

»Gewiß, und ich habe auch gar nichts dagegen, aber er kann doch nicht immerzu nur herumbummeln. Sehen Sie, das alles hier wird ihm eines Tages gehören.« Freddy machte mit dem Arm eine umfassende Bewegung, als ob ihm die ganze Grafschaft gehörte, was, wie ich wußte, noch keineswegs der Fall war. »Mein größter Wunsch ist, daß er so weit kommt, um die Verantwortung dafür zu übernehmen. Seine Mutter ist sehr ehrgeizig in bezug auf ihn, während ich schon zufrieden wäre, wenn aus ihm ein richtiger englischer Gentleman würde.«

Freddy warf mir einen schnellen Seitenblick zu, als ob er noch etwas sagen wollte, zögerte aber, als fürchtete er, ich könnte es lächerlich finden. Das ist der Vorzug eines Schriftstellers, die Leute nehmen ihn nicht wichtig und erzählen ihm oft Dinge, die sie ihresgleichen nicht mitteilen würden. Schließlich riskierte er es.

»Ich kann es Ihnen ja ruhig sagen, daß meiner Auffassung nach niemand auf der Welt das griechische Ideal so vollkommen verwirklicht wie ein englischer Landedelmann, der auf seinen Besitzungen lebt. Sein Leben hat die Schönheit eines Kunstwerkes.«

Ich konnte ein Lächeln nicht unterdrücken, wenn ich daran dachte, daß ein englischer Landedelmann damals nichts dergleichen verwirklichen konnte, wenn er nicht einen Haufen Geld sicher in amerikanischen Schatzanweisungen angelegt hatte, aber mein Lächeln war voller Sympathie. Ich fand es eher rührend, daß dieser jüdische Finanzmann einen so romantischen Traum mit sich herumtrug.

»Ich möchte, daß aus George ein guter und tüchtiger Gutsherr wird, daß er seinen Teil an der Führung des Landes beiträgt und daß er ein guter Sportsmann wird.«

›Armer Irrer‹, dachte ich, aber laut sagte ich: »Schön, was also sind Ihre Zukunftspläne in bezug auf ihn?«

»Ich glaube, er würde gern die diplomatische Laufbahn einschlagen. Er hat nur den einen Gedanken, nach Deutschland zu gehen, um die Sprache zu lernen.«

»Eine sehr gute Idee, würde ich sagen.«

»Aus irgendeinem Grund hat er sich in den Kopf gesetzt, nach München zu gehen.«

»Eine schöne Stadt.«

Am nächsten Tag kehrte ich nach London zurück und rief bald nach meinem Eintreffen Ferdy an.

»Tut mir leid, aber George ist Mittwoch verhindert, zum Lunch zu kommen.«

»Und was ist mit Freitag?«

»Freitag geht auch nicht.« Ich dachte, es hat doch keinen Zweck, um den heißen Brei herumzugehen. »Die Sache ist die, daß seine Familie keinen Wert darauf legt, daß er zu Ihnen kommt.«

Einen Augenblick lang trat Schweigen ein. Dann:

»Ich verstehe. Gut, aber Sie kommen doch am Mittwoch?«

»Ja, sehr gern«, antwortete ich.

So begab ich mich am Mittwoch um halb zwei zur Curzon Street. Ferdy begrüßte mich mit dem etwas umständlichen Zeremoniell, das er kultivierte. Die Blands erwähnte er mit keinem Wort. Wir setzten uns in den Salon, und ich mußte wieder den ausgeprägten Sinn für Schönheit bewundern, den die ganze Familie besaß. Der Raum war voller gestellt, als die heutige Mode erlaubt, und die goldenen Tabatieren in den Vitrinen und das französische Porzellan entsprachen einem Geschmack, der nicht der meine war. Aber alles waren ausgesucht schöne Stücke, und die Louis-XI-Einrichtung mit ihrem herrlichen Petit Point mußte ein Vermögen wert sein. Die Bilder von Lancret, Pater und Watteau an den Wänden sagten mir offen gestanden nichts, aber zugegeben, sie waren in sich vollendet. Es war die richtige Umgebung für diesen alternden Weltmann. Es paßte zu seiner Epoche.

Plötzlich öffnete sich die Tür, und George wurde gemeldet.

Ferdy sah meine Überraschung und sah mich mit einem kleinen triumphierenden Lächeln an.

»Ich freue mich sehr, daß du doch noch gekommen bist«, sagte er und gab George die Hand.

Mir entging nicht, daß er George, den er zum erstenmal sah, mit einem abschätzenden Blick von oben bis unten musterte. George war sehr gut angezogen. Er trug ein kurzes schwarzes Jackett, gestreifte Hosen und die graue zweireihige Weste, die damals Mode war. Man konnte sie nur tragen, wenn man groß und schlank war und der Bauch eine leichte Wölbung nach innen hatte. Ich war überzeugt, daß Ferdy genau wußte, wer Georges Schneider war und wo er seine Krawatten und Hemden kaufte, und gegen beide nichts einzuwenden hatte. George, smart und gepflegt, der seine Sachen mit so viel Eleganz trug, sah ohne Zweifel blendend aus. Wir gingen hinunter, und Ferdy, der gesellschaftlichen Takt bis in die Fingerspitzen hatte, behandelte den Jungen sehr zuvorkommend, aber ich merkte, daß er ihn die ganze Zeit eingehend musterte. Dann begann er, ich weiß nicht warum, eine seiner jüdischen Geschichten zu erzählen. Er erzählte gewandt und mit viel schauspielerischem Talent. Ich sah, daß George errötete und, trotz seines Lachens, verlegen wurde. Ich wunderte mich, was in aller Welt Ferdy zu dieser Taktlosigkeit bewogen hatte. Er aber erzählte eine Anekdote nach der andern, wobei er George die ganze Zeit im Auge behielt.

Man hatte das Gefühl, er würde kein Ende finden. Ich fragte mich, ob er aus einem mir unerklärlichen Grund nicht einen grausamen Spaß mit dem offensichtlich peinlich berührten Jungen trieb. Schließlich gingen wir nach oben; um der Situation ein Ende zu machen, bat ich Ferdy, uns etwas vorzuspielen. Er spielte drei oder vier kleine Walzer. Er hatte nichts von seiner bezaubernden Leichtigkeit und seinem Schwung eingebüßt. Dann wandte er sich zu George um.

»Spielst du auch?« fragte er.

»Ein wenig.«

»Willst du uns nicht etwas vorspielen?«

»Ich bedaure, ich spiele nur klassische Musik. Ich glaube nicht, daß dich das interessieren würde.«

Ferdy lächelte, bestand aber nicht weiter darauf. Ich sagte, es sei Zeit für mich, zu gehen, und George begleitete mich.

»Was für ein widerlicher alter Jude«, sagte er, kaum daß wir auf der Straße waren. »Seine Geschichten waren mir gräßlich.«

»Seine große Nummer. Er erzählt sie immer.«

»Würden Sie das tun, wenn Sie Jude wären?«

Ich zuckte die Achseln.

»Warum sind Sie doch gekommen?« fragte ich.

Er lachte leichthin. Er hatte Sinn für Humor und nahm die Dinge nicht allzu schwer und hatte sehr schnell seine Gereiztheit gegen seinen Großonkel überwunden.

»Er hat Großmama aufgesucht. Sie kennen Großmama nicht, nicht wahr?«

»Nein.«

»Sie behandelt Papa, als ob er noch in Eton wäre. Großmama entschied, ich sollte zum Lunch zu Großonkel Ferdy gehen, und was sie sagt, geschieht.«

»Ich verstehe.«

Ein oder zwei Wochen später ging George nach München, um die deutsche Sprache zu erlernen. Ich unternahm damals eine längere Reise und kehrte erst im Frühjahr darauf nach London zurück. Gleich nach meiner Rückkehr fand ich mich bei einem Dinner an der Seite von Muriel Bland. Ich fragte nach George.

»Er ist noch in Deutschland«, sagte sie.

»In der Zeitung habe ich gelesen, daß Sie in Tilby ein großes Fest anläßlich seiner Großjährigkeit vorhaben.«

»Ja, wir geben den Pächtern ein Fest, und dabei wollen sie George ihre Glückwünsche überbringen.«

Sie war weniger lebhaft als sonst, was ich nicht weiter beachtete. Ihr Leben war anstrengend, und vielleicht war sie müde. Ich wußte, daß sie gern von ihrem Sohn sprach, so setzte ich fort:

»Ich nehme an, George hat eine sehr schöne Zeit in Deutschland verbracht?«

Sie antwortete nicht gleich, ich sah sie kurz an. Zu meinem Erstaunen füllten sich ihre Augen mit Tränen.

»Ich fürchte, George ist verrückt geworden«, erwiderte sie.

»Was meinen Sie damit?«

»Wir sind verzweifelt. Freddy ist so zornig, daß er nicht einmal darüber sprechen will. Ich weiß nicht, was wir machen sollen.«

Ich kam sofort auf den Gedanken, daß George, der vermutlich wie die meisten jungen Engländer, die die Sprache lernen wollen, bei einer deutschen Familie wohnte, sich in die Tochter des Hauses verliebt hatte und jetzt heiraten wollte.

Ich hatte die Blands im Verdacht, daß sie für ihn eine ganz große Partie im Sinn hatten.

»Wieso, was ist passiert?«

»Er will Pianist werden.«

»Was bitte?«

»Ein berufsmäßiger Pianist.«

»Wie in aller Welt ist er auf diese Idee gekommen?«

»Gott weiß wie! Wir haben keine Ahnung. Wir glaubten, daß er sich auf sein Examen vorbereitete. Ich besuchte ihn, um mich zu überzeugen, daß alles in Ordnung war. Oh, mein Gott, er sieht völlig unmöglich aus. Und dabei war er so elegant, ich hätte heulen mögen. Er erklärte mir, daß er sich nicht auf sein Examen vorbereitete und auch nie die Absicht gehabt hätte. Er hätte den diplomatischen Dienst nur als Vorwand genommen, damit wir ihn nach Deutschland gehen ließen und er so die Möglichkeit bekäme, Musik zu studieren!«

»Hat er denn überhaupt Talent?«

»Ach, keine Spur. Und selbst wenn er ein Genie wie Paderewski wäre, könnten wir nicht dulden, daß George herumreist und Konzerte gibt. Kein Mensch kann abstreiten, daß ich sehr künstlerisch veranlagt bin, Freddy nicht minder, wir lieben Musik und kennen unzählige Künstler, aber bei der Stellung, die George einmal einnehmen wird, kommt das überhaupt nicht in Frage. Wir haben unser ganzes Herz daran gehängt, daß er ins Parlament kommt. Er wird einmal sehr reich sein. Es gibt nichts, was ihm nicht offenstände.«

»Haben Sie ihm das alles klargemacht?«

»Natürlich habe ich. Er hat mich ausgelacht. Ich sagte, daß seinem Vater das Herz brechen würde. Er entgegnete, sein Vater könnte ja immer auf Harry zurückgreifen. Natürlich liebe ich Harry, und er ist clever wie ein Affe, es war immer klar, daß er mal ins ›big business‹ gehen würde. Auch wenn ich seine Mutter bin, muß ich gestehen, daß er nicht die Vorzüge von George hat. Wissen Sie, was George mir sagte? Er meinte, wenn sein Vater ihm fünf Pfund die Woche aussetzen würde, würde er auf alles zugunsten von Harry verzichten.

Harry könnte Alleinerbe und Nachfolger in der Baronie und allem andern werden. Es ist einfach lachhaft. Er sagte, wenn der Kronprinz von Rumänien dem Thron entsagen könne, sähe er nicht ein, warum er nicht auf das Baronat verzichten sollte. Aber das kann er gar nicht. Zwangsläufig wird er dritter Baron, und wenn Freddy eines Tages Pair werden sollte, wird er auch darin sein Nachfolger, bei Freddys Tod. Begreifen Sie, er will sogar den Namen Bland aufgeben und irgendeinen gräßlichen deutschen Namen annehmen!«

Ich konnte nicht umhin, zu fragen, welchen.

»Bleikogel oder so ähnlich«, gab sie zur Antwort.

Der Name war mir geläufig. Ich erinnerte mich, daß Ferdy mir erzählt hatte, daß Hanna Rabenstein einen Alphons Bleikogel geheiratet hatte, der schließlich Sir Alfred Bland, erster Baronet, wurde. Das alles war sehr sonderbar. Ich fragte mich, was in dem bezaubernden, so typisch englischen Jungen vorgegangen sein mochte, den ich erst vor wenigen Monaten kennengelernt hatte.

»Natürlich, als ich nach Hause kam und Freddy alles erzählte, war er außer sich. Ich habe ihn nie so zornig gesehen. Er hatte Schaum vor dem Mund. Er telegraphierte George, sofort zurückzukommen, und George telegraphierte zurück, daß er nicht könnte, weil er zu arbeiten hätte.«

»Arbeitet er denn?«

»Von früh bis spät. Das ist ja gerade das Verrückte daran. Er, der nie in seinem Leben auch nur einen Finger gerührt hat! Freddy sagte immer, er sei der geborene Faulpelz.«

»Hm.«

»Darauf telegraphierte Freddy, daß er ihm jede Unterstützung entziehen würde, wenn er nicht zurückkehrte, und George antwortete: ›Dann entziehe sie.‹ Das schlug dem Faß den Boden aus. Sie ahnen nicht, wie Freddy sein kann, wenn er in Wut gerät.«

Ich wußte, daß Freddy ein großes Vermögen geerbt, und ich wußte, daß er es enorm vergrößert hatte, und ich konnte mir sehr wohl vorstellen, daß in dem höflichen, liebenswürdigen Gutsherrn von Tilby ein rücksichtsloser Geschäftsmann steckte. Er war gewohnt, seinen Kopf durchzusetzen, und ich zweifelte nicht, daß er hart und grausam werden konnte, wenn man ihm widersprach.

»Wir hatten George ein sehr anständiges Studiengeld ausgesetzt, aber Sie wissen ja, wie schrecklich extravagant er war. Wir konnten uns nicht vorstellen, daß er es lange aushalten würde, und tatsächlich schrieb er innerhalb von vier Wochen an Ferdy und bat ihn, ihm hundert Pfund zu leihen. Ferdy ging zu meiner Schwiegermutter, sie ist seine Schwester, wie Sie wissen, und fragte sie, was das zu bedeuten habe. Obwohl sie seit zwanzig Jahren kein Wort miteinander gesprochen hatten, suchte Freddy ihn auf und bat ihn, George keinen Penny zu schicken, was er auch versprach. Ich weiß nicht, wie George durchgekommen ist. Ich bin überzeugt, daß Freddy recht hat, aber das schließt ja nicht aus, daß ich mir die größten Sorgen mache. Hätte ich Freddy nicht mein Wort gegeben, daß ich George nichts schicken würde, hätte ich ihm schon ein paar Scheine im Brief beigelegt, für alle Fälle. Es ist ein furchtbarer Gedanke für mich, daß er vielleicht nichts zu essen hat.«

»Es wird ihm nicht viel schaden, sich eine Zeitlang einschränken zu müssen.«

»Wir saßen wie in einer Falle, wir hatten alles mögliche für seine Großjährigkeit vorbereitet, und ich hatte Hunderte von Einladungen verschickt. Und nun erklärte George plötzlich, er würde nicht kommen. Ich war nahe dem Wahnsinn. Ich schrieb und telegraphierte, ich wäre selber nach Deutschland gefahren, aber Freddy wollte das auf keinen Fall, ich hätte mich vor George auf die Knie geworfen, ich hätte ihn angefleht, uns nicht einer solchen Demütigung auszusetzen. Verstehen Sie, es war eine Lage, die man nur schwer erklären kann. Dann griff meine Schwiegermutter ein. Sie kennen sie nicht, nicht wahr? Sie ist eine außergewöhnliche alte Dame. Man würde niemals glauben, daß sie Freddys Mutter ist. Sie ist von Geburt Deutsche, aber aus sehr guter Familie.«

»So?«

»Um die Wahrheit zu sagen, ich habe etwas Angst vor ihr. Sie nahm sich Freddy vor, und dann schrieb sie selber an George. Sie schrieb, wenn er zu seinem einundzwanzigsten Geburtstag nach Hause käme, würde sie seine sämtlichen Schulden in München bezahlen, und wir würden uns dann alle hier in Ruhe anhören, was er zu sagen hätte. Er war damit einverstanden, und wir erwarten ihn nächste Woche. Aber ich kann nicht sagen, daß ich mich sehr darauf freue.«

Sie seufzte tief. Als wir nach dem Essen nach oben gingen, sprach Freddy mich an.

»Ich nehme an, Muriel hat Ihnen von George erzählt. Der verdammte Narr! Meine Geduld mit ihm ist zu Ende. Pianist werden zu wollen, kein Gentleman käme auf diese blödsinnige Idee!«

»Bedenken Sie, daß er noch sehr jung ist«, sagte ich beschwichtigend.

»Ihm ist alles zu leicht gemacht worden. Ich war viel zu nachsichtig. Alles, was er sich wünschte, hat er von mir bekommen. Aber jetzt soll er mich kennenlernen!«

Die Blands hatten eine gewisse Abneigung, etwas an die große Glocke zu hängen, und ich erfuhr erst aus der Presse, daß die Feiern in Tilby zu Georges einundzwanzigstem Geburtstag entsprechend den Bräuchen englischer Landadelsfamilien begangen werden sollten. Es gab eine Dinner-Party und einen Ball für den Adel, ein Frühstück und ein Tanzvergnügen unter Zelten auf dem Rasen für die Pächter. Aus London waren kostspielige Kapellen engagiert worden. In den Illustrierten sah man Bilder von George, wie er im Kreis seiner Familie von den Pächtern ein massives silbernes Teeservice als Geschenk entgegennahm. Ursprünglich hatten sie für ein Porträt von ihm gesammelt, seine Abwesenheit machte das unmöglich. So hatten sie für das Geld ein Teeservice gekauft. Den Klatschspalten der Presse entnahm ich, daß sein Vater ihm ein Reitpferd, seine Mutter einen Plattenspieler mit automatischer Auswechslung, seine Großmutter, die Witwe Lady Bland, ihm die Encyclopaedia Britannica und sein Großonkel, Ferdinand Rabenstein, das Bild ›Jungfrau mit Kind‹ von Pellegrino da Modena geschenkt hatten. Ich konnte den Gedanken nicht unterdrücken, daß alle diese Geschenke zu bombastisch waren, um sich leicht zu Geld machen zu lassen. Daraus, daß Ferdy bei den Feiern anwesend sein würde, schloß ich, daß Georges unverantwortliche Auflehnung zu einer Versöhnung zwischen Onkel und Neffen geführt hatte. Ich hatte recht. Ferdy war mit der Absicht seines Großneffen, berufsmäßiger Pianist zu werden, alles andere als einverstanden. Beim ersten Anzeichen von Gefahr für ihren Ruf rückte die Familie zusammen und stellte sich Georges Absichten in geschlossener Front entgegen. Da ich nicht hinfuhr, weiß ich alles, was sich im Anschluß an die Geburtstagsfeier ereignete, nur vom Hörensagen. Einiges erfuhr ich von Ferdy, anderes von Muriel, und später gab mir George eine Darstellung, wie er es sah. Die Blands müssen sich in der Hoffnung gewiegt haben, daß George weich werden würde, wenn er erst einmal wieder zu Hause sein, die Hauptrolle spielen und in der prunkvollen Umgebung sich davon überzeugen würde, was es hieß, der Erbe eines so großen Besitzes zu sein. Sie umgaben ihn denn auch mit aller Liebe, sie schmeichelten ihm. Sie hingen an seinen Lippen. Sie rechneten auf sein gutes Herz und glaubten, daß er es nicht über sich bringen würde, ihnen Schmerz zu bereiten, wo sie so lieb zu ihm waren. Sie schienen es für sicher zu halten, daß er nicht nach Deutschland zurückkehren würde, und schlossen ihn bei jedem Gespräch in ihre Zukunftspläne ein. George sagte nicht viel. Er schien alles sehr zu genießen und setzte sich nicht ans Klavier. Es sah so aus, als ob alles glatt ginge. Friede senkte sich auf das gequälte Haus. Dann kam eines Tages beim Lunch das Gespräch auf ein Gartenfest, zu dem die ganze Nachbarschaft in der folgenden Woche eingeladen war, als George, wie nebenbei, bemerkte:

»Auf mich dürft ihr nicht zählen. Ich werde nicht dabei sein.«

»Aber George, warum nicht?« fragte seine Mutter.

»Ich muß zurück an meine Arbeit. Montag reise ich wieder nach München.«

Eine qualvolle Pause entstand. Jeder suchte krampfhaft nach etwas, worüber er sprechen könnte, schwieg aber aus Angst, etwas Falsches zu sagen, und schließlich schien es unmöglich, überhaupt noch etwas zu sagen. Unter Schweigen ging das Essen zu Ende. Dann verschwand George im Garten, und die andern, die alte Lady Bland, Ferdy, Muriel und Sir Adolphus zogen sich in die Halle zurück. Ein Familienrat fand statt. Muriel weinte. Freddy regte sich furchtbar auf. Plötzlich hörte man aus dem Salon, daß jemand ein Nocturno von Chopin spielte. Es war George. Es klang, als ob er damit endgültig seinen Entschluß bekanntgeben wollte, als hätte er Trost, Ruhe und Kraft bei dem Instrument gesucht, das er liebte. Freddy sprang auf.

»Schluß mit dem Geklimper«, schrie er. »Ich verbitte mir, daß er in meinem Hause Klavier spielt!«

Muriel klingelte nach einem Diener und erteilte ihm einen Auftrag:

»Bitte sagen Sie Mr. Bland, daß Seine Lordschaft starke Kopfschmerzen hat und er bitte aufhören möchte, Klavier zu spielen.«

Ferdy, der Mann von Welt, wurde abgesandt, um mit George zu sprechen. Er wurde ermächtigt, ihm bestimmte Vorschläge zu machen, wenn er die Absicht, Pianist zu werden, aufgeben würde. Wenn er nicht die diplomatische Laufbahn einschlagen wollte, würde sein Vater nicht darauf bestehen. Sollte er für das Parlament kandidieren, übernähme sein Vater die gesamten Kosten der Wahl, dazu bekäme er eine jährliche Summe von fünftausend Pfund und eine Wohnung in London, die er ihm einrichten würde. Ich muß sagen, daß das ein sehr anständiges Angebot war. Ich weiß nicht, was Ferdy dem Jungen sagte, ich vermute, er malte ihm das Leben, das ein junger Mann in London unter solchen Umständen führen konnte, in den rosigsten Farben. Sicher schilderte er es höchst verlockend. Es war alles umsonst. George verlangte nichts weiter als fünf Pfund in der Woche, um sein Studium fortsetzen zu können, und im übrigen in Ruhe gelassen zu werden. Die große Rolle, die er eines Tages spielen könnte, ließ ihn kalt. Er wollte keine Jagden reiten, er wollte nicht schießen. Er wollte nicht Parlamentsmitglied werden. Er wollte kein Millionär sein. Er wollte nicht Baronet werden. Er wollte nicht Pair werden. Ferdy verließ ihn geschlagen und in beträchtlicher Aufregung.

Am Abend, nach dem Essen, kam es zu einem furchtbaren Auftritt. Freddy war leicht erregbar und nicht gewohnt, Widerstand zu begegnen, und zeigte sich George gegenüber von seiner härtesten Seite. Ich kann mir denken, daß sie wirklich sehr hart war. Den Frauen, die ihn zu besänftigen versuchten, verbot er rücksichtslos den Mund. Vielleicht zum erstenmal in seinem Leben hörte Freddy nicht auf seine Mutter. George blieb verbohrt und abweisend. Er hatte seinen Entschluß gefaßt, und wenn sein Vater nicht damit einverstanden war, konnte er auch ohne ihn auskommen. Freddy war zum äußersten entschlossen. Er verbot George, nach Deutschland zurückzugehen. George antwortete, er sei einundzwanzig Jahre alt und sein eigner Herr. Er würde dahin gehen, wohin es ihm beliebte. Freddy schwor, er würde keinen Penny von ihm bekommen.

»In Ordnung. Dann verdiene ich mir selber Geld.«

»Du! Du, der du dich dein ganzes Leben lang vor jeder Arbeit gedrückt hast, womit willst du denn Geld verdienen?«

»Alte Kleider verkaufen«, grinste George.

Allen blieb fast das Herz stehen. Muriel war so erschüttert, daß sie das Dümmste sagte, was sie sagen konnte:

»Wie ein Jude.«

»Schön, bin ich kein Jude? Und du und Daddy, seid ihr keine Juden? Wir sind alle Juden, unsere ganze Sippschaft. Und jeder weiß das. Und was zum Teufel hilft's, wenn wir so tun, als wären wir keine?«

Da geschah etwas Schreckliches. Freddy brach plötzlich in Tränen aus. Es tut mir leid, es sagen zu müssen, aber er benahm sich nicht gerade wie ein Sir Adolphus Bland, Baronet, Mitglied des Parlaments, der gute alte englische Gentleman, der er so gern sein wollte, sondern wie ein sentimentaler Adolf Bleikogel, der seinen Sohn liebte, und vor Verzweiflung weinte, weil all die großen Hoffnungen, die er auf ihn gesetzt hatte, in nichts zerrannen und der Stolz seines ganzen Lebens zusammenbrach. Er weinte wortlos unter lautem Schluchzen, raufte sich den Bart und schlug sich hin und wieder vor die Brust. Darauf fingen alle an zu weinen, die alte Lady Bland und Muriel und Ferdy, der schnaubte, sich die Nase putzte und die Tränen, die ihm die Wangen herabrannen, mit dem Taschentuch abtupfte, und sogar George weinte. Natürlich war das alles außerordentlich peinlich, aber für unsere robuste angelsächsische Gemütsart muß es, wie ich leider gestehe, auch einen Hauch von Komik gehabt haben. Keiner versuchte, den anderen zu trösten. Sie schluchzten und schluchzten nur. Dann ging die ganze Gesellschaft auseinander.

Die Lage blieb trotzdem die gleiche. George gab nicht nach. Sein Vater sprach nicht mehr mit ihm. Es kam zu erneuten Auftritten. Muriel versuchte sein Mitleid zu erregen. Er überhörte ihre flehentlichen Bitten. Er schien sich nichts daraus zu machen, wenn ihr das Herz brach, wenn sein Vater daran zugrunde ging. Ferdy appellierte an ihn als Sportsmann und Mann von Welt. Georges Antworten waren spöttisch, er wurde sogar persönlich ausfallend. Die alte Lady Bland mit ihrem gutturalen deutschen Akzent und ihrem ausgeprägten gesunden Menschenverstand versuchte sich mit ihm auszusprechen, aber er verschloß sich gegen alle vernünftigen Argumente. Immerhin war sie es, die schließlich einen Ausweg fand. Sie machte George klar, daß es sinnlos sei, auf all die Herrlichkeiten der Welt, die auf ihn warteten, zu verzichten, es sei denn, er habe wirklich großes Talent. Daß er das annähme, sei selbstverständlich, aber er könnte sich doch irren. Ein Pianist zweiten Ranges zu werden, lohne nicht. Seine einzige Entschuldigung, seine einzige Rechtfertigung wäre, eine Genie zu sein. In diesem Fall hätte die Familie kein Recht, ihm im Wege zu stehen.

»Du kannst von mir nicht erwarten, daß ich jetzt schon ein Genie bin«, sagte George. »Ich muß noch jahrelang arbeiten.«

»Bist du sicher, daß du durchhalten wirst?«

»Ich habe auf dieser Welt keinen anderen Wunsch. Ich will arbeiten wie ein Pferd. Ich verlange nichts weiter, als daß man mir eine Chance gibt.«

Dieses war ihr Vorschlag: sein Vater war entschlossen, ihm nichts zu geben, andererseits konnten sie den Jungen nicht hungern lassen. Er hatte von fünf Pfund die Woche gesprochen. Gut, sie war bereit, ihm das selbst zu geben. Er sollte nach Deutschland zurückkehren und weitere zwei Jahre studieren. Danach müsse er zurückkommen, und sie würden eine sachverständige, unparteiische Person bitten, sich sein Spiel anzuhören, und wenn das Urteil dahin ginge, daß er alles Zeug zu einem erstrangigen Pianisten habe, würden ihm keine Hindernisse mehr in den Weg gelegt. Die Familie würde ihn im Gegenteil in jeder Weise unterstützen und ermutigen. Lautete das Urteil hingegen, daß seine Begabung dafür nicht ausreiche, müsse er sein Wort geben, jeden Gedanken an die Musik als Beruf aufzugeben und sich in jeder Beziehung den Wünschen seines Vaters zu fügen. George traute seinen Ohren kaum.

»Meinst du das im Ernst, Großmama?«

»Allerdings.«

»Wird Daddy einverstanden sein?«

»Dafür werde ich sorgen«, war die Antwort.

George umarmte sie und küßte sie stürmisch auf beide Wangen.

»Darling«, rief er.

»Und das Versprechen?«

Er gab ihr sein feierliches Ehrenwort, daß er getreulich die

Bedingungen des Abkommens einhalten würde. Zwei Tage danach kehrte er nach Deutschland zurück. Obwohl sein Vater widerstrebend seine Zustimmung gab, weil ihm nichts anderes übrigblieb, söhnte er sich nicht mit ihm aus, und als er abreiste, lehnte er es ab, sich von ihm zu verabschieden.

Man kann sich kaum vorstellen, daß er sich selbst so viel Schmerz zufügen konnte. Ich erlaube mir hier eine kleine Bemerkung. Es ist sonderbar, daß Menschen, die kurzlebigen Bewohner einer feindlichen und unmenschlichen Welt, sich so verrennen können, daß sie sich selbst unglücklich machen.

George hatte zur Bedingung gemacht, daß seine Familie ihn in den zwei Studienjahren nicht besuchen sollte. Als Muriel wenige Monate vor seiner Rückkehr hörte, daß ich auf meinem Weg nach Wien, wohin mich geschäftliche Gründe führten, durch München käme, war es nicht unnatürlich, daß sie mich bat, ihn aufzusuchen. Sie brannte darauf, etwas über ihn aus erster Hand zu erfahren. Sie gab mir seine Adresse, und ich schrieb ihm, daß ich mich einen Tag in München aufhalten würde, und lud ihn zum Lunch ein. Ich fand seine Antwort im Hotel vor. Er schrieb, er habe den ganzen Tag zu arbeiten und habe keine Zeit, mit mir zu essen. Wenn ich aber zu ihm kommen wollte, gegen sechs Uhr, würde er sich freuen, mir seinen Arbeitsraum zu zeigen, und wenn ich nichts Besseres vorhätte, würde er gern den Abend mit mir verbringen. So begab ich mich kurz nach sechs Uhr zu der angegebenen Adresse. Er wohnte im zweiten Stock in einem großen Häuserblock, und als ich vor seiner Tür stand, hörte ich Klavierspiel. Es hörte auf, als ich klingelte. George öffnete selbst die Tür. Ich erkannte ihn kaum wieder. Er war sehr dick geworden, trug das Haar lang, in malerischer Unordnung. Er hatte seine alten Hosen aus Oxford an, ein Tennishemd und Pantoffeln. Er sah nicht sehr sauber aus, und seine Fingernägel waren schwarz. Ein erschreckender Wandel von dem gepflegten, schlanken jungen Mann, der seine teuren Anzüge mit solcher Eleganz trug, war mit ihm vorgegangen. Unwillkürlich mußte ich daran denken, wie schockiert Ferdy bei seinem Anblick gewesen wäre. Sein Arbeitsraum war groß und kahl, an den Wänden hingen drei oder vier ungerahmte kubistische Bilder. Es gab mehrere Sessel da, die dicht vor dem Zusammenbrechen waren, und einen Flügel. Ein paar Bücher lagen herum und alte Zeitungen und Kunstzeitschriften. Alles war schmutzig und ungepflegt, und in der Luft stand der Geruch von abgestandenem Bier und kaltem Rauch.

»Wohnen Sie hier allein?« fragte ich.

»Ja. Nur eine Frau kommt dreimal in der Woche zum Saubermachen. Frühstück und Mittagessen mache ich mir selbst.«

»Können Sie kochen?«

»Oh, ich esse nur Brot und Käse und trinke eine Flasche Bier zu Mittag, abends esse ich in einer Bierstube.«

Ich freute mich festzustellen, daß er ehrlich froh war, mich zu sehen. Er schien in bester Laune und außerordentlich glücklich. Er fragte mich nach seiner Familie, und wir plauderten über dies und jenes. Zweimal in der Woche nahm er Stunden, und die übrige Zeit übte er. Wie er mir erzählte, übte er zehn Stunden am Tag.

»Eine ziemliche Veränderung«, bemerkte ich.

Er lachte.

»Daddy meinte ja, ich wäre von Natur aus träge. Ich war in Wirklichkeit gar nicht träge, ich sah nur nicht ein, warum ich arbeiten sollte, wenn es mich langweilte.«

Ich fragte ihn, wie er mit seinem Spiel vorwärts käme. Er schien mit seinen Fortschritten zufrieden, und ich bat ihn, mir etwas vorzuspielen.

»Ach, jetzt nicht. Ich habe genug, ich habe schon den ganzen Tag am Klavier gesessen. Gehen wir lieber aus und essen erst, und wenn wir später zurückkommen, spiele ich. Im allgemeinen gehe ich immer in dasselbe Lokal, wo mehrere Studenten verkehren, die ich kenne, und wo es sehr nett ist.«

Wir gingen. Er hatte sich Socken und Schuhe angezogen und eine sehr alte Golfjacke, und wir wanderten zusammen durch die breiten, stillen Straßen. Der Tag war klar und kalt. Seine Schritte waren beschwingt. Er blickte beglückt um sich.

»Ich liebe München«, sagte er. »Ich finde, es ist die einzige Stadt in der Welt, in der die Luft mit Kunst gesättigt ist. Schließlich ist Kunst das einzige, was von Wert ist. Nicht wahr? Ich hasse den Gedanken, nach Hause zu gehen.«

»Trotzdem wird Ihnen nichts anderes übrigbleiben.«

»Ich weiß. Ich werde auch gehen, aber ich möchte nicht daran denken, bis es soweit ist.«

»Bevor Sie fahren, wäre es vielleicht nicht schlecht, sich die Haare schneiden zu lassen. Wenn ich das sagen darf, aber Sie sehen etwas zu künstlerisch aus, um überzeugend zu wirken.«

»Ihr Engländer, ihr seid solche Philister«, sagte er.

Er nahm mich in ein ziemlich großes Eßlokal in einer Nebenstraße mit, das schon zu dieser frühen Stunde voll besetzt war. Es war im schweren altdeutschen Stil eingerichtet. Ein abseits stehender rotgedeckter Tisch war für George und seine Freunde reserviert. Als wir erschienen, saßen vier oder fünf junge Leute daran, eine Pole, der orientalische Sprachen studierte, ein Student der Philosophie, ein Maler (ich nehme an, der Urheber der kubistischen Bilder bei George), ein Schwede und einer, der sich, unter Hackenzusammenschlagen, als Hans Reiting, Dichter, vorstellte. Keiner von ihnen war über zweiundzwanzig, und ich fühlte mich etwas fehl am Platz. Alle sprachen George mit ›du‹ an, und ich stellte fest, daß er fließend Deutsch sprach. Ich hatte es lange Zeit nicht gesprochen, und meine Kenntnisse waren so eingerostet, daß ich mich an der lebhaften Unterhaltung kaum beteiligen konnte. Trotzdem machte es mir großes Vergnügen. Sie aßen nur wenig, tranken dafür aber um so mehr Bier. Sie redeten über Kunst und Frauen. Sie waren sehr revolutionär und bei aller Ausgelassenheit im Grunde ernst. Sie blickten auf jeden mit Verachtung, der einen Namen hatte, und waren sich hauptsächlich in einem Punkt einig, nämlich, daß in der durcheinandergeratenen Welt nur das Vulgäre auf Erfolg hoffen durfte. Sie diskutierten lebhaft technische Fragen, widersprachen einander, schrien und wurden obszön. Sie waren ganz groß.

Gegen elf Uhr gingen George und ich zu seiner Wohnung zurück. München ist eine Stadt, die auch in ihrem Vergnügen bürgerlich bleibt. Abgesehen vom Marienplatz, waren die Straßen still und leer. Zu Hause angelangt, zog er sich den Rock aus und sagte:

»Jetzt werde ich Ihnen etwas vorspielen.«

Ich setzte mich in einen der hinfälligen Sessel, eine Sprungfeder bohrte sich mir in den Hintern, aber ich machte es mir so bequem wie möglich. George spielte Chopin. Ich verstehe nur sehr wenig von Musik, das ist einer der Gründe, weshalb es mir schwergefallen ist, diese Geschichte niederzuschreiben. Wenn ich in ein Konzert in Queenshall gehe und in der Pause das Programm studiere, so sind das griechische Buchstaben für mich. Ich weiß nichts von Harmonie und Kontrapunkt. Ich werde nie vergessen, wie deprimierend es für mich war, als ich einmal nach München zu einem Wagner-Festspiel fuhr und eine wundervolle Aufführung von ›Tristan und Isolde‹ verließ, ohne einen einzigen Ton gehört zu haben. Schon bei den ersten Takten schweiften meine Gedanken ab, und ich begann darüber nachzudenken, wie mir die Figuren gefielen, über die ich gerade schrieb. Sie erwachten zum Leben, ich hörte ihre langen Gespräche, ich litt mit ihnen und teilte ihre Freuden. Jahre zogen vorüber, und ich erlebte unzählige Dinge, der Frühling erfüllte mich mit Entzücken, und im Winter fror ich und hungerte. Und ich liebte und haßte und starb. Ich glaube, es gab Pausen, in denen ich im Garten herumwanderte und wahrscheinlich Schinkenbrötchen aß und Bier trank, aber genau kann ich mich nicht daran erinnern. Das einzige, was ich weiß, ist, daß ich beim Fallen des Vorhangs aufschreckte. Es waren herrliche Stunden, aber ich mußte doch feststellen, daß es reichlich stupid von mir war, so weit zu reisen und so viel Geld auszugeben, nur um nichts zu sehen und zu hören.

Das meiste, was George spielte, war mir bekannt. Es waren die üblichen Konzertstücke. Er spielte mit ungeheurer Verve. Dann spielte er Beethovens ›Appassionata‹. Ich habe es selbst einmal gespielt, als ich noch Klavier spielte (sehr schlecht), in meiner Jugend, und erinnere mich an jede Note. Es ist ohne Zweifel ein klassisches, großartiges Werk, es wäre einfach dumm, das zu leugnen, aber ich gestehe, daß es mich um Mitternacht kalt läßt. Es ist wie das ›Paradise lost‹, herrlich, aber eine Spur hausbacken. Auch dieses Stück spielte George mit großer Leidenschaft. Er schwitzte ausgiebig. Anfangs fand ich nicht heraus, was mir an seinem Spiel auffiel. Irgend etwas störte mich. Dann wurde es mir plötzlich klar. Der Anschlag der beiden Hände war ungleichmäßig, so daß zwischen den tiefen und hohen Tönen eine kleine Lücke entstand. Aber ich wiederhole, ich verstehe nichts davon. Was mich irritierte, konnte ebensogut davon kommen, daß er zuviel getrunken hatte. Vielleicht bildete ich es mir auch nur ein. Jedenfalls sagte ich, was mir an Beifälligem einfiel.

»Ich weiß natürlich allein, daß ich noch viel mehr arbeiten muß. Ich bin nur ein Anfänger, aber ich fühle, daß ich es schaffen werde. Ich spüre es in den Fingerspitzen. Es wird mich noch zehn Jahre kosten. Aber dann bin ich ein Pianist.«

Er war müde und stand auf. Es war nach Mitternacht, und ich wollte gehen, aber davon wollte er nichts hören. Er machte ein paar Flaschen Bier auf, zündete sich eine Pfeife an und wollte sich noch unterhalten.

»Fühlen Sie sich glücklich hier?« fragte ich ihn.

»Sehr«, war die Antwort. »Am liebsten bliebe ich immer hier. Das Leben hat mir noch nie soviel Spaß gemacht. Heute abend zum Beispiel. War es nicht großartig?«

»Es war sehr nett. Aber man kann doch nicht ewig leben wie ein Student. Ihre Freunde hier werden älter, und eines Tages werden sie weggehen.«

»Dann kommen andere. Studenten wird es hier immer geben oder ähnliche Leute.«

»Ja. Aber Sie werden auch älter. Gibt es etwas Kläglicheres, als wenn ein Mann in mittleren Jahren sein Studentenleben endlos fortsetzen will? Ein alter Knabe, der versucht, unter Jugendlichen den Jugendlichen zu spielen, und sich einredet, daß sie ihn als ihresgleichen akzeptieren – das ist lächerlich. Das kann man nicht machen.«

»Ich fühle mich hier so zu Hause. Mein armer Vater verlangt, ich soll ein englischer Gentleman sein. Mich überläuft eine Gänsehaut. Ich bin kein Sportsmann. Ich schere mich den Teufel um Fuchsjagden und Schießen und Cricketspielen. Ich habe nur geschauspielert.«

»Sie haben sehr natürlich gespielt.«

»Erst hier ist mir klargeworden, daß das alles nicht echt war. Ich habe Eton geliebt, und Oxford war eine tolle Sache, und trotzdem fühlte ich die ganze Zeit, daß ich in Wirklichkeit nicht dazugehörte. Ich spielte meine Rolle nicht schlecht, weil mir schauspielern im Blut liegt. Aber in meiner Seele blieb immer etwas Unbefriedigtes zurück. Das Haus in Grosvenor Square ist freier Grundbesitz, und Daddy hat für Tilby 180 000 Pfund bezahlt. Für mich waren es nichts weiter als Häuser, die wir für eine Saison gemietet hatten und eines Tages wieder räumen würden, wenn die wirklichen Eigentümer zurückkämen.«

Ich hörte aufmerksam zu und fragte mich, wieviel von dem, was er erzählte, Ausdruck seines wirklichen Gefühls war und wieviel er sich unter den neuen Verhältnissen nur einbildete.

»Ich habe es immer gehaßt, als Großonkel Ferdy seine jüdischen Geschichten erzählte. Ich fand es so verdammt schmutzig. Heute verstehe ich, daß es eine Art Notventil war. Mein Gott, die fortgesetzte Anspannung, ein Mann der Gesellschaft zu sein. Für Daddy ist es leichter. Er kann in Tilby den alten englischen Landedelmann spielen, aber in der City kann er er selber sein. Das ist alles in Ordnung. Ich habe mich abgeschminkt und mein Kostüm ausgezogen und kann endlich auch ich selbst sein. Was für ein Gefühl der Erleichterung. Sie wissen, ich mag die Engländer nicht. Ich weiß nie, woran ich mit euch bin. Ihr seid so langweilig und konventionell. Ihr laßt euch niemals gehen. Es ist nichts Freies in euch, keine Freiheit der Seele, ihr seid solche Scheißer. Vor nichts auf der Welt habt ihr mehr Angst, als etwas falsch zu machen.«

»Vergessen Sie nicht, daß Sie selber Engländer sind, George«, murmelte ich.

Er lachte.

»Ich? Ich bin kein Engländer. Ich habe nicht einen Tropfen englisches Blut in mir. Ich bin Jude, das wissen Sie, und dazu noch ein deutscher Jude. Ich wünsche nicht, Engländer zu sein. Ich will Jude sein. Meine Freunde sind Juden. Sie ahnen nicht, wie frei und leicht ich mich in ihrem Kreis fühle. Ich kann ich selber sein. Zu Hause taten wir alles, um Juden aus dem Weg zu gehen. Mummy, weil sie blond ist, dachte, sie könnte auf diese Weise davonkommen, und gab vor, eine reinrassige Engländerin zu sein. So ein Unsinn! Wissen Sie, daß es mir ungeheuren Spaß macht, in den Münchener Vierteln umherzuschlendern, in denen Juden wohnen, und mir die Leute anzusehen. Ich fuhr einmal nach Frankfurt, wo es Haufen von Juden gibt, und ich wanderte umher und sah mir die alten schlampigen Männer mit ihren Hakennasen an und die fetten Weiber mit ihren falschen Haaren. Und ich fühlte eine solche Sympathie für sie, ich fühlte, daß ich zu ihnen gehörte. Ich hätte sie küssen mögen. Wenn sie mich anblickten, fragte ich mich, ob sie ahnten, daß ich einer der Ihren war. Ich wünschte zu Gott, ich könnte Jiddisch. Ich würde gern Freundschaft mit ihnen schließen und zu ihnen in ihre Wohnungen gehen und koscher essen und all das andere Zeug. Ich wäre gern in eine

Synagoge gegangen, aber ich hatte Angst, etwas falsch zu machen und hinausgeworfen zu werden. Ich liebe den Geruch des Gettos und das ganze Leben und Treiben und das Geheimnisvolle und den Dreck und den Schmutz und die Romantik. Ich werde nie die Sehnsucht danach aus meinem Herzen verlieren. Das ist die Wahrheit. Alles andere ist nur Vorspiegelung falscher Tatsachen.«

»Sie werden Ihrem Vater das Herz brechen«, erwiderte ich nur.

»Entweder seins oder meins. Warum kann er mich nicht gehenlassen? Es gibt doch noch Harry. Der würde nichts lieber werden als Gutsherr auf Tilby. Er würde der richtige englische Gentleman sein. Sie wissen ja, Mummy hat ihr ganzes Herz daran gesetzt, daß ich eine Christin heirate. Harry würde nichts lieber tun. Er würde eine gute englische Familie im alten Stil gründen. Schließlich verlange ich so wenig. Ich will nur fünf Pfund die Woche, und sie können ihren Titel und den Park und die Gainsboroughs und den ganzen Hokuspokus behalten.«

»Schön. Die Tatsache bleibt, daß Sie Ihr feierliches Wort gegeben haben, nach zwei Jahren zurückzukehren.«

»Ich werde auch zurückkehren«, sagte er mürrisch. »Lea Makart hat versprochen, zu kommen und sich mein Spiel anzuhören.«

»Was werden Sie tun, wenn sie sagt, Sie sind nicht gut?«

»Mich erschießen«, erwiderte er vergnügt.

»So ein Unsinn«, antwortete ich im gleichen Ton.

»Fühlen Sie sich eigentlich in England zu Hause?«

»Nein«, erwiderte ich, »aber ich fühle mich nirgends zu Hause.«

Natürlich hatte er kein wirkliches Interesse für meine Angelegenheiten.

»Ich hasse den Gedanken, zurückzugehen. Jetzt, wo ich weiß, was das Leben zu bieten hat, möchte ich um keinen Preis der Welt ein englischer Landedelmann werden. Mein Gott, wäre das langweilig!«

»Geld ist eine schöne Sache, und ich habe immer verstanden, daß es recht angenehm sein muß, ein englischer Pair zu sein.«

»Geld bedeutet mir gar nichts. Ich will nichts von alledem,

was man für Geld kaufen kann, und ich bin nun einmal kein Angeber.«

Mittlerweile war es sehr spät geworden, und ich mußte am nächsten Morgen früh aufstehen. Mir schien auch überflüssig, zu viel auf das zu geben, was George so sagte. Es war die Art von Gerede, zu dem ein junger Mann sich leicht verführen läßt, wenn er plötzlich unter Maler und Literaten gerät. Kunst ist starker Wein, und es gehört ein starker Kopf dazu, um ihn zu vertragen. Das göttliche Feuer brennt am hellsten in denen, die seine Glut durch nüchternen Verstand dämpfen. Schließlich war George noch nicht dreiundzwanzig. Die Zeit ist ein großer Lehrmeister. Seine Zukunft war nicht meine Sache. Ich wünschte ihm eine gute Nacht und ging in mein Hotel zurück. Sterne funkelten am teilnahmslosen Himmel. Am nächsten Morgen verließ ich München.

Nach meiner Rückkehr nach London sagte ich Muriel nichts von dem, was George mir gestanden und wie er ausgesehen hatte, und erklärte nur, daß es ihm gut ging, daß er glücklich sei, hart arbeite und sehr solide und einfach zu leben schien. Monate später kehrte er zurück. Muriel bat mich, das Wochenende in Tilby zu verbringen, Ferdy würde Lea Makart mitbringen, um George spielen zu hören, und er habe besonders gewünscht, mich dort zu sehen. Ich nahm an. Muriel holte mich am Bahnhof ab.

»Wie fanden Sie George?« fragte ich.

»Er ist sehr dick geworden, scheint aber in bester Stimmung. Ich habe den Eindruck, daß er gern wieder hier ist. Seinem Vater gegenüber hat er sich sehr lieb benommen.«

»Das freut mich.«

»Ach, mein Lieber, ich hoffe so sehr, daß Lea Makart ihn nicht gut findet. Es würde für uns alle eine große Erleichterung sein.«

»Ich fürchte, für ihn würde es eine furchtbare Enttäuschung bedeuten.«

»Das Leben ist voller Enttäuschungen«, sagte Muriel scharf. »Man muß lernen, mit ihnen fertigzuwerden.«

Ich lächelte ihr amüsiert zu. Wir fuhren in einem Rolls Royce, und neben dem Chauffeur saß ein Diener. Sie trug eine Perlenkette, die vermutlich 40 000 Pfund wert war. Ich entsann mich, daß bei dem letzten Geburtstagsempfang Sir Adolphus

Bland nicht zu den dreien gehörte, denen der König die Pairswürde zu verleihen geruht hatte.

Lea Makart konnte nur auf einen kurzen Besuch herüberkommen. Sie spielte am Abend in Brighton und wurde am Sonntag vormittag zum Lunch erwartet. Sie mußte noch am gleichen Tag nach London zurückkehren, weil sie am Montag ein Konzert in Manchester gab. George sollte ihr im Laufe des Nachmittags vorspielen.

»Er ist fleißig beim Üben«, sagte mir seine Mutter. »Deshalb ist er nicht mitgekommen, um Sie abzuholen.«

Wir passierten das große Portal zum Park und fuhren die prächtige alte Ulmenallee hinauf, die zum Haus führte. Wie ich sah, waren keine weiteren Gäste geladen.

Zum erstenmal begegnete ich der verwitweten Lady Bland. Ich war immer neugierig auf sie gewesen. Meiner Vorstellung nach mußte sie eine uralte Jüdin sein, die allein in einem großen Haus in Portland Place lebte, überall ihre Finger drin hatte und ihre Familie despotisch beherrschte. Sie enttäuschte mich nicht. Sie war eine imposante Erscheinung, eher groß und füllig, ohne korpulent zu sein. Ihr ganzes Benehmen war ausgesprochen jüdisch. Sie hatte einen ziemlich starken Schnurrbart und trug eine Perücke von einem eigentümlich metallischen Braun. Ihr Kleid aus schwarzem Brokat war großer Stil. Ihre Brust zierte eine Reihe großer Brillanten, und um den Hals schlang sich ein Brillantkollier. Brillantringe funkelten an ihren welken Händen. Sie sprach ziemlich laut und heiser und mit starkem deutschem Akzent. Als ich ihr vorgestellt wurde, musterte sie mich scharf mit glänzenden Augen. In Sekundenschnelle taxierte sie mich ab und machte nicht den geringsten Versuch, zu verheimlichen, daß ihr Urteil über mich ungünstig ausgefallen war.

»Sie kennen meinen Bruder Ferdinand schon lange, nicht wahr?« fragte sie mit einem kehligen rollenden R. »Mein Bruder Ferdinand hat immer nur in der ersten Gesellschaft verkehrt. Wo ist Sir Adolphus, Muriel? Weiß er nicht, daß sein Gast gekommen ist? Willst du nicht nach George schikken? Wenn er seine Stücke jetzt noch nicht kann, wird er sie auch morgen nicht können.«

Muriel erklärte, daß Freddy gerade eine Runde Golf mit seinem Sekretär zu Ende spiele und daß sie George bereits von meiner Ankunft unterrichtet habe. Allem Anschein nach hielt Lady Bland die Antwort Muriels für höchst unbefriedigend und wandte sich mir wieder zu.

»Meine Schwiegertochter hat mir gesagt, Sie wären in Italien gewesen.«

»Ja, ich bin eben erst zurückgekommen.«

»Es ist ein schönes Land. Wie geht es dem König?«

Ich erwiderte, ich wüßte es nicht.

»Ich habe ihn gut gekannt, als er noch klein war. Er war damals sehr schwächlich. Mit seiner Mutter, der Königin Margherita, war ich eng befreundet. Man glaubte allgemein, er würde nie heiraten, die Herzogin von Aosta war außer sich, als er sich in diese Prinzessin von Montenegro verliebte.«

Sie schien einer längst vergangenen Epoche der Geschichte anzugehören, war aber sehr lebendig, und ich konnte mir gut vorstellen, daß ihren Augen nichts entging. Dann kam Freddy herein, stilvoll in Knickerbockern. Es war etwas belustigend und zugleich rührend zu sehen, wie dieser graubärtige Mann, der für gewöhnlich etwas Gebieterisches an sich hatte, sich so offensichtlich beflissen gegenüber der alten Dame benahm. Er redete sie mit ›Mama‹ an. Dann kam George. Er war immer noch dick, hatte aber meinen Rat befolgt und sich die Haare schneiden lassen. Er sah nicht mehr so jungenhaft aus, eher wie ein erwachsener, selbstsicherer junger Mann. Man sah mit Vergnügen, wie gut ihm der Tee schmeckte. Er aß Mengen belegter Brote und riesige Stücke Kuchen. Er hatte noch immer den Appetit eines Jungen. Sein Vater sah ihm mit einem zärtlichen Lächeln zu, und wenn ich ihn mir ansah, war ich nicht überrascht, daß sie ihm alle nur Liebe und Zuneigung entgegenbrachten. Er hatte eine Unbekümmertheit, einen Charme und eine Begeisterungsfähigkeit, die zweifellos für ihn einnahm. Von ihm ging eine Großzügigkeit, Offenheit und natürliche Herzlichkeit aus, der niemand widerstehen konnte. Ich weiß nicht, ob er auf einen Wink der Großmutter hin oder dank seinem eigenen guten Herzen sich alle Mühe gab, nett zu seinem Vater zu sein. Und die sanften Augen seines Vaters, die Art, wie er an den Lippen des Jungen hing, die stolzen, glücklichen und zufriedenen Blicke verrieten deutlich, wie schwer die Entfremdung der letzten zwei Jahre auf ihm gelastet hatte. Er betete George an.

Am Vormittag spielten wir eine Partie Golf, da Muriel zur Messe gehen mußte. Um ein Uhr kam Ferdy in Lea Makarts Wagen. Wir setzten uns zum Lunch. Natürlich wußte ich, wie berühmt Lea Makart war. Sie galt als die größte Pianistin Europas. Sie war eine alte Freundin von Ferdy, der ihr zu Beginn ihrer Karriere durch sein Eintreten und seine Unterstützung sehr geholfen hatte. Er war es auch, der dafür gesorgt hatte, daß sie gekommen war, um ihr Urteil über die Aussichten von George abzugeben. Es hatte eine Zeit gegeben, wo ich, sooft ich konnte, ihre Konzerte besucht hatte. Sie spielte ohne jede Affektiertheit, wie ein Vogel singt, ohne den leisesten Schein von Anstrengung, ganz natürlich. Von ihren schlanken Fingern rieselten die Töne wie silberne Perlen so mühelos, daß man den Eindruck bekam, sie improvisiere im gleichen Augenblick all diese komplizierten Kompositionen. Es hieß allgemein, ihre Technik sei vollkommen. Ich habe nie herausfinden können, wieviel von dem Entzücken, sie spielen zu hören, auf ihre Persönlichkeit kam. Sie sah damals so ätherisch aus, daß man sich immer wieder wunderte, daß ein so zartes, zerbrechliches Geschöpf soviel Kraft besaß. Sie war sehr schlank, blaß, mit großen Augen und wundervollem schwarzem Haar. Am Flügel wirkte sie faszinierend wie ein frühreifes Kind. Sie war sehr schön, auf eine kaum irdische Weise, und wenn sie spielte, lag ein Lächeln um ihren Mund, als erinnerte sie sich an etwas, das sie in einer andern Welt gehört hatte. Jetzt, als Frau von Anfang Vierzig, war sie nicht mehr die Sylphide von einst, sie war voller und ihr Gesicht breiter geworden. Sie besaß nicht mehr die liebliche Entrücktheit, sondern die Autorität ihrer langen Reihe von Triumphen. Sie war kurz angebunden, schien recht geschäftsmäßig, irgendwie entwaffnend. Ihre Vitalität umhüllte sie wie ein natürliches Scheinwerferlicht, wie der Heiligenschein Heilige umgibt. Außer für ihre eigenen Angelegenheiten hatte sie für nichts wirkliches Interesse. Aber da sie Humor besaß und die Welt kannte, nahm sie sie leicht. Sie beherrschte die Unterhaltung, ohne sie an sich zu reißen. George sprach nur wenig. Hin und wieder sah sie kurz zu ihm hinüber, versuchte aber nicht, ihn ins Gespräch zu ziehen. Ich war der einzige Angelsachse bei Tisch. Alle, außer der alten Lady Bland, sprachen perfekt Englisch, und doch wurde ich den Eindruck nicht los, daß sie alle nicht wie Engländer sprachen.

Die Vokale waren runder, als wir sie sprechen, außerdem redeten sie lauter, und die Worte schienen nicht zu fallen, sondern von den Lippen zu strömen. Hätte ich in einem Nebenraum gesessen und nur die Stimmen gehört, ohne die Worte zu verstehen, hätte ich geglaubt, daß sie sich in einer fremden Sprache unterhielten. Es war etwas verwirrend.

Lea Makart wollte um sechs Uhr nach London zurückfahren, und so wurde abgemacht, daß George um vier Uhr spielen sollte. Wie das Vorspielen auch ausgehen würde, ich hatte das Gefühl, daß ich nach ihrer Abfahrt als einziger Fremder in einem ausschließlich familiären Kreis zurückbleiben und nur störend wirken könnte, und schützte deshalb eine Verabredung in der Stadt früh am nächsten Morgen vor und bat sie, mich in ihrem Wagen mitzunehmen.

Kurz vor vier Uhr waren wir alle im Salon. Die alte Lady Bland saß mit Ferdy auf dem Sofa. Freddy, Muriel und ich machten es uns auf Sesseln bequem. Lea Makart saß abseits. Instinktiv hatte sie sich einen hochlehnigen jakobitischen Sessel ausgesucht, der irgendwie an einen Thronsessel erinnerte. Sie sah sehr hübsch aus in ihrem gelben Kleid und dem olivfarbenen Teint. Sie war stark geschminkt, und ihr Mund war scharlachrot.

George ließ nichts von Nervosität erkennen. Er saß abseits am Flügel, als ich mit seinen Eltern hereinkam, und sah ruhig zu uns her, als wir uns niederließen. Mir lächelte er leicht zu. Als er sah, daß wir alle Platz genommen hatten, begann er zu spielen. Er spielte Chopin, zwei Walzer, die ich kannte, eine Polonaise und eine Etude. Er spielte mit großem Schwung. Ich wünschte, ich verstände mehr von Musik, um eine genaue Schilderung seines Spiels geben zu können. Es war kraftvoll und jugendlich überschwenglich, aber ich fühlte, daß ihm das fehlte, was für mich den besonderen Zauber Chopins ausmacht – Zartheit, diese nervöse Melancholie, nachdenkliche Heiterkeit und die leicht verblaßte Romantik, die mich immer wieder an eine frühviktorianische Nippfigur erinnert. Und wieder kam mir vor, allerdings nur ganz undeutlich, als ob seine beiden Hände nicht den gleichen Takt hielten. Ich blickte zu Ferdy hinüber und bemerkte, daß er seine Schwester etwas erstaunt ansah. Muriels Augen waren auf den Flügel gerichtet, aber dann senkte sie den Blick und starrte bis zum Schluß auf den Boden. Auch sein Vater sah zu ihm hin, wenn ich mich nicht täuschte, wurde sein Gesicht blaß und verriet so etwas wie Enttäuschung. Musik lag ihnen allen im Blut, ihr ganzes Leben lang hatten sie die größten Pianisten der Welt gehört, und ihr Urteil war von instinktsicherer Genauigkeit.

Die einzige, deren Gesicht nichts von ihren Gefühlen verriet, war Lea Makart. Sie hörte aufmerksam zu und blieb reglos wie eine Statue.

Als George geendet hatte, drehte er sich auf seinem Klaviersessel zu ihr um. Er sprach kein Wort.

»Was erwarten Sie von mir zu hören?« fragte sie.

Sie sahen sich in die Augen.

»Ich möchte, daß Sie mir sagen, ob ich die Aussicht habe, mit der Zeit ein Pianist ersten Ranges zu werden.«

»Auch nicht in tausend Jahren.«

Einen Augenblick herrschte tödliches Schweigen. Freddy ließ den Kopf sinken und sah angestrengt auf den Teppich zu seinen Füßen. Seine Frau streckte den Arm aus und ergriff seine Hand. Nur George sah nach wie vor Lea Makart an.

»Ferdy hat mir alle Umstände erzählt«, sagte sie schließlich. »Glauben Sie nicht, daß ich mich davon hätte beeinflussen lassen. Nichts von allem ist von großer Bedeutung.« Sie machte eine ausholende Geste, die den ganzen Raum mit allen seinen Schätzen und uns alle einschloß. »Wenn ich glaubte, daß Sie das Zeug zu einem Künstler hätten, würde ich Sie beschwören, alles aufzugeben um der Kunst willen. Kunst ist das einzige, was zählt. Im Vergleich zur Kunst sind Reichtum, Rang und Macht nicht einen Pfifferling wert.« Aus dem Blick, mit dem sie uns ansah, sprach ehrliche Überzeugung, ohne einen Schimmer von Einbildung. »Wir sind die einzigen, die zählen. Wir geben der Welt erst einen Sinn. Sie sind nur unser Rohstoff.«

Ich war nicht übermäßig erfreut, mit den übrigen in einen Topf geworfen zu werden.

»Natürlich merke ich, daß Sie sehr fleißig gewesen sind. Glauben Sie nicht, daß es umsonst war. Es wird für Sie immer einen Genuß bedeuten, Klavier zu spielen, und es wird Ihnen die Möglichkeit geben, eine große Darbietung ganz anders zu würdigen, als der Durchschnittshörer je hoffen könnte. Sehen Sie sich Ihre Hände an, es sind nicht die Hände eines Virtuosen.«

Unwillkürlich blickte ich auf Georges Hände. Ich hatte

vorher nie auf sie geachtet. Jetzt war ich überrascht, wie plump sie mit den kurzen, stumpfen Fingern wirkten.

»Sie haben kein perfektes Gehör. Meiner Ansicht nach können Sie nicht darauf hoffen, je mehr als ein sachverständiger Amateur zu werden. In der Kunst ist der Unterschied zwischen einem Amateur und einem Berufskünstler unerläßlich.«

George gab keine Antwort; von seiner Blässe abgesehen, hätte man nicht geahnt, daß in diesem Augenblick all seine Hoffnungen in nichts zerstoben. Das Schweigen, das folgte, war qualvoll. Lea Makarts Augen füllten sich plötzlich mit Tränen.

»Aber verlassen Sie sich nicht allein auf mein Urteil«, sagte sie. »Schließlich bin ich nicht unfehlbar. Ziehen Sie noch einen anderen zu Rate. Sie wissen, wie gut und hilfsbereit Paderewski ist. Ich werde Ihretwegen an ihn schreiben. Sie können hinfahren und ihm vorspielen. Ich bin sicher, daß er Sie anhören wird.«

George lächelte schwach. Er hatte vorzügliche Manieren und wollte nicht die Situation für die anderen zu schwer machen, gleich was in ihm vorgehen mochte.

»Ich glaube nicht, daß das nötig ist, ich gebe mich mit Ihrem Urteil zufrieden. Um die Wahrheit zu sagen, es unterscheidet sich nicht wesentlich von dem meines Lehrers in München.«

Er stand auf und zündete sich eine Zigarette an. Das löste die Spannung. Die andern rückten in ihren Sesseln hin und her. Lea Makart lächelte George zu.

»Soll ich Ihnen etwas vorspielen«, sagte sie.

»Ja bitte.«

Sie stand auf und ging zum Flügel. Sie streifte die Ringe von ihren Fingern. Sie spielte Bach. Ich weiß die Namen der einzelnen Stücke nicht, aber ich sah das steife französische Zeremoniell der kleinen deutschen Höfe vor mir und den nüchternen sparsamen Komfort der Bürger und den Tanz auf dem Dorfanger, die grünen Bäume, die wie Weihnachtsbäume aussahen, und die Sonne auf dem weiten deutschen Land und die freundliche Behaglichkeit. Ich roch den warmen Duft des Bodens und spürte die dumpfe Kraft, die ihre Wurzeln tief in der Mutter Erde zu haben schien, und die elementare Gewalt, die zeit- und raumlos war. Sie spielte wundervoll, mit jenem milden Glanz, der einen an den Vollmond denken ließ, der am Abend am Sommerhimmel steht. – Ein anderer Teil meines Ich beobachtete die anderen. Ich sah, wie gespannt sie folgten. Sie waren hingerissen. Ich wünschte von ganzem Herzen, Musik könnte mir den gleichen Rausch verschaffen, der sie ergriffen hatte. Lea Makart hatte geendet, ein Lächeln um die Lippen, und sie streifte ihre Ringe wieder über.

George lachte kurz auf.

»Ich denke, das genügt«, sagte er.

Diener brachten Tee, und dann verabschiedeten wir uns und bestiegen den Wagen. Wir fuhren nach London zurück. Sie erzählte den ganzen Weg über, nicht glänzend, aber interessant. Sie sprach von ihrer Jugend in Manchester und dem Kampf am Anfang ihrer Laufbahn. Der Name George fiel nicht mehr. Die Episode war für sie abgeschlossen, sie dachte nicht mehr daran.

Was inzwischen in Tilby vor sich ging, davon wußten wir wenig. Ich erfuhr es später von Ferdy Rabenstein. Nachdem wir fort waren, ging George auf die Terrasse, wohin ihm sein Vater folgte. Er hatte gesiegt, aber er war nicht glücklich darüber. So übersensibel, wie er war, fühlte er, was in George vorging. Und die Verzweiflung seines Sohnes brach ihm das Herz. Er hatte ihn nie so geliebt wie in diesem Augenblick. Als er die Terrasse betrat, begrüßte George ihn mit einem kleinen Lächeln. Freddy versagte die Stimme, in einem plötzlichen überwältigenden Gefühlsausbruch brachte er sich dazu, seinem Sohn die Früchte seines Sieges zu Füßen zu legen.

»Sieh mal, alter Junge«, sagte er. »Ich kann den Gedanken nicht ertragen, daß du eine solche Enttäuschung erlebt hast. Möchtest du nach München zurückkehren und noch ein Jahr studieren und dann weitersehen?«

George schüttelte den Kopf.

»Das hätte keinen Zweck. Ich habe meine Chance gehabt.«

»Nimm's nicht so schwer.«

»Das einzige auf der Welt, was ich mir gewünscht hatte, war, Pianist zu werden, und gerade das ist unmöglich. Schon ein harter Brocken, sich damit abzufinden.«

George, der versuchte, so tapfer wie möglich zu sein, brachte ein vages Lächeln zustande.

»Möchtest du eine Weltreise machen? Du könntest dir einen deiner Kameraden aus Oxford mitnehmen. Ich zahle alles. Du hast so lange schwer arbeiten müssen.«

»Furchtbar lieb von dir, Daddy, wir können darüber noch reden. Jetzt möchte ich gern etwas spazierengehen.«

»Soll ich mitkommen?«

»Ich möchte lieber allein sein.«

Dann geschah etwas Unerwartetes. George legte seinen Arm um den Hals seines Vaters und gab ihm einen Kuß auf den Mund. Er lachte ein bißchen sonderbar und gerührt und ging.

Freddy kehrte in den Salon zurück, wo noch immer seine Mutter, Ferdy und Muriel zusammensaßen.

»Freddy, warum verheiratest du den Jungen nicht«, meinte die alte Lady. »Er ist dreiundzwanzig. Es würde ihn auf andere Gedanken bringen, und wenn er erst verheiratet ist und ein Kind hat, wird alles in Ordnung kommen wie bei allen andern auch.«

»Wen soll er denn heiraten, Mama?« fragte Sir Adolphus lächelnd.

»Das ist nicht schwer. Lady Frielinghausen besuchte mich neulich mit ihrer Tochter Violet. Sie ist ein sehr hübsches Mädchen und wird ein Vermögen mitbekommen. Ihre Mutter gab mir zu verstehen, daß Sir Jacob sich sehr großzügig zeigen würde, wenn Violet eine gute Partie machen würde.«

Muriel stieg das Blut ins Gesicht.

»Ich hasse Lady Frielinghausen. George ist viel zu jung, um zu heiraten. Er kann es sich außerdem leisten, zu heiraten, wen er sich aussucht.«

Die alte Lady Bland streifte ihre Schwiegertochter mit einem eigentümlichen Blick.

»Du redest recht dummes Zeug, Miriam«, sagte sie und benutzte den Namen, den Muriel schon lange abgelegt hatte. »Solange ich lebe, werde ich nicht dulden, daß du eine Dummheit begehst.«

Sie wußte haarscharf, als ob Muriel es in zahllosen Worten erklärt hätte, daß sie, als Mutter, George mit einer reinrassigen Engländerin zu verheiraten wünschte, aber sie wußte genausogut, daß weder Freddy noch Muriel wagen würden, einen solchen Vorschlag zu machen, solange sie am Leben war.

George war nicht spazierengegangen. Vielleicht weil es kurz vor Eröffnung der Jagdsaison war, war ihm in den Sinn gekommen, die Gewehrkammer aufzusuchen. Er hatte angefangen, das Gewehr zu reinigen, das seine Mutter ihm zu seinem zwanzigsten Geburtstag geschenkt hatte. Seit seiner Abreise nach Deutschland hatte niemand es benutzt. Die Dienerschaft wurde durch einen Schuß alarmiert. Als sie die Gewehrkammer betraten, fanden sie George am Boden, mit einem Herzschuß. Offenbar war die Waffe geladen gewesen. Während George mit ihr hantierte, hatte er sich aus Versehen erschossen. Man liest von solchen Unglücksfällen öfter in der Zeitung.

Der schöpferische Impuls

Ich nehme an, nur sehr wenige Menschen wissen, wie es dazu kam, daß Mrs. Albert Forrester ›Die Achillesstatue‹ schrieb; und da dieses Buch als einer der großen Romane unserer Zeit gilt, darf ich hoffen, daß ein kurzer Bericht über seine Entstehungsgeschichte bei all jenen, die sich ernsthaft mit Literatur beschäftigen, Interesse finden wird; und handelt es sich hier wirklich, wie die Kritiker behaupten, um ein Werk von bleibendem Wert, dann bedeutet die nachfolgende Erzählung gewiß mehr als die flüchtige Unterhaltung einer Stunde, und ein zukünftiger Historiker sieht sie vielleicht für eine kuriose Glosse zu den literarischen Annalen unserer Zeit an.

Jeder erinnert sich natürlich des Erfolges, mit dem ›Die Achillesstatue‹ aufgenommen wurde. Monat um Monat hatten die Drucker und Buchbinder alle Hände voll zu tun, um Auflage um Auflage fertigzustellen, und die Verleger, in England wie auch in Amerika, mußten alle Kräfte anspannen, um den dringenden Bestellungen der Buchhändler gerecht zu werden. Das Werk wurde prompt in sämtliche europäischen Sprachen übersetzt und soll, so heißt es, demnächst gar auf Japanisch und Urdu zu lesen sein. Zuvor aber war es diesseits und jenseits des Ozeans als Fortsetzungsroman in Zeitschriften erschienen, und diesen hat, sagt man, Mrs. Albert Forresters Agent Summen abgeknöpft, die man nur mit ›saftig‹ bezeichnen kann. Eine Dramatisierung des Werkes wurde in New York eine ganze Saison hindurch gespielt, und es besteht kein Zweifel, auch in London wird das Stück einen Bombenerfolg haben. Das Filmrecht wurde zu einem hohen Preis verkauft. Die Summe, die Mrs. Albert Forrester verdient haben soll, wird vielleicht (in literarischen Kreisen) ein bißchen überschätzt; immerhin hat ihr dieses Buch zweifellos genügend Geld eingebracht, um sie für den Rest ihres Lebens aller wirtschaftlichen Nöte zu entheben.

Es geschieht nicht oft, daß ein Buch bei Publikum und Kritikern der gleichen Gunst begegnet, und daß gerade Mrs. Albert

Forrester, wenn ich mich so ausdrücken darf, die Quadratur des Kreises glückte, mußte für sie eine spezielle Genugtuung bedeuten; denn obgleich sie von der Kritik stets verschwenderisch mit Lob bedacht worden war und dies eigentlich schon als etwas Selbstverständliches hinnahm, war das Publikum merkwürdig unempfänglich für ihre Qualitäten geblieben. Jede Arbeit, die sie herausbrachte, ein schmaler, wunderbar gedruckter, in weißes Steifleinen gebundener Band, begrüßten die Zeitungen als Meisterleistung; sie brachten spaltenlange Aufsätze, und in den Wochenblättern, die man bestenfalls in den verstaubten Bibliotheken uralter Klubs antrifft, füllten die Besprechungen ganze Seiten; alle geistig interessierten Menschen lasen und priesen diese Werke. Aber geistig interessierte Menschen kaufen offenbar leider keine Bücher: Mrs. Albert Forrester ging nicht. Es war geradezu ein Skandal, daß eine Schriftstellerin ihres Ranges, die mit so viel zarter Phantasie begabt war und einen derart erlesenen Stil schrieb, von der breiten Öffentlichkeit nicht beachtet wurde. In Amerika war sie nahezu unbekannt; und obgleich Mr. Carl van Fechten einen Artikel verfaßt hatte, in dem er sich in heftigen Schmähungen über die Stumpfheit des Publikums erging, blieb das Publikum ungerührt. Mrs. Forresters Agent bewunderte ihr Genie leidenschaftlich und erpreßte einen amerikanischen Verleger, zwei ihrer Bücher anzukaufen. Nur unter dieser Bedingung erklärte er sich nämlich bereit, dem Herrn andere Romane (wertlose Reißer vermutlich), auf die es dem ankam, zu überlassen. Die beiden Bände erschienen, und die Aufnahme, die sie von seiten der Presse erfuhren, war schmeichelhaft. Es erwies sich, daß die erlesensten Geister Amerikas Mrs. Albert Forresters Talent zu würdigen wußten. Freilich, beim dritten Buch erklärte der amerikanische Verleger dem Agenten (in der rohen Art, die diese Herren kennzeichnet), daß er sein überflüssiges Geld lieber für synthetischen Gin ausgeben wollte.

Nach dem Erscheinen der ›Achillesstatue‹ wurden Mrs. Albert Forresters frühere Werke neu aufgelegt. Mr. Carl van Fechten schrieb abermals einen Artikel, in dem er betrübt, aber eindringlich anführte, daß er vor fünfzehn Jahren bereits die lesende Welt auf die Verdienste dieser hervorragenden Schriftstellerin aufmerksam gemacht hatte, und es wurde so viel Reklame für diese Bücher gemacht, daß sie der Beachtung des gebildeten Publikums kaum entgangen sein können. Es erscheint mit daher überflüssig, näher auf sie einzugehen, um so mehr, als mir nach den beiden geistvollen Artikeln des Mr. Carl van Fechten nicht viel zu sagen übrigbleibt.

Mrs. Albert Forrester hatte sehr früh zu schreiben begonnen. Ihre erste Arbeit, ein Band Elegien, erschien, als sie noch ein junges Mädchen von achtzehn Jahren war; und von dieser Zeit an brachte sie alle zwei bis drei Jahre – sie hatte eine allzu hohe Meinung von ihrer Kunst, um ihre Produktion zu beschleunigen – einen Gedicht- oder Prosaband heraus. Als die ›Achillesstatue‹ entstand, hatte sie das respektable Alter von siebenundfünfzig Jahren erreicht, so daß sie, wie man leicht nachrechnen kann, bereits auf eine stattliche Reihe von Werken zurückblicken durfte. Sie hatte der Welt ein halbes Dutzend Gedichtbände geschenkt, alle unter lateinischen Titeln, wie ›Felicitas‹, ›Pax Maris‹, ›Aes Triplex‹, und sämtlich ernster Natur, denn ihre Muse war heiteren Sprüngen abhold, schritt würdig und feierlich einher. Sie blieb der Elegie treu, und das Sonett beschäftigte sie lebhaft; aber ihr Hauptverdienst liegt in der Wiedererweckung der Ode, einer Versform, die von den heutigen Dichtern ja einigermaßen vernachlässigt wird; man darf die Behauptung wagen, daß die ›Ode an den Präsidenten Fallières‹ dereinst ihren Platz in jeder englischen Gedichtsammlung haben wird. Sie ist bewundernswert und entzückt ebensowohl durch den edlen Klang ihrer Verse wie vor allem durch ihre glückliche Schilderung der anmutigen Landschaften Frankreichs. Mrs. Albert Forrester schrieb über das Tal der Loire mit seinen Erinnerungen an du Bellay, über Chartres und die edelsteinglitzernden Fenster seiner Kathedrale, über die sonndurchglühten Städte der Provence mit um so beachtlicherer Einfühlungskraft, als sie niemals weiter nach Frankreich hineingekommen war als bis nach Boulogne, das sie kurz nach ihrer Verheiratung auf einem Ausflugsdampfer von Margate aus besucht hatte. Aber heftige Seekrankheit auf physischem Gebiet und die demütigende Entdeckung, daß die Bewohner jenes beliebten Seebades ihr fließendes und idiomatisches Französisch nicht verstehen konnten, brachten sie zu dem Entschluß, sich kein zweites Mal derartig unangenehmen und entwürdigenden Erfahrungen auszusetzen; und nie wieder vertraute sie sich dem trügerischen Element an, was sie freilich nicht hinderte, es (in ›Pax Maris‹) in holden und weihevollen Klängen zu besingen.

Auch in ihrer ›Ode an den Präsidenten Wilson‹ kommen ein paar wunderschöne Stellen vor; leider erfuhren die Gefühle der Dichterin diesem ausgezeichneten Mann gegenüber eine Wandlung, so daß sie beschlossen hat, das Gedicht nicht weiter abdrucken zu lassen.

Ihr Bestes aber hat Mrs. Albert Forrester zweifellos auf dem Gebiet der Prosa geleistet. Sie hat einige Bände kurzer, aber hervorragend gebauter Aufsätze geschrieben über Gegenstände, wie ›Herbst in Sussex‹, ›Königin Victoria‹, ›Tod‹, ›Frühling in Norfolk‹, ›Georgianische Architektur‹, ›Diaghileff‹ und ›Dante‹; sie hat zudem ungemein unterrichtende und zugleich launige Arbeiten über die jesuitische Architektur des 17. Jahrhunderts und über die literarischen Aspekte des Hundertjährigen Krieges publiziert.

Es war ihre Prosa, die ihr jene Schar treu ergebener Bewunderer – klein, aber erlesen, wie sie selbst mit seltener Ausdrucksgabe konstatierte – gewann, welche sie als die größte Meisterin der englischen Sprache pries, die unser Jahrhundert hervorgebracht hat. Sie gab selbst zu, daß ihr Stil, klangvoll und doch urwüchsig, geschliffen und doch hinreißend, ihre besondere Stärke bildete; und nur in ihrer Prosa fand sie Gelegenheit, den köstlichen oder verhaltenen Humor zu entfalten, den ihre Leser so unwiderstehlich fanden. Dieser Humor kam nicht in Ideen und auch nicht in Worten zum Ausdruck, es war ein Humor der Interpunktionen: in einer plötzlichen Eingebung hatte sie die komischen Möglichkeiten des Semikolons entdeckt und in der Folge ausgiebigen Gebrauch von diesem Satzzeichen gemacht. Sie war imstande, es so zu setzen, daß ein kultivierter Mensch mit einigem Humor nicht gerade laut herauslachte, aber entzückt in sich hineinkicherte, und je kultivierter er war, desto entzückter kicherte er. Ihre Freunde erklärten, daß daneben jede andere Form von Humor grob und übertrieben wirkte. Verschiedene Schriftsteller hatten versucht, sie nachzuahmen, aber vergebens. Was man auch gegen Mrs. Albert Forrester einwenden mochte, man mußte zugeben, daß sie imstande war, das Letzte an Humor aus einem Semikolon herauszuholen, und darin konnte ihr keiner das Wasser reichen.

Mrs. Albert Forrester wohnte in einer Wohnung unweit des

Marble Arch, die zwei Vorteile in sich vereinigte: eine gute Adresse und eine bescheidene Miete. Diese Wohnung bestand aus einem schönen Empfangszimmer, das auf die Straße hinausging, einem großen Schlafzimmer für Mrs. Albert Forrester, einem etwas finsteren Speisezimmer nach hinten und einem kleinen muffigen Schlafzimmer neben der Küche für Mr. Albert Forrester, der die Miete bezahlte. In dem schönen Salon empfing Mrs. Albert Forrester jeden Dienstagnachmittag ihre Freunde. Es war ein strenger, edler Raum. Die Wände waren bekleidet mit einer von William Morris selbst entworfenen Tapete, und auf dieser hingen in einfachen schwarzen Rahmen Kupferstiche, gesammelt, ehe Kupferstiche noch teuer geworden waren. Die Möbel entstammten der Chippendale-Periode, mit Ausnahme des mehr im Stil Louis' XVI. gehaltenen Schreibtisches, an dem Mrs. Albert Forrester ihre Werke schrieb. Er wurde jedem Gast bei seinem ersten Besuch im Hause gezeigt, und es gab nur wenige, die imstande waren, ihn ohne innere Bewegung zu betrachten. Der Teppich war dick und die Beleuchtung diskret. Mrs. Albert Forrester saß in einem steiflehnigen, mit rotem Damast überzogenen Großvaterstuhl. Damit sollte nichts betont werden, aber weil es sonst keinen bequemen Stuhl im Zimmer gab, hob es sie heraus, stellte sie gewissermaßen über ihre Gäste. Den Tee reichte ein weibliches Wesen unbestimmten Alters, eine stille farblose Person, die niemandem vorgestellt wurde, von der man jedoch wußte, daß sie es als besondere Gunst betrachtete, Mrs. Albert Forrester die lästige Pflicht des Tee-Einschenkens abnehmen zu dürfen. Die Dichterin war dadurch imstande, sich voll und ganz dem Gespräch zu widmen, und man muß zugeben, daß ihr Gespräch wundervoll war. Man konnte es nicht sonderlich lebendig nennen; und da es schwierig ist, in der Rede die Feinheiten der Interpunktion zur Geltung zu bringen, schien es manchem vielleicht sogar etwas humorlos; doch war es umfassend, gediegen, lehrreich und interessant. Mrs. Albert Forrester war gründlich bewandert auf den Gebieten der Sozialwissenschaft, der Jurisprudenz und der Theologie. Sie las viel und hatte ein ausgezeichnetes Gedächtnis. Sie besaß das Talent, geschickt zu zitieren – ein sehr brauchbarer Ersatz für Geist –, und da sie dreißig Jahre lang mehr oder minder intim mit vielen berühmten Menschen verkehrt hatte, wußte sie einen Haufen amüsanter Anekdoten, die sie mit viel Geschmack zum besten gab und nicht öfter wiederholte, als eben verzeihlich. Mrs. Albert Forrester hatte die Gabe, die verschiedenartigsten Personen um sich zu versammeln, und es konnte geschehen, daß man in ihrem Salon gleichzeitig einen Expremierminister, den Besitzer einer Zeitung und den Gesandten einer erstklassigen Großmacht antraf. Es machte mir immer den Eindruck, als ob diese Herren deshalb kämen, weil sie hofften, hier mit der Boheme zusammenzutreffen, versteht sich, mit einer sauberen, manierlichen Art von Boheme, an der man sich nicht schmutzig machte. Mrs. Albert Forrester hatte eine ausgesprochene Neigung für Politik, und ich habe mit eigenen Ohren gehört, wie ein Minister ihr versicherte, sie verfüge über eine männliche Intelligenz. Sie war gegen das Frauenstimmrecht gewesen, doch als man es den Frauen endlich zubilligte, fing sie an, mit der Idee zu spielen, für das Parlament zu kandidieren. Die einzige Schwierigkeit dabei war, daß sie nicht wußte, welcher Partei sie sich zuwenden sollte.

»Schließlich«, meinte sie mit neckischem Achselzucken, »kann ich nicht für mich allein eine Partei bilden.«

Wie viele ernsthafte Patrioten, die nicht genau wissen, wie der Hase laufen wird, hielt sie ihre politischen Ansichten in der Schwebe; aber in letzter Zeit hatte sie begonnen, sich endgültig der Linken zuzuwenden. Hier lag die Hoffnung des Landes. Und man konnte mit Sicherheit annehmen, daß sie als Vorkämpferin für das unterdrückte Proletariat in die Schranken treten würde, falls man ihr einen günstigen Parlamentssitz anbot.

Ihr Haus stand immer ausländischen Besuchern offen, Tschechoslowaken, Italienern und Franzosen, wenn sie berühmt waren, Amerikanern auch ohne diese Voraussetzung. Aber Mrs. Forrester war kein Snob; und traf man einmal einen Herzog bei ihr, dann war es bestimmt ein besonders wertvoller Mensch, ebenso wie die Herzoginnen, die bei ihr aus und ein gingen, außer ihrem Rang unbedingt noch einen kleinen gesellschaftlichen Knacks haben mußten. Sie mußten geschieden sein, einen Roman geschrieben oder einen Scheck gefälscht haben, wenn sie Anspruch auf Mrs. Albert Forresters vorurteilslose Sympathien erheben wollten. Für Maler hatte sie nicht viel übrig; sie waren schüchtern und schweigsam. Und Musiker interessierten sie nicht; wenn sie berühmt waren, ließen sie sich allzusehr bitten, und wenn sie dann doch spielten, störte ihre Musik das Gespräch: Menschen, die Musik hören wollten, sollten in Konzerte gehen; sie für ihre Person bevorzugte die zartere Musik der Seele. Aber ihre Gastfreundschaft Schriftstellern gegenüber, besonders wenn es sich um vielversprechende und noch ziemlich unbekannte Talente handelte, war warm und herzlich. Sie hatte einen Blick für aufstrebende Begabungen, und unter den berühmten Schriftstellern, die von Zeit zu Zeit eine Tasse Tee bei ihr tranken, gab es wenige, die sie in ihren Anfängen nicht ermutigt und beraten hatte. Ihre eigene Stellung war so unbestritten, daß es Neidgefühle für sie nicht gab; zu oft hatte man sie als Genie gepriesen, als daß sie den andern die materiellen Erfolge mißgönnt hätte, die ihr selbst versagt blieben. Mrs. Albert Forrester baute auf das Urteil der Nachwelt und konnte sich's leisten, über den Dingen zu stehn. Es gelang ihr denn auch, etwas dem französischen Salon des achtzehnten Jahrhunderts so Ähnliches zu schaffen, wie es im barbarischen England nur möglich ist. Am Dienstag ›zu einer Tasse Tee und einem Stück Kuchen‹ eingeladen zu werden, war ein Vorzug, der allgemein gewürdigt wurde; und wenn man auf seinem Chippendale-Stuhl in dem diskret beleuchteten, aber strengen Raum saß, dann fühlte man unwillkürlich, daß man Literaturgeschichte lebte. Der amerikanische Botschafter sagte einmal zu Mrs. Albert Forrester:

»Eine Tasse Tee bei Ihnen, Mrs. Forrester, gehört für mich zu den größten geistigen Genüssen, die mir das Schicksal beschieden hat.« Es war in der Tat gelegentlich etwas überwältigend. Mrs. Albert Forresters Geschmack war so vollkommen, sie bewunderte so unfehlbar die richtigen Dinge und machte die richtigen Bemerkungen über sie, daß man zuweilen förmlich nach Luft schnappte. Ich selbst habe es stets für ratsam gehalten, mich mit ein bis zwei Cocktails zu stärken, ehe ich mich der verfeinerten Atmosphäre ihrer Gesellschaft näherte. Tatsächlich wäre es mir eines Nachmittags um ein Haar passiert, für immer aus dem illustren Kreis ausgestoßen zu werden. Denn anstatt das Mädchen, das mir die Tür öffnete, zu fragen: »Ist Mrs. Forrester zu Hause?«, fragte ich: »Ist heute Gottesdienst?«

Es war natürlich völlig unbeabsichtigt gesagt, aber das Unglück wollte es, daß das Mädchen zu kichern begann und überdies gerade eine von Mrs. Albert Forresters größten Verehrerinnen, Ellen Hannaway, im Vorzimmer war und sich die Galoschen auszog. Ehe ich meinen Mantel abgelegt hatte, hatte sie der Hausfrau bereits meine Äußerung hinterbracht, und Mrs. Albert Forrester fixierte mich, als ich hereinkam, mit Adlerblicken.

»Warum haben Sie gefragt, ob heute Gottesdienst ist?« erkundigte sie sich.

Ich erklärte, daß es aus Zerstreutheit geschehen wäre, aber Mrs. Albert Forrester bannte mich mit hypnotisierenden Augen.

»Wollen Sie damit sagen, daß meine Gesellschaften«, sie suchte nach einem Wort, »›sakral‹ sind?«

Ich wußte nicht, was sei meinte, scheute mich aber, vor so vielen klugen Leuten meine Unwissenheit zu zeigen, und versuchte mich auf die bestmögliche Weise aus der Affäre zu ziehn.

»Ihre Gesellschaften sind wie Sie selbst, liebe gnädige Frau. Einfach göttlich.«

Ein Zittern durchlief Mrs. Albert Forresters stattliche Gestalt. Sie war wie ein Mensch, der plötzlich ein Zimmer voll Hyazinthen betritt und vor dem berauschenden Duft zurücktaumelt. Sie wurde versöhnlicher.

»Wenn Sie Ihren Geist leuchten lassen wollen, dann tun Sie es in Zukunft vor meinen Gästen, nicht den Dienstboten gegenüber ... Miss Warren wird Ihnen Tee einschenken.«

Mrs. Albert Forrester verabschiedete mich mit einer Handbewegung, das Vorgefallene aber verabschiedete sie nicht; denn wenn sie mich im Laufe der nächsten zwei, drei Jahre jemandem vorstellte, unterließ sie niemals hinzuzufügen:

»Sie müssen seine Anwesenheit zu würdigen wissen. Er kommt nämlich nur zur Buße her. Wenn er an der Tür erscheint, fragt er immer: ›Ist heute Gottesdienst?‹ Furchtbar witzig, nicht?«

Aber Mrs. Albert Forrester beschränkte sich nicht auf ihre wöchentlichen Tees: jeden Samstag gab sie einen Lunch für acht Personen; diese Zahl erschien ihr am geeignetsten für ein Gespräch; überdies waren mehr Leute in ihrem Speisezimmer nicht unterzubringen. Mrs. Albert Forrester war nicht eingebildet; sie tat sich nichts auf ihre einzigartige Kenntnis der englischen Dichtung zugute; auf ihre berühmten Lunche aber war sie stolz. Sie wählte ihre Gäste mit Sorgfalt, und eine Einladung zu einer solchen Mahlzeit bedeutete mehr als eine bloße Auszeichnung, sie bedeutete eine Weihe. Am Speisetisch war es möglich, die Konversation auf einem höheren Niveau zu halten als in einer gemischten Teegesellschaft. Und nur wenige werden Mrs. Albert Forresters Eßzimmer verlassen haben, ohne einen erhöhten Glauben an die Fähigkeiten ihrer Gastgeberin im besonderen und an die menschliche Natur im allgemeinen mitzunehmen. Sie lud ausschließlich Männer ein, denn so begeistert sie sonst für ihr eigenes Geschlecht war und sosehr sie die Gesellschaft von Frauen bei anderen Gelegenheiten schätzte, konnte sie sich doch der Einsicht nicht verschließen, daß sie bei Tisch dazu neigten, immer nur mit ihren nächsten Bekannten zu reden, wodurch der allgemeine Gedankenaustausch gehindert wurde, der ihre Gesellschaften zu einem leiblichen und gleichermaßen herzbewegenden Genuß machte. Denn es muß festgestellt werden, daß es bei Mrs. Albert Forrester ungewöhnlich gutes Essen, ausgezeichnete Weine und vorzügliche Zigarren gab. Jedem, der literarische Gastfreundschaft genossen hat, muß dies bemerkenswert erscheinen, denn literarische Menschen denken in der Regel hoch und leben einfach; ihre Seele ist mit geistigen Dingen beschäftigt, und sie bemerken nicht, daß der Braten hart ist und die Kartoffeln kalt. Das Bier mag angehn, aber der Wein hat eine ernüchternde Wirkung, und sich an den Kaffee heranzuwagen, ist nicht ratsam. Mrs. Albert Forrester nahm das Lob, das man ihrer Bewirtung spendete, mit freudiger Genugtuung entgegen.

»Wer mir die Ehre erweist, an meinem Tisch zu speisen, soll nicht schlechter zu essen bekommen als bei sich zu Hause.«

Wurde die Schmeichelei allzu überschwenglich, dann wehrte sie ab.

»Sie bringen mich in Verlegenheit. Ihr Lob gebührt nicht mir, sondern Mrs. Bulfinch.«

»Wer ist Mrs. Bulfinch?«

»Meine Köchin.«

»Dann ist sie eine Perle. Aber Sie werden mir doch nicht erzählen, daß sie auch für den Wein verantwortlich ist?«

»Ist er gut? Ich habe keine Ahnung von solchen Dingen. Ich gebe mich ganz in die Hände meines Lieferanten.«

Wenn aber die Zigarren erwähnt wurden, dann strahlte Mrs. Albert Forrester.

»Mit diesem Kompliment müssen Sie sich an Albert wenden. Die Zigarren besorgt Albert, und niemand versteht mehr von Zigarren als er.«

Sie schaute zu ihrem am andern Ende des Tisches sitzenden Gatten hinüber, mit dem stolz strahlenden Ausdruck einer hochrassigen Zuchthenne (einer Buff Orpington beispielsweise), die ihr einziges Küken betrachtet. Es erfolgte ein rasches Aufflackern der Konversation, denn die Gäste, bemüht, sich dem Hausherrn gegenüber höflich zu zeigen, und beglückt, endlich eine Gelegenheit dazu gefunden zu haben, sprachen ihm ihre Anerkennung für diese besondere Begabung aus.

»Sie sind sehr freundlich«, antwortete er. »Es freut mich, daß sie Ihnen schmecken.«

Dann hielt er gewöhnlich einen kleinen Vortrag über Zigarren, wies auf die Vorzüge hin, um die es ihm besonders zu tun war, und bedauerte die Verschlechterung der Qualität, die auf die maschinelle Herstellung zurückzuführen war. Mrs. Albert Forrester hörte ihm mit wohlgefälligem Lächeln zu, und es war klar, daß sie sich über seinen kleinen Triumph freute. Selbstverständlich kann man nicht endlos über Zigarren reden, und sobald sie merkte, daß ihre Gäste unruhig wurden, schnitt sie ein Thema allgemeineren und möglicherweise höheren Interesses an. Albert versank wieder in Stillschweigen. Aber er hatte seinen Moment gehabt.

Albert war es, der einem Teil der Gäste die Tischgesellschaften Mrs. Forresters weniger anziehend machte als ihre Tees, denn Albert war äußerst langweilig; aber obgleich sie dies zweifellos sehr genau wußte, bestand sie darauf, daß er an ihnen teilnahm, und hatte sie eigens auf die Sonnabende gelegt, weil Albert an allen übrigen Tagen der Woche beschäftigt war. Mrs. Albert Forrester hielt die Gegenwart ihres Gatten bei diesen festlichen Anlässen für den unumgänglichen Tribut, den sie ihrer Selbstachtung schuldig war. Nie wollte sie durch eine Nachlässigkeit in ihrem Verhalten vor der Welt bekennen, daß sie einen Mann geheiratet hatte, der ihr auf geistigem Gebiet unterlegen war, und es ist durchaus denkbar, daß sie sich in still durchwachten Nachtstunden fragte, ob ein ihr ebenbürtiger Gefährte überhaupt zu finden gewesen wäre. Mrs. Albert Forresters Freunde waren frei von derartigen Skrupeln und erklärten rundheraus, sie fänden es schrecklich, daß eine solche Frau mit einem solchen Mann belastet wäre. Wie war es möglich, daß sie ihn überhaupt geheiratet hatte? Und da die meisten von ihnen ledig waren, lautete die pessimistische Antwort, Gott, man könnte in den wenigsten Fällen begreifen, warum zwei solche Leute einander geheiratet hätten.

Nicht daß Albert ein geschwätziger, lästiger Mensch gewesen wäre; er ödete seine Opfer nicht mit endlosen Geschichten an oder peinigte sie mit pointenlosen Witzen; er quälte sie nicht mit Plattheiten und lähmte sie nicht mit Banalitäten: er war einfach langweilig. Eine Null. Clifford Boyleston, für den die französischen Romantiker kein Geheimnis hatten und der selbst ein verdienstvoller Schriftsteller war, hatte etwas sehr Treffendes gesagt: Wenn man in ein Zimmer hineinschaut, das Albert eben betreten hat, so ist niemand drin. Mrs. Albert Forresters Freunde fanden das ausgezeichnet, und Rose Waterford, die wohlbekannte Romanschriftstellerin und furchtloseste aller Frauen, hatte die Kühnheit, es Mrs. Albert Forrester wiederzuerzählen. Mrs. Albert Forrester hatte sich erzürnt gestellt, war aber doch nicht imstande gewesen, ein Lächeln zu unterdrücken. Ihr Verhalten Albert gegenüber mußte den Respekt, den ihre Freunde für sie hatten, nur noch erhöhen. Sie forderte von ihnen, daß sie Albert mit der ihrem Gatten gebührenden Hochachtung begegneten, was immer sie in ihrem Innern von ihm denken mochten. Ihr eigenes Benehmen war bewundernswert. Wenn er eine Bemerkung machte, hörte sie ihm mit freundlichem Gesichtsausdruck zu, und wenn er ein Buch holte, das sie brauchte, oder ihr seinen Bleistift lieh, damit sie einen Gedanken festhalten konnte, dankte sie ihm jedesmal. Ebenso gestattete sie ihren Freunden unter keinen Umständen, ihn zu vernachlässigen, und obgleich sie häufig allein ausging (denn als taktvolle Frau sah sie ein, daß sie ihn nicht überallhin mitnehmen konnte), wußten ihre Freunde doch, daß sie ihn mindestens einmal im Jahr zum Dinner einladen mußten. Er begleitete sie stets zu öffentlichen Banketten, wenn sie eine Rede zu halten hatte, und hielt sie eine Vorlesung, dann sorgte sie dafür, daß er einen Platz in der ersten Reihe bekam.

Albert war mittelgroß, wie ich glaube, aber vielleicht weil man ihn nur neben seiner Frau zu sehen gewohnt war, die imposante Dimensionen nachwies, hielt man ihn eher für einen kleinen Mann. Er war dünn und zerbrechlich und wirkte älter, als er war. Er und seine Frau standen im gleichen Alter. Sein sehr kurzgeschnittenes Haar war weiß und spärlich, und er trug einen borstigen weißen Schnurrbart; er hatte ein mageres, zerfurchtes Gesicht ohne hervorstechende Merkmale; und seine blauen Augen, die einst hübsch gewesen sein mochten, waren nun blaß und müde. Er war immer sehr sorgfältig gekleidet, und zwar trug er graue Hosen – stets in dem gleichen Pfeffer-und-Salz-Muster –, einen schwarzen Rock und eine graue Krawatte mit einer kleinen Perlennadel. Er war vollkommen unaufdringlich – und wenn er in Mrs. Albert Forresters Empfangszimmer stand, um die Gäste zu begrüßen, die sie zum Lunch eingeladen hatte, bemerkte man ihn so wenig wie die ruhige, vornehme Einrichtung. Er hatte gute Manieren und reichte den Eintretenden mit freundlichem, höflichem Lächeln die Hand.

»Guten Tag. Es freut mich, Sie zu sehen«, sagte er, wenn es ältere Freunde waren. »Ich hoffe, es geht Ihnen gut.«

Handelte es sich aber um Fremde von Distinktion, die zum erstenmal ins Haus kamen, dann ging er ihnen bis zur Tür entgegen und sagte:

»Ich bin Mrs. Forresters Gatte. Gestatten Sie, daß ich Sie meiner Frau vorstelle.«

Dann führte er den Gast zu der Stelle, wo Mrs. Albert Forrester mit dem Rücken gegen das Licht stand, und sie trat mit einer freudig bewegten Geste auf den Ankömmling zu, um ihn willkommen zu heißen.

Es war angenehm zu sehen, mit welch bescheidenem Stolz er den literarischen Ruhm seiner Frau hinnahm und mit welcher Selbstlosigkeit er ihre Interessen förderte. Er war immer da, wenn man ihn brauchte, und nie, wenn man ihn nicht brauchte. Sein Takt war instinktiv. Mrs. Forrester war die erste, die seine Verdienste anerkannte.

»Ich weiß wirklich nicht, was ich ohne ihn tun sollte«, sagte sie. »Er ist unschätzbar für mich. Ich lese ihm alles vor, was ich schreibe, und seine Kritik ist mir sehr wertvoll.«

»Molière und seine Köchin«, warf Miss Waterford ein.

»Soll das ein Witz sein, liebe Rose?« fragte Mrs. Forrester scharf.

Wenn Mrs. Albert Forrester eine Bemerkung nicht gefiel, dann verstand sie es großartig, die Menschen mit einer derartigen Frage in Verwirrung zu bringen.

Aber es war unmöglich, Miss Waterford einzuschüchtern. Sie war eine Dame, die im Laufe eines langen Lebens viele Liebschaften, aber nur eine Leidenschaft gehabt hatte, und diese gehörte der Druckerschwärze. Sie wurde von Mrs. Albert Forrester mehr geduldet als anerkannt.

»Aber Liebste«, antwortete Miss Waterford, »Sie wissen ganz genau, daß er ohne Sie gar nicht existierte. Er hätte uns nie kennengelernt. Es muß wunderbar für ihn sein, mit den besten Köpfen und den hervorragendsten Leuten unserer Zeit in Berührung zu kommen.«

»Es mag sein, daß die Biene zugrunde ginge ohne den Bienenstock, der sie beherbergt. Und doch hat auch die Biene für sich allein ihre Bedeutung.«

Und da Mrs. Albert Forresters Freunde, obgleich sie so viel von Kunst und Literatur verstanden, nur wenig von Naturgeschichte wußten, fiel ihnen keine Antwort auf die Bemerkung ein. Sie fuhr fort:

»Er ist mir nicht im Weg. Er weiß im Unterbewußtsein, wann ich nicht gestört sein will, und wenn ich einen Gedanken ausspinne, empfinde ich seine Anwesenheit im Zimmer eher wohltuend als hindernd.«

»Genau wie bei einer Angorakatze«, sagte Miss Waterford.

»Ja, aber bei einer sehr wohlerzogenen, artigen, manierlichen Angorakatze«, entgegnete Mrs. Forrester streng und verwies damit Miss Waterford an ihren Platz.

Aber Mrs. Forrester war noch nicht fertig mit ihrem Thema.

»Wir, die wir der geistigen Schicht angehören«, sagte sie, »leben vielleicht in einer zu abgeschlossenen Welt. Wir bewegen uns mehr im Abstrakten als im Konkreten. Manchmal denke ich, daß wir der Wirklichkeit mit ihrem Betrieb allzu losgelöst gegenüberstehen, daß wir aus allzu großen Höhen auf sie hinunterblicken. Glauben Sie nicht, daß wir uns in Gefahr befinden, unmenschlich zu werden? Ich werde Albert immer dankbar sein, weil er mir die Verbindung schafft zum Mann der Straße.«

Auf diese Bemerkung – ihre Freunde mußten zugeben, daß sie nichts von dem seltenen Scharfblick und der Klugheit entbehrte, die so viele von Mrs. Forresters Äußerungen charakterisierten – war es zurückzuführen, daß Albert von nun an im engsten Kreis ›der Mann der Straße‹ genannt wurde. Aber dies dauerte nur kurze Zeit und wurde bald vergessen. Danach wurde er als ›Philatelist‹ bekannt. Clifford Boyleston mit seiner boshaften Zunge hatte diesen Beinamen erfunden. Als er sich nämlich eines Tages mit schon völlig erschöpftem Hirn abgemüht hatte, ein Gespräch mit Albert in Fluß zu halten, fragte er ihn verzweiflungsvoll:

»Sammeln Sie Marken?«

»Nein«, hatte Albert sanft geantwortet.

Aber Clifford Boyleston hatte die Frage kaum gestellt, als er auch schon ihre Möglichkeiten erkannte. Er hatte ein Buch über Baudelaires angeheiratete Tante geschrieben, das in den für französische Literatur interessierten Kreisen lebhafte Aufmerksamkeit erregt hatte, und es war allgemein bekannt, daß er sich durch seine eingehende Beschäftigung mit dem französischen Geist ein Beträchtliches an französischer Schlagfertigkeit und an französischem Witz angeeignet hatte. Er ließ Alberts Antwort unbeachtet und erklärte dem Freundeskreis bei der erstbesten Gelegenheit, daß er endlich hinter Alberts Geheimnis gekommen wäre. Jener sammle Briefmarken. Von nun an fragte er ihn bei jedem Zusammentreffen:

»Nun, Mr. Forrester, wie steht es mit Ihrer Markensammlung?« oder: »Haben Sie in letzter Zeit interessante Marken gekauft?«

Es hatte wenig zu sagen, daß Albert immer wieder versicherte, er sammle gar keine Briefmarken. Die Erfindung war zu großartig, um nicht ausgeschrottet zu werden; darüber waren Mrs. Forresters Freunde sich vollkommen einig. Bald wurde er von allen gefragt, ob es mit der Sammlung hübsch vorwärtsgehe. Selbst Mrs. Albert Forrester redete, wenn sie besonders guter Laune war, von ihrem Gatten als dem ›Philatelisten‹. Der Name war wahrhaftig wie geschaffen für ihn. Manchmal bekam er ihn sogar ins Gesicht zu hören, und dann wurde stets die Gutmütigkeit anerkannt, mit der er diesen Scherz aufnahm; er lächelte ohne Groll und stellte allmählich sogar seine nutzlosen Erklärungen, daß es sich um einen Irrtum handelte, ein.

Selbstverständlich hatte Mrs. Albert Forrester einen zu ausgeprägten gesellschaftlichen Sinn, als daß sie ihre Ehrengäste neben Albert placiert und damit den Erfolg ihrer Lunche gefährdet hätte. Sie sorgte dafür, daß nur ihre älteren und intimeren Freunde neben ihm saßen, und kamen diese Opfer zur Tür herein, dann sagte sie zu ihnen:

»Ich weiß, daß es Ihnen nichts ausmacht, neben Albert zu sitzen, nicht wahr?«

Sie konnten natürlich nur antworten, daß es ihnen ein besonderes Vergnügen sei, aber wenn sich ihre Bestürzung allzu deutlich auf ihren Gesichtern malte, dann tätschelte sie ihnen scherzhaft die Hand und fügte hinzu:

»Das nächstemal sitzen Sie neben mir. Albert ist so schüchtern Fremden gegenüber, und Sie wissen so gut mit ihm umzugehen.«

Das wußten sie in der Tat: sie ignorierten ihn einfach. Der Sessel, auf dem er saß, hätte ebensogut leer sein können. Er nahm es ohne ein Zeichen von Ärger hin, daß er für diese Menschen, deren Bewirtung schließlich er bezahlte – denn die Einkünfte Mrs. Forresters hätten sicherlich nicht ausgereicht, ihren Gästen jungen Lachs und Treibhausspargel vorzusetzen –, Luft war. Ruhig und still saß er da, und wenn er einmal den Mund auftat, dann geschah es nur, um den servierenden Mädchen eine Anweisung zu geben. War ihm ein Gast neu, dann ließ er seine Augen auf ihm ruhen und starrte ihn an, daß es peinlich hätte wirken müssen, wenn es nicht so kindlich gewesen wäre. Es war, als fragte er sich, was für eine Bewandtnis es mit diesem sonderbaren Wesen habe; die Antwort aber, die er fand, teilte er niemandem mit. Wenn das Gespräch belebter wurde, dann schaute er von einem Sprecher zum andern, aber wiederum war es unmöglich, von seinem mageren, durchfurchten Gesicht abzulesen, was er von den phantastischen Meinungen hielt, die da über den Tisch hin und her flogen.

Clifford Boyleston erklärte, daß alles, was er an Witz und Weisheit vernahm, an ihm ablief wie Wasser an einem Entenrücken. Er bemühte sich gar nicht mehr zu verstehn, das hatte er längst aufgegeben – er tat nur so, als ob er den Gesprächen folgte. Aber Harry Oakland, der vielerfahrene Kritiker, war anderer Meinung. Er behauptete, daß Albert alles in sich aufnahm. Er fand, was er hörte, über alle Maßen wunderbar und zermarterte sich sein armes, verwirrtes Hirn, um klug daraus zu werden. In der City prahlte er wahrscheinlich mit den berühmten Leuten, die er kannte, und galt dort als eine Leuchte an Gelehrsamkeit und Wissen, als eine Autorität auf dem Gebiet der Kunst; es mußte himmlisch sein, ihn erzählen zu hören. Harry Oakland war einer von Mrs. Albert Forresters überzeugtesten Bewunderern und hatte einen glänzenden und scharfsinnigen Aufsatz über ihren Stil geschrieben. Mit seinen feinen, ja sogar schönen Zügen sah er aus wie ein heiliger Sebastian, der Pech mit einem Haarwuchsmittel gehabt hat; denn er war ungewöhnlich behaart. Er war noch sehr jung – noch nicht dreißig –, hatte jedoch eine bewegte Laufbahn als Theaterkritiker, Romantiker, Musikkritiker und Kritiker für die bildenden Künste hinter sich. In letzter Zeit war er der Kunst ein wenig überdrüssig geworden und drohte, seine Talente in Zukunft in den Dienst der Sportkritik zu stellen.

Albert, so muß ich erklären, war in der City beschäftigt, und Mrs. Forresters Freunde fanden, daß sie sich mit rühmlicher Seelenstärke über die Tatsache hinwegsetzte, daß er nicht einmal reich war. Es hätte etwas Romantisches gehabt, wenn er ein Handelsfürst gewesen wäre, der das Schicksal von Nationen in Händen hält, oder Schiffe, mit kostbaren Gewürzen beladen, nach jenen Häfen der Levante aussendet, deren Namen so manchen Dichter mit tönenden und kostbaren Reimen versorgt haben. Aber Albert war bloß ein einfacher Kaufmann, der mit Rosinen handelte, und verdiente nicht mehr, als Mrs. Forrester zur Aufrechterhaltung ihrer vornehmen und großzügigen Lebensführung brauchte. Da ihn sein Beruf bis sechs Uhr abends im Büro festhielt, erschien er an Mrs. Albert Forresters Dienstagen immer erst dann, wenn die wichtigsten Besucher bereits gegangen waren. Um diese Stunde waren im Empfangszimmer nur mehr die intimeren Freunde versammelt – selten mehr als drei bis vier –, und sie unterhielten sich ungeniert und humorvoll über die abwesenden Gäste. Und wenn sie Alberts Schlüssel in der Wohnungstür vernahmen, entdeckten sie mit großer Einmütigkeit, daß es furchtbar spät sei. Bald darauf öffnete er die Tür und schaute in seiner zögernden Art schüchtern herein. Mrs. Albert Forrester begrüßte ihn mit einem strahlenden Lächeln.

»Komm nur herein, Albert, komm nur herein. Du kennst doch alle hier.«

Albert trat ein und begrüßte die Freunde seiner Frau.

»Bist du eben aus der City gekommen?« fragte sie interessiert, obgleich sie genau wußte, daß es eine andere Möglichkeit schwerlich gab. »Möchtest du eine Tasse Tee?«

»Nein, danke, meine Liebe. Ich habe im Büro getrunken.«

Mrs. Albert Forrester lächelte noch strahlender, und die ganze Gesellschaft fand, daß sie einfach rührend zu ihm war.

»Oh, aber ich weiß genau, daß du gern eine zweite Tasse trinkst. Ich will sie dir selbst einschenken.«

Sie ging zum Teetisch und schenkte ihm, vergessend, daß der Tee eineinhalb Stunden gezogen hatte und eiskalt sein mußte, eine Tasse ein. Albert nahm sie mit einem Wort des Dankes und rührte in ihr herum, wenn aber Mrs. Forrester das durch sein Erscheinen unterbrochene Gespräch wiederaufnahm, stellte er sie, ohne zu kosten, still beiseite. Seine Ankunft bildete gewöhnlich das Signal zum Aufbruch, und ein Gast nach dem andern verabschiedete sich. Bei einer bestimmten Gelegenheit jedoch war das Gespräch so fesselnd und die Frage, um die es sich drehte, so bedeutsam gewesen, daß Mrs. Albert Forrester nichts davon hören wollte, daß sie gingen.

»Es muß ein für allemal entschieden werden. Und schließlich«, bemerkte sie in einem Ton, der für ihre Verhältnisse beinahe schelmisch genannt werden konnte, »handelt es sich um eine Angelegenheit, bei der auch Albert ein Wort mitzureden hat. Laßt uns seine Meinung hören.«

Es war um die Zeit, als die Frauen anfingen, kurze Haare zu tragen, und man diskutierte darüber, ob Mrs. Albert Forrester sich die ihren abschneiden lassen sollte oder nicht. Mrs. Albert Forrester war eine Frau von respektgebietender Erscheinung. Sie war starkknochig, und ihre Knochen waren gut überpolstert; wäre sie nicht so groß und kräftig gewesen, so hätte man auf die Idee kommen können, sie dick zu nennen. Aber sie trug ihr Gewicht mit Haltung und Würde. Ihre Züge waren ein wenig überlebensgroß, und das mochte es sein, was ihrem Gesicht den Ausdruck männlicher Intelligenz verlieh. Mrs. Forresters Haut war dunkel, und es war nicht undenkbar, daß sie eine Spur levantinischen Blutes in den Adern hatte: sie gab selbst zu, daß sie einen gewissen zigeunerischen Einschlag nicht für ausgeschlossen hielt. Vielleicht war hier die Erklärung für die wilde, ungezügelte Leidenschaft zu suchen, die manche ihrer Gedichte charakterisierte. Ihre Augen waren groß, schwarz und glänzend, ihre Nase glich der des Herzogs von Wellington, bloß daß sie etwas fleischiger war, und das Kinn war viereckig und energisch. Sie hatte einen großen Mund mit vollen roten Lippen, die niemals in Berührung mit einem Schminkstift gekommen waren, denn Mrs. Albert Forrester hatte sich nie dazu verstanden, Schönheitsmittel zu gebrauchen; und ihr Haar, dicht, stark und grau, war oben auf dem Kopf zu einer Frisur aufgetürmt, die ihre ohnedies schon gebieterische Gestalt noch mächtiger erscheinen ließ. Sie war ihrem Äußeren nach eine imposante, um nicht zu sagen alarmierende Frau.

Sie war stets sehr passend in kostbare dunkelgetönte Stoffe gekleidet, und jeder, der sie sah, mußte finden: jeder Zoll eine Dichterin; aber in ihrer diskreten Art (schließlich war sie auch nur ein Mensch und der Eitelkeit unterworfen) hielt sie sich an die Mode, und der Schnitt ihrer Kleider wechselte entsprechend. Seit längerer Zeit schon hatte sie mit dem Gedanken geliebäugelt, sich die Haare schneiden zu lassen, aber es erschien ihr schicklicher, dies nicht auf eigene Initiative, sondern auf Veranlassung ihrer Freunde zu tun.

»Ach, Sie müssen, Sie müssen«, sagte Harry Oakland in seiner ungestümen, knabenhaften Art. »Sie werden wundervoll aussehn.« Clifford Boyleston, der an einem Buch über Madame de Maintenon arbeitete, war nicht frei von Bedenken. Er hielt es für ein gefährliches Experiment.

»Ich finde«, sagte er, indem er sich mit einem Batisttaschentuch die Brille putzte, »wenn man sich einmal eine bestimmte Note zugelegt hat, soll man auch bei ihr bleiben. Was wäre Ludwig XIV. ohne seine Perücke gewesen?«

»Ich möchte natürlich nichts Übereiltes tun«, entgegnete Mrs. Forrester. »Aber schließlich müssen wir mit der Zeit gehen. Ich bin ein Mensch der Gegenwart und habe nicht den Wunsch, zurückzubleiben.« Sie wandte sich liebenswürdig an Albert. »Was hat mein Herr und Meister dazu zu sagen? Was ist deine Meinung, Albert? Schneiden oder nicht schneiden, das ist die Frage.«

»Meine Meinung ist doch nicht von Wichtigkeit, meine Liebe«, meinte er sanft.

»Für mich ist sie von der größten Wichtigkeit«, lautete die schmeichelhafte Antwort.

Sie merkte, wie sie von ihren Freunden bewundert wurde: Sie behandelte den Philatelisten wirklich großartig.

»Du mußt mir sagen, was du denkst, Albert. Du mußt. Niemand kennt mich besser als du. Wird es mir stehen?«

»Es kann sein«, antwortete er. »Ich fürchte bloß, daß bei deiner monumentalen Figur das kurze Haar ein wenig – wie soll ich sagen – an Lesbos erinnert, ›wo die flammende Sappho liebte und sang‹.«

Einen Augenblick herrschte betretene Stille. Rose Waterford unterdrückte ein Kichern, aber die andern bewahrten eisiges Schweigen. Das Lächeln auf Mrs. Forresters Lippen erstarb. Albert war ins Fettnäpfchen getreten.

»Ich habe Byron immer für einen sehr mittelmäßigen Dichter gehalten«, äußerte Mrs. Albert Forrester endlich.

Die Gesellschaft brach auf. Mrs. Albert Forrester ließ sich das Haar nicht schneiden, und die Sache wurde nie wieder auch nur mit einem Wort gestreift.

Gegen Ende eines ihrer Dienstage trat das Ereignis ein, das Mrs. Albert Forresters literarische Laufbahn so entscheidend beeinflussen sollte.

Es war einer ihrer erfolgreichsten Nachmittage. Der Führer der Labour Party war dagewesen, und Mrs. Albert Forrester war, ohne sich endgültig festzulegen, in ihren Andeutungen, daß sie nun bereit wäre, sich der Arbeiterpartei anzuschließen, so weit gegangen als irgend möglich. Die Zeit war reif, und wollte sie sich wirklich der politischen Laufbahn zuwenden, dann mußte sie zu einem Entschluß kommen. Clifford Boyleston hatte ein Mitglied der französischen Akademie mitgebracht, und obgleich Mrs. Forrester wußte, daß dieser illustre Gast der englischen Sprache nicht mächtig war, hatte sie sein liebenswürdiges Kompliment über ihren klangvollen und dennoch so klaren Stil mit Genugtuung entgegengenommen. Der amerikanische Botschafter hatte sich eingefunden, desgleichen ein junger russischer Fürst, dessen echtes Romanow-Blut ihn gerade noch davor schützte, wie ein Gigolo auszusehn. Eine Herzogin, kürzlich von ihrem Herzog geschieden und nun mit einem Jockei verheiratet, hatte sich sehr huldvoll gezeigt; und die Blätter ihres Wappens, diese dürren und gelben Erdbeerblätter, trugen ohne Zweifel das Ihre zum Glanz der Gesellschaft bei. Eine ganze Schar literarischer Leuchten war dagewesen. Aber nun waren sie alle fort, und nur Clifford Boyleston, Harry Oakland, Rose Waterford, Oscar Charles und Simmons waren zurückgeblieben. Oscar Charles war ein kleines, gnomenhaftes Wesen, noch jung, aber er hatte das vertrocknete Gesicht eines schlauen Affen und trug eine Goldbrille. Seinen Lebensunterhalt verdiente er in einem Ministerium, und in seiner Mußezeit beschäftigte er sich mit Literatur. Er schrieb kleine Artikel für Wochenzeitschriften und hatte eine tiefe Verachtung für die Welt im allgemeinen. Mrs. Albert Forrester mochte ihn gern und hielt ihn für talentiert, aber obgleich er stets die lebhafteste Bewunderung für ihren Stil äußerte (er war es gewesen, der sie die Meisterin des Semikolons genannt hatte), war seine Strenge dermaßen schonungslos, daß sie ihn gleichzeitig ein wenig fürchtete. Simmons war ihr Agent; ein Mann mit einem runden Gesicht; er trug so starke Gläser, daß seine Augen dahinter seltsam verzerrt aussahen. Sie erinnerten an die Augen irgendeines unheimlichen Schaltieres in einem Aquarium. Er kam regelmäßig zu Mrs. Forresters Gesellschaften, teils weil er die größte Bewunderung für die Gastgeberin hegte, teils weil er Wert darauf legte, in ihrem Drawing-room mit zukünftiger Kundschaft zusammenzutreffen.

Mrs. Albert Forrester, für die er lange mit nur geringem Verdienst gearbeitet hatte, war es nicht unangenehm, ihm zu einem ehrlichen Geschäft zu verhelfen, und sie ließ es sich angelegen sein, ihn mit warmen Worten der Dankbarkeit allen jenen Personen vorzustellen, von denen anzunehmen war, daß sie literarische Waren zu verkaufen hatten. Nicht ohne Stolz pflegte sie darauf hinzuweisen, daß die berüchtigten und im höchsten Grade lukrativen Memoiren der Lady Swithin in ihrem Salon gemanagt worden waren. Man saß in einem Kreis, dessen Mittelpunkt Mrs. Albert Forrester bildete, und unterhielt sich angeregt und, um die Wahrheit zu sagen, ein wenig boshaft über die verschiedenen Menschen, die an diesem Tag dagewesen waren. Miss Warren, das blasse Wesen, das zwei Stunden am Teetisch gestanden hatte, ging still im Zimmer umher und sammelte die leeren Teetassen ein. Sie hatte zwar einen Beruf, konnte sich aber jederzeit freimachen, um bei Mrs. Albert Forrester Tee einzuschenken, und des Abends tippte sie Mrs. Albert Forresters Manuskripte auf der Schreibmaschine ab. Mrs. Albert Forrester bezahlte ihr nichts für diese Hilfeleistungen, denn sie fand, daß sie ohnedies schon eine Menge für das arme Ding tat; aber sie gab ihr die Kinobillette, die sie umsonst zugeschickt bekam, und beschenkte sie häufig mit Kleidungsstücken, für die sie keine Verwendung mehr hatte.

Mrs. Albert Forrester, mit ihrer ziemlich tiefen vollen Stimme, sprach lebhaft und ohne abzusetzen, und die übrigen hörten ihr aufmerksam zu. Sie war gut in Form, und die Worte, die ihr von den Lippen flossen, hätten ohne Veränderung glatt zu Papier gebracht werden können. Mit einemmal hörte man einen Lärm im Vorzimmer, als ob etwas Schweres zu Boden gefallen wäre, und gleich darauf einen kleinen Wortwechsel.

Mrs. Albert Forrester hielt inne, und eine Wolke des Unmuts verfinsterte einen Augenblick ihre edle Stirn.

»Man scheint immer noch nicht zu wissen, daß ich keinen Lärm in der Wohnung dulde. Das ist ja nervenzerrüttend. Darf ich Sie bitten, zu klingeln, Miss Warren, und zu fragen, was das für ein Tumult ist?«

Miss Warren klingelte, und einen Augenblick später erschien das Mädchen. Miss Warren empfing es an der Tür und unterhandelte flüsternd, um Mrs. Albert Forrester nicht zu unterbrechen. Aber Mrs. Albert Forrester unterbrach sich selbst und fragte ziemlich gereizt:

»Nun, Carter, was ist los? Fällt das Haus zusammen, oder ist endlich die Rote Revolution ausgebrochen?«

»Es ist die neue Köchin, gnädige Frau«, antwortete das Mädchen. »Der Träger hat ihren Koffer beim Hereintragen fallen lassen, und darüber hat sie sich furchtbar aufgeregt.«

»Was heißt das: ›die neue Köchin‹?«

»Mrs. Bulfinch ist heute nachmittag gegangen, gnädige Frau«, sagte das Mädchen.

Mrs. Albert Forrester starrte sie an.

»Davon weiß ich ja gar nichts. Hatte Mrs. Bulfinch gekündigt? Sobald Mr. Forrester nach Hause kommt, möchte ich ihn sprechen. Sagen Sie ihm das bitte.«

Das Mädchen verschwand, und Miss Warren ging langsam zum Teetisch zurück. Obgleich niemand mehr Tee haben wollte, schenkte sie mechanisch ein paar Tassen ein.

»Was für eine Katastrophe!« rief Miss Waterford.

»Sie müssen sie zurückholen«, erklärte Clifford Boyleston. »Diese Frau ist ein wahrer Schatz. Eine hervorragende Köchin; sie wird von Tag zu Tag besser.«

Aber in diesem Augenblick kam das Mädchen zurück und brachte auf einem kleinen versilberten Tablett einen Brief herein, den sie ihrer Herrin überreichte.

»Was ist das?« fragte Mrs. Albert Forrester.

»Mr. Forrester hat mir aufgetragen, Ihnen diesen Brief zu übergeben, wenn Sie nach ihm fragen, gnädige Frau«, antwortete das Mädchen.

»Ja, wo ist denn Mr. Forrester?«

»Mr. Forrester ist fort, gnädige Frau«, entgegnete das Mädchen, als wunderte es sich über diese Frage.

»Fort? Es ist gut. Sie können gehen.«

Das Mädchen verließ das Zimmer, und Mrs. Albert Forrester öffnete den Brief. Verblüffung malte sich auf ihrem großen Gesicht. Rose Waterford hat mir später erzählt, ihr erster Gedanke wäre gewesen, daß Albert sich aus Angst vor dem Unwillen seiner Frau in die Themse gestürzt hätte. Mrs. Albert Forrester las den Brief, und ihr Ausdruck wurde immer bestürzter.

»Das ist ja ungeheuerlich«, rief sie endlich. »Ungeheuerlich!«

»Was ist es denn, Mrs. Forrester?«

Mrs. Albert Forrester stampfte mit dem Fuß den Teppich, wie ein eigenwilliges, trotziges Pferd den Boden stampft; sie kreuzte die Arme mit einer schwer zu beschreibenden Geste (ein Fischweib, das sich anschickt, einen Mordsskandal zu schlagen, vermittelt vielleicht am ehesten eine Vorstellung) und richtete den Blick auf ihre neugierigen und im höchsten Grade verdutzten Freunde.

»Albert ist mit der Köchin durchgebrannt.«

Einen Augenblick herrschte sprachlose Bestürzung. Dann geschah etwas Schreckliches. Miss Warren, die hinter dem Teetisch stand, platzte plötzlich los. Miss Warren, die nie den Mund auftat und an die nie jemand das Wort richtete, Miss Warren, die keiner von ihnen auf der Straße wiedererkannt hätte, obgleich er sie drei Jahre lang jede Woche gesehen hatte, Miss Warren brach plötzlich in unbezähmbares Gelächter aus. Entsetzt wandten alle die Köpfe und starrten sie an. Es war ihnen zumute, wie Balaam zumute gewesen sein muß, als sein

Esel mit einemmal zu sprechen anfing. Sie schrie förmlich vor Lachen. Der Anblick hatte etwas unsäglich Grauenhaftes. Es war, als ob ein Naturgesetz zu wirken aufhörte; sie hätten nicht bestürzter sein können, wenn plötzlich vor ihren Augen Tische und Stühle im Zimmer herumgetanzt wären. Miss Warren bemühte sich, sich zu beherrschen, aber je mehr sie sich bemühte, desto erbarmungsloser schüttelte sie das Lachen, und schließlich stopfte sie sich das Taschentuch in den Mund und stürzte aus dem Zimmer. Die Tür fiel mit einem Krach hinter ihr zu.

»Hysterie«, sagte Clifford Boyleston.

»Natürlich. Reine Hysterie«, stimmte Harry Oakland zu.

Aber Mrs. Albert Forrester sagte nichts.

Der Brief war ihr aus den Händen gefallen, und Simmons, ihr Agent, hob ihn auf und gab ihn ihr zurück. Sie wollte ihn nicht nehmen.

»Lesen Sie ihn«, sagte sie. »Lesen Sie ihn laut vor.«

Mr. Simmons schob sich die Brille auf die Stirn, hielt den Brief ganz nahe an die Augen und las:

Meine Liebe.

Mrs. Bulfinch braucht eine Ausspannung und hat sich entschlossen, von uns wegzugehen. Und da ich ohne sie nicht bleiben möchte, gehe ich auch. Ich habe genug von Literatur und will auch von Kunst nichts mehr wissen.

Mrs. Bulfinch legt keinen Wert darauf, zu heiraten; wenn Du jedoch einwilligst, Dich scheiden zu lassen, ist sie bereit, meine Frau zu werden. Ich hoffe, daß Du mit der neuen Köchin zufrieden sein wirst. Sie hat ausgezeichnete Zeugnisse. Es wird Dir vielleicht Mühe ersparen, wenn ich Dir unsere Adresse mitteile. Wir wohnen 411, Kennington Road, S. E. Albert

Niemand sprach. Mr. Simmons schob seine Brille auf die Nase zurück. So gewandt sie auch alle waren und so gewohnt, die geeigneten Gesprächsstoffe für jede Gelegenheit zu finden – in diesem Fall fiel keinem von ihnen eine passende Bemerkung ein. Mrs. Albert Forrester war nicht die Frau, die man mit Trostworten abspeisen konnte; überdies fürchtete jeder so sehr den Spott des andern, daß keiner das Nächstliegende wagte. Endlich faßte sich Clifford Boyleston ein Herz.

»Man weiß nicht, was man dazu sagen soll«, bemerkte er.

Wieder trat eine Pause ein, und dann sprach Rose Waterford: »Wie sieht Mrs. Bulfinch eigentlich aus?«

»Wie soll ich das wissen?« antwortete Mrs. Albert Forrester etwas gereizt. »Ich habe sie mir nie angesehen. Albert war derjenige, der die Dienstboten aufgenommen hat. Mir wurden sie bloß vorgeführt, und ich mußte entscheiden, ob ihre ›Aura‹ mir zusagte.«

»Aber Sie müssen sie doch jeden Morgen gesehen haben, wenn Sie den Haushalt mit ihr besprachen.«

»Den Haushalt hat Albert mit ihr besprochen. Es war sein Wunsch, daß ich mich ganz meiner Arbeit widmen sollte. In diesem Leben darf man sich nicht zersplittern.«

»Hat Albert Ihre Menüs zusammengestellt?« fragte Clifford Boyleston.

»Selbstverständlich. Das war sein Ressort.«

Clifford Boyleston zog leicht die Augenbrauen in die Höhe. Was für ein Narr war er gewesen, nicht immer schon gewußt zu haben, daß Albert für Mrs. Forresters wunderbares Essen verantwortlich war! Desgleichen war es natürlich ihm zu verdanken, daß der vorzügliche Chablis stets gerade genügend gekühlt war, um kühl über die Zunge zu laufen, aber niemals zu kalt, um seinen blumigen Duft zu verlieren.

»Auf gute Küche und gute Weine hat er sich jedenfalls verstanden.«

»Ich habe euch immer gesagt, daß er seine Vorzüge hatte«, antwortete Mrs. Albert Forrester, als müßte sie sich gegen einen Vorwurf verteidigen. »Ihr habt euch alle über ihn lustig gemacht. Ihr wolltet mir nie glauben, daß ich ihm sehr viel zu verdanken hatte.« Auf diese Worte erfolgte keine Antwort, und abermals legte sich, schwer und bedrückend, ein Schweigen über die Gesellschaft. Plötzlich schleuderte Mr. Simmons eine Bombe: »Er muß zu Ihnen zurück.«

Mrs. Albert Forrester war sprachlos. Und hätte sie sich nicht gegen den Kamin gestützt, wäre sie bestimmt ein paar Schritte zurückgetaumelt.

»Was, in aller Welt, wollen Sie damit sagen?« schrie sie. »Ich will ihn nie mehr wiedersehen, solange ich lebe. Ihn zurücknehmen? Niemals. Und wenn er mich auf den Knien darum bäte.«

»Ich habe nicht gesagt, daß Sie ihn zurücknehmen sollen; ich habe gesagt, er muß zu Ihnen zurück.«

Aber Mrs. Albert Forrester schenkte dieser sinnlosen und unangebrachten Unterbrechung keine Beachtung.

»Ich habe alles für ihn getan. Was wäre er ohne mich? frage ich euch. Ich habe ihm eine Position gegeben, die er sich in seinen kühnsten Träumen nicht erwarten durfte.«

Niemand konnte leugnen, daß Mrs. Albert Forresters Entrüstung etwas Großartiges hatte, aber das störte Mr. Simmons nicht.

»Wovon wollen Sie leben?«

Mrs. Albert Forrester warf ihm einen Blick zu, der nichts von Liebenswürdigkeit hatte.

»Gott wird für mich sorgen«, antwortete sie in eisigem Ton.

»Das halte ich für sehr unwahrscheinlich.«

Mrs. Albert Forrester zuckte die Achseln. Empörung malte sich auf ihren Mienen. Aber Mr. Simmons machte es sich auf seinem Stuhl so bequem wie möglich und zündete sich eine Zigarette an.

»Sie wissen, daß es keinen wärmeren Bewunderer Ihrer Kunst gibt als mich«, sagte er.

»Als mich«, korrigierte Clifford Boyleston.

»Oder Sie«, fuhr Mr. Simmons entgegenkommend fort. »Wir sind uns alle einig, daß es heutzutage unter den Schreibenden niemanden gibt, dessen Rivalität Sie zu fürchten brauchten. Auf dem Gebiet der Prosa sowohl als auf dem des Verses sind Sie absolut erstklassig. Und Ihr Stil – über Ihren Stil brauchen wir keine Worte zu verlieren.«

»Die Üppigkeit von Sir Thomas Browne, vereint mit der Klarheit des Kardinals Newman«, sagte Clifford Boyleston. »Die Urwüchsigkeit John Drydens mit der Präzision Jonathan Swifts.«

Das einzige Zeichen, daß Mrs. Albert Forrester überhaupt etwas vernommen hatte, war das Lächeln, das für einen Augenblick in ihren tragischen Mundwinkeln aufglänzte.

»Und Sie haben Humor.«

»Gibt es noch jemanden auf der Welt«, rief Miss Waterford, »der einen solchen Reichtum an Witz, Satire und Beobachtungsgabe in ein Semikolon legen kann?«

»Aber das ändert nichts an der Tatsache«, fuhr Mr. Simmons

unerschütterlich fort, »daß Ihre Bücher nicht gehen. Ich vertreibe Ihre Werke nun schon seit zwanzig Jahren und kann Ihnen offen sagen, daß ich von meiner Beteiligung nicht fett geworden bin. Es macht mir bloß Spaß, mich hin und wieder für etwas Wertvolles einzusetzen. Ich habe immer an Sie geglaubt und die Hoffnung nicht aufgegeben, das Publikum früher oder später zu Ihnen zu bekehren. Wenn Sie sich aber einbilden, daß Sie mit dieser Art von Schriftstellerei Geld verdienen können, dann sind Sie im Irrtum.«

»Ich bin zu spät auf die Welt gekommen«, klagte Mrs. Albert Forrester. »Ich hätte im achtzehnten Jahrhundert leben sollen, als die großen Mäzene eine Zuneigung noch mit hundert Goldstücken belohnten.«

»Was bringt der Rosinenhandel Ihrer Ansicht nach ein?«

Mrs. Albert Forrester seufzte auf.

»Eine Lappalie. Albert hat immer erzählt, daß er gegen zwölfhundert Pfund jährlich verdient.«

»Dann versteht er sehr gut zu wirtschaften. Mit einem solchen Einkommen kann man sich keine großen Sprünge erlauben. Immerhin, mein Wort darauf: das einzige, was Sie tun können, ist, ihn wieder zurückzuholen.«

»Lieber will ich in einer Dachkammer leben. Glauben Sie, daß ich einen solchen Schimpf einfach hinnehmen kann? Glauben Sie, daß ich mich so weit erniedrigen werde, mit meiner Köchin um seine Liebe zu buhlen? Es gibt etwas, was einer Frau wertvoller ist als ihre Bequemlichkeit, und das ist ihre Würde.«

»Darauf wollte ich eben zu sprechen kommen«, sagte Mr. Simmons kalt.

Er blickte die anderen an, und seine merkwürdig schiefen Augen sahen fischiger und unheimlicher aus denn je.

»Es besteht kein Zweifel«, fuhr er fort, »daß Sie eine hervorragende und beinahe einzigartige Stellung in der literarischen Welt einnehmen. Sie haben Ihr Talent niemals für schnödes Geld prostituiert und stets das Banner der reinen Kunst hochgehalten. Sie tragen sich mit der Absicht, ins Parlament einzutreten. Ich persönlich halte nicht viel von Politik, aber es wäre bestimmt eine gute Reklame, und wenn es Ihnen wirklich gelingt, gewählt zu werden, wäre es vielleicht möglich, Ihnen daraufhin eine Vorlesungstournee durch Amerika zu verschaffen. Sie haben Ideale, und soviel steht fest: sogar die Leute, die nie ein Wort von Ihnen gelesen haben, respektieren Sie. Eines aber dürfen Sie sich unter keinen Umständen gestatten: nämlich lächerlich zu werden.«

Mrs. Forrester fuhr auf.

»Was, zum Kuckuck, wollen Sie damit sagen?«

»Ich weiß nichts von Mrs. Bulfinch, und sie mag eine sehr ordentliche Person sein, aber das ändert nichts an der Tatsache, daß ein Mann unmöglich mit seiner Köchin durchbrennen kann, ohne seine Frau lächerlich zu machen. Wenn es noch eine Tänzerin wäre oder eine Dame der Gesellschaft! Aber eine Köchin – nein! In einer Woche würde sie von ganz London ausgelacht werden, und nichts ist gefährlicher für einen Schriftsteller oder Politiker als Lächerlichkeit. Ihr Gatte muß zu Ihnen zurückkehren, und zwar möglichst rasch.«

Eine dunkle Röte überzog Mrs. Albert Forresters Gesicht, aber sie antwortete nicht gleich. In ihren Ohren gellte mit einemmal das entsetzliche und unerklärliche Gelächter wider, das Miss Warren vorhin aus dem Zimmer gejagt hatte.

»Wir alle sind Ihre Freunde. Sie können auf unsere Verschwiegenheit bauen.«

Mrs. Forrester schaute diese Freunde der Reihe nach an, und ihr war, als sähe sie in Rose Waterfords Augen bereits ein boshaftes Glitzern. Auf dem vertrockneten Gesicht von Oscar Charles lag ein sarkastischer Zug. Sie bereute beinahe, in einem unbedachten Augenblick ihr Geheimnis verraten zu haben. Mr. Simmons jedoch kannte Literaten und ließ seine Augen auf der Gesellschaft ruhen.

»Schließlich sind Sie der Mittelpunkt dieses Kreises. Ihr Gatte ist nicht nur Ihnen, sondern auch allen anderen durchgebrannt. Für uns ist es ebensowenig schmeichelhaft. Es steht fest, daß Albert Forrester uns alle lächerlich gemacht hat, alle miteinander.«

»Das stimmt«, sagte Clifford Boyleston. »Wir sind alle in der gleichen Kiste. Er hat ganz recht, Mrs. Forrester, der Philatelist muß zurückkommen.«

»Et tu, Brute!«

Mr. Simmons war des Lateinischen unkundig und hätte sich durch Mrs. Albert Forresters Ausruf vermutlich nicht weiter stören lassen. Er räusperte sich.

»Ich schlage vor, daß Mrs. Albert Forrester morgen früh zu ihm hingeht – wir haben ja glücklicherweise seine Adresse – und ihn bittet, seinen Entschluß rückgängig zu machen. Ich weiß nicht, was Frauen bei solchen Gelegenheiten vorzubringen pflegen, aber Mrs. Forrester besitzt Takt und Phantasie und muß die richtigen Worte finden. Wenn Mr. Forrester Bedingungen stellt – nichts wie annehmen! Und kein Mittel unversucht lassen.«

»Spielen Sie Ihre Karten gut, dann sehe ich nicht ein, weshalb Sie ihn nicht morgen abend schon wieder hierhaben sollen«, äußerte Rose Waterford leichthin.

»Werden Sie es tun, Mrs. Forrester?«

Zwei Minuten mindestens stand sie abgewandt und starrte in den leeren Kamin; dann richtete sie sich zu ihrer vollen Größe auf, drehte sich ihnen zu und sprach: »Um meiner Kunst willen, nicht um meinetwillen. Meine Welt darf nicht besudelt werden durch das unflätige Gelächter der Philister. Ich werde nicht zugeben, daß alles, was ich für gut und wahr und schön halte, in den Schmutz gezerrt wird.«

»Ausgezeichnet«, rief Simmons und sprang auf. »So will ich morgen auf dem Heimweg wieder vorbeikommen und hoffe, Sie und Mr. Forrester dann wieder vereint zu finden, girrend und schnäbelnd wie zwei Turteltauben.«

Er verabschiedete sich, und die andern, besorgt, nur ja nicht allein mit Mrs. Albert Forrester und ihrer Aufregung gelassen zu werden, folgten gemeinsam seinem Beispiel.

Es war am Spätnachmittag des anderen Tages, als Mrs. Albert Forrester, imposant in schwarzer Seide und einer Samttoque, aus ihrer Wohnung trat und sich auf den Weg machte. Am Marble Arch stieg sie in einen Autobus, der sie nach dem Victoria-Bahnhof bringen sollte. Mr. Simmons hatte ihr telephonisch erklärt, wie sie die Kennington Road am schnellsten und billigsten erreichen konnte. Sie hatte weder im Aussehen noch in der Gemütsverfassung etwas von Delila. Vor dem Victoria-Bahnhof nahm sie die Elektrische, die die Vauxhall Bridge Road hinunterführt. Sie überquerte den Fluß, und der Teil von London, in dem sie sich nun befand, war lärmender, schmutziger, betriebsamer als jener, den sie gewohnt war; aber sie war zu sehr mit ihren Gedanken beschäftigt, um die veränderte Umgebung zu bemerken. Sie entdeckte zu ihrer Erleichterung, daß die Elektrische die Kennington Road hinunterfuhr, und bat den Schaffner, sie ein paar Nummern vor dem Haus, das sie suchte, abzusetzen. Als das geschehen war und sie dann allein in der belebten Straße stand, fühlte sie sich seltsam verloren wie ein Reisender in einer orientalischen Erzählung, der von einem Fahrzeug in einer unbekannten Stadt ausgebootet wird. Sie ging langsam weiter und schaute nach rechts und nach links; und obgleich in ihrem üppigen Busen ein heftiger Kampf zwischen Entrüstung und Verlegenheit tobte, drängte sich ihr unwillkürlich der Gedanke auf, daß hier Material für ein sehr hübsches Stück Prosa vorhanden war. Die kleinen Häuschen riefen eine vergangene Zeit herauf, als es hier noch beinahe ländlich gewesen sein mußte, und Mrs. Albert Forrester faßte alsbald den Vorsatz, sich über die literarische Vergangenheit der Kennington Road zu unterrichten. Nummer vierhundertelf stand in einer etwas von der Straße zurücktretenden Reihe schäbiger Häuser; durch einen schmalen Streifen kümmerlichen Rasens führte ein gepflasterter Weg zu einem vergitterten hölzernen Haustor, das dringend eines frischen Anstrichs bedurfte. Dies und der armselige, unordentlich wuchernde Efeu, der die Front des Hauses überzog, gab ihm den Anstrich einer falschen Ländlichkeit, die inmitten dieser lauten, von tosendem Verkehr erfüllten Straße seltsam und fast unheimlich wirkte. Das Haus hatte etwas Zweideutiges, und die Vermutung lag nahe, daß hier Frauen wohnten, denen ein Leben der Freude nur spärlichen Lohn eintrug.

Ein mageres Mädel von fünfzehn Jahren mit langen Beinen und zerzaustem Kopf öffnete die Tür.

»Können Sie mir sagen, ob hier Mrs. Bulfinch wohnt?«

»Sie haben an der falschen Glocke geläutet. Im zweiten Stock.« Das Mädchen wies auf die Stiegen und schrie gleichzeitig mit schriller Stimme: »Mrs. Bulfinch! Besuch für Sie, Mrs. Bulfinch.« Mrs. Albert Forrester stieg die schmierigen Treppen hinauf. Sie waren mit einem zerrissenen Teppich bedeckt. Sie ging langsam, denn sie wollte nicht außer Atem kommen. Eine Tür öffnete sich, als sie das zweite Stockwerk erreichte, und sie erkannte ihre Köchin.

»Guten Tag, Bulfinch«, sagte Mrs. Albert Forrester mit Würde. »Ich möchte Ihren Herrn sprechen.«

Mrs. Bulfinch zögerte einen kleinen Augenblick und öffnete dann weit die Tür.

»Kommen Sie herein, gnädige Frau.« Sie wandte den Kopf. »Albert, Mrs. Forrester ist da.«

Mrs. Forrester schritt schnell an ihr vorüber und erblickte Albert, der in einem lederüberzogenen, aber ziemlich schäbigen Lehnstuhl in Hemdsärmeln und Pantoffeln am Kamin saß. Er las die Abendzeitung und rauchte eine Zigarre. Als Mrs. Albert Forrester eintrat, erhob er sich. Mrs. Bulfinch folgte ihrem Gast ins Zimmer und schloß die Tür.

»Guten Tag, meine Liebe«, rief Albert fröhlich. »Ich hoffe, es geht dir gut.«

»Du solltest dir den Rock anziehn, Albert«, sagte Mrs. Bulfinch. »Was soll Mrs. Forrester von dir denken, wenn sie dich so sitzen sieht? Das schickt sich doch nicht.«

Sie nahm den Rock, der an einem Haken hing, und half ihm hinein; dann zog sie ihm sachkundig die Weste herunter, die hinten am Kragen hochgestiegen war, und man erkannte die Frau, die mit den Eigenheiten der männlichen Kleidung vertraut ist.

»Ich habe deinen Brief bekommen, Albert«, hub Mrs. Forrester an.

»Das nehme ich an, sonst hättest du wohl meine Adresse nicht gewußt.«

»Wollen Sie sich nicht hinsetzen, gnädige Frau?« fragte Mrs. Bulfinch und wischte flink den Staub von einem Stuhl, der zu einer mit pflaumenblauem Samt überzogenen Garnitur gehörte.

Mrs. Albert Forrester nahm mit einem leichten Neigen des Kopfes Platz.

»Ich hätte dich gern allein gesprochen, Albert«, sagte sie.

Seine Augen zwinkerten.

»Da alles, was du zu sagen hast, Mrs. Bulfinch ebenso angeht wie mich, halte ich es für richtiger, daß sie unserer Unterredung beiwohnt.«

»Wie du wünschest.«

Mrs. Bulfinch zog sich einen Stuhl heran und setzte sich. Mrs. Albert Forrester hatte sie nie anders als in Kattunkleid und großer Schürze gesehen. Nun hatte sie eine durchbrochene weiße Seidenbluse an, einen schwarzen Rock und Lackschuhe mit hohen Absätzen und Silberschnallen. Sie war eine Frau von ungefähr fünfundvierzig Jahren mit rötlichem Haar und rötlichem Gesicht, nicht hübsch, aber munter und frisch und sehr gutmütig im Aussehen. Sie erinnerte Mrs. Albert Forrester an eine Dienstmagd – schon etwas übertragen – auf irgendeinem fröhlichen Bild eines alten holländischen Meisters.

»Nun, meine Liebe, was hast du mir zu sagen?« fragte Albert.

Mrs. Forrester strahlte ihn mit ihrem freundlichsten und liebenswürdigsten Lächeln an. Ihre großen schwarzen Augen leuchteten vor Wohlwollen und Nachsicht.

»Du bist dir doch klar, daß diese Eskapade einfach hirnverbrannt ist, Albert. Ich glaube, du bist nicht recht bei Trost.«

»Ach?«

»Ich bin nicht weiter böse, im Gegenteil, das Ganze hat mich sehr belustigt. Aber ein Scherz ist ein Scherz und sollte nicht zu weit gehen. Ich bin gekommen, um dich nach Hause zu holen.«

»War mein Brief nicht deutlich genug?«

»Doch, ganz und gar. Du wirst weder Fragen noch Vorwürfe von mir zu hören bekommen. Wir wollen das Ganze für eine momentane Verirrung ansehen und kein Wort mehr darüber verlieren.«

»Nichts kann mich bewegen, jemals wieder zu dir zurückzukehren«, sagte Albert im freundlichsten Ton.

»Das ist doch nicht dein Ernst?«

»Mein voller Ernst.«

»Liebst du denn diese Frau?«

Mrs. Albert Forrester lächelte immer noch. Ihr Lächeln hatte etwas Übereifriges, einen gefrorenen Glanz. Sie war entschlossen, die Sache leichtzunehmen. Mit ihrem angeborenen Sinn für Valeurs erkannte sie, daß die Situation komisch war. Albert blickte Mrs. Bulfinch an, und ein Schmunzeln breitete sich über sein vertrocknetes Gesicht.

»Wir kommen sehr gut miteinander aus, nicht wahr, altes Mädchen?«

»Ach ja«, sagte Mrs. Bulfinch.

Mrs. Albert Forrester zog die Augenbrauen hoch; während ihrer ganzen Ehe war sie von ihrem Gatten niemals ›altes Mädchen‹ genannt worden; es wäre ihr auch nicht erwünscht gewesen.

»Wenn Mrs. Bulfinch auch nur die geringste Rücksicht oder Achtung für dich hat, muß sie einsehn, daß diese Geschichte unmöglich ist. Du bist ein anderes Leben und andere Gesellschaft gewohnt. Wie kann sie hoffen, dich in diesen elenden möblierten Zimmern glücklich zu machen?«

»Das sind keine möblierten Zimmer, gnädige Frau«, fiel Mrs. Bulfinch ein. »Die Möbel gehören alle mir. ›Eigener Herd, Goldes wert‹, sage ich immer – und ob ich eine Stellung hatte oder nicht –, diese Wohnung habe ich nie aufgegeben.«

»Ich finde, daß es hier recht gemütlich ist«, sagte Albert.

Mrs. Forrester hielt Umschau. Im Kamin war ein Kochrost eingebaut, auf dem ein Wasserkessel summte. Und oben auf dem Kaminsims stand eine schwarze Marmoruhr, flankiert von zwei schwarzen Marmorleuchten. Die Einrichtung bestand aus einem großen Tisch mit einer roten Decke, einem Büfett und einer Nähmaschine. An den Wänden hingen Photographien und eingerahmte Bilder aus Weihnachtsbeilagen. Eine mit einer roten Plüschportiere verkleidete Tür führte in einen Raum, der in Anbetracht der bescheidenen Ausmaße des Hauses nach Mrs. Albert Forresters Ermessen – sie hatte sich in ihren Mußestunden eingehend mit Architektur beschäftigt – nur das Schlafzimmer sein konnte. Mrs. Bulfinch und Albert lebten in einer Vertrautheit, die keinen Zweifel über ihre Beziehungen aufkommen ließ.

»Warst du nicht glücklich mit mir, Albert?« fragte Mrs. Forrester in tieferen Tönen.

»Wir waren fünfunddreißig Jahre miteinander verheiratet, meine Liebe. Das ist zu lang, viel zu lang. Du bist eine gute Person in deiner Art, aber wir passen nicht zueinander. Du bist literarisch und ich nicht. Du bist künstlerisch und ich nicht.«

»Ich habe mich immer bemüht, dich an allen meinen Interessen teilnehmen zu lassen. Ich habe mich sehr bemüht, dich durch meinen Erfolg nicht in den Hintergrund zu drängen. Du kannst nicht behaupten, daß ich dich jemals ausgeschlossen hätte.«

»Du bist eine großartige Schriftstellerin, das leugne ich nicht; aber offen gestanden, die Bücher, die du schreibst, gefallen mir nicht.«

»Das beweist – wenn ich mir gestatten darf, es zu sagen – bloß deinen schlechten Geschmack. Die besten Kritiker sind anderer Meinung.«

»Und ich mag deine Freunde nicht. Ich will dir ein Geheimnis verraten. Bei deinen Gesellschaften fühlte ich oft das unwiderstehlichste Verlangen, mir die Kleider auszuziehen – nur um zu sehen, was dann geschehen würde.«

»Es wäre gar nichts geschehen«, sagte Mrs. Albert Forrester stirnrunzelnd. »Ich hätte einfach einen Arzt geholt.«

»Außerdem kannst du dir so etwas nicht mehr gestatten; deine Figur ist nicht danach«, bemerkte Mrs. Bulfinch.

Mr. Simmons hatte Mrs. Albert Forrester angedeutet, daß sie im Notfall nicht zögern dürfte, die Lockungen ihres Geschlechts spielen zu lassen, um den abtrünnigen Gatten in das eheliche Heim zurückzuführen; sie wußte aber nicht im mindesten, wie sie das anstellen sollte. Es wäre, so überlegte sie, vielleicht leichter gewesen, wenn sie ein Abendkleid angehabt hätte.

»Gilt dir die Treue von fünfunddreißig Jahren nichts? Ich habe nie einen anderen Mann angesehen, Albert. Ich bin an dich gewöhnt. Ich werde verloren sein ohne dich.«

»Ich habe der neuen Köchin alle meine Menüs hinterlassen, gnädige Frau«, sagte Mrs. Bulfinch. »Sie brauchen ihr nur anzugeben, wie viele Personen zum Lunch kommen, und sie wird schon alles machen. Sie ist sehr zuverlässig und hat eine selten leichte Hand zum Backen.«

Mrs. Albert Forrester wurde allmählich mutlos. Mrs. Bulfinchs gutgemeinte Worte erschwerten es, das Gespräch in eine Sphäre zu heben, in der Gefühlsäußerungen selbstverständlich waren.

»Es hat alles keinen Zweck, meine Liebe«, nahm nun Albert wieder das Wort. »Mein Entschluß steht unwiderruflich fest. Ich bin nicht mehr jung und brauche jemanden, der für mich sorgt. Ich werde dir natürlich so viel von meinem Einkommen überlassen, wie ich kann. Corinne möchte, daß ich mich zur Ruhe setze.«

»Wer ist Corinne?« fragte Mrs. Forrester aufs äußerste erstaunt.

»Ich«, sagte Mrs. Bulfinch. »Meine Mutter war Französin.«

»Ach so«, entgegnete Mrs. Forrester und kräuselte die Lippen. »Nun wird mir vieles klar.« Denn sosehr sie die Literatur unserer Nachbarn bewunderte, so wenig zweifelte sie daran, daß ihre Moral viel zu wünschen übrig ließ.

»Ich finde, Albert hat sich lange genug abgeplagt. Höchste

Zeit, daß er anfängt, das Leben zu genießen. Ich habe einen kleinen Besitz in Clacton-on-Sea. Es ist eine sehr gesunde Gegend, und die Luft ist wunderbar. Dort könnten wir nett und angenehm leben. Durch den Strand und den Hafen hat man immer ein bißchen Zerstreuung. Und es wohnen freundliche Leute dort. Jetzt kommt es bloß noch darauf an, ob Sie uns nichts in den Weg legen.«

»Ich habe die Sache heute mit meinen Teilhabern besprochen, und sie sind bereit, mir meinen Anteil abzukaufen. Ohne einen gewissen Verlust wird es nicht gehn. Wenn alles geregelt ist, werde ich ein Einkommen von neunhundert Pfund jährlich haben. Wir sind drei Personen, und das ergibt mithin dreihundert Pfund für jeden von uns.«

»Wie soll ich damit auskommen?« rief Mrs. Albert Forrester. »Ich muß standesgemäß leben.«

»Du führst eine gewandte, fruchtbare und vielbewunderte Feder, meine Liebe.«

Mrs. Albert Forrester zuckte ungeduldig die Achseln.

»Du weißt sehr gut, daß mir meine Bücher nichts einbringen. Vom Ruhm allein kann man nicht leben. Die Verleger behaupten, daß sie an mir verlieren. Sie drucken mich nur, weil es ihr literarisches Ansehen hebt.«

In diesem Augenblick hatte Mrs. Bulfinch den Einfall, der so wesentliche und großartige Folgen zeitigen sollte.

»Warum schreiben Sie nicht einen Detektivroman, einen richtigen, spannenden Detektivroman?«

»Ich?« rief Mrs. Forrester außer sich.

»Das ist gar keine schlechte Idee«, sagte Albert. »Gar keine schlechte Idee.«

»Die Kritiker würden wie Geier über mich herfallen.«

»Das weiß ich nicht. Gib den geistigen Menschen die Chance, ein bißchen ›ungeistig‹ zu sein, ohne sich etwas zu vergeben, und man wird dir ewig dankbar sein.«

»Ich lege keinen Wert auf derartige Verdienste«, murmelte Mrs. Albert Forrester.

»Die Kritiker werden ein solches Buch schlucken, sage ich dir. Wenn du es schreibst in deinem wunderbaren Englisch, werden sie sich nicht scheuen, es für ein Meisterwerk zu erklären.«

»Eine irrsinnige Idee. Nichts ist mir fremder. Ich habe nie

für die Massen geschrieben und darf auf ihren Beifall nicht rechnen.«

»Warum nicht? Die Massen haben den Wunsch, gute Bücher zu lesen, aber sie wollen sich nicht langweilen. Sie kennen alle deinen Namen, aber sie lesen dich nicht, weil du sie langweilst. Du bist uninteressant, meine Liebe.«

»Ich verstehe nicht, wie du das sagen kannst, Albert«, antwortete Mrs. Albert Forrester mit ebensowenig Groll wie ihn etwa der Äquator empfinden würde, wenn man ihm den Vorwurf machte, er wäre ›kühl‹. »Jeder weiß, daß ich allerhand Sinn für Humor habe und schon in ein Semikolon soviel Witz legen kann wie selten ein Mensch.«

»Wenn du den Massen eine gute, spannende Geschichte gibst und ihnen die Illusion läßt, daß sie mit dieser Lektüre gleichzeitig etwas für ihre Bildung tun, wirst du ein Vermögen verdienen.«

»Ich habe noch nie im Leben eine Detektivgeschichte gelesen«, sagte Mrs. Albert Forrester. »Man hat mir von einem gewissen Barnes in New York erzählt – er soll ein Buch verfaßt haben – ›Das Geheimnis einer Droschkenkutsche‹ oder so ähnlich. Ich kenne es aber nicht.«

»Man muß es natürlich heraushaben«, sagte Mrs. Bulfinch. »Vor allem: keine Liebesgeschichten. Die passen nicht in einen Detektivroman. Die Hauptsache: Morde und Bluthunde – und bis zur letzten Seite darf man nicht wissen, wer es war.«

»Natürlich, allzu willkürlich darf man mit dem Leser auch nicht umspringen«, sagte Albert. »Nichts ärgert mich mehr, als wenn der Verdacht auf den Sekretär oder die Fürstin gelenkt wurde, und zum Schluß stellt sich heraus, daß es ein Lakai war, der nie etwas anderes zu sagen hatte als: ›Der Wagen ist vorgefahren.‹«

»Ach, so eine gute Detektivgeschichte – wunderbar!« rief Mrs. Bulfinch. »Wenn ich so lese, wie eine diamantenübersäte Dame in Abendtoilette mit einem Dolch im Herzen im Bibliothekszimmer aufgefunden wird, dann weiß ich schon, das wird bestimmt fabelhaft.«

»Jeder hat seinen eigenen Geschmack«, sagte Albert. »Mir persönlich ist ein hochgeachteter Herr in mittleren Jahren, ein Rechtsanwalt zum Beispiel, mit graumeliertem Backenbart und goldener Uhrkette, den man tot im Hydepark findet, lieber.«

»Mit durchgeschnittener Kehle?« fragte Mrs. Bulfinch interessiert.

»Nein, mit einem Schuß im Rücken! Das mögen wir Leser gern. Selbst der Unbescholtenste unter uns hat sein Geheimnis. Das ist doch ein hübscher Gedanke.«

»Ich weiß genau, was du meinst, Albert«, fiel Mrs. Bulfinch ein, »ihm war etwas bekannt, womit er die Feinde seines Klienten in der Hand hatte.«

»Wir können dir Tips geben, soviel du willst«, sagte Albert und lächelte Mrs. Albert Forrester freundlich an. »Ich habe Hunderte von Detektivgeschichten gelesen.«

»Du?«

»Das hat mich und Corinne eigentlich zusammengebracht. Wenn ich mit einem Buch fertig war, hat sie es bekommen.«

»Ja, bis zum hellen Morgen hat er oft gelesen. Wenn ich ihn dann das Licht löschen hörte, dachte ich immer: ›Na, Gott sei Dank, endlich kann er schlafen.‹«

Mrs. Albert Forrester erhob sich. Sie reckte sich zu ihrer vollen Höhe auf.

»Nun sehe ich, was für eine Kluft uns trennt«, sagte sie, und ihre schöne Altstimme bebte. »Dreißig Jahre warst du umgeben vom Besten, was die englische Literatur hervorgebracht hat, und du lasest Detektivromane.«

»Hunderte«, unterbrach Albert vergnügt.

»Ich bin hergekommen in der festen Absicht, auf jeden vernünftigen Vorschlag einzugehen, um dich in unser Heim zurückzuführen, aber nun möchte ich es nicht länger. Du hast mir gezeigt, daß es nichts Gemeinsames zwischen uns gibt oder je gegeben hat. Zwischen uns liegen Abgründe.«

»Schön, meine Liebe«, sagte Albert milde, »ich will mich deiner Entscheidung unterwerfen. Aber überlege dir das mit der Detektivgeschichte.«

»So will ich denn gehen«, murmelte sie.

»Erlauben Sie, daß ich Sie hinunterbegleite«, sagte Mrs. Bulfinch. »Man muß aufpassen auf dem Teppich, wenn man nicht genau weiß, wo die Löcher sind.«

Hoheitsvoll, aber nicht ohne Vorsicht stieg Mrs. Forrester die Treppen hinunter, und als Mrs. Bulfinch ihr die Haustür öffnete und sie fragte, ob sie ein Taxi wünsche, schüttelte sie den Kopf.

»Ich werde die elektrische Bahn nehmen.«

»Sie brauchen keine Angst zu haben, gnädige Frau, Mr. Forrester wird bei mir sehr gut aufgehoben sein«, sagte Mrs. Bulfinch freundlich. »Es soll ihm an nichts fehlen. Ich habe meinen seligen Mann während seiner letzten Krankheit drei Jahre lang gepflegt und weiß Bescheid mit Patienten. Das soll nicht heißen, daß Mr. Forrester krank ist. Er ist sogar sehr kräftig und beweglich für seine Jahre. Ohne Beschäftigung wird er gar nicht leben können. Wir haben uns etwas sehr Nettes für ihn ausgedacht. Er wird Briefmarken sammeln.«

Mrs. Albert Forrester fuhr überrascht auf. Aber gerade in diesem Augenblick tauchte eine Tramway auf, und wie Frauen schon sind (selbst die größten unter ihnen), stürzte sie unter Lebensgefahr in die Mitte der Straße vor und winkte wild. Der Wagen hielt, und Mrs. Forrester stieg ein. Sie wußte nicht, wie sie Mr. Simmons unter die Augen treten sollte. Er erwartete sie zu Hause. Auch Clifford Boyleston würde wahrscheinlich da sein. Alle würden sie da sein, und sie würde ihnen gestehen müssen, daß sie eine elende Niederlage erlitten hatte. In dieser Stunde fühlte sie nichts von Freundschaft für die kleine Schar ihrer Getreuen. Sie überlegte, wie spät es sein mochte, und schaute prüfend ihr Gegenüber an. Konnte man sich mit einer bescheidenen Frage an diesen Mann wenden? War er der geeignete Mensch dazu? Mit einemmal durchfuhr es sie: denn der da saß, war ein Herr in mittleren Jahren, von ehrbarstem Aussehn, mit graumeliertem Backenbart, wohlwollendem Gesichtsausdruck und goldener Uhrkette. Es war haargenau der Mann, den Albert beschrieben hatte. Der, der eines Tages tot im Hydepark aufgefunden wurde. Mrs. Albert Forrester hätte die Hand dafür ins Feuer gelegt, daß er von Beruf Rechtsanwalt war. Dies Zusammentreffen war wirklich höchst merkwürdig. Sah es nicht in der Tat so aus, als wollte ihr das Schicksal einen Fingerzeig geben? Der Herr trug einen Zylinderhut, einen schwarzen Rock und grau gesprenkelte Hosen, er war ein wenig füllig, kräftig gebaut, und an seiner Seite lag eine dicke Aktentasche. In der Mitte der Vauxhall Bridge Road bat er den Schaffner zu halten, und sie sah, wie er in eine enge schmutzige Gasse einbog. Warum tat er das? Jawohl, warum? Sie versank in tiefes Sinnen. Als der Wagen den Victoria-Bahnhof erreichte, rührte sie sich nicht, bis der Schaffner sie ein wenig unsanft aus ihren Träumereien aufrüttelte. Edgar Allan Poe hatte Detektivgeschichten geschrieben. Sie nahm einen Autobus. Gedankenverloren saß sie da, aber am Hydepark Corner entschloß sie sich plötzlich auszusteigen. Sie konnte nicht länger stillsitzen. Sie mußte ein Stück zu Fuß gehen. Sie betrat den Park und schaute, während sie langsam dahinschritt, aufmerksam und zugleich abwesend umher. Ja, das war Edgar Allan Poe; keiner konnte das leugnen. Er war es, der diese Art von Erzählung überhaupt erfunden hatte! Und wie groß war sein dichterisches Ansehen! Oder waren es die Symbolisten gewesen? Ach, gleichgültig. Baudelaire vielleicht oder so. Als sie an der Achillesstatue vorüberkam, blieb sie für kurz stehen und betrachtete das Bildwerk mit hochgezogenen Brauen.

Endlich erreichte sie ihre Wohnung und gewahrte gleich bei ihrem Eintritt mehrere Hüte im Vorzimmer. Also waren alle da. Sie betrat den Empfangsraum.

»Na endlich!« rief Miss Waterford.

Mrs. Albert Forrester ging liebenswürdig lächelnd auf ihre Freunde zu und schüttelte die dargebotenen Hände. Mr. Simmons war da und Clifford Boyleston und Henry Oakland und Oscar Charles.

»Oh, ihr Ärmsten, habt ihr keinen Tee bekommen?« rief sie laut. »Ich habe keine Ahnung, wieviel Uhr es ist, aber es muß spät sein.«

»Nun?« umdrängten sie sie. »Nun?«

»Meine Lieben, ich habe euch etwas Wunderbares zu erzählen. Ich habe eine Eingebung gehabt. Weshalb soll das unsereinem nicht auch mal passieren?«

»Wir verstehen Sie nicht. Was wollen Sie damit sagen?«

Sie machte eine kleine Pause, um ihren Worten die volle Wirkung zu verleihen. Ohne jede Einleitung schleuderte sie ihnen die Sensation ins Gesicht.

»Ich werde einen Detektivroman schreiben.«

Die Freunde waren sprachlos. Mrs. Albert Forrester hob beschwichtigend die Rechte, um jede Unterbrechung abzuwehren; aber alle schwiegen.

»Ich werde den Detektivroman zu einer Kunstgattung erheben. Die Idee ist mir ganz plötzlich im Hydepark gekommen. Es handelt sich um einen Mord, und erst auf der allerletzten Seite werde ich die Lösung bringen. Das Buch soll in sauberstem Englisch geschrieben werden, und da es mir in der letzten Zeit manchmal schien, als hätte ich das Semikolon erschöpft, will ich es mit dem Kolon versuchen. Seine Möglichkeiten liegen noch völlig brach. Humor und Geheimnis – das sind die beiden Elemente, um die es mir zu tun ist. Der Roman soll ›Die Achillesstatue‹ heißen.«

»Welch ein Titel!« rief Mr. Simmons, der als erster seine Fassung wiedererlangte. »Allein auf diesen Titel und Ihren Namen hin kann ich die Vorabdrucksrechte verkaufen.«

»Ja, und wie ist es denn nun mit Albert?« fragte Clifford Boyleston.

»Albert?« wiederholte Mrs. Forrester. »Albert?«

Sie schaute ihn an, als ob sie sich auf den Tod nicht besinnen könnte, wovon er spräche. Dann schrie sie leicht auf, als fiele es ihr eben wieder ein.

»Albert! Natürlich. Ich wußte, daß ich mit einer bestimmten Absicht von zu Hause fortging, aber es ist mir einfach entfallen. Ich bin durch den Hydepark gegangen, und da hatte ich die Inspiration. Ihr werdet mich für furchtbar töricht halten?«

»Dann haben Sie Albert gar nicht gesehen?«

»Lieber Himmel, ich habe ihn ganz und gar vergessen.«

Sie lachte. »Laßt Albert mit seiner Köchin glücklich werden. Ich kann mich jetzt nicht um Albert kümmern. Albert gehört der Semikolonperiode an. *Ich* schreibe einen Detektivroman.«

»Sie sind wundervoll, Mrs. Forrester, wirklich wundervoll«, sagte Harry Oakland.

Tugend

Ich sage immer: es geht doch nichts über eine gute Havanna. Als ich noch jung und sehr arm war und nur dann eine Zigarre rauchte, wenn ich eine geschenkt bekam, nahm ich mir fest vor, wenn ich zu Geld kommen sollte, jeden Tag nach dem Lunch und nach dem Dinner eine Zigarre zu rauchen. Dies ist der einzige Vorsatz meiner Jugend, den ich gehalten habe. Es ist die einzige Erfüllung meines Lebens, in die sich nie die Bitternis der Enttäuschung gemengt hat. Eine Zigarre nach meinem Sinn muß mild, aber aromatisch sein, weder so klein, daß sie zu Ende ist, ehe man auf den Geschmack kommt, noch so groß, daß sie lästig wird; sie muß so gerollt sein, daß sie zieht, ohne daß man sich bewußt anstrengt, und ein Blatt haben, das auf den Lippen nicht aufweicht und so gepflegt ist, daß es bis zum Schluß sein Aroma behält. Aber wenn man nach dem letzten Zug den formlosen Stumpf weggelegt hat und die letzte Rauchwolke blau in der Luft zergangen ist, dann wird man sich, wenn man ein fühlender Mensch ist, einer gewissen Melancholie nicht erwehren können. Wieviel Arbeit, Mühe und Anstrengung ist nun dahin, welche Sorgfalt, welch komplizierte Organisation war notwendig, um uns diese halbe Stunde des Genusses zu verschaffen! Dafür haben Menschen jahrelang unter tropischen Sonnen geschmachtet und Schiffe die sieben Meere durchpflügt. Derartige Überlegungen werden noch peinigender, wenn man ein halbes Dutzend Austern ißt (mit einer halben Flasche trockenen Weißweins), und sie werden fast unerträglich, wenn es sich um ein Lammkotelett handelt. Denn hier haben wir es mit Tieren zu tun, und wahrhaftig, die Vorstellung ist erschreckend: seitdem die Erdoberfläche die Fähigkeit erlangt hat, Leben zu erhalten, sind in einer langen Reihe, von Generation zu Generation, durch Millionen und Millionen von Jahren Geschöpfe in die Welt gesetzt worden, um schließlich auf einer Platte mit zerstoßenem Eis oder auf einem silbernen Grill zu enden.

Es mag sein, daß eine träge Phantasie den tragischen Ernst, den das Verspeisen einer Auster birgt, nicht erfassen kann, und die Entwicklungsgeschichte lehrt, daß sich das Schaltier durch die Jahrtausende in einer Weise eigenbrötlerisch verhalten hat, die dem Mitgefühl wenig förderlich war. Eine solche Unzulänglichkeit hat etwas Beleidigendes für den ehrgeizigen Eroberungsgeist des Menschen, eine solche Selbstgenügsamkeit verletzt seine Eitelkeit. Aber wie man ein Lammkotelett betrachten kann, ohne Fragen in sich aufsteigen zu fühlen, vor denen selbst die Tränen versiegen, werde ich nie begreifen. Denn hier hat die Hand des Menschen tätig mitgewirkt, und die Geschichte der Rasse ist eng verknüpft mit dem zarten Bissen auf unserem Teller.

Und muß uns nicht selbst das Schicksal der menschlichen Kreatur bisweilen unbegreiflich erscheinen? Sehen wir uns diesen oder jenen Menschen an. Die gewöhnlichen, unscheinbaren Gestalten des Alltags: den Bankbeamten, den Straßenfeger, das ältliche Mädchen in den letzten Statistenreihen auf der Bühne. Ist es nicht seltsam zu bedenken, welch endlose Geschichte hinter jedem einzelnen liegt, welch tausendfältige Verkettung von Zufällen all diese Menschen im Laufe der Ereignisse aus dem urzeitlichen Schlamm just in diesem Augenblick an diesen bestimmten Ort geführt hat! Wenn es solch ungeheuerlicher Evolutionen bedurfte, um sie bis an diesen Punkt zu bringen, dann müßte man doch meinen, daß ihr Dasein von überwältigender Wichtigkeit sei, daß ihr Geschick dem ›Geist des Lebens‹, oder wie die Macht, die sie hervorgebracht hat, auch heißen möge, etwas bedeute. Ein Unfall stößt ihnen zu. Der Faden ist abgerissen. Die Geschichte, deren Anfang auf den Weltbeginn zurückgeht, ist jäh zu Ende, und es sieht aus, als wäre sie ohne jeden Sinn. Ein Idiot könnte sie erzählt haben. Und ist es nicht unfaßbar, daß ein Ereignis von so tragischer Wichtigkeit durch die trivialsten Ursachen herbeigeführt werden kann? Die Geschichte zum Beispiel, die ich erzählen werde, hätte sich nie ereignet, wenn ich nicht eines Tages auf die andere Seite der Straße hinübergegangen wäre. Das Leben ist wahrhaftig höchst phantastisch, und es gehört schon ein besonderer Sinn für Humor dazu, es von der heiteren Seite zu nehmen.

Ich schlenderte an einem Frühlingsvormittag die Bond Street hinunter, und da ich bis zum Lunch nichts Besonderes zu tun hatte, beschloß ich, einen kleinen Abstecher in das Auktionshaus von Sotheby zu machen, um mir die neu ausgestellten

Sachen anzusehen. Es herrschte eine kleine Verkehrsstockung, und ich bahnte mir meinen Weg durch die Wagen. Als ich drüben ankam, stieß ich mit einem Mann zusammen, den ich von Borneo her kannte und der eben aus einem Hutladen trat.

»Hallo, Morton«, sagte ich. »Seit wann sind Sie in England?«

»Seit einer Woche ungefähr.«

Er war drüben in Borneo Distriktsoffizier. Der Gouverneur hatte mir eine Empfehlung an ihn gegeben, und ich hatte ihm geschrieben, daß ich die Absicht hätte, mich an dem Ort, in dem er lebte, eine Woche lang aufzuhalten und in dem von der Regierung eingerichteten Unterkunftshaus abzusteigen. Er holte mich vom Schiff ab und lud mich ein, bei ihm zu wohnen. Ich lehnte es ab. Wie konnte ich für acht Tage die Gastfreundschaft eines wildfremden Menschen in Anspruch nehmen? Ich scheute mich, ihm Kosten zu verursachen. Überdies versprach ich mir größere Freiheit, wenn ich für mich blieb. Aber er wollte nichts davon hören.

»Ich habe eine Menge Platz«, sagte er, »und das Unterkunftshaus ist abscheulich. Seit sechs Monaten habe ich mit keinem Weißen mehr gesprochen, und meine eigene Gesellschaft wächst mir zum Halse heraus.«

Aber als Morton mich dann wirklich hatte, als sein Motorboot uns an seinem Bungalow abgesetzt und er mir etwas zu trinken angeboten hatte, wuße er nicht das geringste mehr mit mir anzufangen. Mit einemmal packte ihn die Schüchternheit, und sein Gespräch, das bis dahin fließend und unbefangen gewesen war, versiegte. Ich bemühte mich nach Kräften, ihm über seine Fremdheit hinwegzuhelfen (das Geringste, was ich für ihn tun konnte, in seinem eigenen Haus), und so fragte ich ihn, ob er keine neuen Platten hätte. Er zog das Grammophon auf, und die Klänge einer Tanzplatte gaben ihm seine Sicherheit wieder.

Von seinem Bungalow aus sah man hinab auf den Fluß, und eine große Veranda bildete sein Wohnzimmer. Sie war in der unpersönlichen Art eingerichtet, die so charakteristisch für die Wohnung des Regierungsbeamten ist, der von heute auf morgen da- und dorthin versetzt werden kann, je nach den Erfordernissen des Dienstes. An den Wänden hingen als Zierde einheimische Kopfbedeckungen, Tiergeweihe, Musikinstrumente und

Speere. Auf dem Bücherregal sah man Detektivromane und alte Zeitschriften. Ein Pianino mit gelben Tasten stand an der Wand. Das Zimmer war sehr unordentlich, aber nicht ungemütlich.

Leider kann ich mich nicht genau erinnern, wie er aussah. Er war jung, achtundzwanzig Jahre alt, wie ich später erfuhr, und hatte ein knabenhaftes anziehendes Lächeln. Ich verbrachte eine angenehme Woche mit ihm. Wir fuhren den Fluß hinauf und hinunter, und wir bestiegen einen Berg. Einmal frühstückten wir bei einem Pflanzer, der zwanzig Meilen entfernt wohnte, und jeden Abend gingen wir in den Klub. Die einzigen Mitglieder waren der Leiter einer Kautschukfabrik und seine Assistenten, aber sie verkehrten nicht untereinander, und nur auf Mortons Vorstellungen, ihn doch, um Gottes willen, nicht im Stich zu lassen, wenn er einen Gast hätte, wurde es möglich, eine Bridgepartie zusammenzustellen. Die Atmosphäre war gespannt. Wir kamen zum Dinner wieder nach Hause, hörten uns ein paar Grammophonplatten an und gingen schlafen. Morton hatte nur wenig im Büro zu tun. Eigentlich hätte man meinen müssen, daß ihm die Zeit nicht gerade kurzweilig durch die Finger lief, aber dem war nicht so. Er war voll Energie und Lebensfreude; es war sein erster Posten, und er war glücklich, unabhängig zu sein. Er hatte nur *eine* Sorge: daß er versetzt werden könnte, ehe die Straße fertig war, an der er baute. Diese Straße bildete die Freude seines Herzens. Sie entsprang seiner eigenen Idee, und er hatte mit vieler Kunst die Regierung veranlaßt, ihm das nötige Geld zu bewilligen; er hatte selbst das Terrain geprüft und den Weg festgelegt. Er hatte ohne Hilfe die technischen Probleme gelöst, die sich darboten. Jeden Morgen, ehe er ins Büro ging, fuhr er in einem wackligen alten Ford an die Baustelle und überzeugte sich von den Leistungen der Kulis. Er dachte an nichts anderes. Er träumte in der Nacht von seiner Straße. Er errechnete, daß sie in einem Jahr fertig sein würde, und wollte erst dann seinen Urlaub nehmen. Wäre er ein Maler oder ein Bildhauer gewesen, der an einem Kunstwerk schafft, er hätte unmöglich mit größerer Hingabe arbeiten können. Ich glaube, es war diese Intensität, die ihm mein Herz gewann. Ich bewunderte seinen Eifer. Seine unbeirrte Art gefiel mir. Und die Besessenheit, mit der er sein Werk vorwärtstrieb und die ihn gleichgültig machte gegen Einsamkeit, Fortkommen und selbst gegen die Aussicht, die Heimat wiederzusehen, imponierte mir. Ich weiß nicht mehr, wie lang die Straße war – fünfzehn oder zwanzig Meilen etwa –, und ich weiß nicht mehr, welchem Zweck sie dienen sollte. Ich nehme an, daß Morton sich darüber nicht viel Kopfzerbrechen machte. Seine Leidenschaft war die Leidenschaft des Künstlers, sein Triumph der Triumph des Menschen über die Natur. Er lernte im Vorwärtsdringen. Er hatte gegen den Dschungel zu kämpfen, gegen Wolkenbrüche, die das Werk von Wochen vernichteten, gegen topographische Hindernisse; er mußte seine Arbeit organisieren und sie zusammenhalten; er hatte unzureichende Mittel. Aber seine Phantasie hielt ihn aufrecht. Die Arbeit mit ihren wechselvollen Ereignissen gestaltete sich zu einer Art von Epos, zu einer großen Saga mit unzähligen Episoden.

Nur eines machte ihm Kummer: der Tag war zu kurz. Er hatte Bürodienst, er war Richter, Steuereinnehmer, Vater und Mutter der Bevölkerung seines Distrikts – all dies mit achtundzwanzig Jahren! Er mußte hie und da Inspektionsreisen unternehmen, die ihn von seinem Wohnort fernhielten. Wenn er nicht selbst an Ort und Stelle war, wurde nichts geleistet. Er hätte am liebsten vierundzwanzig Stunden im Tag dabeistehn mögen, um die unwilligen Kulis anzutreiben. Kurz vor meiner Ankunft hatte sich etwas ereignet, was ihn mit freudiger Genugtuung erfüllte. Er hatte einem Chinesen für ein bestimmtes Arbeitsquantum Bedingungen angeboten, die dieser nicht annehmen wollte. Er verlangte mehr, als Morton zahlen konnte. Trotz endloser Diskussionen war es unmöglich, eine Einigung zu erzielen. Das Herz voll Wut, mußte Morton zusehen, wie seine Arbeit aufgehalten wurde. Er wußte keinen Ausweg. Eines Morgens nun, als er ins Büro ging, hörte er, daß es in der Nacht zuvor in einem chinesischen Spielhaus zu einer großen Schlägerei gekommen war. Ein Kuli war schwer verwundet worden, und sein Angreifer saß im Arrest. Dieser Angreifer war niemand anders als der widerspenstige Chinese. Er kam vor Gericht, seine Schuld wurde einwandfrei festgestellt, und Morton verurteilte ihn zu achtzehn Monaten Zwangsarbeit.

»Jetzt kann er ohne Bezahlung an der Straße bauen«, sagte Morton, und seine Augen blitzten.

Wir sahen den Burschen eines Morgens an der Arbeit. Seelenvergnügt schaufelte er in seinem Sträflingskittel darauf los. Er schien sein Mißgeschick nicht weiter schwerzunehmen.

»Ich habe ihm versprochen, ihm den Rest seiner Strafe zu schenken, sobald die Straße fertig ist«, sagte Morton, »und er ist ganz zufrieden damit. Glück muß man haben, nicht?«

Als ich mich von Morton verabschiedete, forderte ich ihn auf, mich zu verständigen, wenn er nach England käme, und er versprach, es gleich nach seiner Landung zu tun. In dem Augenblick, da man derartige Einladungen ausspricht, meint man sie vollkommen ernst. Wird man aber beim Wort genommen, so bekommt man es mit der Angst: die Leute sind so anders zu Hause als draußen. Dort sind sie unbefangen, herzlich und natürlich. Sie haben interessante Dinge zu erzählen. Sie sind unbeschreiblich freundlich und nett. Man hat den Wunsch, sich für die genossene Gastfreundschaft dankbar zu erweisen. Doch es ist nicht leicht. Die Menschen, die in ihrer eigenen Umgebung amüsant waren, werden in der unseren äußerst langweilig. Sie sind befangen und schüchtern. Wir stellen sie unseren Freunden vor, und unsere Freunde finden sie hoffnungslos ledern. Sie bemühen sich nach Kräften, höflich zu ihnen zu sein, aber sie seufzen erleichtert auf, wenn die Fremden aufbrechen und die Konversation wieder ungehindert in den gewohnten Bahnen dahinplätschern kann. Ich vermute, daß die Leute aus den Kolonien diese Situation sehr bald begreifen – denn sie haben so manche bittere und demütigende Enttäuschung hinter sich –, jedenfalls machte ich die Erfahrung, daß sie nur selten einer Einladung Folge leisten, die in irgendeiner entlegenen Station des Dschungels so herzlich ausgesprochen und ebenso herzlich angenommen wurde. Aber mit Morton war es anders. Er war jung und ledig. In den meisten Fällen liegt die Schwierigkeit bei den Frauen; die andern Frauen betrachten kritisch ihre unmodernen Kleider, erfassen mit einem Blick das Provinzlerische ihrer Erscheinung und vernichten sie mit ihrer eisigen Gleichgültigkeit. Aber ein Mann kann Bridge spielen, er kann Tennis spielen und tanzen. Morton hatte Charme. Ich war überzeugt, daß er ohne weiteres in ein bis zwei Tagen Boden fassen würde.

»Warum haben Sie mich nicht von Ihrer Anwesenheit verständigt?«

»Ich wollte Sie nicht belästigen«, lächelte er.

»Was für ein Unsinn!«

Selbstverständlich erschien er mir, als wir nun auf der Straße beisammenstanden und einen Augenblick plauderten, etwas ungewohnt. Ich hatte ihn immer nur in Khakihosen und Tennishemd gesehen oder beim Dinner, wenn wir vom Klub nach Hause kamen, in Sarong und Pyjamajacke, der bequemsten Abendkleidung, die je erdacht wurde. In seinem blauen Anzug sah er ein bißchen ungeschickt aus. Sein Gesicht wirkte sehr braun über dem weißen Kragen.

»Wie steht's mit der Straße?« fragte ich.

»Fertig. Ich dachte schon, ich würde meinen Urlaub aufschieben müssen. Knapp vor der Vollendung stellten sich uns allerlei Hindernisse in den Weg. Aber ich ließ nicht locker, und am Tag vor der Abreise bin ich mit meinem Ford die ganze Strekke, ohne anzuhalten, hin und zurück gesaust.«

Ich lachte. Er war reizend in seiner Freude.

»Was haben Sie bisher unternommen in London?«

»Anzüge gekauft.«

»Und fühlen Sie sich wohl?«

»Sehr. Es ist natürlich ein bißchen einsam, aber das stört mich nicht. Ich habe mir jeden Abend eine Vorstellung angesehn. Die Palmers – Sie kennen sie doch von Sarawak her – sollten gleichzeitig mit mir in London sein, und wir wollten gemeinsam allerhand unternehmen, aber sie mußten nach Schottland fahren, weil ihre Mutter krank wurde.«

Diese Worte, so beiläufig hingesprochen, schnitten mir tief ins Herz. Das war die übliche Erfahrung. Es war erschütternd. Monate, lange Monate hindurch malten sich diese Leute ihre Ferien aus, und wenn sie dann das Schiff verließen, waren sie halb närrisch vor Freude und Erwartung. London – Läden, Klubs, Theater, Restaurants – London. Wie wollten sie es genießen! London. Es verschluckte sie. Eine fremde, turbulente Stadt, nicht feindselig, aber gleichgültig. Sie verloren sich in ihr. Sie hatten keine Freunde. Sie hatten nichts Gemeinsames mit den Menschen, die sie kennenlernten. Sie waren einsamer als im Dschungel. Es war ein Glücksfall, wenn sie in irgendeinem Theater zufällig mit einem Bekannten aus dem Fernen Osten zusammentrafen (gleichgültig, ob sie ihn dort für besonders sympathisch und unterhaltsam gehalten hatten oder nicht).

Dann wurde ein Abend verabredet, man konnte wieder einmal herzlich lachen, man erzählte sich, wie großartig man sich amüsierte, man sprach von gemeinsamen Freunden und gestand sich zu guter Letzt – wenn auch nicht ohne Verlegenheit –, daß man über das Ende des Urlaubs gar nicht sehr betrübt sein werde und gern ins Joch zurückkehre. Sie fuhren zu ihren Familien und freuten sich natürlich ungemein, sie zu sehen, aber ganz so wie früher war es nicht mehr, man gehörte nicht mehr recht dazu; was war es doch für ein trübseliges Dasein, das die Leute in England führten! Es war wunderbar, nach Hause zu kommen, aber leben konnte man hier nicht mehr. Man dachte an den Bungalow mit seinem Blick auf den Fluß, an die Reisen durch den Distrikt und was für Spaß es machte, wenn man alle heiligen Zeiten einmal eine kleine Spritzfahrt nach Sandakan oder Kuching oder Singapur unternahm.

Und weil ich mich erinnerte, mit was für Erwartungen Morton den Zeitpunkt herbeigesehnt hatte, an dem er, nach Beendigung seiner Straße, endlich seinen Urlaub würde antreten dürfen, konnte ich mich eines schmerzlichen Gefühls nicht erwehren. Ich stellte mir vor, wie er allein in einem öden Klub zu Abend aß, wo er niemanden kannte, oder allein in einem Restaurant in Soho und wie er nachher in irgendein Theater ging, wo wiederum keiner neben ihm saß, mit dem er die Vorstellung genießen konnte oder mit dem er in der Pause ein Gläschen trank. Und gleichzeitig überlegte ich: selbst wenn ich gewußt hätte, daß er in London war – ich hätte nichts für ihn tun können, weil ich in der letzten Woche nicht einen Augenblick frei gehabt hatte. Auch für diesen Abend war ich mit Freunden verabredet, und am nächsten Tag reiste ich ins Ausland.

»Was machen Sie heute abend?« fragte ich ihn.

»Ich gehe in den ›Pavillon‹. Es ist zwar immer furchtbar voll dort, aber ich habe in meiner Straße einen großartigen Mann entdeckt, der mir noch ein Billett verschafft hat.«

»Haben Sie nicht Lust, mit mir zu Abend zu essen? Ich gehe mit Bekannten ins Theater, und nachher wollen wir noch zu Ciro.«

»Furchtbar gern.«

Wir verabredeten uns für elf Uhr, und ich verließ ihn.

Ich hatte die Befürchtung, daß die Freunde, mit denen ich mich treffen wollte, für Morton nicht sehr unterhaltsam sein würden, denn sie waren ausgesprochen mittleren Alters, und von jungen Leuten wußte ich niemanden, den ich zu dieser Zeit des Jahres, so im letzten Moment, hätte herbeizitieren können. Keines von den jungen Mädchen, die ich kannte, wäre besonders entzückt gewesen, einen ganzen Abend mit einem schüchternen jungen Mann aus Malaya tanzen zu müssen. Auf die Bishops konnte ich mich verlassen, sie würden bestimmt nett zu ihm sein; und auf alle Fälle war es vergnüglicher für ihn, in einem Klub zu essen, wo eine gute Musikkapelle spielte und hübsche Frauen tanzten, als um elf Uhr nach Hause zu gehen und sich schlafen zu legen. Ich hatte Charlie Bishop kennengelernt, als ich Medizin studierte. Er war damals ein dünner kleiner Kerl gewesen, mit rötlichem Haar und stumpfen Zügen; er hatte schöne Augen, dunkel und leuchtend, aber er trug eine Brille. Sein Gesicht war rund, fröhlich und rot. Er interessierte sich sehr für Mädchen. Es mußte etwas an ihm sein, was ihnen gefiel, denn ohne Geld und ohne gutes Aussehen brachte er es fertig, eine ganze Reihe junger Dinger aufzutreiben, die seine schweifenden Wünsche befriedigten. Er war klug und eingebildet, rechthaberisch und jähzornig. Er hatte eine scharfe Zunge. Rückschauend möchte ich sagen, daß er ein ziemlich unangenehmer junger Mensch war, aber man langweilte sich nicht mit ihm. Jetzt, Mitte der Fünfzig, neigte er zur Korpulenz und war sehr kahl, aber seine Augen hinter den goldenen Brillenrändern leuchteten immer noch lebhaft. Er war dogmatisch, arrogant, streitsüchtig und bissig geblieben; und doch wirkte er gutmütig und amüsant. Wenn man einen Menschen sehr lange kennt, ärgert man sich über seine Eigenheiten nicht mehr. Man nimmt sie hin, wie man die eigenen Mängel hinnimmt. Von Beruf Pathologe, sandte er mir ab und zu ein dünnes Buch, das er eben veröffentlicht hatte. Es war streng, außerordentlich wissenschaftlich und grimmig mit Photographien von Bakterien illustriert. Ich las es nicht. Ich entnahm aus Bemerkungen, die hie und da über Charlie gemacht wurden, daß seine Ansichten unvernünftig wären. Ich glaube nicht, daß er bei den Mitgliedern seiner Profession sehr beliebt war. Er selbst machte kein Hehl daraus, daß er sie alle für eine Bande von unfähigen Idioten hielt. Aber er hatte seinen Beruf, der ihm an die sechs- bis achthundert Pfund im Jahr einbrachte, und scherte sich nicht den Teufel darum, was andere Leute von ihm dachten.

Ich hatte Charlie Bishop gern, weil ich ihn seit dreißig Jahren kannte, aber Margery, seine Frau, hatte ich gern, weil sie sehr nett war. Ich war seinerzeit, als er mir von seinen Heiratsabsichten Mitteilung gemacht hatte, äußerst erstaunt gewesen. Er war damals hart an die Vierzig und so unbeständig in seinen Neigungen, daß ich überzeugt war, er würde ledig bleiben. Er hatte eine große Schwäche für Frauen, war jedoch nicht im mindesten sentimental, und seine Ziele waren frivoler Natur. Seine Ansichten über das weibliche Geschlecht würden in unseren idealistischen Tagen als roh bezeichnet werden. Er wußte, was er wollte, und scheute sich nicht, es zu verlangen. Und wenn er es für Geld und gute Worte nicht bekommen konnte, zuckte er die Achseln und ging seiner Wege. Es war erstaunlich, daß sich trotz seines unansehnlichen Äußern so viele fanden, die sich mit ihm einließen. Befriedigung für seine geistigen Bedürfnisse suchte er lediglich in einzelligen Organismen. Er war stets ein sachlicher Mensch gewesen, und als er mir erzählte, daß er im Begriff wäre, ein junges weibliches Wesen namens Margery Hobson zu heiraten, fragte ich ihn ohne Umschweife, warum. Er grinste.

»Drei Gründe. Erstens, weil sie nur unter dieser Bedingung mit mir schlafen will. Zweitens, weil ich mit ihr lachen kann wie eine Hyäne. Drittens, weil sie allein auf der Welt dasteht, ohne die geringste Verwandtschaft, und unbedingt jemanden haben muß, der für sie sorgt.«

»Der erste Grund ist Unsinn und der zweite Flunkerei. Der dritte ist der wirkliche, und das besagt, daß sie dich unerbittlich beim Schopf hat.«

»Du kannst schon recht haben.«

»Aber noch schlimmer! Du freust dich sogar darüber!«

»Könntest du nicht morgen mit uns essen und sie dir ansehen? Du wirst es nicht bereuen.«

Charlie war Mitglied eines Klubs, den ich zu jener Zeit häufig besuchte, und wir beschlossen, uns dort zum Lunch zu treffen. Ich fand, daß Margery eine sehr anziehende junge Person war. Sie zählte damals kaum dreißig. Sie war eine Dame. Ich stellte diese Tatsache mit Befriedigung und nicht ohne eine gewisse

Verwunderung fest, denn es war mir nicht entgangen, daß Charlie im allgemeinen Frauen bevorzugte, deren Erziehung etwas zu wünschen übrigließ. Sie war nicht schön, aber hübsch, mit vollem dunklem Haar, wundervollen Augen, guten Farben, und strahlte Gesundheit aus. Sie wirkte ehrlich, einfach und zuverlässig. Ich fühlte mich sofort zu ihr hingezogen. Es sprach sich gut mit ihr, und obgleich sie nichts besonders Geistreiches von sich gab, verstand sie, was die andern meinten; sie hatte Sinn für Humor und war nicht schüchtern. Sie machte den Eindruck von Tüchtigkeit und Sachlichkeit. Ihre so glückliche Ausgeglichenheit ließ auf ein gutes Temperament und eine ausgezeichnete Verdauung schließen.

Sie schienen außerordentlich entzückt voneinander zu sein. Ich hatte mich, als ich sie kennenlernte, gefragt, warum Margery diesen reizbaren Mann heiratete, der schon ziemlich kahl und keineswegs mehr der Jüngste war, aber bald entdeckte ich, daß sie es tat, weil sie ihn liebte. Sie neckten einander ausgiebig und lachten viel, und hin und wieder begegneten sich ihre Blicke bedeutungsvoller, als tauschten sie eine rasche heimliche Botschaft. Es war beinahe rührend.

Eine Woche später wurden sie auf dem Standesamt getraut. Es wurde eine sehr glückliche Ehe. Wenn ich jetzt, nach sechzehn Jahren, zurückblickte und überlegte, wie erfreulich sie ihr gemeinsames Leben gestaltet hatten, konnte ich mich eines anerkennenden Schmunzelns nicht erwehren. Niemals hatte ich ein verliebteres Paar gekannt. Sie verfügten nie über sehr viel Geld. Sie schienen es niemals zu brauchen. Ehrgeizige Wünsche kannten sie nicht. Ihr Leben war ein Picknick, das nie zu Ende ging. Sie wohnten in der kleinsten Wohnung, die ich je gesehen: ein kleines Schlafzimmer, ein kleines Wohnzimmer und ein Badezimmer, das auch als Küche diente. Sie hatten keinen Sinn für Häuslichkeit, aßen in Restaurants und nahmen nur das Frühstück zu Hause. Diese Wohnung war lediglich zum Schlafen bestimmt. Sie war bequem – obgleich eine dritte Person, die bei ihnen etwa einen Whisky mit Soda trinken wollte, kaum mehr Platz fand –, und Margery hielt sie mit Hilfe einer Aufwartefrau so weit instand, wie es bei Charlies Mangel an Ordnungssinn möglich war. Aber es war nicht ein einziger Gegenstand zu sehen, der eine persönliche Note zeigte. Sie besaßen ein winziges Auto, und sobald Charlie sich freimachen konnte, nahmen sie es mit über den Kanal und fuhren los, wohin es sie gerade lockte. Ein Koffer für jeden bildete das ganze Gepäck. Keine Panne störte sie, schlechtes Wetter gehörte mit zum Spaß, ein geplatzter Reifen erhöhte nur ihr Vergnügen, und wenn sie sich verirrt hatten und im Freien schlafen mußten, so fanden sie das herrlich.

Charlie fuhr fort, reizbar und streitsüchtig zu sein, aber er mochte sich aufführen, wie er wollte, nichts war imstande, Margerys wunderbare Ruhe zu stören. Sie konnte ihn mit einem Wort besänftigen. Sie konnte ihn immer noch zum Lachen bringen. Sie tippte seine Monographien über obskure Bakterien und las die Korrekturbogen seiner Artikel in den wissenschaftlichen Zeitschriften. Einmal fragte ich sie, ob sie manchmal Streit hätten.

»Nein«, antwortete sie. »Wir haben eigentlich nie Anlaß dazu. Charlie ist ein Engel an Sanftmut.«

»Unsinn«, sagte ich, »er ist ein anmaßender, aggressiver, rechthaberischer Mensch.«

Sie blickte zu ihm hinüber und lachte, und es war deutlich zu merken, daß sie meinen Ausfall für Originalitätssucht hielt.

»Laß ihn toben«, meinte Charlie. »Er ist ein ahnungsloser Narr und gebraucht Worte, von deren Bedeutung er keinen Schimmer hat.«

Sie waren reizend zueinander. Sie fühlten sich glücklich, wenn sie beisammen sein konnten, und trennten sich nie, wenn es nicht sein mußte. So viele Jahre sie auch schon verheiratet waren, Charlie setzte sich tagtäglich um die Mittagszeit in seinen Wagen und fuhr nach dem Westen, um mit Margery in einem Restaurant zu essen. Man lächelte über sie, gutmütig, aber vielleicht mit einem kleinen Kopfschütteln, denn wenn sie über ein Wochenende zu Freunden aufs Land eingeladen wurden, dann schrieben sie, daß sie gern kommen wollten, aber nur unter der Bedingung, daß sie ein gemeinsames Schlafzimmer bekämen. Sie hatten so viele Jahre miteinander gelebt, daß sie beide nicht mehr allein schlafen konnten. Es brachte die Gastgeber manchmal in Verlegenheit. Ehepaare verlangten im allgemeinen nicht nur getrennte Schlafzimmer, sondern nahmen es sogar übel, wenn ihnen zugemutet wurde, das gleiche Badezimmer zu benützen. Die modernen Häuser waren auf eheliche Idyllen nicht eingerichtet, aber unter den Freunden der Bishops wurde es allmählich zur Selbstverständlichkeit: wenn man auf ihren Besuch Wert legte, mußte man ihnen ein gemeinsames Schlafzimmer geben. Manche Leute fanden das geschmacklos, außerdem war es meist nicht ganz einfach zu bewerkstelligen, aber die beiden waren als Gäste sehr beliebt, und es lohnte sich, ihre Eigenheiten mit in Kauf zu nehmen. Charlie war immer voll von Schnurren, und seine bissige Art brachte Leben in die Unterhaltung; und Margery war ausgeglichen und angenehm. Man hatte keine Mühe mit ihnen. Nichts war ihnen lieber, als wenn man sich nicht weiter um sie kümmerte und ihnen erlaubte, weite Spaziergänge miteinander zu unternehmen.

Wenn ein Mann heiratet, ist es die Regel, daß seine Frau ihn früher oder später seinen alten Freunden entfremdet; bei Margery war eher das Gegenteil der Fall. Sie gestaltete seine Beziehungen vertrauter. Er wurde durch sie toleranter und zu einem erträglichen Gesellschafter. Die beiden wirkten eigentlich nicht wie Eheleute, sondern amüsanterweise eher wie zwei Junggesellen mittleren Alters, die miteinander lebten; und wenn Margery, wie es sich oft ergab, die einzige Frau unter einem halben Dutzend von lauten, disputierenden und lästernden Männern war, dann wurde ihre Anwesenheit nicht als Störung, sondern eher als Gewinn empfunden. Wann immer ich nach England kam, suchte ich sie auf. Sie dinierten gewöhnlich in dem Klub, den ich erwähnt habe, und wenn ich gerade allein war, ging ich hin und leistete ihnen Gesellschaft.

Als wir uns an jenem Abend vor dem Theater trafen, teilte ich ihnen mit, daß ich Morton für nachher zu Ciro eingeladen hatte.

»Ich fürchte, ihr werdet ihn nicht unterhaltsam finden«, sagte ich. »Aber er ist ein netter Junge und war reizend zu mir, als ich in Borneo war.«

»Warum hast du mir nicht früher etwas davon gesagt?« rief Margery. »Dann hätte ich ein junges Mädchen mitbringen können.«

»Wozu braucht er ein junges Mädchen?« meinte Charlie. »Du wirst doch da sein.«

»Ob es einem jungen Mann Spaß machen kann, mit einer Dame vorgeschrittenen Alters, wie ich es bin, zu tanzen, bezweifle ich.«

»Unsinn. Was hat dein Alter damit zu tun?« Er wandte

sich an mich. »Hast du je eine Frau gesehn, die besser tanzt als sie?«

Das hatte ich gewiß, aber sie tanzte tatsächlich sehr gut. Sie war leicht und hatte ein ausgesprochenes Gefühl für Rhythmus.

»Nie!« antwortete ich aus Herzensgrund.

Morton erwartete uns, als wir zu Ciro kamen. Er sah sehr sonnenverbrannt aus in seinem Abendanzug, und ich hatte den Eindruck, daß er sich in ihm nicht ganz zu Hause fühlte. Aber vielleicht schien es mir nur so, weil ich wußte, daß dieser Smoking vier Jahre lang, mit Mottenkugeln verpackt, in einem Zinnkoffer gelegen hatte. Auf alle Fälle bewegte sich Morton in seinen Khakihosen freier. Charlie Bishop war ein guter Sprecher und hörte sich gern zu. Morton war befangen. Ich gab ihm einen Cocktail zu trinken und bestellte Sekt. Ich hatte das Gefühl, daß er gern tanzen wollte, war mir aber nicht klar, ob es ihm einfallen würde, Margery aufzufordern. Mit scharfer Deutlichkeit wurde ich mir bewußt, daß wir drei einer anderen Generation angehörten.

»Mrs. Bishop ist eine wunderbare Tänzerin«, sagte ich.

»Wirklich?« Er errötete ein wenig. »Wollen Sie mit mir tanzen?«

Sie stand auf, und sie begaben sich miteinander auf das Parkett. Margery sah an diesem Abend besonders reizend aus. Nicht die Spur von elegant – ihr einfaches schwarzes Kleid konnte unmöglich mehr als sechs Pfund gekostet haben –, aber sehr damenhaft. Sie hatte ungewöhnlich gute Beine, und damals wurden noch sehr kurze Röcke getragen. Sie war wohl ein wenig geschminkt, wirkte jedoch im Gegensatz zu den anderen Frauen sehr natürlich. Das kurzgeschnittene Haar stand ihr; es war noch ohne den kleinsten Anflug von Weiß und hatte einen schönen Schimmer. Sie war keine hübsche Frau, aber ihr gutes Wesen, ihre Frische und ihre Gesundheit erweckten, wenn auch nicht die Illusion, daß sie es dennoch sei, zumindest die Überzeugung, daß es nicht das geringste zu bedeuten habe. Als sie an den Tisch zurückkam, waren ihre Wangen gerötet und ihre Augen leuchteten.

»Wie tanzt er?« fragte ihr Gatte.

»Himmlisch.«

»Das ist Ihr Verdienst«, sagte Morton.

Charlie fuhr in seiner Unterhaltung fort. Er hatte eine sarkastische Art, und es war fesselnd, ihm zuzuhören, weil er sich selbst so lebhaft für seinen Gegenstand interessierte. Aber er sprach über Dinge, von denen der andere nichts wußte, und obgleich Morton sich höflich bemühte, zu folgen, merkte ich doch, daß er viel zu hingenommen war von der angeregten Stimmung ringsumher, der Musik und dem Sekt, als daß er dem Gespräch viel Aufmerksamkeit hätte schenken können. Als die Kapelle wieder einsetzte, suchten seine Blicke sofort die Augen Margerys. Charlie fing den Blick auf und lächelte.

»Tanz mit ihm, Margery. Gut für deine Linie, wenn du dir Bewegung machst.«

Sie entfernten sich, und Charlie sah ihr einen Augenblick liebevoll nach.

»Margery ist selig. Sie tanzt so leidenschaftlich gern, und mir nimmt's den Atem. Netter Junge, das.«

Mein Abend wurde ein richtiger Erfolg, und als Morton und ich uns von den Bishops verabschiedet hatten und noch ein Stückchen durch die Straßen schlenderten, dankte er mir auf das wärmste. Er hatte sich großartig unterhalten. Am nächsten Morgen reiste ich ins Ausland.

Es tat mir leid, daß ich nicht mehr für Morton hatte tun können. Bei meiner Heimkunft würde er voraussichtlich schon auf dem Rückweg nach Borneo sein.

Hier und da dachte ich noch flüchtig an ihn, aber als ich im Herbst nach Hause zurückkehrte, war er meinem Gedächtnis schon wieder entschwunden. Mein Londoner Aufenthalt mochte ungefähr eine Woche gedauert haben, als ich eines Abends zufällig in den Klub kam, dem auch Charlie Bishop angehörte. Er saß mit drei, vier Männern beisammen, die auch ich kannte, und ich trat an ihren Tisch. Ich hatte sie alle seit meiner Rückkehr noch nicht gesehen. Einer von ihnen, Bill Marsh, mit dessen Frau Janet ich sehr befreundet war, bot mir ein Glas Whisky an.

»Wo kommst denn du so plötzlich her?« fragte Charlie. »Hab dich eine Ewigkeit nicht mehr gesehen.«

Ich merkte sofort, daß er betrunken war. Das wunderte mich. Charlie war dem Alkohol niemals abgeneigt gewesen. Aber er konnte eine Menge vertragen und schlug eigentlich nie über den Strang. In längstvergangenen Jahren, als wir noch sehr jung gewesen waren, hatte er sich manchmal einen Schwips geleistet, aber wohl eher, um zu zeigen, was für ein schneidiger Junge er war. Es wäre unfair, einem Menschen die Ausschreitungen seiner Jugend vorzuwerfen; immerhin konnte ich mich erinnern, daß Charlie im betrunkenen Zustand nie sehr angenehm gewesen war: seine natürliche Aggressivität pflegte sich dann zu verschärfen, er sprach zu viel und zu laut; er wurde zänkisch. Gegenwärtig war er äußerst dogmatisch, stellte die gewagtesten Behauptungen auf und ließ keinen Widerspruch aufkommen. Die andern wußten, daß er betrunken war, und kämpften zwischen der Gereiztheit, die seine Unleidlichkeit in ihnen wachrief, und der gutmütigen Toleranz, die sein Zustand erforderte. Er bot kein erfreuliches Bild. Ein Mensch in diesem Alter, kahl und fett, mit einer Brille, ist widerwärtig, wenn er betrunken ist. Er war im allgemeinen ziemlich auf sein Äußeres bedacht, aber nun war er unordentlich und über und über mit Zigarrenasche bestreut. Charlie rief den Kellner und bestellte abermals einen Whisky. Der Kellner war seit dreißig Jahren im Klub.

»Sie haben noch einen vor sich stehen, Sir«, sagte er.

»Kümmern Sie sich um Ihre eigenen Angelegenheiten«, schrie Charlie. »Wenn Sie mir nicht augenblicklich einen Doppelwhisky bringen, zeige ich Sie beim Klubsekretär an.«

»Sehr wohl, Sir«, sagte der Kellner.

Charlie leerte sein Glas auf einen Zug, aber seine Hand war unsicher, und etwas von dem Whisky ging daneben. »Na, Charlie, mein Junge, jetzt wollen wir aber langsam aufbrechen«, meinte Bill Marsh. Er wandte sich zu mir. »Charlie wohnt nämlich jetzt für eine Weile bei uns.«

Mein Erstaunen wurde noch größer. Aber ich spürte, daß da etwas nicht stimmte, und schwieg.

»Wir können gleich gehn«, sagte Charlie. »Ich will nur schnell noch einen Whisky trinken. Dann schlafe ich besser.«

Es sah mir nicht danach aus, als ob die Gesellschaft in absehbarer Zeit aufbrechen würde. Deshalb stand ich auf und erklärte, daß ich noch ein Stück zu Fuß gehen wolle.

»Da fällt mir ein«, rief Bill, als ich mich schon verabschiedet hatte, »könntest du nicht morgen abend zu uns zum Essen kommen? Wir werden ganz unter uns sein: nur ich, Janet und Charlie.«

»Doch«, antwortete ich, »gern.«
Es war klar, daß sich etwas ereignet hatte. –

Die Marshs wohnten in einer Straße an der Ostseite des Regents Park. Das Mädchen, das mir die Tür öffnete, bat mich in Bills Zimmer. Er erwartete mich.

»Ich wollte dich gern allein sprechen, ehe wir hinaufgehen«, fing er gleich nach der Begrüßung an. »Du weißt doch, daß Margery Charlie verlassen hat?«

»Nein!«

»Es hat ihn furchtbar getroffen. Janet wollte ihn nicht allein lassen in seiner scheußlichen kleinen Wohnung, und da haben wir ihn für eine Weile zu uns genommen. Wir haben getan, was wir konnten. Er trinkt wie ein Fisch. Seit vierzehn Tagen hat er kein Auge geschlossen.«

»Aber sie wird doch wieder zu ihm zurückkommen?«

Ich war wie vor den Kopf geschlagen.

»Nein. Sie hat sich in einen jungen Menschen namens Morton verliebt.«

»Morton? Wer ist denn das?«

Ich wäre nie auf den Gedanken gekommen, daß es sich um meinen Freund aus Borneo handeln könnte.

»Durch dich hat sie ihn doch kennengelernt, zum Teufel! Da hast du was Schönes angerichtet! Komm, laß uns hinaufgehen. Ich wollte dich bloß vorbereiten.«

Er öffnete die Tür, und wir verließen das Zimmer.

Ich war völlig verwirrt.

»Ja, aber ...«, stammelte ich.

»Frag Janet. Sie weiß alles. Mir geht das Verständnis ab für solche Dinge. Ich finde Margery unentschuldbar, und er muß ein Schwein sein.«

Er ging voraus und führte mich in das Empfangszimmer. Janet Marsh erhob sich bei meinem Eintritt und kam mir mit ausgestreckten Händen entgegen. Charlie saß am Fenster und las die Abendzeitung; er legte sie fort, als ich zu ihm hintrat und ihn begrüßte. Er war vollkommen nüchtern und sprach in seiner gewohnten, etwas herausfordernden Art, aber ich bemerkte, daß er sehr krank aussah. Wir tranken ein Glas Sherry und setzten uns zu Tisch. Janet war eine Frau von Geist. Sie war groß, blond und angenehm anzusehen. Sie hielt das Gespräch geschickt im Gang. Als wir Männer nach dem Dinner noch ein Glas Portwein tranken, verließ sie uns mit der Ermahnung, ja nicht länger als zehn Minuten auszubleiben. Bill, der für gewöhnlich etwas schweigsam war, bemühte sich eifrig zu reden. Ich unterstützte ihn nach besten Kräften. Zwar fühlte ich mich gehemmt, weil ich nicht genau wußte, was vorgefallen war, aber es war klar, daß die Marshs Charlie ablenken wollten. Und auch ich tat, was ich konnte, um ihn zu zerstreuen. Er zeigte sich willig, die ihm zugeschriebene Rolle zu spielen; mit der gewohnten Freude am Dozieren redete er vom Standpunkt des Pathologen über einen Mord, der damals gerade die Öffentlichkeit beschäftigte. Aber er sprach ohne Leben. Er war eine hohle Muschel, und man hatte, obgleich er sich seinen Gastgebern zuliebe zum Sprechen zwang, doch den Eindruck, daß seine Gedanken anderswo weilten. Es war eine Erlösung, als uns ein Klopfen von oben anzeigte, daß Janet ungeduldig wurde. Die Gegenwart einer Frau würde die Situation erleichtern. Wir gingen hinauf und spielten Bridge. Als es an der Zeit war, sich zu verabschieden, erklärte Charlie, daß er mich bis Marylebone Road begleiten würde.

»Oh, Charlie, es ist spät. Sie sollten wirklich lieber zu Bett gehn«, sagte Janet.

»Ich werde besser schlafen, wenn ich zuvor ein Stückchen gegangen bin«, antwortete er.

Sie blickte ihn bekümmert an. Man kann einem fünfundfünfzigjährigen Professor der Pathologie nicht verbieten, einen kleinen Spaziergang zu machen, wenn es ihn danach verlangt. Sie warf ihrem Mann einen ermunternden Blick zu.

»Dir würde ein bißchen frische Luft auch nicht schlechttun, Bill.« Die Bemerkung war taktlos. Frauen gehen oft zu weit in ihrer Fürsorglichkeit.

Charlie warf ihr einen unwilligen Blick zu.

»Es besteht nicht die geringste Veranlassung, Bill auf die Straße zu schleppen«, sagte er mit einer gewissen Heftigkeit.

»Habe auch gar nicht die Absicht, mich mitschleppen zu lassen«, sagte Bill lächelnd. »Ich bin todmüde und gehe in die Klappe.«

Ich vermute, daß es nach unserem Aufbruch eine kleine Auseinandersetzung zwischen Bill Marsh und seiner Frau gegeben hat.

»Sie war furchtbar nett zu mir«, sagte Charlie, während wir

längs des Gitters dahinschlenderten. »Ich weiß nicht, was ich ohne sie angefangen hätte. Seit vierzehn Tagen habe ich nicht mehr geschlafen.«

Ich gab meinem Bedauern Ausdruck, fragte aber nicht nach der Ursache, und wir gingen schweigend weiter. Sicherlich war er nur deshalb mitgekommen, um sich mit mir auszusprechen; aber ich wollte ihn nicht bedrängen. Ich hatte den Wunsch, ihm meine Teilnahme zu zeigen, fürchtete jedoch, etwas Falsches zu sagen. Er sollte nicht glauben, daß ich darauf aus war, ihm Bekenntnisse zu entlocken. Was sollte ich tun? Ob er vielleicht doch eine Frage von mir erwartete? Es schien mir unwahrscheinlich. Es lag nicht in seiner Art, sich um die Dinge herumzudrücken. Offenbar überlegte er, was für Worte er wählen sollte. Wir erreichten die Ecke.

»An der Ecke kannst du ein Taxi bekommen«, sagte er. »Ich laufe noch ein Stückchen. Gute Nacht.«

Er nickte mir zu und ließ mich stehen. Ich war verblüfft. Es blieb mir nichts anderes übrig, als weiterzugehen, bis ich einen Wagen bekam.

Am nächsten Morgen saß ich in der Badewanne, als die Telephonglocke schrillte und mich aus dem Wasser riß. Ein Handtuch um den nassen Leib, nahm ich den Hörer ab. Es war Janet.

»Also, wie findest du das Ganze?« fragte sie. »Ihr scheint ja noch lange aufgeblieben zu sein, gestern abend. Ich habe Charlie um drei Uhr nach Hause kommen gehört.«

»Wir haben uns an der Ecke von Marylebone Road getrennt«, antwortete ich. »Er hat mir nicht das geringste erzählt.«

»Nicht!?«

Ein Etwas in Janets Stimme ließ mich befürchten, daß sie gute Lust auf ein längeres Gespräch mit mir hatte. Offenbar stand das Telephon neben dem Bett.

»Ach«, sagte ich schnell, »ich bade gerade.«

»Und du hast ein Telephon im Badezimmer?« Aus ihrer Stimme klang lebhaftes Interesse und ein klein wenig Neid.

»Nein, keineswegs«, antwortete ich kurz und abweisend. »Ich triefe, und der Teppich ist schon ganz naß.«

»Oh!« Enttäuschung und eine Spur von Gereiztheit lag in dem Ton. »Wann kann ich dich also sprechen? Kannst du um zwölf bei mir sein?«

Es paßte mir zwar schlecht, aber ich war entschlossen, mich augenblicklich unter keinen Umständen auf Diskussionen einzulassen.

»Ja, adieu.«

Ich hängte ab, ehe sie noch imstande war, ein Wort hinzuzufügen. Wenn die Seligen im Himmel dereinst das Telephon benützen, dann werden sie sagen, was zu sagen ist, und nicht eine Silbe mehr.

Ich hatte Janet aufrichtig gern, aber ich wußte, daß es nichts gab, was sie mehr belebte als die Schicksalsschläge ihrer Freunde. Sie war rührend bemüht, ihnen zu helfen, aber sie stellte die unerbittliche Forderung, voll und ganz in ihr Unglück eingeweiht zu werden. Sie war die personifizierte ›Freundin in der Not‹. Die Angelegenheiten anderer Leute waren ihr Speise und Trank. Es war unmöglich, sich zu verlieben, ohne sie als Vertraute mit in Kauf zu nehmen, oder in eine Scheidungsaffäre verwickelt zu sein, ohne zu entdecken, daß auch sie ihre Hand im Spiel hatte. Trotz alledem war sie eine sehr nette Frau. Als ich nun um die Mittagsstunde in Janets Empfangszimmer erschien und die erwartungsvolle Spannung bemerkte, mit der sie mich begrüßte, konnte ich ein inneres Schmunzeln nicht unterdrücken. Sie war außer sich über die Katastrophe, welche die Bishops heimgesucht hatte, aber sie fühlte sich in ihrem Element. Sie brannte darauf, einen Uneingeweihten über alle Einzelheiten zu orientieren. In ihrer sachlich-erwartungsvollen Art glich sie einer Mutter, die sich mit dem Hausarzt über die erste Entbindung ihrer verheirateten Tochter unterhält. Die Sache war ernst, sehr ernst sogar, und niemand sollte meinen, daß Janet sie nicht wichtig genug nahm: aber sie war entschlossen, die Sensation bis ins letzte auszukosten.

»Ich war natürlich entsetzt, als Margery mir sagte, daß sie sich von Charlie trennen wollte.« Sie sprach mit der Geläufigkeit eines Menschen, der das gleiche mindestens zehnmal in genau den gleichen Worten wiedererzählt hat.

»Wie haben diese beiden Menschen aneinander gehangen! Wie haben sie sich verstanden! Es war eine vollkommene Ehe. Natürlich, auch Bill und ich stehen sehr gut miteinander. Aber hie und da zanken wir uns furchtbar. Umbringen könnte ich ihn manchmal.«

»Deine Beziehungen zu Bill interessieren mich nicht«, unterbrach ich. »Erzähle mir von den Bishops. Das ist der Grund meines Hierseins.«

»Ich *mußte* dich sehen. Schließlich bist du der einzige Mensch, der Licht in diese Geschichte bringen kann.«

»Um Gottes willen, hör auf. Bis zum gestrigen Abend war ich ahnungslos.«

»Aha! Dann hatte ich also doch recht. Es fiel mir nämlich plötzlich ein, daß du am Ende nichts weißt und daß man dich vor einem Fauxpas bewahren muß.«

»Wie wäre es, wenn du von vorn anfingest?« fragte ich.

»Bitte, das tue ich. Von *dir* ist nämlich das ganze Unglück ausgegangen. *Du* hast den jungen Menschen vorgestellt. Deshalb war ich ja so wild darauf, dich zu sprechen. Du kennst ihn. Ich habe ihn nie gesehen. Ich weiß nichts weiter über ihn, als was Margery mir erzählt hat.«

»Um wieviel Uhr ißt du zu Mittag?« fragte ich.

»Halb zwei.«

»Ich ebenfalls. Erzähle weiter.«

Aber meine Bemerkung hatte Janet auf eine Idee gebracht.

»Sag, könntest du deinen Lunch nicht absagen? Ich sage auch ab. Wir essen dann hier eine Kleinigkeit. Es ist bestimmt ein bißchen kaltes Fleisch im Haus. Dann hätten wir es nicht nötig, uns zu beeilen. Ich muß erst um drei beim Friseur sein.«

»Nein, nein, nein«, wehrte ich ab. »Das kann ich nicht. Spätestens zwanzig nach eins gehe ich von hier fort.«

»Dann kann ich nur in den flüchtigen Umrissen erzählen. Was hältst *du* von Gerry?«

»Gerry? Wer ist das?«

»Na, Gerry Morton. Er heißt doch Gerald.«

»Habe ich nie gewußt.«

»Wieso? Du hast doch bei ihm gewohnt. Hast du denn niemals Briefe herumliegen sehen?«

»Wahrscheinlich ja; aber ich habe sie nicht gelesen«, antwortete ich mit einer gewissen Schärfe.

»Ach, sei doch nicht so dumm. Ich meine natürlich die Kuverts. Wie ist er denn?«

»Sehr nett. Ein Kipling-Typ. Sehr begeistert für seine Arbeit. Jungenhaft. Durchdrungen von Englands Größe.«

»Das meine ich doch nicht«, rief Janet ungeduldig. »Ich möchte wissen, wie er aussieht.«

»Wie er aussieht? Gott, wie alle Welt, eigentlich. Ich würde ihn natürlich sofort wiedererkennen, wenn ich ihm begegnete, aber genau vorstellen kann ich mir ihn nicht. Sauber sieht er aus.«

»Ach, du lieber Himmel«, seufzte Janet. »Und das nennt sich ein Romanschriftsteller! Was für Augen hat er?«

»Weiß ich nicht.«

»*Mußt* du wissen. Man kann doch nicht eine Woche mit einem Menschen gelebt haben, ohne zu wissen, ob er blaue oder braune Augen hat. Ist er blond oder schwarz?«

»Weder das eine noch das andere.«

»Ist er groß oder klein?«

»Mittel, glaube ich.«

»Du willst mich ärgern.«

»Nein. Er sieht vollkommen alltäglich aus. Er ist weder häßlich noch schön. Ordentlich sieht er aus. Wie ein Gentleman.«

»Margery behauptet, daß er ein reizendes Lächeln hat und eine wunderbare Figur.«

»Das mag schon stimmen.«

»Er ist ganz vernarrt in sie.«

»Woraus schließt du das?« fragte ich trocken.

»Ich habe seine Briefe gelesen.«

»Willst du damit sagen, daß Margery sie dir gezeigt hat?«

»Selbstverständlich.«

Es wird für einen Mann immer schwer sein, den Mangel an Verschwiegenheit zu begreifen, den Frauen in ihren Liebesangelegenheiten an den Tag legen. Sie haben kein Schamgefühl. Ohne Verlegenheit sprechen sie miteinander über die intimsten Dinge. Keuschheit ist eine männliche Eigenschaft. Aber obgleich der Mann dies theoretisch wissen mag, erlebt er immer wieder einen peinlichen Schock, wenn er sich einem neuen Fall von weiblicher Indiskretion gegenübersieht. Was hätte Morton dazu gesagt, wenn er gewußt hätte, daß seine Briefe außer von Margery auch noch von Janet Marsh gelesen wurden und daß Janet Marsh tagtäglich über die fortschreitenden Phasen seiner zärtlichen Gefühle auf dem laufenden gehalten wurde? Sie erzählte mir, daß er sich auf den ersten Blick in Margery verliebt hatte. Am Morgen nach unserem Beisammensein bei Ciro hatte er sie angerufen und sie eingeladen, am Nachmittag mit ihm auszugehen, irgendwohin, wo man Tee trinken und ein wenig tanzen konnte. Es war mir, während ich Janet zuhörte, natürlich klar, daß sie Margerys Auffassung wiedergab, und ich hielt meinen Verstand offen. Ich stellte mit Interesse fest, daß ihre Sympathien durchaus Margery gehörten. Wohl war es ihre Idee gewesen, Charlie auf zwei, drei Wochen einzuladen und ihn nicht elend und trübselig in seiner vereinsamten Wohnung zu lassen. Sie war unbeschreiblich gut zu ihm. Beinahe täglich aß sie mit ihm zu Mittag, weil auch Margery täglich mit ihm zu Mittag gegessen hatte; sie ging mit ihm im Regents Park spazieren und veranlaßte Bill, sonntags mit ihm Golf zu spielen. Sie hörte mit wunderbarer Geduld zu, wenn er ihr von seinem Unglück erzählte, ließ nichts unversucht, um ihn zu trösten. Sie hatte schreckliches Mitleid mit ihm. Aber nichtsdestoweniger stand sie unbeirrbar auf Margerys Seite. Als ich über diese eine mißbilligende Bemerkung machte, fuhr sie auf mich los wie eine Furie. Die Sache elektrisierte sie. Sie hatte sie von allem Anfang an miterlebt: von dem Moment an, da Margery lächelnd, geschmeichelt und ein wenig zweifelnd bei ihr erschienen war und ihr erzählt hatte, daß ein junger Mann sich um sie bemühte, bis zu jener letzten Szene, da Margery, verstört und aufgerieben, erklärt hatte, daß sie die Nervenspannung nicht länger ertrage und aus der Wohnung ausgezogen sei.

»Zuerst wollte ich meinen Ohren nicht trauen«, sagte Janet. »Du weißt doch, wie Charlie und Margery miteinander standen. Sie waren einfach unzertrennlich, daß es manchmal schon komisch wirkte. Ich war nie sehr entzückt von Charlie gewesen. Aber was man auch gegen ihn einwenden mochte, man mußte ihn gern haben, weil er so furchtbar nett zu Margery war. Manchmal beneidete ich sie geradezu. Sie hatten kein Geld und lebten sehr ›genial‹, wie man sagt, aber sie waren ungeheuer glücklich. Ich dachte mir natürlich, daß dieser Flirt spurlos vorbeigehen würde. Margery amüsierte sich über ihre Eroberung. ›Ich nehme es selbstverständlich nicht ernst‹, behauptete sie, ›aber es macht Spaß, in meinem Alter noch ein wenig angeschwärmt zu werden. Seit Jahren habe ich keine Blumen mehr geschickt bekommen. Ich mußte ihn bitten, mir keine zu senden, weil Charlie mich sonst auslachen würde. Gerry kennt keine Menschenseele in London und tanzt so wahnsinnig gern. Und weil es so traurig für ihn ist, immer allein ins

Theater zu gehen, waren wir bei zwei, drei Matineen miteinander. Du glaubst nicht, wie dankbar er ist, wenn ich mit ihm ausgehe; es ist geradezu rührend‹. – ›Auf alle Fälle scheint er ein netter Junge zu sein.‹ – ›Das ist er‹, antwortete sie. ›Ich wußte gleich, daß du mich verstehen würdest. Du gibst mir doch nicht unrecht?‹ – ›Aber keine Spur, Kind‹, sagte ich. ›So weit müßtest du mich schon kennen. Ich würde genauso handeln wie du.‹«

Margery machte kein Geheimnis aus ihren Ausgängen mit Morton, und ihr Gatte neckte sie gutmütig mit ihrem Beau. Im Grunde aber fand er ihn sehr manierlich und angenehm und freute sich, daß Margery jemanden ›zum Zeitvertreib‹ hatte, während er beschäftigt war. Er kam gar nicht auf den Gedanken, eifersüchtig zu sein. Sie dinierten einige Male zu dritt und besuchten ein Varieté. Aber damit gab sich Gerry Morton nicht zufrieden. Sehr bald bat er Margery, einen Abend mit ihm allein zu verbringen. Sie wollte anfangs nichts davon hören, und erst als er nicht locker ließ und sie immer heftiger bestürmte, wandte sie sich an Janet. Sie bat sie, Charlie an einem bestimmten Tag zum Dinner und zum Bridge einzuladen. Charlie ging niemals ohne seine Frau aus, aber die Marshs waren alte Freunde, und Janet beschwor ihn, sie nicht im Stich zu lassen. Sie erfand irgendeine abenteuerliche Geschichte und stellte seine Anwesenheit als unerläßlich hin. Am nächsten Tag traf sie sich mit Margery. Der Abend war wunderbar gewesen. Sie hatten in Maidenhead diniert und dann getanzt, und schließlich waren sie durch die Sommernacht nach Hause gefahren.

»Er sagt, daß er wahnsinnig in mich verliebt ist«, erzählte ihr Margery.

»Hat er dich geküßt?« fragte Janet.

»Natürlich«, lachte Margery. »Sei doch nicht dumm, Janet. Er ist furchtbar nett und hat eine so reizende Art. Selbstverständlich glaube ich nicht die Hälfte von dem, was er mir sagt.«

»Liebes Kind, du wirst dich doch nicht in ihn verlieben?«

»Ist bereits geschehen«, sagte Margery.

»Ja aber, Liebling, wird das nicht furchtbar schwierig werden?«

»Ach, es wird nicht lange dauern. Schließlich muß er im Herbst nach Borneo zurück.«

»Du siehst um Jahre verjüngt aus.«

»Ja, ich fühle mich auch verjüngt.«

Bald kamen sie jeden Tag zusammen. Sie trafen sich am Morgen und spazierten miteinander durch den Park oder durch eine Bildergalerie. Um die Mittagsstunde, wenn Margery zu ihrem Mann mußte, trennten sie sich, und nach dem Lunch trafen sie sich wieder und fuhren miteinander ins Freie oder irgendwohin an den Fluß. Margery erzählte ihrem Gatten nichts davon. Sie hatte begreiflicherweise die Empfindung, daß er für derlei nicht viel Verständnis aufbringen würde.

»Wie kommt es, daß du Morton niemals kennengelernt hast?« fragte ich Janet.

»Ach, Margery wollte es nicht. Gott, wir gehören schließlich der gleichen Generation an. Ich kann das sehr gut begreifen.«

»Aha.«

»Ich habe ihr natürlich geholfen, soweit ich konnte. Wenn sie mit Gerry ausging, war sie offiziell bei mir.«

»Hatten sie ein Verhältnis miteinander?«

»Nein! Um Gottes willen! So etwas würde Margery doch nicht tun!«

»Wie kannst du das wissen?«

»Sie hätte es mir bestimmt erzählt.«

»Das glaube ich allerdings auch.«

»Ich habe sie auf den Kopf zu gefragt. Aber sie hat es schlankweg verneint. Und ich bin überzeugt, daß sie die Wahrheit gesprochen hat. Etwas Unrechtes zu tun, wären die zwei nicht imstande gewesen.«

»Wie merkwürdig!«

»Gott, Margery ist eine furchtbar anständige Person.«

Ich zuckte die Achseln.

»Sie war vollkommen aufrichtig zu Charlie. Sie hätte ihn um nichts in der Welt betrogen. Es war ihr unerträglich, ein Geheimnis vor ihm zu haben. Sobald sie sich ihrer Verliebtheit bewußt geworden war, wollte sie Charlie alles erzählen. Ich flehte sie an, es nicht zu tun. Ich setzte ihr auseinander, daß sie bestimmt nichts Gutes dabei erreichen würde. Es würde Charlie unglücklich machen, sonst nichts. Und in ein paar Monaten mußte der Junge ja doch wieder fort. Hatte es einen Sinn, eine Sache aufzubauschen, die unmöglich von Dauer sein konnte?«

Aber Gerrys bevorstehende Abreise führte schließlich die Katastrophe herbei. Die Bishops hatten geplant, im Sommer wie gewöhnlich ins Ausland zu gehen und mit dem Auto durch Belgien, Holland und Norddeutschland zu reisen. Charlie studierte eifrig Landkarten und Führer. Er zog bei seinen Freunden Erkundigungen über Hotels und Straßen ein. Er blickte seinen Ferien aufgeregt und ungeduldig wie ein Schuljunge entgegen. Margery hörte ihm mit immer schwererem Herzen zu. Charlie wollte vier Wochen fortbleiben, und im September ging Gerrys Schiff. Sie konnte es nicht ertragen, so viel von der kurzen Zeit, die er noch blieb, zu verlieren, und der Gedanke an die Autotour erfüllte sie mit Erbitterung. Je näher der Tag des Aufbruchs heranrückte, desto unruhiger wurde sie. Schließlich erkannte sie, daß ihr nur eines übrigblieb.

Als er ihr eines Tages von einem Restaurant erzählte, das man ihm kürzlich empfohlen hatte, unterbrach sie ihn plötzlich: »Charlie, ich kann diese Reise nicht mitmachen. Suche dir jemand andern, der dich begleitet.«

Er blickte sie verständnislos an. Sie war über das, was sie gesagt hatte, bestürzt, und ihre Lippen zitterten.

»Warum? Was ist denn los?«

»Gar nichts. Ich habe keine Lust. Ich möchte ein bißchen allein sein.«

»Bist du krank?«

Sie sah die plötzliche Angst in seinen Augen. Seine Besorgnis machte sie rasend.

»Nein. Ich war nie im Leben gesünder. Ich bin verliebt.«

»Verliebt? Ja, in wen denn?«

»In Gerry.«

Er traute seinen Ohren nicht. Verblüffung malte sich auf seinem Gesicht. Sie mißverstand seinen Ausdruck.

»Es hat keinen Zweck, mir Vorwürfe zu machen. Ich kann nichts dafür. Er geht in ein paar Wochen fort. Und die kurze Zeit, die er noch bleibt, lasse ich mir nicht nehmen.«

Er fing an zu lachen.

»Margery, wie kannst du dich so lächerlich machen? Du könntest seine Mutter sein.«

Sie errötete.

»Er ist ebenso verliebt in mich wie ich in ihn.«

»Hat er dir das gesagt?«

»Tausendmal.«

»Dann ist er ein Lügner.«

Er lachte. Sein dicker Bauch wackelte. Er fand die ganze Geschichte furchtbar komisch. Das war wohl nicht die richtige Art, seine Frau zu behandeln. Janet schien der Ansicht, daß er zart und teilnahmsvoll hätte sein müssen. Er hätte ›alles verstehen müssen‹. Ich konnte mir die Szene, wie sie nach ihrem Geschmack gewesen wäre, ausmalen: die mühsam bewahrte Haltung, den still nagenden Kummer, den schließlichen Verzicht. Frauen haben ein besonderes Empfinden für die Schönheit der Selbstaufopferung bei anderen. Janet hätte auch einen Wutanfall gebilligt, sie wäre einverstanden gewesen, wenn er ein paar Möbelstücke zertrümmert oder Margery ins Gesicht geschlagen hätte. Aber sie auszulachen, nein, das war unverzeihlich. Ich hätte einwenden können, daß es für einen ziemlich dicken, nicht sehr großen, fünfundfünfzigjährigen Professor der Pathologie nicht ganz leicht ist, sich plötzlich wie ein Höhlenmensch aufzuführen. Aber ich unterließ es. Die Reise nach Holland wurde jedenfalls aufgegeben, und die Bishops blieben im August in London. Sie waren nicht sehr glücklich. Sie aßen täglich zu Mittag und zu Abend miteinander, weil sie es durch viele Jahre so gehalten hatten, und die übrige Zeit verbrachte Margery mit Gerry. Die Stunden, die sie mit ihm verlebte, entschädigten sie für alles, was sie zu erdulden hatte, und das war viel. Charlie hatte eine höhnische und sarkastische Art und ließ seinen Humor auf ihre und Gerrys Kosten leuchten. Er weigerte sich beharrlich, die Sache ernst zu nehmen. Er ärgerte sich über Margerys Albernheit, kam jedoch anscheinend nicht auf den Gedanken, daß sie ihn betrügen könnte. Ich ließ eine verwunderte Bemerkung darüber fallen.

»Er hatte nicht den leisesten Verdacht«, sagte Janet. »Dazu kannte er Margery zu gut.«

Die Wochen gingen hin, und endlich reiste Gerry ab. Er schiffte sich in Tilbury ein, und Margery brachte ihn ans Schiff. Als sie zurückkam, weinte sie achtundvierzig Stunden lang. Charlie sah ihr mit wachsender Gereiztheit zu. Seine Nerven waren sehr mitgenommen.

»Hör mal, Margery«, fing er schließlich an, »ich habe viel Geduld mit dir gehabt, aber jetzt mußt du dich zusammennehmen. Das ist kein Spaß mehr.«

»Kannst du mich nicht in Ruhe lassen?« rief sie. »Ich habe alles verloren, alles.«

»Sprich keinen Unsinn«, sagte er.

Ich weiß nicht, was er sonst noch sagte. Immerhin war er unklug genug, ihr auseinanderzusetzen, was er von Gerry hielt, und das Bild, das er entwarf, war nicht gerade schmeichelhaft. Es gab Anlaß zu der ersten heftigen Szene ihres Zusammenlebens. Charlies Spöttereien waren ihr erträglich gewesen, solange sie wußte, daß sie Gerry in einer Stunde oder am nächsten Tage wiedersehen würde. Aber nun, da es feststand, daß sie ihn für immer verloren hatte, konnte sie sie nicht länger ertragen. Sie hatte sich wochenlang beherrscht: jetzt war sie am Ende ihrer Kräfte. Vielleicht wurde ihr gar nicht klar, was sie Charlie alles ins Gesicht schrie. Er war ein jähzorniger Mensch, und es kam schließlich so weit, daß er sie schlug. Sie waren beide erschrocken, als es geschehen war. Er packte seinen Hut und stürzte aus der Wohnung. All die Zeit, so unglücklich sie auch gewesen waren, hatten sie miteinander im gleichen Bett geschlafen. Als er nach jenem Auftritt in der Nacht nach Hause kam, hatte sie sich im Wohnzimmer auf dem Sofa ein eigenes Lager zurechtgemacht.

»Dort kannst du nicht schlafen«, sagte er. »Sei nicht so dumm. Leg dich ins Bett.«

»Ich will nicht. Nein, laß mich in Ruhe.«

Der Rest der Nacht verging mit Streit. Aber zu guter Letzt setzte sie ihren Willen durch und bettete sich von nun an allabendlich auf dem Sofa. Aber wie konnten sie in dieser kleinen Wohnung voneinander loskommen? Sie sahen und hörten einander, ob sie wollten oder nicht. All die Jahre hatten sie in einer solchen Vertraulichkeit gelebt, daß es ihnen zum Instinkt geworden war, beisammen zu sein. Er versuchte, sie zur Vernunft zu bringen. Er redete endlos auf sie ein, um ihr klarzumachen, wie töricht sie wäre. Er ließ ihr keine Ruhe. Er diskutierte die halben Nächte durch, bis sie beide völlig erschöpft waren. Er bildete sich ein, ihr die Liebe ausreden zu können. Dazwischen gab es Tage, an denen sie kein Wort miteinander wechselten. Eines Abends beim Nachhausekommen traf er sie bitterlich weinend an. Der Anblick ihrer Tränen überwältigte ihn. Er beteuerte ihr, daß er sie unendlich liebe, und versuchte, sie durch die Erinnerung an die glücklichen Jahre, die sie miteinander

ander verlebt hatten, zu rühren. Er wollte das Vergangene begraben sein lassen. Er versprach, Gerry nie mehr zu erwähnen. War es nicht möglich, das Furchtbare, das sie durchgemacht hatten, zu vergessen? Aber es war vergeblich. Der Gedanke an eine Versöhnung und an alles, was eine Versöhnung zur Folge hatte, erfüllte sie mit Abscheu. Sie schützte heftige Kopfschmerzen vor und bat um ein Schlafmittel. Als er am nächsten Morgen an die Arbeit ging, stellte sie sich immer noch schlafend. Doch kaum war er fort, packte sie ihre Koffer und verließ das Haus. Ein paar Schmuckstücke, die sie geerbt hatte, verkaufte sie und verschaffte sich dadurch ein wenig Geld. Sie mietete sich ein Zimmer in einer billigen Pension und hielt ihre Adresse vor Charlie geheim.

Als er entdeckte, daß sie ihn verlassen hatte, brach er vollständig zusammen. Dieser Schlag gab ihm den Rest. Er klagte Janet, daß seine Einsamkeit unerträglich wäre. In Briefen flehte er Margery an, zurückzukehren, er bat Janet, ein gutes Wort für ihn einzulegen; es gab nichts, das er nicht versprechen wollte; so sehr erniedrigte er sich. Margery blieb unerbittlich.

»Glaubst du, daß sie jemals zu ihm zurückkommt?« fragte ich Janet.

»Sie sagt nein.«

Da es mittlerweile beinahe halb zwei geworden war und ich eine Verabredung am anderen Ende von London hatte, mußte ich unser Gespräch abbrechen.

Zwei oder drei Tage später wurde ich von Margery angerufen. Sie bat mich um eine Zusammenkunft. Ob sie mich besuchen dürfe? Ich lud sie zum Tee ein. Ich bemühte mich, nett zu ihr zu sein; ihre Liebesangelegenheiten gingen mich nichts an; aber in meinem Herzen fand ich sie sehr töricht, und mein Benehmen war vielleicht etwas kühl. Sie war niemals schön gewesen, und die Jahre hatten sie nur wenig verändert. Sie hatte immer noch ihre schönen dunklen Augen, und ihr Gesicht war überraschend glatt. Sie war sehr einfach gekleidet, und falls sie Schminke aufgelegt hatte, so war es geschickt geschehen, daß es nicht zu merken war. Sie besaß immer noch ihren alten Charme, der hauptsächlich in ihrer unbedingten Natürlichkeit und in ihrem freundlichen Wesen bestand.

»Ich hätte ein Bitte an dich«, begann sie ohne weitere Umschweife.

»Nämlich?«

»Charlie zieht heute in unsere Wohnung zurück. Ich fürchte, die ersten Tage werden etwas schwierig für ihn sein; es wäre reizend von dir, wenn du ihn zum Dinner einladen oder dich sonst ein wenig um ihn kümmern wolltest.«

»Ich muß nachsehen, was ich vorhabe.«

»Man erzählt mir, daß er sinnlos getrunken hat. Das ist schlimm. Vielleicht kannst du ihn zur Vernunft bringen.«

»Er soll ja in der letzten Zeit allerhand häuslichen Kummer gehabt haben«, sagte ich vielleicht etwas scharf.

Margery errötete. Sie zuckte zusammen, als ob ich sie geschlagen hätte, und warf mir einen gequälten Blick zu.

»Ich kann verstehen, daß du seine Partei nimmst. Du kennst ihn um so vieles länger als mich.«

»Liebes Kind, ich habe hauptsächlich deinetwegen mit ihm verkehrt, wenn du die Wahrheit wissen willst. Für ihn hatte ich nie besonders viel übrig. Aber dich fand ich furchtbar nett.«

Sie lächelte mich an, und ihr Lächeln war sehr reizend. Sie wußte, daß ich die Wahrheit sprach.

»Findest du, daß ich ihm eine gute Frau war?«

»Unbedingt.«

»Er war nicht sehr beliebt. Die Leute ärgerten sich über ihn. Ich habe ihn eigentlich niemals schwierig gefunden.«

»Er hat dich sehr, sehr liebgehabt.«

»Ich weiß. Wir haben großartig miteinander gelebt. Fünfzehn Jahre waren wir vollkommen glücklich.« Sie hielt inne und blickte zu Boden. »Ich mußte von ihm fortgehen. Es ging nicht länger. Wir standen wie Hund und Katze.«

»Dann mag es wohl das richtige gewesen sein, daß ihr euch getrennt habt.«

»Ja, zum Schluß konnte ich ihn nicht mehr sehen.«

»Das ist natürlich entsetzlich, für beide Teile.«

»Ich kann nichts dafür, daß ich mich verliebt habe. Es war eine ganz andere Art von Liebe als die, die ich für Charlie empfand. In meinem Gefühl für ihn war etwas Mütterliches, Schützendes gewesen. Ich war um so vieles vernünftiger als er. Er war schwer zu behandeln. Ich verstand es, ihn zu nehmen. Gerry war ganz anders.« Ihre Stimme wurde weich, und ihr

Gesicht verklärte sich. »Er hat mir meine Jugend wiedergegeben. Für ihn war ich ein Mädchen. Ich konnte mich auf seine Energie verlassen. Bei ihm fühlte ich mich geborgen.«

»Er ist ein sympathischer Mensch«, sagte ich langsam, »und wird seinen Weg machen. Als ich ihn kennenlernte, war er sehr jung für den Posten, den er innehatte. Wenn ich mich nicht irre, ist er doch erst neunundzwanzig Jahre alt.«

Sie lächelte still. Sie wußte genau, was ich damit meinte.

»Ich habe ihm gegenüber nie ein Geheimnis aus meinem Alter gemacht. Er behauptet, daß es keine Rolle spiele.«

Was sie sagte, war zweifellos wahr. Sie hatte sicherlich nicht versucht, ihr Alter zu vertuschen. Es war ihr eine grausame Freude gewesen, ihm reinen Wein einzuschenken.

»Wie alt bist du?«

»Vierundvierzig.«

»Und was gedenkst du zu tun?«

»Ich habe Gerry geschrieben, daß ich Charlie verlassen habe. Sobald ich von ihm höre, reise ich ihm nach.«

Ich war bestürzt.

»Du weißt vielleicht nicht, daß die Kolonie, in der er lebt, sehr primitiv und klein ist. Deine Stellung wäre keine sehr angenehme.«

»Er hat mir das Versprechen abgenommen, ihm nachzukommen, sobald das Leben hier unerträglich für mich werden sollte.«

»Und du hältst es für klug, dich daran zu halten? Glaubst du, daß man den Worten, die ein junger Mensch in seiner Verliebtheit äußert, so viel Wichtigkeit beimessen darf?«

Wieder erschien der Ausdruck von Verklärtheit auf ihrem Gesicht.

»Ja, wenn dieser junge Mensch Gerry ist.«

Mein Herz sank. Ich schwieg einen Augenblick. Dann erzählte ich ihr die Geschichte von der Straße, die Gerry Morton gebaut hatte. Ich holte das Dramatische hervor und war in jeder Hinsicht auf Wirkung bedacht.

»Zu welchem Zweck hast du mir das erzählt?« fragte sie, als ich fertig war.

»Ich finde, daß es eine interessante Geschichte ist.«

Sie schüttelte den Kopf und lächelte.

»Nein, du wolltest mir zeigen, wie jung, wie unternehmungslustig und wie erfüllt von seiner Arbeit er ist – und wie ihm für anderes nicht viel Zeit übrigbleibt. Ich würde ihn in seiner Arbeit nicht stören. Du kennst ihn nicht so gut wie ich. Er ist unglaublich romantisch. Er betrachtet sich als Pionier. Und seine Begeisterung hat mich angesteckt. Ich finde es großartig, mitzuwirken an dem Aufbau neuer Länder. Vergleich damit doch unser Leben! Es ist langweilig und nüchtern. Anderenteils, gewiß, ist es dort unten sehr einsam. Da kann also sogar die Gesellschaft einer nicht mehr jungen Frau, wie ich es bin, ein Gewinn sein.«

»Hast du die Absicht, ihn zu heiraten?« fragte ich.

»Ich verlasse mich ganz auf ihn. Seine Wünsche sind auch die meinen.«

Sie sprach mit so viel Einfachheit, es war etwas Rührendes in ihrem Vertrauen, daß ich ihr, als sie mich verließ, nicht länger böse sein konnte. Selbstverständlich fand ich sie sehr töricht. Doch wohin kämen wir, wenn wir uns über die Torheit der Menschen ereifern wollten? Müßten wir unser Leben nicht in einem chronischen Zustand von Gereiztheit hinbringen? Ich hatte die Hoffnung, daß sich alles wieder einrenken würde. Sie hatte behauptet, Gerry wäre romantisch. Das stimmte, aber die Romantiker kommen in dieser nüchternen Welt mit ihrem Unsinn nur deshalb durch, weil irgendwo in ihnen ein sehr gesunder Instinkt für die Wirklichkeit steckt: das Nachsehn hat bloß derjenige, der ihre Phantastereien für bare Münze nimmt. Die Engländer sind romantisch; aus diesem Grund werden sie von den andern Völkern für Heuchler gehalten. Das ist falsch; sie machen sich in aller Ehrlichkeit auf die Suche nach dem Reich Gottes, aber die Reise ist beschwerlich, und sie handeln nur vernünftig, wenn sie unterwegs jede goldblinkende Möglichkeit aufgreifen. Die britische Seele marschiert wie Wellingtons Armee mit dem Magen. Es war anzunehmen, daß Margerys Brief Gerry eine böse Viertelstunde bereiten würde. Das rührte mich zwar nicht weiter, aber ich war gespannt, wie er sich aus der Affäre ziehen würde. Margery stand vermutlich eine bittere Enttäuschung bevor; nun, das war nicht das schlimmste. Schließlich würde sie geläutert zu ihrem Mann zurückkehren und glücklich und zufrieden mit ihm weiterleben bis an das Ende ihrer Tage.

Aber es kam anders. Ich hatte die nächsten Tage vollauf zu tun, und es war mir unmöglich, ein Verabredung mit Charlie

Bishop zu treffen. So schrieb ich ihm denn, ob er Lust hätte, an einem Abend der folgenden Woche mit mir zu essen und nachher ins Theater zu gehen. Ich schlug es nicht ohne eine gewisse Besorgnis vor: ich wußte ja, daß er soff wie ein Fisch und in vollem Zustand einigermaßen lärmend wurde. Hoffentlich würde er mir keine Scherereien machen. Wir wollten uns im Klub treffen und um sieben Uhr essen, weil das Stück, zu dem wir uns entschieden hatten, um Viertel nach acht begann. Ich kam in den Klub. Ich wartete. Er erschien nicht. Ich telephonierte in seine Wohnung, erhielt aber keine Antwort und schloß daraus, daß er unterwegs sei. Ich hasse es, den Anfang eines Stückes zu versäumen, und so wartete ich ungeduldig in der Halle, um ihn sofort in den Speisesaal zu führen. Um Zeit zu ersparen, hatte ich das Essen schon bestellt. Die Uhr zeigte halb acht, dann dreiviertel; ich sah nicht ein, warum ich noch länger warten sollte, und setzte mich allein zu Tisch. Er kam nicht. Ich ließ mich vom Speisesaal aus mit den Marshs verbinden, und sehr bald meldete mir der Kellner, daß Bill Marsh am Apparat wäre.

»Wißt ihr, was mit Charlie Bishop los ist?« fragte ich. »Wir wollten miteinander essen und nachher ins Theater gehen; aber er ist nicht erschienen.«

»Er ist heute nachmittag gestorben.«

»Was?«

Mein Ausruf klang so erschrocken, daß ein paar von den umsitzenden Leuten aufblickten. Der Speisesaal war voll, und die Kellner liefen hin und her. Das Telephon stand auf dem Pult des Kassierers, und ein Kellner mit einer Flasche Rheinwein und zwei langstieligen Gläsern auf einem Tablett gab soeben dem Kassierer einen Bon. Der stattliche Oberkellner stieß, während er zwei Herren an einen Tisch komplimentierte, an mich an.

»Von wo aus sprichst du denn?« fragte Bill.

Wahrscheinlich hörte er das Getöse, das mich umgab. Als ich es ihm erklärt hatte, bat er mich, gleich nach dem Essen hinüberzukommen. Janet wollte mit mir sprechen.

»Ich komme sofort«, sagte ich.

Ich fand Janet und Bill im Empfangszimmer. Er las die Zeitung, und sie legte Patiencen. Sie kam, als das Mädchen mich hereinführte, rasch auf mich zu. Sie ging elastisch, sozusagen sprungbereit, auf leisen Sohlen, wie ein Panther, der seine Beute anschleicht. Ich merkte sofort, daß sie in ihrem Element war. Sie gab mir die Hand und wandte das Gesicht ab, um die Tränen in ihren Augen zu verbergen. Ihre Stimme war leise und tragisch.

»Ich habe Margery hierhergenommen und sie ins Bett gepackt. Der Arzt hat ihr ein Beruhigungsmittel verschrieben. Sie ist vollkommen zusammengebrochen. Ist es nicht schrecklich?« Ein Laut, halb Stöhnen, halb Schluchzen, entrang sich ihr. »Ich weiß nicht, warum solche Dinge gerade immer mir passieren müssen . . .«

Die Bishops hatten nie ein Dienstmädchen gehabt. Jeden Morgen kam eine Aufwartefrau, um die Wohnung aufzuräumen und das Frühstücksgeschirr zu spülen. Sie hatte ihren eigenen Schlüssel. An diesem Morgen war sie wie gewöhnlich erschienen und hatte zuerst das Wohnzimmer in Ordnung gebracht. Seitdem Margery ihn verlassen hatte, war Charlie unregelmäßig in seinen Gewohnheiten geworden, und die Frau wunderte sich nicht weiter, ihn noch schlafend anzutreffen. Aber die Zeit verging, und sie befürchtete, daß er seine Arbeit versäumen würde. Also ging sie an die Schlafzimmertür und klopfte. Es kam keine Antwort. Es kam ihr so vor, als ob er stöhnte. Sie öffnete leise die Tür. Er lag im Bett, auf dem Rücken, und atmete schnarchend. Er wachte nicht auf. Sie versuchte, ihn zu wecken. Etwas an ihm war ihr unheimlich. Sie läutete an der Tür der Nachbarwohnung, die einem Journalisten gehörte. Dieser hatte noch im Bett gelegen und öffnete ihr im Pyjama.

»Verzeihung, mein Herr«, sagte sie, »könnten Sie nicht einen Augenblick herüberkommen und sich meinen Herrn ansehn? Er will mir gar nicht gefallen.«

Der Journalist kam mit in Charlies Wohnung. Neben dem Bett lag ein leeres Röhrchen Veronal.

»Wir müssen die Polizei holen«, sagte er.

Ein Schutzmann erschien und telephonierte nach einem Krankenwagen. Man brachte Charlie ins Charing Cross Hospital. Er erlangte das Bewußtsein nicht wieder. Zuletzt war Margery bei ihm.

»Es wird jedenfalls zu einer gerichtlichen Obduktion kommen«, meinte Janet. »Aber es ist ja klar, was geschehen ist.

Er hat in den letzten drei, vier Wochen furchtbar schlecht geschlafen und offenbar Veronal genommen. Und diesmal muß er durch einen Zufall mehr geschluckt haben, als er vertragen konnte.«

»Ist das auch Margerys Meinung?« fragte ich.

»Sie ist viel zu aufgeregt, um überhaupt eine Meinung zu haben; aber ich habe ihr versichert, daß es ganz bestimmt kein Selbstmord war. Charlie war doch nicht der Mensch, so etwas zu tun. Habe ich nicht recht, Bill?«

»Ja, Kind«, antwortete er.

»Hat er Briefe hinterlassen?«

»Nein, nichts. Merkwürdigerweise hat Margery heute früh einen Brief von ihm bekommen, Gott, einen Brief kann man es eigentlich nicht nennen – eine Zeile – weiter nichts. ›Ich fühle mich so vereinsamt ohne Dich, Liebling.‹ Das ist alles. Aber das hat natürlich nicht das geringste zu bedeuten. Sie hat mir das Versprechen gegeben, es bei der Untersuchung nicht zu erwähnen. Wozu den Leuten einen Floh ins Ohr setzen? Jeder Mensch weiß, daß es mit Veronal so eine Sache ist; ich für meine Person würde um nichts in der Welt welches nehmen. Es war ganz bestimmt ein Versehen. Habe ich nicht recht, Bill?«

»Ja, Kind«, antwortete er.

Janet war also fest entschlossen, zu glauben, daß Charlie Bishop nicht Selbstmord verübt hatte. Aber wieweit sie in ihrem Herzen das, was sie glauben wollte, auch wirklich glaubte, konnte ich bei meiner ungenügenden Kenntnis der weiblichen Seele nicht beurteilen. Überdies war es durchaus möglich, daß sie recht hatte. Daß ein Gelehrter gesetzten Alters sich das Leben nimmt, weil seine ebenfalls nicht mehr junge Frau ihn verläßt, ist keineswegs selbstverständlich. Die Wahrscheinlichkeit, daß er, aufgerieben durch Schlaflosigkeit und betäubt durch Alkohol, ein größere Dosis des Schlafmittels genommen hatte, als er vertrug, war zumindest ebenso plausibel. Jedenfalls war dies auch die Auffassung des Gerichtsbeamten. Man erklärte ihm, daß Charlie Bishop zu trinken begonnen hätte, daß seine Frau aus diesem Grunde von ihm fortgegangen wäre und daß ihm nichts ferner gelegen hätte, als seinem Leben ein Ende zu setzen. Der Beamte sprach der Witwe sein Beileid aus und erging sich in langen Auseinandersetzungen über die Gefahren von Schlafmitteln.

Ich bin kein Freund von Beerdigungen, aber Janet bat mich, an Charlies Begräbnis teilzunehmen. Ein paar von seinen Kollegen aus der Klinik hatten die Absicht geäußert, ebenfalls zu erscheinen, waren aber auf Margerys Wunsch gebeten worden, davon Abstand zu nehmen; Janet, Bill, Margery und ich sollten die einzigen Trauergäste sein. Wir wollten dem Sarg von der Leichenhalle aus das Geleit geben, und die andern erboten sich, mich auf dem Weg zum Friedhof abzuholen. Ich stand am Fenster und hielt Ausschau nach dem Wagen, und als ich ihn herankommen sah, eilte ich hinunter. Aber Bill stieg aus und kam mir ins Haus entgegen.

»Einen Moment!« sagte er. »Ich muß etwas mit dir besprechen. Janet möchte, daß du nachher zu einer Tasse Tee zu uns kommst. Man dürfe Margery nicht ihren trüben Gedanken überlassen, meinte sie. Nach dem Tee könnten wir ein paar Rubber Bridge spielen. Willst du kommen?«

»In diesem Aufzug?«

Ich hatte einen Gehrock an, eine schwarze Krawatte und meine Smokinghose.

»Ach, das hat nichts zu sagen. Wir müssen Margery ablenken.«

»Schön, ich komme.«

Aber schließlich spielten wir doch nicht Bridge.

Die hellblonde Janet sah in ihrer tiefen Trauerkleidung sehr smart aus und spielte die Rolle der teilnahmsvollen Freundin mit bewunderungswürdiger Geschicklichkeit. Sie weinte ein wenig, insgeheim darauf bedacht, die Farbe auf ihren Wimpern nicht zu verwischen, und als Margery verzweifelt schluchzte, schob sie liebevoll den Arm unter ihren. Sie war wahrhaftig ein Mensch, auf den man sich im Unglück verlassen konnte. Wir kehrten in die Wohnung zurück. Es war ein Telegramm für Margery da. Sie nahm es und ging in ihr Zimmer hinauf. Kondolenz von einem der Freunde Charlies, der eben von seinem Tode gehört hatte, vermutete ich. Bill zog sich zurück, um sich umzuziehen, während Janet mich in das Empfangszimmer führte, damit ich ihr bei den Vorbereitungen für das Bridgespiel behilflich sei. Sie nahm ihren Hut ab und legte ihn aufs Klavier.

»Ich bin nicht für Heuchelei. Margery ist natürlich verzweifelt bis aufs äußerste, aber jetzt muß sie sich zusammennehmen. Ein Rubber Bridge wird ihr helfen, wieder in ihren normalen

Zustand zurückzufinden. Der arme Charlie tut mir schrecklich leid. Aber ich bin überzeugt, daß er die Sache mit Margery nie verwunden hätte. Und für sie ist die Situation zweifellos leichter geworden. Heute früh hat sie Gerry telegraphiert.«

»Was denn?«

»Daß Charlie tot ist.«

In diesem Augenblick kam das Mädchen ins Zimmer.

»Möchten Sie bitte zu Mrs. Bishop hinaufkommen, gnädige Frau? Sie wünscht Sie zu sprechen.«

»Natürlich, sofort.«

Sie ging rasch aus dem Zimmer, und ich blieb allein zurück. Nach einer Weile erschien Bill, und wir tranken ein Glas Whisky. Endlich kam Janet wieder. Sie reichte mir ein Telegramm. Es lautete:

Um Gottes willen, abwarte Brief. Gerry.

»Was glaubst du, hat das zu bedeuten?«

»Wörtlich das, was dasteht.«

»Dummer Mensch! Ich habe Margery gesagt, daß es gar nichts zu bedeuten hat. Aber sie läßt sich nicht beruhigen. Das Telegramm muß sich mit dem ihren gekreuzt haben. Sie hat nun doch keine Lust, Bridge zu spielen. Und vielleicht wäre es auch nicht ganz richtig, just heute.«

»Vielleicht«, sagte ich.

»Es ist möglich, daß er auf ihr Telegramm hin noch einmal telegraphiert. Eigentlich müßte er es tun, nicht? Was aber können wir einstweilen tun? Still dasitzen und auf seinen Brief warten.«

Es schien mir zwecklos, die Konversation fortzusetzen. Ich ging. Einige Tage später rief Janet bei mir an und teilte mir mit, daß Margery ein Beileidstelegramm von Morton bekommen hätte. Sie las es mir vor.

Aufs tiefste erschüttert über die traurige Nachricht. Nehme herzlichen Anteil an Deinem großen Kummer. Innigst Gerry.

»Was hältst du davon?« fragte sie mich.

»Es ist sehr korrekt.«

»Na ja. Schließlich konnte er nicht gut schreiben, daß er entzückt sei.«

»Nein, als taktvoller Mensch gewiß nicht.«

»Immerhin steht zum Schluß ›innigst‹.«

Ich konnte mir ausmalen, wie diese Frauen die beiden Telegramme unter allen Aspekten geprüft und jedes Wort unter die Lupe genommen hatten. Es war mir, als ob ich ihre endlosen Gespräche mit angehört hätte.

»Es ist nicht auszudenken, was mit Margery geschehen soll, wenn er sie jetzt im Stich läßt«, fuhr Janet fort. »Jetzt wird es sich zeigen, ob er ein Gentleman ist.«

»Quatsch«, sagte ich und hängte schnell ein.

Im Laufe der folgenden Tage war ich einige Male bei den Marshs zum Dinner. Margery sah müde aus. Man merkte ihr an, daß sie den angekündigten Brief mit Herzklopfen erwartete. Kummer und Angst hatten an ihr gezehrt. Sie war bis zum Schatten abgemagert. Sie wirkte sehr zerbrechlich, und ihr Gesicht hatte einen Ausdruck der Vergeistigung angenommen, den ich früher nie an ihr bemerkt hatte. Sie war sehr sanft, sehr dankbar für jede Freundlichkeit, und in ihrem unsicheren, schüchternen Lächeln lag etwas unendlich Rührendes. Aber Morton war einige tausend Meilen weit fort. Eines Morgens, endlich, rief Janet mich an.

»Der Brief ist gekommen. Margery sagt, daß ich ihn dir zeigen kann. Kommst du herüber?«

Ihre gepreßte Stimme verriet mir alles. Als ich kam, reichte sie mir den Brief stumm hin. Es war ein sehr sorgfältig abgefaßtes Schreiben, dem anzumerken war, daß es mehrere Male neu geschrieben worden war, Morton hatte sich große Mühe gegeben, sich nichts, was Margery irgendwie verletzen konnte, entschlüpfen zu lassen; und doch verriet sich hinter jedem Wort nur eines: sein Entsetzen. Es war nicht zu verkennen, daß er in seinem Innern vor Angst zitterte. Er hatte einen leicht scherzhaften Ton angeschlagen, wahrscheinlich, weil er sich einbildete, daß er damit die Situation am leichtesten überbrücken werde. Auf recht amüsante Art machte er sich über die weißen Leute in der Kolonie lustig. Was würden sie sagen, wenn Margery plötzlich auftauchte? Zweifellos würde man ihm sehr schnell den Laufpaß geben. In England stellte man sich das Leben im Fernen Osten frei und ungezwungen vor; weit gefehlt! Es war konventioneller als in jeder Kleinstadt. Er liebte Margery viel zu sehr, um sie der hochnäsigen Behandlung dieser schrecklichen

Weiber da unten auszusetzen. Außerdem hatte man ihn an eine Station versetzt, die zehn Tagereisen von jeder menschlichen Behausung entfernt lag; bei ihm, in seinem Bungalow, konnte sie nicht gut wohnen, und ein Hotel gab es selbstverständlich nicht. Seine Arbeit hielt ihn oft tagelang im Dschungel fest. Ein solches Leben war nichts für eine Frau. Margery bedeutete ihm viel, unendlich viel sogar. Dennoch konnte er ihr nicht verhehlen, daß er es für richtiger hielt, wenn sie zu ihrem Mann zurückkehrte. Nie würde er es sich verzeihen können, zwischen sie und Charlie getreten zu sein. Ja, es war ein schwerer Brief gewesen. Ich war überzeugt davon.

»Freilich wußte er damals noch nicht, daß Charlie tot ist. Damit ist eine völlig veränderte Situation geschaffen, wie ich Margery erklärt habe.«

»Und sie ist der gleichen Ansicht?«

»Ach, ich finde sie sehr unvernünftig. Was liest denn du aus dem Brief heraus?«

»Daß er nichts mehr von ihr wissen will.«

»Findest du? Vor zwei Monaten wollte er noch sehr viel von ihr wissen.«

»Ja, aber andere Luft und andere Umgebung können Wunder bewirken. Wahrscheinlich ist ihm zumute, als läge London jahrelang hinter ihm. Er ist wieder unter seinen alten Freunden, in seinem alten Wirkungskreis. Margery darf sich keine Illusionen machen. Das Leben draußen hat ihn wieder mit Beschlag belegt, und für sie ist kein Platz mehr da.«

»Ich habe ihr geraten, den Brief zu ignorieren und einfach zu ihm hinunterzufahren.«

»Hoffentlich ist sie vernünftiger als du. Sie würde sich einer schrecklichen Demütigung aussetzen.«

»Ja, aber was soll denn mit ihr geschehen? Es ist zu grausam. Sie ist der beste, der anständigste Mensch auf der Welt.«

»Das mag stimmen. Aber vielleicht ist es gerade ihre Anständigkeit, die das ganze Unglück heraufbeschworen hat. Warum, zum Teufel, hat sie kein Verhältnis mit Morton gehabt? Charlie hätte nichts davon gewußt und sich dabei sehr wohl gefühlt. Sie und Morton wären eine Zeitlang sehr glücklich miteinander gewesen. Und zu guter Letzt hätten sie sich mit dem Bewußtsein getrennt, daß eine angenehme Episode ein harmonisches Ende gefunden habe. Es wäre eine schöne Erinnerung für beide gewesen. Und ruhig und innerlich befriedigt hätte Margery zu Charlie zurückkehren können, um ihm weiter die musterhafte Gattin zu sein, die sie immer gewesen war.«

Janet kräuselte die Lippen. Sie blickte mich verächtlich an.

»Es gibt aber etwas, das man Tugend nennt.«

»So eine Tugend kann mir gestohlen werden. Eine Tugend, die bloß Unglück und Verheerung anrichtet, ist keinen Schuß Pulver wert. Du kannst es Tugend nennen, wenn es dir beliebt. Ich nenne es Feigheit.«

»Der Gedanke, Charlie untreu zu sein, solange sie mit ihm lebte, hatte etwas Abstoßendes für sie. Solche Frauen soll es nämlich geben.«

»Ach, du lieber Himmel! Von mir aus hätte sie im Geist ihm treu bleiben können, während sie ihn körperlich betrog! Derartige Kunststücke bringen Frauen im allgemeinen spielend fertig.«

»Was für ein abscheulicher Zyniker du bist.«

»Ist es zynisch, der Wahrheit ins Gesicht zu sehen und mit gesundem Menschenverstand zu urteilen? Dann will ich gern zynisch und abscheulich sein. Machen wir uns doch nichts vor. Margery ist längst über ihre Jugend hinaus. Charlie war fünfundfünfzig. Sie waren sechzehn Jahre miteinander verheiratet. Es ist durchaus begreiflich, daß sie sich von einem jungen Menschen, der ihr allerhand Unsinn einredete, den Kopf verdrehen ließ. Aber das darf man doch nicht Liebe nennen. Es war albern von ihr, auch nur das Geringste von dem, was er sagte, ernst zu nehmen. Das war nicht er, der redete, das war sein verhungertes Geschlecht. Vier Jahre lang hatte er keine weiße Frau berührt. Es war Zufall, daß gerade Margery ihm in den Weg kam. Er begehrte sie, und weil er sie nicht bekommen konnte, begehrte er sie nur noch mehr. Es mag sein, daß er das für Liebe hielt. Aber glaube mir, es war bloß Hunger. Wenn sie miteinander geschlafen hätten, würde Charlie heute noch leben. Es ist ihre verdammte Tugend, die das ganze Unglück verschuldet hat.«

»Wie dumm du bist. Begreifst du nicht, daß es für sie einen anderen Weg gar nicht gab? Sie ist eben keine leichtsinnige Frau.«

»Mir ist eine leichtsinnige Frau lieber als eine egoistische und bornierte.«

»Ach, schweig doch endlich. Ich habe dich nicht hergebeten, damit du mir unangenehme Dinge ins Gesicht wirfst!«

»Wozu also sonst, wenn ich fragen darf?«

»Gerry ist dein Freund. Du hast ihn Margery vorgestellt. Der Schuldige ist natürlich er, aber dich trifft eine gewisse Verantwortung. Es ist deine Pflicht, ihm zu schreiben und ihn an seine Ehre zu erinnern.«

»Das werde ich nie und nimmer tun.«

»Dann kannst du gehen.«

Ich schickte mich an, dieser Aufforderung Folge zu leisten.

»Es ist nur ein Glück, daß Charlie sein Leben versichert hatte«, sagte Janet.

Jäh drehte ich mich um.

»Und *du* hast die Stirn, mich einen Zyniker zu nennen.«

Ich möchte die Schmähworte nicht wiederholen, die ich ihr ins Gesicht schrie, während ich die Tür hinter mir zuschlug. Aber Janet ist trotz allem eine sehr reizende Frau. Ich denke mir oft, daß es nett sein müßte, mit ihr verheiratet zu sein.

Der Mann mit der Narbe

Zuerst fiel er mir eigentlich nur durch seine Narbe auf, denn sie lief breit und rot in großem Bogen von seiner Schläfe bis zum Kinn. Sie mußte auf eine furchtbare Wunde zurückzuführen sein, und ich fragte mich, ob sie von einem Säbel oder einem Stück Muschel herrühre. Sie wirkte unerwartet auf diesem runden, fetten, gutmütigen Gesicht. Er hatte kleine und unbedeutende Züge, und sein Ausdruck war harmlos. Sein Gesicht paßte seltsam zu seinem korpulenten Körper. Er war ein mächtiger Mann von mehr als durchschnittlicher Größe. Ich sah ihn nie anders gekleidet als in einem sehr schäbigen grauen Anzug, einem Khakihemd und einem ramponierten alten Sombrero. Er war keineswegs sauber. Er kam jeden Tag zur Cocktailstunde in das Palace-Hotel in der Guatemala City und bot, lässig in der Bar herumschlendernd, Lotterielose feil. Wenn er auf diese Weise seinen Lebensunterhalt verdiente, dann mußte er ein kümmerliches Dasein führen, denn ich sah nie, daß ihm jemand etwas abkaufte; man bot ihm höchstens hin und wieder etwas zu trinken an. Er lehnte niemals ab. Er bahnte sich seinen Weg durch das Lokal mit einer Art von rollendem Gang, als wäre er gewohnt, weite Strecken zu Fuß zurückzulegen, blieb bei jedem Tisch stehen, sagte mit einem kleinen Lächeln die Nummern her, die er zu verkaufen hatte, und ging weiter. Ich glaube, daß er meistens ein wenig angetrunken war.

Ich stand eines Abends mit einem Bekannten an der Bar – es gab einen sehr guten trocknen Martini im Palace-Hotel in Guatemala –, als der Mann mit der Narbe herankam. Ich schüttelte den Kopf, als er mir zum zwanzigstenmal seit meiner Ankunft seine Lotterielose zur Auswahl hinhielt. Aber mein Gefährte nickte liebenswürdig.

»*Que' tal*, General? Wie geht's?«

»Nicht schlecht. Das Geschäft blüht zwar nicht gerade, aber es könnte schlimmer sein.«

»Was nehmen Sie, General?«

»Einen Schnaps.«

Er trank ihn auf einen Schluck hinunter und stellte das Glas auf die Bar zurück. Er nickte meinem Bekannten zu.

»Gracias. Hasta Luego.«

Dann wandte er sich ab und bot seine Lose den neben uns stehenden Leuten an.

»Wer ist das?« fragte ich. »Das ist ja eine furchtbare Narbe auf seinem Gesicht.«

»Sie trägt nicht gerade zu seiner Schönheit bei, wie? Er ist ein Verbannter aus Nicaragua. Ein Raufbold natürlich, und ein Bandit, aber kein schlechter Kerl. Ich gebe ihm hie und da ein paar Pesos. Er war ein revolutionärer General, und wenn ihm die Munition nicht ausgegangen wäre, würde er die Regierung gestürzt haben und heute Kriegsminister sein, anstatt in Guatemala Lotterielose zu verkaufen. Man hat ihn mit seinem ganzen Stab gefangengenommen und vor ein Kriegsgericht gestellt. Solche Dinge werden ziemlich summarisch gehandhabt in jenen Ländern, und er wurde dazu verurteilt, bei Morgengrauen erschossen zu werden. Wahrscheinlich wußte er, was ihm bevorstand, als er gefangen wurde. Er verbrachte die Nacht im Gefängnis, und er und die andern – es waren ihrer im ganzen fünf – spielten die ganze Nacht Poker. Sie benützten Streichhölzer als Chips. Er erzählte mir, daß er nie im Leben solches Pech gehabt hatte. Als der Morgen heranbrach und die Soldaten in die Zellen kamen, um die Verurteilten abzuholen, hatte er mehr Zündhölzer verloren, als ein vernünftiger Mensch Zeit seines Lebens verbrauchen konnte.

Sie wurden in den Patio des Gefängnisses geführt und alle fünf an einer Mauer aufgestellt, der Vollstreckungskompanie gegenüber. Es trat eine Pause ein, und unser Freund fragte den diensthabenden Offizier, warum, zum Teufel, man sie warten lasse. Der Offizier antwortete, daß der kommandierende General der Regierungstruppen der Hinrichtung beizuwohnen wünsche und noch nicht eingetroffen sei.

›Dann habe ich ja Zeit, noch eine Zigarette zu rauchen‹, sagte unser Freund. ›Er war immer unpünktlich.‹

Aber er hatte sie kaum angezündet, als der General – es war San Ignazio; übrigens: ich weiß nicht, ob Sie ihn kennengelernt haben –, von seinem Adjutanten gefolgt, den Hof betrat. Die üblichen Formalitäten wurden erfüllt, und San Ignazio fragte die Verurteilten, ob sie vor ihrer Hinrichtung noch einen Wunsch hätten. Vier von den fünfen schüttelten den Kopf, aber unser Freund sagte:

›Ja, ich möchte von meiner Frau Abschied nehmen.‹

›*Bueno*‹, entgegnete der General. ›Ich habe nichts dagegen. Wo ist sie?‹

›Sie wartet vor dem Gefängnistor.‹

›Dann bedeutet es ja bloß eine kleine Verzögerung. Nicht mehr als fünf Minuten.‹

›Kaum das, Señor General‹, sagte unser Freund.

›Führt ihn weg!‹

Zwei Soldaten traten vor, nahmen den Verurteilten in die Mitte und führten ihn an den bezeichneten Platz. Der die Vollstreckungskompanie kommandierende Offizier gab auf ein Zeichen des Generals einen Befehl: eine unregelmäßige Salve ertönte, und die vier Mann fielen. Sie fielen seltsam, nicht alle gleichzeitig, sondern einer nach dem andern, mit Bewegungen, die beinahe grotesk wirkten, wie Marionetten in einem Puppentheater. Der Offizier trat zu ihnen hin und schoß einem, der noch lebte, zwei Revolverladungen in den Leib.

Unser Freund rauchte seine Zigarette zu Ende und warf den Stummel fort.

Am Eingang entstand eine kleine Bewegung. Eine Frau kam in den Hof herein, mit raschen Schritten, und blieb, die Hand auf dem Herzen, plötzlich stehen. Sie stieß einen Schrei aus und stürzte dann mit offenen Armen vor.

›*Caramba*‹, sagte der General.

Sie war schwarz gekleidet, mit einem Schleier über dem Haar, und ihr Gesicht war totenbleich. Sie war fast noch ein Mädchen, ein schmales Geschöpf mit regelmäßigen kleinen Zügen und ungeheuren Augen. Sie waren fast irre vor Verzweiflung. Aber das Bild, das sie bot, während sie mit ihrem schönen, schmerzvollen Gesicht, den Mund leicht geöffnet, durch den Hof lief, war von solcher Lieblichkeit, daß sich den gleichgültigen Soldaten, die sie betrachteten, unwillkürlich ein Ruf des Erstaunens entrang.

Der Rebell kam ihr ein paar Schritte entgegen. Sie warf sich in seine Arme, und mit einem heiseren Aufschrei der Leidenschaft: ›*Alma de mi corazon*‹, Seele meines Herzens, preßte er seine Lippen auf die ihren. Im gleichen Augenblick zog er ein Messer aus seinem zerfetzten Hemd – ich habe keine Ahnung, wie er es fertiggebracht hatte, es zu behalten – und stach es ihr in den Hals. Das Blut schoß aus der zerschnittenen Ader hervor und färbte sein Hemd. Dann warf er seine Arme um sie und preßte noch einmal seine Lippen auf die ihren.

Das Ganze spielte sich so rasch ab, daß viele nicht wußten, was geschehen war, aber von den andern kam ein Schrei des Entsetzens; sie sprangen vor und packten ihn. Sie bemühten sich, seine Arme zu lockern, und das Mädchen wäre gefallen, wenn der Adjutant es nicht aufgefangen hätte. Sie war bewußtlos. Man legte sie auf den Boden, und bestürzt standen alle herum und blickten auf sie nieder. Der Rebell hatte gewußt, wohin er traf, und es war unmöglich, das Blut zu stillen. Nach einer Weile erhob sich der Adjutant, der neben ihr gekniet hatte.

›Sie ist tot‹, flüsterte er.

Der Rebell bekreuzigte sich.

›Warum haben Sie das getan?‹ fragte der General.

›Ich habe sie geliebt.‹

Etwas wie ein Seufzer ging durch die Männer, die sich um die Tote scharten, und mit seltsamen Gesichtern schauten sie auf den Mörder. Der General starrte ihn eine Weile schweigend an.

›Es war eine edle Geste‹, sagte er schließlich. ›Ich kann diesen Mann nicht hinrichten. Nehmt meinen Wagen und bringt ihn an die Grenze. Señor, ich drücke Ihnen die Hochachtung aus, die ein tapfrer Mann dem andern zollt.‹

Ein Murmeln des Beifalls erhob sich unter den Zuhörern. Der Adjutant tippte dem Rebellen auf die Schulter, und zwischen zwei Soldaten schritt er wortlos zu dem wartenden Wagen.«

Mein Freund hielt inne, und eine Weile war ich still. Ich muß erklären, daß er ein Guatemalteke war und spanisch mit mir sprach. Ich habe versucht, das, was er mir erzählt hat, so gut wie möglich zu übersetzen; aber ich habe keinen Versuch gemacht, seine etwas hochtrabende Redeweise zu verändern. Um die Wahrheit zu sagen, finde ich, daß sie zu der Geschichte paßt.

»Aber wie ist er zu der Narbe gekommen?« fragte ich schließlich.

»Ach, die hat er sich geholt, als einmal eine Flasche explodierte, die er gerade öffnen wollte. Es war eine Flasche Ingwerbier.«

»Ingwerbier? Habe ich nie gemocht«, sagte ich.

Der geschlossene Laden

Nichts könnte mich bewegen, den Namen des glücklichen Landes zu nennen, in dem sich die Begebenheiten zutrugen, die ich zu erzählen habe; doch ist es weiter nicht schlimm, wenn ich verrate, daß es sich um einen freien, unabhängigen Staat auf dem amerikanischen Kontinent handelt. Das ist sicherlich vage genug und kann unmöglich einen diplomatischen Zwischenfall heraufbeschwören. Der Präsident dieses freien unabhängigen Staates nun war nicht unempfänglich für weibliche Reize, und eines Tages erschien in seiner Kapitale, einer ausgedehnten, sonnigen Stadt mit einer Plaza, einer ansehnlichen Kathedrale und einigen alten spanischen Häusern, eine junge Person aus Michigan von so angenehmem Äußern, daß sein Herz in Liebe für sie entflammte. Er verlor keine Zeit, ihr seine Leidenschaft zu offenbaren, und erfuhr mit Genugtuung, daß sie erwidert wurde; aber zu seinem Kummer stellte sich heraus, daß die junge Person in dem Umstand, daß er eine Gattin und sie einen Gatten besaß, ein Hindernis zu ihrer beider Verbindung erblickte. Sie hatte eine weibliche Schwäche für die Ehe. Obgleich der Präsident dies unvernünftig fand, war er nicht der Mann, einer hübschen Frau die Befriedigung einer Laune zu versagen, und versprach, die Dinge so einzurichten, daß er imstande sein würde, sie zu heiraten. Er rief seine Advokaten zusammen und legte ihnen die Sache vor. Schon lange sei er der Ansicht, so erklärte er, daß die bestehenden Ehegesetze einem fortschrittlichen Lande in keiner Weise entsprächen, weshalb er vorschlage, sie von Grund auf zu reformieren. Die Advokaten zogen sich zurück und hatten nach kurzer Zeit ein Scheidungsgesetz entworfen, das dem Präsidenten annehmbar schien. Aber der Staat, von dem ich rede, war stets darauf bedacht, gesetzliche Bestimmungen auf konstitutionellem Weg durchzuführen, denn es handelte sich um einen hochzivilisierten, demokratischen und angesehenen Staat. Ein Präsident, der etwas auf sich und seinen Amtseid hält, kann deshalb kein Gesetz erlassen, selbst wenn es seinem eigenen Interesse dient, ohne sich an bestimmte Formen zu halten, und derartige Dinge brauchen Zeit. Der Präsident hatte das Dekret, das die neuen Scheidungsgesetze in

Kraft setzte, kaum unterzeichnet, als eine Revolution ausbrach und er sehr bedauerlicherweise an einem Laternenpfahl auf der Plaza, gegenüber der ansehnlichen Kathedrale, aufgeknüpft wurde. Die junge Person von angenehmem Äußern verließ eiligst die Stadt, aber das Gesetz blieb. Seine Bestimmungen waren einfach. Nach Bezahlung einer Gebühr von hundert Dollar in Gold und einem Aufenthalt von dreißig Tagen konnte ein Mann sich von seiner Frau oder eine Frau sich von ihrem Mann scheiden lassen, ohne den andern Teil von dem beabsichtigten Schritt auch nur in Kenntnis zu setzen. Eine Frau konnte erklären, daß sie auf einen Monat zu ihrer alten Mutter gehen müsse, und eines Morgens beim Frühstück, wenn er seine Post durchsah, fand der Gatte einen Brief vor, in dem ihm mitgeteilt wurde, daß man sich von ihm habe scheiden lassen und bereits mit einem andern Mann verheiratet sei.

Es dauerte denn auch nicht lange, bis sich die erfreuliche Neuigkeit herumgesprochen hatte, daß in vernünftiger Entfernung von New York ein Land existierte, dessen Hauptstadt ein beständiges Klima und annehmbare Unterkunftsmöglichkeiten besaß, wo man sich rasch und ohne übermäßige Kosten von den lästigen Fesseln der Ehe befreien konnte. Die Tatsache, daß dies ohne Wissen des Ehegatten geschehen konnte, ersparte einem jene präliminaren und bitteren Auseinandersetzungen, die für die Nerven so schädlich sind. Jede Frau weiß, daß ein Mann sich zwar heftig gegen einen Vorschlag wehren kann, eine vollendete Tatsache jedoch gewöhnlich resigniert hinnimmt. Erklärt man ihm zum Beispiel, man möchte einen Rolls Royce, so wird er antworten, daß er ihn nicht bezahlen könne; kauft man ihn jedoch, so wird er brav wie ein Lämmchen den Scheck ausschreiben. Es begannen also sehr bald schöne Frauen in beträchtlicher Zahl in der angenehmen, sonnigen Stadt aufzutauchen; müde Geschäftsfrauen und Damen der Gesellschaft, Frauen der Freude und Frauen des Müßigganges; sie kamen aus New York, Chicago und San Francisco, sie kamen aus Georgia und aus Dakota, sie kamen aus allen Staaten der Union. Der Passagierdienst der ›United Fruit Line‹ konnte dem Andrang gerade noch gerecht werden, und wenn man eine Kajüte für sich haben wollte, mußte man sie sechs Monate früher bestellen. Wohlstand zog in die Hauptstadt des unternehmenden Staates ein, und sehr bald gab es dort keinen Advokaten mehr, der nicht seinen Ford-Wagen besaß. Don Agosto, der Besitzer des Grand Hotels, entschloß sich sogar, einige Badezimmer einbauen zu lassen, aber er hatte es nicht zu bedauern; er verdiente ein Vermögen, und nie ging er an dem Laternenpfahl vorbei, an dem der frühere Präsident aufgehängt worden war, ohne mit einer flotten Handbewegung hinüberzugrüßen.

»Er war ein großer Mann«, sagte er. »Eines Tages werden sie ihm ein Monument errichten.«

Man könnte nach dem, was ich bisher erzählt habe, meinen, es seien bloß Frauen gewesen, die sich dieses bequemen und vernünftigen Gesetzes bedienten; und daraus wieder könnte man den Schluß ziehen, daß in den Vereinigten Staaten bloß der weibliche Teil nach Befreiung von den Fesseln des heiligen Ehestandes strebt.

Ich habe keinen Grund, anzunehmen, daß es sich so verhält. Zwar waren es hauptsächlich Frauen, die in das betreffende Land reisten, um eine Scheidung zu erreichen, doch wäre dies vielleicht damit zu erklären, daß es für eine Frau bedeutend leichter ist, sich auf sechs Wochen freizumachen (eine Woche für die Hinreise, eine Woche für die Heimreise und dreißig Tage, um das Domizilrecht zu erlangen), während ein Mann seine Geschäfte nur schwerlich so lange im Stich lassen kann. Er könnte die Reise natürlich in den Sommerferien unternehmen, aber dann ist die Hitze zu drückend und außerdem sind keine Golffelder da. Trotzdem gab es immer zwei, drei männliche Wesen, die ihre dreißig Tage im Grand Hotel zubrachten, aber das waren aus unerforschlichen Gründen zumeist Geschäftsreisende. Vielleicht ergab es sich aus dem Wesen ihres Berufes, daß sie imstande waren, gleichzeitig der Freiheit und dem Verdienst nachzujagen.

Wie dem auch sei, es bleibt Tatsache, daß die Insassen des Grandhotels zum größten Teil Frauen waren, und im Patio ging es sehr fröhlich zu, wenn sie zum Lunch und Dinner an ihren kleinen viereckigen Tischchen unter den Arkaden saßen, ihre Ehekümmernisse besprachen und Champagner tranken. Don Agosto machte ein Bombengeschäft mit den Generälen und Obersten (es gab mehr Generäle als Obersten in der Armee dieses Staates), den Rechtsanwälten, Bankiers, Kaufleuten und jungen Herren der Stadt, die herbeiströmten, um sich die schönen Geschöpfe anzusehen. Aber wahre Vollkommenheit ist selten auf dieser Welt. Da gibt es immer irgend etwas, was nicht ganz stimmt, und Frauen, die damit beschäftigt sind, sich ihrer Ehemänner zu entledigen, befinden sich sehr begreiflicherweise in einer labilen Gemütsverfassung. Das macht sie manchmal etwas schwierig. Nun muß man gestehen, daß jene kleine Stadt trotz ihrer mannigfachen Reize unter einem gewissen Mangel an Vergnügungsmöglichkeiten litt. Es gab nur ein einziges Kino, und dieses brachte Filme, die von ihrer glücklichen Heimat in Hollywood allzulange unterwegs gewesen waren. Tagsüber konnte man Unterredungen mit dem Rechtsanwalt haben, sich die Nägel polieren und ein wenig einkaufen gehen, aber die Abende waren unerträglich. Es wurden viele Klagen laut, daß dreißig Tage eine lange Zeit seien, und so manches ungeduldige kleine Ding fragte an, ob es nicht möglich wäre, das Gesetz ein bißchen aufzulockern und die ganze Geschichte in achtundvierzig Stunden zu erledigen. Aber Don Agosto war ein Mann, der sich stets zu helfen wußte, und eines schönen Tages kam ihm eine Erleuchtung. Er engagierte eine Truppe wandernder Guatemalteken, die die Marimba spielten. Es gibt keine Musik in der Welt, die unwiderstehlicher in die Füße geht, und nach einer kleinen Weile fing alles im Patio zu tanzen an. Es ist natürlich klar, daß fünfundzwanzig schöne Frauen nicht mit drei Geschäftsreisenden tanzen können, aber es waren ja alle die Generäle, Obersten und jungen Kavaliere der Stadt da. Sie tanzten himmlisch und hatten große, feuchte schwarze Augen. Die Stunden flogen, die Tage folgten einander so rasch, daß der Monat um war, ehe man sich's versah; und mehr als eine von Don Agostos Pensionärinnen gestand ihm beim Abschied, daß sie gerne noch länger geblieben wäre. Don Agosto strahlte. Es machte ihm Freude, zu sehen, daß seine Gäste sich unterhielten. Die Marimba-Band war zweimal das Geld wert, das er für sie ausgab, und es tat seinem Herzen wohl, seine Damen mit den schneidigen Offizieren und jungen Herren der Stadt tanzen zu sehen. Da Don Agosto sparsam veranlagt war, drehte er stets um zehn Uhr abends das elektrische Licht auf den Treppen und Gängen ab, und die schneidigen Offiziere und jungen Herren der Stadt machten wunderbare Fortschritte im Englischen.

Alles ging großartig, bis eines Tages Madame Coralie erklärte, daß sie genug habe. Denn was des einen Uhl ist, ist des andern

Nachtigall. Sie kleidete sich an und ging zu ihrer Freundin Carmencita. Nachdem sie in ein paar raschen Worten den Zweck ihres Besuches auseinandergesetzt hatte, rief Carmencita ihre Jungfer und befahl, ihr La Gorda herbeizuholen. Man hätte etwas Wichtiges mit ihr zu besprechen. La Gorda, eine Frau von gewaltigen Dimensionen und mit einem stattlichen Schnurrbart, war bald zur Stelle, und über einer Flasche Malaga hielten die drei eine schicksalsschwere Konferenz ab. Das Ergebnis war, daß sie einen Brief an den Präsidenten aufsetzten und um eine Audienz baten. Der neue Präsident war ein flotter junger Mann Anfang der Dreißiger, der noch vor ein paar Jahren Packer im Dienst einer amerikanischen Firma gewesen war und seine gegenwärtige gehobene Stellung einer natürlichen Sprachgewandtheit zu verdanken hatte sowie der Fähigkeit, erfolgreich von seinem Gewehr Gebrauch machen zu können, wenn ihm daran gelegen war, eine Äußerung zu unterstreichen oder ihr sonst besonderes Gewicht zu verleihen. Als einer seiner Sekretäre ihm den Brief vorlegte, lachte er:

»Was wollen die drei alten Scharteken von mir?«

Aber er war ein gutmütiger Mensch und nicht unzugänglich. Er vergaß nie, daß er vom Volke gewählt war, als einer aus dem Volke, um das Volk zu beschützen. Auch war er in seiner frühen Jugend eine Zeitlang bei Madame Coralie als Laufbursche beschäftigt gewesen. Er sagte seinem Sekretär, daß er die drei am nächsten Tage um zehn Uhr empfangen wollte. Sie erschienen zur festgesetzten Stunde im Regierungspalast und wurden die vornehme Treppe zum Audienzsaal hinaufgeführt; der Beamte, der sie begleitete, klopfte bescheiden an die Tür; ein vergittertes Guckloch wurde geöffnet und ein mißtrauisches Auge erschien. Der Präsident hatte nicht die Absicht, das Schicksal seiner Vorgänger zu teilen, wenn es sich irgend machen ließ, und wer seine Besucher auch sein mochten, sie wurden alle mit einer gewissen Vorsicht empfangen. Der Beamte nannte die Namen der drei Damen, die Tür wurde geöffnet, nicht zu weit allerdings, und sie schlüpften hinein. Es war ein schöner Raum, und mehrere Sekretäre in Hemdärmeln und mit Revolvern an jeder Hüfte saßen an kleinen Tischen und tippten. Ein paar weitere junge Männer, schwer bewaffnet, lagen auf Sofas, lasen Zeitungen und rauchten Zigaretten. Der Präsident, ebenfalls in Hemdärmeln, mit Revolvern im Gürtel, stand da, die Daumen in den

Armlöchern seiner Weste. Er war groß und beleibt, eine schöne, würdevolle Erscheinung.

»*Que' tal?*« rief er jovial und ließ seine weißen Zähne blitzen. »Was führt Sie her, Señoras?«

»Wie gut Sie aussehen, Don Manuel«, sagte La Gorda. »Wirklich ein stattlicher Mann.«

Er schüttelte ihnen die Hände, und der Stab seiner Angestellten hielt in seiner angestrengten Tätigkeit inne und winkte den drei Damen freundschaftlich zu. Sie waren alte Bekannte, und die Begrüßung war warm, wenn auch vielleicht etwas ironisch. Ich sehe mich nun zu einer Enthüllung gezwungen. Es fiele mir zwar nicht schwer, sie in so diskreter Form zu bringen, daß ich mißverstanden werden könnte, aber wenn man etwas zu sagen hat, kann man ebensogut deutlich sein: die drei Damen waren die Madames der drei wichtigsten Bordelle der Hauptstadt jenes freien und unabhängigen Staates. La Gorda und Carmencita waren spanischen Ursprungs und sehr dezent in Schwarz gekleidet, mit schwarzen Seidenschals über den Köpfen, aber Madame Coralie war Französin und trug eine Toque. Sie waren alle reifen Alters und von bescheidenem Auftreten.

Der Präsident forderte sie zum Sitzen auf und bot ihnen Madeira und Zigaretten an, aber sie lehnten ab.

»Nein, danke, Don Manuel«, sagte Madame Coralie. »Wir sind gekommen, um eine geschäftliche Angelegenheit mit Ihnen zu besprechen.«

»Bitte. Was kann ich für Sie tun?«

La Gorda und Carmencita blickten Madame Coralie an, und Madame Coralie schaute zu La Gorda und Carmencita hinüber. Die beiden nickten, woraus Madame Coralie entnahm, daß man sie zur Sprecherin ausersehen hatte.

»Also, es ist folgendes, Don Manuel. Wir sind drei Frauen, die viele Jahre schwer gearbeitet und ihren Ruf stets rein gehalten haben. In ganz Amerika gibt es keine anständigeren drei Häuser als die unseren, und sie gereichen dieser schönen Stadt zur Zierde. Habe ich doch erst im vorigen Jahr fünfhundert Dollar ausgegeben, um meine ›sala principal‹ mit Spiegelwänden auszustatten. Wir sind immer ordentlich gewesen und haben regelmäßig unsere Steuern bezahlt. Es trifft uns schwer, daß uns nun die Frucht unserer Arbeit entrissen wird.

Ich sage es offen, daß ich es ungerecht finde, daß wir uns nach all den Jahren gewissenhaftesten und ehrlichsten Dienstes an unseren Kunden eine derartige Behandlung gefallen lassen müssen.«

Der Präsident war sprachlos.

»Aber meine liebste Coralie, was ist denn geschehen? Hat irgend jemand gewagt, Geld von Ihnen zu verlangen, das nicht vom Gesetz sanktioniert ist und von dem ich nichts weiß?«

Er blickte mißtrauisch zu seinen Sekretären hinüber. Sie bemühten sich, unschuldig auszusehen, aber obgleich sie es waren, wirkten ihre Mienen bloß verlegen.

»Wir sind gekommen, uns über das Gesetz zu beschweren. Der Ruin starrt uns ins Gesicht.«

»Der Ruin?«

»Solange dieses Scheidungsgesetz in Kraft bleibt, können wir keine Geschäfte mehr machen, und unsere schönen Häuser könnten ebensogut geschlossen bleiben.«

Hierauf erklärte Madame Coralie die Sache in so unverblümter Weise, daß ich es vorziehe, ihre Rede zu umschreiben. Infolge der Invasion von schönen Frauen aus fremdem Land waren die drei eleganten Häuser, für die sie und ihre beiden Freundinnen hohe Taxen und Steuern zahlten, völlig verlassen. Die jungen Herren der Stadt zogen es vor, ihre Abende im Grandhotel zu verbringen, wo sie für zärtliche Worte haben konnten, was sie in einem rechtmäßigen Etablissement bloß für klingende Münze bekamen.

»Das kann man ihnen eigentlich nicht verdenken«, sagte der Präsident.

»Ihnen mache ich ja auch keinen Vorwurf«, rief Madame Coralie. »Aber den Frauen. Sie haben kein Recht, uns das Brot vom Munde wegzunehmen. Don Manuel, Sie sind einer aus dem Volke, keiner von diesen Aristokraten; was wird das Land sagen, wenn Sie zugeben, daß wir durch Schwarzarbeiter aus unserem Beruf verdrängt werden? Ich frage Sie, ist das gerecht? Ist das ehrlich?«

»Aber was kann ich tun?« rief der Präsident. »Ich kann diese Geschöpfe doch nicht dreißig Tage lang in ihre Zimmer einsperren. Kann man mir einen Vorwurf daraus machen, daß diese Ausländerinnen nicht wissen, was sich gehört?«

»Ich sage nichts, wenn es sich um ein armes Mädchen handelt«, sagte La Gorda. »Jeder muß sehen, wie er durchkommt. Aber daß Frauen, die niemand dazu zwingt, so etwas tun, werde ich nie und nimmer verstehen.«

»Es ist ein schlechtes und sündhaftes Gesetz.«

Der Präsident sprang auf und warf die Arme auseinander.

»Wollen Sie etwa von mir verlangen, daß ich das Gesetz abschaffe, das diesem Land Frieden und Wohlstand gebracht hat? Ich bin aus dem Volke und vom Volke gewählt, und das Wohlergehen meines Vaterlandes liegt mir am Herzen. Ehescheidungen bilden unseren Hauptindustriezweig, und nur über meine Leiche kann das Gesetz widerrufen werden.«

»Oh, *Maria Santissima,* daß es so weit kommen mußte«, rief Carmencita. »Und ich, die ich zwei Töchter im Kloster von New Orleans habe! Oh, man hat genug Unannehmlichkeiten im Geschäft, aber ich habe mich immer damit getröstet, daß meine Töchter gut heiraten und eines Tages, wenn ich mich zur Ruhe setze, das Geschäft übernehmen werden. Glauben Sie, ich habe das Geld, sie für nichts und wieder nichts im Kloster zu lassen?«

»Und wer wird für meinen Sohn in Harvard sorgen, wenn ich mein Haus schließen muß, Don Manuel?« fragte La Gorda.

»Was mich anbelangt«, erklärte Madame Coralie, »so ist mir alles gleich. Ich werde nach Frankreich zurückfahren. Mein liebe Mutter ist siebenundachtzig Jahre alt und hat nicht lange zu leben. Es wird ihr ein Trost sein, mich in ihren letzten Lebensjahren bei sich zu haben. Was mich schmerzt, ist die Ungerechtigkeit, die wir erfahren. Sie haben viele glückliche Abende in meinem Hause verbracht, Don Manuel, und es kränkt mich, daß Sie uns nicht in Schutz nehmen. Haben Sie nicht selbst gesagt, es sei der stolzeste Tag Ihres Lebens gewesen, als Sie als Ehrengast das Haus betraten, in dem Sie einst Laufbursche gewesen waren?«

»Ich will es nicht leugnen. Ich habe Champagner auffahren lassen damals.« Don Manuel ging in dem großen Raum auf und ab, tief in Gedanken versunken, die Schultern zuckend und gestikulierend. »Ich bin aus dem Volk und vom Volke gewählt, und es ist nicht zu leugnen, daß jene Frauenzimmer wirklich Schwarzarbeiter sind.« Er wandte sich mit dramatischer Geste an seine Sekretäre. »Es ist ein Makel an meiner

Amtsführung. Es widerspricht meinen Prinzipien, daß ungeschulte fremde Kräfte ehrlichen und fleißigen Leuten das Brot vom Munde wegnehmen. Diese Frauen haben vollkommen recht, wenn sie zu mir kommen und mich um Schutz anflehen. Ich werde Schluß machen mit diesem Skandal.«

Es war eine scharfe und sehr effektvolle Rede, aber alle, die sie mit anhörten, wußten genau, daß sie nicht das geringste an der Angelegenheit ändern würde. Madame Coralie puderte ihre Nase, ein imposantes Organ, und warf einen raschen Blick in ihren Taschenspiegel.

»Ich kenne natürlich die menschliche Natur«, sagte sie, »und kann gut verstehen, daß diesen Geschöpfen die Zeit lang wird.«

»Wir könnten einen Golfplatz anlegen«, äußerte einer der Sekretäre. »Allerdings würde sie das bloß bei Tage beschäftigen.«

»Wenn sie Männer haben wollen, können sie sich doch welche mitbringen«, meinte La Gorda.

»Caramba!« rief der Präsident und blieb wie angewurzelt stehen. »Das ist die Lösung!«

Nie hätte er es zu einer so hervorragenden Stellung im Leben gebracht, wäre er nicht in besonderem Maße mit Verstand und Intelligenz ausgestattet gewesen. Er strahlte.

»Wir werden das Gesetz abändern. Männer sollen weiterhin ohne jedwede Formalität hereingelassen werden, aber Frauen nur in Begleitung ihrer Gatten oder mit deren schriftlicher Einwilligung.« Er sah den konsternierten Blick, den einer seiner Sekretäre ihm zuwarf, und machte eine beschwichtigende Geste. »Aber die Einwanderungsbehörden sollen Instruktion erhalten, dem Wort Gatte eine möglichst weitherzige Interpretation zu geben.«

»Maria Santissima!« rief Madame Coralie. »Die Freunde werden schon dafür sorgen, daß niemand sich an ihre Damen heranmacht; und unsere Kunden werden wieder zu uns zurückkehren, wo sie so lange gastfreundliche Aufnahme gefunden haben. Don Manuel, Sie sind ein großer Mann, und eines Tages wird man Ihnen ein Monument errichten.«

Manchmal werden durch die einfachsten Mittel die schwierigsten Lösungen zustande gebracht. Das Gesetz wurde abgeändert, nach den Gesichtspunkten Don Manuels, und während weiterhin der Segen des Wohlstandes auf die sonnige Hauptstadt des freien unabhängigen Staates herniederströmte, durfte Madame Coralie fortfahren, ihr nützliches Gewerbe gewinnbringend auszuüben, Carmencitas Töchter beendeten ihre kostspieligen Studien im Kloster von New Orleans, und La Gordas Sohn legte mit Erfolg seine Doktorprüfung in Harvard ab.

Der Bettler

Gott weiß, wie oft ich darüber geklagt hatte, daß ich nicht halb so viel Zeit hatte, als ich gebraucht hätte, um nur die Hälfte der Dinge zu tun, die mich lockten. Ich konnte mich nicht mehr erinnern, wann ich zum letztenmal einen Augenblick für mich selbst gehabt hatte. Oft unterhielt ich mich damit, mir eine Woche vollständigen Müßigganges auszumalen. Die meisten von uns sind, wenn sie nicht arbeiten, eifrig damit beschäftigt, sich zu unterhalten; man reitet, man spielt Tennis oder Golf, schwimmt oder spielt Poker oder Bridge; aber ich selbst wollte gar nichts tun. Den Morgen über wollte ich faulenzen, den Nachmittag vertrödeln, den Abend verbummeln. Mein Geist sollte eine Tafel sein und jede Stunde, die hinging, ein Schwamm, der das Gekritzel auslöschte, das die Welt hineingeritzt hatte. Die Zeit, weil sie so flüchtig, weil sie so unwiederbringlich ist, ist das kostbarste aller menschlichen Güter, und sie zu vergeuden, ist die raffinierteste Art von Verschwendung. Kleopatra löste eine Perle von unschätzbarem Wert in Wein auf, aber sie gab sie Antonius zu trinken; verschwendet man jedoch die kurzen goldenen Stunden, so nimmt man den Becher, in dem das Juwel zerschmolzen ist, und schüttet seinen Inhalt auf die Erde. Die Geste ist großartig und wie alle großartigen Gesten absurd. Dies, freilich, ist ihre Entschuldigung. In meiner freien Woche, so nahm ich mir vor, würde ich selbstverständlich lesen, denn dem gewohnheitsmäßigen Leser ist das Lesen ein Narkotikum, dem er verfallen ist; entzieht man ihm Gedrucktes, so wird er nervös, gereizt, ruhelos; und wie der Alkoholiker, wenn man ihm den Schnaps nimmt, Schellack oder Methylalkohol trinkt, so wird er sich mit dem Annoncenteil einer fünf Jahre alten Zeitung begnügen; er wird sich mit einem Telephonbuch abfinden. Doch der professionelle Schriftsteller ist selten ein desinteressierter Leser. Mir schwebte eine Art von Lektüre vor, die bloß eine andere Form von Müßiggang sein sollte. Und ich faßte einen Vorsatz: wenn je der glückliche Tag erscheinen sollte, an dem ich mich ungestörtem Nichtstun hingeben durfte, dann wollte ich ein Unternehmen zu Ende führen, das mich schon lange lockte, das ich jedoch –

dem Forschungsreisenden gleich, der kleine Erkundungsfahrten in ein noch zu entdeckendes Land unternimmt – erst ganz flüchtig in Angriff genommen hatte: ich wollte die gesamten Werke von Nick Carter lesen.

Aber ich hatte mir immer vorgestellt, daß ich mir den Moment würde aussuchen können, in einer Umgebung nach meinem Geschmack, nicht, daß er mir aufgezwungen werden würde; und als ich mich eines Tages unerwartet dem Müßiggang gegenübersah (wie einem Bekannten, den man auf einem Schiff, mitten in der Wüste des Pazifischen Ozeans eingeladen hat, einen in London zu besuchen, und der nun plötzlich unangemeldet mit seinem gesamten Gepäck vor der Tür steht), war ich nicht wenig betroffen. Ich war von Mexico City nach Vera Cruz gekommen, um eines der kühlen weißen Schiffe der Ward Company nach Yukatan zu erreichen, und erfuhr zu meiner Bestürzung, daß über Nacht ein Dockerstreik ausgebrochen war und mein Schiff nicht einlaufen würde. Ich war in Vera Cruz festgenagelt. Ich nahm ein Zimmer im Hotel Diligencias mit Aussicht auf die Plaza und verbrachte den Vormittag damit, mir die Sehenswürdigkeiten der Stadt anzusehen. Ich schlenderte durch schmale Gäßchen und guckte in wunderliche alte Höfe hinein. Ich besichtigte die Stadtkirche; sie ist pittoresk mit ihren Wasserspeiern und Strebepfeilern; Salzwind und Sonnenglut haben ihren massiven Mauern die milde Tönung des Alters gegeben; ihre Kuppel ist mit weißen und blauen Kacheln gedeckt. Dann fand ich, daß ich alles gesehen hatte, was es zu sehen gab, und setzte mich in der Kühle der Arkaden, die den Platz umgaben, hin und bestellte ein Getränk. Die Sonne brannte mit erbarmungsloser Glut auf die Plaza herab. Die Kokospalmen standen staubig und beschmutzt mit hängenden Blättern. Große schwarze Bussarde ließen sich unbeholfen für einen Augenblick auf ihnen nieder, stießen zu Boden, um ein Stück Abfall zu holen, und flogen mit schwerfälligem Flügelschlag hinauf auf den Kirchturm. Ich sah mir die Leute an, die über die Plaza gingen: Neger, Inder, Kreolen und Spanier, das bunte Volksgemisch des spanischen Mexiko, variierend in der Farbe von Ebenholzschwarz bis zu Elfenbeinweiß. Mit fortschreitender Stunde bevölkerten sich die Tische um mich her, hauptsächlich mit Männern, die vor der Mittagsstunde einen Aperitif nehmen wollten. Die meisten von ihnen hatten weiße Hosen an, aber einige trugen trotz der Hitze die dunkle Kleidung professioneller Ehrbarkeit. Eine kleine Musikkapelle, ein Gitarrenspieler, ein blinder Geiger und ein Harfenist spielten einen Ragtime, und nach jedem zweiten Stück ging der Gitarrenspieler mit einem Teller einsammeln. Ich hatte bereits das Lokalblatt gekauft und blieb den Zeitungsverkäufern gegenüber hart, die mir immer wieder die gleiche Nummer anboten. Ich wies, oh, zwanzigmal mindestens, die flehentlichen Angebote schmieriger Gassenjungen ab, die mir meine fleckenlosen Schuhe putzen wollten; und nachdem ich mit meinem Kleingeld zu Ende war, konnte ich bloß den Kopf schütteln, wenn mich die Bettler belästigten. Sie ließen einem keine Ruhe. Kleine Indianerinnen in formlosen Lumpen, jede mit einem in einen Schal eingebundenen Säugling auf dem Rücken, streckten ihre mageren Hände aus und leierten weinerlich eine trübselige Geschichte her; blinde Männer wurden von kleinen Jungen an meinen Tisch geführt; die Verstümmelten, die Lahmen, die Verkrüppelten stellten die Gebrechen und Ungeheuerlichkeiten zur Schau, mit denen die Natur oder ein Unfall sie geschlagen hatte; und halbnackte unterernährte Kinder wimmerten ohne Ende ihre Bitte um Geld, dabei hielten sie ihre Augen offen und spähten nach dem Polizisten aus, der jeden Augenblick auf sie losschießen und ihnen mit seinem Riemen einen scharfen Hieb über den Rükken oder den Kopf ziehen konnte. Dann nahmen sie Reißaus, um jedoch sofort wieder aufzutauchen, wenn er, von solchem Energieaufwand erschöpft, in Lethargie zurücksank.

Plötzlich aber richtete sich meine Aufmerksamkeit auf einen Bettler, der sich in auffallender Weise von den übrigen und auch von den Leuten, die dunkelhäutig und schwarzhaarig rings um mich herumsaßen, unterschied. Sein Haar und sein Bart waren von einem so grellen Rot, daß es verblüffend war. Der Bart war zottig, und der lange Haarschopf sah aus, als wäre er monatelang nicht mehr gebürstet worden. Er hatte bloß ein Paar Hosen und ein Baumwolleibchen an, beides in Fetzen, dreckige, halbverfaulte Lumpen, die kaum mehr zusammenhielten. Ich hatte nie einen so mageren Menschen gesehen; seine Beine, seine nackten Arme waren bloß Haut und Knochen, und durch die Risse des Leibchens sah man jede Rippe des zerstörten Körpers; man konnte die Knochen seiner staubbedeckten Füße zählen. Unter dieser verhungerten Schar war er sicherlich der Elendeste. Er war nicht alt, keinesfalls über Vierzig, und unwillkürlich mußte ich mich fragen, was ihn auf diese Stufe von Elend gebracht haben konnte. Es war schwer denkbar, daß er nicht gearbeitet hätte, wenn sich ihm Arbeit geboten hätte. Er war der einzige Bettler, der nicht sprach. Die übrigen leierten ihre Unglückslitaneien her, und wenn die Almosen ausblieben, um die sie baten, so setzten sie ihr Gejammer fort, bis ein ungeduldiges Wort sie verjagte. Er sagte nichts. Vermutlich wußte er, daß sein Aussehen deutlich genug redete. Er streckte nicht einmal die Hand aus, er schaute einen nur an, aber mit so unglücklichen Augen, solcher Verzweiflung in der Haltung, daß es herzzerreißend war; er stand und stand, still und reglos, mit flehendem Blick, und dann, wenn man ihm keine Beachtung schenkte, ging er langsam weiter, zum nächsten Tisch. Wenn er nichts bekam, zeigte er weder Enttäuschung noch Ärger. Hielt ihm jemand ein Geldstück hin, trat er ein wenig näher, streckte seine klauengleiche Hand aus, nahm die Münze ohne ein Wort des Dankes und ging dumpf seines Weges. Ich hatte nichts, was ich ihm hätte geben können, und um ihn nicht vergeblich warten zu lassen, schüttelte ich den Kopf.

»Dispense Usted por Dios«, sagte ich, mich der höflichen katalonischen Formel bedienend, mit der die Spanier einen Bettler abweisen.

Aber er achtete nicht auf das, was ich sagte. Er blieb vor mir stehen, so lange, wie er vor den anderen Tischen stehen blieb, und blickte mich mit tragischen Augen an. Ich habe nie ein solches Wrack von einem Menschen gesehen. Es war etwas Unheimliches in seiner Erscheinung. Er sah aus, als wenn er nicht ganz bei Verstand wäre. Endlich ging er weiter.

Es war ein Uhr, und ich aß zu Mittag. Als ich von meiner Siesta erwachte, war es immer noch sehr heiß; aber gegen Abend lockte mich ein Lufthauch, der durch die Fenster hereindrang, die ich endlich zu öffnen gewagt hatte, hinaus auf die Plaza. Ich setzte mich unter meine Arkaden und bestellte ein Getränk. Bald sickerten aus den umliegenden Gassen Leute in größerer Zahl auf den öffentlichen Platz hinaus, die Tische der Restaurants, die ihn umgaben, belebten sich, und in dem Pavillon in der Mitte fing die Musikkapelle zu spielen an.

Die Menschenmenge wurde dichter. Auf den freien Bänken saßen die Leute zusammengedrängt wie Trauben an ihrem Stengel. Es herrschte lebhaftes Stimmengewirr. Die großen schwarzen Bussarde flogen kreischend durch die Luft, um sofort niederzuschießen, wenn sie ein Stück Beute erblickten, und es im Notfall unter den Füßen der Spaziergänger hervorzuholen. Bei sinkender Dämmerung schwärmten sie, wie es schien, von allen Seiten der Stadt herbei, zum Kirchturm hin; sie umflogen ihn schwerfällig, ließen sich schließlich unter heiserem Gekrächze zankend und zeternd unbeholfen zur Nachtruhe nieder. Und wieder wurde ich von Schuhputzern angefleht, mir meine Schuhe putzen zu lassen, Zeitungsjungen wollten mir feuchte Zeitungen aufdrängen, Bettler wimmerten ihre klägliche Bitte um Almosen. Ich sah den merkwürdigen rotbärtigen Menschen wieder und beobachtete, wie er reglos, mit jammervoller, verstörter Miene vor den Tischen stand. Vor dem meinen blieb er nicht stehen. Vermutlich erinnerte er sich meiner noch vom Vormittag her und hielt es, da er nichts von mir bekommen hatte, für aussichtslos, es noch einmal zu versuchen. Man sieht nicht oft einen rothaarigen Mexikaner, und da mir einzig in Rußland Gestalten von ähnlicher Trostlosigkeit begegnet waren, fragte ich mich, ob er nicht vielleicht Russe wäre. Denn russischer Indolenz war es durchaus zuzutrauen, daß man sich zu einem derartigen Grad von Verkommenheit herabsinken ließ. Und doch hatte er kein russisches Gesicht; seine abgezehrten Züge waren klar geschnitten, und seine blauen Augen saßen nicht auf russische Art im Gesicht. War er vielleicht ein Matrose, ein englischer, skandinavischer oder amerikanischer Matrose, der von seinem Schiff desertiert und Stufe um Stufe zu diesem erbarmungswürdigen Zustand heruntergesunken war? Er verschwand. Da es nichts anderes zu tun gab, blieb ich, bis ich hungrig wurde, und kam, nachdem ich gegessen hatte, wieder zurück. Ich blieb sitzen, bis die sich lichtende Menge mich daran erinnerte, daß es Schlafenszeit war. Ich gestehe, daß mir der Tag lang erschienen war, und ich fragte mich, wie viele ähnliche Tage mir hier noch bevorstanden.

Aber nach einer kleinen Weile wachte ich auf und konnte nicht wieder einschlafen. Mein Zimmer war erstickend heiß. Ich öffnete die Fensterläden und sah auf die Kirche hinaus. Die hellen Sterne erleuchteten schwach ihre Umrisse. Die Bussarde saßen eng zusammengedrängt auf dem Kreuz über der Kuppel und an den Turmrändern, und hie und da bewegten sie sich. Die Wirkung war unheimlich. Und dann – ich habe keine Ahnung warum – kam mir jener rote Vogelschreck in den Sinn, und ich hatte plötzlich das merkwürdige Gefühl, ihn schon einmal gesehen zu haben. Das Gefühl war so lebhaft, daß es mir jede Möglichkeit, zu schlafen, vertrieb. Ich war sicher, ihm schon irgendwo begegnet zu sein, aber wann und wo, konnte ich nicht sagen. Ich versuchte, mir die Umgebung auszumalen, in der ich ihm einen Platz hätte zuweisen können, aber ich sah nichts als eine verschwommene Gestalt gegen einen Hintergrund von Nebel. Als die Dämmerung herannahte, wurde es kühler, und ich war imstande zu schlafen.

Ich verbrachte meinen zweiten Tag in Vera Cruz, wie ich den ersten verbracht hatte. Aber ich wartete auf das Erscheinen des rothaarigen Bettlers, und als er vor dem Tisch neben dem meinen stand, betrachtete ich ihn aufmerksam. Ich war nun ganz sicher, ihn schon irgendwo gesehen zu haben. Ich war sogar sicher, ihn gekannt und mit ihm gesprochen zu haben, nur an die näheren Umstände konnte ich mich immer noch nicht erinnern. Wieder ging er an meinem Tische vorüber, ohne stehenzubleiben, und als seine Augen den meinen begegneten, spähte ich in ihnen nach einem Zeichen des Erkennens aus. Nichts.

Ich überlegte, ob ich mich vielleicht irrte und bloß vermeinte, ihn gesehen zu haben, wie man manchmal, inmitten einer Handlung, infolge eines rätselhaften Gehirnvorganges plötzlich das Gefühl hat, das gleiche schon einmal in der Vergangenheit getan zu haben. Aber ich konnte den Eindruck, daß er zu irgendeiner Zeit in meinem Leben ein Rolle gespielt hatte, nicht loswerden. Ich zerbrach mir den Kopf. Ich war nun überzeugt, daß er weder Engländer noch Amerikaner war. Aber ich hatte eine Scheu, ihn anzusprechen. Ich ging im Geiste alle Möglichkeiten durch, wann ich ihm begegnet sein konnte. Es brachte mich zur Verzweiflung, ihn nicht placieren zu können, genauso, wie wenn man nach einem Namen sucht, der einem auf der Zunge liegt und sich doch nicht einfangen läßt. Der Tag schritt weiter.

Dann kam ein anderer Tag, ein anderer Morgen, ein anderer Abend. Es war Sonntag, und auf der Plaza drängten sich die

Menschen. Die Tische unter den Arkaden waren bis auf den letzten Platz besetzt. Wie gewöhnlich kam der rothaarige Bettler daher, eine erschreckende Gestalt in seiner Schweigsamkeit, seinen fadenscheinigen Lumpen und seinem erbarmungswürdigen Elend. Er stand vor einem Tisch, ganz nahe dem meinen, stumm flehend, aber ohne Gebärde. Dann sah ich, wie der Polizist, bemüht, das Publikum vor Belästigungen zu schützen, hinter einer Säule hervorgeschlichen kam und ihm einen schallenden Schlag mit dem Riemen versetzte. Sein magerer Körper zuckte zusammen, aber er gab kein Zeichen des Protestes oder der Auflehnung; er schien den Hieb als etwas Selbstverständliches hinzunehmen und verschwand mit seinen schleppend langsamen Schritten in der sinkenden Dunkelheit der Plaza. Aber der grausame Hieb hatte mein Gedächtnis aufgepeitscht, und mit einem Male wußte ich.

Nicht seinen Namen, der wollte sich immer noch nicht einstellen, aber alles andere. Er mußte mich erkannt haben, denn ich habe mich in zwanzig Jahren nicht sehr verändert, und das war der Grund, warum er nach jenem ersten Morgen nie mehr vor meinem Tische stehengeblieben war. Ja, es war zwanzig Jahre her, daß wir einander begegnet waren. Ich verbrachte damals einen Winter in Rom, und jeden Abend pflegte ich in einem Restaurant in der Via Sistina zu essen, wo man ausgezeichnete Makkaroni und eine gute Flasche Wein bekam. Das Lokal wurde von einer kleinen Gesellschaft englischer und amerikanischer Kunstschüler und ein paar Schriftstellern frequentiert; und wir blieben gewöhnlich bis spät in die Nacht beisammen, in endlose Diskussionen über Kunst und Literatur vertieft. Er kam immer mit einem jungen Maler, der sein Freund war. Er war damals noch ein halber Junge, kaum älter als einundzwanzig Jahre, und mit seinen blauen Augen, seiner geraden Nase und seinem roten Haar sah er sehr gut aus. Ich erinnere mich, daß er viel von Zentralamerika erzählte; er hatte eine Anstellung bei der American Fruit Company gehabt, sie aber aufgegeben, weil er Schriftsteller werden wollte. Er war nicht beliebt unter uns. Wir fanden ihn arrogant, und keiner unter uns war alt genug, die Anmaßung der Jugend mit Duldsamkeit hinzunehmen. Er hielt uns für arme Schafe und machte kein Geheimnis daraus. Er wollte uns seine Arbeiten nicht zeigen, weil ihm unser Lob nichts bedeutete und weil er unsere

Kritik verachtete. Seine Eitelkeit war ungeheuerlich. Sie reizte uns. Aber einige unter uns hatten das unbehagliche Gefühl, daß sie möglicherweise berechtigt war, denn konnte es sein, daß das intensive Größenbewußtsein, das ihn erfüllte, jeglicher Grundlage entbehrte? Er hatte dem Wunsche, Schriftsteller zu sein, alles geopfert. Er war seiner selbst so sicher, daß er einige seiner Freunde mit der eigenen Zuversicht ansteckte.

Ich erinnerte mich an seine Ausgelassenheit, seine Vitalität, sein Vertrauen in die Zukunft und an seine Uneigennützigkeit. Es war unmöglich, daß er der gleiche war, und doch täuschte ich mich nicht. Ich stand auf, bezahlte mein Getränk und ging auf die Plaza, um ihn zu suchen. Meine Gedanken waren in Aufruhr. Ich war außer mir. Ich hatte hin und wieder flüchtig an ihn gedacht und mich gefragt, was wohl aus ihm geworden sein mochte. Nie hätte ich mir vorstellen können, daß er zu solch schauerlichem Elend herabsinken würde. Es gibt Hunderte, Tausende von jungen Menschen, die mit übertriebenen Hoffnungen den dornenvollen Weg der Kunst beschreiten; aber die meisten von ihnen finden sich schließlich mit ihrer Mittelmäßigkeit ab und retten sich in irgendeinen Winkel des Lebens, wo sie vor der äußersten Not geschützt sind. Hier aber sah ich etwas Grauenhaftes. Was konnte geschehen sein? Was für unerfüllte Hoffnungen hatten diesen Geist zerbrochen? Was für Enttäuschungen ihn zerstört, was für verlorene Illusionen hatten ihn in den Staub gebeugt? Ich ging um den Platz herum. Er war nicht unter den Arkaden. Ich sah keine Hoffnung, ihn in dem Menschenhaufen zu finden, der sich um die Musikkapelle scharte. Es fing an zu dunkeln, und ich fürchtete, ihn verloren zu haben. Dann kam ich an der Kirche vorbei und sah ihn auf den Stufen sitzen. Ich kann nicht beschreiben, wie jammervoll er aussah. Das Leben hatte ihn gepackt, ihn auf seinen Folterbänken zermartert, ihm Glied um Glied ausgerissen und ihn dann, ein blutendes Wrack, auf die Steinstufen dieser Kirche geschleudert. Ich trat zu ihm.

Er rührte sich nicht. Er antwortete nicht. Er beachtete mich nicht mehr, als stünde ich überhaupt nicht da. Seine leeren blauen Augen waren auf die Vögel gerichtet, die sich schreiend und krächzend um irgendeinen Gegenstand am Fuß der Treppe zankten. Ich wußte nicht, was ich tun sollte. Ich nahm eine gelbe Banknote aus meiner Brieftasche und drückte sie ihm in die Hand. Er schenkte ihr keinen Blick. Nur seine Hand bewegte sich, die mageren, klauengleichen Finger schlossen sich um den Schein und knüllten ihn zusammen; er ballte ihn zu einer kleinen Kugel und schnellte sie dann mit dem Daumen in die Luft, so daß sie unter die zeternden Vögel fiel. Ich wandte instinktiv den Kopf und sah, wie einer von ihnen sie mit dem Schnabel packte und davonflog, zwei andere kreischend hinterher. Als ich mich wieder umschaute, war der Mann verschwunden.

Ich blieb noch drei weitere Tage in Vera Cruz. Ich habe ihn nie wieder gesehen.

Der Traum

Im August 1917 mußte ich mich in Zusammenhang mit meiner damaligen Tätigkeit von New York nach Petrograd begeben. Aus Sicherheitsgründen sollte ich dabei den Weg über Wladiwostok nehmen. Ich landete am Morgen und verbrachte den Tag in der Stadt, so gut ich konnte. Der Transsibirien-Expreß sollte, wenn ich mich recht erinnere, erst abends um neun Uhr gehen. Zum Abendessen suchte ich das Bahnhofsrestaurant auf. Es war voll, und ich mußte einen kleinen Tisch mit einem Mann teilen, dessen Erscheinung mich amüsierte. Es war ein Russe. Er war groß und sehr beleibt. Sein Bauch war so dick, daß er sich nicht nah an den Tisch heransetzen konnte. Seine Hände, an sich klein für seine Größe, verschwanden unter Fettpolstern. Das dunkle, lange, eher dünne Haar war sorgfältig verteilt, um eine Glatze zu verdecken. Das Gesicht mit dem enormen, sauber rasierten Doppelkinn war groß und flach und wirkte irgendwie unanständig nackt. Die Nase war klein, ein winziger komischer Knopf in einer gewaltigen Fleischmasse, und auch die glänzenden schwarzen Augen waren klein. Dagegen war der Mund groß, rot und sinnlich. Der schwarze Anzug, in dem er recht anständig aussah, war nicht abgetragen, aber etwas unsauber, so als wäre er, seit er ihn besaß, nie gebügelt oder ausgebürstet worden.

Die Bedienung war schlecht. Es war fast unmöglich, die Aufmerksamkeit eines Kellners auf sich zu lenken. Ich kam mit dem Russen bald ins Gespräch. Er sprach ein gutes, fließendes Englisch, mit einem starken russischen, aber nicht unangenehmen Akzent. Er fragte viel, was mich und meine Pläne betraf. Da meine Tätigkeit mich zur Vorsicht zwang, gab ich Antworten, die wahrscheinlich klangen, aber nicht der Wahrheit entsprachen. Ich sagte, ich sei Journalist. Er fragte, ob ich auch Erzählungen schriebe, und als ich erwiderte, in müßigen Stunden sei das manchmal der Fall, begann er über moderne russische Literatur zu sprechen. Was er sagte, war intelligent. Offensichtlich hatte ich es mit einem gebildeten Manne zu tun.

Mit der Zeit konnten wir den Kellner dazu bringen, uns wenigstens eine Kohlsuppe zu servieren, und mein neuer Bekannter zog eine kleine Flasche mit Wodka aus der Tasche, zu der er mich einlud. Ich weiß nicht ob es am Wodka lag, oder ob die natürliche Redseligkeit seines Volkes ihn so mitteilsam machte, jedenfalls fing er an, von sich selbst zu erzählen. Er deutete an, daß er adliger Herkunft sei, war von Beruf Rechtsanwalt und stand politisch links. Schwierigkeiten mit den Behörden hatten ihn dazu bewogen, sich viel im Ausland aufzuhalten. Im Augenblick befand er sich auf der Heimreise. Er hielt sich in Wladiwostok beruflich auf und hoffte, in einer Woche nach Moskau weiterreisen zu können. Wenn ich auch nach Moskau käme, würde er sich freuen, mich da wiederzusehen.

»Sind Sie verheiratet?« fragte er.

Ich sah nicht recht ein, weshalb ihn das interessierte. Ich bejahte, und er seufzte.

»Ich bin Witwer«, setzte er fort. »Meine Frau war Schweizerin, aus Genf. Eine sehr kultivierte Frau. Sie sprach perfekt Englisch, Deutsch und Italienisch und natürlich Französisch, das ihre Muttersprache war. Ihr Russisch war sehr viel besser als das der meisten Ausländer, fast akzentfrei.«

Er winkte den Kellner heran, der gerade mit einem vollbeladenen Tablett vorüberkam, und fragte, wie ich vermutete – ich selbst konnte kaum ein Wort Russisch –, wie lange wir noch auf den nächsten Gang warten sollten. Nach einem kurzen, aber offenbar nicht sehr überzeugenden Ausruf lief der Kellner weiter, und mein Freund seufzte.

»Seit dem Kriege ist das Warten auf Bedienung eine Katastrophe.«

Er zündete sich die zwanzigste Zigarette an. Ich sah auf die Uhr und fragte mich, ob ich vor Abgang des Zuges außer der Kohlsuppe noch etwas zu essen bekommen würde.

»Meine Frau war eine ungewöhnliche Frau«, begann er von neuem. »Sie gab Fremdsprachenunterricht in einer der besten Schulen für adlige junge Mädchen in Petrograd. Unsere Ehe war lange Jahre hindurch harmonisch. Sie war nur sehr eifersüchtig und liebte mich leider bis zur Raserei.«

Mir fiel es schwer, ernst zu bleiben. Er war einer der häßlichsten Männer, die ich je gesehen hatte. Dicke, behäbige, joviale Männer besitzen oft einen gewissen Charme. Aber dieser melancholische Fettkloß war einfach widerwärtig.

»Ich will nicht behaupten, daß ich ihr immer treu gewesen bin. Als wir heirateten, war sie nicht mehr jung, und zehn Jahre waren wir verheiratet. Sie war klein und unansehnlich und hatte eine scharfe Zunge und eine unreine Haut. Sie war eine Frau, die an dem Wahn litt, ich gehörte ihr mit Haut und Haar. Sie konnte es nicht ertragen, daß ich mich noch mit etwas anderem beschäftigte außer mit ihr. Sie war nicht etwa nur auf die Frauen eifersüchtig, die ich kannte, nein, auch auf meine Freunde, auf die Katze, auf meine Bücher. Einmal verschenkte sie in meiner Abwesenheit einen Anzug, nur weil ich ihn lieber trug als die andern. Ich besitze ein gutmütiges, ausgeglichenes Naturell. Ich will nicht bestreiten, daß es mich auf die Dauer langweilte, aber ich nahm ihre unglückliche Veranlagung hin wie etwas von Gott Gesandtes, es kam mir nicht in den Sinn, mich dagegen aufzulehnen, sowenig wie gegen schlechtes Wetter oder einen Stockschnupfen. Ihren Vorwürfen begegnete ich mit Leugnen, solange es ging, und wenn das nicht mehr möglich war, begnügte ich mich damit, die Achseln zu zukken und eine Zigarette zu rauchen.

Die fortwährenden Szenen, die sie mir machte, berührten mich schließlich kaum noch. Ich lebte mein Leben für mich. Manchmal fragte ich mich allerdings, ob das, was sie für mich empfand, wirklich leidenschaftliche Liebe war oder leidenschaftlicher Haß. Ich glaube, daß Liebe und Haß sehr eng miteinander verwandt sind.

Vermutlich wäre es so immer weiter gegangen, wenn nicht eines Nachts etwas Sonderbares passiert wäre. Ich wurde durch einen furchtbaren Schrei meiner Frau geweckt. Erschrocken fragte ich, was sie hätte. Sie sagte, sie habe einen schrecklichen Traum gehabt. Sie hatte geträumt, ich hätte versucht, sie umzubringen. Wir wohnten damals im obersten Stockwerk eines großen Mietshauses, in dem die Treppen um einen weiten offenen Schacht angelegt waren, und sie hatte geträumt, daß ich in dem Augenblick, als wir auf unserem Stockwerk angekommen waren, versucht hätte, sie zu packen und über das Geländer in die Tiefe zu stürzen. Bis zu dem Steinboden im Erdgeschoß waren es sechs Stockwerke, und es wäre ihr sicherer Tod gewesen.

Sie war völlig aufgelöst. Ich tat alles, um sie zu beruhigen. Aber am nächsten Morgen und die folgenden zwei oder drei

Tage kam sie immer wieder auf den Traum zurück, auch wenn ich sie auslachte. Er hatte sich, wie ich merkte, in ihrem Kopf festgesetzt. Mir ging es übrigens ähnlich, denn ihr Traum zeigte mir etwas, was ich nie vermutet hatte. Sie bildete sich ein, ich haßte sie, und glaubte, daß ich froh sein würde, sie loszuwerden. Natürlich wußte sie, daß sie unausstehlich war, und irgendwann muß ihr der Gedanke gekommen sein, ich wäre imstande, sie zu ermorden. Gedanken sind bekanntlich unkontrollierbar. Ideen tauchen in uns auf, die zu gestehen wir uns schämen würden. Ich hatte mir tatsächlich manchmal gewünscht, sie würde mit einem Liebhaber durchbrennen oder sie würde unversehens und schmerzlos sterben und ich wäre wieder frei. Aber nie, nie habe ich daran gedacht, mich vorsätzlich von dieser Last zu befreien, so unerträglich sie war.

Der Traum hinterließ in uns beiden einen tiefen Eindruck. Meiner Frau war der Schreck so in die Glieder gefahren, daß sie eine Zeitlang weniger gehässig und sogar freundlich zu mir war. Und ich mußte, wenn ich die Treppen zu unserer Wohnung hinaufstieg, immer wie unter einem Zwang über das Geländer in die Tiefe hinuntersehen und denken, wie leicht es wäre, das auszuführen, was sie geträumt hatte. Der Gedanke ließ mich nicht mehr los. Das Geländer war gefährlich niedrig. Ein einziges schnelles Zupacken, und es war geschehen.

Nach ein paar Monaten weckte meine Frau mich mitten in der Nacht auf. Ich war todmüde und sehr ungehalten über die Störung. Ihr Gesicht war leichenblaß, und sie zitterte am ganzen Leibe. Sie hatte wieder denselben Traum gehabt. Schluchzend fragte sie mich, ob ich sie haßte. Ich schwor bei allen Heiligen des russischen Kalenders, daß ich sie liebte. Mehr konnte ich nicht tun. Schließlich schlief sie wieder ein. Ich lag wach. Ich sah sie den Treppenschacht hinabstürzen, hörte sie schreien und dann, wie ihr Körper dumpf auf dem Steinboden unten aufschlug. Mich überlief es eiskalt.«

Der Russe hielt inne, und ich sah, daß seine Stirn mit Schweißperlen bedeckt war. Er hatte die Geschichte so gut und fließend erzählt, daß ich gespannt zugehört hatte. Er schenkte sich den Rest, der noch in der Wodkaflasche war, ein und trank ihn mit einem Zuge aus.

»Und wie ist Ihre Frau dann wirklich gestorben?« fragte ich nach einer Weile.

Er zog ein schmutziges Taschentuch hervor und wischte sich die Stirn.

»Man fand sie mit gebrochenem Genick auf dem Boden des Treppenschachts, eines Nachts, ganz zufällig.«

»Wer fand sie?«

»Ein Mieter, der kurz nach der Katastrophe das Haus betrat.«

»Und wo waren Sie?«

Ich kann den Blick nicht beschreiben, mit dem er mich ansah. Seine schwarzen Augen funkelten geradezu vor Bosheit und Hinterlist.

»Ich hatte den ganzen Abend bei Freunden zugebracht. Ich kam erst eine Stunde später nach Hause.«

In diesem Augenblick brachte der Kellner das Hauptgericht, das wir bestellt hatten, und der Russe machte sich mit größtem Appetit darüber her. Er schaufelte sich förmlich das Essen in gewaltigen Portionen in den Mund. Es verschlug mir den Atem. Hatte er mir wirklich, kaum verhehlt, gestanden, seine Frau umgebracht zu haben? Der schwerfällige, dicke Mann sah nicht wie ein Mörder aus. Ich konnte mir nicht vorstellen, daß er den Mut zu einer solchen Tat aufgebracht hatte. Oder hatte er sich einen makaberen Spaß mit mir machen wollen?

Mir blieben nur wenige Minuten, um zum Bahnsteig hinüberzugehen und rechtzeitig am Zuge zu sein. Ich verabschiedete mich von ihm und habe ihn nicht wiedergesehen. Ich bin nie dahintergekommen, ob seine Geschichte eine Erfindung oder ein Geständnis war.

Die Unvergleichliche

Richard Harenger war ein glücklicher Mann. Allen Pessimisten seit Ekklesiastes zum Trotz kommt das in unserer unglücklichen Welt gar nicht so selten vor; aber Richard Harenger wußte es, und das kommt wirklich sehr selten vor. Die im Altertum so hochgepriesene goldene Mitte ist nicht mehr modern, und wer sie sich zum Ideal setzt, wird von allen fein verspottet, denen Genügsamkeit nichts gilt und gesunder Menschenverstand keine Tugend bedeutet. Höflich belustigt hob Richard Harenger die Schultern. Sollten die anderen gefährlich leben, sollten sie sich in loderndem Feuer verzehren, ihr Schicksal mit einer Karte verwetten, auf hohem Seil der Ehre oder dem Grab entgegenbalancieren, sollten sie ihr Leben für ein hehres Ziel, für eine Leidenschaft oder ein Abenteuer wagen – er beneidete sie weder um den Ruhm ihrer Heldentaten, noch verschwendete er sein Mitleid an sie, wenn ihr Unternehmen fehlschlug. Aber man darf daraus nicht schließen, Richard Harenger sei egoistisch oder gar gefühllos. Keineswegs! Er war rücksichtsvoll und großmütig, stets bereit, einem Freund beizuspringen, und er verfügte über genügend Geld, sich dieses Vergnügen zu leisten. Er besaß etwas Kapital, und seine Stellung im Home Office wurde angemessen bezahlt. Seine Arbeit gefiel ihm, sie war gleichmäßig, verantwortungsvoll und angenehm. Jeden Tag ging er nach Dienstschluß in seinen Klub und spielte ein paar Stunden Bridge, samstags und sonntags spielte er Golf. Seine Ferien verbrachte er im Ausland, dann wohnte er in guten Hotels und besuchte Kirchen, Galerien und Museen. Theaterpremieren ließ er fast nie aus. Zum Essen war er häufig eingeladen. Seine Freunde mochten ihn, man konnte so gut mit ihm reden. Er war belesen, gebildet und unterhaltend, dazu von stattlichem Äußeren: nicht auffällig schön, aber groß, schlank und sehr aufrecht, dazu ein hageres, kluges Gesicht. Allmählich lichteten sich seine Haare, denn er näherte sich den Fünfzigern, doch die braunen Augen hatten ihr Lächeln nicht verloren, und er besaß noch alle seine Zähne. Von Natur aus war er kerngesund, und er hatte auch seit jeher auf sich achtgegeben. Auf der ganzen lieben Welt hinderte ihn nichts daran, glücklich zu sein, und wenn er nur im mindesten zu Selbstgefälligkeit neigte, hätte er vielleicht das Verdienst sich selbst zugeschrieben.

Mit Glück umsegelte er auch die gefährlichen und sturmumtosten Klippen der Ehe, an denen so viele weise und tüchtige Männer Schiffbruch erlitten haben. Seine Frau und er – sie hatten Anfang Zwanzig aus Liebe geheiratet – trieben nach ein paar Jahren beinah vollkommener Seligkeit langsam auseinander. Da beide sich nicht wieder verheiraten wollten, sprachen sie nicht von Scheidung – schon wegen seiner Stellung im Staatsdienst –, sondern arrangierten zu ihrer größeren Annehmlichkeit mit Hilfe des Anwalts eine Trennung, um frei und ungestört vom anderen ihr Leben nach den eigenen Wünschen einzurichten. Sie schieden unter wechselseitigen Versicherungen, wie sehr sie einander voll Wohlwollen schätzten. Richard Harenger verkaufte sein Haus in St. John's Wood und bezog eine Wohnung, von der aus er Whitehall bequem zu Fuß erreichen konnte. Das Wohnzimmer füllte er mit seinen Büchern, in das Eßzimmer paßten seine Chippendale-Möbel gerade hinein, das Herrenschlafzimmer war angenehm groß, und hinter der Küche gehörten noch ein paar Dienstbotenräume dazu. Er brachte die Köchin, ein bewährtes Faktotum, von St. John's Wood mit, entließ die übrigen Angestellten, da er für so viel Personal keine Verwendung mehr hatte, und wandte sich auf der Suche nach einer Wirtschafterin an eine Stellenvermittlung. Er wußte genau, was er wollte, und beschrieb der Leiterin dieses Büros seine Wünsche haarklein: die Wirtschafterin durfte nicht zu jung sein, denn erstens hätten junge Frauen ihren Kopf nie bei der Sache, und zweitens geriete er, obwohl ein reifer Mann mit Grundsätzen, ins Gerede, zumindest beim Hausmeister und den Lieferanten. Um also seinen eigenen Ruf wie den der in Frage kommenden Person zu schonen, halte er ein gesetztes Alter für eine unerläßliche Bedingung. Zudem mußte sie sich aufs Silberputzen verstehen. Er liebte altes Silber von klein auf und forderte nicht mehr als billig, wenn die Gabeln und Löffel, die eine Dame von Stand zur Zeit der Königin Anna benutzt hatte, sanft und achtungsvoll behandelt werden sollten. Von Natur aus gesellig, lud er gerne einmal in der Woche zum Abendessen Gäste ein, nicht weniger als vier, nicht mehr als acht. Er konnte sich darauf verlassen, daß die Köchin ein Essen zubereitete, das seine Gäste mit Vergnügen verspeisten, von seiner Wirtschafterin verlangte er adrettes und schnelles Servieren. Dann mußte sie sich als tadelloser Kammerdiener bewähren. Er kleidete sich gut, seinem Alter und seiner Stellung entsprechend, und wünschte seine Garderobe tipptopp instand gehalten. Die gesuchte Person mußte Hosen und auch Krawatten bügeln können und – worauf er großen Wert legte – seine Schuhe blitzblank putzen. An seine kleinen Füße ließ er sich nur ausgezeichnet sitzende Schuhe anmessen, deren er eine beträchtliche Anzahl besaß, und selbstverständlich waren die Spanner hineinzuschieben, sobald er sie ausgezogen hatte. Zu guter Letzt mußte die Wohnung saubergemacht und aufgeräumt werden. Wer sich um diese Stellung bewarb, sollte ein angenehmes Äußeres und einen einwandfreien, besonnenen, ehrlichen und zuverlässigen Charakter aufweisen. Dafür war er bereit, guten Lohn, angemessene Selbständigkeit und reichlich Freizeit zu bieten. Die Stellenvermittlerin hörte ihm zu, ohne mit der Wimper zu zucken, und versicherte, sie finde gewiß das Richtige, worauf sie eine Reihe von Bewerberinnen zu ihm schickte, die ihm nur bestätigten, daß sie bei seinen Wünschen überhaupt nicht aufgepaßt hatte. Er sah sich alle an: einige taugten offensichtlich nichts, einige wirkten leichtlebig, einige waren zu alt, andere zu jung, einigen fehlten die nötigen Manieren. Es gab nicht eine, die er auch nur auf Probe nehmen mochte. Er war zuvorkommend und höflich und lehnte ihre Dienste mit einem Lächeln und einem freundlichen Bedauern ab. Nie wurde er ungeduldig, er hatte sich darauf eingestellt, so lange Wirtschafterinnen zu begutachten, bis er der richtigen begegnete.

Nun geht es ja im Leben merkwürdig zu: wenn man sich darauf versteift, nur das Beste zu bekommen, dann bekommt man auch oft das Beste; wenn man entschlossen ablehnt, sich mit dem zu begnügen, was man bekommen kann, dann bekommt man so oder so das, was man will – als ob Fortuna sagte: Dieser Mann, der Vollkommenheit sucht, ist ein vollkommener Dummkopf, und mit weiblicher Willkür ihm die Erfüllung seines Wunsches doch in den Schoß wirft. Eines Tages fragte der Hausverwalter Richard Harenger: »Sie suchen doch eine Wirtschafterin? Ich kenne da jemand, der frei ist und vielleicht für Sie in Frage kommt.«

»Können Sie sie mir empfehlen?«

Richard Harenger glaubte nämlich fest daran, daß die Empfehlung eines Angestellten durch einen Kollegen viel schwerer wog als die des Arbeitgebers.

»Ich kann für ihren Ruf einstehen. Sie war in ein paar sehr guten Stellungen.«

»Gegen sieben werde ich mich hier umziehen. Wenn es ihr recht ist, könnte ich sie um diese Zeit sprechen.«

»Gerne. Ich werd's ihr ausrichten lassen.«

Bereits fünf Minuten nach seiner Heimkehr meldete ihm die Köchin, die auf ein Klingeln hin die Wohnungstür geöffnet hatte, daß die vom Hausverwalter empfohlene Frau gekommen sei.

Er drehte mehr Licht an, um sich die Bewerberin genau anzusehen, und stellte sich mit dem Rücken zum Kamin. Eine Frau trat ein, die bei der Tür in respektvoller Haltung stehenblieb.

»Guten Abend«, sagte er, »wie heißen Sie?«

»Pritchard, Sir.«

»Und wie alt sind Sie?«

»Fünfunddreißig.«

»Ein vernünftiges Alter.«

Er zog an seiner Zigarette und schaute sie nachdenklich an. Sie war groß, beinahe so groß wie er, aber er schob das ihren hohen Absätzen zu. Sie trug ein zu ihrer Stellung passendes schwarzes Kleid und hielt sich gerade. Ihr Gesicht mit den angenehmen Zügen zeigte eine blühende Farbe.

»Könnten Sie Ihren Hut abnehmen?« fragte er.

Sie nahm ihn ab, und er musterte ihr hellbraunes, geschmackvoll und kleidsam frisiertes Haar. Sie wirkte kräftig und gesund, weder dick noch dünn, und würde in Latzschürze und Häubchen sehr gut aussehen. Sie war nicht aufregend hübsch, doch ganz gewiß anmutig und würde in einer anderen Gesellschaftsschicht wohl fast als eine Schönheit gelten. Er befragte sie weiterhin und erhielt befriedigende Antwort. Sie hatte ihre letzte Stelle aus einem triftigen Grund verlassen, sie hatte unter einem Butler gelernt und schien mit ihren Pflichten vertraut; in ihrer letzten Stelle war sie als Hauptwirtschafterin drei Dienstmädchen vorgestanden, aber es machte ihr nichts aus, die Wohnung allein zu besorgen. Sie hatte schon früher sich um Kleidung und Wäsche eines Gentleman gekümmert, der sie bei einem Schneider das Anzugbügeln lernen ließ. Sie antwortete ein bißchen schüchtern, aber keineswegs ängstlich oder befangen. Richard erkundigte sich liebenswürdig und geruhsam, wie es seine Art war, und sie gab bescheiden Auskunft. Da er einen ausgezeichneten Eindruck von ihr gewann, bat er sie um ihre Referenzen, die ihn außerordentlich befriedigten.

»Sehen Sie«, sagte er, »ich bin durchaus geneigt, Sie zu engagieren. Aber ich kann Wechsel nicht leiden; meine Köchin ist schon zwölf Jahre bei mir. Sollten Sie mir gefallen und die Stellung Ihnen, so hoffe ich, Sie bleiben auch. Nicht daß Sie mir in drei oder vier Monaten kündigen, um zu heiraten.«

»Da brauchen Sie nichts zu fürchten, Sir, ich bin Witwe. Heiraten bringt unsereins nicht viel ein. Mein Mann hat vom Tage unserer Hochzeit bis zu seinem Tod keinen Streich gearbeitet, und ich mußte ihn aushalten. Jetzt wünsche ich mir ein gutes Heim.«

»Ich möchte Ihnen zustimmen«, sagte er und lächelte, »nichts gegen das Heiraten, aber man sollte keine Gewohnheit daraus machen.«

Sie schwieg, ganz wie es sich schickte, und wartete auf seine Entscheidung. Sie wirkte nicht unruhig und wußte bestimmt genau, daß sie bei ihrer Tüchtigkeit ohne weiteres eine Stelle finden würde. Er erwähnte das Gehalt, das er ihr bot, und sie schien damit einverstanden. Als er die notwendigen Erläuterungen zu ihrem Posten aufzählte, gab sie ihm zu verstehen, daß sie bereits im Bilde war, und er erhielt den Eindruck, sie habe vor ihrer Bewerbung über ihn Erkundigungen eingezogen, was ihn mehr erheiterte als störte. Es zeugte von Vorsicht und gesundem Menschenverstand.

»Wann könnten Sie denn kommen? Im Augenblick habe ich niemanden, und die Köchin behilft sich mit einer Putzfrau. Aber ich möchte gern so schnell wie möglich geordnete Verhältnisse.«

»Eigentlich wollte ich eine Woche Ferien machen, aber ich kann es auch bleibenlassen, um Ihnen einen Gefallen zu tun. Ich kann morgen anfangen, wenn das recht ist.«

Richard Harenger lächelte ihr gewinnend zu.

»Ich möchte nicht, daß Sie auf Ihre Ferien verzichten, auf die Sie sich gewiß gefreut haben. Eine Woche kann ich noch gut so weiter wursteln. Genießen Sie Ihre Ferien, und kommen Sie nachher zu mir.«

»Vielen Dank, Sir. Paßt es Ihnen, wenn ich morgen in einer Woche anfange?«

»Sehr gut!«

Als sie ging, war Richard Harenger überzeugt, er habe einen guten Fischzug und idealen Fang getan. Er klingelte der Köchin und teilte ihr mit, endlich sei eine Wirtschafterin engagiert.

»Sie wird Ihnen gefallen«, meinte sie. »Sie ist heute nachmittag angerückt und hat mit mir geschwatzt. Ich hab gleich gemerkt, daß sie etwas kann. Die hat ihren Kopf bei der Sache.«

»Versuchen wir's, Mrs. Jeddy. Hoffentlich haben Sie mir ein gutes Zeugnis ausgestellt.«

»Ich hab gesagt, daß Sie ein sehr penibler Herr sind, der alles tipptopp haben will.«

»Das gebe ich gerne zu.«

»Sie sagte, daß ihr das nichts ausmacht, und sie hat gern einen Gentleman, der genau ist. Sie sagte, es befriedigt sie nicht, alles sauberzuhalten, wenn niemand etwas davon merkt. Sicher ist sie gewaltig stolz auf ihre Arbeit.«

»Das soll sie auch. Ich glaube, wir hätten es schlechter treffen können.«

»Da ist was dran, Sir. Und probieren geht über studieren. Aber wenn Sie meine Meinung wissen wollen, so kann ich nur sagen, sie ist eine Perle.«

Und genau das war Mrs. Pritchard: kein Mann wurde je besser bedient als Richard Harenger. Seine Schuhe glänzten wundervoll, und wenn die Sonne schien, eilte er beschwingteren Schrittes auf sein Büro, weil man sich fast darin spiegeln konnte. Seine Garderobe hielt sie mit solcher Sorgfalt instand, daß seine Kollegen ihn bereits aufzogen, er sei der bestangezogene Mann im Staatsdienst. Als er eines Tages unerwartet nach Hause kam, fand er im Badezimmer eine Wäscheleine vor, an der Socken und Taschentücher zum Trocknen hingen. Er klingelte Mrs. Pritchard.

»Waschen Sie meine Socken und Taschentücher etwa selber? Ich nahm an, daß Sie auch ohne das genug zu tun haben.«

»In der Wäscherei werden sie so strapaziert, daß ich sie lieber zu Hause besorge, wenn Sie nichts dagegen haben.«

Sie war genau im Bild, was man bei jedem Anlaß trug, und wußte ohne zu fragen, ob sie ihm für den Abend seinen Smoking mit schwarzem oder den Frack mit weißem Binder herauslegen sollte. Ging er zu einem Empfang, an dem Orden erwünscht waren, so fand er automatisch die elegante schmale Reihe seiner Auszeichnungen an den Rockaufschlag geheftet. Er ließ es bald bleiben, jeden Morgen selber eine Krawatte auszuwählen, denn die Erfahrung lehrte ihn, daß sie unfehlbar die richtige für ihn bereitlegte. Sie besaß einen hervorragenden Geschmack. Wahrscheinlich las sie seine Briefe, denn sie wußte über seinen Tagesablauf Bescheid, und wenn er vergessen hatte, um welche Zeit er verabredet war, so brauchte er gar nicht in seinem Notizbuch nachzusehen, Mrs. Pritchard konnte ihm helfen. Am Telephon traf sie jedesmal den richtigen Ton: sie war immer höflich – ausgenommen bei Geschäftsleuten, die sie gerne kurz abfertigte –, aber sie unterschied deutlich zwischen einem literarischen Freund von Mr. Harenger und einer Frau Minister. Eine innere Stimme sagte ihr, wen er sprechen wollte und wen nicht. Vom Wohnzimmer aus hörte er sie manchmal mit gelassener Offenheit versichern, er sei ausgegangen, dann kam sie zu ihm herein und bestellte Mrs. Soundsos Anruf, dessentwegen sie ihn aber nicht habe stören mögen.

»Ganz recht«, meinte er lächelnd.

»Sie wollte Sie ja doch nur mit diesem Konzert belästigen«, erläuterte Mrs. Pritchard.

Seine Freunde verabredeten mit ihr, wann sie ihn treffen wollten, und sie berichtete darüber, wenn er abends heimkehrte. »Mrs. Soames hat angerufen und fragte, ob Sie am Donnerstag, dem achten, zum Abendessen kommen könnten. Ich sagte, es tue Ihnen sehr leid, aber Sie seien bei Lady Versinder eingeladen. Mr. Oakley hat angerufen, ob Sie am nächsten Dienstag um sechs zu der Cocktail-Party im Savoy gingen. Ich sagte, möglicherweise, aber vielleicht müßten Sie zum Zahnarzt.«

»Ganz recht.«

»Ich dachte, Sie könnten sich dann immer noch entscheiden.«

Die Wohnung hielt sie blitzblank. Als sie erst kurz in seinen Diensten stand, holte sich Richard nach den Ferien ein Buch aus dem Regal und bemerkte sofort, daß es abgestaubt worden war.

Er klingelte.

»Vor meiner Abreise vergaß ich zu erwähnen, daß Sie unter keinen Umständen meine Bücher anrühren sollen. Sobald die Bücher zum Abstauben herausgenommen werden, ist die ganze Ordnung dahin. Meinetwegen dürfen sie ruhig schmutzig sein, aber ich hasse es, wenn ich nichts finde.«

»Verzeihen Sie bitte«, sagte Mrs. Pritchard, »ich weiß, daß einige Herren in dieser Beziehung sehr eigen sind, und deshalb habe ich die Bücher sorgfältig auf ihren alten Platz zurückgestellt.«

Richard Harenger warf einen Blick auf seine Bibliothek. Soviel er sehen konnte, stand jedes Buch am gewohnten Ort. Er lächelte. »Ich muß mich entschuldigen, Mrs. Pritchard.«

»Es sah fürchterlich aus, Sir. Sie konnten ja kein Buch öffnen, ohne rabenschwarze Finger zu bekommen.«

Sein Silber blinkte wie nie zuvor, so daß er sich zu einem besonderen Lob aufgerufen fühlte. »Die meisten Sachen stammen aus der Zeit von Königin Anne und George I.«, erklärte er ihr.

»Ja, ich weiß. Wenn man etwas so Schönes zu pflegen hat, ist's ein Vergnügen, es in ordentlichem Zustand zu halten.«

»Sie sind sehr geschickt darin. Ich kenne keinen Butler, der das Silber so gut putzt wie Sie.«

»Männer sind eben nicht so geduldig wie Frauen«, entgegnete sie bescheiden.

Sobald Mrs. Pritchard sich eingewöhnt hatte, begann er wieder einmal in der Woche seine geliebten kleinen Abendgesellschaften zu geben. Er hatte bereits herausgefunden, daß sie bei Tisch aufwarten konnte, doch durchströmte ihn warmes Behagen, als er feststellte, wie kunstvoll sie eine Einladung bewältigte. Sie war gewandt, geräuschlos und aufmerksam. Kaum spürte ein Gast, daß ihm etwas fehlte, stand Mrs. Pritchard neben ihm und bot das Gewünschte an. Sie merkte sich schnell die Gewohnheiten seiner engeren Freunde und dachte daran, daß der eine seinen Whisky lieber mit Wasser als mit Soda mischte und ein anderer für das Wadenstück einer Lammkeule schwärmte. Sie wußte, wie man einen Weißwein kalt stellte, um die Blume nicht zu beeinträchtigen, und wie lange Rotwein zur Entfaltung seines Bouquets im Zimmer sein sollte. Es war ein Genuß, ihr beim Einschenken eines Burgunders zuzusehen, wobei sie vermied, den Bodensatz aufzuwirbeln. Einmal servierte sie abends nicht den von Richard ausgesuchten Wein. Ziemlich scharf wies er sie darauf hin.

»Als ich die Flasche öffnete, schmeckte der Wein leicht nach dem Korken. So nahm ich den Chambertin, ich hielt's für sicherer.«

»Ganz recht.«

Nach kurzer Zeit überließ er ihr den Keller; sie hatte sich nämlich gut gemerkt, welche Weine seine Gäste bevorzugten. Ohne Auftrag schleppte sie das Beste herbei und grub seinen ältesten Cognac aus, wenn sie der Meinung war, die Eingeladenen wüßten es verständnisvoll zu schätzen. Frauen traute sie nichts zu, und waren sie mit von der Gesellschaft, tischte Mrs. Pritchard gerne solchen Champagner auf, den man trinken mußte, solange er noch heftig perlte. Mit dem einem englischen Dienstboten eingeborenen Instinkt erkannte sie gesellschaftliche Rangnuancen, und weder Stellung noch Geld täuschten sie darüber hinweg, daß einer kein Gentleman war. Unter seinen Freunden standen ein paar hoch in ihrer Gunst, und wenn einer ihrer Lieblinge zum Abendessen kam, schenkte sie ihm mit der Miene einer Katze, die einen Kanarienvogel verschlungen hat, einen Wein ein, den Harenger für besondere Gelegenheiten reserviert hatte. Das erheiterte ihn.

»Du hat dich aber gut gestellt mit Mrs. Pritchard, Alter«, rief er aus. »Nicht viele Leute beehrt sie mit diesem Tropfen.« Mrs. Pritchard wurde eine Institution und hieß sehr bald ›die Unvergleichliche‹. Man beneidete Harenger um ihren Besitz wie um nichts sonst. Sie war ihr Gewicht in Gold wert, ihr Preis nicht mit Rubinen aufzuwiegen. Bei ihrem Lob strahlte Richard Harenger vor Selbstgefälligkeit.

»Wie der Herr, so der Knecht«, bemerkte er heiter.

Als er eines Abends mit Freunden beim Portwein saß und sie das Zimmer verließ, wandte sich das Gespräch ihr zu.

»Das ist ein Schlag für dich, wenn sie einmal kündigt.«

»Warum sollte sie? Ein oder zwei Leute wollten sie mir abwerben, aber sie ist nicht darauf eingegangen. Sie weiß, wo sie's gut hat.«

»Sie wird eines Tages heiraten.«

»Ich glaube nicht, daß sie eine von denen ist.«

»Sie ist hübsch.«

»Sicher, eine ganz angenehme Erscheinung.«

»Was heißt das schon! Sie sieht phantastisch aus. Wenn sie zur guten Gesellschaft gehörte, wäre sie eine Schönheit, deren Photo in allen Zeitungen erschiene.«

In diesem Augenblick kam Mrs. Pritchard mit dem Kaffee herein. Richard Harenger schaute sie an. Obwohl er sie seit vier Jahren Tag für Tag vor Augen hatte – mein Gott, wie die Zeit verfliegt –, wußte er wahrhaftig nicht, wie sie aussah. Sie schien sich nicht sehr verändert zu haben seit jenem Abend, als sie sich vorstellte. Sie war nicht voller als damals, ihre Backen waren noch genauso rot, die regelmäßigen Züge zeigten denselben zugleich aufmerksamen und leeren Ausdruck. Das schwarze Kleid, das sie zum Servieren trug, stand ihr gut zu Gesicht.

»Sie ist zweifellos unvergleichlich.«

»Ich weiß«, antwortete Harenger, »sie ist die Vollkommenheit selber, ohne sie wäre ich verloren. Doch es ist ganz merkwürdig – ich kann mit ihr nicht viel anfangen.«

»Und warum nicht?«

»Sie langweilt mich ein bißchen, sie hat nämlich keine Konversation. Ich habe oft versucht, mich mit ihr zu unterhalten, doch sie antwortet nur auf meine Fragen – mehr nicht. In vier Jahren hat sie nie von sich aus eine persönliche Bemerkung gewagt. Ich weiß überhaupt nichts von ihr, nicht einmal, ob sie mich mag oder nicht. Sie ist der reinste Roboter. Ich schätze und achte sie und schenke ihr mein Vertrauen. Sie besitzt alle Vorzüge der Welt, und ich habe mich oft gewundert, warum ich ihr gegenüber trotzdem so eiskalt bleibe. Es liegt wohl daran, daß sie nicht den geringsten Charme ausstrahlt.« Man ließ es dabei bewenden.

Zwei oder drei Tage danach àß Richard Harenger abends allein in seinem Klub, da Mrs. Pritchard Ausgang hatte und er nichts unternehmen mochte. Ein Page meldete ihm, daß man soeben aus seiner Wohnung angerufen habe, er sei ohne Schlüssel weggegangen und ob man sie ihm in einer Taxe bringen solle. Harenger fuhr mit der Hand in die Tasche. Tatsächlich, durch einen seltenen Zufall hatte er vergessen, sie wieder einzustecken, als er vor dem Essen zu Haus den Anzug wechselte. Eigentlich hatte er Bridge spielen wollen, aber der Klub war leer, seine Hoffnung auf eine anständige Partie schwand, und ihm fiel ein, daß sich jetzt eine gute Gelegenheit bot, den vieldiskutierten Film anzusehen. So ließ er dem Pagen ausrichten, daß er in einer halben Stunde die Schlüssel selber hole.

Er klingelte an seiner Wohnungstür, und Mrs. Pritchard machte auf. Sie hielt die Schlüssel in der Hand.

»Sie sind hier, Mrs. Pritchard?« fragte er. »Sie haben doch heute frei, oder nicht?«

»Ja, Sir. Aber ich hatte keine Lust, etwas zu unternehmen. Darum sagte ich Mrs. Jeddy, sie könne meinetwegen gerne ausgehen.«

»Sie sollten aber die Nase hinausstecken, wenn Sie die Möglichkeit haben«, meinte er mit der ihm eigenen Fürsorge, »das tut nicht gut, sich die ganze Zeit in der Wohnung einzusperren.«

»Ich komme beim Einkaufen ein bißchen an die Luft, und abends bin ich schon seit vier Wochen nicht mehr weggewesen.«

»Um Himmels willen! Warum denn nicht?«

»Ach, allein ausgehen macht mir keinen Spaß, und im Augenblick kenne ich niemand, mit dem ich das Ausgehen besonders nett fände.«

»Sie sollten sich ab und zu amüsieren, das heitert Sie auf.«

»Das bin ich schon lange nicht mehr gewohnt.«

»Hören Sie mal, ich gehe jetzt ins Kino, wollen Sie nicht mitkommen?«

Er fragte freundlich, einer plötzlichen Eingebung folgend, doch kaum waren ihm die Worte entschlüpft, bereute er sie bereits halb.

»Ja, gerne.«

»Dann machen Sie sich schnell fertig.«

»Ich bin gleich soweit.«

Sie verschwand, und Richard Harenger zündete sich im Wohnzimmer eine Zigarette an. Seine Einladung vergnügte und erquickte ihn. Wohlig durchrieselte es ihn bei dem Gedanken, jemand ohne große Mühe eine Freude zu machen. Es war typisch Mrs. Pritchard, weder Überraschung noch Unschlüssigkeit zu zeigen. Er mußte ungefähr fünf Minuten warten, und als sie eintrat, fiel ihm auf, daß sie sich umgezogen hatte: sie trug ein blaues Kleid, vermutlich aus Kunstseide, einen kleinen schwarzen Hut mit blauer Nadel und um den Hals einen Fuchspelz. Er atmete auf, als sie weder schäbig noch aufgedonnert vor ihm stand. Niemand würde je auf die Idee kommen, daß hier ein hoher Beamter des Home Office seine Hausangestellte ins Kino schleppte.

»Entschuldigen Sie, daß ich Sie warten ließ.«

»Bitte, bitte«, sagte er großzügig.

Er hielt ihr die Tür auf, und sie schritt vor ihm hinaus, was ihn an die berühmte Anekdote von Ludwig XIV. und dem Höfling erinnerte. Auch gefiel ihm, daß sie ohne Zögern den Vortritt genommen hatte. Das Kino lag nahe Mr. Harengers Wohnung, so gingen sie zu Fuß dorthin. Er sprach über das Wetter, den Straßenzustand und Politik, und Mrs. Pritchard gab die passenden Antworten. Sie kamen gerade recht für den Mickymausfilm, der sie beide in die munterste Stimmung versetzte. Während der vier Jahre, die sie bei ihm in Stellung war, hatte Richard Harenger Mrs. Pritchard kaum je lächeln sehen, darum belustigte es ihn herzlich, sie ein um das andre Mal fröhlich auflachen zu hören, und er freute sich an ihrem Vergnügen. Dann lief der Hauptfilm, und da er gut war, folgten sie ihm mit atemloser Spannung. Als er sein Zigarettenetui hervorholte, bot er es ohne nachzudenken Mrs. Pritchard an.

Sie sagte: »Danke, Sir« und nahm eine.

Er gab ihr Feuer. Sie hielt den Blick auf die Leinwand gerichtet und merkte kaum etwas davon. Sobald der Film zu Ende war, strömte das Publikum auf die Straße. Unter einem sternklaren Himmel schlenderten sie heimwärts.

»Gefiel es Ihnen?« fragte er.

»Und wie! Ich habe es so genossen!«

Da fiel ihm ein: »Haben Sie zu Abend gegessen?«

»Nein, mir blieb keine Zeit dazu.«

»Kommen Sie nicht um vor Hunger?«

»Ich mache mir zu Hause ein Käsebrot und trinke eine Tasse Kakao.«

»Das klingt ja schrecklich!« Die Luft prickelte vor Fröhlichkeit, die Passanten, die sich an ihnen vorbeischoben, schienen angeregt und heiter. Wer A sagt, muß auch B sagen – er gab sich einen Ruck. »Hören Sie, Mrs. Pritchard, würden Sie nicht mit mir irgendwo eine Kleinigkeit essen?«

»Wie Sie wollen, Sir.«

»Gut.«

Als echter Menschenfreund – keineswegs zu seinem Mißvergnügen – winkte er ein Taxi herbei. Er nannte dem Fahrer ein gepflegtes Restaurant in der Oxford Street, wo er sicher sein konnte, keine Bekannten zu treffen: eine Kapelle spielte dort, man tanzte, das würde Mrs. Pritchard Spaß machen. Kaum hatten sie Platz genommen, reichte ihnen ein Ober die Karte.

»Wir könnten das Menü wählen«, schlug er vor, um sicher ihren Geschmack zu treffen. »Sollen wir? Und was möchten Sie trinken? Einen kleinen Weißwein?«

»Am liebsten ein Glas Bier«, erklärte sie.

Richard Harenger bestellte sich einen Whisky mit Soda. Sie aß mit gutem Appetit, und obwohl er keinen Hunger verspürte, langte auch er zu, um keine Befangenheit aufkommen zu lassen. Der eben gesehene Film bot genügend Unterhaltungsstoff. Worüber sie letzthin beim Portwein gesprochen hatten, stimmte wirklich: Mrs. Pritchard war keineswegs häßlich, und es würde ihn nicht weiter stören, falls ein Bekannter sie zusammen anträfe. Und für seine Freunde würde es eine aparte Geschichte abgeben, wenn er ihnen schilderte, wie er seine unvergleichliche Wirtschafterin ins Kino und dann noch zum Essen eingeladen hatte. Mrs. Pritchard betrachtete mit einem leichten Lächeln auf den Lippen die tanzenden Paare.

»Tanzen Sie gerne?« fragte er.

»Als junges Mädchen war ich ganz versessen darauf. Aber verheiratet habe ich nicht viel getanzt. Mein Mann war etwas kleiner als ich, und ich finde, das sieht nicht gut aus; Sie verstehen doch, wie ich es meine. Und bald werde ich sowieso zu alt dafür sein.«

Richard überragte seine Wirtschafterin um ein weniges, sie würden also zusammenpassen, er tanzte sehr gut und gern – dennoch schwankte er, weil er Mrs. Pritchard mit seiner Aufforderung nicht in Verlegenheit setzen wollte. Und man sollte sich nicht auf zuviel einlassen. Doch was spielte das für eine Rolle? Ihr Alltag war grau, und zudem besaß sie die Vernunft, mit einer stichhaltigen Entschuldigung abzulehnen, wenn sie es unpassend fand.

»Möchten Sie einen Versuch wagen, Mrs. Pritchard?« fragte er, als die Kapelle von neuem einsetzte.

»Ich bin schrecklich aus der Übung.«

»Was macht das schon aus?«

»Wie Sie meinen«, entgegnete sie ruhig und stand auf. Sie war nicht im mindesten befangen, nur etwas ängstlich, ob sie seinen Figuren folgen könne. Hintereinander schlängelten sie sich zum Parkett durch, und er stellte fest, daß sie sehr gut tanzte.

»Ausgezeichnet, Mrs. Pritchard«, sagte er.

»Es kommt mir jetzt wieder.«

Trotz ihrer Größe bewegte sie sich leicht und schwerelos im Rhythmus. Er fand es angenehm, sie im Arm zu halten. Als er einen Blick auf die Spiegel warf, welche die Wände säumten, mußte er zugeben, daß sie zusammen ein schönes Paar bildeten. Ihre Augen begegneten einander im Spiegel, und er fragte sich, ob sie dasselbe denke. Nach zwei weiteren Tänzen schien es Richard Harenger an der Zeit, aufzubrechen. Er bezahlte die Rechnung, und sie schritten zum Ausgang, wobei ihm wieder auffiel, wie gelassen sie sich ihren Weg durch die Leute bahnte. Sie erwischten ein Taxi und waren in zehn Minuten zu Hause.

»Ich gehe durch den Dienstboteneingang nach oben«, sagte Mrs. Pritchard.

»Warum denn? Kommen Sie ruhig mit mir zum Lift.«

Er ließ sie einsteigen, den Hausverwalter mit einem eisigen Blick bändigend, damit der Mann nicht die späte Heimkehr mit seiner Wirtschafterin bekrittle, und schloß ihr mit seinem Schlüssel die Wohnungstür auf.

»Gute Nacht«, verabschiedete sie sich, »und vielen Dank, ich fand es herrlich.«

»Ich danke Ihnen, Mrs. Pritchard, allein hätte ich einen recht langweiligen Abend vertrödelt. Hoffentlich machte es Ihnen ein bißchen Spaß.«

»Und wie.«

Der erfolgreiche Abend stimmte Richard Harenger höchst selbstzufrieden. Er hatte sich gütig gezeigt – wie wohl tat es ihm, jemandem eine große Freude bereitet zu haben. In seinem Hochgefühl packte ihn eine grenzenlose, allumfassende Nächstenliebe.

»Gute Nacht, Mrs. Pritchard«, sagte er, und weil ihm so froh und menschenfreundlich zumut war, legte er den Arm um ihre Hüften und küßte sie. Ihre Lippen waren sehr weich und gaben seinen Kuß mit sanftem Druck zurück, eine blühende

Frau in den besten Jahren antwortete ihm. Er fand das sehr angenehm und zog sie enger an sich. Da umarmte auch sie ihn.

Er pflegte gewöhnlich erst aufzuwachen, wenn Mrs. Pritchard mit der Post eintrat, aber am nächsten Morgen schlug er schon um halb acht die Augen auf. Ihn plagte ein seltsames Gefühl, das er sich nicht erklären konnte. Plötzlich merkte er, daß er nur auf einem Kopfkissen geschlafen hatte statt auf zweien, wie es seine Gewohnheit war, und dann erinnerte er sich. Er schaute erschrocken zur Seite: das zweite Kopfkissen lag neben dem seinen. Gott sei Dank ruhte kein schlafender Kopf darauf, aber offensichtlich hatte einer dort gelegen. Ein zentnerschwerer Stein legte sich ihm aufs Herz, und der Schweiß brach ihm aus allen Poren.

»Ich Esel!« sagte er laut vor sich hin.

Wie konnte er sich nur so danebenbenehmen? Was in aller Welt hatte ihn so benebelt? Er war doch der letzte, der mit einer Angestellten bandelte. Was für eine Schande, in seinem Alter und seiner Stellung. Mrs. Pritchard hatte sich unhörbar weggeschlichen – er mußte eingeschlafen sein. Dabei mochte er sie nicht einmal besonders, sie war absolut nicht sein Typ. Und was er beim Portwein gesagt hatte, stimmte auch: sie langweilte ihn enorm. Er hatte sogar jetzt keine blasse Ahnung von ihrem Vornamen. Einfach verrückt! Und was sollte er jetzt tun? Er hatte sich in eine unmögliche Situation hineinmanövriert: er konnte sie doch nicht behalten. Aber es schien ihm wiederum schrecklich unfair, ihr zu kündigen, denn seine Schuld wog ebenso schwer wie die ihre. Es war eine Oberdummheit, die beste Wirtschafterin, die ein Mann je gehabt hatte, für das Blendwerk einer Stunde herzugeben.

»Ich mit meinem verflixten weichen Herz«, seufzte er.

Nie wieder würde er jemand finden, der seine Anzüge so hervorragend pflegte oder so ausgezeichnet Silber putzte. Sie wußte die Telephonnummern aller seiner Freunde auswendig, sie verstand etwas von Weinen – und dennoch würde er sie wegschicken. Sie mußte einsehen, daß nach der letzten Nacht nicht mehr alles beim alten bleiben konnte. Er wollte ihr eine ansehnliche Summe in die Hand drücken und ein vorzügliches Zeugnis schreiben. Jede Sekunde konnte sie hereinkommen. Wie würde sie sich benehmen? Kokett? Plump vertraulich? Von oben herab? Vielleicht würde sie sich auch gar nicht herbemühen mit seiner Post. Wie peinlich, wenn er klingeln mußte und Mrs. Jeddy ihm ausrichtete: »Mrs. Pritchard ist noch nicht aufgestanden, Sir. Sie ruht sich aus von den Strapazen von gestern abend.«

»Ich Esel! Ich elender Schuft!«

Da klopfte es an die Tür. Ihm wurde schlecht vor Angst.

»Herein.«

Richard Harenger war jetzt todunglücklich.

Mrs. Pritchard kam mit dem Glockenschlag, sie trug wie stets für die morgendliche Hausarbeit ihr Baumwollkleid.

»Guten Morgen«, sagte sie.

»Guten Morgen.«

Sie zog die Vorhänge auf und reichte ihm mit heiterem Gesicht seine Post und die Zeitungen. Sie sah genauso aus wie immer, sie bewegte sich so sicher und gewandt wie immer, und ihre Augen suchten weder Richards Blick noch mieden sie ihn.

»Tragen Sie heute den grauen Anzug? Der Schneider hat ihn wieder gebracht.«

»Ja.«

Er schien in seine Briefe vertieft, aber er beobachtete sie unter den gesenkten Lidern hervor. Sie hatte ihm den Rücken zugedreht und holte Leibchen und Unterhose, um sie sauber gefaltet über einen Stuhlrücken zu hängen. Dann entfernte sie die Manschettenknöpfe aus dem Hemd von gestern und knöpfte sie in das frische ein. Sie legte frische Socken auf den Stuhl, nahm den grauen Anzug heraus, befestigte die Hosenträger hinten am Bund, öffnete den Kleiderschrank und wählte mit Überlegung die passende Krawatte. Schließlich warf sie den getragenen Anzug über den Arm und hob seine Schuhe auf.

»Möchten Sie jetzt das Frühstück oder erst das Bad?«

»Das Frühstück, bitte.«

»Gerne.«

Still und gemessen verließ sie das Zimmer mit dem gewohnten leeren Blick gesammelter Ehrerbietigkeit.

Dieses Abenteuer hätte ebensogut ein Traum sein können: in Mrs. Pritchards Benehmen deutete nichts darauf hin, daß sie auch nur die leiseste Erinnerung an die vergangene Nacht bewegte.

Er seufzte erleichtert auf. Alles hatte sich eingerenkt. Sie mußte nicht weg, sie mußte nicht weg, die Unvergleichliche. Jetzt wußte er, daß seine Wirtschafterin mit keinem Wort und keiner Geste je darauf anspielen würde, daß sie einen Augenblick aus der Rolle von Herr und Magd gefallen waren. Richard Harenger strahlte vor Glück.

Des Obersten Lady

All dies geschah zwei oder drei Jahre vor dem Ausbruch des Krieges. Die Peregrines saßen beim Frühstück. Obwohl sie allein waren und der Tisch lang, saßen sie sich schräg gegenüber. Von den Wänden blickten George Peregrines Vorfahren, von beliebten Künstlern ihrer Zeit gemalt, auf sie herab. Der Diener brachte die Frühpost. Es waren mehrere Briefe für den Oberst, Geschäftsbriefe, die *Times* und ein kleines Paket für seine Frau Evie. Er sah auf die Briefe, öffnete sodann die *Times* und begann darin zu lesen. Sie beendeten das Frühstück und erhoben sich. Er bemerkte, daß seine Frau ihr Paket nicht geöffnet hatte.

»Was ist das?« fragte er.

»Nur ein paar Bücher.«

»Soll ich's für dich öffnen?«

»Wenn du willst.«

Er zerschnitt nicht gerne Schnüre und löste daher mit einiger Mühe die Knoten.

»Aber das ist ja alles dasselbe«, rief er, nachdem er das Paket ausgepackt hatte. »Wozu brauchst du denn sechs Exemplare des gleichen Buches?«

Er öffnete eines. Gedichte. Dann sah er auf das Titelblatt. ›Wenn Pyramiden verfallen‹ las er, von E. K. Hamilton. Eva Katherine Hamilton: das war der Mädchenname seiner Frau. Er blickte sie erstaunt lächelnd an. »Hast du ein Buch geschrieben, Evie? Du bist ein Schlauberger.«

»Ich dachte, es würde dich nicht besonders interessieren. Möchtest du einen Band haben?«

»Nun, Gedichte sind nicht gerade mein Gebiet, aber – doch, ich hätte gern einen Band. Ich werde ihn lesen. Ich nehme ihn in mein Arbeitszimmer mit. Ich habe heute früh viel zu tun.«

Er nahm die *Times*, seine Briefe und das Buch an sich und ging fort. Sein Arbeitszimmer war geräumig und gemütlich, mit einem großen Schreibtisch und Ledersesseln; an den Wänden hingen ›Trophäen der Jagd‹, wie er das nannte. In den Bücherregalen standen Nachschlagewerke, Bücher über Landwirtschaft, Gartenbau, Fischerei und Jagd; sowie über den letzten Krieg, in welchem er mit zwei Orden ausgezeichnet worden war. Vor der Ehe war er Waliser Gardeoffizier gewesen. Am Ende des Krieges hatte er sich zurückgezogen und zum Dasein eines Landedelmannes in dem weitläufigen Hause niedergelassen, das, einige zwanzig Meilen von Sheffield entfernt, von einem seiner Ahnen unter der Regierung Georges des Dritten erbaut worden war. George Peregrine hatte einen Besitz, den er umsichtig bewirtschaftete; er war Friedensrichter und übte seine Pflichten gewissenhaft aus. Wenn es die rechte Zeit dafür war, ging er zweimal wöchentlich auf die Jagd. Er war ein guter Schütze, spielte Golf und konnte, obschon nun ein wenig über Fünfzig, mit einer schweren Tennispartie noch fertig werden. Er durfte sich mit Recht einen vielseitigen Sportsmann nennen.

Seit kurzem hatte er an Gewicht zugenommen, besaß aber noch eine gute Figur; er war groß, hatte graues, lockiges Haar, das erst am Scheitel etwas dünn zu werden begann, freimütige blaue Augen, gutgeschnittene Züge und eine lebhafte Gesichtsfarbe. Er war ein gemeinnützig gesonnener Mann, Vorsitzender einer Anzahl örtlicher Vereine und, wie es seiner Klasse und seinem Stande entsprach, ein treues Mitglied der konservativen Partei. Er sah es für seine Pflicht an, sich um das Wohlergehen der Leute auf seinem Besitze zu kümmern, und zu seiner Befriedigung konnte er sich darauf verlassen, daß Evie für die Kranken sorgte und die Armen unterstützte. Er hatte ein Arbeiter-Krankenhaus in den Außenbezirken des Dorfes errichten lassen und bezahlte das Gehalt für eine Krankenschwester aus seiner eigenen Tasche. Alles, was er von den Empfängern seiner Wohltätigkeit verlangte, war, daß sie bei den Wahlen, ob Parlaments- oder Grafschaftswahlan, für seinen Kandidaten stimmen sollten. Er war ein freundlicher Mann, leutselig mit den Untergebenen, rücksichtsvoll mit seinen Pächtern und beliebt bei den nachbarlichen Grundbesitzern. Es hätte ihm gefallen, ihn zugleich aber leicht verwirrt, wenn irgendwer ihm gesagt hätte, er sei ein guter Kerl. Das war, was er sein wollte. Er begehrte kein höheres Lob.

Es war bedauerlich, daß er keine Kinder besaß. Er wäre ein ausgezeichneter Vater gewesen, freundlich, aber streng, und hätte seine Söhne so erzogen, wie die Söhne eines Gentlemans erzogen werden sollten: er hätte sie nach Eton zur Schule geschickt und sie angeln, jagen und reiten gelehrt. So aber war der zukünftige Erbe ein Neffe, Sohn seines bei einem Autounfall getöteten Bruders; zwar kein schlechter Junge, aber leider auch keineswegs vom alten Schlag, und ob einer es glaube oder nicht, seine törichte Mutter schickte ihn auf eine Gemeinschaftsschule. Evie war eine traurige Enttäuschung für ihn gewesen. Gewiß, sie war eine Dame; und sie besaß eigenes Geld; sie führte den Haushalt ungewöhnlich gut und war eine gewandte Gastgeberin. Die Leute im Dorfe beteten sie an. Als er sie geheiratet hatte, war sie ein hübsches kleines Ding gewesen, mit schöner Haut, hellbraunem Haar und einer guten Figur, auch gesund und keine schlechte Tennisspielerin; er verstand nicht, warum sie keine Kinder bekam; jetzt war sie freilich verwelkt, sie mußte bald fünfundvierzig Jahre zählen; ihre Haut war gelblich, ihr Haar hatte den Glanz verloren, und sie war so dünn wie ein Stock. Sie war stets nett und passend gekleidet, aber sie schien sich nicht mehr um ihr Aussehen zu kümmern; sie schminkte sich nicht und verzichtete sogar auf den Lippenstift; mitunter, wenn sie sich abends für eine Gesellschaft zurechtmachte, konnte man sehen, daß sie einst ganz anziehend gewesen war; aber im allgemeinen war sie – nun, die Art Frau, die niemand beachtet. Eine nette Frau, gewiß, eine gute Ehefrau, und sie konnte nichts dafür, daß sie unfruchtbar war; doch es war ein hartes Schicksal für einen Mann, der einen Sohn seiner eigenen Lenden wünschte. Sie hatte keine wahre Lebenskraft; das war's, was ihr fehlte. Er nahm an, daß er verliebt gewesen war, als er sie bat, ihn zu heiraten, zumindest hinlänglich verliebt für einen Mann, der heiraten und seßhaft werden wollte; aber mit der Zeit entdeckte er, daß sie wenig Gemeinsames hatten. Sie machte sich nichts aus der Jagd, und Angeln langweilte sie. So entfremdeten sie sich natürlich. Er mußte ihr gerechterweise einräumen, daß sie ihn nie behelligt hatte. Auftritte waren nicht vorgefallen. Sie hatten keinerlei Streit. Sie schien es für selbstverständlich zu halten, daß er seine eigenen Wege gehe. Wenn er, hie und da, nach London reiste, so wünschte sie ihn nie zu begleiten. Er hatte ein Mädchen dort, eigentlich nicht ein Mädchen, denn sie war mindestens ihre fünfunddreißig Jahre alt, aber sie war blond und köstlich, und er brauchte ihr nur die Zeit zu telegraphieren, dann aßen sie zusammen, besuchten ein Theater und verbrachten die Nacht miteinander. Ein Mann, ein gesunder, normaler Mann mußte sein Vergnügen haben. Es kam ihm der Einfall, daß Evie, wenn sie nicht eine so gute Frau gewesen wäre, eine bessere Ehefrau abgegeben hätte; doch diese Art von Gedanken war ihm unangenehm, und er schob ihn weg.

George Peregrine beendete das Lesen der *Times*, und weil er ein aufmerksamer Mann war, läutete er und befahl dem Diener, die Zeitung Evie zu bringen. Dann sah er auf die Uhr. Es war halb elf, und um elf lag eine Verabredung mit einem seiner Pächter vor. Er hatte eine halbe Stunde freie Zeit.

»Ich sollte mir wohl Evies Buch anschauen«, sagte er zu sich selbst.

Er nahm es mit einem Lächeln in die Hand. Evie hatte eine große Anzahl hochtrabender Bücher in ihrem Wohnzimmer; nicht die Art von Büchern, die ihn interessierten, aber wenn sie ihr gefielen, hatte er nichts dagegen, daß sie derlei las. Der Band, den er in der Hand hielt, umfaßte nicht mehr als neunzig Seiten. Um so besser. Er teilte Edgar Allan Poes Ansicht, daß Gedichte kurz sein sollten. Aber im Durchblättern bemerkte er, daß mehrere von Evies Gedichten lange Zeilen von unregelmäßiger Länge hatten und sich nicht reimten. Das gefiel ihm nicht. In seiner ersten Schule, als kleiner Junge, hatte er ein Gedicht lesen müssen, das begann: *»Der Knabe stand auf brennendem Deck«*, und später, in Eton, eines, das anfing: *»Verderben packe dich, ruchloser König«*; und dann gab es Heinrich v.; den hatten sie zur Hälfte zu lesen. Er starrte bestürzt auf Evies Seiten.

»Das nenne ich nicht Gedichte«, sagte er.

Glücklicherweise war nicht alles so. Zwischen jenen, die so seltsam aussahen, Zeilen mit drei oder vier Worten und dann einer Zeile mit zehn oder fünfzehn, standen kleine Gedichte, die sich, Gott sei Dank, auf Zeilen gleicher Länge reimten. Einige Seiten trugen die Überschrift: ›Sonett‹, und aus Neugier zählte er die Zeilen; es waren vierzehn. Er las sie. Sie schienen in Ordnung zu sein, aber er wußte nicht recht, was sie eigentlich behandelten.

Er sagte wieder vor sich hin: *»Verderben packe dich, ruchloser König.«*

»Arme Evie«, seufzte er.

In diesem Augenblick wurde der Pächter, den er erwartete,

in das Arbeitszimmer geführt; er begrüßte ihn und legte das Buch nieder. Sie sprachen über ihre Geschäfte.

»Ich habe dein Buch gelesen, Evie«, sagte er, als sie sich mittags zu Tisch setzten. »Wirklich gut. Hat's dich viel gekostet, es drucken zu lassen?«

»Nein, ich habe Glück gehabt. Ich schickte es einem Verleger, und der nahm es gleich.«

»Dichterei bringt nicht viel Geld ein«, sagte er in seiner gutmütigen, offenen Art.

»Nein, das glaube ich auch nicht. Warum wollte Bannock dich heute früh sprechen?«

Bannock war der Pächter, der ihn beim Lesen von Evies Gedichten unterbrochen hatte.

»Er wollte Vorschuß für einen Zuchtstier mit Stammbaum haben, den er kaufen möchte. Er ist ein tüchtiger Mann, ich bin halbwegs bereit, zuzustimmen.«

George Peregrine merkte, daß Evie nicht über ihr Buch sprechen wollte, und ihm tat es nicht leid, das Thema zu wechseln. Er war froh, daß sie ihren Mädchennamen auf das Titelblatt gesetzt hatte; wahrscheinlich würde zwar niemand etwas von dem Buche erfahren, aber er war auf seinen ungewöhnlichen Namen stolz und hätte ungern gesehen, daß sich irgendein Zeilenschinder in einer Zeitung über Evies Bemühungen lustig machte.

Während der folgenden Wochen hielt er es für taktvoll, keine Fragen über ihr dichterisches Unternehmen an Evie zu richten, und sie selbst erwähnte es nicht. Es schien, als wäre es ein schimpflicher Zwischenfall gewesen, den sie in stillschweigendem Einverständnis übergingen.

Aber dann geschah etwas Seltsames. Er mußte in einer Geschäftssache nach London fahren und ging mit Daphne zum Abendessen aus. Das war der Name des Mädchens, mit dem er ein paar angenehme Stunden zu verbringen pflegte, wann immer er in die Stadt kam.

»George«, sagte sie, »ist das deine Frau, die ein Buch geschrieben hat, von dem alle reden?«

»Was in aller Welt meinst du?«

»Ach, ich habe einen Bekannten, der Kritiker ist. Er lud mich letzthin zum Essen ein und hatte ein Buch bei sich. ›Etwas für mich?‹ fragte ich. ›Was ist es?‹ ›Es ist wohl kaum nach deinem Geschmack‹, sagte er, ›es sind Gedichte.‹ ›Danke für Gedichte‹, sagte ich. ›Es ist vielleicht das wildeste Zeug, das ich je gelesen habe. Wird gekauft wie heiße Semmeln. Und es ist verdammt gut.‹«

»Von wem ist das Buch?« fragte George.

»Von einer Frau namens Hamilton. Mein Freund sagte mir, das sei nicht ihr wahrer Name. Er sagte, sie heiße eigentlich Peregrine. ›Komisch‹, rief ich, ›ich kenne einen, der auch Peregrine heißt.‹ ›Oberst in der Armee‹, sagte er, ›lebt in der Nähe von Sheffield.‹«

»Es wäre mir lieber, wenn du nicht über mich mit deinen Freunden sprechen würdest«, sagte George mit verdrießlichem Stirnrunzeln.

»Fahr nicht aus der Jacke, Süßer. Für wen hältst du mich? Ich sagte einfach: ›Das ist nicht derselbe.‹« Daphne kicherte. »Mein Freund sagte: ›Er soll ein rechter Kommißhengst sein.‹«

George hatte einen starken Sinn für Humor.

»Du könntest deine Freunde eines besseren belehren«, lachte er. »Wenn meine Frau ein Buch geschrieben hätte, so wäre ich wohl der erste, der es wüßte, nicht wahr?«

»Wahrscheinlich.«

Die Sache interessierte sie nicht, und als der Oberst über anderes zu sprechen begann, vergaß sie das Buch. Er verjagte die Angelegenheit auch aus den eigenen Gedanken. Es war sicher nichts daran, entschied er, und dieser Narr, der Kritiker, hatte sich nur über Daphne lustig machen wollen. Die Vorstellung belustigte ihn, wie sie mit dem Buche fertig werde, zudem ihm doch gesagt worden war, es sei tolles Zeug, um dann zu entdecken, es enthalte nur eine Masse Unsinn in ungleichen Zeilen.

Er war Mitglied mehrerer Klubs, und am nächsten Tage wollte er in einem von ihnen, in der St. James Street, zu Mittag essen. Am frühen Nachmittag ging sein Zug nach Sheffield. Er saß in einem bequemen Lehnstuhl und trank ein Glas Sherry, ehe er in den Speisesaal ging, als ein alter Freund auf ihn zukam.

»Nun, wie sieht das Leben aus?« fragte er. »Wie gefällt's dir, der Ehemann einer Berühmtheit zu sein?«

George Peregrine sah seinen Freund an. Er meinte, ein belustigtes Zwinkern in dessen Augen zu gewahren.

»Ich weiß nicht, wovon du redest«, antwortete er.

»Hör auf, George. Jeder weiß, daß E. K. Hamilton deine Frau ist. Nicht oft hat ein Gedichtband solchen Erfolg. Henry Dashwood ißt jetzt mit mir. Er würde dich gerne kennenlernen.«

»Wer zum Teufel ist Henry Dashwood, und warum sollte er mich treffen wollen?«

»Oh, mein lieber Freund, du lebst wohl hinter dem Mond! Henry ist vielleicht der beste Kritiker, den wir haben. Er hat eine wunderbare Besprechung von Evies Buch geschrieben. Willst du behaupten, daß sie dir nichts davon gesagt hat?«

Ehe George antworten konnte, hatte sein Freund einen Mann herbeigerufen. Einen großen, dünnen Mann mit hoher Stirn, einem Bart, langer Nase und von krummer Haltung, genau wie die Art Mann, die George schon beim ersten Blick nicht leiden konnte. Sie wurden vorgestellt, Henry Dashwood setzte sich.

»Ist Mrs. Peregrine zufällig in London? Ich würde sie sehr gern treffen«, sagte er.

»Nein, meine Frau hat nichts für London übrig. Sie zieht das Land vor«, sagte George steif.

»Sie hat mir einen sehr netten Brief über meine Besprechung geschrieben. Es war mir sehr angenehm. Wir Kritiker bekommen ja meist mehr Püffe als Geld. Ich war überwältigt von ihrem Buch. Es ist so frisch und selbständig, sehr modern, ohne unverständlich zu sein. Sie scheint mit freien Versen ebenso vertraut wie mit dem klassischen Silbenmaß.« Dann glaubte er, als Kritiker Einwände haben zu müssen.

»Mitunter irrt sich ihr Ohr ein bißchen, aber das können Sie auch von Emily Dickinson sagen. Einige ihrer kurzen Gedichte könnten von Landor geschrieben sein.«

Das alles klang für George Peregrine wie Kauderwelsch. Der Mann war nichts als ein widerlicher Intellektueller. Aber der Oberst hatte gute Manieren und gab eine höfliche Antwort. Henry Dashwood sprach jedoch weiter, als ob George nichts gesagt hätte.

»Was aber das Buch so hervorragend macht, das ist die Leidenschaft, die in jeder Zeile pulsiert. So viele dieser jungen Dichter sind blutarm, kalt, langweilig intellektuell, aber hier haben Sie wirklich nackte, irdische Leidenschaft – ah, mein lieber Oberst, wie recht Heine hatte, als er sagte, aus seinem großen Leiden schaffe der Dichter seine kleinen Lieder. Wissen Sie, hie und da, als ich diese erschütternden Seiten wieder und wieder las, dachte ich an Sappho.«

Das war zuviel für George Peregrine; er stand auf.

»Nun, es ist wirklich liebenswürdig von Ihnen, so hübsche Sachen über das kleine Buch meiner Frau zu sagen. Sie wird sicher begeistert sein. Aber ich muß eilen, ich muß den Zug erreichen und möchte zuvor noch etwas essen.«

›Verdammter Narr!‹ sagte er gereizt zu sich selbst, als er die Treppe zum Speisesaal hinaufging.

Er kam rechtzeitig zum Abendessen heim, und nachdem Evie zu Bett gegangen war, suchte er in seinem Arbeitszimmer ihr Buch. Er wollte noch einmal darin blättern, um selbst zu sehen, worüber sie so ein Getue anstellten, aber er konnte es nicht finden. Evie mußte es weggenommen haben.

»Dumm!« brummte er.

Er hatte ihr gesagt, er finde es wirklich gut. Was sonst konnte man erwarten, daß ein Mann sage? Nun, es war gleichgültig. Er zündete seine Pfeife an und las *The Field,* bis er sich schläfrig fühlte.

Eine Woche etwa danach aber geschah es, daß er für einen Tag nach Sheffield zu gehen hatte. Er aß dort in seinem Klub. Er war nahezu fertig, als der Herzog von Haverel eintrat. Er war der große örtliche Magnat, und der Oberst kannte ihn natürlich, doch nur so weit, um ihn zu begrüßen; und er war überrascht, als der Herzog an seinem Tische stehenblieb.

»Es tut uns so leid, daß Ihre Gattin dieses Wochenende nicht zu uns kommen konnte«, sagte er mit einer scheuen Herzlichkeit. »Wir erwarten einige nette Leute.«

George war verblüfft. Er mutmaßte, daß die Haverels ihn und Evie für das Wochenende gebeten hatten und Evie, ohne ihm ein Wort zu sagen, abgelehnt hatte. Er besaß die Geistesgegenwart, zu sagen, auch ihm tue es leid.

»Mehr Glück nächstes Mal«, sagte der Herzog freundlich und ging weiter.

Oberst Peregrine war sehr verärgert; und als er heimkam, sagte er zu seiner Frau: »Hör mal, was ist das mit unserer Einladung bei den Haverels? Warum in aller Welt hast du gesagt, wir könnten nicht kommen? Wir sind noch nie gebeten worden, und es ist das beste Jagdrevier in der Grafschaft.«

»Daran habe ich nicht gedacht. Ich meinte, es würde dich nur langweilen.«

»Zum Teufel, du hättest mich mindestens fragen können, ob ich gehen wolle.«

»Es tut mir leid.«

Er sah sie genau an. Es war etwas in ihrem Gesichtsausdruck, das er nicht ganz verstand. Er runzelte die Stirn.

»Ich nehme an, *ich* war gebeten?« bellte er.

»Nun, um die Wahrheit zu sagen, du warst nicht gebeten worden.«

»Ich nenne es verflucht unhöflich von denen, dich einzuladen, ohne mich zu bitten.«

»Ich nehme an, sie dachten, es sei nicht die Art von Gesellschaft, die du magst. Die Herzogin ist von Schriftstellern und derlei Leuten ziemlich angetan, weißt du. Sie wird Henry Dashwood, den Kritiker, bei sich sehen, und aus irgendeinem Grunde wünschte er mich zu sprechen.«

»Es war verdammt nett von dir, abzusagen, Evie.«

»Das ist das mindeste, was ich tun konnte«, lächelte sie. Sie zögerte einen Augenblick. »George, mein Verleger will eines Tages, gegen Ende des Monats, eine kleine Gesellschaft für mich geben, und selbstverständlich wollen sie, daß du auch kommst.«

»Oh, ich glaube, daran liegt mir nicht viel. Ich werde mit nach London kommen, wenn du magst. Ich finde schon einen, der mit mir ißt.«

Daphne.

»Ich nehme an, es wird sehr langweilig sein, aber sie bestehen darauf. Und den Tag danach gibt der amerikanische Verleger, der mein Buch angenommen hat, im Claridge eine Cocktailparty. Ich würde dich gern dabeihaben, wenn es dir recht ist.«

»Es klingt furchtbar langweilig, aber wenn du wirklich willst, daß ich komme, so werde ich kommen.«

»Es wäre sehr lieb von dir.«

George Peregrine war von der Cocktailparty benommen. Eine Menge Leute waren da. Einige von ihnen sahen nicht so übel aus, ein paar Frauen waren nett zurechtgemacht, doch die Männer fand er ziemlich grauenhaft. Er wurde jedem als

»Oberst Peregrine, E. K. Hamiltons Gatte« vorgestellt. Die Männer schienen nicht mit ihm reden zu können, aber die Frauen schwärmten.

»Sie *müssen* stolz auf Ihre Frau sein. Ist sie nicht wunderbar? Wissen Sie, ich las es glatt durch, mit einem Male, ich konnte einfach nicht aufhören, und als ich es beendet hatte, fing ich wieder beim Anfang an und las es ganz durch: ein zweites Mal. Ich war geradezu überwältigt.«

Der englische Verleger sagte zu ihm: »Einen Erfolg wie diesen haben wir mit einem Gedichtband seit zwanzig Jahren nicht gehabt. Niemals habe ich solche Besprechungen gesehen.«

Der amerikanische Verleger sagte: »Es ist toll. Es wird wild einschlagen in Amerika. Warten Sie nur ab.«

Der amerikanische Verleger hatte Evie einen großen Strauß Orchideen gesandt. ›Verdammt lächerlich‹, dachte George. Als sie eintraten, wurden die Leute Evie vorgestellt, und es war offensichtlich, daß sie ihr Schmeichelhaftes sagten, was sie mit einem liebenswürdigen Lächeln und ein paar Worten des Dankes aufnahm. Sie war von der Aufregung ein bißchen erhitzt, schien aber ganz ungeniert zu sein. Obwohl er die ganze Sache für Geschwätz und Unsinn hielt, stellte George mit Genugtuung fest, daß seine Frau sich genau richtig benahm.

›Nun‹, sagte er zu sich selbst, ›sie ist eine Dame, und das ist verdammt viel mehr, als du von irgendwem sonst hier sagen könntest.‹

Er trank ziemlich viele Cocktails. Aber etwas quälte ihn. Es schien ihm, daß einige der Leute, denen er vorgestellt wurde, ihn merkwürdig ansahen. Er konnte sich nicht genau erklären, was es bedeutete. Einmal, als er an zwei Frauen vorbeikam, die zusammen auf einem Sofa saßen, hatte er den Eindruck, daß sie über ihn redeten; und als er weiterging, schien es ihm nahezu sicher, daß sie kicherten. Er war sehr froh, als die Gesellschaft zu Ende war.

Im Taxi, auf der Rückfahrt ins Hotel, sagte Evie zu ihm: »Du warst wunderbar, mein Lieber. Du warst ein richtiger Treffer, die Mädchen schwärmten geradezu für dich. Sie fanden dich so gut aussehend.«

»Mädchen!« sagte er bitter. »Alte Hexen.«

»Hast du dich gelangweilt, Liebster?«

»Enorm.«

Sie drückte als ein Zeichen des Mitgefühls seine Hand.

»Ich hoffe, es stört dich nicht, wenn wir warten und den Zug am Nachmittag nehmen. Ich habe am Vormittag einiges zu erledigen.«

»Nein, mir ist's recht. Einkäufe?«

»Ich will etwas besorgen, und ich muß mich photographieren lassen. Ich hasse es, aber sie meinen, ich müßte. Für Amerika, verstehst du.«

Er sagte nichts, aber er überlegte. Er dachte, es werde ein Schlag für die amerikanischen Leser sein, wenn sie das Bild der anspruchslosen, trockenen kleinen Frau sahen, die sein Weib war. Er war stets der Ansicht gewesen, daß man in Amerika das Blendende liebe.

Er dachte weiterhin nach und ging am nächsten Morgen, als Evie ausgegangen war, in seinen Klub, zur Bibliothek hinauf. Dort sah er die letzten Nummern des *Times Literary Supplement*, des *New Statesman* und des *Spectator* durch. Er fand Besprechungen über Evies Buch. Er las sie nicht sehr genau, doch hinreichend, um zu verstehen, daß sie außerordentlich günstig waren. Dann ging er zu dem Buchhändler in Piccadilly, bei dem er gelegentlich Bücher kaufte. Er war zu der Überzeugung gekommen, daß er dieses verdammte Zeug von Evie ordentlich zu lesen habe; aber er wollte sie nicht fragen, was sie mit dem Exemplar, das sie ihm geschenkt, getan hatte. Er würde sich selbst eines kaufen. Ehe er eintrat, blickte er in das Fenster, und das erste, was er sah, war eine Auslage von ›Wenn Pyramiden verfallen‹. Verflucht alberner Titel! Er ging hinein. Ein junger Mann kam und fragte, ob er ihm helfen dürfe.

»Nein, ich will mich nur ein wenig umsehen.« Es machte ihn verlegen, nach Evies Buch zu fragen. Aber er konnte es nirgends sehen, und endlich, als der junge Mann in der Nähe war, sagte er in betont nebensächlichem Ton: »Übrigens, haben Sie ein Buch, das ›Wenn Pyramiden verfallen‹ heißt?«

»Die Exemplare der neuen Auflage sind heute früh eingetroffen. Ich bringe Ihnen eines.«

Der junge Mann kam sofort mit dem Buch zurück. Er war ein kleiner, ziemlich dicker junger Mann mit einer Masse unordentlichem fuchsigem Haar und einer Brille. George Peregrine, groß, von sehr militärischer Haltung, überragte ihn.

»Ist das eine neue Auflage?« fragte er.

»Jawohl. Die fünfte. Es wird gekauft wie ein Roman.«

George Peregrine zögerte einen Augenblick.

»Warum ist es so ein Erfolg? Man hat mir stets erzählt, kein Mensch läse Gedichte.«

»Nun, es ist gut. Ich habe es selbst gelesen.« Der junge Mann, obwohl gut erzogen, sprach leicht im Londoner Dialekt, und George nahm unwillkürlich eine gönnerhafte Haltung an. »Der Inhalt gefällt. Erotisch und tragisch.«

George krauste die Stirn. Er kam zu dem Schluß, daß der junge Mensch ziemlich frech war. Keiner hatte ihm gesagt, daß eine Geschichte in dem verdammten Buche stecke, und den Besprechungen, die er gelesen, hatte er dies nicht entnommen. Der junge Mann redete weiter:

»Natürlich, es ist nur wie ein Blitz, wenn Sie verstehen, was ich meine. Ich glaube, sie war von einem Erlebnis entflammt, wie Housman mit seinem *›Shropshire Lad‹*. Sie wird nie wieder etwas anderes schreiben.«

»Wieviel kostet das Buch?« fragte George kühl, um das Geschwätz zu beenden. »Sie brauchen es nicht einzupacken, ich tue es in meine Tasche.«

Der Novembermorgen war rauh, und George trug einen Wintermantel.

Auf dem Bahnhof kaufte er Abendblätter und Zeitschriften, und er und Evie machten es sich auf ihren Eckplätzen eines Erster-Klasse-Wagens bequem und lasen. Um fünf gingen sie in den Speisewagen, um Tee zu trinken, und plauderten ein wenig. Sie kamen an. Sie fuhren mit dem Auto, das auf sie wartete, heim. Sie badeten, zogen sich zum Abendessen um, und dann ging Evie, die sagte, daß sie müde sei, zu Bett. Sie küßte ihn, wie es ihre Gewohnheit war, auf die Stirn. Er ging in den Flur, nahm Evies Buch aus seinem Mantel und begann, es in seinem Arbeitszimmer zu lesen. Er nahm Verse nicht mit großer Leichtigkeit auf, und obschon er aufmerksam las, Wort für Wort, war der Eindruck, den er empfing, von Klarheit weit entfernt. Danach begann er erneut und ein zweites Mal; mit zunehmendem Unbehagen; aber er war kein Dummkopf, und als er die Lektüre beendet hatte, verstand er durchaus, um was es ging. Ein Teil des Buches war in freien Versen, ein anderer im herkömmlichen Versmaß, doch die Geschichte, die es enthielt, war zusammenhängend und dem geringsten Verstande faßbar. Es war die Erzählung einer leidenschaftlichen Liebe einer älteren verheirateten Frau und eines jungen Mannes. George Peregrine folgte den einzelnen Schritten so leicht, als ob er eine einfache Rechenaufgabe zu lösen hätte.

In der Ich-Form erzählt, begann es mit dem bebenden Erstaunen einer Frau, deren Jugend vorbei war und die begriff, daß der junge Mann in sie verliebt sei. Sie zögerte, es zu glauben. Sie meinte, sie betrüge sich selbst. Und sie war entsetzt, als sie plötzlich entdeckte, daß sie leidenschaftlich in ihn verliebt war. Sie sagte sich, es sei lächerlich; bei dem Altersunterschied konnte nichts als Unglück sie befallen, wenn sie sich ihrem Gefühl überließ. Sie wollte ihn hindern zu sprechen, doch der Tag kam, an dem er ihr sagte, daß er sie liebe, und sie zwang, ihm zu sagen, daß sie ihn liebe. Er bat sie, mit ihm davonzulaufen. Sie konnte nicht ihren Mann, nicht ihr Heim in Stich lassen; und welchem Leben konnte sie entgegensehen: sie, eine alternde Frau; er, so jung. Wie konnte sie erwarten, daß seine Liebe beständig bleibe? Sie bat ihn, Mitleid mit ihr zu haben. Aber seine Liebe war ungestüm. Er wollte sie, er wollte sie durchaus und endlich, zitternd, furchtsam, begierig, ergab sie sich. Dann folgte eine Zeit verzückten Glückes. Die Welt, die langweilige, fade Welt des Alltags, leuchtete in Seligkeit. Liebesgesänge flossen aus ihrer Feder. Die Frau betete den jungen, mannhaften Körper ihres Liebhabers an.

George errötete tief, wenn sie seine breite Brust und schlanken Flanken pries; die Schönheit seiner Beine und die Ebenheit seines Leibes.

Es gab da traurige kleine Szenen, in denen sie die Leere ihres Lebens bedauerte, nachdem er, wie es geschehen mußte, sie verlassen haben würde, aber sie endeten mit einem Aufschrei, daß alles, was sie zu ertragen haben werde, in Anbetracht des Segens, der ihr geworden war, das Leid wert sei. Sie schrieb von den langen, bebenden Nächten, die sie zusammen verbrachten, und der Schlaffheit, die sie in den Schlaf lullte, einer in des anderen Arm. Sie schrieb von der Entrückung der kurzen, gestohlenen Augenblicke, wenn sie sich, aller Gefahren trotzend, dem Ruf ihrer Leidenschaft ergaben.

Sie dachte, es werde die Angelegenheit einiger Wochen sein; aber wunderbarerweise währte sie. Eines der Gedichte bezog sich auf drei Jahre, die vergangen waren, ohne die Liebe ihrer Herzen zu vermindern. Es schien, als ob er weiterhin in sie drang, mit ihm davonzugehen, weit fort, in eine Hügelstadt Italiens, auf eine griechische Insel, eine vermauerte Stadt Tunesiens, damit sie ständig zusammen sein könnten, denn in einem anderen Gedicht flehte sie ihn an, nichts an ihrer Lage zu ändern. Ihre Glückseligkeit war bedroht. Vielleicht war es eine Folge der Schwierigkeiten, die sie bestehen mußten, und dem seltenen Beieinander, daß ihre Liebe so lange den ersten zauberhaften Glanz beibehalten hatte. Dann starb der junge Mann ganz plötzlich. Wie, wann oder wo konnte George nicht entdecken. Ein langer, betrübter Aufschrei tiefer Trauer folgte, einer Trauer, der sie sich nicht hingeben konnte; eines Kummers, der verborgen werden mußte. Sie hatte fröhlich zu sein, Gesellschaften zu geben und Gesellschaften zu besuchen; sich zu benehmen, wie sie sich stets benommen, obschon das Licht ihres Lebens gelöscht und sie von Seelenpein niedergedrückt war. Das letzte aller Gedichte war eine Einheit von vier kurzen Strophen, in denen die Schreibende, in ihren Verlust betrübt ergeben, den dunklen Mächten, die des Menschen Geschick leiten, dafür dankte, daß ihr wenigstens eine Weile gewährt worden war, das größte Glück zu genießen, das wir armen Menschen je zu kennen hoffen dürfen.

Es war drei Uhr morgens, als George Peregrine das Buch endlich weglegte. Es war ihm, als hätte er Evies Stimme in jeder Zeile gehört; wieder und immer wieder fand er Ausdrücke, die er von ihr vernommen hatte; Einzelheiten waren ihm so vertraut wie ihr; kein Zweifel, es war ihre eigene Geschichte, die sie erzählt hatte, und es war so klar, wie etwas sein konnte, daß sie einen Liebhaber gehabt hatte und daß er gestorben war. George empfand nicht so sehr Zorn, Entsetzen oder Bestürzung, obwohl er bestürzt und entsetzt war, als Erstaunen. Es war so unvorstellbar, daß Evie ein Liebeserlebnis gehabt haben sollte, und noch obendrein ein wildes, leidenschaftliches, wie daß die Forelle in einem Glasbehälter auf dem Kaminsims in seinem Arbeitszimmer – die beste Forelle, die er je gefangen hatte – plötzlich mit dem Schwanze wackeln sollte. Jetzt verstand er die Bedeutung des belustigten Blickes, den er in den Augen jenes Mannes gesehen, mit dem er im Klub gesprochen hatte; er verstand, warum Daphne, als sie über das

Buch redete, dies als einen Witz genossen; und warum jene zwei Frauen bei der Cocktailparty gekichert hatten, als er an ihnen vorübergegangen war.

Es wurde ihm heiß. Dann ward er plötzlich von Wut gepackt und sprang auf, um Evie zu wecken und scharf um eine Erklärung zu bitten. Aber an der Türe hielt er inne. Welche Beweise hatte er? Ein Buch. Er entsann sich, daß er Evie erzählt hatte, er fände es wahrlich gut. Gewiß, er hatte es damals nicht gelesen, doch so getan, als hätte er es gelesen. Er würde einem Narren gleichen, wenn er das zugeben mußte.

»Ich muß meine Schritte bedenken«, murmelte er.

Er beschloß, zwei, drei Tage zu warten und alles zu überlegen. Dann würde er entscheiden, was zu tun sei. Er ging ins Bett, fand aber lange Zeit keinen Schlaf.

›Evie‹, sagte er ständig zu sich, ›gerade Evie.‹

Sie sahen sich am nächsten Morgen beim Frühstück wie üblich. Evie war wie stets: still, gesetzt und gefaßt, eine Frau mittleren Alters, die sich nicht bemühte, jünger auszusehen, als sie war; eine Frau, die nichts von dem hatte, was er das ›gewisse Etwas‹ nannte. Er sah sie an, wie er sie seit Jahren nicht betrachtet hatte. Sie zeigte ihre übliche milde Gelassenheit. Ihre blaßblauen Augen waren nicht verwirrt. Es war kein Zeichen von Schuld auf ihrem ehrlichen Gesicht. Sie äußerte die gleichen kleinen beiläufigen Bemerkungen wie stets.

»Es ist hübsch, nach diesen zwei Tagen in London aufs Land zurückzukommen. Was wirst du heute früh tun?«

Es war unbegreiflich.

Drei Tage später suchte er seinen Anwalt auf. Harry Blane war sowohl Georges alter Freund als auch sein Rechtsberater. Er war nicht weit entfernt von den Peregrines ansässig, und seit vielen Jahren hatten sie in benachbartem Gehege gejagt. Zwei Tage in der Woche war er ein Landedelmann und an den übrigen fünf Tagen ein beschäftigter Anwalt in Sheffield. Er war ein großer, kräftiger Mensch, von ungestümem Benehmen, der heiter lachte, was alles darauf schließen ließ, daß er vor allem als Sportsmann und guter Kerl betrachtet werden wollte und nur nebenher als Anwalt. Aber er war schlau und weltklug.

»Nun, George, was hat dich heute hergebracht?« brummte er, als der Oberst in sein Büro geführt worden war. »Nette

Zeit in London gehabt? Nächste Woche nehme ich meine bessere Hälfte für ein paar Tage dorthin. Wie geht's Evie?«

»Ihretwegen bin ich hier«, sagte Peregrine und sah Harry mißtrauisch an. »Hast du ihr Buch gelesen?«

Seine Empfindlichkeit war durch das beunruhigte Denken der letzten Tage geschärft worden, und er gewahrte einen kleinen Wandel im Ausdruck des Anwaltes. Es schien, als ob jener sich plötzlich vorsehe.

»Ja, ich habe es gelesen. Großer Erfolg, nicht wahr? Seltsam, plötzlich Dichterin. Wunder hören niemals auf.«

George Peregrine war geneigt aufzubrausen.

»Es hat mich zu einem verdammten Narren gemacht.«

»Ach, welcher Unsinn, George. Nichts Arges, daß Evie ein Buch geschrieben hat. Du solltest richtig stolz auf sie sein.«

»Rede nicht solchen Blödsinn. Es ist ihr eigenes Erlebnis. Das weißt du, und jeder andere weiß es auch. Ich nehme an, ich bin der einzige, der nicht weiß, wer ihr Liebhaber war.«

»Es gibt so etwas wie Einbildungskraft, mein Junge. Kein Grund, anzunehmen, das Ganze sei nicht einfach erfunden.«

»Hör mal, Harry, wir haben uns unser ganzes Leben gekannt. Wir hatten alle möglichen guten Zeiten miteinander. Sei ehrlich mit mir. Kannst du mir gerade ins Gesicht sehen und behaupten, du glaubest, das sei eine erfundene Geschichte?«

Harry Blane bewegte sich unbehaglich in seinem Stuhl. Er war durch den Kummer in der Stimme des alten George verstört.

»Du bist nicht berechtigt, mir solche Fragen vorzulegen. Frage Evie.«

»Ich trau mich nicht«, erwiderte George nach einer beängstigenden Pause. »Ich fürchte, sie könne mir die Wahrheit sagen.«

Es entstand ein ungemütliches Schweigen.

»Wer war der Kerl?«

Harry Blane sah George frei in die Augen.

»Ich weiß es nicht, und wenn ich es wüßte, würde ich es dir nicht sagen.«

»Du Schwein. Begreifst du denn nicht, in welcher Lage ich bin? Glaubst du, es sei angenehm, völlig lächerlich gemacht zu werden?«

Der Anwalt zündete sich eine Zigarette an, und eine kleine Weile paffte er schweigsam.

»Ich sehe nicht, was ich für dich tun kann«, sagte er endlich.

»Du hast Privatdetektive, nehme ich an. Ich will, daß du sie einstellst und alles herausfinden läßt.«

»Es ist nicht gerade nett, seine Frau durch Detektive bewachen zu lassen, mein alter Junge; und zudem, für einen Augenblick mal angenommen, Evie hatte ein Abenteuer, so läge es ja viele Jahre zurück, und ich glaube nicht, daß es möglich wäre, das Geringste ausfindig zu machen. Sie scheinen ihre Spuren recht vorsichtig verwischt zu haben.«

»Mir gleichgültig. Du stellst die Detektive ein. Ich will die Wahrheit wissen.«

»Ich tu's nicht, George. Wenn du dazu entschlossen bist, dann sprich besser mit einem anderen. Und höre, selbst wenn du Beweise bekämst, daß Evie dir untreu gewesen ist, was wolltest du damit beginnen? Du würdest ziemlich töricht dastehen, wenn du dich von deiner Frau scheiden ließest, weil sie vor zehn Jahren die Ehe gebrochen hat.«

»Auf alle Fälle könnte ich's mit ihr ins reine bringen.«

»Das kannst du auch so, aber du weißt genausogut wie ich, daß, wenn du das tust, sie dich verlassen wird. Möchtest du das?«

George blickte ihn unglücklich an.

»Ich weiß nicht. Ich habe stets gedacht, daß sie mir eine verdammt gute Ehefrau gewesen ist. Sie führt das Haus großartig, wir hatten niemals irgendeinen Ärger mit Angestellten, sie hat Wunder im Garten bewirkt und steht sich glänzend mit allen Leuten im Dorf. Aber, zum Teufel, ich habe an meine Selbstachtung zu denken. Wie kann ich fernerhin mit ihr leben, wenn ich weiß, daß sie mir grauenhaft untreu gewesen war?«

»Bist du ihr stets treu gewesen?«

»Mehr oder minder. Wir sind immerhin vierundzwanzig Jahre verheiratet, und Evie war niemals so recht für das Bett.«

Der Anwalt bewegte ein wenig seine Augenbrauen, aber George war zu sehr mit dem beschäftigt, was er sagen wollte, um es zu bemerken.

»Ich leugne nicht, daß ich hie und da eine kleine Abwechslung hatte. Ein Mann braucht das. Frauen sind anders.«

»Das wissen wir nur auf Grund von Männeraussagen«, meinte Harry Blane mit einem kleinen Lächeln.

»Evie ist wirklich die letzte Frau, die ich in Verdacht gehabt hätte, über die Stränge zu schlagen. Ich meine, sie ist eine sehr wählerische, schweigsame Frau. Was bloß trieb sie dazu, das verflixte Buch zu schreiben?«

»Ich nehme an, vielleicht war es eine sehr schmerzende Erfahrung, und vielleicht eine Erleichterung für sie, ihre Seele davon zu befreien.«

»Nun, wenn sie es schreiben mußte, warum, zum Teufel, schrieb sie es nicht unter einem fremden Namen?«

»Sie benutzte ihren Mädchennamen. Ich denke mir, sie glaubte, das genüge, und so wäre es auch gewesen, wenn das Buch nicht diesen erstaunlichen Erfolg gehabt hätte.«

George und der Anwalt saßen sich, vom Schreibtisch getrennt, gegenüber. George, den Ellbogen auf dem Tisch, das Kinn in der Hand, runzelte nachdenklich die Stirn.

»Es ist so abscheulich, nicht zu wissen, was für ein Kerl das war. Man kann nicht einmal ahnen, ob er ein Gentleman war. Ich meine, soweit ich weiß, mag er ein Knecht oder ein Angestellter in einem Anwaltsbüro gewesen sein.«

Harry Blane erlaubte sich nicht zu lächeln, und als er erwiderte, da war in seinen Augen ein freundlicher, duldsamer Blick.

»Da ich Evie gut kenne, so glaube ich, daß er in Ordnung war. Auf alle Fälle war er kein Angestellter bei mir.«

»Es ist so ein Schlag für mich gewesen«, seufzte der Oberst. »Ich dachte, sie hätte mich gern. Sie kann aber das Buch nicht geschrieben haben, ohne mich zu hassen.«

»Oh, das glaube ich nicht. Ich glaube nicht, daß sie hassen kann.«

»Du willst doch nicht etwa behaupten, daß sie mich liebt?«

»Nein.«

»Nun eben, was empfindet sie für mich?«

Harry Blane lehnte sich in seinem Drehsessel zurück und sah George nachdenklich an.

»Gleichgültigkeit, würde ich denken.«

Der Oberst zuckte ein bißchen zusammen und errötete.

»Du bist ja schließlich nicht in sie verliebt, nicht wahr?«

George Peregrine war vorsichtig.

»Es ist ein großer Schlag für mich gewesen, keine Kinder zu haben, aber ich ließ es sie nie merken, daß ich denke, sie hat mich im Stich gelassen. Ich bin stets gut zu ihr gewesen. Innerhalb vernünftiger Grenzen habe ich versucht, meine Pflicht ihr gegenüber zu erfüllen.«

Der Anwalt legte seine große Hand auf den Mund, um das Lächeln zu verbergen.

»Es ist so ein schrecklicher Schlag für mich gewesen«, fuhr Peregrine fort. »Verdammt noch mal, selbst vor zehn Jahren war Evie kein Küken und, weiß Gott, nichts Besonderes. Es ist so häßlich.« Er seufzte tief. »Was würdest du an meiner Stelle tun?«

»Nichts.«

George Peregrine setzte sich kerzengerade in seinem Stuhl auf und sah Harry mit strengem Ausdruck an, den er gezeigt haben mochte, wenn er sein Regiment besichtigt hatte.

»Ich kann so etwas einfach nicht übersehen. Ich bin lächerlich gemacht worden. Ich kann meinen Kopf nie wieder aufrecht tragen.«

»Unfug«, sagte der Anwalt scharf, und dann, in einer angenehmen, freundlichen Art: »Höre, alter Junge: der Mann ist tot, all das ist vor langer Zeit geschehen. Vergiß es. Sprich mit den Leuten über Evies Buch, schwärme davon, sag ihnen, wie stolz du auf sie wärest. Benimm dich, als ob du so viel Vertrauen in sie hättest, um zu wissen, sie könne dir niemals untreu gewesen sein. Die Welt geht schnell weiter, und das Gedächtnis der Leute ist so kurz. Sie werden vergessen.«

»Ich werde nicht vergessen.«

»Ihr seid beide Leute in vorgeschrittenem Alter. Sie tut wahrscheinlich viel mehr für dich, als du ahnst, und du würdest schrecklich allein ohne sie sein. Ich finde, es tut nichts, wenn du nicht vergißt. Es wäre nur zum Guten, wenn du in deinen Dickschädel hämmern könntest, daß in Evie viel mehr ist, als du jemals Grütze hattest zu begreifen.«

»Verflucht, du redest, als wenn ich zu tadeln wäre.«

»Nein, ich behaupte nicht, du seiest zu tadeln, aber ich bin auch nicht so sicher, ob Evie zu tadeln ist. Ich glaube nicht, sie wollte sich in den Jungen verlieben. Entsinnst du dich des Endes ihres Gedichtes? Man meint, daß, obwohl sie durch seinen Tod zerschmettert war, sie ihn in seltsamer Art willkommen hieß. All die Zeit war sie der Zerbrechlichkeit des Bandes inne gewesen, das sie verbunden hielt. Er starb im vollen Rausch seiner ersten Liebe und hatte nie erfahren, daß Liebe so selten anhält; er hatte nur ihren Segen und ihre Schönheit kennengelernt. In ihrem eigenen bitteren Schmerz fand sie Trost in dem Gedanken, daß ihm aller Kummer erspart geblieben war.«

»Das ist ein bißchen zu hoch für mich. Ich verstehe mehr oder minder, was du meinst.«

George Peregrine starrte unglücklich auf das Schreibzeug des Tisches. Er war schweigsam, und der Anwalt sah ihn aus neugierigen, doch teilnehmenden Augen an.

»Ermißt du, welchen Mut sie gehabt haben muß, niemand zu zeigen, wie furchtbar unglücklich sie war?« sagte er sanft.

Oberst Peregrine seufzte.

»Fertig. Ich nehme an, du hast recht. Es ist sinnlos, über verschüttete Milch zu weinen, und es würde nur alles verschlimmern, wenn ich viel Aufhebens machte.«

»Nun denn?«

George Peregrine lächelte ein wenig bemitleidenswert.

»Ich nehme deinen Rat an. Ich tue nichts. Sollen sie denken, ich sei ein verdammter Narr, und zur Hölle mit ihnen. Die Wahrheit ist, ich weiß nicht, was ich ohne Evie beginnen sollte. Aber eines sag ich dir: bis zu meiner Sterbestunde werde ich nicht begreifen: was in des Himmels Namen hat der Kerl an ihr bloß gefunden?«

Lord Mountdrago

Dr. Audlin schaute auf seine Schreibtischuhr: zwanzig vor sechs. Er wunderte sich, daß sein Patient zu spät kam, denn Lord Mountdrago pflegte sich auf seine Pünktlichkeit etwas zugute zu tun. In seinem pointierten Stil wurde eine ganz alltägliche Bemerkung zu einem Aphorismus, und er konnte sagen: Pünktlichkeit ist ein Kompliment für den Geist und ein Tadel für die Dummheit. Lord Mountdrago war auf halb sechs bestellt gewesen.

Dr. Audlins Erscheinung lenkte keineswegs die Aufmerksamkeit auf sich. Er war groß und schlank, leicht gebeugt, mit schmalen Schultern und grauem, gelichtetem Haar, sein langes, bleiches Gesicht durchzogen tiefe Falten. Er sah älter aus als fünfzig. Die ziemlich großen blaßblauen Augen blickten müde. Nach geraumer Zeit fiel einem auf, daß sie sich kaum bewegten, sondern auf dem Gesicht ihres Gegenübers hafteten, aber so ausdruckslos, daß es nicht störte. Nur selten leuchteten sie auf, und sie verrieten weder Dr. Audlins Gedanken, noch paßten sie sich seinen Worten an. Einem guten Beobachter mochte auffallen, daß er viel weniger blinzelte als die meisten anderen Leute. Sein langen Hände mit den spitzen Fingern waren weich, doch fest, und kühl, doch nicht feucht. Was Dr. Audlin trug, wußte man nie, wenn man nicht eigens sein Augenmerk darauf gerichtet hatte. Er wählte stets dunkle Anzüge mit einer schwarzen Krawatte, so daß sein bleiches, zerfurchtes Gesicht noch blasser wirkte und seine verblichenen blauen Augen noch farbloser. Er erweckte den Eindruck eines Schwerkranken.

Dr. Audlin war Psychiater; zufällig in diesen Beruf hineingerutscht, übte er ihn ständig von Zweifeln geplagt aus. Bei Kriegsausbruch hatte er sein medizinisches Staatsexamen eben erst bestanden und absolvierte gerade sein Praktikum an mehreren Spitälern. Als Freiwilliger wurde er dann nach Frankreich geschickt, und dort entdeckte er seine besondere Gabe. Er konnte nämlich Schmerzen lindern, indem er seine weiche, kühle Hand auflegte, oder durch Zureden schlaflosen Patienten zum Schlaf verhelfen. Er sprach dazu langsam, mit unbeteiligter, eintöniger Stimme, melodisch, sanft und einlullend. Er sagte seinen Patienten, sie sollten sich entspannen, sie sollten sich nicht aufregen, sie sollten schlafen. Und Ruhe senkte sich auf ihre matten Glieder, Stille schob ihre Sorgen beiseite, einem Manne gleich, der auf einer übervollen Bank sich Platz schafft, und ihre müden Lider erquickte der Schlummer wie ein leichter Frühlingsregen die frisch gepflügte Erde. Dr. Audlin stellte fest, daß seine leise, monotone Stimme, der Blick seiner blassen, stillen Augen und die Berührung seiner schmalen, festen Hände die müde Stirn des Kranken entwölkte; er besänftigte alle Wirren, löste quälende Konflikte und vertrieb die Ängste, die das Leben zur Hölle machen. Manchmal bewirkte er wahre Wunderheilungen. So gewann durch ihn ein Soldat seine Sprache zurück, die er, von einer krepierenden Granate lebendig begraben, verloren hatte, und einem anderen, der beim Absturz seines Flugzeugs gelähmt worden war, schenkte er den Gebrauch seiner Glieder wieder.

Er begriff diese Kräfte nicht, und als Skeptiker gelang es ihm nie ganz, an sie zu glauben, obwohl das angeblich die Grundbedingung des Heilens ist; allein die Ergebnisse seiner Behandlung, die auch der ungläubige Beobachter nicht bestreiten konnte, zwangen ihn zu dem Eingeständnis, daß er eine geheimnisvolle und zweifelhafte Gabe unbekannten Ursprungs besitze, mit deren Hilfe er Unerklärliches zustande bringe. Nach dem Krieg studierte er noch in Wien, dann in Zürich und machte schließlich in London eine Praxis auf, um seine so sonderbar erworbene Kunst auszuüben. Er praktizierte schon seit fünfzehn Jahren und hatte auf seinem Gebiet einen hervorragenden Ruf. Seine verblüffenden Heilungen gingen von Mund zu Mund, und trotz des hohen Honorars drängten sich zu ihm mehr als genug Patienten. Dr. Audlin wußte, daß er einige außerordentliche Erfolge vorzeigen konnte: Selbstmörder hatte er dem Leben zurückgewonnen, andere vor dem Irrenhaus bewahrt, bitteren Schmerz hatte er gelindert, der ein nützliches Dasein trübte, unglückliche Ehen in glückliche verwandelt, anomale Triebe ausgerottet und so manchen von einer verhaßten Fessel befreit, seelische Leiden geheilt, das alles hatte er getan, und dennoch regte sich in seinem tiefsten Innern der Verdacht, er sei eben doch nur ein Quacksalber. Ihm ging es gegen den Strich, eine Macht auszustrahlen, die er nicht ergründen konnte, und es kränkte sein Ehrgefühl, von dem Vertrauen seiner

Patienten zu leben, wenn er zu sich selbst kein Vertrauen aufbrachte. Er war reich genug, um nicht auf seinen Beruf angewiesen zu sein, und da sein Beruf ihn anstrengte, wollte er ihn schon ein dutzendmal an den Nagel hängen. Er hatte sämtliche Schriften von Freud und Jung und all ihren Jüngern gelesen, nur konnten sie ihn nicht befriedigen. In seinem Herzen war er fest davon überzeugt, diese ganzen Theorien seien Hokuspokus – doch dem widersprachen die unbegreiflichen, aber augenfälligen Erfolge. Und wie gründlich hatte er die Menschen kennengelernt, seit ihn die ersten Patienten vor fünfzehn Jahren in seinem schäbigen Hinterzimmer in Wimpole Street aufsuchten! Was man ihm da, manchmal verschämt, zurückhaltend oder zornig, manchmal nur allzu bereitwillig, anvertraute, überraschte ihn schon lange nicht mehr. Ihn erschütterte nichts: er wußte nachgerade, daß der Mensch ein Lügner und seine Eitelkeit grenzenlos war, er wußte noch bedeutend Schlimmeres, aber er wußte auch, daß er nicht zu richten oder zu verdammen bestellt war. Doch als Jahr um Jahr diese gräßlichen Intimitäten vor ihm ausgebreitet wurden, erhielt sein Gesicht einen immer graueren Ton und tiefere Falten, seine Augen einen müden Blick. Er lachte selten, er lächelte höchstens gelegentlich, wenn er zu seiner Entspannung einen Roman las. Hielten die Autoren ihre Figuren wirklich für Menschen aus Fleisch und Blut? Wenn sie ahnten, wieviel komplizierter und unberechenbarer eine Seele ist, was für unversöhnliche Elemente da nebeneinander wohnen, was für dunkle und böse Kämpfe sie austragen muß!

Viertel vor sechs! Lord Mountdrago war doch der sonderbarste Fall, dem er bei seinen absonderlichen Patienten je begegnet war, allein schon wegen seiner Persönlichkeit. Ein hochbegabter und verdienter Mann, mit noch nicht vierzig Jahren bereits Außenminister, hatte Lord Mountdrago nach drei Jahren Amtszeit seine Politik erfolgreich durchgesetzt. Er war unbestritten der fähigste Kopf der Konservativen, und wenn er nicht nach dem Tod seines Vaters, eines hohen Adligen, seinen Sitz im Unterhaus hätte aufgeben müssen, hätte er ehrgeizig mit dem Posten des Premierministers geliebäugelt. Zwar darf in diesen demokratischen Zeiten ein englischer Premierminister nicht aus dem Oberhaus stammen, aber nichts hinderte Lord Mountdrago daran, jedem konservativen Kabinett als Außenminister anzugehören und über lange Jahre hin die Außenpolitik seines Landes zu bestimmen.

Lord Mountdrago besaß viele Vorzüge: Fleiß und Intelligenz, Mut, Scharfblick und Entschlußkraft. Er war weitgereist und beherrschte mehrere Sprachen. Von Jugend auf hatte er sich für Außenpolitik interessiert und gründliche Kenntnisse der innenpolitischen und wirtschaftlichen Verhältnisse anderer Länder erworben. Im Parlament und in Wahlversammlungen drückte er sich als guter Redner verständlich, genau und oft witzig aus, bei den Debatten brillierte er leicht, und seine Schlagfertigkeit war berühmt. Dazu sah er noch gut aus: er war ein großer, stattlicher Mann, allerdings mit stark gelichtetem Haar und zu betonter Korpulenz, was jedoch den erwünschten Eindruck von Gediegenheit und Reife verstärkte. Als Student war er sogar ein guter Sportler gewesen und hatte im Oxford-Achter gegen Cambridge gerudert, auch genoß er den Ruf eines hervorragenden Schützen. Mit vierundzwanzig hatte er ein achtzehnjähriges Mädchen, Tochter eines Herzogs und einer amerikanischen Erbin, geheiratet, in der sich Reichtum mit Adel verband. Sie hatte ihm zwei Söhne geboren. Seit mehreren Jahren lebten sie heimlich getrennt, aber vor der Öffentlichkeit zeigten sie sich zusammen, um den Schein zu wahren; und beide hatten den Klatschmäulern keine Gelegenheit geboten, über irgendeine außereheliche Beziehung zu lästern. Lord Mountdrago war zu ehrgeizig, zu fleißig, ja patriotisch, um sich auf karrierehindernde Weise zu amüsieren. Kurz und gut, alle seine Tugenden stempelten ihn zu einem erfolgreichen, allgemein beliebten Mann. Leider besaß er auch große Fehler. Er war ein fürchterlicher Snob. Niemand stößt sich daran, wenn erst der Vater den Titel erhalten hat. Der Sohn eines geadelten Anwalts, Fabrikanten oder Whiskybrenners nimmt natürlich seinen Rang überaus wichtig. Doch schon Charles II. hatte Lord Mountdragos Ahnherrn die Grafenwürde verliehen, und seit dem Krieg der beiden Rosen lag der Besitz in den Händen der Familie. Seit dreihundert Jahren hatten sich die Namensträger durch Heirat mit den vornehmsten Familien von England verbunden, und dennoch war Lord Mountdrago auf seine Geburt so stolz wie ein neureicher Prolet auf sein Geld. Er nutzte jede Gelegenheit, damit Eindruck zu schinden. Er besaß die besten Manieren der Welt, falls er sich dazu aufschwang, was allerdings nur bei den

Leuten geschah, die er als ebenbürtig betrachtete. Kaltschnäuzig fertigte er das sozial unter ihm stehende Volk ab, seine Hausangestellten behandelte er grob und seine Sekretäre von oben herab. Die ihm untergeordneten Beamten in den Ministerien, denen er nacheinander angehörte, haßten und fürchteten ihn. Und er war schrecklich arrogant. Er wußte eben, daß er die meisten Leute in die Tasche steckte, und verfehlte nicht, ihnen das unter die Nase zu reiben. Menschliche Schwäche machte ihn bloß ungeduldig. Er sah sich als den geborenen Führer, deshalb ärgerte er sich über jeden, der ihm Argumente vortrug oder um Angabe der Gründe für die getroffene Entscheidung bat. In seiner maßlosen Selbstsucht nahm er jeden Dienst ohne Dankbarkeit hin als natürlichen Tribut an seine Geburt und Intelligenz. Ihm kam überhaupt nicht in den Sinn, daß er auch für andere etwas tun könnte. Seine zahlreichen Feinde verachtete er – Freunde besaß er keine. Niemandem gönnte er seine Hilfe, seine Sympathie oder sein Mitleid. Seine Vorgesetzten mißtrauten seiner Aufrichtigkeit, seine Partei stieß sich an seiner anmaßenden Unhöflichkeit, und dennoch mußten sich alle wegen seiner besonderen Verdienste, seiner unbestrittenen Vaterlandsliebe, wegen seiner fundierten Kenntnisse und glänzenden Politik mit ihm abfinden. Und man konnte es, denn gelegentlich war er einfach bezaubernd: wenn er sich in adäquater Gesellschaft befand, bei ausländischen Würdenträgern oder Damen von Rang, und jemand für sich gewinnen wollte, entfaltete er Witz, Anmut und Humor, und man erinnerte sich, daß in seinen Adern auch das Blut von Lord Chesterfield floß. Er legte eine Geschichte kunstvoll auf die Pointe hin an, er gab sich natürlich, klug, ja sogar tief, kurzum, sein umfangreiches Wissen und sein feiner Geschmack setzten dann jeden in Erstaunen. Man genoß seinen Umgang und vergaß, daß man am Tag zuvor von ihm eine Beleidigung eingesteckt hatte und am nächsten Tag mit einem Fußtritt rechnen mußte.

Beinahe hätte Lord Mountdrago auf eine Behandlung durch Dr. Audlin verzichtet. Sein Sekretär rief den Arzt an: Lord Mountdrago wünsche ihn zu konsultieren und bitte ihn für den nächsten Tag um zehn Uhr zu sich. Dr. Audlin antwortete, das sei leider nicht möglich, Lord Mountdrago möchte ihn doch am übernächsten Tag um fünf Uhr in seiner Praxis aufsuchen. Der Sekretär legte auf, um gleich wieder anzuläuten mit der

Nachricht, Lord Mountdrago bestehe darauf, den Arzt in seinem eigenen Haus zu sehen, Dr. Audlin dürfe jedes beliebige Honorar festsetzen. Dr. Audlin lehnte ab: er empfange Patienten stets in seiner Praxis, und wenn Lord Mountdrago nicht kommen wolle, sei er außerstande, ihn zu behandeln. Nach einer Viertelstunde erhielt er ein Billet, in dem sich Seine Lordschaft schon für den nächsten Tag um fünf Uhr anmeldete.

Als Lord Mountdrago ins Sprechzimmer geführt wurde, blieb er unter der Tür stehen und musterte den Arzt unverschämten Blicks von oben bis unten. Dr. Audlin spürte, daß er fuchsteufelswild war, und sah ihn schweigend mit stillen Augen an. Ein großer, schwerer Mann stand vor ihm, dessen spärliches graues Haar die hohe Stirn freigab und ihren Adel betonte; das runde Gesicht, die kühnen, regelmäßigen Züge, der hochmütige Ausdruck erinnerten an einen Bourbonenkönig.

»Offenbar ist es genauso schwierig, zu Ihnen vorzudringen, Herr Dr. Audlin, wie zum Premierminister. Ich bin nämlich mit Arbeit überlastet.«

»Möchten Sie sich nicht setzen?«

Mit unbewegtem Gesicht hatte sich der Arzt Lord Mountdragos Bemerkung angehört. Dr. Audlin saß an seinem Schreibtisch, Lord Mountdrago stand immer noch, sein Blick verfinsterte sich.

»Nehmen Sie bitte zur Kenntnis: ich bin der Außenminister Seiner Majestät«, sagte er scharf.

»Möchten Sie sich nicht setzen?«

Lord Mountdrago machte eine Bewegung, als wollte er sich auf dem Absatz umdrehen und stolz das Zimmer verlassen, aber dann besann er sich offensichtlich eines Besseren und setzte sich. Dr. Audlin öffnete ein großes Buch und langte nach seiner Füllfeder. Er schrieb, ohne zu seinem Patienten aufzublicken.

»Wie alt sind Sie?«

»Zweiundvierzig.«

»Verheiratet?«

»Ja.«

»Wie lange?«

»Achtzehn Jahre.«

»Kinder?«

»Ich habe zwei Söhne.«

Dr. Audlin notierte sich die Personalien nach Lord Mountdragos schroffen Antworten. Dann lehnte sich der Arzt in seinen Stuhl zurück und schaute ihn wortlos mit seinen bleichen reglosen Augen an.

»Warum kommen Sie zu mir?« fragte er endlich.

»Sie sind mir empfohlen worden. Lady Canute ist eine Patientin von Ihnen, soviel ich weiß. Sie sagte mir, Sie hätten ihr viel geholfen.«

Dr. Audlin gab keine Antwort. Sein Blick war immer noch auf das Gesicht seines Gegenübers gerichtet, aber so ausdrucksleer, daß er es gar nicht zu sehen schien.

»Ich vollbringe keine Wunder«, bemerkte er nach einer langen Pause, und der Schatten eines Lächelns flackerte in seinen Augen auf. »Das königliche Kollegium der Ärzte würde es auch gar nicht gutheißen.«

Lord Mountdrago schmunzelte. Offenbar war das Eis gebrochen. Er erwiderte etwas liebenswürdiger:

»Sie haben einen hervorragenden Ruf. Die Leute schwören auf Sie.«

»Warum kommen Sie zu mir?« wiederholte der Arzt. Jetzt schwieg Lord Mountdrago, denn die Antwort fiel ihm schwer. Nach langem Besinnen nahm er einen Anlauf und sprach.

»Ich bin kerngesund. Nur zur Kontrolle hat mich mein Arzt – Sir Augustus Fitzherbert, von dem Sie wohl schon gehört haben – vor ein paar Tagen untersucht, und er hat mir gesagt, ich sei so robust wie ein Dreißigjähriger. Mein großes Arbeitspensum macht mir Freude und ermüdet mich nicht. Ich rauche kaum und trinke wenig. Ich habe genügend Bewegung und führe ein regelmäßiges Leben. Sie finden es höchstwahrscheinlich dumm und kindisch, wenn ein vollkommen gesunder, normaler, vernünftiger Mensch Sie aufsucht.«

Dr. Audlin kam ihm zu Hilfe.

»Ich weiß nicht, ob ich irgend etwas für Sie tun kann. Ich will's versuchen. Sind Sie unglücklich?«

Lord Mountdrago runzelte die Stirn.

»Meine Arbeit ist sehr wichtig, denn die Entscheidungen, die sie mir abverlangt, können das Wohl unseres Landes, ja sogar den Weltfrieden bestimmen. Deshalb muß ich meinen kühlen Kopf und klaren Verstand behalten. Es ist meine Pflicht, jede Unruhe auszuräumen, die meiner Nützlichkeit schaden könnte.«

Dr. Audlin hatte seinen Blick nicht von ihm gewendet, und er hatte sehr viel gesehen: hinter dem hochtrabenden Auftreten und der stolzen Arroganz verbarg sich eine Angst, die der Patient nicht zu unterdrücken vermochte.

»Ich bat Sie, sich hierher zu bemühen, weil ich aus Erfahrung weiß, daß man in dem schäbigen Sprechzimmer eines Arztes leichter aus sich herausgeht als in der gewohnten Umgebung.«

»Ihr Sprechzimmer ist allerdings schäbig«, bemerkte Lord Mountdrago schneidend. Dann schwieg er. Offenbar war dieser so selbstgewisse Mann mit seiner raschen, zupackenden Vernunft, der sich allem gewachsen fühlte, in diesem Augenblick verlegen. Er lächelte dem Arzt zu, um ihm zu zeigen, wie behaglich ihm zumute war, doch seine Augen verrieten seine Qual. Schließlich sagte er mit unnatürlicher Wärme: »Es handelt sich um eine solche Kleinigkeit, daß ich Sie nur höchst ungern damit belästige. Sie werden mir sicher raten, Ihre kostbare Zeit nicht sinnlos zu verschwenden.«

»Auch Kleinigkeiten haben ihr Gewicht. Sie sind oft das Symptom einer seelischen Störung. Und meine Zeit steht Ihnen ganz zur Verfügung.«

Dr. Audlin sprach leise und ernst. Der monotone Klang wirkte seltsam beruhigend. Endlich entschloß sich Lord Mountdrago zur Offenheit.

»Ich hatte in der letzten Zeit ein paar sehr unerquickliche Träume. Ich weiß, man sollte sie nicht ernst nehmen, doch – um die Wahrheit zu gestehen – sie bringen mich ganz durcheinander.«

»Können Sie mir irgendeinen von diesen Träumen erzählen?«

Lord Mountdrago verzog die Lippen, doch sein unbeschwertes Lächeln mißriet ihm kläglich.

»Sie sind so idiotisch, daß ich es kaum vermag.«

»Das spielt keine Rolle.«

»Vor ungefähr einem Monat also träumte ich, daß ich zu einer offiziellen Einladung von Lord Connemara ging, an der auch der König und die Königin teilnehmen sollten, und natürlich waren Orden vorgeschrieben. Auch ich trug Schulterband und Stern. Ich gab meinen Mantel in der besonderen Garderobe ab. Zu meiner Überraschung stand neben mir ein mickriges Männchen, Owen Griffiths, ein ziemlich ordinärer Parlamentarier aus Wales. Ich sagte zu mir: ›Lydia Connemara geht wirklich zu weit. Wen wird sie als nächstes einladen?‹ Ich fand, er starrte mich auffällig an, aber ich beachtete ihn nicht, ja ich schnitt diesen unbedeutenden Plebejer und stieg die Treppe hinauf. Sie waren wohl noch nie dort?«

»Nein.«

»Ja, in diesen Häusern werden Sie kaum verkehren. Es ist ausgesprochen stillos, hat aber ein schönes Marmortreppenhaus; oben standen die Connemaras und empfingen ihre Gäste. Lady Connemara betrachtete mich verblüfft, als sie mir die Hand gab, und kicherte; ich achtete nicht darauf, denn dieses dumme, ungezogene Frauenzimmer benimmt sich so schlecht wie ihre Ahnin, die Charles II. zur Herzogin machte. Die Salons im Haus der Connemaras sind wirklich imponierend. Ich schritt durch die Säle und begrüßte durch Zunicken oder mit Handschlag eine Menge Leute; dann entdeckte ich den deutschen Botschafter, der sich mit einem österreichischen Erzherzog unterhielt. Da ich ihn dringend sprechen wollte, trat ich hinzu und reichte ihm die Hand. Sobald mich der Erzherzog sah, wieherte er vor Lachen. Ich war tödlich beleidigt und musterte ihn streng von oben bis unten, aber er lachte nur um so schallender. Ich wollte ihn gerade scharf zurechtweisen, als ein plötzliches Raunen durch den Saal ging: der König und die Königin waren gekommen. Ich drehte dem Erzherzog den Rücken zu, trat etwas nach vorn und bemerkte mit einemmal, daß ich keine Hosen anhatte. Ich trug nur kurze seidene Unterhosen und rote Sockenhalter. Kein Wunder, daß Lady Connemara kicherte und der Erzherzog herausplatzte! Ich kann Ihnen nicht beschreiben, wie mir zumute war; vor Scham hätte ich in den Erdboden versinken mögen. In kalten Schweiß gebadet wachte ich auf. Welch eine Erleichterung, als ich feststellte, daß alles nur ein Traum war.«

»Solche Träume sind nicht ungewöhnlich«, sagte Dr. Audlin.

»Wahrscheinlich nicht. Aber am nächsten Tag passierte etwas Seltsames. Ich stand in einer Wandelhalle des Unterhauses, als dieser Kerl Griffiths langsam an mir vorbeischritt. Er sah absichtlich auf meine Beine, dann blickte er mir direkt ins Gesicht, und ich war fast sicher, daß er zwinkerte. Da kam mir eine lächerliche Idee: er war am Abend vorher dabeigewesen, als ich mich greulich bloßgestellt hatte, und genoß jetzt den Spaß.

Natürlich wußte ich, das konnte nicht sein, denn es war ja bloß ein Traum. Ich schoß ihm einen eisigen Blick zu, und er ging weiter. Aber er grinste von einem Ohr zum anderen.«

Lord Mountdrago zog sein Taschentuch heraus und wischte sich die Handflächen ab. Er suchte nicht länger, seine Verwirrung zu verbergen. Dr. Audlin ließ die Augen nicht von ihm.

»Erzählen Sie mir noch einen Traum.«

»In der folgenden Nacht träumte ich noch verrückter. Im Parlament war eine außenpolitische Debatte angesetzt, der nicht bloß das Land, sondern die ganze Weltöffentlichkeit mit größter Spannung entgegensah. Die Regierung hatte einen Kurswechsel beschlossen, und die Zukunft des Empire stand auf dem Spiel. Es war ein historischer Augenblick. Das Haus barst vor Zuhörern: alle Botschafter waren anwesend, auf den Galerien drängten sich die Leute. Ich hatte die entscheidende Erklärung abzugeben und war sorgfältig vorbereitet. Ein Mann wie ich hat Feinde, denn viele neiden mir diese Stellung, die ich in einem Alter erreicht habe, da auch die geschicktesten Karrieremacher noch relativ anonym tätig sind, und deshalb sollte meine Rede sowohl dem Anlaß entsprechen wie auch meine Gegner zum Schweigen bringen. Der Gedanke, daß die ganze Welt an meinen Lippen hing, befeuerte mich. Ich stand auf. Wenn Sie je im Parlament waren, wissen Sie, wie die Abgeordneten während einer Debatte schwatzen, mit Papieren rascheln und Akten umblättern. Als ich ansetzte, herrschte Totenstille. Plötzlich entdeckte ich den Waliser Abgeordneten Griffiths, diesen häßlichen Knirps, auf einer der gegenüberliegenden Bänke; er streckte mir die Zunge heraus. Vielleicht kennen Sie den billigen Schlager ›Ein Fahrrad für zwei‹; er war vor vielen Jahren Mode. Um Griffiths meine ganze Verachtung auszudrücken, stimmte ich ihn an. Die erste Strophe sang ich in einem Zug durch. Einen Augenblick saßen alle überrascht da, doch als ich fertig war, rief die Opposition ›Hört, Hört!‹ Ich verschaffte mir durch eine Handbewegung Ruhe und begann die zweite Strophe. Das Parlament lauschte mir in eisigem Schweigen, und ich merkte, daß mein Gesang nicht recht ankam. Ich ärgerte mich, denn ich besitze einen hübschen Bariton und wollte unbedingt gerecht gewürdigt werden. Sobald ich die dritte Strophe intonierte, lachten die Abgeordneten, und sofort sprang das Gelächter auf die Botschafter, auf die

Galerien mit den geladenen Gästen, die Damengalerie und die Pressegalerie über: alle schüttelten sich, alle wieherten vor Lachen, alle hielten sich den Bauch und rollten auf ihren Plätzen vor und zurück. Alle waren von Fröhlichkeit übermannt, ausgenommen die Minister in der vordersten Bank direkt hinter meinem Rücken. Steinern saßen sie inmitten dieses unglaublichen, einmaligen Aufruhrs. Ich schaute sie an, und blitzartig ging mir auf, was ich angerichtet hatte. Ich war zum Gespött der ganzen Welt geworden. Traurig gestand ich mir ein, daß ich zurücktreten mußte. Ich erwachte und merkte, daß alles nur ein Traum war.«

Lord Mountdragos großartige Allüre war während seines Berichts verflogen, bleich und zitternd saß er da. Mit Mühe raffte er sich zusammen und zwang sich zu einem armseligen Lächeln.

»Die ganze Geschichte ist so abwegig, daß ich mich bloß darüber amüsieren konnte. Ich dachte auch nicht weiter daran, und als ich am folgenden Nachmittag ins Parlament ging, fühlte ich mich in guter Form. Die Debatte war müde, aber ich mußte eben da sein und las einige Aufzeichnungen, die mich fesselten. Ganz zufällig blickte ich einmal auf: Griffiths sprach, dieser gräßliche Mensch mit seinem unangenehmen Waliser Akzent. Da sich sicher nicht lohnte, ihm zuzuhören, wollte ich mich wieder meinen Papieren zuwenden, als er zwei Zeilen aus ›Ein Fahrrad für zwei‹ zitierte. Ich starrte ihn an: er sah auf mich, in seinen Augen blitzte bitterer Spott. Matt zuckte ich mit den Schultern; was hatte mich ein kümmerlicher Waliser Abgeordneter so zu mustern! Es war ein merkwürdiger Zufall, daß er gerade zwei Zeilen jenes katastrophalen Schlagers anführte, den ich in meinem Traum von Anfang bis Ende vorgesungen hatte. Ich vertiefte mich von neuem in meine Akten, aber in meiner Verwirrung fiel es mir schwer, mich darauf zu konzentrieren. Owen Griffiths war in meinem ersten Traum von der Einladung bei den Connemaras schon aufgetreten, und ich fühlte nachher deutlich, daß ihm meine traurige Rolle völlig klar war. Konnte man es noch Zufall nennen, daß er gerade jene zwei Zeilen erwähnt hatte? Ich fragte mich, ob wir beide möglicherweise die gleichen Träume träumten. Eine absurde Idee natürlich, und ich wollte keinen weiteren Gedanken daran verschwenden.«

Eine Zeitlang herrschte Schweigen. Dr. Audlin betrachtete Lord Mountdrago, und Lord Mountdrago betrachtete Dr. Audlin.

»Anderer Leute Träume sind entsetzlich fade. Meine Frau träumte gelegentlich und erzählte mir am nächsten Morgen weitschweifig davon. Es langweilte mich irrsinnig.«

Dr. Audlin lächelte schwach.

»Sie langweilen mich nicht.«

»Ich werde Ihnen noch einen Traum bieten, den ich einige Tage später hatte. Ich betrat in Limehouse eine Schenke. Obwohl ich noch nie in Limehouse war und seit meiner Oxforder Studentenzeit wohl kein Wirtshaus mehr aufgesucht habe, sehe ich die Straße und das Lokal so deutlich vor mir, als wäre ich dort zu Hause. Ich ging hinein; in der Bar, so heißt das doch, war ein Kamin, daneben ein großer Ledersessel und ein kleines Sofa; durch die ganze Länge des Raums zog sich eine Theke, über die man in den allgemeinen Schankraum sah. Neben der Tür stand ein runder Marmortisch mit zwei Lehnstühlen. Es war Samstag abend, und die Leute drängten sich in den hell erleuchteten Räumen; doch der Rauch war so dick, daß mir die Augen brannten. Mit einer Mütze auf dem Kopf und einem Taschentuch um den Hals glich ich einem richtigen Schläger. Die meisten Gäste schienen betrunken, das gefiel mir. Das Radio oder ein Grammophon lief, und vor dem Kamin führten zwei Frauen einen grotesken Tanz auf, umgeben von einem lachenden, schreienden, grölenden Kreis. Als ich mich dazustellen wollte, fragte mich ein Mann: ›Nimmst du einen, Bill?‹ Auf dem Tisch standen Gläser mit einer braunen Flüssigkeit, es war wohl dunkles Bier. Der Mann reichte mir ein Glas, und um nicht aufzufallen, leerte ich es. Da machte sich die eine der tanzenden Frauen los und langte nach dem Glas. ›Du, was fällt dir ein?‹ schrie sie. ›Das ist mein Bier, das du säufst.‹ ›Oh, es tut mir leid‹, sagte ich, ›dieser Herr bot es mir an, und da dachte ich natürlich, es gehöre ihm.‹ ›Macht nichts, Kamerad‹, antwortete sie, ›ich bin nicht so. Komm, wir legen einen aufs Parkett.‹ Und bevor ich etwas erwidern konnte, packte sie mich und wir tanzten. Dann saßen wir plötzlich in dem Lehnstuhl, sie auf meinem Schoß, und tranken zusammen ein Glas Bier. Ich muß Ihnen sagen, daß Sex in meinem Leben nie einen wichtigen Platz einnahm. Ich heiratete jung, weil es in meiner Situation wünschenswert ist, verheiratet zu sein, und weil die sexuellen Probleme damit ein für allemal geregelt waren. Wie geplant, wurden mir zwei Söhne geboren, und dann schloß ich das Kapitel ab. Ich war immer zu beschäftigt, um mich viel mit diesen Sachen abzugeben, und da ich derart im Rampenlicht stehe, kann ich mir keinen Skandal leisten. Das größte Plus eines Politikers ist ein untadeliger Ruf in allem, was Frauen anlangt, und ich habe kein Mitleid, sondern bloß Verachtung für die Männer, die ihre Karriere einer Frau zuliebe ruinieren. Die Frau auf meinen Knien war weder hübsch noch jung, im Gegenteil, eine betrunkene alte Schlampe, vor der mir grauste. Aber trotz ihres nach Bier stinkenden Atems, trotz ihrer faulen Zähne, trotz des Ekels, der mich überlief, wenn sie mich küßte, begehrte ich sie wild. Plötzlich hörte ich eine Stimme: ›Hallo, alter Freund, amüsier dich schön.‹ Ich sah auf: es war Owen Griffiths. Ich versuchte aufzuspringen, aber das Weib hielt mich zurück. ›Laß doch den alten Schnüffler‹, sagte sie. ›Nur zu‹, fuhr er fort, ›ich weiß bei Molly Bescheid. Sie ist ihr Geld wert.‹ Verstehen Sie, mich verdroß weniger, daß er mich in dieser scheußlichen Situation ertappte, als daß er mich mit ›alter Freund‹ anredete. Ich stieß die Frau zur Seite, sprang auf und herrschte ihn an. ›Ich kenne Sie nicht und will Sie auch nicht kennenlernen‹, sagte ich. ›Aber ich kenne Sie‹, erwiderte er. ›Und dir, Molly, rate ich, paß auf, daß du zu deinem Geld kommst, er prellt dich womöglich.‹ Auf dem Tisch nebendran stand eine Bierflasche. Wortlos packte ich sie am Hals und schlug sie ihm mit aller Kraft über den Schädel. Die Bewegung war so heftig, daß ich davon erwachte.«

»Solch ein Traum ist nicht unbegreiflich«, sagte Dr. Audlin. »So rächt sich die Natur an einem untadeligen Charakter.«

»Eine verrückte Geschichte. Ich hab sie nicht um ihrer selbst willen erzählt, sondern wegen der Ereignisse des folgenden Tags. Ich mußte rasch etwas nachschlagen, ging in die Parlamentsbibliothek, holte mir den Band und las. Ich hatte nicht bemerkt, daß im Stuhl neben mir Griffiths saß. Ein anderer Labourabgeordneter trat ein und begrüßte ihn: ›Guten Tag, Owen, Sie sehen heute ziemlich angeschlagen aus.‹ ›Ich habe rasendes Kopfweh‹, antwortete dieser, ›als hätte man mir eine Flasche auf dem Kopf zertrümmert.‹«

Lord Mountdragos Gesicht war aschfahl vor Angst.

»Dies bewies mir, daß meine ursprüngliche Idee, die ich als unsinnig abgetan hatte, stimmte. Dies bewies mir, daß Griffiths meine Träume träumte und daß er sich so genau an sie erinnerte wie ich.«

»Es mag wieder ein Zufall gewesen sein.«

»Aber er sprach nicht zu seinem Freund, sondern eindeutig zu mir und schaute mich entrüstet an.«

»Können Sie mir erklären, warum dieser Mann in Ihren Träumen auftritt?«

»Nein.«

Dr. Audlin, der das Gesicht seines Patienten nicht aus den Augen gelassen hatte, durchschaute die Lüge. Mit einem Bleistift kritzelte er ein oder zwei Linien auf sein Löschblatt. Es brauchte oft lange, bis die Leute mit der Wahrheit herausrückten, obwohl sie wußten, daß er ihnen erst dann helfen konnte.

»Dieser letzte Traum liegt über drei Wochen zurück. Haben Sie seither wieder geträumt?«

»Ja, jede Nacht.«

»Und taucht dieser Mann Griffiths immer auf?«

»Ja.«

Der Arzt zog noch einige Linien auf sein Löschpapier. Er hoffte, daß die Ruhe, die Trostlosigkeit und das trübe Licht des kleinen Sprechzimmers auf Lord Mountdrago wirkten. Dieser ließ sich in seinem Stuhl nach hinten fallen und wandte den Kopf zur Seite, damit er nicht in Dr. Audlins ernste Augen blickte.

»Dr. Audlin, Sie müssen etwas für mich tun, ich bin am Ende meiner Kraft, und ich schnappe über, wenn das so weitergeht. Ich fürchte mich vor dem Schlafen. Zwei oder drei Nächte tat ich kein Auge zu, ich blieb auf und las, und sobald ich einduseln wollte, nahm ich meinen Mantel und wanderte bis zur Erschöpfung herum. Aber ich brauche Schlaf. Bei meinen Aufgaben muß ich topfit sein und meine fünf Sinne beieinander haben. Ich brauche Ruhe, und Schlaf verschafft sie mir nicht. Sobald ich einschlummere, beginne ich zu träumen, und immer erscheint dieser ordinäre Wicht, grinst mich an, schmäht mich und lästert. Es ist fürchterlich. Ich versichere Ihnen, Herr Doktor, ich bin nicht so, wie mich meine Träume zeigen, man darf mich nicht nach ihnen beurteilen. Fragen Sie, wen Sie wollen. Ich bin ein ehrenwerter, aufrechter, anständiger Mann. Niemand kann meine berufliche oder private Integrität anzweifeln. Ich habe nur einen einzigen Ehrgeiz: meinem Land zu dienen und seiner Größe. Da ich Geld und hohen gesellschaftlichen Rang besitze, bin ich im Gegensatz zu Leuten niedrigeren Stands weniger Versuchungen ausgesetzt, und es bedeutet nichts, daß ich unbestechlich bin; aber das nehme ich in Anspruch, daß keine Ehrung, kein persönlicher Vorteil, kein selbstsüchtiger Gedanke mich um Haaresbreite von meiner Pflicht abbringen können. Alles habe ich geopfert, um der Mann zu werden, der ich bin. Macht ist mein Ziel, Macht steht mir zu Gebot – und ich verliere die Nerven. Ich bin nicht so heimtückisch, hassenswert, feig, niederträchtig, wie dieser häßliche Zwerg glaubt. Ich habe Ihnen drei Träume berichtet, aber das ist noch gar nichts; dieser Mann sah mich so grausam, schrecklich, schändlich handeln, daß ich lieber sterbe, als davon zu erzählen. Und er erinnert sich daran. Ich ertrage kaum die spöttische Verachtung in seinen Augen und traue mich kaum, im Parlament zu reden, denn er muß meine Worte als reinen Unsinn betrachten. Er war dabei, als ich Dinge tat, die kein Mann mit einer Spur Selbstachtung tut, Dinge, die einen Mann aus der menschlichen Gesellschaft ausschließen und für lange Jahre ins Zuchthaus bringen; er hörte, wie ich hinterhältig log; er sah mich nicht bloß als lächerlichen Tropf, sondern auch als abstoßendes Ekel. Er verabscheut mich und macht keinen Hehl mehr daraus. Wenn Sie mir nicht helfen können, werde ich mich oder ihn umbringen.«

»Ihn würde ich an Ihrer Stelle nicht umbringen«, sagte Dr. Audlin kühl; seine Stimme klang wie immer besänftigend. »In diesem Land zeitigt es herbe Konsequenzen, wenn man einen Mitmenschen tötet.«

»Man wird mich deswegen nicht hängen, wenn Sie es so meinen. Wer wüßte, daß ich ihn ermordete? Mein Traum zeigte mir, wie ich's anstellen muß. Ich sagte Ihnen ja, am Tag, nachdem ich ihm die Bierflasche über den Kopf geschlagen hatte, konnte er vor Kopfweh kaum noch sehen; er erwähnte es selbst. Das beweist aber, daß er im Wachen empfindet, was ihm schlafend widerfährt. Das nächstemal werde ich ihn nicht mit einer Flasche niederhauen. Einmal werde ich im Traum ein Messer oder eine Pistole in der Hand halten; es muß so sein, denn ich will es unbedingt; und dann werde ich die Gelegenheit beim Schopf packen und ihn abstechen wie ein Schwein oder niederknallen wie einen Hund. Ins Herz. Und dann werde ich von seiner teuflischen Verfolgung erlöst sein.«

Manche Leute hätten Lord Mountdrago für verrückt gehalten; Dr. Audlin aber wußte nach jahrelanger Beschäftigung mit labilen Seelen, welch feine Linie den angeblich Gesunden von dem angeblich Kranken trennt. Er wußte, daß man bei scheinbar normalen, völlig nüchternen Menschen, die ihre täglichen Pflichten ehrenvoll und nutzbringend erfüllten, auf entsetzliche Verwirrungen stieß, sobald man ihr Vertrauen gewann und ihnen die Maske wegriß, die sie vor der Welt trugen. Da fanden sich so seltsame Brüche, so phantastische seelische Überspanntheiten, daß sie auf diesem Feld für wahnsinnig gelten mußten. Wollte man sie in eine Anstalt sperren, alle Anstalten der Welt würden nicht ausreichen. Auf jeden Fall war ein Mann nicht meldepflichtig, bloß weil er seltsame Träume hatte und sie an seinen Nerven zehrten. Der Fall Mountdrago war einzigartig, aber er war doch nur eine Steigerung ähnlicher Fälle, die Dr. Audlin kennengelernt hatte. Er bezweifelte, ob seine sonst so wirksame Behandlung auch hier anschlagen würde.

»Haben Sie einen anderen Arzt konsultiert?« fragte er.

»Nur Sir Augustus Fitzherbert. Ich gestand ihm bloß meine Alpträume. Er meinte, ich sei überarbeitet, und empfahl eine Erholungsreise. Das ist Unsinn, ich kann das Außenministerium nicht verlassen, solange die internationale Lage größte Aufmerksamkeit erfordert. Ich bin unentbehrlich, und ich weiß es. Von meinem Verhalten in der gegenwärtigen Krise hängt meine ganze Zukunft ab. Er verschrieb mir Beruhigungsmittel – erfolglos. Er verschrieb mir Kräftigungsmittel – sie waren völlig nutzlos. Der alte Dummkopf versteht überhaupt nichts von der Sache.«

»Können Sie einen Grund angeben, warum gerade jener Mann beständig in Ihren Träumen auftaucht?«

»Das fragten Sie mich schon einmal, und ich antwortete Ihnen.«

Das stimmte. Aber Dr. Audlin hatte die Antwort keineswegs befriedigt.

»Sie sprachen vorhin von Verfolgung. Was veranlaßt Owen Griffiths, Sie zu verfolgen?«

»Keine Ahnung.«

Lord Mountdragos Augen wichen ihm aus, und Dr. Audlin war überzeugt, daß er log.

»Haben Sie ihm je unrecht getan?«

»Nein.«

Lord Mountdrago rührte sich nicht, aber Dr. Audlin spürte, daß er sich in seine Haut verkroch. Vor ihm saß ein stattlicher, hochmütiger Herr, der alle Fragen als Frechheit zu betrachten schien, und doch verbarg die Fassade nur schlecht eine ängstliche Flucht; das Bild des furchtsamen Tiers in der Falle drängte sich auf. Dr. Audlin lehnte sich nach vorn und zwang Lord Mountdrago durch die Kraft seines Blicks, ihn anzusehen.

»Sind Sie sicher?«

»Ja. Sie verstehen offenbar nicht, daß unsere Wege sich gar nicht kreuzen. Ich muß Sie in aller Bescheidenheit daran erinnern, daß ich Minister Seiner Majestät bin und Griffiths ein unbekanntes Mitglied der Labour-Party. Natürlich verbinden uns auch keine gesellschaftlichen Beziehungen, denn er kommt aus sehr kleinen Verhältnissen, und solche Leute pflegen nicht in meinen Kreisen zu verkehren. Und auf der politischen Ebene sind unsere Positionen so gegensätzlich, daß wir nichts gemein haben können.«

»Ich vermag Ihnen nicht zu helfen, solange Sie mir nicht die volle Wahrheit sagen.«

Lord Mountdrago hob die Augenbrauen. Seine Stimme wurde rauh.

»Ich bin nicht gewohnt, daß man meine Worte anzweifelt, Herr Dr. Audlin. In diesem Fall verschwende ich meine Zeit nur, wenn ich die Ihre beanspruche. Bitte, schicken Sie meinem Sekretär Ihre Liquidation, er wird für die Überweisung sorgen.«

Nach Dr. Audlins unbewegtem Gesicht zu schließen, schien er Lord Mountdragos Worte gar nicht gehört zu haben. Er sah ihm unbeirrt in die Augen und fragte ernst mit leiser Stimme:

»Haben Sie dem Mann etwas zugefügt, das *er* als Unrecht empfinden konnte?«

Lord Mountdrago zögerte. Er blickte zur Seite, dann sah er ihn wieder an, als wirkte in Dr. Audlins Augen eine unwiderstehliche Macht. Mißmutig antwortete er:

»Nur wenn er ein zweitklassiger kleiner Dreckskerl ist.«

»Das paßt haargenau auf Ihre Beschreibung.«

Lord Mountdrago seufzte: er gab sich geschlagen. Dr. Audlin wußte, dieser Seufzer bedeutete, daß der Patient jetzt endlich mit allem herausrücken würde. Nun brauchte er nicht weiter zu bohren; er senkte die Augen und malte wahllos geometrische Figuren auf sein Löschblatt. Das Schweigen hielt zwei oder drei Minuten an.

»Ich will wirklich alles sagen, was Ihnen von Nutzen ist. Das jetzt schien mir aber so unwichtig, daß es unmöglich mit dem Fall in Verbindung stehen konnte. Griffiths errang seinen Parlamentssitz bei der letzten Wahl und fiel sogleich unangenehm auf. Sein Vater ist Grubenarbeiter, und er fuhr selber in jungen Jahren ein. Dann war er Volksschullehrer und Journalist. Er gehörte zu jenen halbgebackenen eingebildeten Intellektuellen mit ihren ungenauen Kenntnissen, verschwommenen Ideen und undurchführbaren Vorschlägen, die die allgemeine Schulpflicht aus der Arbeiterklasse nach oben schwemmt. Ein knochiger, fahler Kerl, der halb verhungert aussieht und ausgesprochen schlampig daherkommt. Die Abgeordneten achten ja heutzutage nicht mehr sonderlich auf ihre Kleidung, aber sein Aufzug beleidigt die Würde des Parlaments. Er zieht sich demonstrativ schäbig an. Sein Kragen ist nie sauber und seine Krawatte nie ordentlich gebunden; seit vier Wochen hat er wohl nicht mehr gebadet, und die Hände wäscht er auch nie. Die Labour-Party hat zwar auf der vordersten Bank zwei oder drei recht tüchtige Leute, aber der Rest taugt nicht viel. Unter den Blinden ist der Einäugige König. Da Griffiths reden konnte und sich auf zahlreichen Gebieten oberflächlich beschlagen zeigte, ließen ihn die Einpeitscher bei jeder denkbaren Gelegenheit sprechen. Offenbar warf er sich auf Außenpolitik, und er bombardierte mich mit dummen, langweiligen Fragen. Ich verhehle nicht, daß ich ihn so gründlich abfertigte, wie er es verdiente. Von Anfang an haßte ich seine quengelnde Stimme und seinen ordinären Akzent; er hatte auch nervöse Ticks, die mich entsetzlich störten. Er ging scheu und zaudernd an die Sache heran, als überwände eine innere Leidenschaft nur qualvoll seine Hemmungen, und oft brachte er sehr unangenehme Dinge vor. Zugegeben, er besaß gelegentlich die Beredsamkeit eines Kanzelredners; daher auch sein Einfluß auf die Schwachköpfe seiner Partei. Sie beeindruckte seine Ernsthaftigkeit, und seine Sentimentalität stieß sie nicht ab wie mich. Eine gewisse Sentimentalität ist ja das Öl jeder politischen Debatte. Man regiert die Nationen entsprechend ihrem eigenen Vorteil, aber sie glauben lieber an uneigennützigere Ziele, und ein Politiker tut gut daran, seine Wählerschaft mit schönen Worten und klingenden Phrasen davon zu überzeugen, daß sein harter Kampf um jeden Gewinn für sein Land eigentlich dem Wohl der Menschheit dient. Griffiths und Konsorten nehmen nun irrtümlich diese schönen Worte, diese klingenden Phrasen für bare Münze. Ein Narr ist er, ein unheilvoller Narr, der sich selbst einen Idealisten nennt. Und wie leicht ihm das elende Geschwätz von der Zunge fließt, mit dem uns die sogenannten Intellektuellen seit Jahr und Tag anöden: Friedensoffensive, Verbrüderung – Sie kennen den Quatsch. Zu allem hin imponierte das nicht nur seiner Partei, sondern auch den beschränkten und verwirrten Köpfen unserer Fraktion. Ich hörte Gerüchte, Griffiths würde Minister, wenn die Labour-Party ans Ruder käme, und man nannte sogar das Auswärtige Amt. Die Vorstellung war grotesk, aber nicht aus der Welt. Eines Tages bot sich mir Gelegenheit, eine Debatte zu schließen, die Griffiths mit einer einstündigen Rede eröffnet hatte – eine willkommene Chance, ihn abzuschießen, und, bei Gott, ich schoß ihn ab. Ich zerpflückte seine Ansprache, ich wies ihm zahllose Denkfehler nach und unterstrich seine mangelhaften Kenntnisse. Die vernichtendste Waffe im Unterhaus ist Lächerlichkeit, und ich verspottete ihn, ich nahm ihn hoch, ich brillierte, und das Haus bebte vor Gelächter. Dieser Erfolg befeuerte mich, und ich legte mich noch mehr ins Zeug. Die Opposition saß stumm da, aber einige Labour-Abgeordnete lachten doch ein- oder zweimal: es erwärmt manchen, einen Kollegen oder gar Rivalen bloßgestellt zu sehen. Und wenn je ein Mann bloßgestellt wurde, dann war es Griffiths. Er versank in seinem Stuhl und vergrub immer wieder sein kalkweißes Gesicht in den Händen. Als ich mich setzte, hatte ich ihn erledigt. Sein Ansehen war für immer demoliert; er würde nicht eher Minister in seiner Labour-Regierung als der Polizist am Saaleingang. Später erfuhr ich, daß sein Vater, der alte Grubenarbeiter, seine Mutter und zahlreiche Wahlhelfer aus Wales angereist waren, um seinen Triumph mitzuerleben. Sie hatten bloß seine tiefste Demütigung gesehen. Da er nur mit knapper Mehrheit gewählt worden war, konnte ihn so eine Schlappe leicht um seinen Parlamentssitz bringen. Aber das ging mich nichts an.«

»Wäre es zuviel behauptet, wenn ich sage, daß Sie seine Karriere zerstörten?« fragte Dr. Audlin.

»Ich glaube nicht.«

»Aber da haben Sie ihm schweres Unrecht zugefügt.«

»Er hat es selbst verschuldet.«

»Sie hatten deswegen nie Gewissensbisse?«

»Wenn ich gewußt hätte, daß seine Eltern dabei waren, hätte ich ihn vielleicht ein bißchen sanfter angefaßt.«

Dr. Audlin ließ es dabei bewenden und begann mit einer, wie er hoffte, aussichtsreichen Behandlung. Er versuchte durch Hypnose zu erreichen, daß Lord Mountdrago beim Aufwachen die Träume vergaß oder tief und traumlos schlief, aber dessen Widerstand ließ sich nicht brechen. Nach einer Stunde schickte er ihn weg. Seither war Lord Mountdrago sechsmal bei ihm gewesen – ohne Erfolg. Die fürchterlichen Träume quälten ihn Nacht für Nacht, und sein Allgemeinzustand verschlechterte sich rasch. Er war am Ende und konnte sich nicht mehr zusammennehmen. Er ärgerte sich über die Erfolglosigkeit der Behandlung, setzte sie aber fort, weil sie seine einzige Hoffnung war und weil es ihn erleichterte, offen mit jemandem zu sprechen. Dr. Audlin kam zu dem Schluß, daß ein einziger Weg Lord Mountdrago retten könnte, doch er wußte genau, daß sein Patient ihn aus freien Stücken nie und nimmer gehen würde. Sollte er vor dem drohenden Zusammenbruch bewahrt werden, mußte er sich zu einem Schritt aufraffen, der seinem Stolz und seinem Selbstgefühl zuwiderlief. Aber einen Aufschub schien Dr. Audlin nicht verantworten zu können. Er behandelte seinen Patienten mit Hypnose, wozu er ihn nach mehreren Stunden eher bereit fand. Schließlich gelang es ihm, ihn in eine Art Trance zu versetzen. Mit seiner leisen, sanften, eintönigen Stimme beruhigte er Lord Mountdragos strapazierte Nerven. Unablässig wiederholte er die gleichen Worte. Der Patient lag mit geschlossenen Augen still und entspannt da und atmete regelmäßig. Dann sprach Dr. Audlin im gleichen milden Ton die vorbereiteten Sätze.

»Sie werden zu Owen Griffiths gehen und sich entschuldigen für das Unrecht, das Sie ihm zufügten. Sie werden ihm sagen, daß Sie alles tun wollen, was in Ihrer Macht steht, um den Schaden wiedergutzumachen.«

Diese Worte wirkten auf Lord Mountdrago wie ein Peitschenhieb ins Gesicht. Er schüttelte den Bann ab und sprang auf. Seine Augen blitzten, und er überhäufte Dr. Audlin mit zornigen Beschimpfungen, die selbst dieser noch nie vernommen hatte. Er verfluchte ihn und wünschte ihn zum Teufel und gebrauchte so obszöne Ausdrücke, daß Dr. Audlin, der, zum Teil aus dem Mund unberührter und vornehmer Damen, schon mit allen möglichen Bezeichnungen vertraut war, sich fragte, woher er diese Sprache denn hatte.

»Entschuldigen soll ich mich bei diesem dreckigen kleinen Waliser? Eher bringe ich mich um.«

»Ich weiß keinen anderen Weg, wie Sie Ihr Gleichgewicht wiederfinden könnten.«

Dr. Audlin hatte noch selten einen äußerlich gesunden Menschen in solch unbeherrschter Wut gesehen. Lord Mountdrago lief rot an, die Augen quollen ihm aus dem Kopf, Schaum trat ihm auf die Lippen. Dr. Audlin musterte ihn gelassen und wartete, bis der Sturm verebbt war; und tatsächlich erschlaffte Lord Mountdrago bald, durch die wochenlange Anspannung erschöpft.

»Hinsetzen!« befahl der Arzt scharf.

Lord Mountdrago fiel in einen Sessel.

»Mein Gott, mir reicht's. Ich muß eine Minute ausruhen, dann gehe ich.«

Ungefähr fünf Minuten saßen sie sich stumm gegenüber. Lord Mountdrago war ein mächtiger, stürmischer Gewaltmensch, aber doch auch ein Gentleman. Als er das Schweigen brach, hatte er seine Selbstbeherrschung wiedergewonnen.

»Ich war wohl sehr grob zu Ihnen. Ich schäme mich meiner Worte und würde es gut verstehen, wenn Sie mit mir nichts mehr zu tun haben wollten. Hoffentlich ist es nicht der Fall; die Besuche bei Ihnen helfen mir, Sie sind meine letzte Rettung.«

»Denken Sie nicht mehr daran, es ist völlig bedeutungslos.«

»Aber eins können Sie nicht von mir verlangen: daß ich mich bei Griffiths entschuldige.«

»Ich habe mich eingehend mit Ihrem Fall beschäftigt. Zwar behaupte ich nicht, ihn zu begreifen, aber ich halte meinen

Vorschlag für Ihre einzige Chance, zu genesen. Ich stelle mir ungefähr vor, daß wir nicht aus einem Ich, sondern aus mehreren bestehen, und eines in Ihnen hat sich gegen das Griffiths zugefügte Unrecht aufgelehnt, hat seine Gestalt in Ihnen angenommen und rächt sich nun für Ihre Gemeinheit. Als Priester würde ich Ihnen sagen, Ihr Gewissen bedient sich der Umrisse und Züge dieses Manns, um Sie zur Reue zu zwingen und zur Sühne.«

»Mein Gewissen ist rein. Was kann ich dafür, daß ich Griffiths' Karriere zugrunde richtete? Ich zertrat ihn wie eine Schnecke in meinem Garten. Ich bedaure nichts.«

Mit diesen Worten hatte sich Lord Mountdrago verabschiedet. Während er auf seinen Patienten wartete, las Dr. Audlin seine Notizen durch und überlegte, wie er ihn zu jenem allein noch erfolgversprechenden Entschluß hinführen könnte, nachdem seine gewöhnlichen Behandlungsmethoden versagt hatten. Er schaute auf die Uhr: es war sechs. Seltsam, daß Lord Mountdrago nicht kam, hatte ihn doch ein Sekretär am Morgen telephonisch für die übliche Zeit angemeldet. Wahrscheinlich war er durch dringende Abhaltungen verhindert. Da fiel Dr. Audlin noch etwas ein: Lord Mountdrago war gar nicht in der Verfassung zu arbeiten, sein Zustand erlaubte nicht, daß er sich mit wichtigen Staatsgeschäften befaßte. Stand es ihm zu, sich mit einer einflußreichen Persönlichkeit, dem Premierminister oder dem Unterstaatssekretär für auswärtige Angelegenheiten, in Verbindung zu setzen und ihn darauf aufmerksam zu machen, daß Lord Mountdrago bei seiner derzeitigen Unausgeglichenheit keine wichtigen Sachen behandeln dürfe? Es war auf alle Fälle ein kitzeliges Unterfangen: er würde vielleicht endlose Verwirrung stiften und nur Undank ernten. Er zuckte mit den Schultern.

›In den letzten fünfundzwanzig Jahren‹, überlegte er, ›haben die Politiker die Welt derartig zugerichtet, daß es wohl nicht zu Buch schlägt, ob sie normal oder verrückt sind.‹

Er läutete.

»Wenn Lord Mountdrago kommt, sagen Sie ihm bitte, ich hätte um Viertel nach sechs einen anderen Patienten und könnte ihn leider nicht empfangen.«

»Jawohl, Herr Doktor.«

»Ist die Abendzeitung schon da?«

»Ich will nachschauen.«

Gleich darauf brachte die Hilfe das Blatt. Eine riesige Schlagzeile lief über die erste Seite: Tragischer Tod des Außenministers.

»Mein Gott!« rief Dr. Audlin.

Das schreckte ihn aus seiner gewohnten Ruhe. Er war erschüttert, richtig erschüttert, und doch nicht ganz überrascht. Der Gedanke, Lord Mountdrago könne Selbstmord begehen, hatte ihn mehrmals beschäftigt, und an einen Selbstmord glaubte er unbedingt. Die Zeitung schrieb, Lord Mountdrago habe in einer U-Bahn-Station an der Bahnsteigkante gewartet und sei beim Einfahren des Zugs auf die Schienen gestürzt. Wahrscheinlich habe ihn ein plötzliches Unwohlsein befallen. Das Blatt berichtete weiterhin, Lord Mountdrago habe seit einigen Wochen unter Überarbeitung gelitten, ohne seinen Posten verlassen zu können, solange die außenpolitische Lage seine volle Aufmerksamkeit erforderte. Auch er gehöre zu den Opfern der Politik, deren Anforderungen gerade ihre hervorragenden Vertreter heute nicht mehr gewachsen seien. Ein trefflicher kleiner Absatz rühmte die Gaben und den Fleiß, die Vaterlandsliebe und die Weitsicht des verstorbenen Staatsmanns, dann folgten zahlreiche Vermutungen, wen der Premier zum Nachfolger bestimmen würde. Dr. Audlin las alles. Er hatte Lord Mountdrago nicht gemocht. Am meisten bewegte ihn an diesem Todesfall die Unzufriedenheit mit sich selbst, weil er dem Mann nicht hatte helfen können.

Vielleicht war es falsch gewesen, sich nicht mit Lord Mountdragos Arzt zu verständigen. Mutlos saß er da, wie immer, wenn Mißerfolg seine gewissenhaften Bemühungen vereitelte, und verabscheute Theorie und Praxis seiner aus der Erfahrung gewonnenen Lehre, von der er doch lebte. Er hatte es mit dunklen, geheimnisvollen Kräften zu tun, die sich dem Verständnis des menschlichen Geists entzogen. Er kam sich wie ein Blinder vor, der sich zu einem unbekannten Ziel hintastete. Gleichgültig blätterte er um, als er plötzlich zusammenfuhr und erstaunt aufschrie. Unten an der Seite hatte er eine kleine Notiz entdeckt:

Unerwarteter Tod eines Parlamentariers – Mr. Owen Griffiths, Abgeordneter für XY, brach heute nachmittag in der

Fleet Street zusammen und verstarb auf dem Weg ins Charing Cross Hospital. Man nimmt eine natürliche Todesursache an, doch wurde eine amtliche Untersuchung eingeleitet.

Dr. Audlin traute seinen Augen nicht. Sollte tatsächlich gestern nacht im Traum Lord Mountdrago in den Besitz der ersehnten Waffe, eines Messers oder eines Revolvers, gekommen sein und seinen Quälgeist getötet haben? Und sollte tatsächlich dieser übersinnliche Mord sich einige Stunden später auf den wachen Griffiths ausgewirkt haben, so wie der Hieb mit der Flasche ihm am folgenden Tag ein marterndes Kopfweh verursacht hatte? Oder eine noch geheimnisvollere und schrecklichere Hypothese: als Lord Mountdrago im Tod Erlösung suchte, verfolgte ihn sein so grausam gekränkter, unversöhnlicher Feind, indem er seine sterbliche Hülle von sich warf, in eine andere Welt, um ihn dort weiterzufoltern. Es blieb ein Rätsel; das vernünftigste war, man betrachtete die Gleichzeitigkeit als dummen Zufall. Dr. Audlin klingelte.

»Sagen Sie Mrs. Milton, ich könne sie heute abend leider nicht empfangen. Ich fühle mich nicht wohl.«

Das stimmte; ihn schauderte wie bei einem Schüttelfrost. Mit seinem geistigen Auge schien er eine kahle, grauenvolle Leere vor sich zu sehen. Die dunkle Nacht der Seele verschlang ihn, er war einer seltsamen Urangst vor dem Unbekannten ausgeliefert.

Gesellschaftliche Haltung

Ich liebe es nicht, Verpflichtungen auf lange Sicht einzugehen. Wie kann man wissen, ob man an einem bestimmten Tag in drei, vier Wochen Lust haben wird, mit einer bestimmten Person zu essen? Es kann sehr leicht geschehen, daß sich inzwischen etwas viel Verlockenderes ergibt, und außerdem läßt ein so weit im voraus festgesetztes Datum gewöhnlich auf eine große, formelle Gesellschaft schließen. Aber was kann man dagegen tun? Das Datum wird so lange vorherbestimmt, damit die eingeladenen Gäste sich unbedingt frei halten, und es erfordert schon eine sehr triftige Entschuldigung, um eine Absage plausibel erscheinen zu lassen. Wir sagen zu, und einen Monat hängt die Einladung über unserm Haupt wie eine düster drohende Wolke. Sie stört unsere schönsten Pläne. Sie bringt unser ganzes Leben in Unordnung. Es gibt nur einen Weg, der Situation Herr zu werden, nämlich den, im letzten Moment auf und davon zu gehen. Aber ich habe bisher noch nie den Mut oder die Skrupellosigkeit aufgebracht, ihn zu beschreiten.

Es geschah also mit einem leisen Gefühl des Widerstandes, daß ich an einem Juniabend gegen halb acht meine Wohnung in der Half Moon Street verließ und zu den Macdonalds hinüberging, um bei ihnen zu dinieren. Ich hatte sie gern. Vor Jahren hatte ich es mir zur Regel gemacht, nie an dem Tisch von Menschen zu essen, die ich nicht mochte oder verachtete, und obgleich ich dadurch viel weniger Gastfreundschaft genoß, als es sonst der Fall gewesen wäre, halte ich meinen Grundsatz doch für richtig. Die Macdonalds waren nett, aber ihre Gesellschaften waren ein zweifelhaftes Vergnügen. Sie meinten, wenn man sechs Personen einlud, die einander nichts zu sagen hatten, so mußte eine Gesellschaft mißlingen, wenn man die Zahl aber mit drei multipliziert und achtzehn daraus machte, müßte sie ein Erfolg werden. Ich kam etwas zu spät, was beinah unvermeidlich ist, wenn man so nahe wohnt, daß man es für überflüssig hält, ein Taxi zu nehmen, und wurde in einen Raum geführt, der voll von Menschen war. Ich kannte nur die wenigsten, und bei der Aussicht, eine ganze Mahlzeit hindurch mit zwei mir völlig fremden Personen angeregte Konversation machen zu müssen, sank mir das Herz. Ich atmete erleichtert auf, als ich Thomas und Mary Warton eintreten sah, und stellte später im Speisesaal mit lebhaftem Vergnügen fest, daß man mich neben Mary gesetzt hatte.

Thomas Warton war ein Porträtmaler, der eine Zeitlang beträchtlichen Erfolg gehabt hatte, aber er hatte die Hoffnungen, die man in seiner Jugend in ihn gesetzt hatte, nie erfüllt und lange aufgehört, von der Kritik ernst genommen zu werden, und bei den Ausstellungen der Royal Academy schenkte keiner seinen langweiligen, aber gewissenhaften Porträts fuchsjagender Landedelleute und wohlhabender Kaufleute mehr als einen flüchtigen Blick. Man hätte sich gefreut, seine Arbeiten bewundern zu können, denn er war ein liebenswürdiger, gütiger Mensch. War man Schriftsteller, so zeigte er sich so ehrlich begeistert über alles, was man schrieb, so entzückt über jeden Erfolg, den man errang, daß man nur wünschte, *seinen* Arbeiten mit gutem Gewissen ebensoviel Wärme entgegenbringen zu können. Es war unmöglich. Und man sah sich zu der letzten Zuflucht aller Freunde mittelmäßiger Porträtmaler getrieben: »Es muß ungeheuer ähnlich sein«, sagte man, wenn man vor einem seiner Werke stand.

Mary Warton war zu ihrer Zeit eine bekannte Konzertsängering gewesen und besaß immer noch die Überreste einer wunderbaren Stimme. Sie mußte in ihrer Jugend sehr schön gewesen sein. Jetzt, mit dreiundfünfzig, sah sie etwas hager aus. Ihre Züge wirkten ziemlich männlich, und ihre Haut war wettergegerbt; aber sie hatte dichtes, lockiges graues Haar, und aus ihren schönen Augen leuchtete eine helle Intelligenz. Sie zog sich eher originell als elegant an und hatte eine Schwäche für Perlenketten und phantastische Ohrgehänge. Sie war derb und ungezwungen in ihrem Auftreten, hatte einen unfehlbaren Blick für menschliche Narrheit und eine scharfe Zunge, so daß sie sich bei vielen Leuten unbeliebt machte. Aber niemand konnte leugnen, daß sie sehr klug war. Sie war nicht nur eine hervorragende Musikerin, sie war auch außerordentlich belesen und hatte ein leidenschaftliches Interesse für Malerei. Sie besaß ein sehr seltenes Gefühl für Kunst. Sie liebte die Modernen, nicht aus Pose, sondern aus natürlicher Neigung, und kaufte für lächerliche Summen Bilder unbekannter Maler, die später berühmt wurden. Man hörte in ihrem Hause die neueste und schwierigste Musik, und kein europäischer Dichter oder Romanschriftsteller konnte der Welt etwas Neues oder Eigenartiges vorlegen, ohne daß sie sich bereit fand, für ihn eine Lanze zu brechen. Man konnte ihr vorwerfen, sie wäre intellektuell; sie war es; aber ihr Geschmack war nahezu unfehlbar, ihr Urteil gesund und ihre Begeisterung ehrlich.

Niemand bewunderte sie mehr als Thomas Warton. Er hatte sich in sie verliebt, als sie noch Sängerin gewesen war, und sie bedrängt, ihn zu heiraten. Sie hatte ihn ein halbes dutzendmal abgewiesen und schließlich, wie ich glaube, bloß widerstrebend ja gesagt. Sie hatte gedacht, er würde ein großer Maler werden, und als später nur ein anständiger Handwerker aus ihm wurde, ohne Originalität und Phantasie, hatte sie sich betrogen gefühlt. Sie litt unter der Verachtung, mit der die Kenner ihn betrachteten. Thomas Warton liebte seine Frau. Er hatte die größte Hochachtung für ihr Urteil, und ein Wort der Anerkennung von ihr bedeutete ihm mehr als alle Lobpreisungen in den Zeitungen von London. Sie war zu ehrlich, um etwas zu sagen, was nicht ihre Meinung war. Es verletzte ihn bitter, daß sie so wenig von seinen Arbeiten hielt, und obzwar er so tat, als berühre es ihn nicht weiter, merkte man doch, daß er ihr in seinem Herzen ihre ungeschminkten Urteile übelnahm. Manchmal wurde sein langes Pferdegesicht rot vor schlecht verhehltem Ärger und seine Augen dunkel vor Haß. Es war unter den Freunden der beiden allgemein bekannt, daß sie nicht gut miteinander lebten. Sie hatten die peinliche Gewohnheit, in der Öffentlichkeit zu streiten. Warton sprach über Mary immer nur mit Bewunderung, sie selbst aber war weniger diskret, und ihre Vertrauten wußten, wie unerträglich sie ihn fand. Sie anerkannte rückhaltlos seine Güte, seine Großmut, seine Selbstlosigkeit; aber seine Fehler waren von der Art, die das Zusammenleben mit einem Menschen schwermachen. Er war beschränkt, zänkisch und eingebildet. Er war kein Künstler, und Mary Warton war die Kunst wichtiger als alles andere auf der Welt. Auf diesem Gebiet gab es für sie keinen Kompromiß. Sie wurde dadurch blind für die Tatsache, daß Wartons Fehler, die sie so rasend machten, zum großen Teil auf seine verletzten Gefühle zurückzuführen waren. Sie verletzte ihn unaufhörlich, und er, der sich verteidigen mußte, wurde dogmatisch und intolerant. Es gibt nichts Schlimmeres, als von dem einzigen Menschen, auf dessen Anerkennung man Wert legt, mißachtet zu werden; und obgleich Thomas Warton unerträglich war, mußte er einem doch leid tun. Wenn ich damit jedoch den Eindruck erweckt habe, daß Mary eine unzufriedene, nörglerische und anspruchsvolle Frau war, so bin ich ihr nicht gerecht geworden. Sie war eine treue Freundin und eine reizende Gesellschafterin. Man konnte mit ihr über alles reden. Ihr Gespräch war humorvoll und witzig. Sie sprühte vor Vitalität.

An diesem Abend saß sie zur Linken des Gastgebers, und die Unterhaltung war allgemein. Ich sprach mit meiner zweiten Nachbarin, aber aus den Lachsalven, mit denen Marys Bemerkungen aufgenommen wurden, schloß ich, daß sie in bester Form war.

»Sie sind ja so großartig in Schwung«, bemerkte ich, als sie sich mir schließlich zuwandte.

»Überrascht Sie das?«

»Nein, man ist es von Ihnen gewohnt. Kein Wunder, daß sich die Leute um Sie reißen. Sie haben das unschätzbare Talent, Stimmung in eine Gesellschaft zu bringen.«

»Ich tue mein Bestes. Man muß sich sein bißchen Essen verdienen.«

»Wie geht es übrigens Manson? Man hat mir erzählt, daß er die Absicht hatte, sich operieren zu lassen. Es wird doch nichts Ernstes sein, hoffe ich?«

Mary hielt einen Augenblick inne, immer noch lächelnd, ehe sie antwortete.

»Haben Sie die Abendzeitung nicht gelesen?«

»Nein, ich habe heute Golf gespielt. Als ich nach Hause kam, hatte ich gerade noch Zeit, ein Bad zu nehmen und mich umzuziehen.«

»Er ist heute nachmittag um zwei Uhr gestorben.«

Ein Ausruf der Bestürzung wollte sich mir entringen, aber sie hielt mich zurück. »Seien Sie vorsichtig, Tom beobachtet mich wie ein Luchs. Alle beobachten mich. Alle wissen, daß ich ihn angebetet habe, aber keiner weiß mit Sicherheit, ob er mein Liebhaber war oder nicht; nicht einmal Tom weiß es. Alle sind neugierig, wie ich es aufnehme. Bemühen Sie sich, auszusehen, als sprächen wir über das russische Ballett.«

In diesem Augenblick wurde sie von jemandem auf der anderen Seite des Tisches angeredet, und den Kopf mit der ihr eigenen Geste zurückwerfend, ein Lächeln auf ihrem großen Mund, schleuderte sie dem Sprecher eine dermaßen rasche und treffende Antwort zu, daß alles ringsum in Lachen ausbrach. Die Unterhaltung wurde abermals allgemein, und ich blieb meiner Bestürzung überlassen. Ich wußte, und alle anderen wußten es auch, daß zwischen Gerard Manson und Mary Warton eine fünfundzwanzigjährige leidenschaftliche Zuneigung bestanden hatte. Es war eine so feste, dauerhafte Beziehung, daß selbst die zugeknöpfteren Bekannten, mochten sie anfangs auch schokkiert gewesen sein, schließlich gelernt hatten, sie mit Toleranz hinzunehmen. Sie waren beide ältere Leute, Manson war sechzig und Mary nicht viel jünger, und es war absurd, daß sie in ihren Jahren nicht tun sollten, was ihnen beliebte. Man sah sie manchmal in einem versteckten Winkel eines obskuren Restaurants sitzen oder im Zoo spazierengehen und wunderte sich, warum sie immer noch bemüht waren, ein Verhältnis zu verbergen, das bloß sie selbst etwas anging. Aber da war natürlich Thomas. Er war rasend eifersüchtig auf Mary. Er machte viele heftige Szenen und zum Schluß einer gar nicht weit zurückliegenden stürmischen Periode hatte er seiner Frau sogar das Versprechen abgerungen, Manson nicht mehr zu sehen. Natürlich brach sie das Versprechen, und obschon sie wußte, daß Tom dies ahnte, war sie dennoch bemüht, es vor ihm zu verbergen.

Es war schlimm für Thomas. Er und Mary wären vielleicht ganz gut miteinander ausgekommen, und sie hätte sich am Ende damit abgefunden, daß er ein zweitrangiger Mensch war, wenn der Verkehr mit Manson ihr Urteil nicht verbittert hätte: der Kontrast zwischen der Mittelmäßigkeit ihres Mannes und den glänzenden Eigenschaften ihres Liebhabers war allzu schmerzhaft.

»Mit Tom fühle ich mich wie in einem geschlossenen, muffigen Zimmer, voll von staubigem Krimskrams«, sagte sie zu mir. »Mit Gerard atme ich die reine Luft der Berggipfel.«

»Ist es denn möglich, daß eine Frau sich in den Geist eines Mannes verliebt?« fragte ich aus rein sachlichem Interesse.

»Was wäre denn sonst an Gerard?«

Das war eine schwierige Frage. Ich, für mein Teil, hätte gesagt: nichts; aber was weiß man denn von der Liebe? Es war durchaus denkbar, daß Mary in Gerard Manson Vorzüge und physische Reize entdeckte, für die die übrigen Menschen blind waren. Er war ein kleiner, verschrumpfter Mann mit einem blassen, intellektuellen Gesicht, erloschenen blauen Augen hinter Brillengläsern und einem hochgewölbten, glänzenden, kahlen Schädel. Er hatte äußerlich nichts von einem romantischen Liebhaber. Andererseits war er zweifellos ein sehr feiner Kritiker und ein glücklicher Essayist. Ich nahm ihm ein wenig die verächtliche Haltung übel, die er englischen Schriftstellern gegenüber an den Tag legte, sobald sie nicht tot und begraben waren. Aber gerade dies hob sein Ansehen bei einem gewissen Kreis von Intellektuellen, die stets bereit sind zu glauben, das eigene Land könnte nichts Gutes hervorbringen; und unter ihnen war sein Einfluß groß. Einmal hatte ich zu ihm geäußert, man müsse eine Banalität bloß auf französisch sagen, damit sie von ihm als geistreiches Epigramm aufgefaßt werde. Diese Bemerkung gefiel ihm so gut, daß er sie bald darauf in einem Aufsatz als eigenes Geistesprodukt wiedergab. Er behielt sich das Lob, das er zeitgenössischen Autoren zu spenden geneigt war, für diejenigen vor, die in einer fremden Sprache schrieben. Ärgerlich war bloß, daß niemand leugnen konnte, daß er selbst ein brillanter Schriftsteller war. Sein Stil war erlesen. Sein Wissen umfassend. Es gelang ihm, tief zu sein und doch nicht pathetisch, amüsant und doch nicht frivol, geschliffen und doch nicht affektiert. Der kleinste Artikel, den er schrieb, war lesbar. Seine Aufsätze waren kleine Meisterwerke. Ich, für meine Person, fand nicht, daß er ein sehr angenehmer Gesellschafter war. Vielleicht war ich nicht imstande, das Beste aus ihm herauszuholen. Obschon ich ihn seit vielen Jahren kannte, hatte ich nie eine amüsante Bemerkung von ihm gehört. Er war nicht gesprächig, und wenn er etwas sagte, so klang es orakelhaft. Die Aussicht, einen Abend mit ihm allein verbringen zu müssen, hätte mich mit Verzweiflung erfüllt. Es war mir rätselhaft, daß dieser langweilige und manierierte kleine Mensch mit so viel Anmut, Witz und Laune schreiben konnte.

Und es war mir noch rätselhafter, daß ein prächtiges, lebensvolles Wesen wie Mary Warton eine so verzehrende Leidenschaft für ihn gefaßt hatte. Diese Dinge sind unerklärlich, und es war offenbar etwas an diesem wunderlichen, sauertöpfischen, cholerischen Menschen, das den Frauen gefiel. Seine eigene Frau betete ihn an. Sie war eine dicke, ungepflegte, langweilige Person, und Gerard hatte ein Hundeleben mit ihr geführt. Aber sie hatte sich immer geweigert, ihn freizugeben. Sie hatte geschworen, sich zu töten, wenn er sie verließe, und da sie haltlos und hysterisch war, wußte er nie genau, ob sie ihre Drohung nicht wahrmachen würde. Einmal, als ich bei Mary zum Tee eingeladen war, fand ich sie nervös und zerstreut, und als ich sie nach der Ursache fragte, brach sie in Tränen aus. Sie hatte mit Manson zu Mittag gegessen und ihn völlig verstört gefunden nach einer furchtbaren Szene mit seiner Frau.

»So kann es nicht weitergehen«, rief Mary. »Es richtet ihn zugrunde. Es richtet uns alle zugrunde.«

»Warum ändern Sie es nicht?«

»Wie meinen Sie das?«

»Sie lieben einander schon so lange; Sie kennen einander von der guten und von der schlechten Seite; Sie werden alt und haben nicht mehr allzu viele Jahre vor sich; ist es nicht schade, eine Liebe zu opfern, die so vieles überdauert hat? Was nützen Sie Mrs. Manson oder Ihrem Mann? Werden die beiden glücklich, weil Sie und Gerard sich unglücklich machen?«

»Nein.«

»Warum also werfen Sie nicht einfach alles hin und gehen miteinander auf und davon?«

Mary schüttelte den Kopf.

»Wir haben endlos darüber gesprochen. Ein Vierteljahrhundert haben wir darüber gesprochen. Es ist unmöglich. Viele Jahre konnte Gerard nicht fort wegen seiner Töchter. Mrs. Manson mag eine sehr verliebte Mutter gewesen sein, aber eine gute Mutter war sie nicht. Es kümmerte sich niemand um die Erziehung der Mädchen außer Gerard. Und nun, da sie verheiratet sind, binden ihn seine Gewohnheiten. Was sollten wir tun? Nach Frankreich oder Italien gehen? Ich könnte Gerard nicht aus seiner Umgebung losreißen. Er wäre unglücklich. Er ist zu alt, um neu anzufangen. Und Thomas: wenn er mich auch peinigt und mir Szenen macht und wenn wir auch streiten und einander auf die Nerven fallen – er liebt mich. Ich hätte einfach nicht das Herz, ihn zu verlassen. Er wäre verloren ohne mich.«

»Es ist eine Situation ohne Ausweg. Sie tun mir furchtbar leid.«

Plötzlich leuchtete in Marys hagerem, wettergegerbtem Gesicht ein Lächeln auf, das auf ihrem großen roten Mund aufblühte, und bei Gott, in diesem Augenblick war sie schön.

»Ich brauche Ihnen nicht leid zu tun. Ich war sehr verzweifelt heute, aber dann habe ich mich ordentlich ausgeweint, und jetzt geht es mir besser. Trotz allem Kummer, trotz allen Schmerzen, die dieses Verhältnis mir gebracht hat, möchte ich es um nichts in der Welt missen. Für die wenigen Augenblicke der Seligkeit, die mir meine Liebe beschert hat, wäre ich bereit, mein ganzes Leben noch einmal zu leben. Und Gerard, glaube ich, würde Ihnen das gleiche sagen.«

Ich war erschüttert.

»Bestimmt würde er das«, antwortete ich. »Es ist wirkliche Liebe gewesen.«

»Ja, es war Liebe, und wir mußten sehen, wir wir damit fertig wurden. Es gab keinen Ausweg.«

Und nun, mit einem Male, war der Ausweg da. Ich wandte den Kopf, um Mary anzusehen, und sie fühlte meinen Blick und wandte sich mir ebenfalls zu. Auf ihren Lippen lag ein Lächeln.

»Warum sind Sie heute abend hierhergekommen? Es muß schrecklich für Sie sein.«

Sie zuckte die Achseln.

»Was konnte ich tun? Ich las die Nachricht, als ich mich ankleidete. Er hatte mich gebeten, nicht im Sanatorium anzurufen wegen seiner Frau. Es ist entsetzlich für mich. Wir hatten die Einladung schon vor einem Monat angenommen. Was hätte ich Tom sagen sollen? Für ihn habe ich Gerard seit zwei Jahren nicht mehr gesehen. Wissen Sie, daß wir uns zwanzig Jahre lang jeden Tag geschrieben haben?« Ihre Unterlippe zitterte, aber sie preßte die Zähne aufeinander, und einen Augenblick verzerrte sich ihr Gesicht zu einer sonderbaren Grimasse, dann riß sie sich mit einem Lächeln zusammen. »Er war alles, was ich auf der Welt besaß, aber ich konnte doch meinen Gastgeber nicht im Stich lassen. Er sagte immer, ich hätte gesellschaftliche Haltung.«

»Zum Glück werden wir bald aufbrechen, und Sie können nach Hause gehen.«

»Ich will nicht nach Hause gehen. Ich will nicht allein sein. Ich wage es nicht; sonst bekomme ich rote, geschwollene Augen, und wir haben morgen eine Menge Leute zum Mittagessen.

Wollen Sie nicht auch kommen? Ich brauche noch einen Mann. Ich muß in guter Form sein. Tom hofft einen Porträtauftrag dabei herauszuschlagen.«

»Bei Gott, Sie haben Courage.«

»Finden Sie? Mein Herz ist zerbrochen. Das macht es mir vielleicht leichter. Gerard hätte gewünscht, daß ich Haltung bewahre. Die Ironie der Situation hätte ihm zugesagt. ›Solche Dinge‹, pflegte er immer zu sagen, ›verstehen die französischen Romanschriftsteller so meisterhaft zu schildern.‹«

Der Kirchendiener

In St. Peter, Neville Square, hatte am Nachmittag eine Taufe stattgefunden, und Albert Edward Foreman, der Kirchendiener, hatte immer noch seinen Talar an. Er sparte sich seinen neuen, mit den vollen, steifen Falten, als wäre er nicht aus Alpaka, sondern aus Bronze, für Begräbnisse und Hochzeiten auf (St. Peter, Neville Square, war eine für derartige Zeremonien von der vornehmen Welt bevorzugte Kirche) und trug heute bloß seinen zweitbesten. Er liebte es, den Talar zu tragen, denn er stellte das würdige Symbol seines Amtes dar, und hatte er ihn nicht an (wenn er nach Hause ging, zum Beispiel), so konnte er das unbehagliche Gefühl nicht loswerden, ungenügend bekleidet zu sein. Er schonte ihn; er putzte und bügelte ihn selbst. Während der sechzehn Jahre, die er nun schon Kirchendiener war, hatte er eine ganze Reihe solcher Talare besessen, aber er war nie imstande gewesen, sie, wenn sie abgetragen waren, wegzuwerfen, und die komplette Serie lag, säuberlich in braunes Packpapier eingewickelt, in der untersten Lade seiner Schlafzimmerkommode.

Der Kirchendiener erledigte still seine Obliegenheiten, deckte den bemalten Holzdeckel auf das marmorne Taufbecken, trug einen Stuhl fort, der für eine kränkliche alte Dame herbeigeschafft worden war, und wartete, bis der Vikar die Sakristei verlassen würde, damit er dort aufräumen und sodann nach Hause gehen konnte. Mit einemmal erschien der Vikar in der Kirche, beugte das Knie vor dem Hochaltar und kam durch das Mittelschiff geschritten; aber auch er hatte seinen Talar noch nicht abgelegt.

›Was hat er hier noch zu suchen?‹ fragte sich der Kirchendiener. ›Weiß er nicht, daß ich meinen Tee haben möchte?‹

Der Vikar bekleidete seine Stellung erst seit kurzer Zeit. Er war ein energischer Mann mit rotem Gesicht, in den frühen Vierzigern, und Albert Edward trauerte immer noch seinem Vorgänger nach, einem Geistlichen der alten Schule, der mit silberner Stimme unproblematische Predigten gehalten und häufig mit den aristokratischen Mitgliedern seiner Gemeinde diniert hatte. Er hielt darauf, daß in der Kirche Ordnung herrschte, aber er schikanierte nicht; er war nicht wie dieser Neue, der überall seine Nase hineinstecken mußte. Aber Albert Edward war tolerant. St. Peter lag in einer sehr guten Gegend, und die Gemeindemitglieder gehörten fast durchwegs den höheren Gesellschaftsschichten an. Der neue Vikar hingegen kam aus dem East End, und es war nicht von ihm zu erwarten, daß er sich von einem Tag auf den andern in die diskreten Formen seiner vornehmen Pfarrkinder hineinfand.

»Diese Betriebsamkeit!« sagte Albert Edward. »Aber mit der Zeit wird er schon lernen.«

Als der Vikar so weit herangekommen war, daß er den Kirchendiener ansprechen konnte, ohne die Stimme lauter erheben zu müssen, als es sich an einem Ort der Andacht schickte, blieb er stehen.

»Foreman, darf ich Sie bitten, einen Augenblick in die Sakristei zu kommen? Ich habe Ihnen etwas zu sagen.«

»Sehr wohl, Sir.«

Der Vikar wartete auf ihn, und sie gingen miteinander durch die Kirche.

»Eine sehr hübsche Taufe war das heute, Sir. Komisch, wie das Kind zu schreien aufhörte, sobald Sie es auf den Arm nahmen.«

»So geht es mir oft«, antwortete der Vikar. »Aber ich habe ja schließlich Erfahrung auf diesem Gebiet.«

Es war eine Quelle heimlichen Stolzes für ihn, daß es ihm fast immer gelang, ein weinendes Kind durch die Art, wie er es hielt, zu beruhigen, und die Bewunderung, mit der Mütter und Kinderpflegerinnen ihm dabei zusahen, blieb ihm keineswegs verborgen. Der Kirchendiener wußte, daß es ihm Freude machte, ein Kompliment über diese Begabung zu hören.

Der Vikar ging Albert Edward in die Sakristei voran. Albert Edward war ein wenig überrascht, die beiden Kirchenvorsteher dort anzutreffen. Er hatte sie nicht hereinkommen sehen. Sie nickten ihm freundlich zu.

»Guten Tag, Mylord. Guten Tag, Sir«, sagte er nacheinander.

Sie waren beide ältere Männer und bekleideten ihre Ämter als Kirchenvorsteher fast schon so lange wie Albert Edward das seine. Sie saßen nun um einen schönen Refektoriumstisch, den der alte Vikar vor vielen Jahren aus Italien mitgebracht hatte, und der Vikar setzte sich auf den leeren Stuhl zwischen ihnen.

Albert Edward stand ihnen gegenüber und fragte sich mit leisem Unbehagen, was wohl los sei. Er erinnerte sich noch daran, wie der Organist in Schwierigkeiten geraten war und was für Mühe es gekostet hatte, die Affäre zu vertuschen. Denn eine Kirche wie St. Peter, Neville Square, durfte sich keinen Skandal gestatten. Auf dem roten Gesicht des Vikars lag ein Ausdruck entschlossenen Wohlwollens, aber die andern blickten etwas bekümmert drein.

›Er hat sie bearbeitet‹, sagte der Kirchendiener zu sich selbst. ›Er hat sie überredet, irgend etwas zu tun, aber sie fühlen sich nicht wohl dabei. Das ist es. Da möchte ich Gift drauf nehmen.‹

Aber auf Albert Edwards klargeschnittenen, distinguierten Zügen wurden diese Gedanken nicht sichtbar. Er stand in respektvoller, aber nicht unterwürfiger Haltung da. Er war, ehe sich ihm die Stellung in der Kirche geboten hatte, Diener gewesen, aber bloß in sehr guten Häusern, und sein Benehmen war tadellos. Er hatte als Page im Haushalt eines großen Handelsherrn begonnen, war dann allmählich von der Stellung eines vierten bis zu der eines ersten Dieners aufgerückt, hatte ein Jahr als Kammerdiener bei der Witwe eines Pairs* und schließlich als Butler mit zwei Dienern unter sich im Hause eines pensionierten Gesandten gedient. Er war groß, mager, ernst und würdevoll. Er sah, wenn schon nicht wie ein Herzog, so doch mindestens wie ein Schauspieler der alten Schule aus, der sich auf Herzog spezialisierte. Er hatte Takt, Festigkeit, Selbstbewußtsein. Sein Charakter war unantastbar.

Der Vikar begann munter.

»Foreman, wir haben Ihnen etwas ziemlich Unangenehmes zu sagen. Sie sind seit vielen Jahren hier, und ich glaube, Seine Lordschaft und der Herr General sind sich mit mir darin einig, daß Sie die Pflichten Ihres Amtes stets zur allgemeinen Zufriedenheit erfüllt haben.«

Die beiden Kirchenvorsteher nickten.

»Aber vor ein paar Tagen ist mir ein merkwürdiger Umstand zur Kenntnis gekommen. Ich entdeckte zu meinem Erstaunen, daß Sie weder lesen noch schreiben können.«

Das Gesicht des Kirchendieners verriet keine Spur von Verlegenheit.

* Mitglied des Oberhauses

»Der letzte Vikar wußte das, Sir«, antwortete er. »Er meinte, es habe nichts zu sagen. Er fand immer, es gäbe viel zuviel Bildung auf der Welt für seinen Geschmack.«

»Das ist das Unglaublichste, was mir je vorgekommen ist«, rief der General. »Stimmt es tatsächlich, daß Sie sechzehn Jahre Kirchendiener gewesen sind und niemals lesen und schreiben gelernt haben?«

»Ich trat mit zwölf Jahren meinen ersten Dienst an, Sir. Die Köchin in jenem Hause versuchte, es mir beizubringen, aber ich scheine kein Talent dafür zu haben, und dann hatte ich eigentlich nie so recht Zeit. Es hat mir aber nie wirklich gefehlt. So viele Leute vertrödeln ihre kostbare Zeit mit Lesen, wenn es hundert nützlichere Dinge zu tun gäbe.«

»Aber haben Sie nie das Bedürfnis, die Zeitung zu lesen? Wollen Sie nie einen Brief schreiben?«

»Nein, Mylord, es geht auch so. Und in den letzten Jahren, seitdem es so viele Bilder in den Zeitungen gibt, kann ich mir ganz gut zusammenreimen, was vorgeht. Meine Frau ist sehr gebildet, und wenn ich einen Brief zu schreiben habe, schreibt sie ihn für mich.«

Die beiden Kirchenvorsteher warfen dem Vikar bekümmerte Blicke zu und schauten dann auf den Tisch hinunter.

»Nun, Foreman, ich habe die Sache mit den Herren besprochen, und wir sind uns völlig einig, daß es so nicht weitergehen kann. In einer Kirche wie St. Peter, Neville Square, können wir nicht einen Kirchendiener beschäftigen, der des Lesens und Schreibens nicht mächtig ist.«

Albert Edwards schmales, farbloses Gesicht rötete sich, und er trat verlegen von einem Fuß auf den andern; aber er gab keine Antwort.

»Verstehen Sie mich richtig, Foreman, ich habe keine Klage gegen Sie zu führen. Sie arbeiten sehr brav; ich habe die höchste Meinung von Ihrem Charakter und Ihren Fähigkeiten. Aber wir können nicht riskieren, daß Ihre beklagenswerte Unkenntnis unliebsame Situationen heraufbeschwört. Es handelt sich hier um eine Frage der Vorsicht und des Prinzips.«

»Könnten Sie es denn nicht lernen, Foreman?« fragte der General.

»Nein, Sir, ich fürchte, nein. Es ist zu spät. Man wird nicht jünger, und wenn es mir schon als Knirps nicht gelungen ist, die Buchstaben in meinen Kopf hineinzukriegen, so habe ich jetzt noch viel weniger Aussicht.«

»Wir wollen nicht hart gegen Sie sein, Foreman«, sagte der Vikar. »Aber die Herren Kirchenvorsteher und ich haben einen festen Entschluß gefaßt. Wir wollen Ihnen drei Monate Zeit lassen. Wenn Sie nach Ablauf dieser Frist nicht lesen und schreiben gelernt haben, wird leider nichts anderes übrigbleiben, als daß Sie gehen.«

Albert Edward hatte den neuen Vikar nie gemocht. Er hatte von allem Anfang an gefunden, daß es ein Fehlgriff gewesen war, ihm gerade St. Peter zuzuweisen. Er war nicht der Mann für eine vornehme Gemeinde. Und nun straffte er den Rücken. Er kannte seinen Wert und würde sich nicht demütigen lassen.

»Ich bedaure, Sir, aber es hat keinen Zweck. Ich bin zu alt, um neue Kunststücke zu lernen. Ich habe so viele Jahre gelebt, ohne lesen und schreiben zu können, und ohne mich rühmen zu wollen – Eigenlob liegt mir fern – kann ich doch sagen, daß ich stets meine Pflicht erfüllt habe, an dem Platz, an den es Gott gefallen hat, mich zu stellen. Und selbst wenn ich es heute noch lernen könnte – ich weiß nicht, ob ich es tun würde.«

»Wenn es sich so verhält, Foreman, werden Sie leider gehen müssen.«

»Jawohl, Sir, selbstverständlich. Ich werde glücklich sein, zurückzutreten, sobald Sie einen Ersatz für mich gefunden haben.«

Aber als Albert Edward mit seiner gewohnten Höflichkeit die Kirchentür hinter dem Vikar und den beiden Kirchenvorstehern geschlossen hatte, konnte er den Schein von Würde, mit dem er den Schlag hingenommen hatte, nicht länger aufrechterhalten, und seine Lippen zitterten. Er ging langsam in die Sakristei zurück und hängte seinen Talar an den dafür bestimmten Haken. Er seufzte, als er an all die großartigen Begräbnisse und smarten Hochzeiten dachte, die er miterlebt hatte. Nachdem alles aufgeräumt war, zog er seinen Rock an, ging durch das Schiff und schloß die Kirchentür hinter sich zu. Er schlenderte über den Vorplatz, aber tief in seinen traurigen Gedanken nahm er nicht den Weg, der ihn nach seiner Behausung führte, wo eine schöne, starke Tasse Tee seiner wartete, sondern bog in eine falsche Straße ein. Er ging langsam. Sein Herz war schwer. Er wußte nicht, was er mit sich anfangen sollte. Der

Gedanke, wieder Diener zu werden, lockte ihn nicht; nachdem er so viele Jahre sein eigener Herr gewesen war – denn der Vikar und die Kirchenvorsteher mochten sagen, was sie wollten – *er* war es gewesen, der St. Peter, Neville Square, geleitet hatte –, konnte er sich kaum so tief sinken lassen, wieder eine Dienerstelle anzunehmen. Er hatte sich eine hübsche Summe erspart, aber nicht genug, um, ohne etwas zu tun, davon zu leben, und das Leben wurde mit jedem Jahr teurer. Er hätte es nie für möglich gehalten, daß noch einmal derartige Fragen für ihn auftauchen könnten. Die Kirchendiener von St. Peter blieben, wie die Päpste von Rom, lebenslänglich in ihrem Amt. Oft hatte er sich die freundlichen Worte der Würdigung ausgemalt, die der Vikar ihm in seiner Abendpredigt am ersten Sonntag nach seinem Tode würde zuteil werden lassen, wenn er vor der Gemeinde der langen, treuen Dienste und des vorbildlichen Charakters seines verstorbenen Kirchendieners, Albert Edward Foreman, gedachte. Er seufzte tief. Albert Edward war Nichtraucher und Antialkoholiker, aber mit einer gewissen Weitherzigkeit; das heißt, er trank gerne ein Glas Bier zum Mittagessen und gönnte sich, wenn er müde war, zuweilen eine Zigarette. Es fiel ihm ein, daß es ihn vielleicht auch jetzt trösten könnte, zu rauchen, und er sah sich nach einem Laden um, in dem er ein Paket ›Gold Flakes‹ erstehen konnte. Er fand keinen und ging ein Stückchen weiter. Es war eine lange Straße mit vielerlei Läden, aber kein einziger war darunter, in dem es Zigaretten gab.

»Das ist doch merkwürdig«, murmelte Albert Edward.

Um sich zu vergewissern, ging er noch einmal die Straße hinauf. Nein, es verhielt sich wirklich so. Er blieb stehen und schaute nachdenklich um sich.

»Ich kann nicht der einzige Mann sein«, sagte er, »der diese Straße hinaufgeht und eine Zigarette haben möchte. Es müßte doch ein ganz gutes Geschäft sein, hier einen kleinen Laden aufzumachen. Tabak und Süßigkeiten vielleicht.«

Er schlug sich mit der Hand an den Kopf.

»Das ist eine Idee!« rief er aus. »Komisch, wie einem so etwas einfällt, wenn man es am wenigsten erwartet.«

Er drehte sich um, ging nach Hause und trank seinen Tee.

»Du bist so still heute, Albert«, bemerkte seine Frau.

»Ich denke nach«, sagte er.

Er überlegte sich die Sache von allen Seiten, und am nächsten Tage ging er wieder durch die Straße und hatte das Glück, einen kleinen Laden zu finden, der seinen Vorstellungen genau entsprach. Vierundzwanzig Stunden später hatte er ihn gemietet, und als er einen Monat darauf St. Peter, Neville Square, für immer verließ, etablierte sich Albert Edward Foreman als Tabak- und Zeitungshändler. Seine Frau meinte, es wäre ein furchtbarer Abstieg, nachdem man Kirchendiener in St. Peter gewesen, aber er antwortete, man müßte mit der Zeit gehen, die Kirche sei nicht mehr, was sie gewesen, und von nun an wollte er es so halten, daß er dem Kaiser gebe, was des Kaisers sei. Albert Edward hatte sehr viel Erfolg. Er machte so gute Geschäfte, daß ihm nach einem Jahr einfiel, man könnte noch einen zweiten Laden dazunehmen und einen Verwalter hineinsetzen.

Er suchte wieder nach einer langen Straße, in der es noch kein Tabakgeschäft gab, und als er sie gefunden hatte, mietete er einen Laden und richtete ihn ein. Auch mit diesem hatte er Glück. Dann überlegte er, daß man ebensogut ein halbes Dutzend Läden einrichten könnte, und so fing er an, London zu durchstreifen, und wo er eine lange Straße fand, in der es keinen Tabakhändler und einen Laden zu vermieten gab, errichtete er ein Geschäft. Im Laufe von zehn Jahren hatte er nicht weniger als zehn Läden und schaufelte Geld mit Scheffeln. Jeden Montag machte er die Runde und holte überall die Wocheneinnahmen ab, um sie dann auf die Bank zu tragen.

Eines Morgens nun, als er am Schalter erschien, um ein Bündel Banknoten und einen schweren Sack Silber einzuzahlen, teilte ihm der Kassierer mit, daß der Direktor ihn zu sprechen wünsche. Er wurde in ein Büro geführt, und der Direktor schüttelte ihm die Hand.

»Mr. Foreman, ich wollte mit Ihnen über das Geld sprechen, das Sie bei uns liegen haben. Wissen Sie genau, wieviel es ist?«

»Nicht auf ein Pfund genau, Sir, aber ungefähr weiß ich es schon.«

»Nun, Ihre heutige Einzahlung nicht eingerechnet, sind es etwas über dreißigtausend Pfund. Das ist eine sehr hohe Summe für eine Bankeinlage, und ich dächte, es wäre vorteilhaft für Sie, wenn Sie es in Papieren anlegen würden.«

»Ich möchte kein Risiko eingehen. In der Bank liegt es sicher.«

»Sie brauchen nicht die geringste Sorge zu haben. Wir werden Ihnen eine Liste vollkommen sicherer Investierungsmöglichkeiten herausschreiben. Sie können sich damit einen viel höheren Zinsfuß sichern, als wir Ihnen zu geben imstande sind.«

Ein Ausdruck von Ratlosigkeit malte sich auf Mr. Foremans vornehmem Gesicht. »Ich habe nie etwas mit Aktien oder Papieren zu tun gehabt und müßte die Sache völlig Ihnen überlassen«, sagte er.

Der Direktor lächelte. »Wir werden gerne alles für Sie erledigen. Sie haben nichts weiter zu tun, als die Übertragungen zu unterschreiben.«

»Das könnte ich schon«, meinte Albert unsicher. »Aber wie würde ich wissen, *was* ich unterschreibe?«

»Ich nehme an, daß Sie lesen können«, antwortete der Direktor etwas gereizt.

Mr. Foreman blickte ihn mit einem entwaffnenden Lächeln an. »Das ist es ja, Sir. Ich kann nicht lesen. Ich weiß, daß es Ihnen komisch vorkommen wird, aber es ist so. Ich kann weder lesen noch schreiben, bloß meinen Namen, und das habe ich erst gelernt, als ich Geschäftsmann wurde.«

Der Direktor war dermaßen überrascht, daß er vom Stuhl aufsprang.

»Das ist doch nicht Ihr Ernst?«

»Sehen Sie, ich hatte nie so richtig Gelegenheit, es zu lernen, bis es zu spät war. Und dann wollte ich einfach nicht mehr – es war eine Art Verstocktheit.«

Der Direktor starrte ihn an, als wäre er ein prähistorisches Ungeheuer.

»Sie behaupten also, daß Sie dieses bedeutende Geschäftsunternehmen aufgebaut und ein Vermögen von dreißigtausend Pfund erworben haben, ohne lesen und schreiben zu können? Guter Gott, Mann, was wären Sie heute, wenn Sie auch das noch gekonnt hätten?«

»Das kann ich Ihnen sagen, Sir«, antwortete Mr. Foreman, ein kleines Lächeln auf seinem aristokratischen Gesicht. »Ich wäre heute Kirchendiener von St. Peter, Neville Square.«

In einem fremden Land

Ich bin immer viel gereist. Aber ich bin nicht gereist, um berühmte Denkmäler zu bewundern, die mich sogar etwas langweilen, oder mir schöne Gegenden anzusehen, die mich bald ermüden, sondern um Menschen zu begegnen. Bekannte Persönlichkeiten vermeide ich. Ich würde nicht über die Straße gehen, um einen König oder einen Präsidenten aus der Nähe zu sehen, und einen Autor lerne ich lieber aus seinen Büchern und einen Maler durch seine Bilder kennen. Aber ich habe Hunderte von Meilen zurückgelegt, um einen Missionar aufzusuchen, von dem ich eine merkwürdige Geschichte gehört hatte, und vierzehn Tage in einem elenden Hotel kampiert, um einen Billardmarkeur näher kennenzulernen. Ich kann sagen, daß ich keiner Sorte von Menschen aus dem Wege gehe, bis auf eine, auf die ich fortgesetzt stoße und die in mir jedesmal ein belustigtes Staunen auslöst. Ich meine die alte Engländerin, die meistens mit entsprechenden Mitteln allein lebt und überall in der ganzen Welt zu finden ist, selbst an Orten, wo man sie am wenigsten vermutet. Man wundere sich also nicht, wenn man hört, daß in der Villa auf dem Hügel am Rande einer kleinen italienischen Stadt eine Engländerin wohnt, die einzige, die es weit und breit gibt. Wenn einem eine einsame Hazienda in Andalusien gezeigt wird, muß man beinahe darauf gefaßt sein, daß dort eine alte Engländerin viele Jahre gelebt hat. Mehr ist man schon überrascht zu erfahren, daß der einzige Weiße in einer gottverlassenen Stadt im Inneren Chinas kein Missionar, sondern eine Engländerin ist und da für sich lebt, keiner weiß weshalb. Eine andere haust auf einer Südseeinsel, und eine dritte bewohnt einen Bungalow bei einem größeren Dorf in Zentraljava. Alle diese Frauen führen ein einsames Leben, ohne Anhang und Freunde. Fremde sind ihnen unwillkommen. Auch wenn sie monatelang keinen Landsmann zu Gesicht bekommen haben, sind sie imstande, auf der Straße an einem vorüberzugehen, als hätten sie einen nicht gesehen. Sollte man ihnen auf Grund der Zugehörigkeit zur gleichen Nation einen Besuch machen wollen, so werden sie mit größter Wahrscheinlichkeit ablehnen, einen zu empfangen. Sollte dies wider Erwarten aber doch der Fall sein, gibt es eine Tasse Tee aus einer silbernen Teekanne und schottische Biskuits auf einer Worcester-Schale. Sie werden sich höflich mit dem Gast unterhalten, so, als säßen sie in einem Pfarrhaus in Kent, beim Abschied aber nicht den leisesten Wunsch zu erkennen geben, die Bekanntschaft fortzusetzen. Umsonst fragt man sich, welcher sonderbare Instinkt sie getrieben hat, sich von allen ihren Verwandten und Freunden zurückzuziehen und fern von allen ihren natürlichen Lebensbedingungen in einem fremden Lande zu leben. Was haben sie gesucht, Romantik oder Freiheit?

Von allen Engländerinnen, die ich getroffen oder über die mir berichtet wurde (sie sind, wie gesagt, schwer zugänglich), ist mir eine besonders im Gedächtnis geblieben, eine ältere Person, die in Kleinasien lebte.

Nach einer langweiligen Fahrt war ich in einer kleinen Stadt angekommen, von der aus ich einen berühmten Berg besteigen wollte. An seinem Fuß lag der alte weiträumige Gasthof, in dem ich abstieg. Ich traf spät in der Nacht ein und trug meinen Namen selber in das Gästebuch ein. Ich ging in mein Zimmer, es war kalt, und beim Ausziehen fror ich am ganzen Leibe. Gleich darauf klopfte es an der Tür, und der Dragoman trat ein.

»Mit einer Empfehlung von Signora Nicolini«, sagte er.

Damit überreichte er mir zu meinem größten Erstaunen eine Wärmflasche. Ich nahm sie in dankbarer Rührung.

»Wer ist Signora Nicolini?« fragte ich.

»Die Besitzerin des Hotels«, gab er zur Antwort.

Ich bat ihn, ihr meinen Dank zu übermitteln, und er zog sich zurück. Eine Wärmflasche war das letzte, das ich in einem abgelegenen Gasthaus in Kleinasien erwartet hätte, dessen Besitzerin anscheinend eine alte Italienerin war. (Wäre uns allen nicht noch sterbensübel vom Krieg, würde ich hier die Geschichte erzählen, wie sechs Männer ihr Leben riskierten, um aus einem halbzerstörten Schloß in Flandern eine Wärmflasche herauszuholen.)

Am nächsten Morgen fragte ich nach Signora Nicolini, um mich bei ihr selbst zu bedanken. Während ich auf sie wartete, zerbrach ich mir den Kopf, wie ›Wärmflasche‹ auf Italienisch hieß. Kurze Zeit darauf erschien sie, etwas untersetzt, nicht ohne Würde. Sie trug eine schwarze, spitzenbesetzte Schürze und eine gleichartige Haube auf dem Kopf. Sie hatte die Hände übereinandergelegt. Ich war überrascht. Sie sah genau aus wie eine Haushälterin in einem großen englischen Haus.

»Sie wollten mich sprechen, Sir?«

Sie war Engländerin. Die wenigen Worte genügten, um den leichten Akzent von Cockney mit Sicherheit zu erkennen.

»Ich wollte mich nur für die Wärmflasche bei Ihnen bedanken«, erwiderte ich leicht verwirrt.

»Ich habe aus dem Gästebuch gesehen, daß Sie Engländer sind, und englischen Gästen schicke ich immer eine Wärmflasche aufs Zimmer.«

»Seien Sie versichert, daß ich es sehr zu schätzen wußte.«

»Ich war jahrelang bei dem verstorbenen Lord Ormskirk in Stellung, Sir. Seine Lordschaft ging nie ohne Wärmflasche auf Reisen. Haben Sie sonst noch Wünsche, Sir?«

»Danke. Im Augenblick nicht.«

Sie neigte den Kopf höflich und würdevoll und verschwand, und ich fragte mich, wie um alles in der Welt eine ältere Engländerin dazu gekommen sein mochte, ein Hotel in Kleinasien zu führen. Es war nicht einfach, sie näher kennenzulernen. Sie kannte ihre Stellung, die sie sich selbst zugewiesen hatte, und hielt sich in gebührendem Abstand. Sie war nicht umsonst bei einer Familie des englischen Hochadels in Dienst gewesen. Aber ich war hartnäckig und brachte sie schließlich dazu, mich zum Tee in ihrem kleinen Privatsalon einzuladen. Wie ich erfuhr, war sie Zofe bei einer gewissen Lady Ormskirk gewesen, während Signor Nicolini (sie pflegte ihren verstorbenen Mann nie anders zu nennen) die Stellung eines Kochs bei Seiner Lordschaft innegehabt hatte. Signor Nicolini sei ein schöner Mann gewesen, und eine Reihe von Jahren hätten sie sich ›gut verstanden‹. Als sie beide eine bestimmte Summe gespart hätten, hätten sie geheiratet, den Dienst aufgegeben und sich nach einem Hotel umgesehen. Auf eine Annonce hin hätten sie dieses hier gekauft, weil Signor Nicolini meinte, er würde gern noch etwas von der Welt sehen. Das läge nun schon fast dreißig Jahre zurück, und Signor Nicolini sei vor fünfzehn Jahren gestorben. England habe sie nie wieder gesehen. Ich fragte, ob sie nicht manchmal Heimweh gehabt habe.

»Ich sage nicht, daß ich nicht gern auf einen Besuch hinübergefahren wäre, obwohl ich mir denken kann, daß ich vieles sehr verändert finden würde. Aber meine Familie war gegen die Heirat mit einem Ausländer, und wir stehen in keiner Verbindung mehr. Natürlich ist hier manches anders, als ich es von zu Hause her gewohnt bin. Aber man wundert sich selbst, woran man sich alles gewöhnen kann. Ich sehe hier eine Menge vom Leben. Ich weiß nicht, ob das ewige Einerlei an einem Ort wie London mir noch zusagen würde.«

Ich mußte lächeln. Ihre Worte standen in einem sonderbaren Gegensatz zu ihrem ganzen Wesen. Sie war ein Muster von Anstand und Sitte. Man konnte sich kaum vorstellen, daß sie dreißig Jahre lang in einem unwirtlichen, fast barbarischen Lande zugebracht hatte, ohne davon im geringsten verändert zu werden. Obwohl ich nicht Türkisch konnte – während sie es fast fließend sprach –, war ich überzeugt, daß sie es nicht korrekt, auf jeden Fall aber mit Cockney-Akzent sprach. Sie war allem Anschein nach die pünktliche, korrekte, adrette englische Kammerzofe geblieben, die ihren Platz kannte und sich durch nichts beirren ließ, weil sie sich über nichts wundern konnte. Wie es auch kam, sie nahm alles als selbstverständlich hin. Jeder, der nicht Engländer war, war in ihren Augen ein Fremder und damit zugleich ein Schwachsinniger, mit dem man Nachsicht haben mußte. Sie leitete ihr Hotel mit strenger Hand. Sie wußte, wie ein Bediensteter höheren Ranges seine Autorität gegenüber der unter ihm stehenden Dienerschaft in einem großen Hause zur Geltung bringen mußte. So war auch alles im Hotel sauber und ordentlich.

Als ich ihr diesbezüglich meine Anerkennung aussprach, erwiderte sie: »Ich tue, was ich kann«, wobei sie wie gewöhnlich mit respektvoll übereinandergelegten Händen vor mir stand.

»Natürlich kann man nicht von einem Ausländer erwarten, daß er dieselben Sitten und Gebräuche hat wie wir, aber, wie Seine Lordschaft immer zu mir zu sagen pflegte: ›Was wir in diesem Leben tun müssen, Parker‹ – sagte er zu mir –, ›was wir tun müssen, ist, das Beste aus unserem Rohmaterial zu machen.‹«

Die größte Überraschung bereitete sie mir am Abend vor meiner Abreise.

»Es freut mich, daß Sie nicht abreisen, ohne meine beiden Jungens gesehen zu haben.«

»Ich wußte nicht, daß Sie Söhne haben.«

»Sie hatten auswärts zu tun und sind eben erst zurückgekommen. Ich glaube, Sie werden überrascht sein, wenn Sie sie sehen. Sie sind sozusagen unter meinen Händen aufgewachsen, und wenn ich einmal nicht mehr bin, werden sie das Haus gemeinsam weiterführen.«

Gleich darauf erschienen zwei große, stämmige, braungebrannte Burschen in der Halle mit dunklen, vor Lebenslust blitzenden Augen. Sie stürmten auf Signora Nicolini zu, nahmen sie in die Arme und küßten sie schallend ab.

»Sie sprechen nicht Englisch, aber sie verstehen ein wenig. Natürlich sprechen sie Türkisch wie Einheimische und Griechisch und Italienisch.«

Ich schüttelte beiden die Hände, und dann verschwanden sie, nachdem Signora Nicolini etwas zu ihnen gesagt hatte.

»Zwei prachtvolle Burschen«, sagte ich, »Sie können sehr stolz auf sie sein.«

»Das bin ich auch. Und es sind gute Jungens, alle beide. Von dem Tag ihrer Geburt an haben sie mir nie Kummer gemacht. Sie sind Signor Nicolini wie aus dem Gesicht geschnitten.«

»Man würde offen gesagt nicht auf den Gedanken kommen, daß sie eine Engländerin zur Mutter haben.«

»Genau gesagt bin ich nicht ihre Mutter, Sir. Sie kommen gerade von ihrer wirklichen Mutter. Ich hatte sie hingeschickt, damit sie ihr guten Tag sagen sollten.«

Ich möchte annehmen, daß ich ein etwas verdutztes Gesicht machte.

»Es sind die Söhne von Signor Nicolini und einem griechischen Mädchen, das hier im Hotel arbeitete. Und da ich keine Kinder bekam, habe ich sie adoptiert.«

Ich suchte umsonst nach einer passenden Bemerkung.

»Ich möchte hoffen, Sie nehmen nicht an, daß damit irgendein Vorwurf gegen Signor Nicolini verbunden ist«, setzte sie fort und richtete sich etwas auf. »Ich möchte nicht, daß Sie das denken, Sir.« Sie legte die Hände übereinander und fügte in einem Ton von Würde, Stolz und Befriedigung als letztes hinzu:

»Signor Nicolini war in jeder Beziehung ein ganzer Mann.«

Der Taipan

Daß er ein bedeutender Mann war, wußte niemand besser als er selbst. Er war Nummer Eins in der nicht wenig bedeutenden Filiale der bedeutendsten englischen Firma in China. Er hatte durch seine soliden Fähigkeiten Karriere gemacht, und mit einem nachsichtigen Lächeln sah er zurück auf den unreifen Kontoristen, der vor dreißig Jahren nach China gekommen war. Wenn er sich des bescheidenen Zuhauses erinnerte, aus dem er kam, ein kleines rotes Haus in einer langen Reihe anderer kleiner roter Häuser, in Barnes, einer Vorstadt, die verzweifelt nach Vornehmheit strebte, aber nur eine trübe Melancholie zustande brachte, und es dann verglich mit dem prächtigen steinernen Haus, mit seinen großen Veranden und seinen geräumigen Zimmern, das zugleich Büro der Gesellschaft und sein eigener Wohnsitz war, dann kicherte er befriedigt. Seit damals war er weit gekommen. Er dachte an den Tee, zu dem er sich hingesetzt hatte, wenn er aus der Schule kam – er war auf St. Paul –, zusammen mit Vater und Mutter und seinen zwei Schwestern, eine Scheibe kaltes Fleisch, viel Brot und Butter und viel Milch im Tee, jeder sich selbst bedienend, und dann dachte er an die Art, wie er heute sein Abendbrot aß. Er zog sich immer um, und ob allein oder nicht, er verlangte, daß die drei Boys bei Tisch aufwarteten. Sein Erster Boy wußte genau, was er mochte, und niemals brauchte er sich selbst mit der Last der Haushaltsführung zu befassen; aber er hatte immer ein vollständiges Dinner, mit Suppe und Fisch, Vorspeise, Braten, Süßspeisen und Dessert, so daß, wann immer er im letzten Augenblick jemanden einladen wollte, er es tun konnte. Er liebte sein Essen, und er sah nicht ein, warum er allein weniger gut essen sollte, als wenn er einen Gast hatte.

Er hatte es in der Tat weit gebracht. Und aus diesem Grunde legte er jetzt keinen Wert darauf, nach Hause zu gehen; zehn Jahre war er jetzt nicht in England gewesen, und er verbrachte seinen Urlaub in Japan oder Vancouver, wo er sicher sein konnte, alte Freunde von den chinesischen Gestaden zu treffen. Zu Hause kannte er niemand. Seine Schwestern hatten ihrem Stand gemäß geheiratet, ihre Männer waren Angestellte, und ihre

Söhne waren auch Angestellte, nichts verband ihn mit ihnen, sie langweilten ihn. Er erfüllte die Forderungen der Verwandtschaft, indem er ihnen alle Weihnacht ein Stück kostbare Seide, eine wertvolle Stickerei oder eine Büchse Tee schickte. Er war kein Geizkragen, und solange seine Mutter lebte, hatte er ihr eine feste Summe ausgesetzt. Aber wenn es dann Zeit für ihn sein würde, sich zur Ruhe zu setzen, hatte er gar keine Neigung, nach England zurückzukehren, er hatte zu viele Männer gesehen, die das taten, und er wußte, daß es oft genug ein Fiasko war; vielmehr beabsichtigte er, sich in Schanghai in der Nähe des Rennplatzes ein Haus zu nehmen: mit Bridge, seinen Ponys und mit Hilfe des Golfspiels erwartete er, den Rest seines Lebens recht angenehm zu verbringen. Aber er hatte noch eine hübsche Anzahl Jahre vor sich, bevor er daran denken mußte, sich zurückzuziehen. In fünf oder sechs Jahren würde Higgins nach England zurückkehren, und dann würde er das Hauptbüro in Schanghai übernehmen. In der Zwischenzeit war er ganz glücklich da, wo er war; er konnte Geld auf die Seite legen, was man in Schanghai nicht konnte, und hatte eine schöne Zeit noch obendrein. Und dieser Ort hatte Schanghai gegenüber noch einen anderen Vorteil: er war der prominenteste Mann der Gemeinde, und was er sagte, geschah. Sogar der Konsul legte Wert darauf, bei ihm einen Stein im Brett zu haben. Einmal hatten ein Konsul und er sich in den Haaren gelegen, und nicht er hatte den kürzeren gezogen. Der Taipan schob kampfeslustig das Kinn vor, als er dieses Vorfalls gedachte.

Aber er lächelte, denn er war in ausgezeichneter Laune. Er war dabei, zu seinem Büro zurückzugehen, nachdem er in der Hongkong-und-Schanghai-Bank bei einem vortrefflichen Essen gewesen war. Sie traktierten einen dort glänzend. Das Essen war erstklassig, und es gab eine Menge zu trinken. Er hatte mit ein paar Cocktails begonnen, dann kam ein vorzüglicher Sauterne, und mit zwei Glas Port und einem guten alten Cognac hatte er aufgehört. Er fühlte sich wohl. Und als er dann ging, tat er etwas, was bei ihm selten war: er ging zu Fuß. Seine Träger mit der Sänfte blieben ein paar Schritte hinter ihm für den Fall, daß er doch noch die Sänfte besteigen wollte, aber es machte ihm Spaß, sich die Beine zu vertreten. Er hatte zur Zeit nicht genug Bewegung. Da er jetzt zu schwer war zum Reiten, war es ein bißchen schwierig, sich Bewegung zu verschaffen.

Aber wenn er auch zu schwer zum Reiten war, so konnte er sich doch immer noch Ponys halten, und wie er so in der milden Luft dahinschlenderte, dachte er an das Treffen im Frühling. Er hatte zwei Neulinge, auf die er Hoffnungen setzte, und ein Bursche in seinem Büro hatte sich als guter Jockei entpuppt (er mußte achtgeben, daß sie ihm den nicht entführten, der alte Higgins in Schanghai würde eine ganzen Topf Geld dafür geben, ihn dorthin zu bekommen), und er sollte wohl zwei oder drei Rennen gewinnen können. Er schmeichelte sich, daß er den besten Stall in der Stadt hatte. Er plusterte seine breite Brust wie ein Täuberich. Es war ein herrlicher Tag, und es war gut, am Leben zu sein.

Als er zum Friedhof kam, unterbrach er seinen Weg. Da lag er, sauber und ordentlich, ein sichtbares Zeichen für die Wohlhabenheit der Gemeinde. Er ging niemals ohne einen kleinen Funken Stolz an diesem Friedhof vorüber. Er war froh, ein Engländer zu sein. Denn der Friedhof lag auf einer Stelle, die wertlos war, als man sie ausgewählt hatte, aber mit dem zunehmenden Reichtum der Stadt war sie heute eine Menge Geld wert. Es war vorgeschlagen worden, die Gräber auf einen anderen Platz zu verlegen und dieses Land als Bauland zu verkaufen, aber die Gemeinde war dagegen gewesen. Es schenkte dem Taipan ein Gefühl der Befriedigung, wenn er daran dachte, daß die Toten auf dem teuersten Platz der Insel ruhten. Es zeigte, daß es Dinge gab, auf die man mehr Wert legte als auf Geld. Zum Teufel mit dem Geld! Wenn die Dinge zur Sprache kamen, die ›wirklich zählten‹, eine bevorzugte Redewendung des Taipans, nun, dann erinnerte man sich, daß Geld nicht alles war.

Und jetzt gedachte er einen Spaziergang über den Friedhof zu machen. Er betrachtete die Gräber. Sie waren sauber gepflegt, und die Fußwege waren frei von Unkraut. Es war ein Bild des Wohlstandes. Und wie er so dahinschlenderte, las er die Namen auf den Grabsteinen. Hier lagen drei nebeneinander: der Kapitän, der Erste und der Zweite Maat der ›Mary Baxter‹, die zusammen im Taifun von 1908 untergegangen waren. Er erinnerte sich gut daran. Da war eine kleine Gruppe, zwei Missionare mit ihren Frauen und Kindern, die während des Boxeraufstandes umgebracht worden waren. Eine widerliche Geschichte! Nicht daß er sich viel aus Missionaren gemacht hätte, aber, zum Teufel, man konnte den verdammten Chinesen doch nicht erlauben, sie umzubringen! Dann kam er zu einem Kreuz mit einem Namen, den er kannte. Ein guter Kerl, dieser Edward Mulock, aber er konnte den Schnaps nicht vertragen, trank sich zu Tode, armer Teufel, mit fünfundzwanzig. Der Taipan kannte viele, denen es ebenso gegangen war; da waren noch einige andere zierliche Kreuze, auf denen der Name eines Mannes stand und das Alter, fünfundzwanzig, sechsundzwanzig oder siebenundzwanzig; es war immer die gleiche Geschichte: sie waren nach China gekommen; sie hatten niemals zuvor so viel Geld gesehen, sie waren umgängliche Burschen, und sie wollten mit den andern trinken, sie konnten es nicht aushalten, und jetzt lagen sie da auf dem Friedhof. Man brauchte einen harten Schädel und eine kräftige Konstitution, um Drink auf Drink an den chinesischen Gestaden zu trinken. Natürlich war es sehr traurig, aber der Taipan mußte beinahe lächeln, wenn er daran dachte, wie viele von diesen jungen Burschen er unter die Erde getrunken hatte. Und hier war ein Tod, der ihm nützlich gewesen war: ein Bursche aus seiner eigenen Firma, älter als er und ein kluger Kopf dazu, wenn dieser Bursche am Leben geblieben wäre, dann wäre er vielleicht jetzt nicht Taipan. Sicherlich, die Wege des Schicksals sind unerforschlich. Ach ja, und hier ruhte die kleine Mrs. Turner, Violet Turner, sie war ein hübsches kleines Ding gewesen, es war eine große Sache gewesen zwischen ihnen; er war verdammt fertig gewesen, als sie starb. Er sah auf dem Grabstein nach ihrem Alter. Sie wäre kein Hühnchen mehr, wenn sie noch lebte. Und während er all dieser Toten gedachte, erfüllte ihn Befriedigung. Er hatte sie alle geschlagen. Sie waren tot, und er lebte, und, bei Georg, er hatte über sie triumphiert. In einem einzigen Bild versammelten seine Augen all diese Grabreihen, und er lächelte verächtlich. Fast rieb er sich die Hände.

»Niemand hat jemals geglaubt, daß ich ein Dummkopf wäre«, murmelte er.

Er fühlte eine gutmütige Verachtung für die schnatternden Toten. Dann, als er weiterschlenderte, stieß er plötzlich auf zwei Kulis, die ein Grab aushoben. Er war erstaunt, denn er hatte nicht gehört, daß jemand aus der Gemeinde gestorben war.

»Für wen zum Teufel ist das?« sagte er laut.

Die Kulis blickten nicht einmal zu ihm auf; sie fuhren mit ihrer Arbeit fort, standen im Grab, tief schon, und schaufelten schwere Erdklumpen heraus. Obgleich er so lange in China war, konnte er nicht Chinesisch, zu seiner Zeit hielt man es nicht für nötig, diese verdammte Sprache zu lernen, und er fragte die Kulis auf englisch, wessen Grab sie da gruben. Sie verstanden nicht. Sie antworteten ihm chinesisch, und er verwünschte sie als unwissende Dummköpfe. Er wußte, daß Mrs. Brooms Kind krank war, und es mochte gestorben sein, aber sicherlich hätte er davon gehört, und außerdem war es kein Kindergrab, es war das für einen erwachsenen Menschen, und einen großen Menschen dazu. Es war zu dumm. Er wünschte, er wäre nicht auf diesen Friedhof gegangen, er eilte davon und bestieg seine Sänfte. Seine gute Laune war jetzt verflogen, und auf seinem Gesicht lag eine mürrische Finsternis. Sobald er wieder in seinem Büro war, rief er nach seiner Nummer Zwei:

»Peters, wer ist gestorben, wissen Sie es?«

Aber Peters wußte nichts. Der Taipan war verwirrt. Er rief einen der eingeborenen Schreiber und schickte ihn zum Friedhof, um die Kulis zu fragen. Er begann seine Briefe zu unterschreiben. Der Schreiber kam zurück und berichtete, die Kulis seien fort, und es sei niemand mehr dort, den er habe fragen können. Der Taipan fühlte sich auf eine unbestimmte Art beunruhigt: er mochte es nicht, wenn Dinge geschahen, von denen er nichts wußte. Sein eigener Boy würde Bescheid wissen, sein Boy wußte immer alles, und er schickte nach ihm. Aber der Boy hatte von keinem Todesfall in der Gemeinde gehört.

»Ich weiß, daß niemand gestorben ist«, sagte der Taipan gereizt, »aber für wen ist dann das Grab?«

Er trug dem Boy auf, zum Friedhofsaufseher zu gehen und herauszubekommen, warum zum Teufel er ein Grab hatte ausheben lassen, wenn niemand gestorben war.

»Bring mir einen Whisky-Soda, bevor du gehst«, fügte er hinzu, als der Boy das Zimmer verlassen wollte.

Er konnte nicht sagen, warum der Anblick des Grabes ihm Unbehagen verursachte. Aber er versuchte, ihn aus seinem Kopf zu verscheuchen. Als er seinen Whisky getrunken hatte, fühlte er sich besser, und er brachte seine Arbeit zu Ende. Er ging die Treppe hinauf und blätterte im *Punch*. In ein paar Minuten würde er in den Klub gehen und vor dem Essen noch einen oder zwei Rubber Bridge spielen. Aber es würde ihn erleichtern, erst seinen Boy zu hören, und so wartete er auf seine Rückkehr. Nach kurzer Zeit kam der Boy zurück und brachte den Aufseher mit.

»Wozu lassen Sie ein Grab ausheben?« fragte er den Aufseher geradeheraus. »Niemand ist gestorben.«

»Ich nicht habe Grab ausheben«, sagte der Mann.

»Was zum Teufel wollen Sie damit sagen? Heute nachmittag haben zwei Kulis ein Grab geschaufelt.«

Die beiden Chinesen sahen sich an. Dann sagte der Boy, sie seien zusammen auf dem Friedhof gewesen. Da sei kein neues Grab.

Der Taipan hielt sich gerade noch zurück.

›Verdammt noch mal, ich habe es doch selbst gesehen!‹ das waren die Worte, die ihm auf der Zunge lagen.

Aber er sprach sie nicht aus. Als er sie hinunterschluckte, wurde er sehr rot. Die beiden Chinesen betrachteten ihn mit ihren unbewegten Augen. Einen Augenblick lang stockte ihm der Atem.

»In Ordnung. Geht«, keuchte er.

Aber sobald sie gegangen waren, rief er wieder nach dem Boy, und als er kam, zum Rasendmachen teilnahmslos, befahl er ihm, Whisky zu bringen. Er rieb sein schweißbedecktes Gesicht mit dem Taschentuch ab. Als er das Glas an die Lippen hob, zitterte seine Hand.

Sie mochten sagen, was sie wollten, er hatte das Grab gesehen. Was bedeutete es? Er konnte seinen Herzschlag spüren. Er fühlte sich seltsam unwohl. Aber er nahm sich zusammen. Wenn kein Grab da war, dann mußte er eine Halluzination gehabt haben. Das Beste, was er tun konnte, war, zum Klub zu gehen, und wenn er den Arzt treffen würde, könnte er ihn bitten, ihn zu untersuchen.

Jeder im Klub sah so aus wie immer. Er wußte nicht, warum er erwartet hatte, daß sie anders aussähen. Es war ein Trost. Diese Männer, die seit vielen Jahren ein Leben miteinander führten, das genau geregelt war, hatten eine Menge kleiner Idiosynkrasien entwickelt – einer summte unaufhörlich vor sich hin, wenn er Bridge spielte, ein anderer bestand darauf, sein Bier durch einen Strohhalm zu trinken –, und diese Eigenheiten, die den Taipan oft gereizt hatten, gaben ihm jetzt ein

Gefühl der Sicherheit. Er brauchte es, denn er konnte den seltsamen Anblick, den er gesehen hatte, nicht aus dem Kopf bekommen. Er spielte sehr schlecht Bridge heute, sein Partner tadelte ihn, und der Taipan verlor die Nerven. Er fand, daß die Männer ihn komisch ansahen. Er überlegte, was sie so Ungewohntes an ihm bemerken konnten.

Plötzlich fühlte er, daß er es nicht ertragen könnte, länger im Klub zu bleiben. Als er ging, sah er den Arzt im Lesezimmer die *Times* lesen, aber er brachte es nicht über sich, ihn anzusprechen. Er wollte selbst sehen, ob das Grab da war, er stieg in seine Sänfte und trug den Trägern auf, ihn zum Friedhof zu bringen. Man kann eine Halluzination nicht zweimal haben, nicht wahr? Und außerdem würde er den Aufseher mitnehmen, und wenn es kein Grab gäbe, würde er es nicht sehen, und wenn es eines gäbe, dann würde er dem Aufseher die kräftigste Tracht Prügel verabreichen, die der jemals bekommen hatte. Aber der Aufseher war nirgends zu finden. Er war ausgegangen und hatte die Schlüssel mitgenommen. Als der Taipan begriff, daß er nicht in den Friedhof gelangen konnte, fühlte er sich plötzlich erschöpft. Er stieg wieder in seine Sänfte und befahl den Trägern, ihn nach Hause zu bringen. Er würde sich vor dem Essen eine halbe Stunde hinlegen. Er war todmüde. Das war es. Er hatte gehört, daß Leute Halluzinationen hatten, wenn sie müde waren. Als sein Boy hereinkam, um die Kleider zum Dinner herauszulegen, konnte er nur mit großer Willensanstrengung aufstehen. Er hatte das starke Bedürfnis, sich heute nicht für das Essen umzukleiden, aber er widerstand ihm: er hatte es sich zur Regel gemacht, er hatte sich zwanzig Jahre lang jeden Abend umgezogen, und es ging keinesfalls an, diese Regel zu brechen. Aber er verlangte eine Flasche Champagner zum Essen, und da fühlte er sich wieder behaglicher. Später befahl er dem Boy, den besten Cognac zu bringen. Als er zwei Glas davon getrunken hatte, war er wieder er selbst. Verdammte Halluzinationen! Er ging ins Billardzimmer und führte ein paar schwierige Stöße aus. Viel konnte nicht los sein mit ihm, wenn sein Auge so sicher war. Als er zu Bett ging, sank er augenblicklich in tiefen Schlaf.

Aber plötzlich wachte er auf. Er hatte von diesem offenen Grab geträumt und von den Kulis, die träge schaufelten. Er war sicher, daß er sie gesehen hatte. Es war lächerlich, zu behaupten, daß es eine Halluzination war, wenn er sie mit seinen eigenen Augen gesehen hatte! Dann hörte er die Rassel des Nachtwärters, der seine Runden ging. Es zerbrach die Stille der Nacht so roh, daß es ihn aus der Haut fahren ließ. Entsetzen packte ihn. Er fühlte Grauen vor den gewundenen, menschenwimmelnden Straßen der Chinesenstadt, und es lag etwas Geisterhaftes und Schreckliches in den verschachtelten Dächern der Tempel mit ihren grimassenschneidenden und gequälten Teufeln! Er verwünschte die Gerüche, die seine Nüstern attackierten. Diese Myriaden blaugekleideter Kulis, und die Bettler in ihren verfilzten Lumpen, und die Händler und die Beamten, glatt, lächelnd, undurchschaubar in ihren langen schwarzen Gewändern! Sie schienen ihn zu bedrohen. Er haßte das Land. China. Warum war er jemals hergekommen? Er war in panischer Angst jetzt. Er mußte weg. Er wollte kein Jahr mehr bleiben, keinen Monat. Was kümmerte ihn Schanghai?

»Mein Gott«, schrie er, »mein Gott, wär ich nur sicher in England!« Er wollte nach Hause. Wenn er sterben mußte, dann wollte er in England sterben. Er konnte es nicht ertragen, unter all diesen gelben Menschen begraben zu sein, mit ihren schiefen Augen und ihren grinsenden Gesichtern. Er wollte zu Hause begraben werden, nicht in dem Grab, das er heute gesehen hatte. Er konnte da niemals Ruhe finden. Niemals. Was tat es, was die Leute dachten? Laß sie denken, was sie wollen. Das einzige, worauf es ankam, war zu gehen, solange er noch die Chance dazu hatte.

Er stieg aus dem Bett und schrieb an den Leiter der Firma, erklärte, er habe entdeckt, daß er ernstlich erkrankt sei. Er müsse ersetzt werden. Er könne nicht länger bleiben als unbedingt nötig. Er müsse sofort nach Hause.

Am Morgen fanden sie den Brief zerknittert in der Hand des Taipans. Er war zwischen Stuhl und Tisch zu Boden geglitten. Er war mausetot.

Der Konsul

Mr. Pete befand sich im Zustand der lebhaftesten Erbitterung. Seit mehr als zwanzig Jahren war er nun im Konsulatsdienst gewesen, und er hatte mit allen möglichen verdrießlichen Leuten zu tun gehabt, mit Beamten, die nicht auf die Vernunft hören wollten, Händlern, die die britische Regierung für eine Agentur hielten, die Schulden beitrieb, Missionaren, die jeden Versuch, gerecht zu sein, als große Ungerechtigkeit übelnahmen. Aber er erinnerte sich keines Falles, der ihn so sehr in Verlegenheit gebracht hätte. Er war ein sanftmütiger Mensch, aber grundlos war er über seinen Schreiber in Zorn geraten, und beinahe hätte er den eurasischen Sekretär entlassen, weil er zwei Wörter in einem Brief falsch geschrieben hatte, der jetzt zur amtlichen Unterschrift vor ihm lag. Er war ein gewissenhafter Mensch, und er konnte sich nicht dazu überreden, bevor es vier Uhr schlug, sein Büro zu verlassen, aber im Augenblick, wo die Uhr schlug, sprang er auf und rief nach Hut und Stock. Und weil sein Boy das Gewünschte nicht sofort brachte, beschimpfte er ihn gründlich. Man sagt, daß die Konsuln alle ein wenig sonderbar werden; und die Kaufleute, die es fertigbringen, fünfunddreißig Jahre in China zu leben, ohne genug von der Sprache zu lernen, um auf der Straße nach dem Weg fragen zu können, meinen, daß der Grund dafür darin liegt, daß sie Chinesisch lernen müssen; und es gab gar keinen Zweifel daran, daß Mr. Pete entschieden ein Sonderling war. Er war Junggeselle, und aus diesem Grund hatte man ihn auf eine Reihe von Posten geschickt, die wegen ihrer Isoliertheit als ungeeignet für verheiratete Männer galten. Er hatte so lange allein gelebt, daß seine angeborene Neigung zur Exzentrik sich zu einem ungewöhnlichen Grad entwickelt hatte, und er hatte Gewohnheiten angenommen, die den Fremden überraschten. Er war sehr zerstreut. Er achtete weder auf sein Haus, in dem es immer drunter und drüber ging, noch auf sein Essen; seine Boys gaben ihm das zu essen, was sie mochten, und hauten ihn bei allem übers Ohr. Er war unermüdlich in seinen Anstrengungen, den Opiumhandel zu unterdrücken, aber er war der einzige Mensch in der Stadt, der nicht wußte, daß seine Diener Opium sogar im Konsulat hatten, und am Hinterausgang des Hauses blühte ganz offen ein schwunghafter Handel mit der Droge. Er war ein begeisterter Sammler, und das Haus, das ihm die Regierung zur Verfügung gestellt hatte, war mit den verschiedenen Dingen angefüllt, die er eins nach dem andern gesammelt hatte: Zinn, Kupfer und Holzschnitzereien; aber dies waren nur seine legitimeren Unternehmungen; er sammelte außerdem auch noch Briefmarken, Vogeleier, Hoteletiketten und Poststempel: er rühmte sich, eine Sammlung von Poststempeln zu besitzen, die im ganzen Empire nicht ihresgleichen hatte. Während seiner langen Aufenthalte an einsamen Orten hatte er eine ganze Menge zusammengelesen, und obgleich er kein Sinologe war, besaß er ein größeres Wissen um China, seine Geschichte, seine Literatur und sein Volk als die meisten seiner Kollegen. Aber aus seiner großen Belesenheit hatte er nicht etwa Toleranz, sondern Einbildung gewonnen. Er war ein Mann von eigentümlichem Aussehen. Sein Körper war klein und zerbrechlich, und wenn er ging, kam einem der Gedanke an ein welkes Blatt, das im Winde tanzt; und dann lag etwas ungemein Seltsames in dem kleinen Tirolerhut, der sehr alt und abgetragen war, eine Hahnenfeder hatte und den er schief auf der einen Seite seines großen Schädels trug. Er war überaus kahl. Man sah, daß seine blaßblauen Augen hinter den Brillengläsern schwach waren, und ein herabhängender, struppiger schmutzigbrauner Schnurrbart verbarg nicht die Griesgrämigkeit seines Mundes. Und jetzt, wie er aus der Straße kam, in der das Konsulat lag, machte er sich auf den Weg zur Stadtmauer, denn nur hier war es in der überfüllten Stadt möglich, bequem zu gehen.

Er war ein Mann, der seine Arbeit ernst nahm, er quälte sich über jede Kleinigkeit zu Tode, aber für gewöhnlich besänftigte und beruhigte ihn dann ein Spaziergang auf der Stadtmauer. Die Stadt lag mitten in einer großen Ebene, und oft konnte man bei Sonnenuntergang von der Mauer aus die Schneekappen der Berge sehen, der Berge von Tibet; jetzt aber ging er schnell, sah weder rechts noch links, und sein fetter Spaniel sprang unbeachtet um ihn herum. Mit leiser, eintöniger Stimme sprach er zu sich selbst. Der Grund für seine Gereiztheit war ein Besuch, den er an diesem Tag von einer Dame erhalten hatte, die sich Mrs. Yü nannte und die er mit konsularischem Eifer für Präzision Miss Lambert zu nennen beharrte. Dies allein genügte, um ihren Verkehr miteinander jeglicher Annehmlichkeit zu berauben. Sie war Engländerin und mit einem Chinesen verheiratet.

Vor zwei Jahren war sie mit ihrem Mann aus England gekommen, wo er auf der Londoner Universität studiert hatte; er hatte ihr weisgemacht, daß er in seinem eigenen Land eine bedeutende Persönlichkeit sei, und sie hatte sich eingebildet, in einen prachtvollen Palast zu kommen und außerdem zu einer einflußreichen Stellung. Es war eine herbe Überraschung, als sie sich in ein verfallenes Chinesenhaus gebracht sah, das von Menschen nur so wimmelte; ja es gab da nicht einmal ein ausländisches Bett, weder Messer noch Gabel; alles kam ihr sehr schmutzig und stinkend vor. Und es war ein Schock, als sie herausbekam, daß sie mit dem Vater und der Mutter ihres Ehegesponses leben mußte, und dieser ihr sagte, daß sie genau das zu tun habe, was seine Mutter von ihr verlange; aber bei ihrer völligen Unkenntnis des Chinesischen dauerte es zwei oder drei Tage, die sie in diesem Haus verbrachte, bis sie bemerkte, daß sie nicht die einzige Frau ihres Mannes war. Er war schon als Junge verheiratet worden, bevor er seine Geburtsstadt verlassen hatte, um das Wissen der Barbaren zu erwerben. Und als sie ihm jetzt bittere Vorwürfe machte, daß er sie getäuscht habe, zuckte er nur die Schultern. Es gab nichts, was einen Chinesen hindern konnte, zwei Frauen zu haben, wenn er sie wollte, und, so fügte er mit einiger Geringschätzung der Wahrheit hinzu, keine chinesische Frau sah das als Beschwernis an Es war bei dieser Entdeckung, daß sie ihren ersten Besuch beim Konsul gemacht hatte. Er hatte schon von ihrer Ankunft gehört – in China weiß jeder jedes von jedem –, und er empfing sie, ohne überrascht zu sein. Aber er konnte ihr auch nicht viel Sympathie entgegenbringen. Daß eine Ausländerin einen Chinesen heiraten sollte, erfüllte ihn schon mit Unwillen, aber daß sie es auch noch tun sollte, ohne die nötigen Nachforschungen anzustellen, verletzte ihn wie ein persönlicher Affront. Dabei war sie gar nicht die Art Frau, bei deren Erscheinung man sich vorstellen kann, daß sie sich einer solchen Dummheit schuldig machen würde. Sie war eine solide, dickliche junge Person, kurz, einfach und nüchtern. Sie war billig gekleidet, trug ein geschneidertes Kostüm und eine Wollmütze. Sie hatte schlechte Zähne und eine unreine Haut. Sie hatte große rote und ungepflegte Hände. Man konnte sehen, daß ihr schwere Arbeit nicht fremd war. Sie sprach Englisch mit einem Cockney-Wimmern.

»Wie haben Sie Herrn Yü kennengelernt?« fragte der Konsul kühl.

»Ja, passen Sie auf, so war's«, antwortete sie. »Paps war in einer sehr guten Stellung, und als er starb, sagte Mutter: ›Nun, es scheint mir eine sündhafte Verschwendung, all die Zimmer leerstehen zu lassen, ich will ein Kärtchen ins Fenster stellen.‹«

Der Konsul unterbrach sie.

»Er hatte ein möbliertes Zimmer bei Ihnen?«

»Na ja, das waren gerade keine möblierten Zimmer, wenn man's genau nimmt.«

»Wollen wir dann Apartments sagen?« erwiderte der Konsul mit seinem dünnen und ein wenig leeren Lächeln.

Das war im allgemeinen die Erklärung für diese Eheschließungen. Und weil er sie für eine sehr alberne und vulgäre Frau hielt, erklärte er ihr kurz und bündig, daß sie nach englischem Gesetz nicht mit Yü verheiratet sei, und das Beste, was sie tun könne, sei, sofort nach England zurückzukehren. Sie begann zu weinen, und sein Herz erweichte sich ein wenig ihr gegenüber. Er versprach, sie der Obhut einiger Missionsdamen anzuvertrauen, die sich auf der langen Reise um sie kümmern würden, und in der Tat, wenn sie es so wollte, würde er sehen, ob sie mittlerweile nicht in einer der Missionen wohnen könnte. Aber während er sprach, trocknete Miss Lambert ihre Tränen.

»Wozu soll's denn gut sein, nach England zurückzufahren?« sagte sie schließlich. »Ich hab doch nirgends was, wo ich hinkönnte.«

»Sie können zu Ihrer Mutter gehen.«

»Aber die war doch immer ganz gegen meine Hochzeit mit Mr. Yü. Da würd ich doch niemals das Ende zu hören kriegen, wenn ich jetzt da zurück muß.«

Der Konsul versuchte sie zu überzeugen, aber je mehr Einwendungen er machte, um so entschlossener wurde sie, und schließlich verlor er die Geduld.

»Wenn Sie hierbleiben wollen bei einem Mann, der gar nicht Ihr Mann ist, so ist das Ihr eigener Wille, und ich wasche meine Hände in Unschuld.«

Und ihre Erwiderung hatte ihn oft gewurmt.

»Dann haben Sie doch gar keinen Grund, sich zu ärgern«, sagte sie, und der Ausdruck ihres Gesichts kehrte zurück zu ihm, wann immer er an sie dachte.

Das war vor zwei Jahren, und er hatte sie seitdem ein- oder zweimal gesehen. Es schien, daß sie mit beiden, ihrer Schwiegermutter und der anderen Frau ihres Mannes, sehr schlecht zurechtkam, und sie war zum Konsul gekommen mit albernen Fragen über ihre Rechte nach dem chinesischen Gesetz. Er wiederholte sein Angebot, sie wegzubringen, aber sie blieb standhaft bei ihrer Weigerung, und ihre Unterredung endete immer damit, daß der Konsul wütend wurde. Er war beinahe geneigt, den schuftigen Yü zu bedauern, der zwischen drei händelsüchtigen Weibern den Frieden erhalten mußte. Nach den Berichten seiner englischen Frau war er nicht unfreundlich zu ihr. Er versuchte, beide Frauen gerecht zu behandeln. Miss Lambert wurde nicht gewinnender. Der Konsul wußte, daß sie gewöhnlich chinesische Kleider trug, aber wenn sie ihn besuchen kam, legte sie europäischen Dreß an. Sie war ungemein fett geworden. Ihre Gesundheit litt unter den chinesischen Speisen, die sie aß, und sie begann elend und krank auszusehen. Aber wirklich schockiert war er heute, als sie in sein Büro geführt worden war. Sie hatte keinen Hut auf, und ihr Haar war aufgelöst. Sie war in einer höchst hysterischen Verfassung.

»Die versuchen mich zu vergiften«, kreischte sie und stellte ihm eine Schüssel mit einem faulig riechenden Essen vor die Nase. »Ist vergiftet«, sagte sie. »Ich bin krank gewesen, die ganzen letzten zehn Tage, das ist ein Wunder, daß ich davongekommen bin.« Sie erzählte ihm eine lange Geschichte, sie war umständlich und wahrscheinlich genug, um ihn zu überzeugen: schließlich lag nichts näher, als daß die chinesischen Frauen die gebräuchlichen Methoden anwandten, um einen Eindringling loszuwerden, den sie haßten.

»Wissen sie, daß Sie hierhergekommen sind?«

»Natürlich wissen die's; hab ihnen gesagt, daß ich auf dem Weg bin, sie anzuzeigen.«

Jetzt endlich war der Augenblick für entschlossenes Handeln. Der Konsul blickte sie in seiner allerdienstlichsten Art an.

»Nun, jetzt dürfen Sie nie mehr dorthin zurückgehen. Ich lehne es ab, mich noch länger mit Ihrem Unsinn zu beschäftigen.

Ich bestehe darauf, daß Sie diesen Mann verlassen, der nicht Ihr Mann ist.«

Aber er war hilflos gegen die verrückte Halsstarrigkeit der Frau. Er wiederholte all die Argumente, die er so oft gebraucht hatte, aber sie wollte nicht hören. Und dann verlor er, wie üblich, die Geduld. Da, als Antwort auf seine letzte, verzweifelte Frage hatte sie die Bemerkung gemacht, die ihm endgültig seine Ruhe geraubt hatte.

»Aber was auf dieser Erde läßt Sie denn bei diesem Mann bleiben?« schrie er.

Einen Augenblick zögerte sie, und ihre Augen bekamen einen seltsamen Ausdruck.

»Da ist etwas in der Art, wie sein Haar auf seiner Stirn wächst, das ich einfach lieben muß«, antwortete sie.

Niemals hatte der Konsul etwas so Skandalöses gehört. Das gab ihm buchstäblich den Rest. Und jetzt, wie er so seines Weges ging und versuchte, sich den Ärger von der Seele zu laufen, konnte er wirklich nicht an sich halten, obgleich er kein Mann war, der oft eine gemeine Sprache gebrauchte, und er sagte grimmig: »Verdammte Weiber.«

Ein Freund in Not

Seit fünfzig Jahren studiere ich meine Mitmenschen und weiß immer noch nicht viel von ihnen. Ich jedenfalls hätte Bedenken, einen Diener nur auf sein Gesicht hin zu engagieren, und doch ist es meistens das Gesicht, nach dem wir Menschen beurteilen, die uns begegnen. Wir ziehen Schlüsse aus der Form ihrer Kinnlade, aus ihrem Blick, der Kontur ihres Mundes. Ich frage mich, ob wir uns dabei nicht in der Mehrzahl der Fälle täuschen. Wenn Theaterstücke und Romane so oft nicht mit der Wirklichkeit übereinstimmen, so deshalb, weil der Autor, vielleicht aus Notwendigkeit, seine Personen so hinstellt, als seien sie aus einem Guß. Er kann sich nicht leisten, sie so zu schildern, als ständen sie in fortwährendem Widerspruch zu sich selbst, weil sie dadurch unverständlich würden. In Wirklichkeit bestehen wir selbst zum großen Teil aus Widersprüchen. Wir sind ein zufälliges Konglomerat von Eigenschaften, die nicht miteinander übereinstimmen. In Büchern über Logik kann man lesen, daß es absurd wäre, Gelb als rund oder Dankbarkeit als schwerer als die Luft zu bezeichnen. In dem Durcheinander unzusammenhängender Elemente, aus denen unser Ich besteht, könnte Gelb sehr wohl Pferd und Wagen und Dankbarkeit Mittwoch bedeuten. Ich kann nur die Achseln zucken, wenn Leute behaupten, ihr erster Eindruck sei immer der richtige. Ich halte das entweder für Kritiklosigkeit oder große Anmaßung. Was mich betrifft, so finde ich, daß Menschen mir immer rätselhafter werden, je länger ich sie kenne. Gerade von meinen ältesten Freunden weiß ich am allerwenigsten.

Das alles ging mir wieder durch den Kopf, als ich heute morgen in der Zeitung las, daß Edward Hyde Burton in Kobe gestorben sei. Er war Geschäftsmann gewesen und hatte fast sein ganzes Leben in Japan verbracht. Ich kannte ihn nur oberflächlich, aber er hat mich einmal sehr interessiert, und zwar durch seine Handlungsweise, die mich überraschte und deren ich ihn nie für fähig gehalten hätte, hätte er mir die Geschichte nicht selbst erzählt. Sie war um so unfaßlicher, als er seinem Äußeren und seinem Wesen nach einen ganz bestimmten Typ zu verkörpern schien. Wenn es überhaupt jemanden auf der

Welt gab, der einem wie aus einem Guß vorkam, dann war er es.

Burton war klein, nicht größer als fünf Fuß, sehr zierlich, hatte weißes Haar, eine gesunde Gesichtsfarbe, wenn auch die Haut voller Runzeln war, und große blaue Augen. Als ich seine Bekanntschaft machte, muß er sechzig gewesen sein. Seinem Alter und seiner Stellung entsprechend war er immer unauffällig, aber sehr sorgfältig angezogen.

Er hatte sein Büro in Kobe, kam aber öfter nach Yokohama. Bei einer dieser Gelegenheiten hielt ich mich gerade ein paar Tage dort auf, weil ich auf ein Schiff warten mußte. Ich wurde ihm im ›British Club‹ vorgestellt. Wir spielten zusammen Bridge. Er spielte gut und großzügig. Er sprach nicht viel, weder beim Spielen noch danach, als wir ein paar Drinks nahmen, aber das, was er sagte, bewies Verstand. Er besaß einen stillen, trocknen Humor. Im Klub schien er beliebt, und als er gegangen war, hieß es von ihm, er sei einer der Besten. Zufällig wohnten wir beide im ›Grand Hotel‹, und so kam es, daß er mich am nächsten Tage zum Essen einlud. Ich lernte seine Frau, eine dicke ältliche, immer fröhliche Dame, und seine beiden Töchter kennen. Offenbar verband alle vier ein Gefühl liebevoller Zusammengehörigkeit.

Was mich an Burton am meisten beeindruckte, war sein freundliches Wesen. In seinen blauen Augen lag so viel Wärme. Seine Stimme war so ruhig, daß man sie sich laut und zornig gar nicht vorstellen konnte. Sein Lächeln war herzgewinnend. Er war ein Mann, der einen für sich einnahm, weil aus ihm echte Liebe zu seinen Mitmenschen sprach. Dabei hatte er Charme und nichts Sentimentales an sich. Er liebte Karten und Cocktails. Er verstand eine gute gepfefferte Anekdote pointiert zu erzählen und mußte in seiner Jugend viel Sport getrieben haben. Man mußte ihn gern haben, schon weil er so schmal und feingliedrig war. Er löste in einem instinktiv den Wunsch aus, ihn zu beschützen. Man fühlte, daß er keiner Fliege etwas zuleide tun konnte.

Eines Nachmittags saß ich in der Halle des ›Grand Hotel‹. Durch die Fenster hatte man einen weiten Blick auf den Hafen mit seinem Gewimmel. Da lagen große Überseedampfer auf der Fahrt nach Vancouver und San Francisco oder nach Europa über Schanghai, Hongkong und Singapur. Da lagen Frachter aller Nationen, von Wind und Wasser gezeichnet, Dschunken mit hohem Heck und farbigen Segeln und zahllose Sampans. Es war ein buntes, erregendes Bild, das dennoch auf einen, ich weiß nicht warum, beruhigend wirkte. Hier gab es noch echte Romantik, man hatte das Gefühl, man brauchte nur die Hand danach auszustrecken.

Als Burton die Halle betrat, entdeckte er mich sofort und nahm in einem Sessel neben mir Platz. Es war noch vor dem großen Erdbeben, und die schweren Sessel waren aus Leder.

»Was würden Sie zu einem kleinen Drink sagen?« sagte er.

Er klatschte nach einem Boy in die Hände und bestellte zwei Gin-Fizz. Nachdem der Boy sie gebracht hatte, ging draußen auf der Straße ein Mann vorbei und winkte mir zu.

»Kennen Sie Turner?« fragte Burton, als ich mit einem Kopfnicken zurückgegrüßt hatte.

»Ich habe ihn im Klub kennengelernt. Er soll von Überweisungen leben, die er aus England bekommt.«

»Ja, ich glaube. Von seiner Sorte haben wir eine ganze Menge hier.«

»Wie ich hörte, soll er vorzüglich Bridge spielen.«

»Das tun sie alle. Voriges Jahr gab es hier einen, der komischerweise genauso hieß wie ich. Er war der beste Bridgespieler, dem ich je begegnet bin. Ich weiß nicht, ob er Ihnen in London einmal über den Weg gelaufen ist. Er hieß Lenny Burton und gehörte, wie er sagte, mehreren sehr guten Klubs an.«

»Nein. Meines Wissens habe ich den Namen nie gehört.«

»Er spielte wirklich hervorragend. Er schien einen sechsten Sinn für Karten zu haben. Es war geradezu unheimlich. Ich habe oft mit ihm gespielt. Eine Zeitlang lebte er in Kobe.«

Burton schlürfte seinen Gin-Fizz.

»Es war sonderbar mit ihm. Er war kein schlechter Kerl. Ich mochte ihn. Er war immer sehr elegant und sah gut aus mit seinem gewellten Haar und dem frischen Teint, auf seine Art richtig hübsch. Bei Frauen hatte er viel Erfolg. Er hat sich nie etwas zuschulden kommen lassen, er war nur haltlos. Natürlich trank er zuviel, wie alle seines Schlages. Jedes Vierteljahr bekam er etwas Geld von drüben, und etwas verdiente er mit

Kartenspielen. Ich selber bin ein ganz hübsches Stück Geld an ihn losgeworden.«

Burton lachte gutmütig vor sich hin. Aus eigner Erfahrung wußte ich, daß er beim Bridge mit Anstand zu verlieren verstand. Er strich sich über das gutrasierte Kinn mit seiner schmalen Hand, die fast durchsichtig war und aus der die Adern hervortraten.

»Das war wohl der Grund, weshalb er sich an mich wandte, als ihm das Wasser am Halse stand, das und der Umstand, daß wir Namensvettern waren. Er kam eines Tages zu mir ins Büro und fragte, ob ich nicht eine Stellung für ihn hätte. Ich war etwas verdutzt. Er erzählte, daß er von Hause kein Geld mehr bekäme und sich deshalb nach einer Arbeit umsehen müßte. Ich fragte, wie alt er wäre.

›Fünfunddreißig‹, erwiderte er.

›Und was haben Sie bis jetzt gemacht?‹ fragte ich weiter.

›Nicht gerade viel‹, gab er zu.

Ich konnte ein Lachen nicht unterdrücken.

›Tut mir leid‹, sagte ich, ›aber im Augenblick kann ich nichts für Sie tun. Kommen Sie in fünfunddreißig Jahren wieder vorbei, dann will ich sehen, was sich tun läßt.‹

Er rührte sich nicht, er wurde nur etwas blaß. Einen Augenblick zögerte er, dann gestand er, daß er eine Zeitlang Glück im Spiel gehabt habe, aber dann vom Bridge zum Poker übergegangen sei und dabei alles bis auf das letzte Hemd verloren habe. Jetzt habe er buchstäblich keinen Penny mehr und bereits alles versetzt, was ihm gehörte. Die Hotelrechnung sei er auch schon schuldig geblieben, und Kredit gebe man ihm nicht mehr. Mit einem Wort, er sei am Ende. Und wenn er keine Arbeit fände, bliebe ihm nur der Selbstmord übrig.

Eine Weile musterte ich ihn. Ich sah, daß er am Ende war. Er hatte mehr als gewöhnlich getrunken und sah aus wie fünfzig. Hätten die Mädchen ihn in diesem Zustand gesehen, hätte er nur wenig Eindruck gemacht.

›Gibt es denn nichts, was Sie können, außer Kartenspielen?‹

›Ich kann schwimmen‹, erwiderte er.

›Schwimmen?‹

Ich traute meinen Ohren nicht. Die Antwort klang völlig verrückt.

›Ja, ich bin für meine Universität geschwommen.‹

Ich ahnte, worauf er hinauswollte. Aber ich ließ mich nicht beeindrucken. Ich habe zu viele kennengelernt, die auf ihrer Universität als Helden gefeiert wurden.

›Ich war in meiner Jugend selbst ein recht guter Schwimmer‹, bemerkte ich.

Plötzlich kam mir eine Idee.«

Burton unterbrach sich und wandte mir sein Gesicht zu.

»Kennen Sie Kobe?« fragte er.

»Nein«, sagte ich. »Ich bin einmal durchgekommen und habe mich nur eine Nacht aufgehalten.«

»Dann kennen Sie auch den ›Shioya Club‹ nicht. In jungen Jahren bin ich einmal vom Klub aus um die Leuchtboje geschwommen und von da zurück zum Tarumi Creek. Die Strekke ist über drei Meilen lang und ziemlich schwer wegen der starken Strömung an der Boje. Das erzählte ich meinem jungen Namensvetter und setzte hinzu, ich würde ihm eine Stelle verschaffen, wenn er das auch fertigbrächte.

Ich konnte ihm vom Gesicht ablesen, wie verblüfft er war.

›Sie behaupten, daß Sie ein guter Schwimmer sind‹, sagte ich.

›Ich bin im Augenblick nicht groß in Form‹, gab er zur Antwort.

Ich erwiderte nichts und zuckte die Achseln. Er sah mich eine Weile an. Dann nickte er zustimmend.

›Einverstanden‹, sagte er. ›Wann soll es losgehen?‹

Ich sah auf die Uhr. Es war kurz nach zehn.

›Sie dürften für die Strecke nicht mehr als fünf viertel Stunden brauchen. Ich erwarte Sie um halb eins am Creek und bringe Sie dann im Wagen zum Klub, um sich umzuziehen. Anschließend können wir zusammen essen.‹

›In Ordnung‹, sagte er.

Wir schüttelten uns die Hände, ich wünschte ihm viel Glück, und er verschwand. An jenem Vormittag hatte ich einen Haufen Arbeit zu erledigen und schaffte es knapp, um halb eins am Tarumi Creek zu sein. Ich hätte mich nicht zu beeilen brauchen, denn er war nicht da und kam auch später nicht.«

»Hatte er sich im letzten Augenblick gedrückt?« fragte ich.

»Nein, gedrückt hat er sich nicht. Er ist zur verabredeten Zeit losgeschwommen. Aber das Trinken und seine sonstigen Passionen hatten ihn ruiniert. Wir fanden seine Leiche erst nach drei Tagen.«

Ein paar Augenblicke blieb ich stumm. Ich war etwas erschüttert. Dann stellte ich Burton eine Frage.

»Als Sie ihm einen Job anboten, war Ihnen da klar, daß er ertrinken würde?«

Er lächelte freundlich, sah mich offen mit seinen treuen blauen Augen an und rieb sich das Kinn.

»*Well*, ich hatte damals in meinem Büro keine Stelle frei.«

Das runde Dutzend

Ich habe eine Vorliebe für Elsom. Es ist ein Seebad im Süden Englands, nicht sehr weit von Brighton, und hat etwas von dem spätgeorgianischen Charme dieser angenehmen Stadt. Aber es ist weder betriebsam noch marktschreierisch. Vor zehn Jahren, als ich nicht selten hinkam, war da und dort noch ein altes Haus zu sehen, gediegen und prätentiös in nicht unsympathischer Weise (wie eine heruntergekommene Dame aus guter Familie, deren diskreter Stolz auf ihre Herkunft eher belustigt als beleidigt), ein Haus, das während der Regierung des ›ersten Gentlemans in Europa‹ erbaut worden war und in dem etwa ein Hofmann in zerrütteten Vermögensverhältnissen seinen Lebensabend verbracht haben mochte. Die Hauptstraße hatte ein verschlafenes Aussehen, und das Automobil des Arztes schien hier nicht ganz am Platz. Die Hausfrauen erledigten ihre Besorgungen auf gemächliche Art. Sie plauderten mit dem Fleischhauer, während sie zusahen, wie er ihnen aus einer mächtigen Rinderlende ein Stück vom Besten herausschnitt, und sie fragten freundlich nach der Frau des Krämers, während er ihnen ein Pfund Tee und ein Pfund Salz in das Einkaufsnetz legte. Ich weiß nicht, ob Elsom jemals fashionable war: damals jedenfalls konnte davon keine Rede sein; aber es war gediegen und billig. Ältliche Damen, ledig und verwitwet, lebten hier, indische Zivilisten und pensionierte Soldaten: sie blickten mit gelinden Angstschauern den Monaten August und September entgegen, die Sommergäste bringen würden; aber sie verschmähten es nicht, diesen Eindringlingen ihre Häuser zu vermieten und sich von den Erträgnissen ein paar weltliche Wochen in einer Schweizer Pension zu leisten. Ich hatte Elsom nie in jener hektischen Zeit erlebt, wenn alle Pensionen und möblierten Zimmer besetzt waren und junge Herren in Flanelljacken die Seepromenade entlangschlenderten, wenn auf dem Strand Pierrots ihre Künste zeigten und im Billardzimmer des Dolphin-Hotels bis elf Uhr nachts das Klicken der Bälle zu hören war. Ich kannte es nur im Winter. Dann trug jedes Haus der Seefront – Stuckhäuser mit Erkerfenstern, die vor hundert Jahren erbaut waren – eine Tafel, die ankündigte, daß hier

Zimmer zu vermieten wären, und die Gäste im Dolphin wurden von einem einzigen Kellner und dem Schuhputzer bedient. Um zehn Uhr kam der Portier in das Rauchzimmer und schaute in so eindeutiger Weise zu einem herüber, daß man aufstand und schlafen ging. Dann war Elsom ein geruhsamer Ort und das Dolphin ein sehr behagliches Gasthaus. Man erfuhr, daß zu seiner Zeit der Prinzregent mehr als einmal mit Frau Fitzherbert herübergefahren war, um im Dolphin Tee zu trinken. In der Halle hing eingerahmt ein Brief von Herrn Thackeray, mit dem er ein Wohnzimmer und zwei Schlafzimmer mit Meeraussicht bestellte und Anweisung gab, daß ihm ein Wagen zum Bahnhof entgegengeschickt werden sollte.

Einmal im November, zwei oder drei Jahre nach dem Krieg – ich hatte einen bösen Anfall von Influenza hinter mir –, ging ich nach Elsom, um wieder zu Kräften zu kommen. Ich traf am Nachmittag ein und unternahm, nachdem ich meine Sachen ausgepackt hatte, einen kleinen Spaziergang an den Strand. Der Himmel war verhangen und die stille See grau und kalt. Ein paar Möwen flogen nah an das Ufer heran. Segelboote mit winterlich abgetakelten Masten waren hoch auf das steinige Ufer gezogen, und die Badehütten standen Seite an Seite in einer langen grauen, verfallenen Reihe. Niemand saß auf den Bänken, die die Stadtverwaltung da und dort aufgestellt hatte, aber ein paar Leute trotteten auf und ab, um sich Bewegung zu machen. Ich begegnete einem alten Oberst mit roter Nase, der in Sporthosen einherstapfte, gefolgt von einem Terrier, zwei ältlichen Frauen in kurzen Röcken und derben Schuhen und einem unschönen Mädchen mit einer Wollmütze. Ich hatte den Strand nie so verlassen gesehen. Die Häuser erinnerten an armselige alte Jungfern, die auf ihre nie wiederkehrenden Liebhaber warteten, und selbst das freundliche Dolphin schien öde und trostlos. Mein Herz sank. Das Leben schien mir mit einem Male sehr grau. Ich kehrte ins Hotel zurück, zog die Vorhänge in meinem Wohnzimmer zu, schürte das Feuer und suchte mit einem Buch meine Melancholie zu zerstreuen. Aber ich war recht froh, als es Zeit war, mich zum Dinner umzuziehen. Ich ging in den Speisesaal und fand die Gäste des Hotels schon an ihren Plätzen. Ich streifte sie mit einem flüchtigen Blick. An einem Tisch allein saß eine Dame mittleren Alters, und dann waren zwei ältliche Herren da, vermutlich Golfspieler, mit roten Gesichtern und kahlen Köpfen, die mißmutig schweigend ihre Mahlzeit verzehrten. Sonst waren nur noch drei Personen im Saal, die in der Nische am Fenster Platz genommen hatten und sofort meine erstaunte Aufmerksamkeit auf sich zogen. Die Gesellschaft bestand aus einem alten Herrn und zwei Damen, von denen die eine alt und wahrscheinlich seine Frau war, während die andere jünger schien und seine Tochter sein mochte. Die alte Dame war es, die zuerst mein Interesse erregte. Sie trug ein voluminöses schwarzes Seidenkleid und ein schwarzes Spitzenhäubchen; um ihre Handgelenke hingen schwere goldene Armbänder und um ihren Hals eine massive Goldkette, an der ein großes goldenes Medaillon baumelte; an ihrem Kragen steckte eine dicke Goldbrosche. Ich wußte nicht, daß es noch Menschen gab, die solchen Schmuck trugen. Oft, wenn mich mein Weg an Antiquitäten- und Trödlerläden vorbeigeführt hatte, war ich einen Augenblick stehengeblieben, um diese seltsam altmodischen Gegenstände zu betrachten. Wie gediegen, kostbar und häßlich sie doch waren! Und mit einem Lächeln, in das sich ein Schatten von Traurigkeit mischte, hatte ich mich der längst verstorbenen Frauen erinnert, die sie getragen hatten. Sie riefen die Zeit herauf, da Falbeln und Rüschen die Krinoline abgelöst und runde Hüte die Schutenhaube verdrängt hatten. In jenen Tagen war man in England für das Solide und Gute gewesen. Am Sonntagvormittag ging man in die Kirche und nach der Kirche im Park spazieren. Man gab Dinners mit zwölf Gängen, bei denen der Hausherr die Rinderkeule und das Geflügel vorschnitt, und nach dem Essen beglückten die Damen, die Klavier spielen konnten, die Gesellschaft mit einem Mendelssohnschen ›Lied ohne Worte‹, und der Herr mit dem schönen Bariton sang eine altenglische Ballade.

Die jüngere Dame saß mit dem Rücken zu mir, und anfangs konnte ich nur sehen, daß sie eine schlanke jugendliche Figur hatte. Ihr reiches braunes Haar schien kunstvoll frisiert zu sein. Die drei plauderten leise, und mit einem Male wandte sie den Kopf, so daß ich ihr Profil sehen konnte. Es war erstaunlich schön. Die Nase war gerade und fein, die Wangenlinie von erlesenem Schnitt; ich bemerkte nun, daß sie ihr Haar nach Art der Königin Alexandra trug. Das Essen war beendet, und die Gesellschaft stand auf. Die alte Dame segelte aus dem Zimmer, weder rechts noch links blickend, und die junge folgte ihr. Da stellte ich mit Erschrecken fest, daß sie alt war. Ihr Kleid war eigentlich sehr einfach; der Rock, länger als die damalige Mode vorschrieb, hatte etwas leicht Altfränkisches im Schnitt – vielleicht war die Taille deutlicher markiert als üblich –, aber es war ein Jungmädchenkleid. Sie war groß wie eine Heldin von Tennyson, schlank, mit langen Beinen und anmutiger Haltung. Ich hatte diese Nase schon einmal gesehen: es war die Nase einer griechischen Göttin. Ein schöner Mund, große blaue Augen. Die Haut lag wohl etwas dünn über den Knochen, und auf der Stirn und um die Augen waren Falten, aber in der Jugend mußte sie wunderbar gewesen sein. Sie erinnerte an jene römischen Damen mit den köstlich regelmäßigen Zügen, die Alma Tadema gemalt hat und die trotz ihres antiken Gewandes so verstockt englisch aussehen. Es war ein Typ von kalter Vollkommenheit, wie man ihn seit fünfundzwanzig Jahren nicht mehr gesehen hatte. Heute ist er tot wie das Epigramm. Mir war zumute wie einem Archäologen, der eine lang begrabene Statue findet, und es regte mich auf, so unerwartet auf den Überrest eines versunkenen Zeitalters zu stoßen. Denn nichts ist so tot wie das Vorgestern.

Der Herr erhob sich, als die beiden Damen hinausgingen, und setzte sich dann wieder in seinen Stuhl zurück. Ein Kellner brachte ihm ein Glas schweren Portwein. Er roch daran, nippte und rollte den Schluck auf der Zunge herum. Ich beobachtete ihn. Er war ein kleiner Mann, viel kleiner als seine imposante Frau, gut genährt, ohne dick zu sein, mit einem schönen Kopf und gewelltem grauem Haar. Sein Gesicht zeigte viele Falten und trug einen leicht humorvollen Ausdruck. Er hatte schmale Lippen und ein viereckiges Kinn. Er war nach unseren gegenwärtigen Begriffen etwas ungewöhnlich gekleidet. Er trug einen schwarzen Samtrock, ein weiches Hemd mit niedrigem Kragen, eine große schwarze Krawatte und sehr weite Smokinghosen. Dieser Anzug wirkte beinahe wie ein Kostüm. Nachdem er gemächlich seinen Portwein ausgetrunken hatte, stand er auf und schlenderte aus dem Zimmer.

Als ich durch die Halle kam, nahm ich, neugierig zu erfahren, wer diese merkwürdigen Menschen sein mochten, das Gästebuch vor. In einer eckigen weiblichen Handschrift, der Art von Schrift, wie sie vor vierzig Jahren in modischen Mädchenpensionaten gelehrt wurde, waren folgende Namen eingetragen: Mr. und Mrs. St. Clair und Miss Porchester. Die angegebene Adresse lautete 68, Leinster Square, Bayswater, London. Das mußten Namen und Adresse der Leute sein, die mich so lebhaft interessierten. Ich fragte die Wirtin, was für einen Beruf Mr. St. Clair denn hätte, und sie meinte, er wäre wohl etwas in der City. Ich ging in das Billardzimmer und manövrierte ein wenig mit den Bällen herum; dann, auf dem Weg hinauf, kam ich durch die Halle. Die beiden Herren mit den roten Gesichtern lasen die Abendblätter, und die ältliche Dame döste über einem Roman. Die drei anderen saßen in einer Ecke. Mrs. St. Clair strickte, Miss Porchester arbeitete an einer Stickerei, und Mr. St. Clair las ihnen mit gedämpfter, aber klangvoller Stimme vor. Im Vorbeigehen entdeckte ich, daß er ›Bleak House‹ von Dickens las.

Ich las und schrieb den größten Teil des folgenden Tages, aber am Nachmittag ging ich spazieren, und auf dem Heimweg setzte ich mich für ein Weilchen auf eine der bequemen Bänke an der Seepromenade. Es war nicht ganz so kalt wie am Tag zuvor, und die Luft war angenehm. In Ermangelung einer besseren Beschäftigung beobachtete ich eine Gestalt, die aus der Ferne auf mich zukam. Es war ein Mann, und als er näher kam, sah ich, daß es ein ziemlich schäbiger kleiner Mann war. Er trug einen dünnen schwarzen Überzieher und einen etwas verbeulten steifen Hut. Er ging mit den Händen in den Taschen und sah verfroren aus. Er streifte mich mit einem Blick, als er vorbeikam, ging ein paar Schritte weiter, zögerte, blieb stehen und machte kehrt. Als er wieder zu der Bank gelangt war, auf der ich saß, zog er eine Hand aus der Tasche und führte sie an den Hut. Ich bemerkte, daß er abgenutzte schwarze Handschuhe trug. Vermutlich ein Witwer in beschränkten Vermögensverhältnissen, schloß ich. Er konnte aber auch ein Stummer sein, der, wie ich, eine Influenza überstanden hatte und Erholung suchte.

»Verzeihen Sie, mein Herr«, sagte er, »könnten Sie mir gütigst mit einem Zündhölzchen aushelfen?«

»Gewiß.«

Er setzte sich neben mich, und während ich die Hand auf der Suche nach Zündhölzern in die Tasche steckte, kramte er in der seinen nach Zigaretten. Er zog ein kleines Paket ›Gold Flakes‹ hervor, und sein Gesicht wurde lang.

»Mein Gott, wie dumm! Ich habe ja keine Zigarette mehr.«

»Darf ich Ihnen eine anbieten?« entgegnete ich lächelnd.

Ich holte mein Etui hervor, und er bediente sich.

»Gold?« fragte er und tippte mit dem Finger auf das Etui, während ich es schloß. »Gold? Mit solchen Sachen habe ich immer Pech gehabt. Drei habe ich besessen. Alle gestohlen.«

Seine Augen blieben melancholisch an seinen Stiefeln haften, die in betrüblicher Weise reparaturbedürftig aussahen. Er war ein vertrockneter kleiner Mann mit einer langen dünnen Nase und blassen blauen Augen. Seine Haut war fahl und zerfurcht. Ich hätte nicht sagen können, wie alt er sei; er konnte ebensogut fünfunddreißig wie sechzig sein. Es war nichts Bemerkenswertes an ihm, und das einzige, was auffiel, war vielleicht gerade dieser Mangel an jeglicher Besonderheit. Aber trotz seiner offensichtlichen Armut war er sauber und nett. Er sah ehrbar aus und hielt etwas auf seine Ehrbarkeit. Nein, er war kein Stummer. Er war wohl ein kleiner Kanzlist, der vor kurzem seine Frau begraben hatte und nach Elsom geschickt worden war, um über die Heftigkeit des ersten Schmerzes hinwegzukommen.

»Gedenken Sie lange hierzubleiben?« fragte er mich.

»Zehn oder vierzehn Tage.«

»Ist dies Ihr erster Besuch in Elsom?«

»Nein, ich war schon wiederholt da.«

»Ich kenne es genau, mein Herr. Ich schmeichle mir, daß es wenige Seebäder gibt, die ich nicht das eine oder das andere Mal besucht habe. Elsom ist schwer zu übertreffen. Es kommen besonders nette Leute her. Elsom hat nichts Schreiendes, nichts Vulgäres, wenn Sie mich richtig verstehen. Für mich knüpfen sich sehr angenehme Erinnerungen an Elsom. In früheren Zeiten habe ich Elsom gut gekannt. Ich bin in der St. Martinskirche getraut worden.«

»Wirklich?« entgegnete ich matt.

»Es war eine sehr glückliche Ehe, mein Herr.«

»Das freut mich«, antwortete ich.

»Neun Monate hat sie gedauert – diese spezielle«, fuhr er nachdenklich fort.

Zweifellos war diese Bemerkung etwas sonderbar. Ohne den

geringsten Enthusiasmus hatte ich der drohenden Wahrscheinlichkeit entgegengesehen, daß er mich mit einer Schilderung seiner ehelichen Erlebnisse beglücken würde, nun aber wartete ich, wenn nicht mit Spannung, so doch mit Neugier auf seine weiteren Ausführungen. Sie blieben aus. Er seufzte ein wenig. Endlich unterbrach ich die Stille.

»Es scheinen nicht viele Leute hier zu sein.«

»So habe ich es gern. Ich bin nicht für Massen. Wie ich vorhin schon erwähnte: Zusammengerechnet sind es viele Jahre, die ich in den verschiedenen Seebädern zugebracht habe, aber nie bin ich zur Saison an einen Ort gefahren. Ich liebe den Winter.«

»Finden Sie es nicht etwas melancholisch?«

Er wandte sich mir zu und legte einen Augenblick seine schwarzbehandschuhte Hand auf meinen Arm.

»Es *ist* melancholisch. Und gerade weil es melancholisch ist, kann ein kleiner Sonnenstrahl doppelt erfreuen.«

Diese Bemerkung erschien mir vollkommen idiotisch, und ich antwortete nicht. Er entfernte seine Hand von meinem Ärmel und stand auf.

»Ich will Sie nicht länger belästigen, mein Herr. Erfreut, Ihre Bekanntschaft gemacht zu haben.«

Er zog sehr höflich seinen schmuddeligen Hut und machte sich davon. Es begann kühl zu werden, und ich hielt es für angezeigt, ins Hotel zurückzukehren. Als ich die breite Treppe erreichte, fuhr ein von zwei zottigen Pferden gezogener Landauer vor, und diesem entstieg Mr. St. Clair. Er trug einen Hut, der wie das Produkt einer unglücklichen Kreuzung zwischen einem Zylinder und einem steifen runden Hut wirkte. Er half erst seiner Frau, dann seiner Nichte aus dem Wagen. Der Portier folgte ihnen mit Decken und Kissen ins Haus. Als Mr. St. Clair den Kutscher bezahlte, hörte ich, wie er ihm einschärfte, am nächsten Tag zur gleichen Stunde wieder hierzusein, und ich schloß daraus, daß die St. Clairs jeden Nachmittag eine Spazierfahrt im Landauer unternahmen. Es hätte mich nicht gewundert, zu erfahren, daß keiner von ihnen je ein Automobil bestiegen habe.

Die Wirtin erzählte mir, daß sie sehr abgeschlossen lebten und keine Bekanntschaften mit den anderen Hotelgästen suchten. Ich ließ meiner Phantasie freie Zügel. Ich sah sie drei

Mahlzeiten im Tag verzehren. Ich sah Mr. und Mrs. St. Clair frühmorgens oben an der Hoteltreppe sitzen. Er las die *Times*, und sie strickte. Ich vermute, daß Mrs. St. Clair ihr Lebtag keine Zeitung gelesen hatte – denn sie kaufte immer nur die *Times*, und die nahm Mr. St. Clair doch jedenfalls mit in die City. Gegen zwölf Uhr gesellte sich Miss Porchester zu ihnen.

»War dein Spaziergang angenehm, Eleanor?« fragte Mrs. St. Clair.

»Ja, sehr nett, Tante Gertrud«, antwortete Miss Porchester.

Ich schloß also, daß Miss Porchester jeden Vormittag ›ihren Spaziergang‹ machte, ebenso wie Mrs. St. Clair jeden Nachmittag ›ihre Ausfahrt‹ unternahm.

»Wenn du mit deiner Reihe zu Ende bist, meine Liebe«, sagte Mr. St. Clair mit einem Blick auf die Strickerei seiner Frau, »dann könnten wir noch einen kleinen Gang vor dem Lunch machen, um uns Appetit zu holen.«

»Das wäre sehr nett«, entgegnete Mrs. St. Clair. Sie faltete ihre Arbeit zusammen und gab sie Miss Porchester.

»Willst du meine Arbeit mitnehmen, Eleanor, wenn du hinaufgehst?«

»Gern, Tante Gertrud.«

»Du bist sicher ein wenig ermüdet von deinem Spaziergang, Liebe.«

»Ich werde mich vor dem Essen ein Weilchen hinlegen.«

Miss Porchester ging ins Hotel, und Mr. und Mrs. St. Clair promenierten langsam den Strand hinauf bis zu einem gewissen Punkt und kehrten dann langsam wieder um.

Wenn ich einem von ihnen auf der Treppe begegnete, machte ich eine Verbeugung und bekam eine höfliche, von keinem Lächeln begleitete Verbeugung zurück. Des Morgens wagte ich ein »Guten Tag«, aber damit hatte die Sache auch schon ein Ende. Es sah aus, als würde sich mir niemals Gelegenheit bieten, mit einem von ihnen zu reden. Aber bald hatte ich den Eindruck, daß Mr. St. Clair mir hie und da einen Blick zuwarf, und mutmaßend, daß er vielleicht meinen Namen erfahren hätte, redete ich mir eitlerweise ein, daß er mich mit einer gewissen Neugier beobachtete.

Ein, zwei Tage später saß ich in meinem Zimmer, als der Portier hereinkam und mir eine Botschaft bestellte.

»Mr. St. Clair schickt seine Empfehlung und läßt fragen,

ob Sie die Güte haben wollten, ihm Whiteakers Literaturalmanach zu leihen.«

Ich wunderte mich.

»Was, in aller Welt, bringt ihn auf den Gedanken, daß ich Whiteakers Literaturalmanach besitzen könnte?«

»Die Wirtin hat ihm erzählt, daß Sie schreiben.«

Ich konnte den Zusammenhang nicht erraten.

»Sagen Sie Mr. St. Clair, daß ich sehr bedaure, Whiteakers Almanach nicht zu besitzen, daß es mir aber ein besonderes Vergnügen gewesen wäre, ihm gefällig zu sein.«

Da war also endlich die langgesuchte Gelegenheit. Allmählich hatte sich meiner ein ausgesprochenes Verlangen bemächtigt, diese phantastischen Menschen näher kennenzulernen. Hie und da, im Herzen von Asien, war ich auf einen einsamen Stamm gestoßen, der in einem kleinen Dorf inmitten einer andersgearteten Bevölkerung lebte. Niemand weiß, wo diese Fremdlinge hergekommen sind oder warum sie sich gerade an diesem Ort niedergelassen haben. Sie leben ihr eigenes Leben, sprechen ihre eigene Sprache und haben keine Verbindung mit ihren Nachbarn. Niemand weiß, ob sie Nachkommen einer Bande sind, die zurückgelassen wurde, als ihre Nation in großen Horden über den Kontinent fegte, oder ob sie die aussterbenden Überreste eines mächtigen Volkes darstellen, das einst in diesem Land geherrscht hat. Sie sind ein Rätsel. Sie haben keine Zukunft und keine Geschichte. Die merkwürdige kleine Familie schien mir ähnlich in ihrer Wesensart. Sie gehörte einer Ära an, die tot und begraben ist. Sie erinnerte mich an gewisse Gestalten aus den beschaulichen altmodischen Romanen, die unsere Väter lasen. Sie gehörte den achtziger Jahren an und hatte keinen Schritt weiter getan. Wie seltsam, daß sie die letzten vierzig Jahre durchlebt hatte, als ob die Welt stillgestanden wäre! Sie führte mich in meine Kindheit zurück, und ich erinnerte mich an längst verstorbene Leute. Ob es wohl nur die Entfernung ist, die mir den Eindruck aufzwingt, die Menschen seien zu jener Zeit eigenartiger gewesen als heute? Wenn es damals von jemandem hieß, er sei ein ›Original‹, bei Gott, dann hatte es etwas zu bedeuten.

An diesem Abend nach dem Dinner ging ich also in die Halle und brachte die Kühnheit auf, Mr. St. Clair anzusprechen.

»Es tut mir so leid, daß ich Whiteakers Almanach nicht

besitze«, sagte ich, »aber wenn ich Ihnen mit irgendeinem anderen Buch dienlich sein kann, werde ich mich glücklich schätzen.«

Mr. St. Clair war sichtlich betroffen. Die beiden Damen hielten die Augen auf ihre Handarbeiten geheftet. Eine betretene Stille trat ein.

»Es hat nicht das geringste auf sich. Ich hatte bloß von der Wirtin gehört, daß Sie Romanschriftsteller sind.«

Ich zerbrach mir den Kopf. Offenbar bestand eine Beziehung zwischen meinem Beruf und Whiteakers Almanach, die mir verborgen blieb.

»In früheren Tagen pflegte Herr Trollope des öfteren bei uns in Leinster Square zu dinieren, und ich entsinne mich, von ihm gehört zu haben, die beiden wichtigsten Bücher für einen Schriftsteller wären Whiteakers Literaturalmanach und die Bibel.«

»Ich sehe, daß Thackeray einmal in diesem Hotel gewohnt hat«, bemerkte ich, um das Gespräch nicht fallenzulassen.

»Ich habe mir nie sehr viel aus Thackeray gemacht, obgleich er zu wiederholten Malen bei dem Vater meiner Gattin, dem verstorbenen Mr. Sergeant Saunders, zu Gast war. Er war mir zu zynisch. Meine Nichte hat bis zum heutigen Tag ›Vanity Fair‹ noch nicht gelesen.«

Miss Porchester errötete leicht bei dieser Erwähnung ihrer Person. Ein Kellner brachte den Kaffee, und Mrs. St. Clair wandte sich an ihren Gatten.

»Vielleicht, mein Lieber, würde uns der Herr das Vergnügen machen, seinen Kaffee mit uns zu trinken.«

Obgleich die Rede nicht direkt an mich gerichtet war, antwortete ich rasch:

»Vielen Dank.«

Ich setzte mich.

»Trollope war immer mein Lieblingsschriftsteller«, sagte Mr. St. Clair. »Er ist ein so ausgesprochener Gentleman. Ich bewundere Charles Dickens. Aber Charles Dickens konnte niemals einen Gentleman zeichnen. Ich höre, daß die jungen Leute heutzutage Trollope ein wenig langweilig finden. Meine Nichte, Miss Porchester, zieht die Romane von William Black vor.«

»Ich habe leider nie einen gelesen«, sagte ich.

»Ach, ich sehe, Sie sind wie ich; nicht up-to-date. Meine Nichte hat mich einmal überredet, einen Roman von Rosa

Broughton vorzunehmen, aber über hundert Seiten bin ich nicht hinausgekommen.«

»Ich habe nie gesagt, daß mir das Buch gefällt, Onkel Edwin«, brachte Miss Porchester, abermals errötend, zu ihrer Verteidigung vor. »Ich habe dir gleich gesagt, daß ich es etwas frei finde; aber es wurde so viel davon gesprochen.«

»Jedenfalls gehört es nicht zu den Büchern, die deiner Tante Gertrud als Lektüre für dich erwünscht sind, Eleanor.«

»Ich erinnere mich, daß Miss Broughton mir einmal erzählt hat, wie merkwürdig es ihr mit ihren Büchern ergangen sei. Als sie jung war, fand man sie zu frei. Und als sie alt war, fand man sie zu moralisch; und das ist hart, denn sie hat vierzig Jahre hindurch genau die gleichen Bücher geschrieben.«

»Ach, Sie haben Miss Broughton gekannt?« fragte Miss Porchester und redete mich damit zum erstenmal an. »Wie interessant! Kannten Sie auch Ouida?«

»Meine liebe Eleanor, was werden wir noch alles zu hören bekommen? Du hast doch sicherlich nie ein Buch von Ouida gelesen?«

»Doch, Onkel Edwin. Ich habe ›Unter zwei Flaggen‹ gelesen, und es hat mir sehr gefallen.«

»Ich bin erstaunt und erschrocken. Diese jungen Mädchen von heutzutage! Ich weiß wirklich nicht, wohin das noch führen soll!«

»Du hast immer gesagt, wenn ich dreißig Jahre alt bin, gibst du mir vollkommene Freiheit, zu lesen, was ich will.«

»Freiheit darf nicht verwechselt werden mit Zügellosigkeit, liebe Eleanor«, sagte Mr. St. Clair leicht lächelnd, um seiner Zurechtweisung den Stachel zu nehmen, aber doch mit einem gewissen Ernst.

Ich weiß nicht, ob es mir bei der Wiedergabe dieses Gespräches gelungen ist, den Eindruck zu vermitteln, den es in mir wachrief, den Eindruck nämlich einer bezaubernden, altmodischen Melodie. Ich hätte die ganze Nacht zuhören mögen, wie sie über die Verruchtheit eines Zeitalters diskutierten, das in den achtziger Jahren jung gewesen ist. Ich hätte etwas darum gegeben, einen Blick in ihr stattliches, geräumiges Haus in Leinster Square werfen zu dürfen. Ich hätte die Garnitur wiedererkannt, mit rotem Brokat überzogen, die steif im Salon herumstand, jedes Stück an einem bestimmten Platz; und die mit

Meißner Porzellan gefüllten Vitrinen hätten mir meine Kindheit ins Gedächtnis zurückgerufen. Im Eßzimmer, wo man sich gewöhnlich aufhielt, denn der Salon wurde nur für Gesellschaften benützt, lag ein türkischer Teppich, und das Mahagonibüfett ›bog sich‹ vor Silber. An den Wänden hingen die Bilder, die in den achtziger Jahren das Entzücken der Mrs. Humphrey Ward und ihres Onkels Matthew erregt hatten.

Am nächsten Morgen, als ich einen hübschen Weg hinter den Häusern von Elsom entlangschlenderte, begegnete ich Miss Porchester, die auf ›ihrem‹ Spaziergang begriffen war. Ich wäre gern ein Stückchen mit ihr gegangen, aber ich wußte bestimmt, daß es diesem Mädchen von Fünfzig peinlich gewesen wäre, allein mit einem Mann selbst meines würdigen Alters gesehen zu werden. Sie neigte, als ich an ihr vorbeikam, den Kopf und errötete. Seltsamerweise stieß ich wenige Meter hinter ihr auf das komische schäbige Männchen mit den schwarzen Handschuhen, mit dem ich mich am Strand ein paar Minuten unterhalten hatte. Er berührte seinen alten steifen Hut.

»Verzeihen Sie, mein Herr, könnten Sie mir vielleicht mit einem Zündhölzchen aushelfen?« sagte er.

»Gewiß«, entgegnete ich, »aber ich habe leider keine Zigaretten bei mir.«

»Gestatten Sie mir, Ihnen eine von den meinen anzubieten«, sagte er und zog die Pappschachtel hervor. Sie war leer. »Mein Gott, ich habe auch keine. Was für ein merkwürdiges Zusammentreffen!«

Er ging weiter, und es war mir, als ob er seine Schritte beschleunige. Ich fing an, mir meine Zweifel über ihn zu machen. Ich hoffte, daß er Miss Porchester nicht behelligen würde. Einen Augenblick dachte ich daran, umzukehren, tat es aber schließlich doch nicht. Er war ein manierlicher kleiner Mensch, und ich glaubte nicht ernstlich daran, daß er sich einer einzelnen Dame gegenüber lästig zeigen würde.

Ich sah ihn noch am gleichen Nachmittag wieder. Ich saß an der Seepromenade. Er kam mit kleinen ungeschickten Schritten auf mich zu. Es war etwas stürmisch, und er sah aus wie ein vertrocknetes Blatt, das vom Wind dahingetrieben wird. Dieses Mal zögerte er nicht, sondern setzte sich neben mich.

»Schon wieder begegnen wir einander, mein Herr. Die Welt ist klein. Wenn es Sie nicht stört, werden Sie mir vielleicht gestatten, mich einen Augenblick neben Sie zu setzen. Ich bin ein wenig müde.«

»Dies ist eine öffentliche Bank, und Sie haben das gleiche Recht, hier zu sitzen, wie ich.«

Ich wartete nicht, bis er mich um ein Streichholz bitten würde, sondern bot ihm sofort eine Zigarette an.

»Wie reizend von Ihnen, mein Herr. Ich bin gezwungen, mich auf eine bestimmte Zahl von Zigaretten im Tag zu beschränken; die aber rauche ich mit Genuß. Wenn man älter wird, werden die Freuden des Lebens spärlicher. Dafür genießt man die wenigen, die bleiben, um so intensiver.«

»Ein tröstlicher Gedanke.«

»Entschuldigen Sie, mein Herr, aber vermute ich richtig, daß Sie der bekannte Schriftsteller sind?«

»Ja, ich bin Schriftsteller«, antwortete ich. »Aber wie kommen Sie darauf?«

»Ich habe Ihr Bild in den illustrierten Blättern gesehen. Sie erkennen *mich* wohl nicht?«

Ich schaute ihn an, den kümmerlichen kleinen Mann, in seinem sauberen, aber schäbigen schwarzen Anzug, mit der langen Nase und den wässerigen blauen Augen.

»Leider nicht.«

»Ja, ich habe mich wohl verändert«, seufzte er. »Es gab eine Zeit, da war meine Photographie in jedem Blatt der Vereinigten Königreiche zu sehen. Natürlich können einem diese Pressephotographen nicht gerecht werden. Ich gebe Ihnen mein Wort: in den meisten Fällen wäre ich nie auf den Gedanken gekommen, daß *ich* das sein sollte, wenn nicht mein Name daruntergestanden hätte.«

Es war eine Weile still. Die Flut war zurückgetreten, und hinter dem Uferkies zeigte sich ein Streifen gelblichen Schlamms. Die Wellenbrecher lagen halb darin begraben wie die Rückenkämme vorsintflutlicher Tiere.

»Es muß wunderbar interessant sein, Schriftsteller zu sein, mein Herr. Oft habe ich mir gedacht, daß ich selbst Talent zum Schreiben hätte. Es gab Zeiten, da verschlang ich die Bücher geradezu. Aber in den letzten Jahren habe ich das etwas vernachlässigt. Vor allem, weil meine Augen nicht mehr so gut sind. Ich glaube, ich könnte ein Buch schreiben, wenn ich es versuchen würde.«

»Es wird behauptet, daß jeder ein Buch schreiben könnte«, antwortete ich.

»Keinen Roman, wissen Sie. Ich bin nicht sehr für Romane; ich ziehe geschichtliche Sachen vor. Auch Memoiren. Wenn jemand mir ein vernünftiges Angebot machen würde, wäre ich ohne weiteres bereit, meine Memoiren zu schreiben.«

»Im Augenblick sehr modern«, entgegnete ich.

»Es gibt nicht viele Menschen, die so viel erlebt haben wie ich, in gewisser Beziehung. Vor kurzem erst habe ich an ein Sonntagsblatt darüber geschrieben, aber man hat meinen Brief unbeantwortet gelassen.«

Er musterte mich mit einem langen, taxierenden Blick. Er sah mir zu ehrbar aus, als daß er im Begriff sein konnte, mich um ein paar Shillings anzugehen.

»Sie wissen natürlich nicht, wer ich bin, mein Herr, nicht wahr?«

»Ehrlich gestanden, nein.«

Er schien einen Augenblick nachzudenken, dann zog er seine Handschuhe straffer über die Finger, betrachtete einen Moment ein Loch in dem einen und wandte sich schließlich ohne Befangenheit zu mir.

»Ich bin der berühmte Mortimer Ellis«, sagte er.

»Ach?«

Ich wußte mir keinen anderen Ausruf, denn nach bestem Wissen hatte ich diesen Namen nie zuvor gehört. Ich sah einen Ausdruck von Enttäuschung über sein Gesicht ziehen und war etwas verlegen.

»Mortimer Ellis«, wiederholte er. »Sie werden mir doch nicht erzählen, daß Sie nichts von mir wissen.«

»Leider bleibt mir nichts anderes übrig. Ich bin sehr oft im Ausland.«

Ich überlegte, welchem Verdienst er seine Berühmtheit verdanken mochte. Im Geist überflog ich die verschiedenen Möglichkeiten. Er konnte kein Athlet gewesen sein, das einzige, was einem Menschen in England wahren Ruhm sichert, aber er konnte Gesundbeter gewesen sein oder vielleicht Meisterbillardspieler. Es gibt natürlich nichts so Obskures wie einen verabschiedeten Minister, und er konnte auch Präsident des Handelsministeriums in einem längst begrabenen Kabinett gewesen sein. Aber er hatte nichts von dem Aussehen eines Politikers.

»So ist es mit dem Ruhm«, meinte er bitter. »Wochenlang war ich der meistbesprochene Mann in England. Schauen Sie mich doch an. Sie *müssen* meine Photographie in den Blättern gesehen haben. Mortimer Ellis.«

»Tut mir furchtbar leid«, sagte ich und schüttelte den Kopf.

Er machte eine kleine Pause, um seiner Eröffnung Wirkung zu verleihen.

»Ich bin der berühmte Bigamist.«

Was soll man nun antworten, wenn einem ein Mensch, der einem so gut wie fremd ist, plötzlich aus heiterem Himmel mitteilt, er sei der berühmte Bigamist? Ich gestehe, daß ich mir geschmeichelt hatte, nur selten um eine Antwort verlegen zu sein, aber in diesem Fall war ich sprachlos.

»Ich habe elf Frauen gehabt, mein Herr«, fuhr er fort.

»Die meisten Männer haben mit einer gerade genug zu schaffen.«

»Ach, das ist nur Mangel an Übung. Wenn man elf gehabt hat wie ich, dann gibt es nur sehr wenig, was man nicht weiß über Frauen.«

»Aber warum sind Sie bei der elften stehengeblieben?«

»Natürlich! Ich wußte, daß Sie das fragen würden. Sofort, als ich Sie erblickte, sagte ich mir: er hat ein kluges Gesicht. Ja, sehen Sie, mein Herr, das ist es ja gerade, was mich irritiert. Elf ist eine so nichtssagende Zahl. Etwas so Unfertiges. Drei könnte man haben, sieben eventuell, neun soll eine Glückszahl sein, und an zehn wäre schließlich auch nichts auszusetzen. Aber elf! Das ist das einzige, was mich wurmt. Mit Freuden hätte ich alles getragen, wenn es mir vergönnt gewesen wäre, das Dutzend vollzumachen.«

Er knöpfte seinen Rock auf und holte aus der inneren Tasche ein dickes und sehr schmieriges Portefeuille hervor. Diesem entnahm er ein großes Bündel von Zeitungsausschnitten; sie waren abgegriffen, zerknüllt und schmutzig. Aber er breitete zwei, drei vor mir aus.

»Nun sehen Sie sich einmal diese Photographien an. Ich frage Sie, erkennt man mich darauf? Es ist eine Schande. Für einen Verbrecher könnte man mich halten, wenn man sie sieht.«

Die Ausschnitte waren von imposanter Länge. Nach Ansicht der Zeitungsredakteure war Mortimer Ellis offenbar ein Nachrichtengegenstand von besonderem Wert gewesen. Ein Bericht war überschrieben: ›Ein oft verheirateter Mann‹, ein zweiter: ›Ein herzloser Schuft vor seinen Richtern‹, ein dritter: ›Ein Schurke erlebt sein Waterloo‹.

»Nicht gerade, was man eine gute Presse nennt«, murmelte ich.

»Ich kümmere mich nicht darum, was die Zeitungen schreiben«, antwortete er mit einem Achselzucken. »Dazu habe ich viel zu viele Journalisten kennengelernt. Nein, der *Richter* ist es, dem ich alle Schuld aufbürden muß. Er hat mich entsetzlich behandelt, und es ist ihm übel bekommen, kann ich Ihnen sagen; noch im gleichen Jahr ist er gestorben.«

Ich durchflog den Bericht, den ich in der Hand hielt.

»Ich sehe, daß er ihnen fünf Jahre gegeben hat.«

»Unerhört, finden Sie nicht auch? Lesen Sie nur weiter.«

Er wies mit dem Zeigefinger auf eine bestimmte Stelle: »›Drei seiner Opfer baten um Gnade für ihn.‹ Das zeigt, was sie von mir hielten. Und auf das hin hat er mir fünf Jahre gegeben. Und wie er mich beschimpft, sehen Sie doch nur. Einen herzlosen Schuft nennt er mich – mich, den gutherzigsten Menschen der Welt –, eine Pest der Gesellschaft, eine Gefahr für die Öffentlichkeit; sagt, daß er mich am liebsten auspeitschen ließe, wenn es in seiner Macht stünde. Daß er mir fünf Jahre gegeben hat, nehme ich ihm nicht so übel, obgleich es bestimmt viel zuviel war – niemand wird mir das ausreden –, aber hatte er das Recht, frage ich Sie, in diesem Ton mit mir zu reden? Nein, das hatte er nicht, und ich werde es ihm nie verzeihen, nie, und wenn ich hundert Jahre alt werde.«

Die Wangen des Bigamisten wurden rot, und in seinen wäßrigen Augen leuchtete es einen Augenblick feurig auf. Es war ein schmerzliches Thema, das er hier angeschlagen hatte.

»Darf ich die Ausschnitte lesen?« fragte ich.

»Dazu habe ich sie Ihnen gegeben. Ich möchte, daß Sie sie lesen. Und wenn Sie sie lesen können, ohne einzusehen, daß mir bitter Unrecht geschehen ist, dann sind Sie nicht der Mann, für den ich Sie gehalten habe.«

Während ich einen Ausschnitt nach dem anderen überflog, wurde mir klar, woher Mortimer Ellis eine so eingehende Kenntnis der Seebäder Englands besaß. Sie waren sein Jagdrevier. Seine Methode bestand darin, an irgendeinen Ort zu fahren, wenn die Saison vorüber war, und sich in einem der leeren Häuser einzuquartieren. Offenbar gelang es ihm jedesmal schnell, die Bekanntschaft eines weiblichen Wesens zu machen, einer Witwe oder einer alten Jungfer, deren Alter, wie ich bemerkte, zwischen fünfunddreißig und fünfzig schwankte. Sie alle sagten vor Gericht aus, daß sie ihn in einem Seebad kennengelernt hätten. Er machte ihnen nach ungefähr vierzehn Tagen einen Heiratsantrag. Bald darauf fand die Hochzeit statt. Er veranlaßte sie auf die oder jene Weise, ihm ihre Ersparnisse anzuvertrauen, und unter dem Vorwand, geschäftlich nach London reisen zu müssen, verließ er sie dann nach einigen Monaten auf Nimmerwiedersehen. Nur eine einzige war ihm wieder begegnet bis zu dem Tag, wo sie ihn alle in ihrer Eigenschaft als Zeuginnen vor Gericht wiedergesehen hatten. Es waren durchweg Frauen aus gutbürgerlichen Kreisen; die eine war die Tochter eines Arztes, die andere eine Pastorentochter; dann war eine Pensionsbesitzerin darunter, die Witwe eines Geschäftsreisenden und auch eine ehemalige Schneiderin. Ihr Vermögen bewegte sich im wesentlichen zwischen fünfhundert und tausend Pfund. Aber welche Summe es auch sein mochte, den irregeführten Frauen wurde alles bis auf den letzten Pfennig abgeknöpft. Einige von ihnen erzählten wahrhaft jammervolle Geschichten über das Elend, in dem er sie zurückgelassen hatte. Aber alle gaben sie zu, daß er ein guter Ehemann gewesen wäre. Und nicht genug, daß drei von ihnen tatsächlich um Gnade für ihn baten, eine erklärte sich sogar auf der Zeugenbank bereit, ihn jederzeit wieder aufzunehmen, wenn er zu ihr zurückkehren wollte. Er bemerkte, daß ich gerade diese Stelle las.

»Und sie hätte für mich gearbeitet«, sagte er, »darüber besteht kein Zweifel. Aber ich sagte mir: Nein, Begrabenes soll man begraben sein lassen. Niemand weiß ein saftiges Stück Braten besser zu schätzen als ich, aber für kalt und aufgewärmt bin ich nicht, muß ich gestehen.«

Nur ein Mißgeschick trug die Schuld, daß Mortimer Ellis nicht auch noch eine zwölfte Frau geheiratet und damit das ersehnte Dutzend erreicht hatte. Denn er war verlobt mit einer Miss Hubbard – »zweitausend Pfund hatte sie, nicht einen Penny weniger, in Kriegsanleihe«, vertraute er mir an –, und das Aufgebot war schon verkündet, als eine seiner früheren

Frauen ihn erblickte, Erkundigungen einzog und sich mit der Polizei in Verbindung setzte. Genau einen Tag vor seiner zwölften Hochzeit wurde er arretiert.

»Eine Böse war das«, sagte er, »hineingelegt hat die mich, grausam!«

»Ja, wie hat sie denn das gemacht?«

»Gott, ich habe sie in Eastbourne kennengelernt, im Dezember einmal, und im Lauf unseres Gesprächs hat sie mir erzählt, daß sie Schneiderin gewesen sei und sich zur Ruhe gesetzt habe. Sie sagte, sie hätte ein hübsches Stück Geld gemacht. Es war nicht genau herauszukriegen, wieviel, aber sie gab mir zu verstehen, daß es so an die fünfzehnhundert Pfund waren, und als ich sie dann heiratete, wissen Sie, was sich da herausstellte? Sie werden es nicht glauben: keine dreihundert Pfund hatte sie. Und ausgerechnet die hat mich angezeigt. Bedenken Sie, nie hatte ich ihr einen Vorwurf gemacht. Ein anderer wäre ihr grob gekommen, wenn er den Schwindel entdeckt hätte. Ich habe sie niemals fühlen lassen, daß ich auch nur enttäuscht war. Ich bin einfach weggegangen ohne ein Wort.«

»Aber nicht ohne die dreihundert Pfund, nehme ich an.«

»Aber, mein Herr, seien Sie doch nicht unvernünftig«, entgegnete er in beleidigtem Ton. »Wie lange können dreihundert Pfund schon reichen? Und ich war vier Monate mit ihr verheiratet, ehe sie die Wahrheit eingestand.«

»Verzeihen Sie die Frage«, sagte ich, »und führen Sie sie bitte ja nicht auf eine geringe Einschätzung Ihrer persönlichen Vorzüge zurück – warum haben alle diese Frauen Sie geheiratet?«

»Weil ich sie darum gebeten habe«, antwortete er, sichtlich auf das höchste erstaunt.

»Aber haben Sie nie einen Korb bekommen?«

»Sehr selten. Nicht öfter als vier- oder fünfmal in meiner ganzen Laufbahn. Natürlich habe ich meinen Antrag immer erst gemacht, wenn ich meiner Sache schon ziemlich sicher war, und ich will nicht behaupten, daß ich nicht manchmal auch eine Niete gezogen habe. Man kann nicht verlangen, daß es jedesmal zum Klappen kommt, wenn Sie mich richtig verstehen. Oft habe ich mich mehrere Wochen um eine Frau bemüht, ehe ich erkannte, daß nichts zu machen sei.«

Ich gab mich eine Weile meinen Überlegungen hin, aber bald

bemerkte ich, daß ein breites Lächeln über die beweglichen Züge meines Freundes glitt.

»Jetzt verstehe ich erst, was Sie meinen«, sagte er. »Mein Äußeres gibt Ihnen zu denken. Sie können nicht begreifen, was die Frauen an mir finden. Das kommt vom Romanlesen und Ins-Kino-Laufen. Sie meinen, was die Frauen wollen, das sei der Cowboytyp oder eine Art Spanier mit blitzenden Augen und olivfarbener Haut oder ein eleganter Tänzer. Sie bringen mich zum Lachen!«

»Das freut mich«, sagte ich.

»Sind Sie verheiratet, mein Herr?«

»Ja. Aber ich habe nur eine Frau.«

»Da können Sie nicht urteilen. Nach einem einzigen Beispiel kann man nicht generalisieren, wenn Sie mich richtig verstehen. Was wüßten Sie zum Beispiel von Hunden, wenn Sie nie einen anderen gehabt hätten als einen Bullterrier?«

Die Frage war rhetorisch, und ich fühlte, daß sie keiner Antwort bedurfte. Er wartete den richtigen Moment ab und fuhr dann fort: »Sie befinden sich in einem Irrtum, mein Herr. In einem ausgesprochenen Irrtum. Eine Frau mag sich in einen gutaussehenden jungen Kerl vergaffen, aber sie wird ihn niemals heiraten wollen. In Wirklichkeit machen sich die Frauen nichts aus gutem Aussehen. Douglas Jerrold, der ebenso häßlich wie geistreich war, pflegte zu sagen, man müßte ihm nur zehn Minuten Vorsprung bei einer Frau lassen, und er könnte den schönsten Mann im Zimmer ausstechen. Auch Geist wollen sie nicht. Sie wollen nicht, daß ein Mann geistreich sei; sonst glauben sie nicht, daß er es ernst meint. Sie wollen nicht, daß er gut aussehe; sonst glauben sie ebenfalls nicht, daß er es ernst meint. Nur eines wollen sie wirklich: daß er es ernst meint. Vor allen Dingen Sicherheit. Und dann – Aufmerksamkeit. Ich mag nicht schön sein, und ich mag nicht unterhaltend sein, aber glauben Sie mir, ich besitze das, was jede Frau sich wünscht: Zuverlässigkeit. Und der Beweis dafür ist, daß ich alle meine Frauen glücklich gemacht habe.«

»Es wirft sicherlich ein gutes Licht auf Sie, daß drei um Gnade für Sie gebeten haben und eine sogar bereit war, Sie wieder zurückzunehmen.«

»Sie können sich nicht vorstellen, was für eine Sorge das für mich war, die ganze Zeit im Gefängnis. Ich fürchtete, sie würde bei meiner Haftentlassung vor dem Tor auf mich warten, und ich hatte zu dem Direktor gesagt: ›Um Gottes willen, Sir, schmuggeln Sie mich hinaus, damit mich nur ja niemand sieht.‹«

Er zog abermals die Handschuhe straff, und sein Blick fiel wieder auf das Loch im ersten Finger.

»Das kommt davon, wenn man möbliert leben muß. Wie soll ein Mann sich seine Sachen in Ordnung halten, wenn er keine Frau hat, die für ihn sorgt. Ich war zu oft verheiratet, um ohne Frau leben zu können. Es gibt Männer, denen es keinen Spaß macht, verheiratet zu sein. Das kann ich einfach nicht begreifen. Aber es ist wohl schon so: etwas wirklich Gutes kann man nur leisten, wenn man mit dem Herzen dabei ist: und ich liebe es, Ehemann zu sein. Es fällt mir nicht schwer, die verschiedenen kleinen Dinge zu tun, die den Frauen Freude machen und mit denen die meisten anderen Männer sich einfach nicht abgeben wollen. Wie schon erwähnt, eine Frau verlangt Aufmerksamkeit. Ich bin nie aus dem Haus gegangen, ohne meiner Frau einen Kuß zu geben, und nie heimgekommen, ohne ihr wieder einen zu geben. Und nur sehr selten bin ich nach Hause gekommen, ohne ihr etwas Schokolade oder ein paar Blumen mitzubringen. An die Ausgabe habe ich dabei niemals gedacht.«

»Es war schließlich auch nicht Ihr Geld, mit dem Sie bezahlt haben«, warf ich ein.

»Und was will das schon besagen! Kommt es denn auf das Geld an, das man für ein Geschenk ausgelegt hat? Nein! Auf den Geist kommt es an, aus dem heraus man schenkt. Nur das zählt bei den Frauen. Nein, ich bin wirklich kein eingebildeter Mensch, aber das eine kann ich von mir behaupten: ich bin ein guter Ehemann.«

Ich schaute flüchtig auf die Berichte, die ich immer noch in der Hand hielt.

»Ich will Ihnen sagen, was mich wundert«, sagte ich. »Alle diese Frauen waren sehr achtbare, ordentliche Personen, alle hatten sie ein gewisses Alter, waren ruhig und gesetzt. Und doch haben sie Sie geheiratet, ohne irgendwelche Erkundigungen einzuziehen, und nach allerkürzester Bekanntschaft.«

Er legte seine Hand nachdrucksvoll auf meinen Arm.

»Das also verstehen Sie nicht, mein Herr. Sehen Sie, in allen Frauen ist eine Sucht, verheiratet zu sein. Gleichgültig, ob sie jung oder alt sind, klein oder groß, schwarz oder blond, alle haben sie eines gemeinsam: sie wollen heiraten. Und vergessen Sie eines nicht, ich habe mich jedesmal in der Kirche trauen lassen. Keine Frau fühlt sich wirklich sicher, wenn sie nicht kirchlich getraut ist. Sie sagen, ich sei keine Schönheit – zugegeben –, ich habe mich auch nie für eine Schönheit gehalten, aber selbst wenn ich nur ein Bein und dazu einen Buckel hätte, könnte ich Frauen finden, soviel ich nur wollte, die mit Freuden bereit wären, mich zu heiraten. Es ist eine Manie geradezu, eine Krankheit. Tatsächlich war doch kaum eine unter ihnen, die mich nicht schon nach der zweiten Zusammenkunft genommen hätte – ich liebe es bloß, das Terrain etwas gründlicher zu sondieren, ehe ich mich exponiere. Als das Ganze herauskam, herrschte mächtige Aufregung, weil ich elfmal geheiratet hatte. Elfmal? Ja, das ist doch gar nichts, nicht einmal ein volles Dutzend. Dreißigmal hätte ich heiraten können, wenn ich gewollt hätte. Ehrenwort, mein Herr. Wenn ich bedenke, was für Möglichkeiten sich mir geboten haben, so kann ich mich nur wundern über meine Zurückhaltung.«

»Sie erwähnten vorhin, daß Sie gern Geschichtliches lesen.«

»Ja, bei Warren Hastings war das doch auch so, nicht? Es fiel mir gleich auf, als ich es las. Haargenau paßte es auf mich.«

»Und Sie fanden diese ständige Freierschaft nicht etwas monoton?«

»Gott, ich bin ein logisch veranlagter Mensch, und es bereitete mir eine nie versagende Freude, zu beobachten, wie die gleichen Folgen aus den gleichen Ursachen entstehen, wenn Sie wissen, was ich meine. Bei Frauen zum Beispiel, die noch nicht verheiratet gewesen waren, gab ich mich regelmäßig für einen Witwer aus. Das wirkte wie ein Zauber. Denn sehen Sie, eine ledige Person will einen Mann, der etwas weiß. Bei einer Witwe ist das wieder anders. Da sagte ich immer, ich sei Junggeselle. Denn eine Witwe hat Angst, der Mann könnte zuviel wissen, wenn er schon einmal verheiratet war.«

Ich gab ihm seine Ausschnitte zurück; er faltete sie sauber zusammen und legte sie in seine schmierige Brieftasche.

»Ich bin der Ansicht, mein Herr, daß man mich vollkommen verkannt hat. Überlegen Sie, was man über mich sagt: ›Pest der Gesellschaft‹ – ›Gewissenloser Gauner‹ – ›Gemeiner

Schwindler‹. Und dann schauen Sie mich an. Bin ich der Mann, auf den das alles zutrifft? Sie kennen mich, Sie sind ein Menschenkenner, ich habe Ihnen alles von mir erzählt. Halten Sie mich für einen schlechten Menschen?«

»Meine Bekanntschaft mit Ihnen ist nur sehr flüchtig«, antwortete ich mit, wie mir schien, bemerkenswertem Takt.

»Ich möchte wissen, ob die Richter, ob die Geschworenen, ob die Öffentlichkeit je auf den Gedanken gekommen ist, die Sache auch einmal von meinem Standpunkt aus zu betrachten. Die Menge bedrohte mich, als ich in den Gerichtssaal geführt wurde, und die Polizei mußte mich vor ihrer Gewalttätigkeit schützen. Hatte auch nur einer bedacht, was ich für diese Frauen getan hatte?«

»Sie hatten ihnen ihr Geld genommen.«

»Natürlich hatte ich ihnen ihr Geld genommen. Ich muß doch leben wie jeder andere auch. Aber was hatte ich ihnen für ihr Geld gegeben?«

Dies war wieder eine rhetorische Frage, und obgleich er mich anblickte, als erwarte er eine Antwort, hielt ich den Mund. Ich wußte wirklich nicht, was ich sagen sollte. Seine Stimme klang eindringlich, und er sprach mit Emphase. Ich konnte sehen, daß es ihm ernst war.

»Ich will Ihnen sagen, was ich ihnen für ihr Geld gegeben habe. Romantik. Schauen Sie sich diesen Ort an.«

Er machte eine weite runde Geste, die das Meer und den Horizont umspannte. »In England gibt es hundert Orte wie diesen. Schauen Sie sich dieses Meer und diesen Himmel an; diese Pensionen; diesen Landungssteg; den Strand. Ist es nicht trostlos? Kann man nicht trübsinnig werden bei diesem Anblick? Für Sie spielt das natürlich weiter keine Rolle. Sie sind auf ein, zwei Wochen hergekommen, weil Sie erholungsbedürftig sind oder aus sonst einem Grund. Aber denken Sie doch an die Frauen, die jahraus, jahrein hier leben müssen. Sie haben keinerlei Möglichkeiten. Kaum, daß sie einen Menschen kennen. Sie haben gerade nur das bißchen Geld, von dem sie leben, und damit Schluß. Haben Sie je bedacht, wie furchtbar ihr Leben ist? Genauso trostlos wie die Seepromenade, eine lange, gerade, zementierte Straße, die immer weitergeht, von einem Seebad zum anderen. Selbst die Saison bringt ihnen keine Aufheiterung. Sie gehören nicht mit dazu. Sie könnten ebensogut tot sein. Und dann komme ich. Ich bitte Sie zu beachten, daß ich mich nie einer Frau genähert habe, die sich nicht mindestens zu einem Alter von fünfunddreißig Jahren bekannt hat. Und ich gebe ihnen Liebe. Bedenken Sie doch: viele von ihnen haben nie erfahren, was es ist, einen Mann zu haben, der ihnen das Kleid hinten zuknöpft. Viele haben es nie erlebt, im Dunkeln auf einer Bank zu sitzen und den Arm eines Mannes um ihre Schultern zu fühlen. Ich bringe ihnen Abwechslung und Aufregung. Ich gebe ihnen neues Selbstvertrauen. Sie stehen verstaubt auf einem Wandbrett, und ich komme ganz sachte daher und hole sie behutsam herunter. Ein kleiner Sonnenstrahl in ihrem freudlosen Dasein. Das war ich. Kein Wunder, daß sie mir zuflogen, kein Wunder, daß sie mich wieder zurückhaben wollten. Die einzige, die mich verriet, war die Schneiderin – sie behauptete, Witwe zu sein, aber im Innersten war ich immer überzeugt, daß sie nie verheiratet gewesen ist. Sie sagen, ich hätte diesen Frauen übel mitgespielt; wieso denn? Ich habe Glück und Glanz in elf Leben gebracht, die längst mit allen Hoffnungen abgeschlossen hatten. Sie sagen, ich sei ein Schuft und ein Schurke; Sie haben unrecht. Ich bin ein Philanthrop. Fünf Jahre hat man mir gegeben; die goldene Verdienstmedaille hätte ich bekommen müssen.«

Er zog seine leere Zigarettenschachtel heraus und blickte mit melancholischem Kopfschütteln auf sie. Als ich ihm mein Etui hinhielt, bediente er sich wortlos. Ich erlebte das Schauspiel, einen guten Menschen im Kampf mit seiner Gemütsbewegung zu sehen.

»Und was hat es mir schließlich eingebracht, frage ich Sie?« fuhr er nach kurzer Pause fort. »Unterkunft und Verpflegung und das bißchen Geld, um mir Zigaretten zu kaufen. Aber zurücklegen konnte ich mir nie etwas, und der Beweis dafür ist, daß ich jetzt, wo ich nicht mehr so jung bin wie früher, keine drei Shilling in der Tasche habe.«

Er blickte mich von der Seite an. »Es ist ein großer Abstieg, sich in einer solchen Lage zu befinden. Ich habe immer bezahlt, was ich verbraucht habe, und nie im Leben einen Freund um ein Darlehen bitten müssen. Ob Sie mir wohl mit einer Kleinigkeit aushelfen könnten, mein Herr? Es ist demütigend für mich, so etwas zu verlangen, aber wenn Ihnen ein Pfund nicht zu viel wäre, würden Sie mir einen großen Gefallen tun.«

Nun, Unterhaltung für ein Pfund hatte mir der Bigamist sicherlich geliefert, und ich langte nach meiner Brieftasche.

»Mit Vergnügen«, sagte ich.

Er schaute auf die Banknote, die ich herausnahm.

»Zwei könnten es wohl nicht sein?«

»Doch, es können auch zwei sein.«

Ich reichte ihm die beiden Pfundnoten, und er stieß einen kleinen Seufzer aus, während er sie entgegennahm.

»Sie ahnen nicht, was es bedeutet, nicht zu wissen, wo man abends sein Haupt hinlegen soll, wenn man wie ich an die Bequemlichkeit eines häuslichen Daseins gewöhnt ist.«

»Eines müssen Sie mir noch erklären«, sagte ich. »Sie dürfen mich nicht für zynisch halten, aber ich war immer der Ansicht, daß Frauen die Maxime ›Geben ist seliger denn Nehmen‹ ausschließlich auf unser Geschlecht beziehen. Wie ist es Ihnen gelungen, diese braven und in Geldsachen doch sicherlich sehr genauen Wesen zu bewegen, Ihnen so vertrauensvoll ihre ganzen Ersparnisse auszuliefern?«

Ein belustigtes Lächeln breitete sich über seine unbedeutenden Züge.

»Nun, mein Herr, Sie wissen doch, was Shakespeare über den Ehrgeiz sagt, ›der sich selbst überrennt‹. Das ist die Erklärung. Erzählen Sie einer Frau, daß Sie sich verpflichten, ihr Kapital in sechs Monaten zu verdoppeln, wenn Sie frei damit walten können, und sie wird es Ihnen nicht schnell genug übergeben können. Habgier ist es, was dahintersteckt. Nichts als allergewöhnlichste Habgier ...«

Es war eine scharfe Sensation, aufreizend für den Appetit (wie heiße Soße mit Eiscreme), von diesem amüsanten Gauner zu der züchtigen Ehrbarkeit – ganz Lavendelsäckchen und Krinolinen – der St. Clairs und Miss Porchesters zurückzukehren. Ich verbrachte nun jeden Abend mit ihnen. Kaum hatten ihn die Damen verlassen, sandte mir Mr. St. Clair seine Empfehlungen an den Tisch und ließ mich bitten, ein Glas Portwein mit ihm zu trinken. Wenn wir fertig waren, gingen wir in die Halle und tranken Kaffee. Mr. St. Clair ließ sich sein Gläschen alten Brandy schmecken. Die Stunden, die ich mit diesen Leuten verbrachte, waren von so erlesener Langeweile, daß sie einen ganz besonderen Zauber für mich hatten. Die Wirtin hatte ihnen erzählt, daß ich Stücke schrieb.

»Wir pflegten oft ins Theater zu gehen, als Henry Irving noch im ›Lyzeum‹ spielte«, sagte Mr. St. Clair. »Ich hatte einmal das Vergnügen, seine Bekanntschaft zu machen. Sir Everard Millais hatte mich in den ›Garrick Club‹ zum Souper eingeladen und stellte mich bei dieser Gelegenheit Mr. Irving vor.«

»Erzähle doch, was er zu dir gesagt hat, Edwin«, bat Mrs. St. Clair. Mr. St. Clair nahm eine dramatische Pose an und gab eine gar nicht üble Imitation Henry Irvings zum besten.

»›Sie haben einen Schauspielerkopf, Herr St. Clair‹, hat er zu mir gesagt. ›Wenn Sie sich je entschließen sollten, zur Bühne zu gehen, dann kommen Sie zu mir, und ich werde Ihnen eine Rolle geben.‹« Mr. St. Clair wurde wieder er selbst. »So etwas hätte einem jungen Menschen schon den Kopf verdrehen können.«

»Aber nicht Ihnen«, äußerte ich.

»Ich will nicht leugnen, daß vielleicht auch ich der Versuchung erlegen wäre, wenn nicht bestimmte Umstände dagegen gewesen wären. Aber ich hatte Pflichten gegen meine Familie. Es hätte meinem Vater das Herz gebrochen, wenn ich das Geschäft nicht übernommen hätte.« – »Was für ein Geschäft ist das, wenn ich fragen darf?«

»Ich bin Teehändler. Meine Firma ist die älteste in der City von London. Ich habe vierzig Jahre meines Lebens *einem* Ziel gelebt: meine Landsleute in dem Wunsch zu unterstützen, Ceylon-Tee zu trinken anstatt chinesischen, wie es in meiner Jugend allgemein üblich war.«

Ich fand es entzückend charakteristisch für ihn, daß er sich ein Leben lang dafür eingesetzt hatte, dem Publikum anstelle einer Ware, die es haben wollte, eine andere, unerwünschte aufzuzwingen.

»Aber in seiner Jugend hat mein Gatte oft in Dilettantenvorstellungen mitgewirkt, und er galt für sehr begabt«, sagte Mrs. St. Clair.

»In Shakespeare-Stücken zum Beispiel oder in der ›Lästerschule‹. Ich habe mich dazu hergegeben, wertloses Zeug zu spielen. Aber das gehört der Vergangenheit an. Ich hatte eine gewisse Begabung, und vielleicht war es schade, sie zu vernachlässigen. Aber jetzt ist es zu spät. Wenn wir Gesellschaften geben, dann lasse ich mich manchmal von den Damen überreden, die großen Hamlet-Monologe zu deklamieren. Das ist aber auch alles.«

O Gott, o Gott, o Gott! Ich dachte mit fasziniertem Schauder an diese Gesellschaften und fragte mich, ob es mir wohl auch beschieden sein würde, einmal eingeladen zu werden. Mrs. St. Clair warf mir ein kleines Lächeln zu, halb schamhaft, halb schockiert.

»Mein Mann war ein großer Bohemien in seiner Jugendzeit«, sagte sie.

»Nun ja, man muß sich ja die Hörner ablaufen. Ich kannte eine ganze Reihe von Malern und Schriftstellern, Wilkie Collins zum Beispiel, und selbst Leute, die für Zeitungen schrieben. Watts hatte ein Porträt von meiner Frau gemalt, und ich habe ein Bild von Millais gekauft. Ich kannte auch einige von den Präraffaeliten.«

»Besitzen Sie einen Rossetti?« fragte ich.

»Nein. Ich bewundere wohl Rossettis Talent, aber mit seinem Privatleben konnte ich mich niemals abfinden. Es wäre gegen meine Prinzipien, ein Bild von einem Künstler zu kaufen, den ich nicht ebensogern an meinen Tisch bitten würde.«

Mir wirbelte der Kopf. Als Miss Porchester, auf die Uhr blickend, fragte: »Willst du uns heute nicht vorlesen, Onkel Edwin?«, zog ich mich zurück.

Es geschah an einem Abend – ich saß mit Mr. St. Clair bei einem Glas Portwein –, daß er mir die traurige Geschichte seiner Nichte erzählte. Sie war mit einem Neffen der Mrs. St. Clair, einem Rechtsanwalt, verlobt gewesen, als sich eines Tages herausstellte, daß er ein Verhältnis mit der Tochter seiner Wäscherin gehabt hatte.

»Es war eine furchtbare Sache«, sagte Mr. St. Clair, »eine furchtbare Sache. Selbstverständlich wählte meine Nichte den einzig möglichen Ausweg. Sie schickte ihm seinen Ring, seine Briefe und seine Photographie zurück und erklärte, daß sie niemals seine Frau werden könnte. Sie flehte ihn an, die junge Person zu heiraten, an der er sich so schwer vergangen hatte, und versprach, ihr eine Schwester sein zu wollen. Es hat ihr das Herz gebrochen. Sie hat seither nie wieder einen Mann geliebt.«

Mr. St. Clair schüttelte den Kopf und seufzte.

»Nein. Wir hatten uns sehr in ihm getäuscht. Es war ein

schwerer Kummer für meine Frau, daß ihr leiblicher Neffe einer so ehrlosen Handlungsweise fähig gewesen war. Kurze Zeit darauf hörten wir, daß er sich mit einer jungen Dame aus guter Familie mit zehntausend Pfund Vermögen verlobt habe. Ich betrachtete es als meine Pflicht, an ihren Vater zu schreiben und ihn mit den Tatsachen bekanntzumachen. Er beantwortete meinen Brief in der ungebührlichsten Art. Es sei ihm lieber, wenn sein Schwiegersohn vor seiner Verheiratung Verhältnisse hätte als nachher.«

»Und was geschah weiter?«

»Sie haben geheiratet, und jetzt ist der Neffe meiner Frau ein hoher Richter und seine Gattin Mylady. Aber wir haben uns nie bewegen lassen, sie zu empfangen. Als der Neffe meiner Frau in den Adelsstand erhoben wurde, schlug Eleanor vor, ihn und seine Frau zum Dinner einzuladen. Aber meine Frau entgegnete, daß er nie den Fuß über unsere Schwelle setzen sollte, und ich bestärkte sie in dieser Ablehnung.«

»Und die Tochter der Wäscherin?«

»Sie hat sich mit einem Mann ihres eigenen Standes verheiratet und hat ein Wirtshaus in Canterbury. Meine Nichte, die etwas Vermögen besitzt, hat für sie getan, was sie nur konnte, und ist die Patin ihres ältesten Kindes.«

Arme Miss Porchester. Sie hatte sich auf dem Altar viktorianischer Moral geopfert, und ich hege die Befürchtung, daß das Bewußtsein, edel gehandelt zu haben, der einzige Lohn war, der ihr daraus erblühte.

»Miss Porchester ist eine ungewöhnlich reizvolle Erscheinung«, sagte ich. »Als sie jünger war, muß sie wundervoll gewesen sein. Wie merkwürdig, daß sie keinen anderen Mann geheiratet hat!«

»Miss Porchester galt allgemein für eine große Schönheit. Alma Tadema bewunderte sie so sehr, daß er sie bat, ihm für eines seiner Bilder Modell zu sitzen. Aber das konnten wir natürlich nicht zugeben.« Mr. St. Clairs Ton ließ erraten, daß diese Zumutung sein Schicklichkeitsgefühl auf das tiefste verletzt hatte. »Nein, Miss Porchester hat nie einen andern geliebt als ihren Vetter. Sie spricht niemals von ihm, und es sind jetzt fünfunddreißig Jahre, daß sie sich von ihm getrennt hat. Aber ich bin überzeugt, daß sie ihn immer noch liebt. Sie ist eine echte Frau, ›*ein* Leben, *eine* Liebe‹, und obzwar ich vielleicht bedauere, daß ihr die Freuden der Ehe und der Mutterschaft versagt geblieben sind, muß ich ihre Treue bewundern.«

Doch das Herz der Frau ist unberechenbar, und vorschnell ist der Mann, der an keinen Wandel glaubt. Vorschnell, Onkel Edwin. Du kennst Eleanor nun schon viele Jahre, denn als ihre Mutter erkrankte und starb und du die Waise in dein behagliches, ja luxuriöses Haus in Leinster Square brachtest, da war sie noch ein halbes Kind; aber was, wenn es nun die Probe gilt, Onkel Edwin, was weißt du wirklich von Eleanor?

Seit dem Abend, da Mr. St. Clair mir die rührende Geschichte von Miss Porchesters unglückseliger Brautschaft anvertraut hatte, waren erst zwei Tage vergangen. Ich kehrte des Nachmittags nach einer Runde Golf in das Hotel zurück. Da kam die Wirtin aufgeregt in mein Zimmer gelaufen.

»Mr. St. Clair läßt bitten, Sie möchten sich sofort, wenn Sie nach Hause kommen, zu ihm auf Nummer siebenundzwanzig bemühen.«

»Mit Vergnügen. Aber warum denn?«

»Ach, eine schreckliche Aufregung. Man wird Ihnen schon alles erzählen.«

Ich klopfte an die Tür. Ich hörte ein »Herein, herein!«, das mich daran erinnerte, daß Mr. St. Clair einst in der vornehmsten Dilettantentruppe, die es zu seiner Zeit in London gab, Shakespeare-Rollen gespielt hatte. Ich trat ein und sah Mrs. St. Clair auf dem Sofa liegen, ein in Eau de Cologne getränktes Tuch auf dem Kopf und ein Riechfläschchen in der Hand. Mr. St. Clair stand vor dem Feuer, in einer Pose, die alle anderen Anwesenden mit Erfolg daran hinderte, auch etwas von der Wärme zu profitieren.

»Ich muß mich entschuldigen, Sie in dieser unzeremoniellen Form zu uns gebeten zu haben. Aber wir sind in großer Verzweiflung und haben gedacht, daß Sie uns vielleicht helfen könnten, Licht in die Angelegenheit zu bringen.«

Er war im tiefsten verstört.

»Ja, was ist denn geschehen?«

»Unsere Nichte, Miss Porchester, ist durchgebrannt. Heute früh ließ sie meiner Frau sagen, sie hätte ihre ›Migräne‹. Wenn sie ›ihre Migräne‹ hat, dann wünscht sie vollkommen allein gelassen zu werden, und meine Frau ist also erst am Nachmittag hinaufgegangen, um nach ihr zu sehen. Das Zimmer war leer.

Der Koffer gepackt, das Reisenecessaire mit der silbernen Einrichtung fort. Und auf dem Kissen lag ein Brief, der uns von ihrem unüberlegten Schritt in Kenntnis setzte.«

»Das tut mir unendlich leid«, sagte ich. »Aber ich weiß nicht ganz, was ich in diesem Fall tun kann.«

»Wir hatten den Eindruck, daß Sie der einzige Mann in Elsom sind, den sie kannte.«

»*Ich* bin nicht mit ihr durchgebrannt«, sagte ich. »Ich bin ein verheirateter Mann.«

»Also nicht. Im ersten Augenblick dachten wir, daß vielleicht – aber wenn Sie es nicht sind, wer kann es sonst sein?«

»Das weiß ich wirklich nicht.«

»Zeige ihm den Brief, Edwin«, sagte Mrs. St. Clair vom Sofa her.

»Bewege dich nicht, Gertrud, oder dein Reißen kommt wieder.«

Miss Porchester hatte ›ihre Migräne‹ und Mrs. St. Clair ›ihr Reißen‹. *Was* hatte Mr. St. Clair? Ich hätte jede Wette eingehen wollen, daß Mr. St. Clair ›seine Gicht‹ hatte. Er gab mir den Brief, und ich las ihn mit dem geziemenden Ausdruck aufrichtigen Bedauerns.

Liebster Onkel Edwin, liebste Tante Gertrud!

Wenn Ihr diesen Brief bekommt, bin ich weit fort. Ich werde mich heute vormittag mit einem Mann trauen lassen, der mir teuer ist. Ich weiß, daß ich unrecht tue, Euch auf diese heimliche Weise zu verlassen, aber ich hegte die Befürchtung, daß Ihr meiner Heirat Hindernisse in den Weg legen würdet. Und da nichts mich bewegen könnte, meinen Entschluß zu ändern, hielt ich es für das beste, zu handeln, ohne Euch etwas zu sagen. Es wird uns allen viel unnötigen Kummer ersparen. Mein Verlobter ist ein sehr zurückgezogener Mensch, infolge seines langen Aufenthaltes in tropischen Ländern von etwas labiler Gesundheit, und er hielt es für das richtigste, die Hochzeit in aller Stille zu feiern. Wenn Ihr wißt, wie strahlend glücklich ich bin, werdet Ihr mir hoffentlich verzeihen. Bitte schickt meinen Koffer in das Gepäckbüro am Victoria-Bahnhof.

Eure Euch liebende Nichte

Eleanor

»Ich werde ihr nie verzeihen«, sagte Mr. St. Clair, als ich ihm den Brief zurückgab. »Nie wieder soll sie den Fuß über unsere Schwelle setzen, Gertrud. Ich verbiete dir, in meiner Gegenwart auch nur ihren Namen zu nennen.«

Mrs. St. Clair fing leise zu schluchzen an.

»Sind Sie nicht allzu hart?« fragte ich. »Aus welchem Grund sollte Miss Porchester eigentlich nicht heiraten?«

»In ihrem Alter!« antwortete er böse. »Es ist lächerlich. Der ganze Leinster Square wird sich über uns lustig machen. Wissen Sie, wie alt sie ist? Einundfünfzig.«

»Vierundfünfzig«, sagte Mrs. St. Clair unter Tränen.

»Sie war mein Augapfel. Sie war uns wie eine Tochter. Seit Jahren ist sie eine alte Jungfer. Ich finde es geradezu unanständig von ihr, ans Heiraten zu denken.«

»Für uns war sie immer ein Mädchen«, verteidigte Mrs. St. Clair.

»Und was ist das überhaupt für ein Mann, den sie geheiratet hat? Wissen Sie, was mich am meisten wurmt? Die Unaufrichtigkeit! Sie muß ja vor unserer Nase mit ihm poussiert haben! Nicht einmal seinen Namen teilt sie uns mit. Ich fürchte das Schlimmste.«

Mit einemmal hatte ich eine Inspiration. Morgens, nach dem Frühstück, war ich ausgegangen, um mir Zigaretten zu kaufen, und im Tabakladen stieß ich auf Mortimer Ellis. Ich hatte ihn ein paar Tage nicht gesehen.

»Sie sehen ja schmuck aus«, sagte ich.

Seine Stiefel waren geflickt und sauber geputzt, sein Hut gebürstet, er trug einen reinen Kragen und neue Handschuhe. Ich fand, daß er meine zwei Pfund vorteilhaft angelegt hatte.

»Ich muß heute geschäftlich nach London fahren«, sagte er.

Ich nickte und verließ den Laden.

Ich erinnerte mich, daß ich vierzehn Tage zuvor auf einem Gang durch die Wiesen Miss Porchester begegnet war. Nicht weit dahinter kam Mortimer Ellis. War es möglich, daß sie einen gemeinschaftlichen Spaziergang unternommen hatten und er, als sie meiner ansichtig wurden, zurückgeblieben war? Beim Himmel, es dämmerte mir.

»Sie haben mir doch einmal erzählt, daß Miss Porchester einiges Vermögen besitzt«, sagte ich.

»Nicht viel, etwa dreitausend Pfund.«

Nun war ich meiner Sache sicher. Bestürzt blickte ich die beiden an. Plötzlich sprang Mrs. St. Clair mit einem Schrei auf die Beine.

»Edwin, Edwin. Was, wenn er sie jetzt nicht heiratet?«

Mr. St. Clair hob die Hand an den Kopf und sank, dem Zusammenbruch nahe, auf einen Stuhl.

»Die Schande würde ich nicht überleben«, stöhnte er.

»Regen Sie sich nicht auf«, sagte ich. »Er wird sie bestimmt heiraten.«

Sie achteten nicht auf das, was ich sagte. Sie nahmen vielleicht an, ich hätte plötzlich den Verstand verloren. Ich war meiner Sache nun vollkommen sicher. Mortimer Ellis hatte seinen Ehrgeiz schließlich doch noch gestillt. Miss Porchester machte das Dutzend voll.

Das ewig Menschliche

Ich werde, wie es scheint, immer nur während der toten Monate nach Rom verschlagen. Ich komme im August oder September hin, auf der Durchreise nach irgendeinem andern Ort, und halte mich ein paar Tage auf, um Plätze oder Bilder wiederzusehen, die mir durch alte Erinnerungen vertraut sind. Es ist dann sehr heiß, und die Bewohner der Stadt bringen ihren Tag damit hin, unaufhörlich den Corso auf und ab zu schlendern. Das Café Nazionale ist gesteckt voll von Menschen, die stundenlang an kleinen Tischen sitzen, vor sich eine leere Kaffeetasse und ein Glas Wasser. In der Sixtinischen Kapelle sieht man blonde, sonnverbrannte, mit kurzen Hosen und am Hals geöffneten Hemden bekleidete Deutsche, die mit Rucksäcken auf dem Rücken die staubigen Straßen Italiens heruntergewandert sind; und in St. Peter kleine Gruppen frommer Pilger, müde, aber voll Glaubenseifer, die (zu einem günstigen Pauschalpreis) aus irgendeinem fernen Land hierhergekommen sind. Sie stehen unter der Obhut eines Priesters und sprechen fremde Sprachen. Das Hotel Plaza ist dann kühl und ausruhsam. Die Säle sind dunkel, still und geräumig. Die einzigen Personen in der Halle, zur Teestunde, sind ein junger, eleganter Offizier und eine Frau mit schönen Augen, die eisgekühlte Limonade trinken und eine angeregte Unterhaltung führen. Sie sprechen intim und leise mit der unermüdlichen Geläufigkeit ihrer Rasse. Man geht in sein Zimmer, liest, schreibt Briefe, und wenn man zwei Stunden später wieder herunterkommt, sitzen sie immer noch da und sprechen. Vor dem Dinner finden sich in der Bar ein paar Leute ein, aber den ganzen übrigen Tag ist sie leer, und der Barmann hat Zeit, uns von seiner Mutter in der Schweiz und von seinen Erfahrungen in New York zu erzählen. Man unterhält sich über Leben und Liebe und über die hohen Alkoholpreise.

Auch dieses Mal hatte ich das Hotel fast ausschließlich für mich allein. Der Portier allerdings beteuerte, als er mir mein Zimmer anwies, daß es beinahe voll sei. Als ich jedoch gebadet und mich umgezogen hatte und wieder in die Halle hinunterkam, eröffnete mir der Liftmann, ein alter Bekannter, daß kaum ein Dutzend Personen anwesend seien. Ich war müde nach der langen, heißen Reise durch Italien und hatte mir vorgenommen, still im Hotel zu essen und bald schlafen zu gehen. Es war schon spät, als ich den geräumigen Speisesaal betrat. Er war hell erleuchtet; trotzdem waren nicht mehr als drei bis vier Tische besetzt. Ich blickte mich befriedigt um. Es ist sehr angenehm, allein in einer großen Stadt zu sein, die einem dennoch nicht völlig fremd ist, und in einem fast leeren Hotel zu wohnen. Es gibt ein köstliches Gefühl von Freiheit. Ich war beglückt. Ich hatte mich zehn Minuten in der Bar aufgehalten und einen Martini getrunken. Nun bestellte ich mir eine gute Flasche Rotwein. Meine Glieder waren müde, aber meine Seele reagierte wunderbar auf Speise und Trank. Es wurde mir seltsam leicht ums Herz. Ich aß meine Suppe und meinen Fisch, und angenehme Gedanken zogen mir durch den Sinn. Dialogfetzen fielen mir ein, und meine Phantasie spielte glücklich mit den Personen eines Romans, den ich gerade in Arbeit hatte. Ich rollte einen Satz auf der Zunge herum, und er schmeckte besser als Wein. Ich fing an, über die Schwierigkeit nachzudenken, Menschen so zu beschreiben, daß der Leser imstande ist, sie genauso zu sehen, wie man sie selbst sieht. Für mich hat dies immer zu den schwersten Aufgaben der Schriftstellerei gehört. Was wird dem Leser wirklich vermittelt, wenn man ein Gesicht Zug um Zug beschreibt? Ich möchte sagen: nichts. Die andere Methode wiederum, sich an irgendein hervorstechendes Merkmal zu halten, an ein schiefes Lächeln etwa oder an verschlagene Augen, und es immer wieder herauszustreichen, ist zwar wirkungsvoll, umgeht jedoch das Problem, anstatt es zu lösen. Ich ließ meine Blicke durch den Saal schweifen und überlegte, wie ich die Leute an den Tischen ringsumher beschreiben würde. Mir gerade gegenüber saß allein ein Mann, und rein zur Übung fragte ich mich, wie ich ihn behandeln würde. Er war ein hochgewachsener, schmaler Mensch mit lockeren Gliedmaßen. Er trug einen Frack und ein gestärktes Hemd. Er hatte ein ziemlich langes Gesicht und blasse Augen; sein Haar war hell und gewellt, aber es fing an, spärlich zu werden, und die Kahlheit der Schläfen gab seinem Kopf eine gewisse Distinktion. Seine Züge waren unbedeutend. Mund und Nase sahen aus wie bei jedem x-beliebigen Menschen; er war glattrasiert; seine Haut war von Natur aus blaß, aber im Augenblick sonnverbrannt. Sein Äußeres ließ auf eine gewisse, wenn auch leicht alltägliche Geistigkeit schließen. Er sah aus wie ein Rechtsanwalt oder wie ein Universitätsprofessor, der sehr gut Golf spielt. Ich hatte die Empfindung, daß er Geschmack habe, viel von Büchern wisse und ein angenehmer Tischgast sei. Wie man ihn jedoch beschreiben sollte, um in wenigen Zeilen ein lebendiges, interessantes und treffendes Bild von ihm zu entwerfen, konnte ich mir wahrhaftig nicht vorstellen. Vielleicht sollte man alles übrige beiseite lassen und sich auf jene müde Vornehmheit beschränken, die ihn im Grunde am deutlichsten charakterisierte. Ich blickte ihn nachdenklich an. Mit einemmal beugte er sich vor und machte mir eine steife, aber höfliche kleine Verbeugung. Ich habe die lächerliche Gewohnheit zu erröten, wenn ich ertappt werde, und fühlte auch diesmal, wie mir das Blut in die Wangen stieg. Ich war bestürzt. Ich hatte ihn minutenlang angestarrt, als wäre er eine Strohpuppe. Er mußte mich für äußerst ungezogen halten. Ich nickte verlegen und schaute fort. Glücklicherweise reichte mir der Kellner in diesem Augenblick gerade eine Platte. Soweit ich mich erinnern konnte, hatte ich den Menschen nie vorher gesehen. Ich fragte mich, ob seine Verbeugung auf mein beharrliches Hinstarren zurückzuführen war: er nahm vielleicht an, daß er mir schon irgendwo begegnet sein mußte; oder hatte ich ihn vielleicht einmal kennengelernt und wieder vollkommen vergessen? Ich habe ein schlechtes Physiognomiengedächtnis und konnte in seinem Fall zu meiner Entschuldigung anführen, daß er genauso aussah wie viele andere Menschen auch. Auf jedem Golfplatz in der Umgebung von London sieht man an einem schönen Sonntag Dutzende Gestalten seiner Art.

Er beendete seine Mahlzeit eher als ich. Er stand auf, aber auf dem Weg zum Ausgang blieb er an meinem Tisch stehen. Er streckte mir die Hand hin.

»Guten Abend«, sagte er. »Ich habe Sie nicht gleich erkannt. Ich hatte nicht die Absicht, Sie zu schneiden.«

Er hatte eine angenehme Stimme und sprach in dem Tonfall, der in Oxford kultiviert und von vielen, die niemals dort waren, nachgeahmt wird. Es stand fest, daß er mich kannte und gar nicht auf den Gedanken kam, ich könnte ihn nicht kennen. Ich war aufgestanden, und da er um ein gutes Stück größer war als ich, blickte er auf mich herunter. In seiner Haltung lag etwas Kraftloses. Er hielt sich etwas gebeugt, was den Eindruck einer gewissen Unsicherheit, der sich mir aufdrängte, nur noch verstärkte. Sein Benehmen war ein wenig herablassend und zugleich ein wenig schüchtern.

»Haben Sie Lust, Ihren Kaffee später mit mir zu trinken?« fragte er. »Ich bin ganz allein.«

»Mit Vergnügen«, antwortete ich.

Er verließ mich, und ich hatte immer noch keine Ahnung, wer er war und wo ich ihm begegnet sein mochte. Ich hatte etwas Merkwürdiges an ihm bemerkt. Nicht ein einziges Mal – weder während der Sätze, die wir miteinander gewechselt hatten, noch bei unserer Begrüßung, noch als er sich mit einem leichten Nicken von mir verabschiedete – überflog auch nur der Schatten eines Lächelns sein Gesicht. Aus größerer Nähe hatte ich konstatiert, daß er in seiner Art eigentlich gut aussah; seine Züge waren regelmäßig, er hatte schöne graue Augen; seine Figur war schlank; aber sein ganzes Wesen schien mir uninteressant. Ich konnte mir vorstellen, daß eine bestimmte Sorte von albernen Frauen ihn romantisch fand. Er erinnerte an einen Ritter von Burne-Jones, obgleich er größere Maße hatte und nichts darauf hindeutete, daß er an der chronischen Verstopfung litt, die diese unglückseligen Geschöpfe gequält hat. Er gehört zu den Männern, von denen man sich denken kann, daß sie auf Maskenbällen im Kostüm großartig aussehen müssen; sieht man sie aber wirklich einmal kostümiert, dann findet man sie lächerlich.

Ich beendete mein Essen und begab mich in die Halle. Er saß in einem großen Lehnstuhl und rief, als er mich erblickte, einen Kellner herbei. Ich setzte mich zu ihm. Der Kellner erschien, und er bestellte Kaffee und Liköre. Er sprach sehr gut Italienisch. Wie sollte ich ergründen, wer er war, ohne ihn zu beleidigen? Ich zerbrach mir den Kopf. Die meisten Menschen nehmen es krumm, wenn sie entdecken, daß man sie nicht wiedererkennt. Sie sind so durchdrungen von ihrer Wichtigkeit, daß sie es für selbstverständlich halten, von den andern ebenso wichtig genommen zu werden. Sein glänzendes Italienisch gab mir einen Anhaltspunkt. Ich erinnerte mich, wer er war, und erinnerte mich gleichzeitig, daß ich ihn nicht mochte. Er hieß Humphrey Carruthers. Er war im Auswärtigen Amt und bekleidete eine nicht unwichtige Stellung. Er leitete, ich weiß nicht, welches Amt. Er war verschiedenen Gesandtschaften zugeteilt gewesen, und ich mutmaßte, daß sein idiomatisches Italienisch auf einen längeren Aufenthalt in Rom zurückzuführen war. Es war dumm von mir gewesen, nicht sofort zu bemerken, daß er zur Diplomatie gehörte. Er vereinigte alle Merkmale seines Berufes in sich. Er hatte jene hochnäsige Höflichkeit, die es so trefflich versteht, die Menschen vor den Kopf zu stoßen, und jene Unnahbarkeit, die aus der Überzeugung kommt, ein Diplomat sei etwas Besseres als die übrigen Sterblichen; dazu gesellte sich allerdings eine gewisse Schüchternheit, denn er wußte nicht genau, ob die Umwelt von seiner Großartigkeit ebenso durchdrungen war wie er selbst. Ich kannte Carruthers seit vielen Jahren, traf aber nur selten mit ihm zusammen, bei Gesellschaften etwa, wo ich ihm flüchtig guten Tag sagte, oder in der Oper, wo er mir kühl zunickte. Er wurde allgemein für sehr begabt gehalten. Es war unverzeihlich von mir, ihn vergessen zu haben, denn er hatte in der letzten Zeit als Novellendichter eine nicht unbedeutende schriftstellerische Berühmtheit erlangt. Seine Erzählungen waren zuerst da und dort in jener Sorte von Zeitschriften erschienen, wie sie von kunstbegeisterten Enthusiasten immer wieder gegründet werden, um dem verständnisvollen Leser etwas Wertvolles zu bieten. Sie gehen ein, wenn ihre Besitzer so viel Geld verloren haben, wie sie wünschten. Auf den schönen und vornehm gedruckten Seiten dieser Hefte hatte er so viel Aufmerksamkeit erregt, wie es bei ihrer beschränkten Verbreitung möglich war. Dann wurden seine Novellen in Buchform veröffentlicht. Sie riefen eine wahre Sensation hervor. Ich habe selten solch einstimmiges Lob in den Wochenblättern erlebt. Die meisten widmeten dem Buch eine Spalte, und die literarische Beilage der *Times* besprach es nicht mit den anderen Romanen zusammen, sondern an eigener Stelle, dicht neben den Memoiren eines großen Staatsmannes. Die Kritiker begrüßten Humphrey Carruthers als einen neuen Stern am Firmament der Literatur. Sie priesen seine Haltung, seine Subtilität, seine feine Ironie und seinen Blick. Sie priesen seinen Stil, sein Schönheitsempfinden und seine Atmosphäre. Hier endlich war ein Schriftsteller, der den Roman aus den Tiefen hervorhob, in die er in den englischsprechenden Ländern gesunken war, hier war ein Werk, auf das jeder Engländer stolz sein konnte; es durfte den Vergleich mit den besten Erzeugnissen seiner Art in Finnland, Rußland und der Tschechoslowakei aufnehmen.

Drei Jahre später brachte Humphrey Carruthers sein zweites Buch heraus, und die Kritiker sprachen sich mit Anerkennung über die lange Pause aus. Hier hatte man es nicht mit einem Lohnschreiber zu tun, der sein Talent für Geld prostituierte! Das Lob, das er einheimste, war vielleicht ein wenig kühler als jenes, mit dem man sein erstes Buch begrüßt hatte – die Kritiker hatten Zeit gehabt, sich zu fassen –, immerhin war es so begeistert, daß es jeden gewöhnlichen Schriftsteller, der seinen Lebensunterhalt mit der Feder verdient, tief beglückt hätte. Und es bestand kein Zweifel, daß Carruthers Stellung in der literarischen Welt gesichert und ehrenvoll war. Die größte Beachtung fand eine Geschichte, die den Titel ›Der Rasierpinsel‹ führte. Die besten Kritiker rühmten die Kunst, mit der der Autor auf drei, vier Seiten die leidende Seele eines Friseurgehilfen bloßgelegt hatte.

Aber seine bekannteste Novelle, die zugleich seine längste war, hieß ›Week End‹. Sie gab seinem ersten Buch den Titel. Sie schilderte die Erlebnisse einer Anzahl von Personen, die am Sonnabend nachmittag von Paddington abfuhren, um das Wochenende bei Freunden in Taplow zu verbringen, und am Montag morgen wieder nach London zurückkehrten. Sie war so zart, daß es schwierig war, genau zu erfassen, was eigentlich vorging. Ein junger Mann – Parlamentssekretär und einem Minister zugeteilt – war sehr nahe daran, der Tochter eines Barons einen Heiratsantrag zu machen, tat es aber nicht. Ein paar andere unternahmen eine Bootsfahrt auf dem Fluß. Alle sprachen sehr viel und bedeutungsvoll, aber kein Satz wurde beendet, und was gemeint war, wurde auf subtile Art durch Punkte und Gedankenstriche ausgedrückt. Es gab zahlreiche Beschreibungen von Blumen im Garten und eine feinempfundene Schilderung der Themse im Regen. Das Ganze war gesehen durch die Augen der deutschen Gouvernante, und alle waren sich einig, daß Carruthers ihre Auffassung der Situation mit bezauberndem Humor wiedergegeben hatte. Ich hatte beide Bücher von Humphrey Carruthers gelesen. Es gehört zu den Aufgaben des Schriftstellers, die Produktion seiner Zeitgenossen zu verfolgen. Ich bin stets bereit zu lernen und hatte gehofft, etwas für mich Nützliches in diesen Bänden zu finden. Aber ich erlebte eine Enttäuschung. Ich bin der Ansicht, daß eine Geschichte einen Anfang, eine Mitte und ein Ende haben sollte. Ich habe eine Schwäche für Pointen. Ich halte Atmosphäre für etwas sehr Erstrebenswertes, aber Atmosphäre allein ist wie ein Rahmen ohne Bild und hat nicht viel zu bedeuten. Vielleicht lag es an mir, daß ich die Qualitäten von Humphrey Carruthers nicht gebührend zu würdigen verstand; vielleicht habe ich seine beiden erfolgreichsten Novellen nur deshalb ohne Begeisterung geschildert, weil ich meine Eitelkeit verletzt fühlte. Ich durfte mit Sicherheit annehmen, daß er nie ein Wort von mir gelesen hatte. Meine Popularität bot ihm die Gewähr, daß für ihn kein Anlaß bestand, mir seine Aufmerksamkeit zu schenken. Einen Augenblick hatte es den Anschein – so groß war das Aufsehen, das er erregte –, als könnte dieser Makel auch ihn treffen – bald aber erwies es sich, daß seine feinsinnigen Arbeiten weit über das Verständnis der breiten Öffentlichkeit hinausgingen. Man kann nie sagen, wie groß die geistige Schicht eigentlich ist, doch kann man ziemlich genau berechnen, wie viele ihrer Mitglieder bereit sind, mit Geld herauszurücken, um die von ihnen so hoch geschätzten Künste zu patronisieren. Die Stücke, die zu fein sind, um die finanziellen Leiter der Geschäftstheater anzulocken, können auf ein Publikum von zehntausend Köpfen zählen, und die Bücher, die von ihren Lesern mehr Verständnis erfordern, als von der Masse zu erwarten ist, finden einen Absatz von zwölfhundert Exemplaren. Denn die geistige Schicht – und dies hat nicht das geringste mit ihrem Schönheitskult zu tun – besucht das Theater am liebsten auf Freibillette und holt sich Bücher aus der Leihbibliothek.

Ich bin überzeugt, daß dieser Umstand Carruthers keinen Kummer bereitete. Er war Künstler. Überdies hatte er eine Stellung im Auswärtigen Amt; er galt als hochliterarischer Schriftsteller; das vulgäre Volk interessierte ihn nicht, und gute Geschäfte zu machen, hätte möglicherweise seiner Karriere geschadet. Es war mir schleierhaft, was ihn veranlaßt haben konnte, mich zum Kaffee einzuladen. Zwar war er allein, aber ich mußte annehmen, daß es eine bessere Gesellschaft als seine eigenen Gedanken für ihn nicht geben konnte; unmöglich konnte er erwarten, daß er aus meinem Mund irgend etwas hören würde, was ihn interessierte. Es war jedoch nicht zu übersehen, daß er sich redliche Mühe gab, liebenswürdig zu sein. Er erinnerte mich an unser letztes Zusammentreffen, und wir sprachen eine Weile von gemeinsamen Freunden in London. Er fragte mich, wieso ich zu dieser Jahreszeit in Rom wäre, und ich erzählte es ihm. Er schwang sich zu der Mitteilung auf, daß er an diesem Morgen von Brindisi gekommen sei. Unser Gespräch wollte nicht recht in Fluß kommen, und ich beschloß aufzustehen und zu gehen, sobald die Höflichkeit es erlaubte. Mit einemmal aber hatte ich die seltsame Empfindung, daß er dies merkte und sich verzweifelt bemühte, mir nur ja keine Gelegenheit dazu zu geben. Ich war überrascht. Ich schärfte meine Sinne. Ich konstatierte, daß er, sobald ich im Reden innehielt, sofort ein neues Gesprächsthema aufwarf. Er mühte sich ab, mein Interesse zu erwecken, um mich zum Bleiben zu bewegen. War es denn möglich, daß er sich einsam fühlte? Infolge seiner diplomatischen Verbindungen mußte er eine Menge Menschen kennen, mit denen er den Abend hätte verbringen können. Ich wunderte mich eigentlich, daß er nicht in der Gesandtschaft dinierte; wenn es auch Sommer war – es mußte doch jemand in Rom sein, den er kannte. Ich konstatierte überdies, daß er niemals lächelte. Er sprach unablässig und mit einer verbissenen Entschlossenheit, als hätte er Angst vor dem kleinsten Augenblick der Stille und als wollte er durch den Klang seiner Stimme irgendeine innere Pein übertäuben. Es war kurios. Obgleich ich ihn nicht mochte, obgleich er mir nichts bedeutete und obgleich seine Gesellschaft mich beinahe irritierte, fühlte ich wider Willen, daß er mich zu interessieren begann. Ich blickte ihn forschend an. Ich wußte nicht: war es nur meine Phantasie, oder sah ich tatsächlich in diesen blassen Augen den eingeschüchterten Blick eines geschlagenen Hundes; sah ich in diesem hübschen Gesicht mit den so wohlerzogenen beherrschten Zügen die Grimasse einer gequälten Seele? Eine Reihe unsinniger Vermutungen schoß mir durch den Kopf. Was ich empfand, hatte nichts mit menschlicher Teilnahme zu tun: wie ein alter Kriegsgaul, der das Schlachtfeld wittert, richtete ich mich auf. Ich war sehr müde gewesen, aber nun wurde ich lebendig. Mein Beobachtungsvermögen streckte die Fühler aus. Gespannt nahm ich jede Miene, jede seiner Gesten in mich auf.

Ich schob den Gedanken, der sich mir aufdrängen wollte, beiseite: daß er nämlich ein Stück geschrieben hätte und meinen Rat benötigte. Hochliterarische Künstler erliegen nicht selten dem Zauber des Rampenlichts und zeigen sich dann nicht abgeneigt, sich ein paar Tips bei dem handfesten Bühnenpraktiker, dessen Kompetenz sie im übrigen hochmütig ablehnen, zu holen. Nein, das war es nicht. Ein alleinstehender Mann mit ästhetischen Neigungen kann in Rom leicht in Schwierigkeiten geraten; am Ende hatte sich Carruthers in eine Affäre verstrickt, über die er auf der Gesandtschaft lieber Schweigen bewahren wollte. Idealisten pflegen in Angelegenheiten des Fleisches bisweilen unvorsichtig zu sein. Sie suchen die Liebe an Orten, die der Polizei nicht uninteressant erscheinen. Ich schmunzelte: selbst die Götter lachen, wenn ein Adelsmensch in einer zweideutigen Situation ertappt wird.

Plötzlich sagte Carruthers etwas, was mich erschreckte. »Ich bin so furchtbar unglücklich.«

Er sagte es ohne Vorbereitung. Es war ihm offenbar ernst damit. In seiner Stimme klang etwas, das sich wie ein Schluchzen anhörte. Ich kann nicht schildern, wie schrecklich es mich berührte, diese Worte zu hören. Mir war, als würde ich an einer Straßenecke von einem heftigen Windstoß getroffen, der mir den Atem raubte und mich umzublasen drohte. Es war so unerwartet. Schließlich kannte ich den Menschen kaum. Wir waren nicht befreundet. Ich hatte ihn nicht gern; er mochte mich nicht. Er war mir nie als ein Mensch aus Fleisch und Blut erschienen. Es war verblüffend, daß ein so beherrschter, urbaner, an die Gepflogenheiten der guten Gesellschaft gewöhnter Mann mit einem derartigen Geständnis über einen Fremden herfiel. Ich bin von Natur aus verschlossen. Ich würde mich schämen, einem andern von meinem Kummer zu erzählen, und wenn ich noch so unglücklich wäre. Ich schauderte. Seine Schwäche empörte mich. Einen Augenblick lang empfand ich nur Widerstand. Wie konnte er es wagen, mich mit seinen Seelennöten zu behelligen? Beinahe hätte ich geschrien:

›Was, zum Teufel, geht das mich an?‹

Ich tat es aber nicht. Er saß zusammengesunken in seinem großen Lehnstuhl. Die feierliche Vornehmheit seiner Züge war dahin, und sein Gesicht schien seltsam verfallen. Er sah aus, als könnte er im nächsten Augenblick in Tränen ausbrechen. Ich zögerte, ich stammelte. Ich war rot geworden, als er zu sprechen begonnen hatte, und nun fühlte ich, wie ich erbleichte. Er war ein bejammernswertes Objekt.

»Das tut mir furchtbar leid«, sagte ich.

»Erlauben Sie, daß ich es Ihnen erzähle?«

»Bitte.«

Es war nicht der Augenblick für viele Worte. Carruthers mochte Anfang der Vierzig sein. Er war ein gutgebauter Mann, athletisch beinahe, und hatte ein selbstbewußtes Auftreten. Nun sah er um zwanzig Jahre älter und sonderbar zusammengeschrumpft aus. Er erinnerte mich an die gefallenen Soldaten, die ich während des Krieges gesehen hatte und die im Tode so seltsam klein schienen. Ich war verlegen und blickte fort, fühlte aber, wie seine Augen die meinen festzuhalten suchten, und mußte ihm meinen Blick wieder zuwenden.

»Kennen Sie Betty Welldon-Burns?« fragte er mich.

»Vor Jahren bin ich ihr manchmal in London begegnet. In der letzten Zeit habe ich sie nicht mehr gesehen.«

»Sie lebt jetzt auf Rhodos. Ich komme von dort. Ich war bei ihr zu Besuch.«

»Ach?«

Ich zögerte.

»Sie werden es sicherlich höchst merkwürdig finden, daß ich so zu Ihnen rede. Aber ich bin am Ende meiner Kräfte. Wenn ich mich jetzt nicht ausspreche, werde ich verrückt.«

Er hatte doppelte Cognacs zum Kaffee kommen lassen und rief nun nach dem Kellner, um sich noch einen zu bestellen. Wir waren allein in der Halle. Zwischen uns auf dem Tisch stand eine kleine Lampe mit einem Schirm. Er sprach, im Gedanken an die Umgebung, mit leiser Stimme. Der Raum hatte eine merkwürdige Intimität. Was mir nun Carruthers erzählte, kann ich mit seinen Worten nicht wiedergeben, weil sie mir begreiflicherweise entfallen sind; es fällt mir leichter, in meiner eigenen Art zu berichten. Manchmal brachte er es nicht über sich, etwas auszusprechen, und ich mußte erraten, was er meinte. Manchmal hatte er nicht verstanden, und es schien mir, daß ich der Wahrheit schärfer auf die Spur kam als er. Betty Welldon-Burns besaß sehr viel Humor, und er besaß keinen. Ich entdeckte vieles, was ihm entgangen war. Ich war ihr oft begegnet, kannte sie aber hauptsächlich vom Hörensagen. Zu ihrer Zeit hatte sie in der kleinen Welt von London großes Aufsehen erregt, und ich hatte viel von ihr reden gehört, ehe ich ihre Bekanntschaft machte. Es geschah auf einem Ball in Portland Place, bald nach dem Krieg. Sie stand damals schon auf der Höhe ihrer Berühmtheit. Man konnte kein illustriertes Blatt aufschlagen, ohne ein Porträt von ihr zu finden, und ihre tollen Streiche lieferten ein beliebtes Gesprächsthema. Sie war vierundzwanzig Jahre alt. Ihre Mutter war tot, ihr Vater, der Herzog von Erth, alt und nicht übermäßig reich, verbrachte den größten Teil des Jahres auf seinem Schloß in Cornwall. Sie aber lebte in London bei einer verwitweten Tante. Bei Kriegsausbruch ging sie nach Frankreich. Sie war gerade achtzehn Jahre alt. Sie wurde Pflegerin in einem Frontlazarett und später Automobilistin. Dann spielte sie Theater als Mitglied einer Truppe, die vor den Soldaten zu spielen hatte; sie wirkte in England bei Wohltätigkeitsveranstaltungen mit, posierte in lebenden Bildern, veranstaltete Auktionen für diesen oder jenen Zweck und verkaufte Fahnen in Piccadilly. Was immer sie in Angriff nahm, es wurde mit großem Tamtam angekündigt, und in jeder neuen Rolle wurde sie ausgiebigst photographiert. Ich nehme an, daß es ihr nicht schlecht dabei erging. Immerhin schien es, als wollte sie sich, als der Krieg vorüber war, für die viele Plage entschädigen. Damals verlor alle Welt ein wenig den Kopf. Die Jugend, befreit von der Last, die sie fünf Jahre bedrückt hatte, leistete sich eine Eskapade nach der andern. Betty beteiligte sich an jeder. Bisweilen fand eine der Affären den Weg in die Zeitungen, und ihr Name stand immer an erster Stelle. Zu jener Zeit erlebten die Nachtklubs ihre erste Blüte. Betty war ein allabendlicher Gast. Sie lebte in einem Taumel von Vergnügungen dahin. Man kann es nur mit diesem trivialen Satz ausdrücken, denn es war trivial. Das britische Publikum – unberechenbar, wie es ist – schloß sie ins Herz – und Lady Betty war ein feststehender Begriff auf sämtlichen britischen Inseln. Die Weiber umjohlten sie, wenn sie zu einer Hochzeit ging, und die Galerie applaudierte ihr bei großen Premieren, als wäre sie eine beliebte Schauspielerin. Junge Mädchen imitierten ihre Frisur, und Fabrikanten zahlten ihr beträchtliche Summen für die Erlaubnis, ihre Photographie zur Reklame für Seifen und Schönheitsmittel verwenden zu dürfen.

Selbstverständlich aber waren so manche Leute – langweilige und philiströse Leute, solche, die sich erinnerten, wie es früher war, und die den früheren Verhältnissen nachtrauerten – keineswegs mit ihr einverstanden. Sie rümpften die Nase über ihre Art, sich immer im grellen Rampenlicht zu zeigen. Sie behaupteten, sie hätte einen krankhaften Drang zur Selbstreklame. Sie wäre leichtsinnig und tränke zuviel. Sie fanden, daß sie zuviel rauchte. Ich muß zugeben, daß ich nur wenig über sie gehört hatte, was mich für sie hätte einnehmen können. Ich hielt nicht viel von den Frauen, die den Krieg als Gelegenheit, sich zu amüsieren und von sich reden zu machen, aufgefaßt hatten. Die Zeitschriften, in denen man Personen der Gesellschaft abgebildet sieht, die in Cannes spazierengehen oder in St. Andrews Golf spielen, scheinen mir abgeschmackt. Ich habe die ›frischen jungen Menschen‹ immer außerordentlich langweilig gefunden und das ›rauschende Leben‹, das sie führten, öde und gehaltlos. Trotzdem hat der Moralist unrecht, wenn er es kurzerhand verurteilt; denn den jungen Dingern, die es führen, böse zu sein, das ist ebenso unsinnig, wie sich über einen Wurf junger Hunde aufzuregen, die übermütig umhertollen, durcheinanderpurzeln und ihren eigenen Schwänzen nachjagen. Man muß es mit Fassung tragen, wenn sie Verheerungen in den Blumenbeeten anrichten oder ein Stück Porzellan zerschlagen. Einige von ihnen werden ertränkt werden, weil ihre Schweifchen den Anforderungen nicht entsprechen, und die übrigen werden sich zu wohlerzogenen Hunden auswachsen. Ihre Ungebärdigkeit ist bloß auf die Vitalität ihrer Jugend zurückzuführen.

Und Vitalität war es, was Betty in erster Linie auszeichnete. Sie sprühte von warmem Leben. Ich werde nie den Eindruck vergessen, den ich an jenem Gesellschaftsabend von ihr empfing. Sie war wie eine Mänade. Sie tanzte mit einer Hingegebenheit, die beinahe komisch wirkte, so unverhohlen war ihre Freude an der Musik und an der Bewegung ihrer jungen Glieder. Ihr Haar war braun, etwas zerzaust vom Tanz, aber ihre Augen waren dunkelblau, und ihre Haut leuchtete milchweiß und rosa. Sie war eine große Schönheit und hatte doch nichts von der Kälte einer großen Schönheit. Sie lachte unaufhörlich, und wenn sie nicht lachte, dann lächelte sie, und ihre Augen tanzten vor Lebensglück. Sie war wie eine Milchmagd auf einem olympischen Bauernhof. Sie hatte die Kraft und Gesundheit des Volkes; aber die unbefangene Selbstverständlichkeit ihres Wesens und eine gewisse adelige Freiheit der Haltung kennzeichneten die große Dame. Man hatte den Eindruck, daß sie sich bei aller Einfachheit und Natürlichkeit doch immer ihrer Stellung bewußt blieb. Wenn sich die Gelegenheit ergab, so wollte mir scheinen, war sie durchaus imstande, sich auf ihre Würde zu besinnen und sehr großartig zu sein. Sie war bezaubernd zu allen Leuten, weil sie vermutlich, ohne sich dessen ganz bewußt zu werden, ihre Umwelt als völlig bedeutungslos einschätzte. Ich konnte verstehen, warum sie von den Fabrikmädchen aus dem Osten angeschwärmt wurde und warum eine halbe Million Menschen, die sie nie gesehen hatten und nur nach Photographien kannten, die freundlichsten Gefühle für sie hegten. Ich wurde ihr vorgestellt, und sie leistete mir ein paar Minuten Gesellschaft. Es war außerordentlich schmeichelhaft, mit welchem Interesse sie jedermann entgegenkam; man war zwar überzeugt, daß man ihre Beglücktheit, diese Bekanntschaft gemacht zu haben, oder ihr Entzücken über alles, was man sagte, keineswegs als bare Münze zu nehmen habe – und dennoch war es sehr anziehend. Sie hatte die Fähigkeit, die ersten schwierigen Phasen des Sichkennenlernens zu überspringen, und es dauerte keine fünf Minuten, so vermeinte man schon, sie seit jeher zu kennen. Sie wurde von mir zum Tanz fortgeholt und schmiegte sich nun in die Arme ihres Partners mit genau der gleichen Glückseligkeit, mit der sie sich zuvor in den Stuhl neben mir hatte sinken lassen. Als ich sie vierzehn Tage später bei einem Lunch traf, überraschte es mich, daß sie sich genau erinnerte, worüber wir während dieser lärmenden zehn Minuten gesprochen hatten. Eine junge Person mit allen gesellschaftlichen Gaben.

Daß ich sie dafür hielt, äußerte ich jetzt auch Carruthers gegenüber.

»Ja, sie war gar nicht dumm«, sagte er. »Nur wenige Leute hatten ein richtiges Urteil über sie. Sie schrieb sehr gute Gedichte. Aber weil sie so fröhlich und so übermütig war und sich nie den Teufel darum scherte, was die Leute dachten, wurde sie von vielen für oberflächlich gehalten. Weit gefehlt. Sie war klug wie der Tag. Es war gar nicht zu fassen, woher sie die Zeit nahm, alle die Bücher zu lesen, die sie kannte. Keiner weiß besser Bescheid darüber als ich. Während der Weekends auf dem Land unternahmen wir lange Wanderungen miteinander, und von London aus fuhren wir in den Richmond-Park und gingen spazieren und unterhielten uns. Sie liebte Blumen und Bäume und Gras. Sie interessierte sich für alles. Sie wußte eine Menge und hatte sehr viel Verstand. Es gab nichts, worüber man sich nicht mit ihr unterhalten konnte. Manchmal, wenn wir nachmittags miteinander spazierengegangen waren und uns nachher in einem Nachtklub trafen und sie ein paar Gläser Sekt getrunken hatte – das genügte vollkommen, um sie in Schwung zu bringen und die ganze Gesellschaft auf den Kopf zu stellen –, dachte ich mir: Wie erstaunt würden die andern sein, wenn sie wüßten, wie ernsthaft wir wenige Stunden zuvor miteinander gesprochen haben. Es war ein ungeheurer Kontrast. Man hätte meinen mögen, daß zwei völlig verschiedene Wesen in ihr wohnten.«

All dies erzählte Carruthers ohne ein Lächeln. Er sprach mit einer Melancholie, als handelte es sich um einen Menschen, der durch einen vorzeitigen Tod aus dem Leben gerissen worden war. Er seufzte tief auf.

»Ich habe sie leidenschaftlich geliebt. Dutzende Male habe ich sie gebeten, meine Frau zu werden. Ich wußte, daß ich keine Chancen bei ihr hatte – was war ich denn? Ein junger Beamter im Auswärtigen Amt – aber ich konnte mir nicht helfen. Sie wies mich ab, ohne sich von mir abzuwenden. Es änderte nichts an unserer Freundschaft. Sie müssen verstehen: sie hatte mich gern. Ich gab ihr etwas, was die andern ihr nicht geben konnten. Ich redete mir ein, daß sie mich im Grunde am liebsten von allen ihren Freunden hatte. Ich war vernarrt in sie.«

»Sie dürften nicht der einzige gewesen sein«, sagte ich, um überhaupt etwas zu sagen.

»Natürlich nicht. Sie bekam Liebesbriefe von Männern, die sie nie gesehen hatte, von Farmern aus Afrika, von Bergleuten und Polizisten aus Kanada, Heiratsanträge aus aller Welt. Sie hätte heiraten können, wen sie wollte.«

»Selbst Prinzen aus königlichem Haus, hieß es.«

»Ja. Aber sie wollte von all dem nichts hören. Schließlich heiratete sie Jimmy Welldon-Burns.«

»Man war damals sehr überrascht, nicht?«

»Kannten Sie ihn?«

»Nein, ich glaube nicht. Es mag sein, daß ich ihn einmal kennengelernt habe. Jedenfalls ist mir keine Erinnerung an ihn geblieben.«

»Das wundert mich nicht weiter. Er war der unbedeutendste Mensch, den Sie sich vorstellen können. Sein Vater war ein großer Fabrikant irgendwo im Norden. Er hatte während des Krieges sehr viel Geld verdient und sich den Adel gekauft. Es war ihm nicht an der Wiege gesungen worden, daß er es zu solchem Glanz bringen würde. Jimmy war mit mir in Eton gewesen, und man hatte sich alle Mühe gegeben, einen Gentleman aus ihm zu machen. Nach dem Krieg, in London, traf man ihn überall. Er war für jede Gesellschaft zu haben. Kein Mensch kümmerte sich um ihn. Er durfte die Rechnungen bezahlen, das war alles. Er war hoffnungslos ledern und langweilig. Sehr korrekt, wissen Sie, fürchterlich höflich; es wurde einem nicht wohl mit ihm, weil er gar so ängstlich bemüht war, stets nur das Richtige zu tun. Seine Kleider sahen immer so aus, als hätte er sie zum erstenmal an. Überdies waren sie immer ein wenig zu eng.«

Als Carruthers eines Tages ahnungslos seine *Times* aufschlug und darin die Nachricht fand, daß Elizabeth, die einzige Tochter des Herzogs von Erth, sich mit James, dem ältesten Sohn des Sir John Welldon-Burns verlobt habe, war er sprachlos. Er rief Betty an: ob das stimme?

»Natürlich«, antwortete sie.

Er war so entsetzt, daß er zuerst keine Entgegnung fand. Sie fuhr fort:

»Heute kommt seine Familie zum Lunch, um meinen Vater kennenzulernen. Ich fürchte, es wird ein wenig anstrengend werden. Sie könnten mir zur Stärkung einen Cocktail bei Claridge spendieren; haben Sie Lust?«

»Um wieviel Uhr?«

»Um eins.«

»Schön. Ich komme.«

Er saß schon da und wartete, als sie eintrat. Ihr Gang war beschwingt und elastisch, als wollten ihre Füße, von einem Augenblick zum andern, zu tanzen anfangen. Sie lächelte. Ihre Augen strahlten, weil sie lebte und weil die Welt ein so angenehmer Aufenthalt war. Man erkannte sie, als sie hereinkam, und die Leute stießen sich flüsternd an. Es war, als brächte sie

Sonnenschein und Blumenduft in den würdevoll-vornehmen Glanz des Raumes. Carruthers nahm sich nicht einmal Zeit, sie zu begrüßen.

»Betty, das kann nicht Ihr Ernst sein«, sagte er. »Es kommt einfach nicht in Frage.«

»Warum nicht?«

»Er ist gräßlich.«

»Das kann ich nicht finden. Ich finde ihn recht nett.«

Ein Kellner kam und nahm ihre Bestellung entgegen.

Betty blickte Carruthers mit ihren schönen blauen Augen an, die so heiter und zärtlich zugleich sein konnten.

»Er ist ein so fürchterlicher Parvenü, Betty.«

»Unsinn, Humphrey. Er ist so gut wie jeder andere. Aber Sie sind ein großer Snob.«

»Er ist so langweilig.«

»Nein, er ist bloß ruhig. Ich möchte keinen Mann, der besonders geistreich ist. Er wird eine ausgezeichnete Staffage abgeben. Er sieht gut aus und hat nette Manieren.«

»Mein Gott, Betty.«

»Machen Sie sich nicht lächerlich, Humphrey.«

»Wollen Sie mir etwa einreden, daß Sie in ihn verliebt sind?«

»Es wäre taktvoll von mir, nicht?«

»Warum wollen Sie ihn heiraten?«

Sie blickte ihm kühl ins Gesicht.

»Er schwimmt in Geld. Ich bin nahezu sechsundzwanzig.«

Was war da noch viel zu sagen? Carruthers brachte sie nach Hause. Sie hatte eine sehr prunkvolle Hochzeit. Dichte Menschenmengen umdrängten die Zufahrt zur Kirche, fast sämtliche Mitglieder der königlichen Familie sandten Geschenke – und die Flitterwochen wurden auf einer Jacht verlebt, die ihnen der Vater des Bräutigams geliehen hatte. Carruthers aber bewarb sich um einen Posten im Ausland und wurde nach Rom geschickt (ich hatte recht mit der Vermutung, daß er auf diese Weise sein wunderbares Italienisch erworben hatte) und später nach Stockholm. Dort wurde er Botschaftsrat, und dort schrieb er die erste seiner Geschichten.

Vielleicht enttäuschte Bettys Heirat die britische Öffentlichkeit, die viel großartigere Dinge von ihr erwartet hatte, vielleicht verlor sie als jungverheiratete Frau etwas von ihrem romantischen Nimbus. Tatsache blieb, daß es mit ihrer bevorzugten Stellung in den Augen des Publikums bald vorbei war. Man hörte nicht mehr viel von ihr. Nicht lange nach ihrer Hochzeit verbreitete sich das Gerücht, sie erwarte ein Kind, und ein wenig später munkelte man von einer Fehlgeburt. Sie verschwand keineswegs aus der Gesellschaft und setzte den Verkehr mit ihren Freunden fort, aber ihre Aktionen hatten nichts Sensationelles mehr. Immer seltener war sie in jenen frivolen Kreisen anzutreffen, in denen die Mitglieder einer reduzierten Aristokratie sich mit Künstlern und deren Anhang verbrüderten, um sich schmeicheln zu können, gleichzeitig smart und kultiviert zu sein. Es hieß, daß sie allmählich Vernunft angenommen hätte. Man fragte sich, wie sie mit ihrem Mann leben mochte, und entschied sich sehr rasch, daß sie nicht sehr gut mit ihm lebte. Bald entstand das Gerücht, Jimmy hätte zu trinken begonnen, und ein bis zwei Jahre später hörte man, daß er an Tuberkulose erkrankt sei. Die Welldon-Burns verbrachten einige Winter in Italien. Dann verbreitete sich die Nachricht, daß sie sich getrennt hätten und daß Betty nun in Rhodos lebte. Seltsam, sich einen solchen Aufenthaltsort auszusuchen.

»Es muß zum Sterben sein«, sagten ihre Freunde.

Einige besuchten sie und erzählten, wenn sie zurückkehrten, von der Schönheit der Insel und dem unbeschwerten Zauber des Lebens, das man dort führte. Aber es war natürlich sehr einsam. Es war kaum zu fassen, daß Betty mit ihren glänzenden Gaben und ihrer Vitalität sich mit einem solchen Dasein bescheiden konnte. Sie hatte ein Haus gekauft. Sie kannte niemanden außer ein paar italienischen Verwaltungsbeamten; es war ja sonst auch niemand da. Aber sie schien vollkommen glücklich zu sein. Es war ein Rätsel. Das Londoner Leben ist voll von Geschehen, und man vergißt so rasch! Man hörte auf, sich mit Betty zu beschäftigen. Ein paar Wochen, ehe ich Humphrey Carruthers in Rom begegnete, brachte die *Times* die Nachricht vom Tod des Barons Sir James Welldon-Burns. Sein jüngerer Bruder erbte den Titel. Betty hatte kein Kind.

Carruthers hatte nach ihrer Heirat den Umgang mit ihr fortgesetzt. Jedesmal, wenn er nach London kam, frühstückten sie zusammen. Sie hatte die Fähigkeit, eine Freundschaft nach langer Trennung wiederaufzunehmen, als ob der dazwischenliegende Zeitraum gar nicht existierte; es gab, wenn sie sich wiedersahen, niemals eine Fremdheit. Manchmal fragte sie ihn, wann er denn heiraten wolle.

»Sie werden nicht jünger, Humphrey. Wenn Sie nicht bald heiraten, werden Sie noch ganz altjüngferlich.«

»Können Sie die Ehe empfehlen?«

Das war nicht sehr taktvoll, denn wie jeder andere hatte auch er gehört, daß sie nicht besonders gut mit ihrem Mann lebe. Aber ihre Frage hatte ihn geärgert.

»Im allgemeinen, ja. Ich finde, daß eine schlechte Ehe immer noch besser ist als gar keine.«

»Sie wissen ganz genau, daß ich unter keinen Umständen heiraten würde, und Sie wissen auch, warum.«

»Aber, Lieber, Sie werden mir doch nicht einreden wollen, daß Sie immer noch in mich verliebt sind.«

»Doch, das bin ich.«

»Sie sind verrückt.«

»Vielleicht.«

Sie lächelte ihn an. Ihre Augen hatten immer noch den halb neckenden, halb zärtlichen Blick, der ihn so schmerzhaft glücklich machte; er hätte genau angeben können, an welcher Stelle ihm das Herz weh tat.

»Sie sind sehr lieb, Humphrey. Sie wissen, daß ich Sie furchtbar gern habe. Aber ich würde Sie niemals heiraten, selbst wenn ich frei wäre.«

Als sie sich von ihrem Gatten trennte und sich nach Rhodos zurückzog, sah Carruthers sie nicht mehr. Sie kam nie nach England. Sie führten eine lebhafte Korrespondenz.

»Ihre Briefe waren wunderbar«, erzählte er. »Es war, als ob man sie reden hörte. Ganz sie. Klug, witzig, inkonsequent und doch so gescheit.«

Einmal sprach er den Wunsch aus, auf ein paar Tage nach Rhodos zu kommen, aber sie riet ihm ab. Er glaubte zu erraten, weshalb. Jeder wußte, daß er wahnsinnig in sie verliebt gewesen war. Jeder wußte, daß er sie immer noch liebte. Er kannte die Umstände nicht genau, unter denen die Welldon-Burns sich getrennt hatten. Vielleicht waren sie in Feindschaft auseinandergegangen. Vielleicht fürchtete Betty, seine Anwesenheit auf der Insel könnte sie kompromittieren.

»Sie schrieb mir einen bezaubernden Brief, als mein erstes Buch erschien. Ich hatte es ihr gewidmet. Sie war überrascht, daß ich etwas so Gutes zustande gebracht hatte. Ich hatte viel Erfolg, und darüber war sie entzückt. Ihre Freude war mir mehr wert als alles andere. Schließlich bin ich kein berufsmäßiger Schriftsteller. An literarischem Erfolg ist mir nicht viel gelegen.«

›Esel‹, dachte ich, ›Lügner.‹ Glaubte er tatsächlich, daß es mir verborgen geblieben war, wie stolz ihn die günstige Aufnahme seiner Bücher gemacht hatte? Ich machte ihm daraus keinen Vorwurf, nichts war verzeihlicher, aber warum gab er sich solche Mühe, es zu leugnen? Immerhin war nicht daran zu zweifeln, daß er sich hauptsächlich Bettys wegen über die neuerworbene Berühmtheit gefreut hatte. Nun hatte er ihr etwas Positives zu bieten. Nun konnte er ihr nicht nur seine Liebe, sondern auch einen angesehenen Namen zu Füßen legen. Betty war nicht mehr sehr jung. Sie war sechsunddreißig Jahre alt; ihre Heirat, ihr Aufenthalt im Ausland hatten manches geändert; sie war nicht mehr von Bewerbern umdrängt; sie hatte den Nimbus verloren, mit dem die öffentliche Bewunderung sie umwoben hatte. Die Distanz zwischen ihnen war nicht mehr unüberbrückbar. Er allein war ihr durch all die Jahre treu geblieben. Es war unsinnig, daß sie ihre Schönheit, ihren Geist, ihre gesellschaftliche Anmut für immer auf dieser Insel begraben sollte. Er wußte, daß sie ihn gern hatte. Es war kaum möglich, daß seine unerschütterliche Liebe ohne Eindruck auf sie blieb. Und er war nun imstande, ihr ein Leben zu bieten, das ihr durchaus zusagen mußte. So beschloß er also, sie noch einmal um ihre Hand zu bitten. Er konnte sich gegen Ende Juli freimachen. Er schrieb ihr, daß er die Absicht hätte, seine Ferien auf den griechischen Inseln zu verbringen. Falls es ihr erwünscht wäre, würde er gern auf zwei bis drei Tage nach Rhodos kommen, wo, wie man ihm erzählt habe, soeben ein ausgezeichnetes italienisches Hotel eröffnet worden sei. Er wählte aus Behutsamkeit diese beiläufige Art für seinen Vorschlag. Seine Erziehung im Auswärtigen Amt hatte ihn gelehrt, schroffe Deutlichkeiten zu vermeiden. Er versetzte sich niemals freiwillig in eine Situation, aus der er sich nicht, wenn nötig, mit Takt zurückziehen konnte. Betty antwortete ihm telegraphisch, sie finde es großartig, daß er nach Rhodos kommen wolle; er müsse selbstverständlich bei ihr wohnen und mindestens vierzehn Tage bleiben. Sie bitte ihn, telegraphisch das Schiff anzugeben, mit dem er einträfe.

Er war außer sich vor Aufregung, als das Schiff, das er in Brindisi bestiegen hatte, bald nach Sonnenaufgang in den sauberen, hübschen Hafen von Rhodos einlief. Er hatte die ganze Nacht kaum ein Auge geschlossen, war am frühen Morgen aufgestanden und hatte die Insel majestätisch aus der Dämmerung auftauchen und die Sonne über dem sommerlichen Meer aufgehn gesehen. Boote kamen heran, während das Schiff die Anker warf. Die Falltreppe wurde herabgelassen. Humphrey lehnte sich über das Geländer und sah zu, wie der Arzt, die Hafenbeamten und die Hotelboten heraufgeeilt kamen. Er war der einzige Engländer an Bord. Seine Nationalität war unverkennbar. Ein Mann kam auf Deck und trat geradewegs auf ihn zu.

»Sind Sie Mr. Carruthers?«

»Ja.«

Er war im Begriff zu lächeln und die Hand auszustrecken, merkte aber in der nächsten Sekunde, daß der Mann, der ihn angeredet hatte – Engländer wie er selbst –, kein Herr war. Instinktiv wurde sein Benehmen, obgleich es ausnehmend höflich blieb, ein wenig steif. Das erzählte Carruthers mir natürlich nicht, aber ich sehe die Szene so deutlich vor mir, daß ich sie ohne Zögern beschreiben kann.

»Die gnädige Frau läßt um Entschuldigung bitten, daß sie Ihnen nicht selbst entgegengekommen ist, aber das Schiff trifft so früh am Morgen ein, und von unserem Haus bis hierher haben wir über eine Stunde zu fahren.«

»Aber natürlich. Geht es der gnädigen Frau gut?«

»Ja, danke. Liegt Ihr Gepäck bereit?«

»Jawohl.«

»Wenn Sie mir zeigen wollen, wo es ist, werde ich es von einem dieser Burschen in ein Boot bringen lassen. Sie werden keine Schwierigkeiten beim Verzollen haben. Das habe ich schon abgemacht. Haben Sie gefrühstückt?«

»Ja, danke.«

Der Mann sprach ein ungebildetes Englisch. Carruthers fragte sich, wer er sein mochte. Man konnte ihn nicht ausgesprochen unhöflich nennen, aber er benahm sich zweifellos ein bißchen unzeremoniell. Carruthers wußte, daß Betty ein ziemlich großes Besitztum hatte; vielleicht war er ihr Verwalter. Er schien sehr tüchtig zu sein. Er gab den Trägern seine Anweisungen in fließendem Griechisch. Als man in ein Boot stieg und die Bootsleute mehr Geld verlangten, als er ihnen gegeben hatte, antwortete er ihnen mit ein paar Worten, die sie zum Lachen brachten, und sie gaben sich mit einem Achselzucken zufrieden. Das Gepäck passierte die Zollstelle, ohne untersucht zu werden, Humphreys Führer schüttelte den Zollbeamten freundschaftlich die Hand, und nun trat man auf einen sonnigen Platz hinaus, auf dem ein großes gelbes Auto wartete.

»Werden Sie mich fahren?« fragte Carruthers.

»Ich bin der Chauffeur der gnädigen Frau.«

»Ach so. Das wußte ich nicht.«

Er war nicht gekleidet wie ein Chauffeur. Er hatte weiße Hosen an und Strandschuhe an den bloßen Füßen, ein weißes Tennishemd ohne Krawatte mit offenem Halskragen und einen Strohhut. Carruthers runzelte die Stirn. Es war nicht richtig von Betty, den Mann in diesem Aufzug chauffieren zu lassen. Allerdings hatte er vor Tagesanbruch aufstehen müssen, und allem Anschein nach würde es eine heiße Fahrt bis zur Villa werden. Vielleicht trug er unter gewöhnlichen Umständen Uniform. Obgleich nicht so groß wie Carruthers, der ohne Schuhe sechs Fuß maß, war er doch nicht klein; aber er war breitschultrig und stämmig gebaut, so daß er eher gedrungen wirkte. Er war nicht dick, aber gut genährt, und man traute ihm einen herzhaften Appetit zu. Noch jung, dreißig vielleicht oder einunddreißig, hatte er bereits etwas Massiges, das sich mit der Zeit ins Fleischige auswachsen würde. Gegenwärtig war er ein handfester Bursche. Er hatte ein breites, tief sonnverbranntes Gesicht, eine kurze dickliche Nase und einen etwas mürrischen Blick. Er trug einen kleinen hellen Schnurrbart. Sonderbarerweise hatte Carruthers das unbestimmte Gefühl, ihm schon einmal begegnet zu sein.

»Sind Sie schon lange bei der gnädigen Frau?«

»Nun ja, sozusagen.«

Carruthers wurde ein wenig steifer. Er war nicht ganz einverstanden mit der Art, in der dieser Chauffeur sprach. Es befremdete ihn, nicht mit ›Sir‹ von ihm angeredet zu werden. Er befürchtete, daß er Betty über den Kopf gewachsen war.

Sie nahm es in derartigen Dingen nicht allzu genau. Aber das war ein Fehler. Er würde sie gelegentlich darauf aufmerksam machen. Ihre Blicke begegneten einander, und er hätte schwören können, ein belustigtes Zwinkern in den Augen des Chauffeurs bemerkt zu haben. Carruthers konnte sich absolut nicht vorstellen, warum. Er war sich nicht bewußt, irgend etwas Komisches an sich zu haben.

»Das dürfte die alte Johanniterstadt sein«, bemerkte er kühl und zeigte auf die Festungsmauern.

»Ja. Die gnädige Frau wird Sie hinführen. Es kommen Scharen von Touristen her während der Saison.«

Carruthers beschloß leutselig zu sein. Er wollte sich nach vorn neben den Chauffeur setzen, anstatt hinten allein zu sitzen – aber der Chauffeur kam ihm zuvor. Er gab den Trägern den Auftrag, Carruthers Gepäck hinten zu verstauen, setzte sich ans Steuer und sagte:

»Wenn Sie jetzt einsteigen, kann's losgehen.«

Carruthers setzte sich neben ihn, und die Fahrt führte sie eine weiße Straße entlang, die sich am Meer hinzog. In ein paar Minuten waren sie im freien Land. Sie fuhren schweigend dahin. Carruthers war auf seine Würde bedacht. Er spürte, daß der Chauffeur geneigt war, familiär zu werden, und wollte ihm keine Gelegenheit dazu geben. Er schmeichelte sich, die Fähigkeit zu besitzen, Untergebene in ihre Schranken zurückzuweisen. Es würde nicht lange dauern, überlegte er mit verbissenem Spott, bis der Chauffeur ihn ›Sir‹ nannte. Aber der Morgen war wunderbar; die weiße Straße lief zwischen Olivenwäldern dahin, und die Bauernhäuser, die hier und da am Weg lagen, mit ihren weißen Mauern und flachen Dächern, hatten etwas Orientalisches, das ihn ansprach. Und Betty erwartete ihn. Die Liebe in seinem Herzen stimmte ihn freundlich den Menschen gegenüber, und als er eine Zigarette aus der Tasche zog, war er sich bewußt, daß es eine großzügige Tat sein würde, dem Chauffeur ebenfalls eine anzubieten. Schließlich war Rhodos sehr weit von England entfernt, und man lebte in einem demokratischen Zeitalter. Der Chauffeur nahm das Geschenk an und stoppte den Wagen, um sich die Zigarette anzuzünden.

»Haben Sie den Tabak besorgt?« fragte er plötzlich.

»Was denn?«

Enttäuschung malte sich auf dem Gesicht des Chauffeurs.

»Die gnädige Frau hat Ihnen telegraphiert, Sie möchten zwei Pfund ›Players Navy Cut‹ mitbringen. Aus diesem Grund habe ich die Zollbeamten veranlaßt, Ihr Gepäck nicht zu öffnen.«

»Ich habe das Telegramm nicht bekommen.«

»Verdammt noch mal!«

»Wozu, in aller Welt, braucht die gnädige Frau zwei Pfund ›Players Navy Cut‹?«

Carruthers sprach von oben herab. Der Ausruf des Chauffeurs gefiel ihm nicht. Der Bursche warf ihm von der Seite einen ausgesprochen unverschämten Blick zu.

»Wir können hier keinen bekommen.«

Er schleuderte – wütend, wie es Carruthers schien – die ägyptische Zigarette weg, die er ihm geschenkt hatte, und fuhr weiter. Er schaute mürrisch drein. Er sagte kein Wort mehr. Carruthers stellte fest, daß seine Bemühungen, liebenswürdig zu sein, nicht am Platze gewesen waren. Den Rest der Fahrt ignorierte er den Chauffeur. Er hüllte sich in das eiskalte Benehmen, das er als Gesandtschaftssekretär mit soviel Erfolg anzuwenden pflegte, wenn ein Mitglied des britischen Volkes bei ihm Beistand suchte. Eine Strecke lang waren sie bergauf gefahren, und nun gelangten sie an eine niedrige Mauer und dann an ein offenes Tor. Der Chauffeur bog ein.

»Sind wir da?« rief Carruthers.

»Fünfundsechzig Kilometer in siebenundfünfzig Minuten«, rief der Chauffeur, und ein Lächeln ließ plötzlich seine schönen weißen Zähne sichtbar werden. »Gar nicht übel, wenn man bedenkt, wie schlecht die Straße ist.«

Er tutete schrill. Carruthers konnte kaum atmen vor Aufregung. Sie fuhren einen schmalen Weg entlang, der durch einen Olivenhain hindurchführte, und erreichten ein niedriges weißes langgestrecktes Haus. Betty stand in der Tür. Er sprang aus dem Wagen und küßte sie auf beide Wangen. Einen Augenblick lang war er nicht imstande zu sprechen. Aber im Unterbewußtsein stellte er fest, daß an der Tür ein ältlicher Majordomus in weißen Hosen postiert war, umgeben von einer Schar von Dienern in einheimischen Fustanellas. Es wirkte feudal und malerisch. Was auch immer Betty ihrem Chauffeur erlauben mochte, es war klar, daß das Haus in dem kultivierten Stil geleitet wurde, der ihrer Stellung entsprach. Sie führte ihn durch die Halle, einen großen Raum mit weißgestrichenen Wänden, aus dem er einen flüchtigen Eindruck von schönen Möbelstükken mitnahm, in das Empfangszimmer. Auch dieses war groß, niedrig, hatte weißgestrichene Wände, und er fühlte sich sofort in eine Atmosphäre von Behaglichkeit und Luxus versetzt.

»Zuallererst müssen Sie sich meine Aussicht ansehn«, sagte sie.

»Zuallererst muß ich mir *Sie* ansehn.«

Sie hatte ein weißes Kleid an. Arme, Gesicht und Hals waren tief von der Sonne gebräunt; ihre Augen leuchteten blauer, als er sie je gesehen hatte, und das Weiße ihrer Zähne verblüffte ihn. Sie sah äußerst gesund aus. Sie war sehr gepflegt. Ihre Haare waren onduliert; ihre Nägel manikürt; er hatte manchmal gefürchtet, das ungezwungene Leben auf dieser romantischen Insel könnte sie verleiten, sich zu vernachlässigen.

»Auf mein Wort, Sie sehen aus wie achtzehn, Betty. Wie bringen Sie das fertig?«

»Glück«, lächelte sie.

Es gab ihm einen Stich ins Herz. Sie sollte nicht glücklich sein. Er wollte sie glücklich machen. Aber nun zerrte sie ihn mit auf die Terrasse. Das Empfangszimmer hatte fünf große Fenstertüren, die hinausführten, und von der Terrasse aus stürzte ein olivenbewachsener Hang steil ins Meer hinab. Unten leuchtete eine winzige Bucht, in der ein weißes Schiff verankert lag und sich in dem stillen Wasser spiegelte. Auf einem entfernten Hügel, um die Ecke, sah man die weißen Häuser eines griechischen Dorfes und jenseits davon einen riesigen grauen Felsen, der von den Zinnen eines mittelalterlichen Schlosses überragt wurde.

»Das war eine dieser alten Ritterburgen«, bemerkte sie. »Heute abend werde ich Sie hinaufführen.«

Der Ausblick war von einer wunderbaren Schönheit. Er hatte etwas Friedliches und doch seltsam Belebtes. Man fühlte sich angeregt, nicht zur Betrachtung, sondern zur Tat.

»Sie haben doch hoffentlich den Tabak mitgebracht?«

Er zuckte zusammen.

»Nein, leider nicht. Ich habe Ihr Telegramm nicht bekommen.«

»Ich habe zur Sicherheit sowohl in die Gesandtschaft als ins ›Exzelsior‹ telegraphiert.«

»Ich bin im ›Plaza‹ abgestiegen.«

»Ach, wie dumm! Albert wird wütend sein.«

»Wer ist Albert?«

»Er hat Sie abgeholt. ›Players Navy Cut‹ ist der einzige Tabak, den er mag, und hier kann man ihn nicht bekommen.«

»Ach so, der Chauffeur.« Er zeigte auf das Schiff, das schimmernd auf dem Wasser lag. »Ist das die Jacht, von der ich gehört habe?«

»Ja.«

Es war eine große türkische Barke, die Betty gekauft, mit einem Hilfsmotor versehen und elegant eingerichtet hatte. Auf ihr kreuzte sie zwischen den griechischen Inseln umher. Sie war im Norden bis nach Athen, im Süden bis nach Alexandria gekommen. »Wir müssen eine Fahrt mit Ihnen unternehmen, wenn Sie Zeit genug haben. Sie sollten unbedingt Kos sehen, solange Sie hier sind.«

»Wer führt denn die Jacht?«

»Ich habe natürlich eine kleine Besatzung – aber hauptsächlich Albert. Er versteht sehr viel von Motoren und dergleichen.«

Er wußte nicht, warum er ein vages Unbehagen empfand, als er sie wiederum von dem Chauffeur reden hörte. Ob sie ihm nicht allzu viele Befugnisse gab? Es war ein Fehler, sich die Leute über den Kopf wachsen zu lassen.

»Seltsam, mir ist, als hätte ich diesen Albert schon irgendwann gesehen. Ich kann mich bloß nicht entsinnen. wo.«

Sie lächelte hell. In ihren Augen blitzte jene plötzliche Schalkhaftigkeit auf, die ihrem Gesicht etwas so bezaubernd Freimütiges gab.

»Natürlich haben Sie ihn schon gesehen. Er war Zweiter Diener bei Tante Luise. Er muß Ihnen hundertmal die Tür geöffnet haben.«

Tante Luise war die Verwandte, bei der Betty ihre Mädchenjahre zugebracht hatte.

»Ach so! Dann habe ich ihn jedenfalls oft gesehen, ohne ihn zu bemerken. Wieso ist er denn jetzt hier?«

»Er stammt aus meiner Heimat. Als ich mich verheiratete, wollte er bei mir bleiben, und ich nahm ihn mit. Eine Zeitlang war er Jimmys Kammerdiener, dann steckte ich ihn in eine Motorenfabrik – er war ganz versessen auf Automobile –, und schließlich machte ich ihn zu meinem Chauffeur. Jetzt wüßte ich gar nicht mehr, was ich ohne ihn anfangen sollte.«

»Halten Sie es nicht für falsch, allzu abhängig von einem Diener zu werden?«

»Ich weiß nicht. Darüber habe ich nie nachgedacht.«

Betty zeigte ihm die Zimmer, die für ihn bereitstanden, und nachdem er sich umgezogen hatte, schlenderten sie zum Strand hinunter. Ein Boot wartete, und sie ruderten zur Jacht hinüber und badeten. Die Jacht war geräumig, bequem und luxuriös. Betty führte ihn umher, und sie stießen auf Albert, der die Maschine untersuchte. Er hatte einen schmutzigen Arbeitskittel an, seine Hände waren schwarz und sein Gesicht verschmiert und fettig.

»Was ist los, Albert?« fragte Betty.

Er richtete sich auf und antwortete respektvoll:

»Nichts, gnädige Frau. Ich sehe mich nur ein wenig um.«

»Zwei Dinge gibt es auf der Welt, die Albert liebt: den Wagen und die Jacht. Habe ich nicht recht, Albert?«

Sie lächelte ihn fröhlich an, und Alberts ziemlich stumpfes Gesicht hellte sich auf. Er zeigte seine schönen weißen Zähne.

»Jawohl, gnädige Frau.«

»Er schläft an Bord, müssen Sie wissen. Wir haben ihm hinten eine sehr nette Kajüte eingerichtet.«

Carruthers lebte sich sehr leicht ein. Betty hatte die Besitzung von einem türkischen Pascha, der von Abdul Hamid nach Rhodos verbannt worden war, gekauft und einen Flügel an das malerische Haus anbauen lassen. Den Olivenwald, der das Haus umgab, hatte sie in einen Naturpark verwandelt. Er war bepflanzt mit Rosmarin, Lavendel, Asphodelen, Ginster, den sie aus England hatte kommen lassen, und den Rosen, die zu den Berühmtheiten der Insel gehörten. Im Frühling, so erzählte sie, war der Boden übersät von Anemonen. Aber je ausführlicher sie ihm ihren Besitz zeigte und von ihren Plänen und von den Veränderungen, die sie noch im Sinn hatte, sprach, desto beklommener wurde Carruthers zumute.

»Sie reden, als ob Sie Ihr ganzes Leben hier verbringen wollten«, sagte er.

»Vielleicht kommt es so«, lächelte sie.

»Unsinn! In Ihrem Alter!«

»Ich bin bald vierzig, mein Junge«, antwortete sie leichthin.

Er entdeckte mit Genugtuung, daß Betty einen vorzüglichen Koch hatte, und es befriedigte sein Formbedürfnis, mit ihr in dem prunkvollen Speisesaal mit den schweren italienischen Möbeln zu dinieren, bedient von dem würdevollen griechischen Kellermeister und zwei stattlichen Dienern in malerischen Livreen. Das Haus war mit Geschmack eingerichtet; die Zimmer enthielten nur das Notwendigste, aber jedes Stück war ausgesucht. Betty lebte in großem Stil. Am Tag nach seiner Ankunft, als der Gouverneur mit einigen Mitgliedern seines Stabes zum Dinner herüberkam, ließ sie alle Künste ihres Haushaltes spielen. Der Gouverneur durchschritt bei seinem Eintritt ins Haus ein Spalier von Lakaien in gestärkten Röcken, gestickten Jakken und Samtkappen. Es war beinahe wie eine Leibwache. Carruthers hatte sehr viel übrig für repräsentative Dinge. Es wurde ein sehr angeregter Abend. Bettys Italienisch war fließend, und Carruthers sprach es, wie schon erwähnt, perfekt. Die jungen Offiziere in der Gesellschaft des Gouverneurs sahen ausnehmend smart aus in ihren Uniformen. Sie zeigten sich sehr aufmerksam Betty gegenüber, und sie kam ihnen herzlich und unbefangen entgegen. Sie neckte sie. Nach dem Dinner wurde das Grammophon aufgezogen, und einer nach dem andern tanzte mit ihr.

Als sie fort waren, fragte Carruthers:

»Sind diese Männer nicht alle wahnsinnig in Sie verliebt?«

»Das weiß ich nicht. Hin und wieder bekomme ich gewisse Anspielungen zu hören. Man schlägt mir Verbindungen permanenter oder flüchtiger Natur vor. Es wird mir aber nicht weiter übelgenommen, wenn ich mit Dank ablehne.«

Nein, diese Leute waren nicht ernst zu nehmen. Unvorstellbar, daß Betty sich mit einem von ihnen einlassen sollte. Die Jungen waren unfertig und unreif. Die Alten dick und kahlköpfig. Aber ein, zwei Tage später ereignete sich etwas Merkwürdiges. Er hielt sich in seinem Zimmer auf und kleidete sich zum Dinner um – da hörte er eine Männerstimme draußen auf dem Gang – was gesagt wurde und in welcher Sprache, konnte er nicht unterscheiden – und gleich darauf Bettys Lachen. Es war ein entzückendes Lachen, perlend, fröhlich, wie das eines jungen Mädchens. Es hatte etwas so Ausgelassenes und Ungehemmtes, daß es ansteckend wirkte. Aber mit wem lachte sie denn so? Mit einem Diener wohl nicht. Dazu klang es viel zu wenig reserviert. Es mag seltsam scheinen, daß sich Carruthers über ein bißchen Lachen so sehr den Kopf zerbrach, aber man darf nicht vergessen, daß er ein sehr scharfer Beobachter war. Das bewiesen seine Novellen zur Genüge.

Als sie bald darauf auf der Terrasse zusammentrafen und er einen Cocktail mixte, bemühte er sich, seine Neugierde zu stillen. »Worüber haben Sie denn eben so herzlich gelacht? War jemand da?«

»Nein.«

Sie blickte ihn mit ungespieltem Erstaunen an.

»Ich dachte, daß vielleicht einer von den jungen italienischen Offizieren gekommen wäre.«

»Nein.«

Selbstverständlich waren die Jahre nicht unbemerkt an Betty vorübergegangen. Sie war schön, aber es war eine reife Schönheit. In ihrem Wesen hatte sich immer schon eine große Sicherheit ausgedrückt, nun aber atmete es Ruhe; ihre Ausgeglichenheit war ein Zug ihrer Schönheit geworden, wie ihre blauen Augen und ihre klare Stirn. Sie schien im Frieden mit aller Welt; es hatte etwas Beruhigendes, in ihrer Gesellschaft zu sein, wie es etwas Beruhigendes hatte, unter den Olivenbäumen zu liegen und auf das weinfarbene Meer hinunterzuschauen. Obgleich sie nichts von ihrer Fröhlichkeit und ihrem Witz eingebüßt hatte, war der Ernst, den früher nur Carruthers allein gekannt hatte, für alle sichtbar geworden. Nun konnte niemand mehr behaupten, sie wäre oberflächlich; es war unmöglich, die Vortrefflichkeit ihres Charakters zu übersehen. Sie besaß sogar Adel, ein Zug, der bei der modernen Frau durchaus nicht alltäglich ist, und Carruthers sagte sich, daß sie einer anderen Zeit angehörte. Sie erinnerte ihn an die großen Damen des achtzehnten Jahrhunderts. Sie hatte immer eine Neigung zur Literatur gehabt, und die Gedichte, die sie als junges Mädchen geschrieben, waren anmutig und melodiös gewesen. Er war daher nicht weiter überrascht, als sie ihm erzählte, daß sie eine ernste historische Arbeit in Angriff genommen hatte. Sie sammelte das Material für eine Geschichte der Johanniter auf Rhodos. Sie fuhr mit Carruthers in die Stadt und zeigte ihm die stolzen Festungsmauern. Gemeinsam durchwanderten sie die strengen majestätischen Gebäude. Sie schlenderten die stille Johanniterstraße hinauf mit ihren wunderbaren Steinfassaden und den großen Wappen, die ein versunkenes Rittertum heraufbeschworen. Hier erwartete ihn eine Überraschung. Sie hatte eines der alten Häuser gekauft und mit liebevoller Sorgfalt restauriert. Wenn man den kleinen Hof mit dem steinernen verzierten Treppenaufgang betrat, fühlte man sich ins Mittelalter zurückversetzt. Das Haus hatte einen winzigen mauerumschlossenen Garten, in dem ein Feigenbaum wuchs und Rosen blühten. Es war klein, verschwiegen und still. Die alten Ritter waren lange genug mit dem Morgenland in Berührung gewesen, um sich orientalische Begriffe von Intimität anzueignen.

»Wenn ich von der Villa genug habe, komme ich für zwei, drei Tage her und erhole mich. Man will nicht immer Leute um sich haben.«

»Aber Sie sind doch nicht allein hier?«

»Beinahe.«

Sie betraten ein kleines einfach eingerichtetes Wohnzimmer.

»Was ist das?« fragte Carruthers und zeigte lächelnd auf ein Heft der *Sporting Times*, das auf dem Tisch lag.

»Ach, das gehört Albert. Wahrscheinlich hat er es hier liegengelassen, als er Sie abholte. Er bekommt jede Woche die *Sporting Times* und die *News of the World* zugeschickt. Auf diese Weise hält er sich auf dem laufenden über die Geschehnisse der großen Welt.«

Sie lächelte nachsichtig. Neben dem Wohnzimmer lag ein Schlafzimmer, in dem nicht viel mehr stand als ein großes Bett.

»Das Haus hatte früher einem Engländer gehört. Das hat mich mitbestimmt, es zu kaufen. Er war ein Sir Giles Quern, und einer meiner Vorfahren hatte eine Mary Quern, eine Kusine dieses Sir Giles, zur Frau. Sie stammten aus Cornwall.«

Eines Tages hatte Betty erkannt, daß sie mit ihrer Arbeit nicht vorwärtskommen würde, wenn sie nicht die mittelalterlichen lateinischen Texte ohne Schwierigkeiten lesen könnte; und so hatte sie sich an das Studium der klassischen Sprache gemacht. Sie eignete sich rasch die Grundbegriffe der Grammatik an, und gleich nachher begann sie mit Hilfe einer Übersetzung die Autoren zu lesen, die sie interessierten. Es ist dies eine sehr gute Methode zur Eroberung einer Sprache, und ich habe mich oft gewundert, warum sie in Schulen nicht angewandt wird. Es erspart das endlose Wälzen von Diktionären und das mühevolle Suchen nach dem Sinn. Nach neun Monaten konnte Betty so fließend Lateinisch lesen wie die meisten von uns Französisch. Es schien Carruthers ein wenig lächerlich, daß dieses schöne, glänzende Geschöpf die Arbeit so ernst nahm, und doch rührte es ihn wiederum; er hätte Betty am liebsten in die Arme nehmen und küssen mögen, nicht als Weib, in diesem Augenblick, sondern als frühreifes Kind, dessen Klugheit ihn bezauberte. Aber später dachte er intensiver über die Dinge nach, die sie ihm erzählt hatte. Er war zweifellos ein begabter Mensch, sonst hätte er es niemals zu der Stellung im Auswärtigen Amt gebracht, die er innehatte; auch der große Erfolg seiner Bücher konnte unmöglich ohne Berechtigung sein; wenn ich mich ein wenig lustig über ihn gemacht habe, so nur deshalb, weil ich ihn nicht mochte; und meine spöttischen Äußerungen über seine Geschichten sind auf eine rein persönliche Abneigung gegen derartige Literatur zurückzuführen. Er hatte Takt und Scharfblick. Er war der Überzeugung, daß es nur einen Weg gab, Betty zu gewinnen. Sie lebte ihre eigene, eingefahrene Lebensweise, in der sie glücklich war; ihre Pläne standen fest; ihr Dasein auf Rhodos war so wohlgeordnet, so vollkommen, so befriedigend; und gerade in diesem Umstand sah er die Möglichkeit, es mit Erfolg bekämpfen zu können. Er mußte es darauf anlegen, in ihr die Ruhelosigkeit zu wecken, die tief im Herzen eines jeden Engländers schlummert. So unterhielt er sich denn mit Betty von England und London, von ihren gemeinsamen Freunden, den Malern, den Schriftstellern, Musikern, mit denen ihn sein literarischer Erfolg in Verbindung gebracht hatte. Er erzählte von den Gesellschaften der Boheme in Chelsea, von der Oper, von kleinen Reisen en bande nach Paris, um einen Maskenball mitzumachen, oder nach Berlin, um die neuesten Theaterstücke zu sehen. Er rief ihr ein bewegtes, leichtes, abwechslungsreiches, kultiviertes, anregendes und hochzivilisiertes Leben ins Gedächtnis zurück. Er versuchte ihr klarzumachen, daß sie auf einem toten Flußarm stehengeblieben war, während die Welt weiterjagte, von einer interessanten Phase zur andern. Man lebte in einem Zeitalter der ungeahntesten Umwälzungen, und sie spürte nichts davon. Selbstverständlich sprach er all dies nicht aus; er überließ es ihr selbst, derartige Schlußfolgerungen zu ziehen. Er war amüsant und schlagfertig, er hatte ein ausgezeichnetes Gedächtnis für nette

Anekdoten, er war originell und lebendig. Ich weiß, daß Humphrey Carruthers in meiner Schilderung nicht witzig, Lady Betty nicht geistreich erscheinen. Der Leser muß es mir aufs Wort glauben, daß sie es waren. Carruthers hatte den Ruf eines ausgezeichneten Gesellschafters; und das bedeutet halbgewonnenes Spiel; man war gewillt, ihn unterhaltend zu finden, und schwor darauf, daß seine Aussprüche wunderbar waren. Selbstverständlich war sein Witz rein gesellschaftlicher Natur. Er brauchte einen ganz bestimmten Kreis, der seine Anspielungen verstand und seinen exklusiven Sinn für Humor teilte. Es gibt Dutzende von Journalisten in Fleet Street, die es mit den blendendsten Köpfen der Gesellschaft aufnehmen könnten; es ist ihr Beruf, witzig zu sein, und Geist gehört zu ihrem täglichen Handwerkszeug. Von den Gesellschaftsschönheiten andererseits, deren Photographien in den Zeitschriften erscheinen, wären nur wenige imstande, in einem Ballett oder im Chor einer Operette Beschäftigung zu finden. Dilettanten müssen mit Nachsicht beurteilt werden. Carruthers wußte, daß Betty sich in seiner Gesellschaft wohl fühlte. Sie lachten viel miteinander, die Tage flogen dahin.

»Sie werden mir furchtbar fehlen, wenn Sie fort sind«, meinte sie in ihrer offenen Art. »Es war ein Genuß, Sie hier zu haben. Sie sind sehr nett, Humphrey.«

»Ist das Ihre neueste Entdeckung?«

Er war zufrieden mit sich. Seine Taktik war richtig gewesen. Es war interessant, wie großartig sein einfacher Aktionsplan gewirkt hatte. Wie ein Zauber. Mochte das vulgäre Volk über das Auswärtige Amt lachen, es bestand kein Zweifel, daß es ihn gelehrt hatte, mit schwierigen Menschen umzugehen. Nun hieß es die richtige Gelegenheit abzuwarten. Er fühlte, daß Betty ihm niemals zugetaner gewesen war. Er wollte warten bis zum Ende seines Besuches. Betty war ein Gefühlsmensch. Sie würde bedauern, daß er fortging. Es würde ihr vorkommen, als sei Rhodos ohne ihn verödet. Wer blieb ihr denn, wenn er fort war? Nach dem Dinner saßen sie gewöhnlich auf der Terrasse und blickten auf das sternbestrahlte Meer hinaus; die Luft war warm und balsamisch und erfüllt von unbestimmten Düften: diese Stunde wollte er wählen, um sie um ihre Hand zu bitten, und zwar am Abend vor seiner Abreise. Er fühlte es in den Knochen, daß sie ja sagen würde.

Eines Morgens – es mochte eine Woche nach seiner Ankunft sein – kam er zufällig die Treppen hinauf, als Betty über den Korridor lief.

»Sie haben mir noch nie Ihr Zimmer gezeigt, Betty«, sagte er.

»Nicht? Dann sehen Sie sich's doch jetzt an. Es ist sehr hübsch.« Sie ging zurück, und er folgte ihr. Ihr Zimmer lag über dem Empfangsraum und war beinahe ebenso groß. Es war im italienischen Stil eingerichtet und glich, wie es heutzutage üblich ist, eher einem Wohnzimmer als einem Schlafzimmer. An den Wänden hingen wunderbare Paninis. Die Einrichtung bestand aus ein bis zwei schönen Schränken und einem venezianischen Bett, das köstlich bemalt war.

»Ein Lager von ziemlich imposanten Dimensionen für eine verwitwete Dame«, scherzte er.

»Riesenhaft, nicht? Aber es war so schön – ich mußte es kaufen. Es hat ein Vermögen gekostet.« Sein Blick streifte das Bettischchen, das danebenstand. Er sah ein paar Bücher, eine Schachtel Zigaretten und, auf einem Aschenbecher, eine Tabakspfeife. Komisch! Wozu, zum Teufel, hatte Betty eine Pfeife neben ihrem Bett liegen?

»Sehen Sie sich diese Truhe an. Ist die Malerei nicht wunderbar? Mir kamen die Tränen, als ich sie fand.«

»Und hat wahrscheinlich ebenfalls ein Vermögen gekostet.«

»Ich wage nicht, Ihnen zu sagen, was ich bezahlt habe.«

Als sie das Zimmer verließen, warf er einen neuerlichen Blick auf das Bettischchen. Die Pfeife war verschwunden.

Es war sonderbar, daß Betty eine Pfeife in ihrem Schlafzimmer liegen hatte – sie selbst rauchte sie bestimmt nicht –, und im übrigen hätte sie auch kein Geheimnis daraus gemacht; aber es waren natürlich hundert vernünftige Erklärungen denkbar. Es konnte sein, daß sie die Pfeife irgend jemandem zum Geschenk machen wollte, einem von den Italienern vielleicht oder selbst Albert – er hatte nicht erkennen können, ob die Pfeife alt oder neu war; es konnte aber auch sein, daß man sie ihm, Carruthers, mit nach England geben wollte, als Muster für neue Bestellungen. Nach der ersten Verblüffung, die nicht ganz frei von einem kleinen inneren Schmunzeln war, schob er die Angelegenheit beiseite. Am gleichen Tage wurde ein Ausflug im Auto unternommen. Man wollte das Mittagessen im Freien verzehren, und Betty selbst chauffierte. Für die Woche vor Carruthers Abreise war eine mehrtägige Seefahrt vorgesehen, damit er Patmos und Kos kennenlernte, und Albert war mit den Maschinen der Jacht beschäftigt; Betty und Carruthers hatten einen wundervollen Tag. Sie besuchten ein zerfallenes Schloß, bestiegen einen Berg, auf dem Asphodelen, Hyazinthen und Narzissen wuchsen, und kehrten todmüde nach Hause zurück. Sie trennten sich bald nach dem Dinner, und Carruthers ging zu Bett. Er las noch ein wenig und drehte dann das Licht aus. Aber er konnte nicht schlafen. Es war heiß unter seinem Moskitonetz. Er warf sich im Bett herum. Schließlich kam ihm der Gedanke, zu der kleinen Bucht am Fuß des Hügels hinunterzugehen und zu baden. Es wären höchstens drei Minuten Weges. Er zog seine Leinenschuhe an und nahm ein Handtuch. Der Mond war voll, sein Licht fiel durch die Olivenbäume auf das Meer. Doch nicht er allein war auf die Idee verfallen, wie herrlich es sein müßte, in dieser strahlenden Nacht zu baden; ehe er noch den Strand erreicht hatte, drangen Stimmen an sein Ohr. Er murmelte einen Fluch – jemand von Bettys Leuten badete, und er wollte nicht stören. Die Olivenbäume kamen bis ans Ufer heran, und unentschlossen verharrte er in ihrem Schatten. Da hörte er eine Stimme, die ihn zusammenfahren ließ.

»Wo ist mein Handtuch?«

Englisch. Eine Frau stieg aus dem Wasser und blieb einen Augenblick am Ufer stehen. Aus der Finsternis tauchte ein Mann auf, der nichts anhatte als ein Handtuch um die Lenden. Die Frau war Betty. Sie war splitternackt. Der Mann warf ihr einen Bademantel um und fing an, sie kräftig trockenzureiben. Sie lehnte sich an ihn, während sie zuerst den einen und dann den andern Schuh anzog, und um sie zu stützen, legte er den Arm um ihre Schultern. Der Mann war Albert.

Carruthers machte kehrt und floh den Hügel hinan. Er stolperte blind dahin. Einmal fiel er beinahe. Er stöhnte wie ein verwundetes Tier. Als er in sein Zimmer kam, warf er sich auf sein Bett und ballte die Fäuste, und das trockene schmerzhafte Schluchzen, das ihm die Brust zerriß, verwandelte sich in Tränen. Ein heftiger Weinkrampf schüttelte ihn.

Alles war ihm nun klar, furchtbar klar. Er sah es mit der gespenstischen Deutlichkeit, mit der in einer Gewitternacht unter dem grellen Schein eines Blitzes die verwüstete Landschaft sichtbar wird. Wie der Mann sie abgetrocknet, wie sie sich an ihn gelehnt hatte, das ließ nicht auf Leidenschaft, sondern auf eine lang bestehende Vertrautheit schließen; und die Pfeife neben dem Bett, diese Pfeife hatte etwas abscheulich Eheliches an sich. Es war die Pfeife, die der Ehemann raucht, wenn er vor dem Einschlafen noch eine Weile im Bett liest. Die *Sporting Times*! Ah, jetzt wußte Carruthers, warum sie sich das kleine Haus in der Stadt gekauft hatte! Um hin und wieder ein paar Tage ungestörten Eheglücks mit diesem Menschen genießen zu können. Humphrey stellte sich die Frage, wie lange diese widerwärtige Geschichte wohl schon dauern mochte, und mit einem Male wußte er die Antwort: seit Jahren. Seit zehn, zwölf, vierzehn Jahren: sie hatte begonnen, als der junge Diener, ein halbes Kind noch, nach London gekommen war, und es war sonnenklar, daß nicht *er* es gewesen, der die ersten Avancen gemacht hatte; während all der Jahre, da sie der Abgott des britischen Volkes gewesen war, da sie förmlich angebetet wurde, da sie unter den besten Männern des Landes hätte wählen dürfen, hatte sie mit dem Zweiten Diener im Hause ihrer Tante gelebt. Sie hatte ihn mitgenommen, als sie sich verheiratet hatte. Warum hatte sie sich zu dieser überraschenden Heirat entschlossen? Und das totgeborene Kind, das vor der Zeit gekommen war? Wie sich nun alles aufhellte! Sie hatte Jimmy Welldon-Burns geheiratet, weil sie ein Kind von Albert erwartete. Oh, wie schamlos, wie schamlos! Und dann, als Jimmys Gesundheit versagte, hatte sie ihn bewogen, Albert zu seinem Kammerdiener zu machen. Was von alldem hatte Jimmy gewußt, was vermutet? Er hatte getrunken, das hatte seine Tuberkulose herbeigeführt; aber warum hatte er zu trinken angefangen? Vielleicht, um einen Verdacht zum Schweigen zu bringen, der so häßlich war, daß er ihn nicht ertragen konnte. Um mit Albert leben zu können, war sie von Jimmy fortgegangen; um mit Albert leben zu können, hatte sie sich auf Rhodos niedergelassen. Albert mit seinen abgebrochenen Fingernägeln und seinen von der Arbeit an den Motoren verschmierten Händen, derb und grob anzusehen mit seinem roten Gesicht und seiner plumpen Kraft. Albert, der nicht einmal mehr ganz jung war und dick zu werden begann, dieser ungebildete und gewöhnliche Mensch mit seiner ordinären Sprache. Albert, Albert. Wie war das nur möglich?!

Carruthers stand auf und trank einen Schluck Wasser. Er warf sich in einen Stuhl. Er konnte es im Bett nicht aushalten. Er rauchte eine Zigarette nach der andern. Am nächsten Morgen war er ein Wrack. Er hatte überhaupt nicht geschlafen. Man brachte ihm das Frühstück herein. Er trank seinen Kaffee, konnte aber nichts essen. Plötzlich klopfte es kräftig an seine Tür.

»Kommen Sie baden, Humphrey?«

Die fröhliche Stimme jagte ihm das Blut in die Schläfen. Er raffte sich auf und öffnete die Tür.

»Nein, heute nicht. Ich fühle mich nicht sehr wohl.«

Sie blickte ihn an.

»Ach, Lieber, Sie sehen ja elend aus. Was ist denn mit Ihnen?«

»Ich weiß nicht. Ich muß mir einen kleinen Sonnenstich geholt haben.« Seine Stimme war tot, und seine Augen blickten verzweifelt. Sie sah ihn genauer an. Eine Sekunde lang sagte sie gar nichts. Es war ihm, als erblaßte sie. Nein, er war sich dessen gewiß. Dann huschte ein leicht spöttisches Lächeln über ihre Züge; sie fand die Situation komisch.

»Armer Junge, legen Sie sich hin. Ich werde Ihnen ein bißchen Aspirin schicken. Vielleicht wird Ihnen bis zum Lunch besser.«

Er lag im verdunkelten Zimmer. Er hätte alles darum gegeben, sofort wegzukommen, um sie nicht mehr sehen zu müssen, aber das war unmöglich; das Schiff, das ihn nach Brindisi bringen sollte, legte erst Ende der Woche in Rhodos an. Er war gefangen. Und am nächsten Tage sollten sie miteinander nach den Inseln fahren. Dort gab es kein Entrinnen vor ihr; auf der Jacht würden sie von früh bis abends aufeinander angewiesen sein. Dem fühlte er sich nicht gewachsen. Er schämte sich so sehr. Aber sie schämte sich nicht. In dem Augenblick, als sie klar erkannt hatte, daß ihm nichts mehr verborgen war, hatte sie gelächelt. Sie war imstande, ihm alles zu erzählen. Das konnte er nicht ertragen. Das war zuviel. Schließlich hatte sie nicht die Gewißheit, daß er von ihrer heimlichen Beziehung wußte, sie konnte es bestenfalls vermuten; wenn er sich benahm, als ob nichts geschehen wäre, wenn er beim Lunch und während der restlichen Tage so fröhlich und heiter schien wie gewöhnlich, konnte sie annehmen, daß sie sich getäuscht habe. Es genügte ihm zu wissen, was er wußte; er wollte sich die

Pein, die schmachvolle Geschichte von ihren eigenen Lippen zu hören, ersparen. Aber das erste, was sie beim Lunch sagte, war:

»Denken Sie nur, wie dumm: Albert sagt, daß etwas mit der Maschine nicht in Ordnung ist. Nun können wir morgen doch nicht fahren. Zu segeln wage ich nicht in dieser Jahreszeit. Es könnte uns passieren, daß wir eine Woche festliegen.«

Sie sprach leichthin, und er antwortete in der gleichen nonchalanten Art.

»Ach, das ist schade, aber im Grunde macht es mir nicht viel aus. Es ist so schön hier – eigentlich hatte ich gar keine rechte Lust, mich wegzurühren.«

Er erzählte ihr, daß ihm das Aspirin gutgetan habe und daß er sich schon viel besser fühle; dem griechischen Kellermeister und den beiden Dienern in Fustanellas mußte es scheinen, als unterhielten sie sich so lebhaft wie immer. An diesem Abend kam der britische Konsul zum Dinner, und am folgenden Abend waren ein paar italienische Offiziere eingeladen. Carruthers zählte die Tage, zählte die Stunden. Ach, wäre doch endlich der Moment da, an dem er das Schiff besteigen konnte und von der Marter, die ihn keine Sekunde des Tages losließ, befreit war! Er wurde so müde. Aber Bettys Benehmen war von einer solchen Sicherheit! Zuweilen fragte er sich, ob sie wirklich wußte, daß er ihr Geheimnis kannte. Waren die Maschinen der Jacht etwa tatsächlich nicht in Ordnung gewesen? Oder war das Ganze doch nur eine Ausrede? War es Zufall, daß eine ständige Kette von Besuchern jedes Alleinsein zwischen ihnen verhinderte? Es hat seine Nachteile, allzuviel Takt zu besitzen: man weiß nie genau, ob andere Leute sich natürlich benehmen oder ob sie ebenfalls bloß taktvoll sind. Wenn er Betty vor sich sah, so unbefangen und ruhig, so offensichtlich glücklich, konnte er die häßliche Wahrheit nicht glauben. Und doch hatte er mit eigenen Augen gesehen. Und die Zukunft! Was für eine Zukunft erwartete sie? Es war nicht auszudenken. Früher oder später mußte alles publik werden. Und sich vorzustellen: Betty, ausgestoßen aus der Gesellschaft, verachtet, in der Gewalt eines rohen, gewöhnlichen Mannes; sie wurde älter, verlor ihre Schönheit; und der Mann war fünf Jahre jünger als sie! Eines Tages würde er sich eine Geliebte nehmen, eines von ihren Dienstmädchen vielleicht, mit der er sich wohler fühlte, als er sich je mit der großen Dame gefühlt hatte; was sollte sie dann tun!

Welch entsetzliche Demütigung für sie! Wenn er brutal zu ihr wurde! Sie schlug! Betty, Betty. Carruthers rang die Hände. Und plötzlich kam ihm eine Idee, die ihn mit schmerzhaftem Jubel erfüllte; er schob sie von sich fort; aber sie kam wieder; sie ließ ihn nicht mehr los. Er mußte sie retten; er hatte sie zu tief und zu lange geliebt, um sie nun in den Abgrund sinken zu lassen; unbezwinglich wuchs in ihm das Verlangen, sich selbst aufzuopfern. Obgleich seine Liebe tot war, obgleich er einen beinahe physischen Widerwillen gegen diese Frau empfand, würde er sie heiraten. Er lachte freudlos. Was für ein Leben erwartete ihn? Er konnte es nicht ändern. Es hatte nichts zu bedeuten. Es war der einzige Weg, der ihm blieb. Er fühlte sich wunderbar erhoben und doch sehr demütig, denn er war von dem Gedanken, zu welchen Höhen der göttliche Geist im Menschen sich aufzuschwingen vermag, erschüttert.

Sein Schiff ging am Samstag, und Donnerstag abend, als die Dinnergäste sich verabschiedet hatten, sagte er:

»Ich hoffe, daß wir morgen allein sein werden.«

»Eigentlich habe ich ein paar Ägypter eingeladen, die über den Sommer hier sind. Es ist auch die Schwester des Ex-Khediven dabei, die sehr intelligent ist. Sie wird Ihnen sicherlich gefallen.«

»Ja, aber es ist doch mein letzter Abend. Könnten wir ihn nicht allein miteinander verbringen?«

Sie warf ihm einen Blick zu. In ihren Augen blitzte es schalkhaft, aber die seinen waren ernst.

»Wie Sie wollen. Ich kann die Ägypter auch auf einen andern Tag verlegen.«

»Bitte, tun Sie mir den Gefallen.«

Seine Koffer waren schon gepackt, denn er sollte in der Frühe des Morgens aufbrechen. Betty hatte ihm vorgeschlagen, sich zum Dinner nicht umzuziehen; aber er brachte es nicht über sich. Das letztemal setzten sie sich miteinander zu Tisch. Das Speisezimmer mit seinen beschatteten Lampen war ernst und formell, aber die Sommernacht, die durch die geöffneten Fenster hereinflutete, gab ihm etwas Prunkvolles. Es wirkte wie das Refektorium eines Klosters, in das eine Dame von königlichem Geblüt sich zurückgezogen hat, um den Rest ihres Lebens einer nicht allzu strengen Frömmigkeit zu weihen. Sie tranken ihren Kaffee auf der Terrasse. Carruthers stürzte ein paar Liköre hinunter. Er war sehr nervös.

»Liebe Betty«, begann er, »ich habe Ihnen etwas zu sagen.«

»Wirklich? An Ihrer Stelle würde ich es lieber nicht sagen.«

Sie sprach freundlich. Sie blieb vollkommen ruhig und beobachtete ihn scharf, aber in ihren Augen schimmerte ein zartes Lächeln.

»Es muß sein.«

Sie zuckte die Achseln und schwieg. Er spürte, daß seine Stimme zitterte, und war böse über sich selbst.

»Sie wissen, daß ich viele Jahre wahnsinnig in Sie verliebt war. Ich weiß nicht, wie oft ich Sie gebeten habe, meine Frau zu werden. Aber alles ändert sich einmal, auch die Menschen ändern sich, nicht? Wir sind beide nicht jünger geworden. Wollen Sie mich jetzt nicht heiraten, Betty?«

Sie blickte ihn an, mit dem Lächeln, das ihn stets so entzückt hatte; es war so freundlich, so offen und immer, immer noch so unsagbar unschuldig.

»Sie sind sehr lieb, Humphrey. Es ist furchtbar nett von Ihnen, daß Sie noch einmal gekommen sind. Ich kann Ihnen nicht sagen, wie es mich rührt. Aber ich bin ein Gewohnheitsmensch, Humphrey. Ich habe mir angewöhnt, Ihnen ›nein‹ zu sagen und kann es nicht ändern.«

»Warum nicht?«

Es war etwas Aggressives in seinem Ton, etwas Drohendes beinahe, das sie rasch aufblicken ließ. Ihr Gesicht erbleichte in plötzlich aufwallendem Zorn, aber sofort beherrschte sie sich wieder.

»Weil ich nicht will«, lächelte sie.

»Werden Sie jemand anderen heiraten?«

»Ich? Nein. Davon kann keine Rede sein.«

Einen Augenblick war es, als reckte sie sich in die Höhe, als wallte etwas wie Ahnenstolz in ihr auf; dann begann sie zu lachen. Aber ob sie über einen Gedanken, der ihr durch den Kopf gegangen war, lachte oder ob etwas an Humphreys Heiratsantrag ihr komisch erschien, das hätte nur sie zu sagen vermocht.

»Betty, ich flehe Sie an, mich zu heiraten.«

»Niemals.«

»Sie können in dieser Fasson nicht weiterleben.«

Er legte die ganze Qual seines Herzens in seine Stimme, und sein Gesicht war bleich und zermartert. Sie lächelte liebevoll.

»Warum nicht? Seien Sie nicht so dumm. Sie wissen, daß ich Sie furchtbar gern habe, Humphrey, aber Sie kommen mir wie ein altes Weib vor.«

»Betty, Betty.«

Spürte sie denn nicht, daß er es bloß um ihretwillen tun wollte? Daß es nicht Liebe war, die ihn zum Sprechen gebracht hatte, sondern bloß Scham und menschliches Mitleid? Sie erhob sich.

»Lassen wir das nun, Humphrey. Sie sollen jetzt zu Bett gehen. Morgen müssen Sie sehr zeitig aufstehen. Ich werde Sie nicht begleiten, und wir müssen uns jetzt verabschieden. Leben Sie wohl, und Gott segne Sie. Es war wundervoll, Sie hier zu haben.«

Sie küßte ihn auf beide Wangen.

Da er schon um acht an Bord sein mußte, trat Carruthers schon in der Frühe des nächsten Morgens aus der Tür. Albert erwartete ihn im Wagen. Er hatte ein Trikotleibchen an, weiße Leinenhosen und eine Baskenmütze. Carruthers Gepäck lag hinten. Er wandte sich an den Diener.

»Legen Sie mein Gepäck neben den Chauffeur«, sagte er. »Ich will hinten sitzen.«

Albert schwieg. Carruthers stieg ein, und sie fuhren los. Als sie am Hafen angelangt waren, liefen die Träger herbei. Albert sprang aus dem Wagen. Carruthers schaute von seiner Höhe auf ihn hinab.

»Sie brauchen nicht mit an Bord zu kommen. Ich kann sehr gut allein fertig werden. Da ist ein Trinkgeld für Sie.«

Er gab ihm eine Fünfpfundnote. Albert errötete. Er war betroffen und hätte das Geld gern zurückgewiesen, wußte aber nicht, wie. Die Servilität von Jahren machte sich geltend.

»Danke, Sir.«

Carruthers nickte ihm kurz zu und ging. Er hatte Bettys Liebhaber gezwungen, ›Sir‹ zu ihm zu sagen. Es war, als hätte er ihr einen Schlag über den lächelnden Mund versetzt, als hätte er ihr ein Schimpfwort ins Gesicht geschleudert. Eine bittere Genugtuung erfüllte ihn.

Er zuckte die Achseln, und ich merkte, daß selbst dieser

kleine Triumph ihm nun eitel erschien. Eine Weile schwiegen wir. Was sollte ich sagen? Dann hub er wieder an.

»Sie finden es sicher merkwürdig, daß ich Ihnen das alles erzähle. Es ist mir gleichgültig. Mir ist, als gäbe es nichts Wichtiges mehr auf der Welt, keinen Anstand, nichts. Der Himmel weiß, daß ich nicht eifersüchtig bin. Eifersüchtig kann man nur sein, wenn man liebt, und meine Liebe ist tot. Ein einziger Augenblick hatte sie getötet. Nach all den Jahren. Ich kann nur mit Grauen an Betty denken. Was mich vernichtet, was mich so entsetzlich unglücklich macht, ist der Gedanke an ihre unsagbare Erniedrigung.«

Es gibt Leute, die behaupten, daß auch Othello nicht aus Eifersucht getötet hat, sondern aus Schmerz über die Enttäuschung. Den Gedanken, daß das Wesen, das er für engelhaft gehalten hatte, sich als verderbt und unwürdig erwies, konnte er nicht ertragen. Sein edles Herz zerbrach, weil die Tugend gefallen war.

»Ich war der Überzeugung, daß es eine zweite Frau wie sie nicht mehr gäbe. Ich bewunderte sie über die Maßen. Ich bewunderte ihren Mut, ihre Offenheit, ihre Intelligenz, ihre Schönheitsliebe. Aber es ist alles nur Schein. Sie ist gar nichts.«

»Glauben Sie das wirklich? Sind denn wir andern so ganz aus einem Holz geschnitzt? Vielleicht muß man es anders sehen. Vielleicht war Albert nur ein Werkzeug, nur der Tribut, den sie dieser Erde zollte, damit ihre Seele sich um so freier zu ihren Höhen aufschwingen konnte. Vielleicht verlieh die bloße Tatsache, daß er so tief unter ihr stand, ihrer Beziehung zu ihm eine Freiheit, die sie bei einem Mann ihrer eigenen Klasse entbehrt hätte. Es ist seltsam bestellt um den Geist; nie erhebt er sich höher, als wenn der Leib eine Weile durch die Gosse gewatet ist.«

Jane

Ich erinnere mich noch sehr genau des Nachmittags, an dem ich Jane Fowler zum ersten Male sah. Aber nur weil der Eindruck, den ich damals von ihr empfing, noch so klar und in allen Einzelheiten in mir fortlebt, darf ich es überhaupt wagen, mich auf mein Gedächtnis zu verlassen. Denn bei richtiger Überlegung kann ich eigentlich nur schwer glauben, daß es mir nicht einen mutwilligen Streich gespielt hat. Ich war eben aus China nach London zurückgekehrt und trank eine Tasse Tee bei Mrs. Tower. Mrs. Tower war während meiner Abwesenheit von der allgemein grassierenden Einrichtungswut befallen worden. Mit der Unbarmherzigkeit, die ihrem Geschlecht eigen ist, hatte sie Stühle geopfert, auf denen sie jahrelang bequem gesessen hatte, Tisch, Kommoden und Dekorationen, auf denen ihre Augen, seitdem sie verheiratet war, friedfertig geruht hatten, Bilder, die ihr ein Menschenalter lang vertraut gewesen waren; sie hatte sich einem Sachverständigen überliefert. Nichts in ihrem Empfangszimmer, wozu sie irgendeine innere Beziehung hatte, blieb erhalten, nichts, woran sich das kleinste Gefühl knüpfte; und an jenem Nachmittag also hatte sie mich eingeladen, um mir den vornehmen Glanz, in dem sie nun lebte, vorzuführen. Alles, was sich zum Beizen irgendwie geeignet hatte, war gebeizt, und das übrige gestrichen. Kein Stück paßte zum andern, aber alles harmonierte.

»Erinnern Sie sich noch an die lächerliche Salongarnitur, die ich früher hatte?« fragte Mrs. Tower.

Die Vorhänge waren kostbar und doch einfach; das Sofa war mit italienischem Brokat bezogen, der Stuhl, auf dem ich saß, mit Petit-Point-Stickerei. Das Zimmer war ausgesprochen schön, luxuriös, ohne protzig zu sein, originell und doch nicht geziert. Aber es fehlte ihm etwas. Und während ich mit dem Mund lobte, fragte ich mich im stillen, warum mir der ziemlich schäbige Chintz der verachteten Salongarnitur, die lang vertrauten viktorianischen Aquarelle und das lächerliche Meißner Porzellan, das den Kamin geziert hatte, um so vieles lieber gewesen war. Was vermißte ich an all diesen Zimmern, die von den Innenarchitekten mit soviel einträglicher Emsigkeit eingerichtet wurden? Am Ende gar Herz? Aber Mrs. Tower blickte glücklich um sich.

»Finden Sie meine Alabasterlampen nicht schön?« fragte sie. »Sie geben ein so weiches Licht.«

»Ich persönlich habe eine Schwäche für Lampen, bei denen man gut sieht«, lächelte ich.

»Alles recht schön und gut«, lächelte Mrs. Tower. »Aber andererseits möchte man nicht allzu genau gesehen werden! Wie soll man das vereinigen?«

Ich hatte keine Ahnung, wie alt sie war. Als ich in jungen Jahren ihre Bekanntschaft gemacht hatte, war sie bereits verheiratet gewesen und um vieles älter als ich, aber nun behandelte sie mich als Altersgenossen. Sie erklärte bei jeder Gelegenheit, aus ihrem Alter kein Geheimnis machen zu wollen – vierzig wäre die Zahl –, um dann mit einem Lächeln hinzuzufügen, daß jede Frau fünf Jahre abstriche. Sie suchte nie zu verbergen, daß sie sich das Haar färbe (es war sehr hübsch braun, mit einem rötlichen Schimmer). Warum sie dies täte? Nun, ergrauende Haare seien doch häßlich, nicht? Waren die ihren erst einmal weiß, dann wollte sie aufhören, sie zu färben.

»Dann werde ich von allen Leuten zu hören bekommen, was für ein junges Gesicht ich habe.«

Gegenwärtig war es gemalt, wenn auch diskret, und was die Lebhaftigkeit ihrer Augen anbetrifft, so halfen auch da die künstlichen Mittel ein wenig nach. Sie war eine gutaussehende Frau, ausgezeichnet angezogen, und in dem matten Licht der Alabasterlampen wirkte sie nicht um einen Tag älter als vierzig.

»Nur an meinem Toilettentisch ertrage ich die nackte Helligkeit einer hundertkerzigen Birne«, fügte sie mit lächelndem Zynismus hinzu. »Dort brauche ich sie. Zuerst muß sie mir die häßliche Wahrheit sagen, und dann muß sie mir behilflich sein, sie zu korrigieren.«

Wir plauderten einträchtig über unsere gemeinsamen Freunde, und Mrs. Tower ergänzte meine etwas vernachlässigten Kenntnisse auf dem Gebiet des augenblicklichen Klatsches. Ich hatte mich ja eine Zeitlang einigermaßen unsanft durch die Welt geschlagen, also empfand ich es als sehr wohltuend, in einem bequemen Sessel zu sitzen, an einem lustig prasselnden Feuer, vor mir einen entzückend servierten Tee auf einem entzückenden Tisch, und mit dieser reizvollen, amüsanten Frau zu sprechen. Sie behandelte mich als den reuig heimgekehrten Abtrünnigen und war offenbar entschlossen, mich unter ihre Fittiche zu nehmen. Sie war sehr stolz auf ihre Dinners. Sie verwandte ebensoviel Sorgfalt auf die richtige Zusammenstellung ihrer Gäste wie auf die Bewirtung, die sie ihnen zuteil werden ließ. Und es gab nur wenige, die es nicht als besonderes Vergnügen betrachteten, von ihr eingeladen zu werden. Sie schlug mir ein bestimmtes Datum vor und fragte mich, mit wem ich gern zusammentreffen wollte.

»Nur eines muß ich Ihnen sagen. Wenn Jane Fowler noch hier ist, werde ich den Abend verschieben müssen.«

»Wer ist Jane Fowler?« fragte ich.

Mrs. Tower lächelte schmerzlich.

»Jane Fowler ist mein Kreuz.«

»Ach!«

»Erinnern Sie sich an eine Photographie, die ich auf dem Klavier stehen hatte, als das Zimmer noch nicht umgeändert war? Eine Frau in einem enganliegenden Kleid mit engen Ärmeln und goldenem Medaillon, die Haare straff nach hinten gezogen, so daß man die breite Stirn und die Ohren sah? Und eine ziemlich knubbelige Nase, auf der eine Brille saß? Nun, das war Jane Fowler.«

»Du lieber Himmel, Sie hatten so viele Photographien im Zimmer herumstehn in Ihren unaufgeklärten Tagen«, warf ich hin.

»Ja, mich schaudert's, wenn ich daran denke. Ich habe sie alle in ein riesiges Paket zusammengeschnürt und auf dem Boden versteckt.«

»Und wer ist Jane Fowler?« fragte ich nochmals, lächelnd.

»Jane Fowler ist meine Schwägerin. Sie ist die Schwester meines verstorbenen Mannes und war mit einem Fabrikanten aus dem Norden verheiratet. Sie ist seit vielen Jahren Witwe und sehr vermögend.«

»Und warum ist sie Ihr Kreuz?«

»Sie ist würdevoll, sie ist altmodisch, sie ist provinzlerisch. Sie sieht um zwanzig Jahre älter aus als ich und ist ohne weiteres imstande, jedem, der es hören will, zu erzählen, daß wir miteinander in die Schule gegangen sind. Sie hat einen überwältigenden Familiensinn und konzentriert ihn, da ich ihre einzige überlebende Verwandte bin, ganz allein auf mich. Wenn sie in London ist, käme es ihr gar nicht in den Sinn, irgendwo anders zu wohnen als bei mir – sie ist der festen Überzeugung, daß es meine Gefühle verletzen würde –, und ihre Besuche dauern durchschnittlich drei bis vier Wochen. Wir sitzen beisammen, und sie strickt und liest. Und hin und wieder läßt sie sich's nicht nehmen, mich ins Claridge auszuführen, zum Dinner, und dann schaut sie aus wie eine komische alte Aufwartefrau, und alle Leute, von denen ich um keinen Preis gesehen werden möchte, sitzen an den Nebentischen. Und beim Nachhausefahren erzählt sie mir, was für eine Freude es für sie sei, mir ein kleines Vergnügen zu bereiten. Eigenhändig verfertigt sie mir Teewärmer, die ich zu benützen gezwungen bin, solange sie da ist, und kleine Deckchen und Milieus für den Speisezimmertisch.«

Mrs. Tower hielt inne, um Atem zu schöpfen.

»Eine Frau von Ihrem Takt müßte doch eigentlich Mittel und Wege finden, mit einer solchen Situation fertig zu werden.«

»Ach, sagen Sie das nicht. Bei ihr ist das nicht so einfach. Sie müssen nämlich wissen: sie ist unbeschreiblich gut. Sie hat ein goldenes Herz. Sie langweilt mich zu Tode; aber um nichts in der Welt würde ich sie das spüren lassen.«

»Und wann soll sie kommen?«

»Morgen.«

Aber Mrs. Tower hatte diese Worte kaum ausgesprochen, als es draußen klingelte. Im Vorzimmer entstand ein kleiner Tumult, und ein, zwei Minuten später komplimentierte der Diener eine ältliche Dame herein.

»Mrs. Fowler«, meldete er.

»Jane«, rief Mrs. Tower und sprang auf. »Ich hatte dich heute nicht erwartet.«

»Das sagt mir auch dein Diener. Aber ich habe bestimmt ›heute‹ geschrieben.«

Mrs. Tower erlangte ihre Fassung wieder.

»Ach, es spielt ja auch weiter keine Rolle. Ich freue mich furchtbar, dich zu sehen, wann immer du kommst. Glücklicherweise habe ich heute abend nichts vor.«

»Du sollst dir aber keine Umstände machen meinetwegen. Ein weiches Ei zum Abendessen genügt mir vollkommen.«

Eine schwache Grimasse verzerrte für einen Augenblick Mrs. Towers schöne Züge. Ein weiches Ei!

»Na, ein bißchen höher werden wir unsere Ansprüche schon noch schrauben dürfen.«

Wie komisch! Diese beiden Frauen sollten Altersgenossinnen sein? Mrs. Fowler sah aus wie gut fünfundfünfzig. Sie war eine ziemlich voluminöse Frau, sie trug einen breitrandigen schwarzen Strohhut, von dem ein schwarzer Spitzenschleier auf ihre Schultern herniederwallte, einen Mantel, der eine seltsame Mischung von Strenge und Fahrigkeit aufwies, ein langes schwarzes Kleid, das so umfangreich war, daß man mehrere Unterröcke darunter vermutete, und derbe Stiefel. Sie war offenbar kurzsichtig, denn sie blickte durch große goldgeränderte Brillengläser in die Welt.

»Möchtest du eine Tasse Tee haben?« fragte Mrs. Tower.

»Wenn es nicht zuviel Mühe macht. Zuerst will ich mir aber den Mantel ausziehen.«

Sie streifte ihre schwarzen Handschuhe von den Händen und legte dann den Mantel ab. Um ihren Hals lag eine schwere Goldkette mit einem großen goldenen Medaillon, das – ich zweifelte nicht daran – wohl ein Bildnis ihres verstorbenen Gatten barg. Dann nahm sie den Hut ab und legte ihn mit Handschuhen und Mantel fein säuberlich in eine Ecke des Sofas. Mrs. Tower verzog die Lippen. Diese Garderobe paßte nicht im mindesten zu der kostbaren Pracht ihres neueingerichteten Empfangszimmers. Wo mochte Mrs. Fowler diese merkwürdigen Kleidungsstücke aufgetrieben haben? Sie waren nicht alt und aus teueren Stoffen gearbeitet. Es war kaum zu fassen, daß es Schneiderinnen gab, die immer noch in einem Stil nähten, der vor einem Vierteljahrhundert modern gewesen war. Mrs. Fowlers graues Haar war sehr einfach frisiert; es ließ Stirn und Ohren frei und war in der Mitte gescheitelt. Offenbar hatte es nie eine Berührung mit Monsieur Marcels Brennschere erfahren.

Ihr Blick fiel auf den Teetisch mit der köstlichen Kanne aus georgianischem Silber und mit den alten Worcestertassen.

»Was ist mit dem Teewärmer geschehen, den ich dir das letztemal geschenkt habe, Marion?« fragte sie. »Benützt du ihn denn nicht?«

»Doch, täglich, Jane«, antwortete Mrs. Tower gleisnerisch. »Aber vor kurzem ist uns leider ein kleines Malheur passiert. Er ist verbrannt!«

»Ach! Der frühere ist doch auch verbrannt!«

»Du wirst uns sicherlich für nachlässig halten – und wie!«

»Na, es hat nichts zu sagen«, lächelte Mrs. Fowler. »Ich mache dir gern einen anderen. Morgen gehe ich zu Liberty und besorge mir ein paar Seidenreste.«

Mrs. Tower bewahrte tapfer Haltung.

»Ich verdiene das gar nicht. Braucht nicht die Frau deines Pastors einen Teewärmer?«

»Hat eben einen bekommen«, entgegnete Mrs. Fowler strahlend.

Wenn sie lächelte, wurde eine Reihe weißer kleiner regelmäßiger Zähne sichtbar. Sie waren wunderschön. Ihr Lächeln war wirklich ungemein reizend.

Aber nun schien es mir hoch an der Zeit, die beiden Damen allein zu lassen, und ich verabschiedete mich.

Am nächsten Morgen, sehr früh, wurde ich von Mrs. Tower angerufen. Ich merkte, daß sie in äußerst angeregter Stimmung war.

»Ich habe eine großartige Neuigkeit für Sie!« rief sie. »Jane hat sich verlobt.«

»Unsinn.«

»Ihr Bräutigam kommt heute abend zu mir, damit wir uns kennenlernen. Ich wäre sehr froh, wenn Sie auch kämen.«

»Ich möchte nicht gern stören ...«

»Nicht im mindesten. Jane hat selbst den Vorschlag gemacht, Sie einzuladen. Bitte kommen Sie.«

Sie wollte sich ausschütten vor Lachen.

»Wer ist denn der Glückliche?«

»Das weiß ich nicht. Jane sagt, er sei Architekt. Können Sie sich vorstellen, was das für ein Mann sein muß?«

Als ich am Abend erschien, war Mrs. Tower noch allein. Sie hatte ein wunderbares Gesellschaftskleid an, das um eine Spur zu jugendlich war.

»Jane ist im Begriff, sich schönzumachen. Ich kann es gar nicht erwarten, daß Sie sie sehen. Sie ist geradezu aufgelöst. Sie sagt, daß er sie anbetet. Er heißt Gilbert, und wenn sie von ihm spricht, wird ihre Stimme ganz komisch und zittrig.

Ich muß mich furchtbar zusammennehmen, um nicht laut herauszuplatzen.«

»Bin neugierig, wie er aussieht.«

»Ach, das weiß ich genau. Sehr umfangreich und massiv, mit kahlem Kopf und ungeheuerlicher Goldkette über einem ungeheuren Bauch. Ein breites, dickes, glattrasiertes rotes Gesicht und eine dröhnende Stimme.«

Mrs. Fowler kam herein. Sie hatte ein sehr steifes schwarzes Seidenkleid an mit einem weiten Rock und einer Schleppe. Der Ausschnitt am Hals bildete ein bescheidenes V, und die Ärmel reichten bis zu den Ellbogen. Sie war geschmückt mit einem silbergefaßten Diamantenhalsband. In den Händen trug sie ein Paar lange schwarze Handschuhe und einen Fächer aus schwarzen Straußfedern. Ihr Aussehen stimmte, wie nur bei wenigen Menschen, vollkommen mit dem überein, was sie war. Unter keinen Umständen hätte man sie für etwas anderes halten können als für die würdige Witwe eines nordenglischen Fabrikanten in glänzenden Vermögensverhältnissen.

»Was für einen hübschen Hals du hast, Jane«, sagte Mrs. Tower mit einem freundlichen Lächeln.

Er war in der Tat erstaunlich jung, im Vergleich zu dem wettergegerbten Gesicht. Er war weich, faltenlos und weiß. Jane hatte ihre Schönheiten. Jetzt erst fiel es mir auf, wie gut der Kopf auf den Schultern saß.

»Hat Marion Ihnen die große Neuigkeit erzählt?« wandte sie sich mit ihrem reizenden Lächeln an mich, als wären wir alte Freunde.

»Ich muß Ihnen gratulieren«, sagte ich.

»Warten Sie lieber damit, bis Sie den jungen Mann gesehen haben.«

»Einfach süß, dich von deinem ›jungen Mann‹ reden zu hören«, lächelte Mrs. Tower.

Mrs. Fowlers Augen zwinkerten hinter den vorsintflutlichen Brillengläsern. Oder irrte ich mich? »Stellt euch bloß keinen allzu alten Menschen vor. Ihr seid doch nicht dafür, daß ich mich mit einem hinfälligen Greis verheirate, der schon mit einem Fuß im Grabe steht?«

Es war die einzige Warnung, die sie uns zuteil werden ließ. Wir hätten auch für weitere Unterhaltungen keine Zeit mehr gefunden, denn der Diener riß die Tür auf und meldete mit lauter Stimme:

»Mr. Gilbert Napier.«

Es trat ein junger Mann in einem sehr gut geschnittenen Smoking ein. Er war schlank, nicht sehr groß, mit hellem, leicht gewelltem Haar, glattrasiert und blauäugig. Er war zwar nicht schön, aber er hatte ein angenehmes, liebenswürdiges Gesicht. In zehn Jahren würde er wahrscheinlich vertrocknet und fahl aussehen; jetzt aber, in vollster Jugendkraft, wirkte er frisch, sauber und blühend. Denn er war bestimmt nicht älter als vierundzwanzig. Wahrscheinlich der Sohn des Bräutigams, war mein erster Gedanke. Der Vater ist wohl Witwer, ist durch einen Gichtanfall am Erscheinen verhindert, und der Sohn soll ihn entschuldigen. Aber der junge Mann richtete den Blick sofort auf Jane Fowler, sein Gesicht erhellte sich, und er eilte mit ausgestreckten Händen auf sie zu. Mrs. Fowler reichte ihm die ihren, ein sittsames Lächeln auf den Lippen; dann wandte sie sich ihrer Schwägerin zu.

»Dies ist mein junger Mann, Marion«, sagte sie. Er streckte Marion die Hand entgegen.

»Ich hoffe, daß ich Ihnen gefallen werde, Mrs. Tower. Jane sagt mir, daß Sie ihre einzige Verwandte sind.«

Es war großartig, Mrs. Towers Gesicht zu beobachten. Ich konnte mich meiner Bewunderung nicht erwehren: wie sehr doch gute Erziehung und gesellschaftlicher Schliff imstande sind, die natürlichen Instinkte des Weibes zu bekämpfen! Denn das Erstaunen und gleich nachher die Bestürzung, die Mrs. Tower einen Augenblick lang nicht hatte verbergen können, waren schnell überwunden, und ihr Gesicht nahm den Ausdruck liebenswürdiger Begrüßung an. Doch schien sie vergeblich nach den richtigen Worten zu suchen. Daß Gilbert eine gewisse Befangenheit empfand, war begreiflich, und ich selbst hatte Mühe genug, mir das Lachen zu verbeißen; also fiel mir nichts zu sagen ein. Mrs. Fowler allein blieb vollkommen ruhig.

»Ich weiß, daß er dir gefallen wird, Marion. Es gibt niemanden, der mehr Verständnis für gutes Essen hat als er.« Sie wandte sich dem jungen Mann zu. »Ihre Dinners sind berühmt.«

»Ich weiß«, strahlte er.

Mrs. Tower gab irgendeine rasche Antwort, und wir gingen hinunter. Ich werde diese Mahlzeit nicht sobald vergessen. Es war eine Komödie. Mrs. Tower zerbrach sich vergebens den Kopf, ob die beiden ihren Scherz mit ihr trieben oder ob Jane absichtlich das Alter ihres Verlobten verschwiegen hatte, um sich an ihrem dummen Gesicht zu weiden. Aber Jane scherzte niemals, und ebensowenig lag es in ihrer Art, boshaft zu sein. Mrs. Tower war verblüfft, verärgert und irritiert. Aber sie hatte ihre Selbstbeherrschung wiedererlangt und hätte um nichts in der Welt ihre Pflicht als Hausfrau vernachlässigt. Es durfte kein verunglückter Abend werden. Sie sprach lebhaft, und wahrscheinlich entging es Gilbert Napier, wie hart und rachsüchtig ihre Augen hinter der freundlichen, ihm zugewandten Maske blitzten. Sie musterte ihn. Sie bemühte sich, in das Geheimnis seiner Seele einzudringen. Ich merkte deutlich, daß sie wütend war; unter der Schminke glühten ihre Wangen rot und böse.

»Du bist so lebhaft gefärbt heute, Marion«, sagte Jane und schaute sie freundlich durch ihre großen runden Brillengläser an.

»Ich hatte nicht viel Zeit zum Anziehen. Wahrscheinlich habe ich zuviel Rouge aufgelegt.«

»Ach so, es ist Rouge. Ich dachte, es wäre Natur. Sonst hätte ich es bestimmt nicht erwähnt.« Sie blickte mit einem schüchternen kleinen Lächeln zu Gilbert hin. »Du mußt wissen, Marion und ich sind miteinander zur Schule gegangen. Man würde es nicht glauben, wenn man uns jetzt so nebeneinander sieht, nicht? Aber ich habe natürlich ein sehr stilles Leben geführt.«

Ich weiß nicht, was sie mit diesen Bemerkungen meinte; waren sie wirklich in aller Harmlosigkeit hingesagt? Es war kaum zu glauben. Jedenfalls versetzten sie Marion Tower in eine solche Wut, daß sie ihre Eitelkeit zum Teufel schickte. Sie lächelte liebenswürdig.

»Die Fünfzig, meine Liebe«, sagte sie, »die kommen für uns beide nicht wieder.«

Wenn diese Bemerkung die Witwe ins Herz treffen sollte, so verfehlte sie ihren Zweck.

»Gilbert meint, ich müßte mich ihm zuliebe ein bißchen jünger machen. Neunundvierzig wäre das Äußerste.«

Mrs. Towers Hände zitterten leicht, aber sie fand doch eine Antwort.

»Nun, ein gewisser Altersunterschied besteht ja zwischen euch beiden«, lächelte sie.

»Siebenundzwanzig Jahre. Ist das zuviel? Gilbert findet, daß ich für mein Alter sehr jung bin. Ich habe dir doch gesagt, daß ich keinen Mann heiraten möchte, der schon mit einem Fuß im Grabe steht.«

Ich mußte lachen, und Gilbert lachte auch. Sein Lachen war frei und jungenhaft. Es schien, als finde er alles, was Jane sagte, ungeheuer amüsant. Aber Mrs. Tower war am Ende ihrer Kräfte. Es bestand die höchste Gefahr, daß sie dieses eine Mal vergessen könnte, eine Frau von Welt zu sein. Ich kam ihr, so gut ich konnte, zu Hilfe.

»Sie haben jetzt sicherlich alle Hände voll zu tun mit Ihrer Ausstattung«, sagte ich.

»Ach nein. Ich wollte mir meine Sachen bei der Schneiderin in Liverpool bestellen, bei der ich schon seit meiner Verheiratung arbeiten lasse. Aber Gilbert will es nicht zugeben. Er ist ein großer Tyrann, und überdies hat er einen wunderbaren Geschmack.«

Sie blickte ihn mit einem liebevollen Lächeln an, schüchtern, als wäre sie ein junges Mädchen von siebzehn Jahren.

Mrs. Tower erbleichte unter ihrer Schminke.

»Wir machen unsere Hochzeitsreise nach Italien. Gilbert hat nie Gelegenheit gehabt, die Architektur der Renaissance zu studieren, und für einen Architekten ist es natürlich sehr wichtig, die Dinge an Ort und Stelle kennenzulernen. Unterwegs werden wir uns in Paris aufhalten, und dort werde ich mir meine Kleider besorgen.«

»Wollt ihr lange fortbleiben?«

»Gilbert hat sich für sechs Monate freigemacht. Es wird großartig für ihn sein, nicht? Er hat bisher nie mehr als vierzehn Tage Ferien gehabt.«

»Wieso denn nicht?« fragte Mrs. Tower in einem Ton, der eisig wurde, ob sie es wollte oder nicht.

»Er hat es sich nie leisten können, der Ärmste.«

»Ach so!« sagte Mrs. Tower, und dieser Ausruf sprach Bände.

Der Kaffee wurde serviert, und die Damen zogen sich in den Drawing-room zurück. Gilbert und ich fingen an, miteinander zu reden, in der belanglosen Art, in der Männer reden, die einander nicht das geringste zu sagen haben; aber nach zwei Minuten überbrachte mir der Diener ein Billett. Es war von Mrs. Tower und hatte folgenden Wortlaut:

»Kommen Sie schnell herauf und gehen Sie dann so bald wie möglich. Nehmen Sie ihn mit. Wenn ich mir Jane nicht sofort ins Gebet nehme, bekomme ich Krämpfe.«

Ich erfand eine Notlüge.

»Mrs. Tower hat Kopfschmerzen und möchte sich niederlegen. Es wird vielleicht das beste sein, wir verabschieden uns.«

»Natürlich, gewiß«, antwortete er.

Wir gingen hinauf und waren fünf Minuten später auf der Straße. Ich winkte ein Taxi heran und lud ihn ein, mitzufahren.

»Nein, danke«, entgegnete er. »Ich gehe bis an die Ecke und nehme dann den Autobus.«

Mrs. Tower wetterte los, sobald die Haustür hinter uns zugefallen war.

»Bist du wahnsinnig, Jane?« rief sie.

»Nicht mehr als die meisten Leute, die nicht in Irrenanstalten eingesperrt sind«, lautete die freundliche Antwort.

»Darf ich fragen, warum du diesen jungen Menschen heiratest?« fragte Mrs. Tower mit grimmiger Höflichkeit.

»Zum Teil, weil er ein ›Nein‹ einfach nicht hinnimmt. Er hat mich fünfmal um meine Hand gebeten. Schließlich wurde ich es müde, ihn immerzu abzuweisen.«

»Und warum, meinst du, ist er so versessen darauf, dich zu heiraten?«

»Weil er mich amüsant findet.«

Mrs. Tower schrie vor Ärger auf.

»Er ist ein gewissenloser Schuft. Ich war nahe daran, es ihm ins Gesicht zu sagen.«

»Das wäre unrecht von dir gewesen und außerdem wenig höflich.«

»Er besitzt keinen Penny, und du bist reich. Du mußt dir doch, um Gottes willen, klar sein, daß er dich des Geldes wegen heiratet.«

Jane blieb vollkommen ruhig. Die Aufregung ihrer Schwägerin ließ sie ungerührt.

»Das glaube ich eigentlich nicht«, antwortete sie. »Ich glaube, daß er mich sehr gern hat.«

»Du bist eine alte Frau, Jane.«

»Genauso alt wie du, Marion«, lächelte sie.

»Ich habe mich nie gehenlassen. Ich bin sehr jung für mein Alter. Niemand würde mich für älter als vierzig halten. Und trotzdem käme ich nicht einmal im Traum auf den Gedanken, einen Jungen zu heiraten, der um zwanzig Jahre weniger zählt als ich.«

»Siebenundzwanzig«, korrigierte Jane.

»Und du hältst es tatsächlich für möglich, daß ein junger Mann sich in eine Frau verliebt, die seine Mutter sein könnte? So etwas willst du mir einreden? Mach dich nicht lächerlich, Jane. Es ist so unwürdig. So unschön. Ich habe dich immer für einen vernünftigen Menschen gehalten. *Dir* hätte ich wahrhaftig niemals zugetraut, daß du dich in einen jungen Bengel verlieben könntest.«

»Aber ich bin gar nicht in ihn verliebt. Das habe ich dir schon gesagt. Ich habe ihn freilich sehr gern, sonst würde ich es mir nicht einfallen lassen, ihn zu heiraten. Aber ich habe ihm klipp und klar auseinandergesetzt, welcher Art meine Gefühle für ihn sind. Das hielt ich für meine Pflicht.«

Mrs. Tower verschlug es den Atem. Das Blut stieg ihr zu Kopf, und sie rang nach Luft. Sie hatte keinen Fächer, aber sie packte das Abendblatt und fächelte sich heftig Kühlung zu.

»Ja, wenn du nicht in ihn verliebt bist, warum willst du ihn dann heiraten?«

»Ich bin seit vielen Jahren Witwe und habe ein sehr ruhiges Leben geführt. Ein bißchen Abwechslung wird mir guttun.«

»Wenn du heiraten willst, bloß um verheiratet zu sein, warum nimmst du dann nicht einen Mann in deinem Alter?«

»Es war kein Mann in meinem Alter da, der mir fünf Heiratsanträge gemacht hätte. Es war überhaupt kein Mann in meinem Alter da.« Jane lachte bei dieser Antwort. Dies brachte Mrs. Tower um den letzten Rest ihrer Fassung.

»Lach nicht, Jane. Das dulde ich nicht. Ich glaube ernsthaft, du bist nicht recht bei Trost. Es ist entsetzlich!«

Es war einfach zuviel für sie, und sie brach in Tränen aus. Sie wußte, daß es in ihrem Alter verhängnisvoll ist, zu weinen. Ihre Augen würden vierundzwanzig Stunden geschwollen sein, und sie würde höchst unvorteilhaft aussehen. Aber sie wußte sich nicht zu helfen. Sie weinte. Jane blieb vollkommen ruhig. Sie schaute Marion durch ihre große Brille an und strich sich nachdenklich über den Schoß ihres schwarzen Seidenkleides.

»Du wirst tief unglücklich werden«, schluchzte Mrs. Tower und tupfte sich vorsichtig die Augen ab, in der Hoffnung, die Farbe auf ihren Wimpern nicht zu verwischen.

»Das glaube ich nicht«, antwortete Jane in ihrer ausgeglichenen Art. Es war, als stünde ein Lächeln hinter jedem ihrer Worte. »Wir haben alles ganz gründlich durchgesprochen. Ich bin der Ansicht, daß es sich mit mir sehr leicht leben läßt und daß es mir gelingen wird, Gilbert glücklich zu machen. Er hat nie jemanden gehabt, der sich richtig um ihn gekümmert hätte. Wir heiraten nach reiflicher Überlegung. Und wir sind übereingekommen, einander keine Hindernisse in den Weg zu legen, wenn einer von uns seine Freiheit wiederhaben will.«

Mrs. Tower hatte sich indessen genügend erholt, um mit der nötigen Schärfe zu fragen:

»Wie hoch ist die Apanage, die er sich ausbedungen hat?«

»Ich hatte die Absicht, ihm tausend Pfund jährlich auszusetzen; aber er wollte nichts davon hören. Er war ganz bestürzt, als ich es erwähnte. Er erklärte mir, daß er genug verdiene, um für seine eigenen Bedürfnisse aufzukommen.«

»Er ist schlauer, als ich gedacht hätte«, meinte Mrs. Tower kalt.

Jane schwieg einen Moment und blickte ihre Schwägerin mit freundlichen, aber resoluten Augen an.

»Siehst du, Kind, bei dir liegt die Sache anders. Du warst nie so ganz und gar Witwe. Habe ich nicht recht?«

Mrs. Tower horchte auf. Sie errötete ein wenig. Sie fühlte sogar ein leises Unbehagen. Aber nein! Jane war natürlich viel zu harmlos, um mit versteckten Anspielungen zu operieren. Mrs. Tower erhob sich mit Würde.

»Ich bin so aufgeregt, daß ich mich zu Bett legen muß«, sagte sie. »Wir können unser Gespräch morgen früh fortsetzen.«

»Das wird leider nicht möglich sein, Liebste. Gilbert und ich wollen uns morgen früh die Heiratslizenz besorgen.«

Mrs. Tower reckte verzweiflungsvoll die Arme gen Himmel, aber eine Erwiderung fiel ihr nicht mehr ein.

Die Trauung fand auf dem Standesamt statt. Mrs. Tower und ich waren Zeugen. Gilbert, in einem eleganten blauen Anzug, sah unsinnig jung aus und war sichtlich nervös. Es ist ein fataler Moment für jeden Mann. Aber Jane bewahrte ihre wunderbare Gemütsruhe. Man hätte meinen können, sie wäre das

Heiraten gewohnt wie irgendeine mondäne Frau. Nur ein leichtes Rot auf ihren Wangen verriet, daß sich unter ihrer Ruhe eine gewisse Aufregung verbarg. Es ist ein hinreißender Moment für jede Frau. Sie trug ein sehr weites Gewand aus silbergrauem Samt, in dessen Schnitt ich die Hand der Schneiderin aus Liverpool, die so viele Jahre ihre Kleider genäht hatte, wiedererkannte – allem Anschein nach eine Witwe unantastbaren Charakters; aber sie hatte sich der Heiterkeit des Anlasses insofern angepaßt, als sie einen riesigen malerischen Hut aufgesetzt hatte, der mit blauen Straußenfedern bedeckt war. Zu der goldgeränderten Brille wirkte er unbeschreiblich grotesk. Als die Zeremonie beendet war, schüttelte ihr der Standesbeamte (wie mir schien, etwas verblüfft über den Altersunterschied des Paares) die Hand und sprach seine streng offiziellen Glückwünsche aus. Der Bräutigam errötete leicht und küßte Jane. Mrs. Tower, resigniert, aber unversöhnt, küßte sie ebenfalls; und dann richtete die Braut ihre Blicke erwartungsvoll auf mich. Das bedeutete offenbar, daß auch ich sie zu küssen hatte. Ich tat es. Ich gestehe, daß mir etwas verlegen zumute war, als wir aus dem Standesamt auf die Straße traten, an Zuschauern vorbei, die zynisch dastanden und auf die Brautpaare warteten. Ich fühlte mich erleichtert, als wir Mrs. Towers Wagen bestiegen hatten. Wir fuhren nach dem Victoria-Bahnhof, denn das glückliche Paar sollte mit dem Zweiuhrzug nach Paris reisen, und Jane hatte darauf bestanden, das Hochzeitsfrühstück in der Bahnhofsrestauration einzunehmen. Es mache sie nervös, sagte sie, nicht rechtzeitig auf dem Perron zu sein. Mrs. Tower, deren Anwesenheit bloß einem ausgesprochenen Pflichtgefühl in Familienangelegenheiten zuzuschreiben war, konnte nur wenig dazu beitragen, Stimmung in die Gesellschaft zu bringen; sie aß nichts (was ich ihr nicht übelnehmen konnte, denn das Essen war abscheulich, und Champagner zum Frühstück lehne ich prinzipiell ab) und sprach mit gezwungener Stimme. Aber Jane aß sich gewissenhaft durch das Menü durch.

»Ich finde immer, man muß eine tüchtige Mahlzeit zu sich nehmen, ehe man eine Reise antritt«, meinte sie.

Wir begleiteten sie an den Zug, und ich brachte Mrs. Tower nach Hause.

»Wie lange geben Sie ihnen?« fragte sie. »Sechs Monate?« – »Hoffen wir das Beste«, lächelte ich.

»Aber ich bitte Sie! In diesem Fall kann es kein ›Bestes‹ geben. Sie werden doch nicht glauben, daß er sie aus einem anderen Grund als ihres Geldes wegen geheiratet hat. So etwas kann nicht von Dauer sein. Ich habe nur *eine* Hoffnung: daß es halbwegs glimpflich für sie abgeht und daß sie nicht ganz so viel durchmachen muß, wie sie verdient.«

Ich lachte. Die teilnahmsvollen Worte waren in einem Ton gesprochen, der mir wenig Zweifel an Mrs. Towers wahrer Gesinnung ließ.

»Ich weiß für Sie einen Trost, wenn es wirklich nicht lange dauert. Sie werden darauf hinweisen können, daß Sie ›es gleich gesagt haben‹.«

»Das werde ich bestimmt niemals tun.«

»Nun, wenn Sie wirklich nicht sagen werden, daß Sie ›es gleich gesagt haben‹ – dürfen Sie sich wenigstens zu Ihrer Selbstbeherrschung gratulieren.«

»Sie ist alt und provinzlerisch und langweilig.«

»Meinen Sie wirklich, daß sie langweilig ist?« fragte ich. »Sie sagt zwar nicht viel, das stimmt; aber *wenn* sie etwas sagt, ist es zumeist sehr treffend.«

»Ich habe in meinem ganzen Leben noch nichts Witziges von ihr gehört.«

Ich war wieder einmal im Fernen Osten, als Gilbert und Jane von ihrer Hochzeitsreise zurückkehrten; ich blieb dieses Mal beinahe zwei Jahre fort. Mrs. Tower war eine schlechte Briefschreiberin, und obgleich ich ihr hin und wieder eine Ansichtskarte schickte, antwortete sie nie.

Ich traf sie jedoch gleich in der ersten Woche nach meiner Rückkehr nach London; ich war zu einem Dinner eingeladen und hatte sie zur Tischnachbarin. Es war eine riesige Gesellschaft, ich glaube, wir waren vierundzwanzig – und da ich ein wenig zu spät kam und außerdem von der Menschenmenge, die ich vorfand, verwirrt war, merkte ich nicht sofort, wer alles anwesend war. Als wir uns jedoch hinsetzten und ich mich an dem langen Tisch umblickte, konstatierte ich, daß viele von den Miteingeladenen der Öffentlichkeit durch ihre Photographien in den illustrierten Blättern wohlbekannt waren. Unsere Gastgeberin hatte eine Schwäche für Personen, die unter den Begriff ›Berühmtheiten‹ fallen, und diesmal hatte sich eine ungewöhnlich glänzende Gesellschaft zusammengefunden. Nachdem Mrs. Tower und ich die Redensarten ausgetauscht hatten, die zwischen zwei Menschen üblich sind, die einander jahrelang nicht gesehen haben, erkundigte ich mich nach Jane.

»Es geht ihr sehr gut«, sagte Mrs. Tower mit einer gewissen Trockenheit.

»Wie ist die Ehe ausgefallen?«

Mrs. Tower schwieg eine Weile und nahm eine Salzmandel von dem Teller, der vor ihr stand.

»Allem Anschein nach ausgezeichnet.«

»Dann hatten Sie also unrecht?«

»Ich prophezeite damals, daß so etwas nicht von Dauer sein könne; und dabei bleibe ich noch heute. Es ist gegen die menschliche Natur.«

»Ist sie glücklich?«

»Sie sind beide glücklich.«

»Sie sehen sie wohl nicht häufig?«

»Anfangs sah ich sie sehr viel. Aber jetzt ...«, Mrs. Tower kräuselte die Lippen. »Jane ist sehr großartig geworden.«

»Was wollen Sie damit sagen?« lachte ich.

»Ich muß Sie darauf aufmerksam machen, daß sie heute hier ist.«

»Hier?«

Ich war verblüfft. Unsere Gastgeberin war eine reizende und amüsante Frau, aber ich konnte mir beim besten Willen nicht vorstellen, daß sie zu einem Dinner wie zu diesem die ältliche, altmodische Frau eines obskuren Architekten einladen könnte. Mrs.Tower merkte mein Erstaunen und war schlau genug, meine Gedanken zu erraten. Sie lächelte dünn.

»Schauen Sie dorthin, links vom Hausherrn.«

Ich schaute hin. Sonderbarerweise hatte die Frau, die dort saß, sofort bei meinem Eintritt in das überfüllte Empfangszimmer durch ihre phantastische Erscheinung meine Aufmerksamkeit erregt. Es war mir gewesen, als blitzte etwas wie ein Wiedererkennen in ihren Augen auf, aber soweit ich mich erinnern konnte, hatte ich sie nie vorher gesehen. Sie war nicht jung, denn ihre Haare waren eisgrau; sie waren sehr kurz geschnitten und legten sich in dichten Locken um den wohlgeformten Kopf. Sie machte keinerlei Anstrengung, jugendlich zu erscheinen; sie fiel in jener Gesellschaft dadurch auf, daß sie weder Lippenstift noch Schminke noch Puder benützte. Ihr Gesicht – man konnte es nicht besonders schön nennen – war rot und wettergegerbt; aber gerade der Verzicht auf alle Verschönerungskünste verlieh ihm eine Natürlichkeit, die sehr angenehm wirkte. Es stand in einem seltsamen Kontrast zu der Weiße ihrer Schultern. Sie waren wirklich prachtvoll. Eine dreißigjährige Frau hätte auf sie stolz sein dürfen. Aber ihr Kleid war unglaublich. Ich hatte selten etwas Gewagteres gesehen. Es war sehr tief ausgeschnitten, mit einem kurzen Rock, wie es damals Mode war, und in Schwarz und Gelb gehalten; es wirkte fast wie ein Kostüm und paßte doch so gut zu ihr: denn was an jeder anderen übertrieben und unmöglich ausgesehen hätte, verlieh ihr eine Note von selbstverständlicher Einfachheit. Und um den Eindruck zu vervollständigen – den Eindruck des Exzentrischen ohne Pose und der Extravaganz ohne Selbstgefälligkeit –, trug sie, befestigt an einem breiten schwarzen Band, ein Monokel.

»Sie werden mir doch nicht erzählen wollen, daß das Ihre Schwägerin ist!« rief ich.

»Das ist Jane Napier«, entgegnete Mrs. Tower säuerlich.

In diesem Augenblick sagte sie etwas, der Hausherr kehrte sich ihr zu und blickte sie mit einem erwartungsvollen Lächeln an. Ein etwas kahler weißhaariger Mann mit einem scharfen intelligenten Gesicht, der zu ihrer Linken saß, beugte sich interessiert vor, und das gegenübersitzende Paar unterbrach seine Unterhaltung und hörte gespannt hin. Sie sagte, was sie zu sagen hatte, worauf sich alle mit einer jähen Bewegung in ihren Stühlen zurückwarfen und in schallendes Gelächter ausbrachen. Von der anderen Seite des Tisches wandte sich ein Herr an Mrs. Tower: ich erkannte einen berühmten Staatsmann.

»Ihre Schwägerin hat wieder einmal einen Witz gemacht, Mrs. Tower«, sagte er.

Mrs. Tower lächelte.

»Sie ist unbezahlbar, nicht?«

»Lassen Sie mich, um Gottes willen, zuerst einmal ein großes Glas Sekt trinken, und dann erzählen Sie mir alles«, sagte ich.

Die Sache hatte sich, soweit ich verstand, folgendermaßen zugetragen. Zu Beginn ihrer Hochzeitsreise hatte Gilbert Jane zu verschiedenen Schneiderinnen in Paris geführt und ihr anheimgestellt, sich eine Anzahl von ›Toiletten‹ nach ihrem eigenen Herzen auszusuchen; daneben aber hatte er sie bewogen, ein oder zwei Kleider nach seinen Entwürfen anfertigen zu lassen. Es zeigte sich, daß er eine ausgesprochene Begabung für derartige Dinge besaß. Er engagierte eine schicke französische Jungfer. Jane hatte so etwas nie vorher gekannt. Sie hatte ihre Sachen selbst ausgebessert und, wenn sie jemanden zum ›Zuknöpfen‹ brauchte, nach dem Stubenmädchen geklingelt. Die Modelle, die Gilbert entwarf, unterschieden sich wesentlich von allem, was sie bisher getragen hatte; aber er hütete sich, im Anfang zu weit zu gehen; und weil sie merkte, daß es ihm Freude machte, verstand sie sich, wenn auch nicht ohne Seufzen und Stöhnen, dazu, diese neuen Kleider anzuziehen. Selbstverständlich konnte sie darunter nicht ihre gewohnten voluminösen Unterröcke tragen. Es kostete sie einen schweren inneren Kampf, schließlich wurden sie abgelegt.

»Und jetzt«, sagte Mrs. Tower in einem Ton, der sehr nach Mißbilligung klang, »trägt sie ausschließlich die dünnsten Seidenschlüpfer. Ein Wunder, daß sie sich nicht den Tod holt in ihrem Alter.«

Gilbert und die französische Jungfer hatten Jane in die Schule genommen, und unerwarteterweise erwies sie sich als sehr gelehrig in der Kunst, Kleider zu tragen. Die französische Jungfer geriet in Verzückung über Madames Arme und Schultern. Es sei eine Sünde, so etwas zu verbergen.

»Nur Geduld, Alphonsine«, beruhigte sie Gilbert. »Bei der nächsten Kleiderserie, die ich für Madame entwerfe, wollen wir alles zur Geltung bringen.«

Die Brille war natürlich furchtbar. Kein Mensch konnte mit goldgeränderten Gläsern wirklich gut aussehen. Gilbert versuchte es mit einer Schildpattfassung. Aber er schüttelte den Kopf.

»Bei einem jungen Mädchen ginge es«, erklärte er. »Aber du bist zu alt, um eine Brille zu tragen, Jane.« Plötzlich hatte er eine Inspiration. »Jetzt hab ich's! Du mußt ein Monokel tragen.«

»Aber Gilbert, was fällt dir denn ein!«

Sie blickte ihn an, und seine Aufregung, die Aufregung des Künstlers, brachte sie zum Lachen. Er war so nett zu ihr, sie wollte tun, was sie vermochte, um ihn zu erfreuen.

»Ich will es versuchen«, sagte sie. Sie suchten einen Optiker auf, und als sie die richtige Größe gefunden hatten und Jane sich das Monokel ins Auge drückte, klatschte Gilbert in die

Hände. Auf der Stelle, vor dem erstaunten Verkäufer, küßte er sie auf beide Wangen.

»Du siehst großartig aus«, rief er.

Nun fuhren sie hinunter nach Italien, studierten Renaissance- und Barockarchitektur und verlebten glückliche Monate. Nicht nur, daß sich Jane an ihr verändertes Äußeres gewöhnte, sie begann sogar Gefallen daran zu finden. Anfangs war sie etwas befangen, wenn sie den Speisesaal eines Hotels betrat und die Leute sich umdrehten, um sie anzustarren – kein Mensch hatte früher auch nur aufgeblickt, wenn sie erschienen war –, aber bald gestand sie sich, nicht unangenehm berührt zu sein. So manche Dame erkundigte sich bei ihr, woher sie ihr Kleid hatte.

»Gefällt es Ihnen?« antwortete sie züchtig. »Mein Mann hat es für mich entworfen.«

»Ich möchte es gern kopieren, wenn Sie gestatten.«

Jane hatte viele Jahre ein sehr stilles Leben geführt, aber es fehlte ihr keineswegs an den normalen Instinkten ihres Geschlechts. Sie hatte ihre Antwort bereit:

»Es tut mir furchtbar leid, aber mein Mann ist sehr komisch. Er duldet nicht, daß jemand meine Kleider kopiert. Ich soll einmalig sein.«

Die ersten Male befürchtete sie, daß die Leute, wenn sie diese Antwort gab, lachen könnten; aber sie lachten nicht; sie entgegneten bloß:

»Natürlich, natürlich. Das kann ich durchaus verstehen. Sie *sind* einmalig.«

Es entging ihr jedoch nicht, daß sie sich im Geiste notierten, was sie trug, und das ärgerte sie nicht wenig. Da hatte sie es endlich dazu gebracht, nicht so angezogen zu gehen wie alle Leute! Sie sah nicht ein, warum nun alle so angezogen sein wollten wie sie.

»Gilbert«, sagte sie, und es klang beinahe scharf für ihre Verhältnisse, »wenn du mir das nächstemal Kleider entwirfst, dann erfinde bitte solche, die man nicht kopieren *kann.*«

»Da müßte ich Kleider entwerfen, die nur *du* tragen kannst.«

»Ist das nicht möglich?«

»Doch; wenn du mir etwas zuliebe tust.«

»Und das wäre?«

»Daß du dir die Haare abschneiden läßt.«

Zum ersten Male zeigte sich Jane störrisch. Ihr Haar war lang und dicht, es war der Stolz ihrer Mädchenzeit gewesen. Es abzuschneiden erschien ihr wirklich allzu drastisch. Hieß das nicht seine Schiffe hinter sich niederbrennen? In ihrem Fall war es nicht der *erste* Schritt, der sie ein so besonderes Opfer gekostet hatte, sondern der letzte; aber auch zu ihm entschloß sie sich. (»Ich weiß, daß Marion mich für verrückt halten wird, und in Liverpool kann ich mich nie mehr zeigen«, sagte sie.) Und als sie auf der Heimreise durch Paris kamen, führte sie Gilbert (ihr war ganz übel, und das Herz klopfte ihr bis zum Hals) zu dem besten Friseur der Welt. Sie verließ seinen Laden mit einem flotten, kecken, duftigen grauen Lockenkopf. Pygmalion hatte sein phantastisches Meisterwerk vollendet: Galatea war erstanden.

»Schön«, sagte ich, »das erklärt aber immer noch nicht, wieso Jane heute abend hier ist, inmitten dieser illustren Gesellschaft von Herzoginnen und Ministern, und warum man ihr just den Hausherrn und einen Flottenadmiral als Tischnachbarn gegeben hat.«

»Jane ist eine Humoristin; haben Sie nicht das Gelächter gehört, das sich nach jedem ihrer Aussprüche erhebt?«

Die Bitterkeit im Herzen von Mrs. Tower war nun nicht mehr zu verkennen.

»Als Jane mir schrieb, daß sie von ihrer Hochzeitsreise zurückgekehrt wäre, hielt ich mich für verpflichtet, die beiden zum Dinner einzuladen. Ich war nicht sehr entzückt über diese Aussicht, fand aber keinen Ausweg. Aller Voraussicht nach mußte es sterbenslangweilig werden; ich war entschlossen, niemanden von den wirklich wichtigen Leuten zu opfern. Andererseits sollte Jane nicht meinen, daß ich keine netten Freunde hätte. Sie wissen, ich habe nie mehr als acht Gäste. Diesmal aber schien es mir geraten, zwölf einzuladen. Ich dachte mir, daß es die Situation erleichtern würde. Ich war zu beschäftigt gewesen, um vor dem festgesetzten Abend mit Jane zusammenzutreffen. Sie ließ uns alle ein wenig warten – Gilberts Regiekunst –, bis sie endlich hereingerauscht kam. Ich war fassungslos. Neben ihr sahen alle anderen Frauen schäbig und provinzlerisch aus. Ich kam mir vor wie ein altes, angemaltes Frauenzimmer.«

Mrs. Tower nippte an ihrem Sekt.

»Wenn ich Ihnen bloß das Kleid beschreiben könnte! An jeder anderen wäre es unmöglich gewesen. An ihr sah es großartig aus. Und das Monokel! Fünfunddreißig Jahre kannte ich sie, und nie hatte ich sie ohne Brille gesehen.«

»Aber Sie wußten doch, daß sie eine gute Figur hat?«

»Ja, wieso denn? Ich hatte sie immer nur so gekleidet gesehen wie damals, als Sie sie kennenlernten. Ahnten etwa *Sie* etwas von einer guten Figur? Sie schien sich des sensationellen Eindrucks, den sie hervorrief, zwar bewußt zu sein, nahm ihn aber als etwas Selbstverständliches hin. Ich dachte an mein Dinner und stieß einen Seufzer der Erleichterung aus. Wenn man so aussah, durfte man ruhig ein wenig schwerfällig sein. Sie saß am anderen Ende des Tisches, und ich hörte, daß viel gelacht wurde. Die Leute gaben sich offenbar Mühe, nett zu sein, und das freute mich. Aber wie erstaunt war ich, als nach dem Essen nicht weniger als drei Männer auf mich zustürzten und mir erklärten, meine Schwägerin wäre unbezahlbar. Ich wußte nicht: wachte oder träumte ich? Vierundzwanzig Stunden später rief mich unsere heutige Gastgeberin an: sie hätte gehört, daß meine Schwägerin in London wäre, man fände sie unbezahlbar, und ob ich sie nicht mit ihr zusammen zum Lunch einladen könnte. Sie hat einen untrüglichen Instinkt, diese Frau: nach einem Monat sprach alle Welt von Jane. Und ich, ich bin heute nicht etwa deshalb hier, weil ich die Hausfrau seit zwanzig Jahren kenne und sie Hunderte von Malen zum Dinner eingeladen habe, sondern weil ich Janes Schwägerin bin.«

Arme Mrs. Tower! Es war eine unerquickliche Lage, und obgleich ich mich der Komik der Situation nicht verschließen konnte – denn wie hatte sich das Blatt gewendet! –, fühlte ich doch, daß sie mein Mitleid verdiente.

»Die Menschen sind nun einmal so. Wer sie zum Lachen bringt, dem können sie nicht widerstehen«, bemühte ich mich, sie zu trösten.

»*Mich* hat sie noch nie zum Lachen gebracht.«

Ein dröhnender Heiterkeitsausbruch schallte vom oberen Ende des Tisches herüber; wahrscheinlich war Jane wieder einmal witzig und originell gewesen.

»Wollen Sie damit sagen, daß Sie die einzige Person sind, die sie nicht komisch findet?« fragte ich lächelnd.

»Wären *Sie* jemals auf den Gedanken gekommen, daß sie eine Humoristin ist?«

»Ich muß gestehen: nein.«

»Sie sagt genau dieselben Dinge, die sie fünfunddreißig Jahre lang gesagt hat. Ich lache, wenn alle andern lachen, um nicht für humorlos gehalten zu werden; aber wirklich erheitert fühle ich mich nicht.«

»Ist Gilbert hier?« fragte ich und ließ meine Blicke um den Tisch schweifen.

»Gilbert ist eingeladen worden, weil sie ohne ihn nicht ausgeht, aber heute ist er bei einem Bankett des Architektenvereins – oder wie das heißt.«

»Ich brenne darauf, die Bekanntschaft mit ihr zu erneuern.«

»Begrüßen Sie sie nach dem Essen. Sie wird Sie zu ihren Dienstagen einladen.«

»Zu ihren Dienstagen?«

»Sie ist an jedem Dienstagabend zu Hause. Sie treffen dort alles, was Namen hat. Es sind die interessantesten Gesellschaften von London. Sie hat in einem Winter erreicht, was mir in zwanzig Jahren nicht gelungen ist.«

»Das ist ja phantastisch! Wie hat sie das zustande gebracht?«

Mrs. Tower zuckte ihre schönen, aber etwas zu gepolsterten Schultern.

»Das hoffe ich von Ihnen zu erfahren«, antwortete sie. Nach dem Dinner versuchte ich mich zu dem Sofa durchzuschlängeln, auf dem Jane saß, wurde aber aufgehalten, und erst eine Weile später trat die Hausfrau auf mich zu und sagte:

»Ich muß Sie dem Star meiner Gesellschaft vorstellen. Kennen Sie Jane Napier? Sie ist unbezahlbar. Viel amüsanter als Ihre Komödien.«

Ich wurde zum Sofa geführt. Der Admiral, der während des Dinners neben ihr gesessen hatte, war immer noch bei ihr. Er zeigte nicht die geringste Absicht, sich zu entfernen, und Jane machte mich, nachdem sie mich begrüßt hatte, mit ihm bekannt.

»Kennen Sie Sir Reginald Frobisher?«

Wir begannen zu plaudern. Es war die gleiche Jane, die ich früher gekannt hatte, vollkommen einfach, schlicht und ungekünstelt, aber ihr ungewöhnliches Äußeres gab allem, was sie sagte, eine besondere Note. Mit einem Male merkte ich, daß ich mich vor Lachen schüttelte. Sie hatte eine Bemerkung gemacht, verständig und treffend, aber nicht im geringsten witzig, die bloß durch die Art, wie sie gesagt wurde, und den freundlichen Blick, der sie begleitete, unwiderstehlich wurde. Ich fühlte mich beschwingt und angeregt. Als ich mich verabschiedete, sagte sie zu mir:

»Wenn Sie nichts Besseres vorhaben, kommen Sie doch Dienstag abend zu uns. Gilbert wird sich freuen, Sie wiederzusehen.«

»Wenn er erst einen Monat in London gewesen sein wird, wird er wissen, daß er nichts Besseres vorhaben *kann*«, sagte der Admiral.

So begab ich mich denn am Dienstag, aber ziemlich spät, zu Jane. Ich gestehe, daß ich tatsächlich ein wenig überrascht war über die Gesellschaft, die ich antraf. Es war eine ganz hervorragende Versammlung von Schriftstellern, Malern, Politikern, Schauspielern, großen Damen und großen Schönheiten. Mrs. Tower hatte recht, es war eine glänzende Soiree; seit dem Verkauf von Stafford House hatte ich in London nichts dergleichen mehr gesehen. Es wurde keine besondere Bewirtung geboten. Die Erfrischungen waren der Gelegenheit angemessen, aber nicht luxuriös. Jane unterhielt sich auf ihre stille Weise und schien sich wohl zu fühlen; ich konnte nicht feststellen, daß sie sich besondere Mühe mit ihren Gästen gegeben hätte; aber diese schienen gern bei ihr zu sein, und die heiter vergnügte Gesellschaft brach erst um zwei Uhr morgens auf.

Nach diesem Abend war ich viel mit ihr beisammen. Ich kam nicht nur häufig in ihr Haus, sondern nahm nur selten an einem Lunch oder Dinner teil, bei dem nicht auch sie anwesend war. Da ich für Humor eine ausgesprochene Vorliebe habe, bemühte ich mich, herauszufinden, worin eigentlich ihre besondere Begabung lag. Es war unmöglich, ihre Aussprüche weiterzuerzählen, denn ihre Komik war sozusagen ›unverfrachtbar‹ wie manche Weine. Sie hatte kein Talent für epigrammatische Prägungen. Sie gab niemals eine witzige Antwort. In ihren Bemerkungen war keine Bosheit, in ihren Antworten kein Stachel. Es wird vielfach behauptet, daß nicht Kürze, sondern Frivolität die Seele des Witzes sei: von ihren Lippen kam niemals ein Wort, das die Röte der Scham in eine viktorianische Wange getrieben hätte. Ich bin der Ansicht, daß ihr Humor unbewußt war, auf alle Fälle war er spontan und unvorbedacht. Er flog wie ein Schmetterling von Blume zu Blume, nur seiner eigenen Laune gehorchend, weit entfernt von Absicht oder Methode. Er lag in der Art und Weise, wie sie etwas sagte, wie sie dabei blickte. Seine Wirksamkeit wurde noch erhöht durch das auffallende, extravagante Aussehen, das Gilbert ihr zugelegt hatte; aber dieses Aussehen bildete nur ein Element ihres Humors. Jetzt allerdings war sie in Mode, und jedermann lachte, wenn sie bloß den Mund auftat. Man wunderte sich schon lange nicht mehr, daß Gilbert eine um so vieles ältere Frau geheiratet hatte. Spielte denn das Alter bei Jane irgendeine Rolle? Nein, man fand, daß dieser junge Mensch ein verteufeltes Glück gehabt hatte. Der Admiral zitierte Shakespeare, als wir über sie sprachen: »Age cannot wither her, nor custom stale her infinite variety.« Gilbert war entzückt über ihren Erfolg. Bei näherer Bekanntschaft gefiel er mir immer besser. Es stand über jedem Zweifel, daß er weder ein Gauner noch ein Mitgiftjäger war. Er war nicht nur unendlich stolz auf Jane, er liebte sie aufrichtig. Die Güte, mit der er sie behandelte, war rührend. Er war ein selbstloser, angenehmer junger Mann.

»Nun, was sagen Sie jetzt zu Jane?« fragte er mich eines Tages mit knabenhaftem Triumph.

»Ich wüßte nicht, wer mehr zu bewundern ist«, antwortete ich. »Ihre Frau oder Sie.«

»Ach, ich bin gar nichts.«

»Unsinn. Sie allein haben Jane zu dem gemacht, was sie heute ist.«

»Mein einziges Verdienst ist es, daß ich gesehen habe, was da war, als es mit bloßem Auge noch nicht zu erkennen war«, entgegnete er.

»Ich begreife, daß Sie ihre äußeren Möglichkeiten erkannt haben. Aber wie, in aller Welt, haben Sie Jane zu einer Humoristin gemacht?«

»Aber ich bitte Sie! Ich fand ihre Aussprüche schon immer zum Totlachen. Eine Humoristin war sie seit jeher.«

»Sie sind der einzige Mensch, der auf diesen Gedanken gekommen ist.«

Mrs. Tower gab in großzügiger Weise zu, daß sie sich in Gilbert getäuscht hatte. Sie faßte für ihn eine regelrechte Zuneigung. Dennoch blieb sie, allem Anschein zum Trotz, bei ihrer Meinung, daß diese Ehe nicht von Bestand sein konnte. Ich machte mich über sie lustig.

»Wieso denn?« sagte ich. »Ich habe nie ein glücklicheres Paar gesehen.«

»Gilbert ist jetzt siebenundzwanzig Jahre alt. Ganz genau das richtige Alter für ein hübsches junges Mädchen. Haben Sie neulich bei Jane die nette kleine Nichte von Sir Reginald bemerkt? Es war mir, als ob Jane die beiden ziemlich scharf beobachtete; und ich dachte mir mein Teil.«

»Ich glaube, es gibt kein Mädchen unter der Sonne, dessen Rivalität Jane fürchtet.«

»Abwarten«, meinte Mrs. Tower.

»Sie hatten den beiden sechs Monate gegeben.«

»Schön. Mögen es drei Jahre sein.«

Wenn jemand seiner Sache allzu sicher ist, dann liegt es in der menschlichen Natur, daß man ihm wünscht, er möge eines Besseren belehrt werden. Mrs. Tower war wirklich unerlaubt sicher. Aber die erwünschte Genugtuung war mir nicht beschieden, denn das Ende, das sie dem ungleichen Paar stets und mit solcher Unbeirrbarkeit vorhergesagt hatte, kam tatsächlich. Immerhin, das Schicksal schenkt uns das, was wir wünschen, selten in der Form, in der wir es wünschen, und obgleich Mrs. Tower sich schmeicheln konnte, recht behalten zu haben, wäre es ihr letzten Endes vielleicht lieber gewesen, wenn sie sich getäuscht hätte. Denn was geschah, spielte sich ganz anders ab, als sie erwartet hatte.

Eines Tages berief sie mich dringend zu sich. Als ich das Zimmer betrat, erhob sich Mrs. Tower von ihrem Stuhl und kam mit der behenden Schnelligkeit eines Leoparden, der seine Beute erspäht, auf mich zu. Ich sah, daß sie aufgeregt war.

»Jane und Gilbert haben sich getrennt«, rief sie.

»Nein! Dann hatten Sie also doch recht.«

Mrs. Tower blickte mich mit einem Ausdruck an, der mir unverständlich blieb.

»Arme Jane«, murmelte ich.

»Arme Jane!« wiederholte sie, aber derart höhnisch, daß ich verblüfft innehielt.

Es fiel ihr einigermaßen schwer, mir das Vorgefallene folgerichtig zu erzählen.

Gilbert war bei ihr gewesen. Bleich und verstört. Sie hatte sofort, da er das Zimmer betreten hatte, gewußt, daß etwas Furchtbares sich ereignet haben mußte. Ja, sie hatte auch gewußt, was er sagen würde, noch ehe er es aussprach.

»Marion, Jane hat mich verlassen.«

Sie blickte ihn mit einem kleinen Lächeln an und nahm seine Hand.

»Ich wußte, daß du dich wie ein Gentleman benehmen wirst. Es wäre schrecklich für sie gewesen, wenn alle Welt sie bedauert hätte, weil *du* sie verlassen hast.«

»Ich bin zu dir gekommen, weil ich deiner Teilnahme sicher bin.«

»Ach, ich kann dir keine Vorwürfe machen, Gilbert«, sagte Mrs. Tower mit großer Güte. »Es *mußte* so kommen.«

Er seufzte.

»Wahrscheinlich. Wie hätte ich hoffen können, sie immer zu behalten. Sie ist wunderbar, und ich bin ein ganz alltäglicher Mensch.«

Mrs. Tower tätschelte seine Hand. Er benahm sich wirklich großartig.

»Und was wird nun geschehen?«

»Wir werden uns scheiden lassen.«

»Jane hat immer gesagt, daß sie dir keine Hindernisse in den Weg legen wird, wenn du einmal ein junges Mädchen heiraten willst.«

»Du glaubst doch nicht, daß ich jemals eine andere Frau heiraten werde, nachdem ich Janes Mann gewesen bin!« antwortete er.

Mrs. Tower war verdutzt.

»Ich vermute doch richtig, daß *du* derjenige bist, der die Trennung wünscht?«

»Ich? Was fällt dir denn ein?«

»Ja, warum denn sonst wollt ihr euch scheiden lassen?«

»Sie hat die Absicht, Sir Reginald Frobisher zu heiraten.«

Mrs. Tower stieß einen Schrei aus. Dann wurde ihr schwach, daß sie ihr Riechfläschchen holen mußte.

»Nach allem, was du für sie getan hast?«

»Ich habe gar nichts für sie getan.«

»Und du willst dich so ohne weiteres beiseite schieben lassen?«

»Wir haben vor unserer Hochzeit ausgemacht, einander keine Hindernisse in den Weg zu legen, wenn einer von uns seine Freiheit wiederhaben will.«

»Aber das geschah doch nur deinetwegen. Nur weil du um siebenundzwanzig Jahre jünger warst als sie.«

»Ja, aber es ist ihr volles Recht, sich darauf zu berufen«, antwortete er bitter.

Mrs. Tower widersprach, redete, räsonierte. Gilbert aber ließ sich nicht davon abbringen, daß es für Jane keinerlei Vorschriften gäbe und daß er tun müßte, was sie wünschte. Mrs. Tower blieb niedergeschmettert zurück. Es war ihr eine große Erleichterung, mir einen genauen Bericht über das Geschehene geben zu können. Es freute sie, daß ich ebenso überrascht war wie sie, und wenn ich mich im Gegensatz zu ihr keineswegs empört über Jane zeigte, so schrieb sie dies dem kriminellen Mangel an Moral zu, der meinem Geschlecht eigen ist. Sie befand sich immer noch in einem Zustand äußerster Erregung, als die Tür geöffnet wurde und der Diener eine Dame meldete – Jane in höchst eigener Person.

Sie war schwarz-weiß gekleidet, also durchaus ihrer fragwürdigen Position angemessen; aber ihr Kostüm war dermaßen originell, ihr Hut dermaßen auffallend, daß es mir bei ihrem Anblick förmlich den Atem verschlug. Sie war freundlich und ruhig wie immer. Sie kam auf Mrs. Tower zu, um sie zu küssen, aber Mrs. Tower zog sich mit eisiger Würde zurück.

»Gilbert war hier«, sagte sie.

»Ja, ich weiß«, lächelte Jane. »Ich habe ihn zu dir geschickt. Ich fahre heute abend nach Paris und möchte dich bitten, sehr gut zu ihm zu sein, wenn ich fort bin. Er wird sich anfangs vielleicht ein bißchen einsam fühlen. Und es wäre mir sehr tröstlich, wenn du dich seiner ein wenig annehmen wolltest.«

Mrs. Tower schlug die Hände zusammen.

»Gilbert hat mir vorhin etwas erzählt, was ich kaum glauben kann. Er sagte, daß du dich von ihm scheiden lassen willst, um Sir Reginald Frobisher zu heiraten.«

»Erinnerst du dich nicht: ehe ich mich mit Gilbert verheiratete, gabst du mir einen Rat, doch lieber einen Mann in meinem Alter zu nehmen. Der Admiral ist dreiundfünfzig.«

»Aber Jane! Alles, was du bist, hast du Gilbert zu verdanken«, rief Mrs. Tower indigniert. »Ohne ihn wärest du eine Null. Wenn er aufhört, dir deine Kleider zu entwerfen, existierst du einfach nicht mehr.«

»Er hat mir versprochen, mir auch weiterhin meine Kleider zu entwerfen«, antwortete Jane freundlich.

»Keine Frau könnte sich einen besseren Mann wünschen. Er war die Güte selbst dir gegenüber.«

»Ja, er war reizend.«

»Wie *kannst* du bloß so herzlos sein?«

»Ich habe Gilbert nie geliebt«, entgegnete Jane. »Das habe ich ihm auch immer gesagt. Ich fange an, mich nach einem Gefährten in meinem Alter zu sehnen. Wahrscheinlich war ich lange genug mit Gilbert verheiratet. Die jungen Leute haben keine Konversation.« Sie machte eine kleine Pause und strahlte uns beide mit ihrem reizenden Lächeln an. »Ich werde Gilbert natürlich nie aus den Augen verlieren. Das habe ich mit Reginald ausgemacht. Der Admiral hat eine Nichte, die sehr gut zu ihm passen würde. Sobald wir verheiratet sind, werden wir die beiden zu uns nach Malta einladen – Ihr wißt doch, daß Reginald das Kommando über die Mittelmeerflotte bekommt –, und es sollte mich gar nicht wundern, wenn sie sich ineinander verliebten.«

Mrs. Tower zuckte leicht zusammen.

»Und hast du mit dem Admiral besprochen, daß ihr euch gegenseitig keine Hindernisse in den Weg legen wollt, falls einer von euch seine Freiheit wiederhaben möchte?«

»Ich habe es vorgeschlagen«, antwortete Jane ruhig. »Aber der Admiral hat seine eigene Auffassung. Er behauptet, daß er, für seine Person, bestimmt niemand andern heiraten werde – und sollte einer kommen, der mich heiraten wolle, so hätte er auf seinem Admiralschiff acht Achtunddreißig-Zentimeter-Geschütze; die würden die Sache kurzerhand erledigen.«

Sie warf uns einen so unwiderstehlichen Blick durch ihr Monokel zu, daß nicht einmal die Angst vor Mrs. Towers Ungnade mich hindern konnte, laut herauszulachen.

»Ich glaube, der Admiral ist ein sehr leidenschaftlicher Mensch.«

Mrs. Tower schaute in der Tat grollend zu mir herüber.

»Ich habe dich nie komisch gefunden, Jane«, sagte sie. »Ich habe nie verstanden, warum die Leute über deine Aussprüche lachen.«

»Ich habe mich selbst niemals komisch gefunden, Marion«, lächelte Jane und zeigte ihre blitzenden, regelmäßigen Zähne. »Ich bin froh, daß ich von London fortkomme, bevor sich allzu viele Leute zu deiner Ansicht bekehren.«

»Können Sie mir das Geheimnis Ihres erstaunlichen Erfolges verraten?«

Sie wandte sich mir zu, mit dem freundlichen, schlichten Blick, den ich so gut kannte.

»Sehen Sie, als ich Gilbert heiratete und mich in London niederließ und als die Leute anfingen, über das, was ich sagte, zu lachen, da war niemand erstaunter als ich selbst. Ich hatte dreißig Jahre genau die gleichen Sachen geredet, und keiner hatte sie komisch gefunden. Ich nahm an, es müßten meine Kleider sein oder mein kurzes Haar oder mein Monokel. Schließlich entdeckte ich den Grund: man lachte, weil ich die Wahrheit sagte. Das war etwas so Ungewöhnliches, daß man es für humoristisch hielt. Eines Tages wird jemand anderer die gleiche Entdeckung machen, und wenn erst einmal alle die Wahrheit sprechen, wird kein Hund mehr es komisch finden.«

»Und warum bin ich die einzige, die für diese Komik kein Verständnis hat?« fragte Mrs. Tower.

Jane zögerte eine Weile, als suche sie ernsthaft nach einer befriedigenden Erklärung.

»Vielleicht erkennst du die Wahrheit nicht, wenn du ihr begegnest, Kind«, antwortete sie in ihrer sanften, gutmütigen Art.

Damit hatte sie zweifellos das letzte Wort. Ich begriff, daß Jane immer das letzte Wort haben würde. Sie *war* unbezahlbar.

Fußspuren im Dschungel

Es gibt keinen Ort in den Malaiischen Staaten, der bezaubernder wäre als Tanah Merah. Es liegt am Meer, und das sandige Ufer ist von Kasuarinabäumen eingefaßt. Die Amtsräume der Regierung befinden sich immer noch in dem alten Raadhuis, das die Holländer gebaut hatten, als das Land ihnen gehörte, und auf dem Berg stehen die grauen Ruinen des Forts, mit dessen Hilfe die Portugiesen ihre Herrschaft über die widerspenstigen Einheimischen aufrechterhielten. Tanah Merah hat eine Geschichte, und in den großen labyrinthischen Häusern der chinesischen Kaufleute, mit dem Blick auf das Meer – so daß man in der Abendkühle in den Loggias sitzen und die salzige Seeluft genießen kann –, wohnen Familien, die seit drei Jahrhunderten im Lande ansässig sind. Viele haben ihre Muttersprache vergessen und sprechen untereinander Malaiisch oder Pidgin-Englisch. Die Phantasie hat hier ein freies Spiel, denn im Malaiischen Staatenbund weiß man von der Vergangenheit bloß so viel, als im Gedächtnis der Väter der lebenden Generation beschlossen ist.

Tanah Merah war lange Zeit der belebteste Markt des Mittleren Orients, und sein Hafen war von Fahrzeugen überfüllt, als noch Segler und Dschunken die Chinesische See befuhren. Aber jetzt ist es tot. Es hat die traurige, romantische Atmosphäre jener Orte, die einst eine Rolle gespielt haben und nun von der Erinnerung an entschwundene Größe leben. Es ist eine schläfrige kleine Stadt, und wer sich hier niederläßt, verliert seine angeborene Energie und verfällt alsbald in die bequeme lethargische Art seiner Umgebung. Gelegentliche Gummihaussen bringen der Stadt keinen Wohlstand, und die darauffolgenden Preisstürze beschleunigen ihren Verfall. Das europäische Viertel ist sehr still. Es ist hübsch, nett und sauber. Die Häuser der Weißen stehen um einen riesigen Padang herum, angenehme und geräumige Bungalows, von großen Kassias beschattet, und der Padang ist weit, grün und gut gepflegt wie der Rasen eines Klosterhofes; und tatsächlich hat dieser Winkel von Tanah Merah etwas Stilles und sanft Abgeschlossenes, das an die Höfe von Canterbury erinnert.

Das Klubhaus blickt auf das Meer; es ist ein geräumiges, schäbiges Gebäude; es wirkt vernachlässigt, und wenn man eintritt, fühlt man sich als Eindringling. Man hat den Eindruck, daß es eigentlich geschlossen sei, wegen Umbauten und Reparaturen, und daß man sich taktloserweise einer offenen Tür bedient habe, um sich Zugang an einen Ort zu verschaffen, an dem man unerwünscht ist. Vormittags kann man ein paar Pflanzer dort antreffen, die geschäftlich in der Stadt zu tun haben und einen Punsch trinken, ehe sie wieder den Rückweg antreten; und am späten Nachmittag sitzt da und dort eine Dame und blättert mit verstohlener Miene, als täte sie etwas Unerlaubtes, in alten Nummern der *Illustrated London News.* Gegen Abend kommen ein paar Männer hereingeschlendert, sitzen im Billardzimmer herum und schauen dem Spiel zu und trinken Sukus. Aber am Mittwoch ist es belebter. An diesem Tag wird in dem großen Zimmer oben das Grammophon aufgezogen, und aus der Umgebung kommen die Leute, um zu tanzen. Manchmal gibt es nicht weniger als zwölf Paare, und es wird sogar möglich, zwei Bridgetische zusammenzubringen.

An einem dieser Mittwoche lernte ich nun die Cartwrights kennen. Ich war im Hause eines Mannes namens Gaze, des Polizeikommandanten von Tanah Merah, zu Gast. Er kam ins Billardzimmer, wo ich saß, und fragte mich, ob ich als Vierter an einer Bridgepartie teilnehmen wollte. Die Cartwrights waren Pflanzer und kamen mittwochs gewöhnlich nach Tanah Merah, weil sie ihrer Tochter ein wenig Unterhaltung verschaffen wollten. Sie waren nette Leute, meinte Gaze, still und zurückhaltend, und spielten sehr annehmbar Bridge. Ich folgte Gaze in das Spielzimmer und wurde ihnen vorgestellt. Sie saßen bereits an einem Tisch, und Mrs. Cartwright mischte die Karten. Es flößte mir Vertrauen ein, zu sehen, wie gut sie das tat. Sie nahm ein halbes Paket in jede Hand – ihre Hände waren groß und kräftig –, schob geschickt die Ecken der einen Hälfte unter die der andern, um dann mit einem Ruck und einer sichern, kühnen Bewegung die Karten ineinanderzuwerfen.

Es wirkte wie ein Zaubertrick. Der Kartenspieler weiß, daß so etwas nur durch unaufhörliche Übung zu erlernen ist. Er kann sich darauf verlassen, daß jeder, der ein Spiel Karten auf diese Weise zu mischen versteht, die Karten um ihrer selbst willen liebt.

»Stört es Sie, wenn mein Mann und ich zusammen spielen?« fragte Mrs. Cartwright. »Es macht uns keinen Spaß, uns gegenseitig Geld abzugewinnen.«

»Nicht im geringsten.«

Wir hoben ab, und Gaze und ich setzten uns.

Mrs. Cartwright zog ein As, und während sie rasch und sicher gab, plauderte sie mit Gaze über lokale Angelegenheiten. Aber ich merkte, daß sie mich taxierte. Sie sah schlau, aber gutmütig aus.

Sie war eine Frau in den Fünfzigern (obgleich es im Orient, wo die Menschen schnell altern, schwer ist, das Alter zu bestimmen) und hatte weißes, sehr unordentlich frisiertes Haar; und eine ständige Geste bei ihr war, daß sie mit einer ungeduldigen Handbewegung eine lange Haarsträhne zurückstrich, die ihr immer wieder in die Stirn fiel. Man wunderte sich, warum sie diesem Übel nicht mit ein paar Haarnadeln abhalf. Ihre blauen Augen waren groß, aber blaß und ein wenig müde; ihr Gesicht durchfurcht und fahl; es mußte der Mund sein, der ihm seinen Ausdruck von spöttischer, aber zugleich toleranter Ironie verlieh. Man fühlte, daß man es mit einer Frau zu tun hatte, die wußte, was sie wollte, und sich niemals scheute, es auszusprechen. Sie war eine schwatzhafte Spielerin (was viele Leute ablehnen, wogegen ich aber nichts einzuwenden habe, weil ich nicht einsehe, warum man sich am Spieltisch benehmen soll wie bei einem Begräbnis), und es zeigte sich bald, daß sie es trefflich verstand, ihre Mitmenschen aufs Korn zu nehmen. Ihr Witz war ziemlich scharf, aber so amüsant, daß bloß ein Schwachkopf sich beleidigt fühlen konnte. Und wenn sie hie und da eine dermaßen beißende Bemerkung fallen ließ, daß man seinen ganzen Humor aufwenden mußte, um ihre Komik zu würdigen, fand sie es anderseits durchaus in der Ordnung, daß man ihr mit gleicher Münze heimzahlte. Ihr großer, schmaler Mund verzog sich zu einem trockenen Lächeln, und ihre Augen leuchteten, wenn einem das Glück eine Antwort eingab, die die Lacher gegen sie aufbrachte.

Ich fand, daß sie eine sehr angenehme Person war. Mir gefiel ihre Geradheit. Mir gefiel ihre Schlagfertigkeit. Mir gefiel ihr unschönes Gesicht. Ich hatte noch nie eine Frau gesehen, die so wenig Wert auf ihr Äußeres legte. Nicht nur ihr Kopf, alles an ihr war unordentlich. Sie hatte eine hochgeschlossene

Seidenbluse an, aber um es kühler zu haben, hatte sie sich die obersten Knöpfe aufgeknöpft, und man sah einen magern, runzligen Hals; die Bluse war zerknittert und nicht allzu sauber, denn sie rauchte unzählige Zigaretten und bestreute sich über und über mit Asche. Wenn sie für einen Augenblick aufstand, um mit jemandem zu sprechen, konnte man sehen, daß der Saum ihres blauen Rockes ziemlich zerfranst war und einer gründlichen Reinigung bedurfte; und sie trug schwere Schuhe mit niedrigen Absätzen. Aber all dies spielte keine Rolle. Was sie anhatte, paßte zu ihr.

Und es war ein Vergnügen, Bridge mit ihr zu spielen. Sie spielte sehr rasch, ohne Zögern, und besaß nicht nur Können, sondern auch Flair. Natürlich kannte sie Gaze und war mit seinem Spiel vertraut, aber ich war ein Fremder, und sie paßte sich mir sehr schnell an. Das Zusammenspiel zwischen ihr und ihrem Gatten war bewundernswert; er war vernünftig und vorsichtig, und weil sie wußte, daß sie sich auf ihn verlassen konnte, durfte sie unbesorgt kühn und wagemutig sein. Gaze war ein Spieler, der sich einem albernen Optimismus hingab, gegründet auf die Hoffnung, daß die Gegner nicht schlau genug sein würden, sich seine Fehler zunutze zu machen; und wir beide kamen natürlich gegen die Cartwrights nicht auf. Wir verloren einen Rubber nach dem andern, und es blieb uns nichts anderes übrig, als zu lächeln und zu tun, als ob es uns gefiele.

»Ich weiß wirklich nicht, was heute mit den Karten los ist«, rief Gaze schließlich kläglich. »Was wir auch in der Hand haben, wir verlieren immer.«

»Ihr Spiel kann nicht schuld daran sein«, antwortete Mrs. Cartwright, indem sie ihm mit ihren blassen, blauen Augen voll ins Gesicht sah. »Es muß Pech sein, ganz einfach. Wenn Sie übrigens bei der letzten Runde Ihre Karos nicht mit Ihren Cœurs durcheinandergebracht hätten, so hätten Sie das Spiel retten können.«

Gaze fing an, ausführlich zu erklären, wie ihm das Unglück passiert war, aber Mrs. Cartwright entfaltete mit einer geschickten Handbewegung die Karten zu einem großen Fächer und ließ uns ziehen. Cartwright schaute auf die Uhr.

»Das ist aber das letzte Spiel, Liebe«, sagte er.

»Ach, wirklich?« Sie blickte ebenfalls auf die Uhr und rief

dann einen jungen Mann heran, der gerade durch das Zimmer ging. »Oh, Mr. Bullen, wenn Sie hinaufgehen, sagen Sie doch Olive, daß wir in ein paar Minuten aufbrechen.« Sie wandte sich mir zu. »Es dauert fast eine Stunde, bis wir nach Hause kommen, und der arme Theo muß beim ersten Morgengrauen aufstehen.«

»Dafür kommen wir auch bloß einmal in der Woche herein«, sagte Cartwright, »und es ist die einzige Gelegenheit für Olive, sich ein bißchen zu unterhalten.«

Ich fand, daß Cartwright müde und alt aussah. Er war ein Mann von mittlerer Größe mit einem kahlen, glänzenden Schädel, einem borstigen grauen Schnurrbart und goldgeränderter Brille. Er trug weiße Hosen und eine weißschwarze Krawatte. Er sah ziemlich adrett aus, und man merkte, daß er viel mehr Sorgfalt auf seine Kleidung verwandte als seine unordentliche Frau. Er sprach wenig, aber es war klar, daß er sich an dem beißenden Humor seiner Frau freute, und hin und wieder konnte er eine ganz witzige Antwort geben. Die beiden waren, das sah man deutlich, sehr gute Freunde. Es war wohltuend, eine so feste und verständnisvolle Zuneigung zwischen zwei Menschen zu sehen, die sich dem Alter näherten und so viele Jahre miteinander gelebt haben mußten.

Es fehlten bloß noch wenige Spiele, um den Rubber zu beenden, und wir hatten gerade einen letzten Gin bestellt, als Olive herunterkam.

»Wollt ihr wirklich schon gehen, Mumsey?« fragte sie.

Mrs. Cartwright sah ihre Tochter mit liebevollen Augen an.

»Ja, Liebling. Es ist bald halb acht. Ehe wir unser Dinner bekommen, wird es zehn.«

»Ach, der Teufel soll das Dinner holen«, sagte Olive fröhlich.

»Erlaube ihr noch einen Tanz, ehe wir gehen«, schlug Cartwright vor.

»Nicht einen einzigen. Sie muß sich ordentlich ausschlafen.« Cartwright warf Olive einen lächelnden Blick zu.

»Wenn deine Mutter etwas beschlossen hat, Kind, dann richten wir beide nichts gegen sie aus.«

»Ja, sie ist eine energische Frau«, sagte Olive und streichelte liebevoll die runzelige Wange ihrer Mutter.

Mrs. Cartwright tätschelte ihrer Tochter die Hand und küßte sie.

Olive war nicht sehr hübsch, aber sie sah sehr reizend aus. Sie war neunzehn oder zwanzig Jahre alt und hatte noch die Rundlichkeit ihres Alters; später, wenn sie etwas schlanker sein würde, mochte sie noch hübscher werden. Sie hatte nichts von der Entschlossenheit, die dem Gesicht ihrer Mutter so viel Charakter gab, sondern sah ihrem Vater ähnlich; sie hatte seine dunklen Augen, seine leichtgebogene Nase und den gleichen Ausdruck gutmütiger Schwäche, den man auch bei ihm bemerkte. Man sah, daß sie kräftig und gesund war. Ihre Wangen waren rot, und ihre Augen leuchteten. Sie hatte eine Vitalität, von der bei ihm nichts mehr zu spüren war. Sie machte den Eindruck des vollkommen normalen englischen Mädchens, das Temperament hat, sich gern unterhält und sehr gutartig veranlagt ist.

Als wir uns trennten, gingen Gaze und ich zu Fuß nach Hause.

»Wie fanden Sie die Cartwrights?« fragte er mich.

»Sie haben mir gefallen. Solche Leute müssen ein großer Gewinn sein für einen Ort wie Tanah Merah.«

»Leider sieht man sie nicht sehr häufig. Sie leben sehr zurückgezogen.«

»Das muß langweilig sein für das Mädchen. Vater und Mutter scheinen aneinander Gesellschaft genug zu finden.«

»Ja, es ist eine sehr gute Ehe.«

»Olive ist ihrem Vater wie aus dem Gesicht geschnitten, nicht?«

Gaze blickte mich von der Seite her an.

»Cartwright ist nicht ihr Vater. Mrs. Cartwright war Witwe, als sie ihn heiratete. Olive wurde vier Monate nach dem Tode ihres Vaters geboren.«

»Ach!«

Ich legte so viel an Überraschung, Interesse und Neugier in diesen Ausruf, als ich nur konnte. Aber Gaze fügte nichts weiter hinzu, und wir legten den Rest des Weges schweigend zurück. Der Boy wartete schon an der Tür, als wir das Heim erreichten, und nach einem letzten Gin Pahit setzten wir uns zum Dinner.

Anfangs schien es, als wäre Gaze geneigt, gesprächig zu sein. Infolge gewisser die Gummigewinnung einschränkender Bestimmungen hatte sich unter den Schmugglern eine lebhafte

Tätigkeit entwickelt, und es gehörte zu seinen Pflichten, ihre Gaunereien zu hintertreiben. An diesem Tage war es seinen Leuten gelungen, zwei Dschunken zu kapern, und er rieb sich die Hände aus Freude über diesen Erfolg. Die Speicher waren voll von konfisziertem Gummi, und bald sollte er feierlich verbrannt werden. Aber nach einer Weile verfiel Gaze in Stillschweigen, und wir aßen wortlos zu Ende. Die Boys brachten Kaffee und Brandy, und wir zündeten uns unsere Zigarren an. Gaze lehnte sich in seinem Stuhl zurück. Er blickte mich nachdenklich an, und dann schaute er auf sein Glas. Die Boys hatten das Zimmer verlassen, und wir waren allein.

»Ich kenne Mrs. Cartwright nun schon über zwanzig Jahre«, sagte er langsam. »Sie sah früher gar nicht übel aus. Immer unordentlich, aber als sie jung war, schadete das nichts. Es hatte sogar einen gewissen Reiz. Sie war mit einem Mann namens Bronson verheiratet. Reggie Bronson. Er war ein Pflanzer, Leiter einer Plantage in Selantan oben, und ich war zu jener Zeit in Alor Lipis stationiert. Das war damals noch ein viel kleinerer Ort als heute; ich glaube, die ganze Kolonie bestand höchstens aus zwanzig Leuten, aber es war ein hübscher kleiner Klub da, und wir hatten es sehr nett. Ich erinnere mich an meine erste Begegnung mit Mrs. Bronson, als wäre es gestern gewesen. Es gab in jenen Tagen noch keine Autos, und sie und ihr Mann waren auf Rädern hereingekommen. Natürlich sah sie damals noch nicht so energisch aus wie jetzt. Sie war viel schlanker, hatte gute Farben, und ihre Augen waren sehr hübsch – ganz blau –, und sie hatte eine Menge dunklen Haares. Wenn sie nur ein bißchen mehr Sorgfalt auf sich verwandt hätte, wäre sie sogar auffallend apart gewesen. Jedenfalls war sie die bestaussehende Frau dort.«

Nach dieser nicht sehr anschaulichen Schilderung und nach ihrem gegenwärtigen Äußern versuchte ich mir ein Bild zu machen, wie Mrs. Cartwright oder Mrs. Bronson damals ausgesehen haben mochte. In der massigen Frau mit ihren gut zugedeckten Knochen, die ziemlich schwer am Bridgetisch saß, versuchte ich ein schlankes junges Ding mit federnden Bewegungen und anmutigen, leichten Gesten wiederzufinden. Ihr Kinn war nun viereckig und ihre Nase markant, aber das war durch die runde Weichheit der Jugend maskiert gewesen. Sie mußte entzückend gewesen sein mit ihrer weißrosa Haut und dem reichen braunen, achtlos frisierten Haar. Zu jener Zeit hatte sie wohl einen langen Rock, eine dünne Taille und einen malerischen großen Hut getragen. Oder trugen die Frauen damals in den Malaiischen Staaten noch Tropenhelme, wie man es in alten illustrierten Zeitschriften sieht?

»Ich hatte sie – ach – wohl an die zwanzig Jahre nicht mehr gesehen«, fuhr Gaze fort. »Ich wußte, daß sie irgendwo im Malaiischen Staatenbund lebte, aber es war mir eine Überraschung, ihr, nach meiner Versetzung hierher, im Klub zu begegnen wie so viele Jahre vorher in Selantan. Natürlich ist inzwischen eine ältliche Frau aus ihr geworden, und sie ist kaum wiederzuerkennen, so sehr hat sie sich verändert. Ein Schreck packte mich, als sie mir ihre erwachsene Tochter vorstellte – ich merkte wieder einmal, wie die Zeit vergeht; als ich sie kennenlernte, war ich ein junger Mensch gewesen, und jetzt! In zwei, drei Jahren habe ich die Altersgrenze erreicht und kann mich zur Ruhe setzen!«

Mit einem kläglichen Grinsen auf seinem häßlichen Gesicht warf Gaze mir einen indignierten Blick zu, als wäre *ich* schuld an der unaufhaltsamen Flucht der Jahre.

»Ich bin auch kein Küken mehr«, antwortete ich.

»Sie haben Ihr Leben nicht im Orient zugebracht. Man altert hier vor der Zeit. Mit fünfzig ist man ein ältlicher Mann, und mit fünfundfünfzig taugt man bloß mehr für den Misthaufen.«

Aber ich wollte von Gaze keine Vorträge über das Alter hören.

»Haben Sie Mrs. Cartwright erkannt, als Sie sie wiedersahen?« fragte ich.

»Ja und nein. Auf den ersten Blick war es mir, als ob ich sie kenne; ich wußte bloß nicht, wo ich sie hintun sollte. Ich dachte mir, sie sei vielleicht jemand, dem ich auf einem Schiff begegnet war und den ich bloß vom Sehen kannte. Aber sofort, als sie zu sprechen anfing, erkannte ich sie wieder. Ich erinnerte mich an das trockene Zwinkern in ihren Augen und an den herzhaften Klang ihrer Stimme. In dieser Stimme war etwas, das zu sagen schien: Du bist zwar ein Esel, mein Junge, aber ein guter Kerl, und ich mag dich gern – wahrhaftig.«

»Das ist ja allerhand herausgehört aus dem Klang einer Stimme«, lächelte ich.

»Sie kam im Klub auf mich zu und begrüßte mich. ›Guten Tag, Major Gaze. Erinnern Sie sich noch an mich?‹ sagte sie.

›Natürlich erinnere ich mich noch an Sie.‹

›Es ist eine Menge Wasser ins Meer geflossen, seitdem wir uns das letztemal gesehen haben. Wir sind alle nicht jünger geworden. Haben Sie Theo gesehen?‹

Einen Augenblick wußte ich nicht recht, wen sie meinte. Ich muß ein dummes Gesicht gemacht haben, denn sie lächelte das neckende Lächeln, das ich so gut kenne, und erklärte:

›Ich habe Theo nämlich geheiratet. Es schien mir das richtigste. Ich fühlte mich einsam, und er wollte es.‹

›Ich habe gehört, daß Sie ihn geheiratet haben‹, sagte ich. ›Ich hoffe, Sie sind glücklich geworden.‹

›Ach sehr. Theo ist ein Engel. Er wird in einer Minute hier sein. Er wird sich freuen, Sie zu sehen.‹

Ich war dessen nicht ganz sicher. Ich hätte gedacht, daß ich der letzte Mensch wäre, den Theo wiederzusehen wünschte. Eigentlich hätte ich das auch von ihr gedacht. Aber Frauen sind komisch.«

»Warum hätte ihm ein Wiedersehen unerwünscht sein sollen?« fragte ich.

»Darauf komme ich später zurück«, sagte Gaze. »Theo erschien sehr bald. Ich weiß nicht, warum ich ihn Theo nenne; ich hatte ihn nie anders genannt als Cartwright und immer nur als Cartwright an ihn gedacht. Ich erschrak über Theo. Sie wissen, wie er jetzt aussieht; ich erinnere mich seiner noch von früher her, als er ein junger Mensch war, mit lockigem Kopf, sehr frisch und sauber, und immer wie aus dem Ei gepellt; er hatte eine gute Figur und hielt sich tadellos, wie jemand, der gewohnt ist, viel Sport zu treiben. Dabei hatte er nichts Grobes, Massives, im Gegenteil, er war anmutig und schlank. Als ich diesen gebeugten, mumienhaften, kahlköpfigen, bebrillten alten Kerl erblickte, traute ich meinen Augen kaum. Ich hätte ihn nie im Leben wiedererkannt. Er schien erfreut zu sein, mich zu sehen, zumindest interessiert; er war nicht überschwenglich, aber er war immer einer von den Stillen gewesen, und ich hatte nichts anderes erwartet.

›Sind Sie überrascht, uns hier zu treffen?‹ fragte er mich.

›Gott, ich hatte nicht die leiseste Ahnung, wo Sie waren.‹

›Wir haben Ihre Laufbahn mehr oder weniger verfolgt. Hin

und wieder haben wir Ihren Namen in der Zeitung gelesen. Sie müssen einmal hinauskommen und sich unsere Plantage ansehen. Wir sind nun schon eine ganze Reihe von Jahren hier und werden wahrscheinlich bleiben, bis wir endgültig nach Hause zurückkehren. Sind Sie jemals wieder nach Alor Lipis gekommen?‹

›Nein‹, sagte ich.

›Es ist ein netter kleiner Ort. Man sagt mir, es sei größer geworden. Ich bin nie wieder hingekommen.‹

›Für uns knüpfen sich nicht die angenehmsten Erinnerungen an Alor Lipis‹, sagte Mrs. Cartwright.

Ich fragte, ob sie etwas trinken wollten, und wir riefen den Boy. Sie werden bemerkt haben, daß Mrs. Cartwright dem Alkohol nicht abgeneigt ist; ich will damit nicht sagen, daß sie zuviel des Guten tut, aber sie trinkt ihren Stengah wie ein Mann. Ich betrachtete die beiden und konnte eine gewisse Neugier nicht unterdrücken. Sie schienen mir vollkommen glücklich; ich entnahm ihren Erzählungen, daß sie Glück gehabt hatten, und erfuhr später, daß sie sogar ziemlich wohlhabend geworden waren. Sie hatten einen sehr hübschen Wagen, und wenn sie in die Ferien fuhren, versagten sie sich nichts. Sie standen ausgezeichnet miteinander. Sie wissen, wie man sich freut, zwei Leute zu sehen, die seit vielen Jahren verheiratet sind und offensichtlich ihre eigene Gesellschaft jeder andern vorziehen. Ihre Ehe war zweifellos ein großer Erfolg. Und beide liebten sie Olive und waren stolz auf sie, besonders Theo.«

»Obgleich sie bloß seine Stieftochter ist?« fragte ich.

»Obgleich sie bloß seine Stieftochter ist«, antwortete Gaze. »Man hätte meinen sollen, sie hätte seinen Namen angenommen. Aber das hatte sie nicht getan. Sie nannte ihn Daddy, natürlich – er war der einzige Vater, den sie gekannt hatte, aber sie unterschrieb ihre Briefe mit Olive Bronson.«

»Wie hat Bronson denn ausgesehen?«

»Bronson? Er war ein großer, kräftiger Mensch, sehr herzlich, mit einer lauten Stimme und einem bellenden Lachen, stierhaft, wissen Sie, und ein tüchtiger Athlet. Es war nicht viel an ihm, aber er war so gerade wie selten einer. Er hatte ein rotes Gesicht und rotes Haar. Jetzt erinnere ich mich, daß ich nie einen Menschen gesehen habe, der so viel schwitzte wie er. Das Wasser lief nur so an ihm herunter, und wenn er Tennis spielte, brachte er immer ein Handtuch mit.«

»Das klingt ja nicht gerade anziehend.«

»Er war ein schöner Kerl. Immer in Form. Und darauf hielt er. Es gab nicht viele Gesprächsthemen für ihn außer Gummi und Sport – Tennis, wissen Sie, Golf und Jagd, und ich glaube nicht, daß er je ein Buch gelesen hat. Er war der typische Public-School-Junge. Als ich ihn kennenlernte, war er fünfunddreißig Jahre alt, aber er hatte die Mentalität eines Achtzehnjährigen. Sie wissen doch, wie es mit vielen jungen Menschen geht, wenn sie nach dem Orient kommen: sie hören einfach auf, sich weiterzuentwickeln.«

Das wußte ich allerdings. Es gehört zu den unfaßbarsten Dingen für den Reisenden, die vielen dicken, ältlichen, kahlköpfigen Herren zu sehen, die sprechen und sich benehmen, als wären sie Schuljungen. Man könnte meinen, daß keine Idee mehr in ihren Kopf eingedrungen ist, seitdem sie den Suezkanal passiert haben. Obgleich sie verheiratet und Väter von Kindern sind und vielleicht ein großes Geschäftsunternehmen leiten, betrachten sie das Leben immer noch vom Gesichtspunkt der sechsten Klasse.

»Aber er war nicht dumm«, fuhr Gaze fort. »Er verstand seine Arbeit aus dem Effeff. Sein Gut war eines der bestgeleiteten im Lande, und er wußte seine Arbeiter zu behandeln. Er war ein netter Bursche, und wenn er einem auch ein bißchen auf die Nieren fiel, mußte man ihn doch gern haben. Er war großzügig mit Geld und immer bereit, Menschen zu helfen. Seine Hilfsbereitschaft war auch die Ursache von Cartwrights Auftauchen.«

»Lebten die Bronsons gut miteinander?«

»Ach ja, ich glaube schon. Ich bin eigentlich überzeugt davon. Er war gutmütig und sie sehr heiter und fröhlich. Sie war sehr freimütig und nahm kein Blatt vor den Mund. Noch jetzt kann sie außerordentlich amüsant sein, wenn sie will, aber gewöhnlich versteckt sich eine Spitze hinter ihren Späßen. Als sie noch jung und mit Bronson verheiratet war, war es alles bloß harmlose Lustigkeit. Sie hatte Temperament und unterhielt sich gern. Sie zerbrach sich nicht im geringsten den Kopf über ihre Äußerungen, aber es paßte zu ihr, wenn Sie mich richtig verstehen. Es war etwas so Offenes, Freies und Unbekümmertes an ihr, daß es einem ganz gleich war, was sie sagte. Sie schienen sehr glücklich.

Ihre Besitzung war ungefähr fünf Meilen von Alor Lipis entfernt. Sie hatten einen Kutschierwagen und kamen fast jeden Abend gegen fünf Uhr in die Stadt herein. Die englische Gemeinde war damals sehr klein, und die Männer waren in der Überzahl. Es dürften nicht mehr als sechs Frauen dagewesen sein. Die Bronsons waren ein Geschenk des Himmels. Sie brachten Leben in die Gesellschaft. Wir hatten es oft sehr lustig in unserem kleinen Klub. Ich habe noch oft an die beiden zurückgedacht und weiß nicht, ob ich mich jemals im Leben besser unterhalten habe als damals. Zwischen sechs und halb neun, vor zwanzig Jahren, war der Klub in Alor Lipis ungefähr der lebendigste Platz, den man zwischen Aden und Yokohama finden konnte.

Eines Tages erzählte uns Mrs. Bronson, daß sie Besuch erwarteten, und ein paar Tage später brachten sie Cartwright mit. Er war ein alter Freund von Bronson, sie waren miteinander in die Schule gegangen und später auf dem gleichen Schiff nach den Kolonien gekommen. Es hatte einen Preissturz in Gummi gegeben, und viele Leute hatten ihren Verdienst verloren. Zu ihnen gehörte Cartwright. Er war seit nahezu einem Jahr arbeitslos und hatte alle seine Reserven aufgezehrt. In jenen Tagen waren die Pflanzer noch schlechter bezahlt, als sie es heute sind, und man mußte schon Glück haben, wenn man sich einen Notpfennig zurücklegen konnte. Cartwright war nach Singapur gegangen. Alle kommen dorthin in schlechten Zeiten. Es ist dann furchtbar; ich habe es gesehen; ich habe von Pflanzern gehört, die auf der Straße übernachtet haben, weil sie nicht das Geld hatten, ein Hotelzimmer zu bezahlen. Ich habe erlebt, daß sie vor dem ›Europa‹ Fremde angehalten und um einen Dollar gebeten haben, um sich eine Mahlzeit kaufen zu können, und ich glaube, Cartwright hatte eine böse Zeit durchgemacht.

Endlich schrieb er an Bronson und fragte ihn, ob er etwas für ihn tun könne. Bronson lud ihn ein, zu kommen und zu bleiben, bis die Verhältnisse sich wieder gebessert hätten. Kost und Quartier würde ihm auf alle Fälle gesichert sein. Cartwright nahm das Anerbieten sofort an, aber Bronson mußte ihm das Geld für die Reise schicken. Als Cartwright in Alor Lipis ankam, hatte er keine zehn Cents in der Tasche. Bronson hatte ein wenig eigenes Geld, zwei- oder dreihundert Pfund jährlich; und obgleich ihm sein Gehalt gekürzt worden war, hatte er seine Stellung behalten. Er war besser daran als die meisten seiner Kollegen. Als Cartwright eintraf, sagte ihm Mrs. Bronson, er möge ihr Haus als das seine ansehen und so lange bleiben, wie es ihm gefalle.«

»Das war doch nett von ihr«, bemerkte ich.

»Sehr.«

Gaze zündete sich eine neue Zigarre an und füllte sein Glas. Es war sehr still, und bis auf das gelegentliche Krächzen des Gekkos war die Stille vollkommen. Es schien, als wären wir allein in der tropischen Nacht und Gott weiß wie weit von jeder menschlichen Behausung entfernt. Gaze ließ eine so lange Pause eintreten, daß ich mich schließlich gezwungen sah, etwas zu sagen.

»Was für ein Mensch war Cartwright zu jener Zeit?« fragte ich. »Jünger natürlich, und wie Sie mir sagten, sehr gut aussehend; aber abgesehen davon?«

»Ach, ehrlich gestanden, habe ich ihn nie besonders beachtet. Er war angenehm und bescheiden. Er ist auch jetzt sehr still, wie Sie bemerkt haben werden; nun, und besonders lebhaft war er auch damals nicht. Aber er war völlig harmlos. Er las gerne und spielte sehr nett Klavier. Man empfand ihn niemals als überflüssig, er störte nicht, aber man kümmerte sich nicht besonders um ihn. Er tanzte gut, und das gefiel den Frauen, aber er spielte auch ganz ordentlich Billard und war ein leidlich guter Tennisspieler. Er fügte sich sehr gut in unsern kleinen Kreis ein. Ich möchte nicht sagen, daß er jemals besonders populär wurde, aber jeder hatte ihn gern. Natürlich tat er uns leid, wie einem jeder Mensch leid tut, der im Unglück ist, aber wir konnten nichts für ihn tun und nahmen ihn schließlich einfach hin, als wäre er immer dagewesen. Er kam jeden Abend mit den Bronsons herein, zahlte für seine Getränke – ich nehme an, daß Bronson ihm etwas Geld für laufende Ausgaben geliehen hatte – und war immer sehr höflich und freundlich. Meine Beschreibung ist etwas vage, weil er wirklich nie einen besondern Eindruck auf mich gemacht hat; in den Kolonien begegnet man so vielen Menschen, und er hatte nichts Hervorstechendes. Er tat alles, was er konnte, um Arbeit zu bekommen, aber er hatte kein Glück; es gab damals keine Stellungen, und oft schien er sehr bedrückt. Er blieb über ein Jahr bei den Bronsons. Einmal sagte er zu mir:

›Schließlich kann ich nicht ewig bei den Bronsons bleiben. Sie waren unendlich gut mit mir – aber es gibt Grenzen.‹

›Die Bronsons sind sicher sehr froh, Sie bei sich zu haben‹, sagte ich. ›Es ist nicht besonders kurzweilig auf einer Gummipflanzung, und was Essen und Trinken anbelangt, muß es für sie sehr wenig ausmachen, ob Sie da sind oder nicht.‹«

Gaze hielt abermals inne und blickte mich zögernd an.

»Was gibt's?« fragte ich.

»Ich fürchte, ich erzähle die Geschichte sehr schlecht«, sagte er. »Ich bin kein Schriftsteller, sondern ein Polizist und bringe die Tatsachen, wie sie sich mir in jeder Phase darstellten; und von meinem Standpunkt aus sind alle Umstände wichtig; ich meine, es ist wichtig zu wissen, was für Leute sie waren.«

»Natürlich. Nur weiter.«

»Ich erinnere mich, daß jemand – ich glaube, es war die Frau des Arztes – Mrs. Bronson fragte, ob es ihr nicht zuviel würde, immer einen Fremden im Hause zu haben. In einem Ort wie Alor Lipis gibt es nur wenig Gesprächsstoff, und wenn man nicht über seine Nachbarn redete, bliebe einem nicht viel zu sagen.

›Ach nein‹, sagte sie. ›Theo stört uns nicht.‹ Sie wandte sich an ihren Mann, der dasaß und sich das Gesicht wischte. ›Nicht wahr, wir sind froh, ihn bei uns zu haben?‹

›Natürlich‹, sagte Bronson.

›Was tut er denn den ganzen Tag?‹

›Ach, ich weiß nicht‹, sagte Mrs. Bronson. ›Manchmal geht er mit Reggie durch die Plantage, und ab und zu jagt er. Oder er unterhält sich mit mir.‹

›Er ist immer froh, wenn er sich nützlich machen kann‹, sagte Bronson. ›Neulich, als ich einen Fieberanfall hatte, übernahm er meine Arbeit, und ich konnte ruhig im Bett liegen bleiben.‹«

»Hatten die Bronsons keine Kinder?« fragte ich.

»Nein«, antwortete Gaze. »Ich weiß eigentlich nicht warum. Sie hätten es sich durchaus gestatten können.«

Gaze lehnte sich in seinen Stuhl zurück. Er nahm seine Brille ab und putzte die Gläser. Sie waren sehr stark und verzerrten häßlich seine Augen. Wenn er sie abnahm, sah er viel besser aus. Der Gecko an der Decke ließ seinen seltsam menschlichen Schrei ertönen. Er klang wie das Kichern eines idiotischen Kindes.

»Bronson wurde getötet«, sagte Gaze plötzlich.

»Getötet?«

»Ja, ermordet. Ich werde den Abend nie vergessen. Wir hatten Tennis gespielt, Mrs. Bronson, die Frau des Arztes, Theo Cartwright und ich; und nachher spielten wir Bridge. Cartwright war schlecht in Form gewesen, und als wir uns nachher an den Tisch setzten, sagte Mrs. Bronson zu ihm: ›Nun, Theo, wenn Sie sich jetzt nicht mehr zusammennehmen als beim Tennis, verlieren wir unser letztes Hemd.‹

Wir hatten gerade etwas getrunken, aber sie rief den Boy und bestellte noch eine Runde.

›Führen Sie sich das zu Gemüte‹, sagte sie zu ihm.

Bronson war nicht erschienen. Er war mit dem Rad nach Kabulong gefahren, um das Geld für die Löhne der Kulis zu holen, und sollte nach seiner Rückkehr in den Klub kommen. Alor Lipis lag der Plantage Bronsons näher als Kabulong, aber Kabulong war der geschäftlich wichtigere Ort, und Bronson hatte dort seine Bank.

›Reggie kann mitspielen, wenn er kommt‹, sagte Mrs. Bronson.

›Er verspätet sich, nicht?‹ meinte die Frau des Arztes.

›Sehr. Er hat mich darauf vorbereitet, daß er nicht rechtzeitig zum Tennisspielen hier sein würde, aber zum Bridge wollte er da sein. Wahrscheinlich ist er in Kabulong in den Klub gegangen und trinkt dort, der Schurke, anstatt direkt nach Hause zu fahren.‹

›Nun, er verträgt ja eine Menge, ohne daß es ihm schadet‹, lachte ich.

›Ja, aber er fängt an dick zu werden.‹

Wir saßen allein im Speisesaal und hörten die Leute im Billardzimmer sprechen und lachen. Sie waren alle fröhlicher Laune. Weihnachten stand vor der Tür, und wir ließen uns alle ein wenig gehen. Am Weihnachtsabend sollte ein Ball stattfinden.

Ich erinnerte mich später, daß die Frau des Arztes, als wir uns niedersetzten, Mrs. Bronson gefragt hatte, ob sie nicht müde wäre.

›Nicht im geringsten‹, hatte sie geantwortet. ›Warum sollte ich müde sein?‹

Ich begriff nicht, warum sie errötete.

›Ich hatte Angst, das Tennisspielen hätte Sie angestrengt‹, sagte die Frau des Arztes.

›Ach nein‹, antwortete Mrs. Bronson etwas schroff, wie ich fand, als wollte sie nicht darüber reden.

Ich wußte nicht, was dahintersteckte, und das Gespräch fiel mir auch erst viel später wieder ein.

Wir spielten drei oder vier Rubber, und immer noch tauchte Bronson nicht auf.

›Was kann nur los sein?‹ sagte seine Frau. ›Ich kann mir nicht erklären, warum er so lange ausbleibt.‹

Cartwright war immer schweigsam, aber an diesem Abend tat er den Mund überhaupt nicht auf. Ich dachte mir, daß er vielleicht müde sei, und fragte ihn, was er getan habe.

›Nicht viel‹, sagte er. ›Ich bin nach dem Essen Tauben schießen gegangen.‹

›Hatten Sie Glück?‹ fragte ich.

›Ach, nicht sonderlich. Sie waren sehr scheu.‹

Aber dann sagte er: ›Vielleicht ist Reggie spät nach Hause gekommen und hat gefunden, daß es sich nicht mehr lohnt, hierherzufahren. Wahrscheinlich hat er ein Bad genommen und sitzt jetzt in seinem Lehnstuhl und schläft.‹

›Es ist ein weiter Weg von Kabulong‹, sagte die Frau des Arztes.

›Er fährt nicht auf der Straße‹, erklärte Mrs. Bronson. ›Er nimmt die Abkürzung durch den Dschungel.‹

›Kommt er denn da durch mit seinem Rad?‹ fragte ich.

›Ach ja, es ist ein sehr guter Weg. Man erspart ein paar Meilen.‹

Wir hatten gerade einen neuen Rubber angefangen, als ein Boy hereinkam und meldete, draußen warte ein Polizeisergeant, der mich zu sprechen wünsche.

›Was will er denn?‹ fragte ich.

Der Boy sagte, das wisse er nicht, aber der Sergeant habe zwei Kulis bei sich.

›Hol ihn der Teufel‹, rief ich. ›Der bekommt etwas zu hören, wenn er mich um nichts und wieder nichts gestört hat.‹

Ich spielte das Spiel zu Ende, dann stand ich auf.

›Ich bin gleich wieder da‹, sagte ich. ›Geben Sie bitte für mich‹, fügte ich zu Cartwright gewendet hinzu.

Ich ging hinaus. Draußen auf der Treppe wartete der Sergeant mit den zwei Malaien. Ich fragte ihn, was er wünsche. Sie können sich meine Bestürzung vorstellen, als er mir mitteilte, die beiden Malaien wären auf der Polizeistation erschienen und hätten gemeldet, daß auf dem Weg, der durch den Dschungel nach Kabulong führt, ein toter weißer Mann liege. Ich dachte sofort an Bronson.

›Tot‹, rief ich.

›Ja, erschossen. Durch den Kopf geschossen. Ein weißer Mann mit rotem Haar.‹

Nun wußte ich, daß es Reggie Bronson war, und einer von den beiden nannte auch seine Plantage und erklärte, er hätte ihn erkannt. Es war ein furchtbarer Schock. Und drinnen im Spielzimmer saß Frau Bronson und wartete ungeduldig, daß ich meine Karten ordnete und anzusagen begann! Einen Augenblick wußte ich wirklich nicht, was ich tun sollte. Ich war furchtbar aufgeregt. Es war entsetzlich, ihr ohne ein Wort der Vorbereitung einen so schrecklichen und unerwarteten Schlag versetzen zu müssen; aber ich war unfähig, eine schonende Form zu finden. Ich bat den Sergeanten und die Kulis zu warten und ging in den Klub zurück. Ich versuchte, mich zu fassen. Als ich das Spielzimmer betrat, rief Mrs. Bronson: ›Sie sind furchtbar lange ausgeblieben.‹ Dann fiel ihr Blick auf mein Gesicht. ›Was ist los?‹ Ich sah, wie sie die Fäuste ballte und weiß wurde. Fast schien es, als hätte sie ein böses Vorgefühl.

›Es ist etwas Schreckliches geschehen‹, sagte ich, und meine Kehle war wie zugeschnürt, so daß meine Stimme sogar für mich selbst heiser und unheimlich klang. ›Ein Unglück hat sich ereignet. Ihr Mann ist verwundet.‹

Sie stieß einen langen Laut aus, es war kein Schrei, es erinnerte seltsam an das Geräusch, wenn ein Stück Seide entzweigerissen wird.

›Verwundet?‹

Sie sprang auf und starrte mit Augen, die ihr förmlich aus dem Kopf traten, Cartwright an. Die Wirkung auf ihn war erschreckend. Er fiel in seinen Stuhl zurück und wurde weiß wie der Tod.

›Sehr, sehr schwer verwundet, fürchte ich‹, fügte ich hinzu.

Ich wußte, daß ich ihr die Wahrheit sagen mußte, und zwar sofort, aber ich konnte es nicht über mich bringen.

›Ist er‹, ihre Lippen zitterten so sehr, daß sie die Worte kaum formen konnte, ›ist er – bei Bewußtsein?‹

Ich blickte sie einen Augenblick an, ohne zu antworten. Ich hätte tausend Pfund dafür gegeben, schweigen zu dürfen.

›Nein, leider nicht.‹

Mrs. Bronson starrte mich an, als versuche sie, in meinem Hirn zu lesen.

›Ist er tot?‹

Ich dachte, es wäre das beste, es jetzt zu sagen. Dann hatte ich es hinter mir.

›Ja, er war tot, als man ihn fand.‹

Mrs. Bronson sank auf ihren Stuhl und brach in Tränen aus.

›Ach, mein Gott‹, murmelte sie, ›mein Gott.‹

Die Frau des Arztes trat zu ihr und legte die Arme um sie. Mrs. Bronson hielt die Hände vor das Gesicht und schaukelte hysterisch weinend hin und her. Cartwright, mit seinem fahlen Gesicht, saß ganz still da, den Mund geöffnet, und starrte sie an. Man hätte meinen können, er wäre zu Stein erstarrt.

›Oh, Liebe, Liebe‹, sagte die Frau des Arztes. ›Sie müssen versuchen, sich zusammenzunehmen.‹ Und indem sie sich mir zuwandte: ›Bringen Sie ihr ein Glas Wasser und holen Sie Harry.‹

Harry war ihr Mann und spielte Billard. Ich ging hinein und teilte ihm mit, was geschehen war.

›Unsinn, Wasser‹, sagte er. ›Sie braucht einen ordentlichen Schluck Brandy.‹

Wir brachten ihr also etwas Brandy, und allmählich erschöpfte sich die Heftigkeit ihres Schmerzes. Nach ein paar Minuten konnte die Frau des Arztes sie in den Toilettenraum führen und ihr das Gesicht waschen. Ich hatte mir inzwischen überlegt, was man tun solle. Auf Cartwright war nicht zu rechnen, er war völlig verstört. Ich konnte verstehen, daß es ein furchtbarer Schock für ihn war, denn Bronson war sein bester Freund gewesen und hatte alles auf der Welt für ihn getan.

›Sie sehen aus, als hätten Sie auch ein Glas Brandy nötig, mein Junge‹, sagte ich zu ihm.

›Es ist furchtbar‹, brachte er hervor. ›Ich . . . ich . . . hatte . . .‹, er hielt inne, als ob seine Gedanken abschweiften; er war immer noch entsetzlich blaß; er zog ein Paket Zigaretten hervor und zündete ein Streichholz an, aber seine Hand zitterte dermaßen, daß es ihm kaum gelingen wollte.

›Ja, ich werde etwas Brandy trinken.‹

›Boy‹, rief ich, und dann zu Cartwright: ›Sind Sie imstande, Mrs. Bronson nach Hause zu bringen?‹

›O ja‹, antwortete er.

›Das ist recht. Der Doktor und ich werden uns mit den Kulis und ein paar Polizisten an die Stelle begeben, wo der Leichnam liegt.‹

›Werden Sie ihn nach dem Bungalow bringen?‹ fragte Cartwright.

›Ich denke, wir bringen ihn gleich ins Leichenhaus‹, antwortete der Doktor an meiner Stelle. ›Ich werde eine Leichenöffnung vornehmen müssen.‹

Als Mrs. Bronson, nun um so vieles ruhiger, daß ich erstaunt war, zurückkehrte, teilte ich ihr mit, was ich vorgeschlagen hatte. Die Frau des Arztes, eine gute Seele, erbot sich, sie zu begleiten und die Nacht über bei ihr zu bleiben, aber Mrs. Bronson wollte nichts davon hören. Sie sagte, es wäre nicht nötig, und als die Frau des Arztes nicht nachgeben wollte – Sie wissen, wie hartnäckig manche Leute sind, vom Unglück heimgesuchten Menschen ihre Güte aufzudrängen –, wurde sie beinahe heftig.

›Nein, nein, ich muß allein sein‹, sagte sie. ›Wirklich. Und überdies ist ja Theo da.‹

Sie stiegen in den Kutschierwagen. Theo nahm die Zügel, und sie fuhren ab. Der Doktor und ich brachen gleich nach ihnen auf, und der Sergeant und die Kulis folgten uns. Ich hatte meinen Seis zur Polizeistation gesandt mit der Weisung, zwei Mann nach der Stelle zu schicken, wo der Leichnam lag. Wir überholten bald Mrs. Bronson und Cartwright.

›Alles in Ordnung?‹ rief ich.

›Ja‹, antwortete er.

Einige Zeit fuhren der Doktor und ich dahin, ohne ein Wort zu sprechen. Wir waren beide tief erschüttert. Ich war überdies auch bedrückt. Es würde meine Aufgabe sein, die Mörder zu finden, und ich wußte, wie schwer das war.

›Meinen Sie, daß es sich um einen Raubmord handelt?‹ fragte der Doktor schließlich.

Es war, als hätte er in meinen Gedanken gelesen.

›Ich glaube, daran besteht kein Zweifel‹, antwortete ich. ›Man wußte, daß er nach Kabulong gefahren war, um das Geld für die Löhne abzuholen, und man lauerte ihm auf dem Rückweg auf. Er hätte natürlich nie allein durch den Dschungel fahren dürfen, wo jeder wußte, daß er eine solche Summe bei sich hatte.‹

›Er hat es aber seit Jahren so gemacht‹, sagte der Arzt. ›Und er ist nicht der einzige.‹

›Ich weiß. Jetzt fragt es sich bloß, wie wir den Burschen bekommen, der es getan hat.‹

›Sie glauben nicht, daß die beiden Kulis, die behaupten, ihn gefunden zu haben, etwas damit zu tun haben?‹

›Nein, diesen Mut hätten sie nicht aufgebracht. Chinesen wäre so etwas vielleicht zuzutrauen, aber Malaien nicht. Sie hätten viel zu große Angst. Wir werden natürlich ein Auge auf sie haben. Es wird sich ja zeigen, ob sie mit Geld herumwerfen.‹

›Für Mrs. Bronson ist es schrecklich‹, sagte der Doktor. ›Es wäre zu jeder Zeit schlimm gewesen, aber jetzt, wo sie gerade ein Kind erwartet . . .‹

›Das wußte ich ja gar nicht‹, unterbrach ich ihn.

›Nein, aus irgendeinem Grunde wollte sie es geheimhalten. Ich fand es eigentlich merkwürdig von ihr.‹

Ich erinnerte mich nun an die kleine Szene zwischen Mrs. Bronson und der Gattin des Arztes. Nun wurde mir verständlich, warum die gute Frau so besorgt gewesen war, Mrs. Bronson könnte sich überanstrengen.

›Seltsam, daß sie nach so vielen Jahren der Ehe ein Kind bekommt.‹

›Solche Dinge kommen vor. Aber sie war nicht darauf gefaßt. Als sie zu mir in die Sprechstunde kam und ich ihr eröffnete, was los sei, wurde sie ohnmächtig, und dann fing sie zu weinen an. Ich hätte gemeint, sie würde sich freuen. Sie erklärte mir, Bronson liebe Kinder nicht und würde böse sein. Ich mußte ihr versprechen, nichts zu sagen, bis sie Gelegenheit fand, es ihm schonend beizubringen.‹

Ich überlegte einen Augenblick.

›Von einem Menschen seiner Art hätte ich eigentlich angenommen, daß er sich nichts so sehr wünsche, als Kinder zu haben.‹

›Das kann man nie wissen. Manche Leute sind egoistisch und haben einfach Angst vor der Störung.‹

›Nun, und wie hat er es schließlich aufgenommen?‹

›Ich weiß nicht, ob sie es ihm überhaupt gesagt hat. Obgleich sie es nicht mehr lange hätte hinausschieben können; wenn ich mich nicht irre, war sie im fünften Monat.‹

›Armer Teufel‹, sagte ich. ›Meiner Ansicht nach wäre er glücklich gewesen, wenn er es erfahren hätte.‹

Wir legten den Rest der Fahrt schweigend zurück und erreichten schließlich den Punkt, wo die Abkürzung nach Kabulong von der Straße abzweigt. Hier blieben wir stehen, und nach ein paar Minuten kam auch mein Kutschierwagen mit dem Polizeisergeanten und den beiden Malaien angefahren. Wir nahmen die Wagenlampen mit, damit sie uns auf dem Wege leuchteten. Ich ließ den Seis des Doktors bei den Pferden zurück und ließ den Polizisten sagen, sie sollten uns nachkommen. Es war ein leidlich breiter Weg, breit genug für einen kleinen Wagen, denn ehe die große Straße gebaut worden war, hatte er die Verbindung zwischen Kabulong und Alor Lipis hergestellt. Er war fest und gut gangbar. Da und dort gab es sandige Stellen, und in diesen waren deutliche Spuren eines Rades zu erkennen. Es waren diejenigen, die Bronson zurückgelassen hatte.

Wir gingen etwa zwanzig Minuten einer hinter dem andern, und plötzlich stießen die Kulis einen Schrei aus und blieben wie angewurzelt stehen. Der Anblick, obgleich sie ihn erwartet hatten, kam ihnen nun so unvermittelt, daß sie erschreckt waren. Da, in der Mitte des Weges, schwach beleuchtet von den Laternen, die die Kulis trugen, lag Bronson; er war über sein Rad gefallen und lag als formloser Haufen darüber hingeworfen. Ich war zu entsetzt, um sprechen zu können, und ebenso erging es dem Doktor. Aber durch unser Schweigen dröhnte ohrenbetäubend der Lärm des Dschungels; diese verdammten Zikaden und Ochsenfrösche machten ein Getöse, daß es die Toten hätte erwecken können. Selbst unter normalen Umständen hat das Geräusch des Dschungels in der Nacht etwas Unheimliches; weil man annimmt, daß um diese Zeit völlige Stille herrschen müßte, berührt einen dieses unaufhörliche, unsichtbare Tosen, das einem die Nerven zerreißt, so seltsam. Es umschließt, umzingelt einen. Aber in jener Nacht war es grauenhaft, glauben Sie mir. Der arme Kerl lag tot da, und rings umher verfolgte das ruhelose Leben des Dschungels seinen unbeteiligten, wilden Lauf.

Er lag mit dem Gesicht nach unten. Der Sergeant und die Kulis schauten mich an, als erwarteten sie einen Befehl. Ich war damals noch ein junger Mensch und gestehe, daß ich mich ein wenig fürchtete. Obgleich ich das Gesicht nicht sehen konnte, zweifelte ich nicht, daß es Bronson war; aber ich fühlte, daß es an mir gewesen wäre, den Leichnam umzudrehen. Wir alle haben unsere kleinen Eigenheiten; ich selbst hatte immer eine furchtbare Scheu, einen Leichnam anzurühren. Inzwischen habe ich es häufig genug tun müssen, aber es wird mir immer noch übel dabei.

›Es ist bestimmt Bronson‹, sagte ich.

Der Doktor – beim Himmel, es war ein Glück für mich, daß der Doktor da war – bückte sich und drehte den Kopf um. Der Sergeant richtete die Laterne auf das tote Gesicht.

›Mein Gott, der halbe Kopf ist weggeschossen‹, rief ich.

›Ja.‹

Der Doktor richtete sich auf und wischte sich die Hände an den Blättern eines Baumes, der am Wegrand wuchs, ab.

›Ist er ganz tot?‹ fragte ich.

›Ja. Der Tod muß augenblicklich eingetreten sein. Der, der ihn erschossen hat, muß aus ziemlicher Nähe gefeuert haben.‹

›Wie lange kann er tot sein?‹

›Ach, ich weiß nicht, ein paar Stunden.‹

›Er dürfte gegen fünf Uhr hier vorbeigekommen sein, wenn er um sechs im Klub sein wollte.‹

›Es ist nichts zu sehen, was auf einen Kampf schließen ließe‹, sagte der Doktor.

›Nein, es hat wohl auch keinen gegeben. Er wurde erschossen, während er auf seinem Rad dahinfuhr.‹

Ich betrachtete den Leichnam eine Weile. Unwillkürlich mußte ich denken, wie wenige Stunden es her war, daß Bronson noch lärmend und laut und voll von herzhaftem Leben gewesen war.

›Sie haben nicht vergessen, daß er das Lohngeld für die Kulis bei sich hatte?‹ fragte der Doktor.

›Nein, wir müssen ihn durchsuchen.‹

›Sollen wir ihn umdrehen?‹

›Warten Sie einen Augenblick. Lassen Sie uns zuerst den Boden ansehen.‹

Ich nahm die Lampe und schaute so sorgfältig, wie ich konnte, umher. An der Stelle, wo er gefallen war, war der sandige Weg zertreten und verwischt; man sah unsere Fußstapfen und die Fußstapfen der Kulis, die ihn gefunden hatten. Ich ging zwei oder drei Schritte weiter und erblickte nun ganz deutlich die Spuren seines Rades; er war gerade und sicher dahingefahren. Ich verfolgte die Spuren bis zu der Stelle, wo er gefallen war – vielmehr bis zu der Stelle knapp davor –, und hier zu jeder Seite des Rades waren unverkennbar die Abdrücke seiner schweren Stiefel zu sehen. Er hatte also offenbar haltgemacht und seine Füße auf den Boden gesetzt; hierauf war er weitergefahren – die Radspur zeigte eine große Schwankung –, und dann war er gestürzt.

›Jetzt wollen wir ihn durchsuchen‹, sagte ich.

Der Doktor und der Sergeant drehten den Leichnam um, und einer der Kulis zog das Rad fort. Sie legten Bronson auf den Rücken. Ich nahm an, er würde das Geld teils in Noten, teils in Silber bekommen haben. Das Silber hätte sich in einer am Rade befestigten Tasche befinden müssen, aber ein Blick belehrte mich, daß es nicht da war. Die Noten hatte er wahrscheinlich in eine Brieftasche gesteckt. Es hätte ein dikkes Bündel sein müssen. Ich betastete ihn überall, aber es war nichts da; dann drehte ich die Taschen um – sie waren vollkommen leer, mit Ausnahme der rechten Hosentasche, in der sich etwas Kleingeld befand.

›Hat er nicht immer eine Uhr getragen?‹ fragte der Arzt.

›Ja, natürlich.‹

Ich erinnerte mich, daß er die Kette im Knopfloch seines Rockaufschlages zu befestigen pflegte, und die Uhr und einige Siegel und sonstige Dinge trug er in seiner obern Rocktasche. Aber Uhr und Kette waren fort.

›Da bleibt wohl kein Zweifel mehr‹, sagte ich.

Es war klar, daß er von Raubmördern überfallen worden war, die wußten, daß er Geld bei sich hatte. Nachdem sie ihn getötet hatten, hatten sie ihm alles weggenommen. Ich erinnerte mich plötzlich an die Fußspuren, die bewiesen, daß er einen Augenblick stehengeblieben war; ich konnte mir genau vorstellen, wie der Mord sich abgespielt hatte. Einer hatte ihn unter irgendeinem Vorwand angehalten, und in dem Moment, als er sich wieder in Bewegung setzte, war ein zweiter hinten aus dem Dschungel hervorgeschlüpft und hatte ihm zwei Gewehrladungen in den Kopf gefeuert.

›Jetzt‹, sagte ich zu dem Arzt, ›ist es meine Aufgabe, die Halunken zu fangen. Und es wird mir ein besonderes Vergnügen sein, sie baumeln zu sehen.‹

Selbstverständlich gab es eine gerichtliche Untersuchung. Mrs. Bronson wurde vernommen, aber sie hatte nichts zu sagen, was nicht schon bekannt war. Bronson hatte den Bungalow um ungefähr elf Uhr verlassen, er wollte in Kabulong zu Mittag essen und zwischen fünf und sechs Uhr wieder zurück sein. Er bat seine Frau, nicht auf ihn zu warten, er würde bloß das Geld in die Kasse sperren und dann gleich in den Klub kommen. Cartwright bestätigte dies. Er hatte allein mit Mrs. Bronson gegessen und war, nachdem er noch eine Zigarre geraucht hatte, auf die Taubenjagd gegangen. Er war um ungefähr fünf Uhr wieder nach Hause gekommen, etwas früher vielleicht, hatte gebadet und sich seinen Tennisanzug angezogen. Er hatte nicht weit von der Stelle, wo Bronson getötet worden war, gejagt, aber keinen Schuß gehört; das bedeutete natürlich nichts; bei den vielen Zikaden, Fröschen und den andern Geräuschen des Dschungels hätte er schon sehr nahe sein müssen, um etwas zu hören; und überdies war Cartwright, wahrscheinlich noch ehe Bronson ermordet worden war, wieder zu Hause gewesen. Wir verfolgten Bronsons Bewegungen. Er hatte im Klub gegessen, das Geld von der Bank geholt, knapp ehe sie geschlossen wurde, war dann in den Klub zurückgegangen, um noch etwas zu trinken, und dann auf seinem Rad davongefahren. Er hatte den Fluß mit der Fähre überquert – der Fährmann erinnerte sich deutlich, ihn gesehen zu haben, und wußte genau, daß niemand anderer mit einem Rad hinübergefahren war. Das sah so aus, als ob ihm die Mörder nicht gefolgt wären, sondern ihm aufgelauert hätten. Er fuhr ein paar Meilen auf der Landstraße und nahm dann die Abzweigung, die zu seinem Bungalow führte.

Es schien, als wäre er von Männern getötet worden, die seine Gewohnheiten kannten, und selbstverständlich fiel der Verdacht sofort auf die Kulis seiner Pflanzung. Wir durchsuchten sie alle – sehr sorgfältig –, aber es ergab sich bei keinem auch nur das geringste belastende Moment. Die meisten waren imstande, für ihre Handlungen in durchaus befriedigender Weise Rechenschaft abzulegen, und die, die es nicht konnten, schienen mir aus diesem oder jenem Grunde nicht in Betracht zu kommen. Es gab ein paar Taugenichtse unter den Chinesen in Alor Lipis, und ich ließ sie beobachten. Aber ich hatte meine Zweifel, daß die Tat von Chinesen begangen worden war. Chinesen, dachte ich, hätten sich eines Revolvers und nicht eines Gewehres bedient. Jedenfalls konnte ich bei ihnen nichts herauskriegen. Wir schrieben also eine Belohnung von tausend Dollar aus für jeden, der uns eine Mitteilung machen konnte, die zur Entdeckung der Mörder beitrug. Ich war überzeugt, daß es viele Leute geben mußte, denen es ein Bedürfnis war, der Öffentlichkeit einen Dienst zu erweisen und gleichzeitig eine hübsche Summe Geld zu verdienen. Aber anderseits wußte ich, daß ein Angeber nicht gerne ein Risiko auf sich nahm; er würde, was er wußte, erst dann sagen, wenn er es ohne Gefahr tun konnte, und so wappnete ich mich mit Geduld. Die Belohnung hatte das Interesse meiner Polizisten geschärft, und ich wußte, daß sie nichts unversucht lassen würden, die Verbrecher aufzuspüren. In einem derartigen Fall konnten sie mehr tun als ich.

Aber es war sonderbar – nichts ereignete sich. Die Belohnung schien niemanden zu locken. Ich warf meine Netze ein wenig weiter. Es gab zwei, drei Sträflingslager an der Straße, und ich fragte mich, ob die Mörder vielleicht dort zu finden waren. Ich ließ mir die Aufseher kommen, fand aber auch bei ihnen keine Hilfe. Ich sprach mit den Sträflingen selbst, doch es ergab sich nicht der geringste Anhaltspunkt, daß sie etwas mit dem Mord zu tun hatten.

›Schön‹, sagte ich zu mir selbst, als ich nach Alor Lipis zurückfuhr. ›Es eilt ja nicht. Der Strick wird vom Warten nicht schlechter.‹

Die Schurken hatten sich eine beträchtliche Summe angeeignet, aber was hat man vom Geld, wenn man es nicht ausgibt? Ich kannte das Temperament der Eingeborenen gut genug, um zu wissen, daß ein derartiger Besitz eine ständige Versuchung bedeuten mußte. Die Malaien sind ein verschwenderisches Volk und ein Volk von Spielern, und auch die Chinesen sind Spieler; früher oder später würde einer anfangen, mit Geld herumzuwerfen, und dann würde ich erfahren wollen, woher er es hatte. Mit ein paar wohlgezielten Fragen könnte ich dem Burschen die Hölle heiß machen, und dann sollte es mir, wenn ich mein Handwerk nur halbwegs verstand, nicht schwerfallen, ihm ein volles Geständnis abzuzwingen.

Es blieb nun nichts anderes übrig als stillzusitzen und zu warten, bis das erste Aufsehen verflogen war und die Mörder glaubten, die Sache wäre vergessen. Der Kitzel, jene übelerworbenen Dollars auszugeben, würde wachsen und wachsen, bis er unwiderstehlich wurde. Ich nahm mir vor, meinen Geschäften nachzugehen, aber unvermindert wachsam zu bleiben, und eines Tages, früher oder später, würde meine Stunde kommen.

Cartwright fuhr mit Mrs. Bronson nach Singapur. Die Gesellschaft, für die Bronson gearbeitet hatte, fragte bei ihm an, ob er Bronsons Stelle übernehmen wolle, aber er erklärte sehr verständlicherweise, daß er sich dazu nicht entschließen könne, sie schickten also jemand anderen hin und boten Cartwright den Posten, den Bronsons Nachfolger freigelassen hatte, an. Es handelte sich um die Leitung der Plantage, auf der Cartwright jetzt noch lebt. Er übernahm die Arbeit sofort. Vier Monate später wurde Olive in Singapur geboren, und ein paar Monate später, etwas über ein Jahr nach Bronsons Tode, heiratete Cartwright Mrs. Bronson. Ich war überrascht; aber bei näherer Überlegung mußte ich zugeben, daß es nur natürlich war. Nach dem Unglück hatte sich Mrs. Bronson sehr auf Cartwright gestützt, und er hatte alles für sie geordnet; sie mußte sich einsam gefühlt haben, ziemlich verloren und war ihm dankbar für seine Güte; er benahm sich großartig. Und er, seinerseits, hatte bestimmt Mitleid mit ihr; es war eine schreckliche Lage für eine Frau, sie wußte nicht, wo sie sich hinwenden sollte, und das, was sie miteinander durchgemacht hatten, bildete ein Band zwischen ihnen. Es war durchaus begreiflich, daß sie einander heirateten und wahrscheinlich das Beste, was sie tun konnten.

Es sah aus, als ob Bronsons Mörder niemals gefangen werden würden, denn mein Plan funktionierte nicht; es gab niemanden im Distrikt, der mehr Geld ausgab, als er verantworten konnte, und wenn jemand diesen Schatz bei sich vergraben hatte, so zeigte er eine Selbstbeherrschung, die übermenschlich war. Ein Jahr war vergangen und die Sache völlig in Vergessenheit geraten. Konnte jemand dermaßen vorsichtig sein, daß er sich nach so langer Zeit nicht einmal ein kleines bißchen Geld durch die Finger sickern ließ? Es war unglaublich. Ich fing an zu erwägen, ob Bronson nicht von ein paar wandernden Chinesen umgebracht worden war, die Zeit gehabt hatten, zu flüchten, nach Singapur vielleicht, wo man nur geringe Chancen hatte, sie zu fangen. Endlich gab ich es auf. Wenn man es näher bedenkt, sind es gerade Verbrechen dieser Art, Raubverbrechen, bei denen die geringste Wahrscheinlichkeit besteht, den Schuldigen zu entdecken; denn es gibt nichts, was den Verdacht auf ihn lenkt; und wenn man ihn erwischt, so hat er es zumeist bloß seiner Unvorsichtigkeit zu verdanken.

Anders ist es bei Leidenschafts- oder Racheverbrechen. In solchen Fällen kann man in Erfahrung bringen, wer ein Motiv hatte, das Opfer aus dem Wege zu schaffen.

Es hat keinen Zweck, sich über einen Mißerfolg graue Haare wachsen zu lassen, und ich rief meinen gesunden Menschenverstand zu Hilfe, um mir die Sache aus dem Kopf zu schlagen. Niemand hat es gerne, sich für geschlagen zu erklären, aber ich war geschlagen und mußte gute Miene zum bösen Spiel machen. Und dann wurde ein Chinese dabei ertappt, daß er versuchte, Bronsons Uhr zu versetzen.

Ich habe Ihnen erzählt, daß Bronsons Uhr und Kette gestohlen worden waren, und Mrs. Bronson konnte sie uns natürlich genau beschreiben. Es war eine Uhr mit Springdeckel von Benson, eine Goldkette, drei oder vier Siegel und eine kleine Geldbörse. Der Pfandleiher war ein schlauer Bursche, und als der Chinese die Uhr brachte, erkannte er sie sofort. Unter einem Vorwand ließ er den Burschen warten und schickte um einen Polizisten. Der Mann wurde verhaftet und unverzüglich zu mir gebracht. Ich begrüßte ihn wie einen langverlorenen Bruder. Nie habe ich mich mehr gefreut, einen Menschen zu sehen. Ich kenne keine moralisierenden Gefühle Verbrechern gegenüber; sie tun mir leid, weil sie ein Spiel spielen, bei dem ihre Gegner alle Trümpfe und Könige in der Hand haben; aber wenn ich einen erwische, empfinde ich die gleiche Befriedigung, wie wenn mir beim Bridge eine wohlausgedachte List gelingt. Endlich würde das Geheimnis gelüftet werden; denn wenn der Chinese nicht selber der Täter war, konnten wir ziemlich sicher sein, durch ihn die Täter aufzuspüren. Ich strahlte ihn an.

Ich forderte ihn auf, Rechenschaft abzulegen, wie er in den Besitz der Uhr gelangt war. Er sagte, er hätte sie von einem Mann gekauft, den er nicht kannte. Das war sehr fadenscheinig. Ich setzte ihm kurz die Umstände auseinander und teilte ihm mit, daß er des Mordes angeklagt werden würde. Ich hatte die Absicht, ihn zu erschrecken, und das gelang mir. Er sagte, daß er die Uhr gefunden hätte.

›Gefunden? Sieh mal an. Wo denn?‹

Seine Antwort machte mich stutzig; er sagte, er hätte sie im Dschungel gefunden; ich lachte ihn aus; ich fragte, ob er es für wahrscheinlich hielte, daß man im Dschungel Uhren herumliegen ließ; nun sagte er, er wäre den Weg gegangen, der von Kabulong nach Alor Lipis führte, wäre ein Stück in den Dschungel eingedrungen und hätte mit einem Male etwas Glänzendes erblickt, nämlich die Uhr. Das war merkwürdig. Warum sollte er gerade diese Stelle als Fundort angeben? Es war entweder wahr oder ungewöhnlich schlau. Ich fragte ihn, wo die Kette und die Anhängsel geblieben wären, und er zog sie sofort hervor. Ich hatte ihm Angst eingejagt, und er war blaß und schlotterte; er war ein x-beiniger kleiner Kerl, und ich hätte ein Esel sein müssen, wenn ich nicht erkannt hätte, daß er nicht der Mörder war. Aber sein Schreck ließ vermuten, daß er etwas wußte.

Ich fragte ihn, wann er die Uhr gefunden hätte.

›Gestern‹, sagte er.

Ich fragte ihn, was er auf dem Weg von Kabulong nach Alor Lipis zu suchen gehabt hätte. Er sagte, er hätte in Singapur gearbeitet, wäre nach Kabulong gekommen, weil sein Vater krank war, und hätte sich dann in Alor Lipis nach Arbeit umsehen wollen. Ein Freund seines Vaters, ein Zimmermann von Beruf, hätte ihm Beschäftigung gegeben. Er nannte mir den Namen des Mannes, bei dem er in Singapur gearbeitet hatte und auch den seines Arbeitgebers in Alor Lipis. Alles, was er sagte, schien plausibel und war so leicht zu überprüfen, daß es schwerlich falsch sein konnte. Selbstverständlich fiel mir ein, daß die Uhr, wenn das, was er sagte, stimmte, über ein Jahr im Dschungel gelegen hatte. Sie konnte also kaum in gutem Zustand sein; ich versuchte, sie zu öffnen, aber es gelang mir nicht. Der Pfandleiher war mit zur Polizei gekommen und wartete im Zimmer nebenan. Zum Glück verstand er sich ein bißchen auf Uhrmacherei. Ich ließ ihn kommen und bat ihn, sich die Uhr anzusehen; als er sie öffnete, wurde ein kleines Knirschen hörbar, das Werk war dick verrostet.

›Diese Uhr ganz schlecht‹, sagte er kopfschüttelnd. ›Sie nie mehr gehen.‹

Ich fragte ihn, worauf das zurückzuführen wäre, und ohne daß ich noch ein Wort hinzugefügt hätte, erklärte er mir, sie müßte lange Zeit der Feuchtigkeit ausgesetzt gewesen sein. Der moralischen Wirkung wegen ließ ich den Gefangenen in eine Zelle sperren und schickte nach seinem Arbeitgeber. Ich sandte ein Telegramm nach Kabulong und eines nach Singapur. Während ich wartete, tat ich mein Bestes, um mir die Sache zu deuten. Die Geschichte, die der Mann erzählte, schien mir wahr zu sein; sein Schuldbewußtsein und seine Angst waren vielleicht nur darauf zurückzuführen, daß er etwas Gefundenes hatte verkaufen wollen. Die unschuldigsten Menschen verlieren ihre Ruhe, wenn sie der Polizei in die Hände fallen; ich weiß nicht, was ein Polizeibeamter an sich hat: niemand fühlt sich wohl in seiner Gesellschaft. Aber wenn der Chinese die Uhr wirklich dort gefunden hatte, wo er sagte, dann mußte jemand sie hingeworfen haben. Das war nun komisch. Selbst wenn die Mörder die Uhr für ein gefährliches Besitzstück gehalten hatten – sie hätten das goldene Gehäuse ohne weiteres einschmelzen können. Für einen Eingeborenen war so etwas das Einfachste von der Welt. Und die Kette war so gewöhnlich, daß man sie kaum erkannt hätte. In jedem Juwelierladen des Landes waren solche Ketten zu haben. Es konnte natürlich sein, daß die Mörder die Uhr in der Eile im Dschungel fallengelassen hatten und sich dann fürchteten, noch einmal umzukehren und sie zu suchen. Ich hielt dies für unwahrscheinlich. Die Malaien besitzen eine große Geschicklichkeit, Gegenstände in ihren Sarongs zu verbergen, und die Chinesen haben Taschen in ihren Röcken. Überdies hatten sie ja, sobald sie einmal in den Dschungel eingedrungen waren, keine Eile mehr; sie hatten sich wahrscheinlich Zeit gelassen und die Beute auf der Stelle untereinander verteilt.

Nach ein paar Minuten erschien der Mann, den ich hatte holen lassen, auf der Polizeistation und bestätigte die Aussage des Gefangenen; und eine Stunde später bekam ich die Antwort aus Kabulong. Die Polizei hatte seinen Vater verhört und erfahren, daß sein Sohn nach Alor Lipis gegangen war, um eine Stelle bei einem Zimmermann anzutreten. Soweit schien also alles wahr zu sein. Ich ließ den Burschen vorführen und eröffnete ihm, daß ich ihn nun an die Stelle führen würde, wo er die Uhr gefunden hatte. Er müßte uns den Platz genau zeigen. Ich legte ihm Handschellen an, obzwar es kaum nötig gewesen wäre, denn der arme Teufel schlotterte vor Angst, und nahm noch ein paar Mann Bedeckung mit. Wir fuhren bis zu dem Punkt, wo der Weg in die Straße einmündet, und gingen dann zu Fuß weiter; ungefähr fünf Meter von der Stelle, wo Bronson getötet worden war, blieb der Chinese stehen.

›Hier‹, sagte er.

Er zeigte in den Dschungel, und wir folgten ihm. Wir drangen ungefähr acht Meter tief ein, und dann deutete er auf eine Spalte zwischen zwei Steinblöcken und sagte, da hätte er die Uhr gefunden. Er konnte sie dort nur durch den reinsten Zufall bemerkt haben, und wenn sie tatsächlich an dieser Stelle gelegen hatte, sah es entschieden danach aus, als ob jemand sie hingelegt hatte, um sie zu verstecken.«

Gaze hielt inne und blickte mich nachdenklich an.

»Was hätten Sie nun gedacht?« fragte er.

»Ich weiß nicht«, antwortete ich.

»Nun, ich will Ihnen sagen, was ich dachte. Ich dachte, wenn die Uhr dort gelegen hat, könnte auch das Geld dort liegen. Es schien mir der Mühe wert, zu suchen. Natürlich ist es nicht einfach, im Dschungel etwas zu suchen; in einem Heubündel nach einer Nadel zu suchen, ist daneben ein Kinderspiel. Mich sollte das nicht abschrecken. Ich nahm dem Chinesen die Handschellen ab, denn ich brauchte alle Hilfe, die ich mir verschaffen konnte; ich ließ meine Polizisten antreten, und ich machte mich selbst auf die Suche. Wir bildeten eine Reihe, wir waren unser fünf, und fingen von der Straße her zu suchen an; auf einer Breite von je vierzig Metern zu beiden Seiten der Stelle, wo Bronson ermordet worden war, und in einer Tiefe von achtzig Metern untersuchten wir den Boden Schritt für Schritt. Wir wühlten in welkem Laub und spähten in Büsche, wir schauten unter Steinblöcke und in hohle Bäume. Ich wußte, daß es ein törichtes Beginnen war, denn unsere Chancen standen tausend zu eins. Aber eine Überlegung gab mir Hoffnung; es war anzunehmen, daß jemand, der einen Mord begangen hatte, sich gehetzt fühlte und das, was er zu verstecken hatte, schnell verstecken wollte. Er wählte also das erstbeste Versteck, das sich ihm bot, und das hatte der vermutliche Mörder ja auch getan, als er die Uhr verborgen hatte.

Wir arbeiteten weiter. Ich fing an, müde und ärgerlich zu werden. Wir schwitzten wie die Schweine. Ich hatte einen rasenden Durst und nicht das geringste zu trinken. Endlich gelangte ich zu dem Schluß, daß wir es aufgeben müßten, zumindest für diesen Tag, als plötzlich der Chinese – er mußte scharfe Augen haben, der junge Mann – einen gutturalen Ruf ausstieß. Er bückte sich, und unter einer verknorrten Baumwurzel zog er ein schmutziges, faulendes, stinkendes Ding hervor. Es war eine Brieftasche, die ein Jahr lang draußen im Regen gelegen hatte, von Ameisen, Käfern und Gott weiß was benagt, durchweicht und verschimmelt, aber dennoch eine Brieftasche, und zwar die, die Bronson gehört hatte, und in ihr steckten die formlosen, zerfressenen, modernden Überbleibsel der Scheine, die er von der Bank in Kabulong geholt hatte. Nun fehlte noch das Silber, und ich war überzeugt, daß es irgendwo in der Nähe liegen mußte, aber ich wollte mich damit nicht länger aufhalten. Ich hatte etwas sehr Wichtiges entdeckt: derjenige, der Bronson ermordet hatte, hatte es nicht um des Geldes willen getan.

Können Sie sich erinnern, daß ich Ihnen erzählt habe, ich hätte zu beiden Seiten der Radspur die Abdrücke von Bronsons Stiefeln gefunden, dort, wo er stehengeblieben war und vermutlich mit jemandem gesprochen hatte? Er war ein schwerer Mann, und die Abdrücke waren deutlich abgezeichnet. Er hatte seine Füße nicht einfach auf den weichen Sand gesetzt und sie sofort wieder aufgehoben, sondern muß mindestens ein, zwei Minuten fest gestanden haben. Ich deutete es mir anfangs so, daß er stehengeblieben war, um mit einem Malaien oder einem Chinesen zu plaudern, aber je länger ich darüber nachdachte, desto unwahrscheinlicher schien es mir. Warum hätte er das tun sollen? Bronson war es darum zu tun, nach Hause zu kommen, und obgleich er ein jovialer Mensch war, stand er doch nicht auf du und du mit den Eingeborenen. Seine Beziehung zu ihnen war die zwischen Herr und Diener. Diese

Fußspuren also hatten mich immer beschäftigt. Und mit einem Male blitzte die Wahrheit in mir auf. Derjenige, der Bronson ermordet hatte, hatte es nicht getan, um ihn zu berauben; und wenn er stehengeblieben war, um mit jemandem zu sprechen, konnte der Betreffende nur ein Freund gewesen sein. Ich wußte endlich, wer der Mörder war.«

Ich habe den Detektivroman immer als eine höchst unterhaltsame und scharfsinnige Gattung der Erzählungskunst angesehen und bedauert, nicht die Geschicklichkeit zu besitzen, einen zu schreiben, aber ich habe viele gelesen und muß mir schmeicheln, daß es mir fast ausnahmslos gelang, das Rätsel zu lösen, noch ehe es mir enthüllt wurde; und nun hatte ich schon eine ganze Weile vorausgesehen, was Gaze sagen würde, aber als er es dann wirklich aussprach, lief mir – ich muß es gestehen – doch ein kalter Schauder über den Rücken.

»Der Mann, dem er begegnet war, war Cartwright. Cartwright war auf der Taubenjagd gewesen. Bronson blieb stehen und fragte ihn, ob er Glück gehabt hatte, und als er weiterfuhr, legte Cartwright das Gewehr an und schoß ihm beide Ladungen in den Kopf. Cartwright nahm das Geld und die Uhr, damit es so aussehen sollte, als hätten Raubmörder die Tat begangen, verbarg die Sachen schnell im Dschungel, ging am Rand des Busches dahin, bis er auf die Straße kam, kehrte in den Bungalow zurück, zog sich um und fuhr mit Mrs. Bronson in den Klub.

Ich erinnerte mich, wie schlecht er Tennis gespielt hatte und wie er zusammengebrochen war, als ich aus Schonung für Mrs. Bronson gesagt hatte, Bronson wäre bloß verwundet und nicht tot. Wenn er bloß verwundet war, dann konnte er vielleicht sprechen. Bei Gott, es muß ein böser Moment gewesen sein. Das Kind war von Cartwright. Sehen Sie sich Olive doch an: Sie haben ja selbst die Ähnlichkeit bemerkt. Der Doktor hatte erzählt, Mrs. Bronson wäre bestürzt gewesen, als er sie über ihren Zustand aufklärte; sie hätte sich von ihm versprechen lassen, Bronson nichts zu sagen. Warum? Weil Bronson wußte, daß er nicht der Vater des Kindes sein konnte.«

»Glauben Sie, daß Mrs. Bronson wußte, was Cartwright getan hatte?« fragte ich.

»Ich bin überzeugt davon. Wenn ich mir ihr Verhalten an jenem Abend im Klub ins Gedächtnis zurückrufe, kann ich nicht daran zweifeln. Sie war erschüttert, nicht weil Bronson tot war, sondern weil ich gesagt hatte, er wäre bloß verwundet; als ich später zugab, daß er tot war, brach sie in Tränen aus; aber es waren Tränen der Befreiung. Ich kenne diese Frau. Man muß sich doch nur dieses viereckige Kinn ansehen, um zu wissen, daß sie einen Teufelsmut im Leibe hat. Ihr Wille ist eisern. Sie war es, die Cartwright zu der Tat angestiftet hatte. Sie hatte sich jede Einzelheit, jeden kleinsten Zug ausgedacht. Er stand vollkommen unter ihrem Einfluß; und so ist es auch heute noch.«

»Und niemand ahnte, daß die beiden etwas miteinander hatten?«

»Niemand?«

»Wenn sie einander liebten, warum liefen sie, als sich herausstellte, daß die Frau ein Kind bekommen sollte, nicht einfach miteinander davon?«

»Das konnten sie nicht. Es war Bronson, der das Geld hatte; sie besaß keinen Pfennig, und Cartwright ebensowenig. Er hatte keine Stellung. Halten Sie es für möglich, daß er eine bekommen hätte, mit einer derartigen Affäre um den Hals? Bronson hatte ihn aufgenommen, als er in Not gewesen war, und er hatte ihm seine Frau gestohlen. Die beiden hätten nicht die geringste Lebensmöglichkeit gehabt. Sie durften die Wahrheit nicht aufkommen lassen. Das einzige, was ihnen übrigblieb, war, Bronson aus dem Weg zu schaffen, und das haben sie getan.«

»Sie hätten sich ihm anvertrauen können.«

»Ja, aber sie haben sich wahrscheinlich geschämt. Er war so gut zu ihnen gewesen, er war ein so anständiger Kerl. Ich glaube, sie hatten nicht das Herz, ihm die Wahrheit zu sagen. Sie zogen es vor, ihn umzubringen.«

Es trat ein Moment der Stille ein, während ich über das, was Gaze gesagt hatte, nachdachte.

»Nun, und Sie? Was haben Sie unternommen?«

»Nichts. Was hätte ich tun sollen? Was für Beweise hatte ich? Die Uhr und die Banknoten? Sie konnten ebensogut von jemandem versteckt worden sein, der später Angst hatte, sie zu holen. Der Mörder konnte sich mit dem Silber begnügt haben. Die Fußspuren? Bronson konnte stehengeblieben sein, um sich eine Zigarette anzuzünden; oder es konnte sein, daß ein Baumstamm über den Weg gefallen war und er warten mußte, bis die Kulis ihn weggeschafft hatten. Wer sollte beweisen, daß das Kind, das eine Frau von tadellosem Ruf vier Monate nach dem Tode ihres Gatten zur Welt brachte, nicht sein Kind war? Kein Geschworener hätte Cartwright verurteilt. Ich hielt den Mund, und der Mordfall Bronson wurde vergessen.«

»Aber die Cartwrights dürften ihn kaum vergessen haben«, warf ich ein.

»Wer weiß? Das menschliche Gedächtnis ist erstaunlich kurz; die Erfahrung hat mich gelehrt, daß die Reue den Menschen für gewöhnlich nicht sehr schwer belastet, wenn er vollkommen sicher ist, daß die Tat, die er begangen hat, nie ans Licht kommt.«

Ich dachte nochmals an das Paar, das ich am Nachmittag kennengelernt hatte, an den dünnen, ältlichen, kahlen Mann mit seiner goldgeränderten Brille und an die weißhaarige, unordentliche Frau mit ihrer ungenierten Art zu reden und ihrem gutmütig ironischen Lächeln. Es war beinahe unvorstellbar, daß diese beiden einst von einer so stürmischen Leidenschaft durchtobt worden waren – denn das allein machte ihr Verhalten begreiflich –, daß sie schließlich in ihrer Verblendung keinen andern Ausweg sahen als einen grausamen, kaltblütigen Mord.

»Ist es Ihnen nicht ein bißchen unbehaglich in ihrer Gesellschaft?« fragte ich Gaze. »Denn, ohne mich zu ihrem Richter aufzuspielen, muß ich doch sagen, daß sie unmöglich – nun – sehr nette Leute sein können.«

»Sehen Sie, das stimmt nicht; sie sind sehr nette Leute; die nettesten vielleicht, die wir hier haben. Mrs. Cartwright ist eine durch und durch gutmütige Person und eine sehr amüsante Frau. Es ist meine Aufgabe, Verbrechen zu verhindern und, wenn ein Verbrechen begangen worden ist, den Schuldigen ausfindig zu machen. Aber ich habe in meinem Leben zu viele Verbrecher kennengelernt, um zu glauben, daß sie im allgemeinen schlechter sind als andere Menschen. Ein durchaus anständiger Mensch kann durch bestimmte Umstände dazu getrieben werden, ein Verbrechen zu begehen, und wenn man ihn ertappt, wird er bestraft. Aber er kann deshalb ein durchaus anständiger Mensch bleiben. Die Gesellschaft bestraft ihn natürlich, wenn er ihre Gesetze verletzt – und so muß es auch sein –, aber es sind nicht immer die Handlungen einer Person, die

Aufschluß über ihr Wesen geben. Wenn Sie so lange Polizeibeamter gewesen wären wie ich, würden Sie wissen, daß es nicht so sehr darauf ankommt, was ein Mensch tut, als darauf, was er ist. Zum Glück hat sich die Polizei bloß mit den Taten der Angeklagten und nicht mit ihren Gedanken zu beschäftigen. Ihr Amt wäre sonst schwieriger.«

Gaze streifte die Asche von seiner Zigarre und blickte mich mit seinem schiefen, sardonischen, aber sympathischen Lächeln an.

»Es gibt eine Aufgabe, die ich nicht haben wollte«, sagte er.

»Nämlich?« fragte ich.

»Die, die den lieben Gott am Tage des Jüngsten Gerichtes erwartet«, antwortete Gaze. »No, Sir.«

Die Tür des Schicksals

Sie fanden ein Coupé erster Klasse für sich allein. Das war angenehm, denn sie hatten eine Menge Handgepäck, Albans Coupékoffer und eine Reisetasche und Annes Reisenecessaire und eine Hutschachtel. Zwei weitere Koffer, die das Nötigste für die nächste Zukunft enthielten, waren im Gepäckwagen untergebracht, aber das ganze übrige Gepäck hatte Alban einem Spediteur übergeben, der es nach London bringen und so lange einlagern sollte, bis sie sich entschlossen hatten, was sie tun wollten. Sie besaßen eine Menge Bilder und Bücher, Kuriositäten, die Alban im Orient gesammelt hatte, seine Gewehre und Sättel. Sie hatten Sondurah für immer verlassen. Alban gab, wie es seine Gewohnheit war, dem Träger ein reichliches Trinkgeld und ging dann zum Bücherstand, um Zeitungen zu holen. Er kaufte den *New Statesman* und die *Nation*, den *Tatler* und den *Sketch* und die letzte Nummer des *London Mercury*. Dann kehrte er ins Coupé zurück und warf alles auf einen Sitz.

»Wir fahren doch bloß eine Stunde«, sagte Anne.

»Ich weiß, aber ich hatte solche Lust, sie zu kaufen. Ich bin so ausgehungert. Ist es nicht wunderbar, daß wir morgen die morgige *Times* und den *Express* und die *Mail* bekommen werden?«

Sie gab keine Antwort, und er drehte sich um, denn er sah zwei Personen durch den Gang kommen, ein Ehepaar, das von Singapur an mit ihnen gereist war.

»Gut durch den Zoll gekommen?« rief er ihnen munter entgegen.

Der Mann schien nicht zu hören, denn er schritt unentwegt weiter, aber die Frau antwortete.

»Ja, sie haben unsere Zigaretten nicht gefunden.«

Sie erblickte Anne, lächelte ihr freundlich zu und ging vorüber. Anne errötete.

»Ich fürchtete schon, sie würden hier hereinkommen«, sagte Alban. »Laß uns doch lieber allein bleiben, wenn es geht.«

Sie blickte ihn mit einem merkwürdigen Ausdruck an.

Er zündete sich eine Zigarette an und blieb in der Coupétür stehen. Auf seinem Gesicht lag ein glückliches Lächeln. Als sie das Rote Meer passiert hatten und im Kanal einen scharfen Wind antrafen, war Anne überrascht gewesen über die Veränderung, die mit den Leuten vorging, als sie wärmere Kleider anzogen. Männer, die in weißen Hosen durchaus präsentabel ausgesehen hatten, hatten nun schäbige Flanellhosen und abgetragene alte Golfröcke an, allzu sichtlich von der Stange gekauft, oder blaue Stoffanzüge, die den Provinzschneider verrieten. Die meisten Passagiere waren in Marseille an Land gegangen, aber ein Dutzend ungefähr waren – entweder weil sie dachten, daß ihnen die Fahrt durch die Bay nach dem langen Aufenthalt im Orient guttun würde, oder aus Sparsamkeit, wie sie selbst – nach Tilbury mitgefahren, und einige gingen nun auf dem Perron auf und ab. Sie trugen Tropenhelme oder doppelrandige Filzhüte und schwere Winterröcke oder aber aus der Form geratene weiche oder steife Hüte, nicht sehr gut gebürstet, die zu klein für ihre Köpfe schienen. Es war ein deprimierender Anblick. Sie sahen vorstadtmäßig und eine Spur zweitrangig aus. Aber Alban wirkte bereits wie ein Londoner. Auf seinem eleganten Winterrock war nicht ein Stäubchen zu sehen, und sein schwarzer Hut schien funkelnagelneu. Man hätte nie erraten, daß er drei Jahre von England fortgewesen war. Sein Kragen paßte genau um seinen Hals, und seine Foulardkrawatte war hübsch gebunden. Anne mußte, während sie ihn betrachtete, unwillkürlich denken, wie gut er aussah. Er war nicht ganz sechs Fuß hoch und schlank, er verstand, seine Anzüge zu tragen, und seine Anzüge waren gut geschnitten. Er hatte helles, noch dichtes Haar, blaue Augen und die schwach gelbliche Haut, die Menschen seines Typs eigen ist, wenn sie die rosige Frische der frühen Jugendjahre verloren haben. In seinen Wangen war keine Farbe. Es war ein feiner Kopf, gut aufgesetzt auf einem ziemlich langen Hals mit etwas vorstehendem Adamsapfel, aber sein Gesicht fiel mehr durch seine Vornehmheit als durch Schönheit auf. Mit seinen regelmäßigen Zügen, seiner geraden Nase und seiner breiten Stirn war er sehr gut zu photographieren, und nach den Bildern, die er gab, hätte man ihn für besonders schön halten können. Das war er nicht, vielleicht weil seine Augenbrauen und seine Wimpern blaß und seine Lippen dünn waren, aber er sah sehr intellektuell aus. Aus seinen Zügen sprach eine Feinsinnigkeit, eine Geistigkeit, die seltsam rührend wirkte. So stellte man sich einen Dichter vor; und als Anne sich mit ihm verlobt hatte, erzählte sie ihren Freundinnen, wenn sie nach ihm fragten, er sehe aus wie Shelley. Er wandte sich ihr nun mit einem leisen Lächeln in seinen blauen Augen zu. Sein Lächeln war sehr anziehend.

»Was für ein wunderbarer Tag für unsere Ankunft in England!«

Es war Oktober. Sie waren unter einem grauen Himmel und auf einem grauen Meer durch den Kanal gedampft. Es regte sich kein Windhauch. Die Fischerboote schienen auf dem friedlichen Wasser zu ruhen, als hätten die Elemente ihre alte Feindschaft für immer begraben. Die Küste war unglaublich grün, aber von einem hellen, traulichen Grün, ganz ungleich dem üppigen, ungestümen Grün des tropischen Urwalds. Die roten Städte, an denen sie vorbeifuhren, waren behaglich und heimatlich. Sie schienen die Verbannten mit lächelnder Freundlichkeit willkommen zu heißen. Und als sie in das Mündungsgebiet der Themse einfuhren, sahen sie die fruchtbaren Ebenen von Essex und bald darauf Chalk Church auf dem Kenter Ufer, einsam inmitten sturmgeprüfter Bäume, und dahinter die Wälder von Cobham. Die Sonne, rot in einem schwachen Nebel, ging auf den Mooren unter, und die Nacht brach herein. Die Bogenlampen auf dem Bahnhof warfen ein Licht, das kalte, harte Flecke in die Dunkelheit streute. Es tat gut, die Träger in ihren saloppen Uniformen herumpoltern und den dicken wichtigen Stationsvorstand mit seiner steifen Mütze seines Amtes walten zu sehen. Der Stationsvorstand pfiff und hob den Arm. Alban stieg ein und ließ sich in der Ecke, Anne gegenüber, nieder. Der Zug setzte sich in Bewegung.

»Wir kommen um sechs Uhr zehn in London an«, sagte Alban. »Um sieben können wir in Jermyn Street sein. Da bleibt uns eine Stunde zum Baden und Umziehen, und um halb neun dinieren wir im Savoy. Eine Flasche Sekt heute abend, Kleines, und ein Festdinner!« Er lachte in sich hinein. »Die Strouds und die Maundys haben sich verabredet, im Trocadero Grillroom zu essen.«

Er nahm die Zeitungen und fragte sie, ob sie auch welche haben wolle. Anne schüttelte den Kopf.

»Müde?« lächelte er.

»Nein.«

»Aufgeregt?«

Um nicht antworten zu müssen, lachte sie leicht auf. Er fing an, sich in die Zeitungen zu vertiefen, mit den Buchanzeigen beginnend, und Anne merkte, wie sehr es ihn beglückte, sich wieder näher an den Quellen der Dinge zu fühlen. Sie hatten die gleichen Zeitschriften auch in Sondurah bekommen, aber sechs Wochen verspätet, und obgleich sie sie auf dem laufenden hielten über das, was in ihrer Welt vorging, brachten sie ihnen ihre Verbannung doch nur noch deutlicher zum Bewußtsein. Aber diese Blätter kamen frisch aus der Presse. Sie rochen anders. Sie hatten eine Knusprigkeit, die beinahe wollüstig war. Er hätte sie am liebsten alle auf einmal gelesen. Anne schaute zum Fenster hinaus. Die Landschaft war dunkel, und sie konnte kaum etwas sehen außer den Lichtern ihres Abteils, die sich in den Fensterscheiben spiegelten; aber sehr bald tauchte die Stadt auf, und kleine armselige Häuser wurden sichtbar, Meilen um Meilen dieser Häuser, mit einem erleuchteten Fenster da und dort, und die Rauchfänge bildeten ein düsteres Muster gegen den Himmel. Sie fuhren durch Barking und East Ham und Bromley – es war dumm, wie ihr das Herz zitterte, als sie im Durchfahren die Namen auf den Stationsschildern las – und dann durch Stepney. Alban legte seine Zeitungen hin.

»In fünf Minuten sind wir da.«

Er setzte seinen Hut auf und holte die Sachen, die der Träger in die Gepäcknetze gelegt hatte, herunter. Er blickte Anne mit leuchtenden Augen an, und um seine Lippen zuckte es. Sie sah, daß es ihm nur mit Mühe gelang, seiner Bewegung Herr zu werden. Auch er schaute nun zum Fenster hinaus, und sie fuhren über hellerleuchtete Verkehrsstraßen, voll von Elektrischen, Autobussen und Lastwagen, und überall drängten sich die Menschen. Welche Menge! Die Läden waren alle erleuchtet. Sie sahen die Straßenhändler mit ihren Karren an den Wegrändern.

»London«, sagte er.

Er nahm ihre Hand und drückte sie sanft. Sein Lächeln war so bezaubernd, daß sie etwas sagen mußte. Sie versuchte zu scherzen.

»Hast du auch ein so komisches Gefühl im Magen?«

»Ich weiß nicht, ob ich weinen möchte oder ob mir schlecht ist.«

Fenchurch Street. Er ließ das Fenster herunter und winkte

einen Träger heran. Mit knirschenden Bremsen blieb der Zug stehen. Ein Träger riß die Coupétür auf, und Alban reichte ihm ein Stück nach dem andern hinunter. Dann sprang er aus dem Wagen und hielt Anne in seiner höflichen Art die Hand hin, um ihr beim Aussteigen behilflich zu sein. Der Träger entfernte sich, um einen Schubkarren zu holen, und sie blieben bei ihrem Gepäck stehen. Alban winkte zwei Schiffspassagieren zu, die an ihnen vorbeikamen. Der Mann nickte steif.

»Was für ein Trost, daß wir es nie mehr nötig haben werden, zu diesen gräßlichen Leuten höflich zu sein«, sagte Alban leichthin.

Anne warf ihm einen raschen Blick zu. Er war wirklich unverständlich. Der Träger kam mit seinem Karren zurück, das Gepäck wurde aufgeladen, und sie folgten ihm, um auch noch ihre weiteren Koffer zu holen. Alban nahm den Arm seiner Frau und drückte ihn.

»Der Geruch von London! Himmel, ist das schön!«

Er war beseligt über das Getriebe, den Lärm, die drängenden, stoßenden Menschenmassen ringsumher; das Strahlen der Bogenlampen und die schwarzen Schatten, die sie warfen, scharf, aber voll und warm im Ton, hatten etwas Erhebendes für ihn. Sie traten auf die Straße, und der Träger ging, ein Taxi zu besorgen. Albans Augen leuchteten, während er die Autobusse betrachtete und die Polizisten, die bemüht waren, das Durcheinander zu regeln. Sein vornehmes Gesicht hatte einen Ausdruck, der an Ekstase grenzte. Das Taxi kam. Ihr Gepäck wurde verstaut und neben dem Chauffeur aufgestapelt. Alban gab dem Träger zweieinhalb Shilling, und sie fuhren los. Sie bogen in die Gracechurch Street ein und wurden in der Cannon Street durch eine Verkehrsstockung aufgehalten. Alban lachte laut auf.

»Was ist los?« fragte Anne.

»Ich bin so aufgeregt.«

Sie fuhren am Themsekai entlang. Dort war es verhältnismäßig ruhig. Taxis und andere Automobile fuhren an ihnen vorbei. Das Klingeln der Elektrischen war Musik für sein Ohr. An der Westminster-Brücke überquerten sie Parliament Square und fuhren dann durch die grüne Stille des St. James' Park. Sie hatten ein Zimmer in einem Hotel ganz nahe der Jermyn Street bestellt.

Der Empfangschef führte sie hinauf, und ein Diener brachte ihnen ihr Gepäck. Es war ein Zimmer mit Ehebetten und anschließendem Bad.

»Das sieht ja ganz ordentlich aus«, sagte Alban. »Es wird vollkommen ausreichen, bis wir eine kleine Wohnung oder sonst etwas gefunden haben.«

Er schaute auf die Uhr.

»Hör zu, Liebling, wir würden bloß übereinander stolpern, wenn wir gleichzeitig auspackten. Wir haben massenhaft Zeit, und du wirst länger brauchen als ich, um in Ordnung zu kommen und dich anzuziehen. Ich lasse dich eine Weile allein. Ich möchte in den Klub gehen und sehen, ob Post für mich da ist. Ich habe meinen Smoking im Handkoffer und brauche keine zwanzig Minuten, um zu baden und mich umzuziehen. Ist es dir recht?«

»Ja. Vollkommen.«

»In einer Stunde bin ich wieder da.«

»Schön.«

Er zog aus seiner Tasche den kleinen Kamm, den er immer bei sich hatte, und zog ihn durch sein langes blondes Haar. Dann setzte er den Hut auf. Er warf einen Blick in den Spiegel.

»Soll ich dir das Bad einlassen?«

»Nein, bemühe dich nicht.«

»Auf Wiedersehen also.«

Er ging.

Als er draußen war, nahm Anne ihr Reisenecessaire und ihre Hutschachtel und stellte beides auf ihren Koffer. Dann klingelte sie. Sie nahm ihren Hut nicht ab. Sie setzte sich hin und zündete sich eine Zigarette an. Als ein Mädchen erschien, ließ sie den Hausdiener kommen. Sie zeigte auf ihr Gepäck.

»Bringen Sie diese Sachen hinunter und lassen Sie sie vorläufig unten in der Halle stehen. Ich werde Ihnen später sagen, was mit ihnen zu geschehen hat.«

Sie gab dem Mann ein Zweishillingstück. Er schaffte den Koffer und die anderen Gepäckstücke hinaus und schloß die Tür hinter sich. Ein paar Tränen liefen Anne über die Wangen, aber sie rüttelte sich auf; sie trocknete sich die Augen und puderte sich das Gesicht. Sie brauchte ihre ganze Ruhe. Sie war froh, daß Alban auf die Idee gekommen war, in den Klub zu gehen. Es erleichterte ihr Vorhaben und ließ ihr ein wenig Zeit zur Überlegung.

Nun, da der Augenblick gekommen war, auszuführen, was sie seit Wochen beschlossen hatte, nun, da sie die furchtbaren Dinge aussprechen mußte, die sie zu sagen hatte, verließ sie der Mut. Ihr Herz sank. Sie wußte genau, was sie Alban sagen wollte, sie war sich seit langem darüber klar. Auf der langen Reise von Singapur hatte sie es sich hundertmal Wort für Wort vorgesagt, aber sie hatte Angst, sich zu verwirren. Sie verabscheute Streit. Der bloße Gedanke an eine Szene machte sie krank. Darum war es gut, daß sie nun eine Stunde Zeit hatte, sich zu sammeln. Er würde sagen, daß sie herzlos und grausam und unvernünftig sei. Sie konnte es nicht ändern.

»Nein, nein, nein«, rief sie laut.

Sie schauderte vor Entsetzen. Und mit einem Male sah sie sich wieder in dem Bungalow, so wie sie dagesessen hatte, als das Ganze anfing. Es war knapp vor dem Mittagessen, und in ein paar Minuten sollte Alban vom Büro zurück sein. Es war eine Freude für sie, daß der Raum, der ihn erwartete, diese große Veranda, die ihr Wohnzimmer bildete, so hübsch war, und sie wußte, daß Alban nach achtzehn Monaten immer noch nicht abgestumpft war gegen das kleine Kunstwerk, das sie hier zustande gebracht hatte. Die Jalousien waren nun heruntergelassen, um die Mittagsonne abzuhalten, und das gemilderte Licht, das durch den Stoff hindurchdrang, rief den Eindruck kühler Stille hervor. Anne setzte ihren Stolz in eine hübsche Wohnung, und obgleich sie, wie der Dienst es mit sich brachte, von Distrikt zu Distrikt versetzt wurden und selten lange an ein und demselben Ort blieben, machte sie sich jedesmal mit neuem Enthusiasmus daran, ihr Haus reizend und behaglich einzurichten. Sie war sehr modern. Besucher wunderten sich, daß keine Nippsachen herumstanden. Sie waren befremdet über die kühnen Farben der Vorhänge und konnten nichts mit den farbigen Reproduktionen von Marie Laurencin und Gauguin anfangen, die in versilberten Rahmen an den Wänden verteilt waren. Sie war sich bewußt, daß ihr Geschmack nur von wenigen gebilligt wurde und daß die guten Damen von Port Wallace und Pemberton derartige Neuheiten ausgefallen, affektiert und unangebracht fanden; aber sie ließ sich dadurch nicht beirren. Sie würden schon lernen. Es tat ihnen gut, ein bißchen aufgerüttelt zu werden. Und nun blickte sie sich in der langen, geräumigen Veranda um, mit dem befriedigten Aufseufzen des Künstlers, der sein Werk gutheißt. Der Raum war farbig. Er war kahl. Er verbreitete Ruhe. Er erfrischte den Geist und wirkte sanft belebend auf die Phantasie. Drei ungeheure Vasen mit gelben Kannas vervollständigten das Bild. Ihre Augen blieben einen Augenblick auf den mit Büchern gefüllten Regalen haften; das war auch etwas, was die Kolonie nicht verstehen konnte: diese vielen Bücher, die sie hatten, und merkwürdige Bücher, schwer fanden sie sie meistenteils; und Anne streifte sie mit einem liebevollen Blick, als wären es lebendige Wesen. Dann schaute sie zum Klavier hinüber. Ein Notenheft stand offen da, es war etwas von Debussy, und Alban hatte es gespielt, ehe er ins Büro gegangen war.

Ihre Freundinnen in der Kolonie hatten sie bemitleidet, als Alban zum Distriktsoffizier in Daktar ernannt worden war, denn es war der entlegenste Distrikt von Sondurah. Daktar war mit der Stadt, die das Hauptquartier der Regierung bildete, weder durch Telegraph noch durch Telephon verbunden. Aber Anne gefiel es. Sie waren nun schon eine ganze Weile da und hofften, bleiben zu können, bis Alban nach zwölf Monaten seinen Urlaub antreten und nach England fahren würde. Der Distrikt war so groß wie eine englische Grafschaft, mit einer langen Küstenlinie, und das Meer war von kleinen Inseln übersät. Ein breiter, gewundener Fluß floß durch das Land, zwischen Hügelketten, die dicht mit Urwald bewachsen waren. Die Station, ein gutes Stück flußaufwärts gelegen, bestand aus einer Reihe chinesischer Läden und einem zwischen Kokospalmen eingebetteten Eingeborenendorf, dem Distriktsamt, dem Bungalow des Distriktsoffiziers, dem Haus des Sekretärs und einigen Baracken. Ihre einzigen Nachbarn waren der Leiter einer Gummiplantage, ein paar Meilen flußaufwärts, und zwei Holländer, Leiter und Assistent eines Holzwerkes an einem der Nebenflüsse des Flusses. Das Motorboot der Gummiplantage fuhr zweimal des Monats den Fluß hinauf und bildete die einzige regelmäßige Verbindung mit der übrigen Welt. Aber obgleich sie einsam waren, langweilten sie sich nicht. Ihre Tage waren ausgefüllt. Am frühen Morgen warteten ihre Pferde auf sie, und sie ritten, solange der Tag noch frisch war und in den Pfaden des Dschungels noch das Geheimnis der tropischen

Nacht verweilte. Sie kamen zurück, badeten, zogen sich um und frühstückten, und Alban ging in sein Amt. Anne verbrachte den Vormittag mit Briefschreiben und allerhand Arbeiten. Sie hatte sich in das Land verliebt und vom ersten Tag versucht, sich seine Umgangssprache zu eigen zu machen. Ihre Phantasie entzündete sich an den Geschichten von Liebe, Eifersucht und Tod, die sie hörte. Man erzählte ihr romantische Begebenheiten aus einer Zeit, die noch kaum vergangen war. Sie versuchte sich in die Gedankenwelt dieses seltsamen Volkes zu versenken. Sowohl sie als Alban lasen viel. Sie hatten eine für diese Gegend ansehnliche Bibliothek, und neue Bücher kamen aus London fast mit jeder neuen Post. Wenig Beachtenswertes entging ihnen. Alban liebte es, Klavier zu spielen. Für einen Dilettanten spielte er sehr gut. Er hatte ziemlich ernsthaft studiert und hatte einen schönen Anschlag und ein gutes Gehör; er spielte mit Leichtigkeit vom Blatt, und es war immer ein Vergnügen für Anne, neben ihm zu sitzen und mitzulesen, wenn er etwas Neues probierte. Aber ihre größte Freude war, den Distrikt zu bereisen. Manchmal blieben sie volle vierzehn Tage aus. Sie fuhren in einem Prahu den Fluß hinunter und segelten dann von einer kleinen Insel zur andern, badeten im Meer und fischten, oder aber sie ruderten stromaufwärts, bis der Lauf seicht wurde und die Bäume an den Ufern einander so nahe kamen, daß man bloß einen schmalen Streifen Himmel zwischen ihnen sehen konnte. Hier mußte der Bootsmann das Boot mit der Stange vorwärtsstoßen, und sie verbrachten die Nacht in einem Eingeborenenhaus. Sie badeten in einem tiefen Flußtümpel, der so klar war, daß man den Sand silbern am Grund glitzern sah; und der Platz war so schön, so friedlich, so weltabgeschieden, daß man das Gefühl hatte, hier könnte man ewig bleiben. Manchmal wieder wanderten sie tagelang durch den Dschungel, unter Zelten schlafend, und trotz der Moskitos, die sie stachen, und der Blutegel, die ihr Blut saugten, genossen sie jeden Augenblick. Wer hatte je so gut auf einem Feldbett geschlafen? Und danach die Freude der Heimkehr, das Entzücken an der Behaglichkeit des wohlgeordneten Heims, die Post, die angekommen war, mit Briefen von zu Hause und den vielen Zeitungen, und das Klavier.

Alban setzte sich hin – in seinen Fingern zuckte es nach den Tasten –, und was er auch spielte, ob nun Strawinski, Ravel oder Darius Milhaud – aus allem hörte sie etwas von ihm selbst heraus, die nächtlichen Geräusche des Dschungels, die Dämmerung über der Flußmündung, die sternhellen Nächte und die kristallene Klarheit der Waldgewässer.

Manchmal fiel der Regen tagelang in Strömen herab.

Dann beschäftigte sich Alban mit Chinesisch. Er lernte es, um sich mit den im Lande ansässigen Chinesen in ihrer Muttersprache verständigen zu können, und Anne erledigte etwas von den tausend Dingen, für die sie sonst keine Zeit fand. Diese Tage brachten sie einander noch näher; sie hatten immer viel miteinander zu sprechen, und wenn jedes mit seinen eigenen Angelegenheiten beschäftigt war, tat es doch wohl, die Gegenwart des andern zu spüren. Sie waren wunderbar verbunden. Die Regentage, die sie in die Wände des Bungalows einschlossen, gaben ihnen das Gefühl, eins zu sein, ein Leib und eine Seele, der ganzen übrigen Welt gegenüber.

Gelegentlich fuhren sie nach Port Wallace. Es war eine Abwechslung, aber Anne war froh, wenn sie wieder nach Hause kam. Sie fühlte sich nie ganz wohl dort. Sie merkte, daß die Leute, mit denen sie zusammentrafen, Alban nicht mochten. Es waren sehr gewöhnliche Leute, bürgerlich, provinzlerisch und stumpf, ohne eine Spur der geistigen Interessen, durch die das Leben für sie und Alban so erfüllt und abwechslungsreich wurde; und viele von ihnen waren beschränkt und bösartig; aber da sie den größten Teil des Lebens mit ihnen in Verbindung würden bleiben müssen, war es bedauerlich, daß sie Alban so wenig Sympathie entgegenbrachten. Sie behaupteten, er wäre eingebildet. Er benahm sich immer sehr nett zu ihnen, aber sie fühlte, daß sie ihm seine Freundlichkeit übelnahmen. Wenn er sich bemühte, jovial zu sein, behaupteten sie, er spiele sich auf, und wenn er sie neckte, fanden sie, er prahle auf ihre Kosten mit seinem Witz.

Einmal waren sie im Hause des Gouverneurs zu Gast, und Mrs. Hannay, seine Frau, die Anne gern hatte, fing mit ihr darüber zu sprechen an. Vielleicht geschah es auf Veranlassung des Gouverneurs.

»Es ist so schade, meine Liebe, daß Ihr Mann sich nicht bemüht, ein bißchen kameradschaftlicher mit den Leuten zu sein. Er ist sehr intelligent; glauben Sie nicht, es wäre besser, wenn er die andern nicht so ganz deutlich merken ließe, daß er das weiß? Mein Mann hat erst gestern zu mir gesagt: ›Es ist mir vollkommen klar, daß Alban Torel der klügste unter den jungen Leuten hier draußen ist, aber er hat etwas an sich, was mich reizt. Wenn er mit mir spricht, habe ich den Eindruck, daß er mich in seinem Innern einen Esel nennt.‹«

Das Schlimme daran war, daß Anne wußte, daß Alban tatsächlich eine sehr geringe Meinung von den Fähigkeiten des Gouverneurs hatte.

»Er meint es nicht so«, antwortete sie lächelnd. »Und er ist wirklich nicht im mindesten eingebildet. Er sieht bloß so aus, weil er eine gerade Nase und hohe Backenknochen hat.«

»Sehen Sie, man hat ihn im Klub nicht gern. Man nennt ihn den Puderquasten-Percy.«

Anne errötete. Sie hatte das schon früher einmal gehört, und es machte sie böse. Ihre Augen füllten sich mit Tränen.

»Ich finde das furchtbar unfair.«

Mrs. Hannay nahm ihre Hand und drückte sie liebevoll.

»Meine Liebe, Sie wissen, daß ich Ihnen nicht weh tun will. Ihr Mann wird es ganz bestimmt sehr weit bringen im Dienst. Er könnte sich seine Stellung um vieles erleichtern, wenn er ein bißchen menschlicher wäre. Warum spielt er nicht Fußball?«

»Es liegt ihm nicht. Aber er ist immer mit Freuden bereit, Tennis zu spielen.«

»Das glaubt man ihm bloß nicht. Er setzt eine Miene auf, als dächte er sich, daß niemand da sei, mit dem es sich lohne, zu spielen.«

»Gott, das stimmt ja eigentlich auch«, entgegnete Anne verletzt.

Alban war ein ausgezeichneter Tennisspieler. Er hatte in England viele Turniere gespielt, und Anne wußte, daß es ihm ein boshaftes Vergnügen bereitete, die fleischigen, biederen Männer hier auf dem Platze herumzujagen. Der Beste von ihnen wirkte dann lächerlich. Alban konnte verheerend sein auf dem Tennisplatz.

»Er spielt für die Galerie, finden Sie nicht?« fragte Mrs. Hannay.

»Nein, bestimmt nicht. Glauben Sie mir, Alban hat keine Ahnung, daß er unbeliebt ist. Soweit ich es beurteilen kann, ist er immer nett und freundlich zu allen.«

»Ja, aber gerade dann ist er am beleidigendsten«, meinte Mrs. Hannay trocken.

»Ich weiß, daß wir nicht sehr beliebt sind«, sagte Anne mit einem schwachen Lächeln. »Das tut mir sehr leid, aber ich wüßte wirklich nicht, was wir dagegen tun können.«

»Von Ihnen ist nicht die Rede, meine Liebe«, rief Mrs. Hannay. »Sie werden von allen geliebt. Deshalb finden sie sich ja auch mit Ihrem Gatten ab. Wer sollte Sie nicht gern haben, Kind?«

»Ich weiß nicht, warum ich Gnade vor ihren Augen finde«, sagte Anne.

Aber sie war nicht ganz aufrichtig. Sie spielte bewußt die Rolle der reizenden kleinen Frau und unterhielt sich königlich dabei. Sie lehnten Alban ab, weil er etwas so Vornehmes hatte und sich für Kunst und Literatur interessierte; sie verstanden nichts von diesen Dingen und hielten sie darum für unmännlich; und sie lehnten ihn ab, weil seine Fähigkeiten größer waren als die ihren. Sie lehnten ihn ab, weil er besser erzogen war als sie. Sie fanden ihn überlegen; nun, er war überlegen, aber nicht in dem Sinn, wie sie meinten. Sie verziehen ihr, weil sie ein häßliches kleines Ding war. So nannte sie sich wenigstens, aber es stimmte nicht, oder wenn es stimmte, so war ihre Häßlichkeit außerordentlich anziehend. Sie war wie ein kleiner Affe, aber ein süßer kleiner Affe und sehr menschlich. Sie hatte eine nette Figur. Das war das Beste an ihr. Das und ihre Augen. Sie waren sehr groß, von einem tiefen Braun, feucht und glänzend; sie waren voll Schelmerei, aber sie konnten auch weich werden, voll zarter innerer Anteilnahme. Sie war brünett, ihr krauses Haar wirkte beinahe schwarz, und ihre Haut war dunkel; sie hatte eine kleine fleischige Nase mit großen Nasenlöchern und einen viel zu großen Mund. Aber sie war munter und lebhaft. Sie konnte mit einem Schein von wirklichem Interesse mit den Damen der Kolonie über ihre Gatten, ihre Dienstboten und ihre Kinder in England sprechen, und sie konnte verständnisvoll den Männern zuhören, wenn sie ihr Geschichten erzählten, die sie längst kannte. Die Leute fanden sie nett und sympathisch. Sie wußten nicht, wie sie sich im geheimen über sie lustig machte. Es wäre ihnen niemals in den Sinn gekommen, daß sie sie für beschränkt, grob und anmaßend hielt. Sie konnten den Tropen keinen Reiz abgewinnen, weil sie ihre Umgebung mit banalen, nüchternen Augen betrachteten. Sie trieben die Romantik von ihrer Schwelle fort wie einen lästigen Bettler. Sie fühlte sich weit von ihnen entfernt. Sie sagte sich die Zeile von Landor vor:

»Ich liebe die Natur und nächst der Natur die Kunst.«

Sie dachte über ihr Gespräch mit Mrs. Hannay nach, aber im großen und ganzen ließ es sie unberührt. Sie überlegte, ob sie Alban etwas davon sagen wollte; es war ihr immer merkwürdig erschienen, daß er sich seiner Unbeliebtheit so wenig bewußt war; aber sie hatte Angst, er könnte seine Unbefangenheit verlieren, wenn sie mit ihm darüber sprach. Er bemerkte die Kälte der Männer im Klub einfach nicht. Sie fühlten sich in seiner Gegenwart befangen und daher unbehaglich. Sein Erscheinen löste daher immer eine Art von Peinlichkeit aus, aber er, in glücklicher Ahnungslosigkeit, war unverbindlich freundlich mit jedem einzelnen. Tatsächlich verhielt es sich so, daß er die Menschen im Grunde gar nicht bemerkte. Er und Anne und ein kleiner Kreis von Freunden, den sie in London hatten, bildeten eine Klasse für sich, aber es kam ihm nie klar zum Bewußtsein, daß auch die Leute der Kolonie, die Regierungsbeamten und die Pflanzer mit ihren Frauen menschliche Wesen waren. Er behandelte sie wie Mitspieler in einem Spiel. Er lachte mit ihnen, neckte sie und war liebenswürdig tolerant ihnen gegenüber; lachend sagte sich Anne, daß er ihr eigentlich vorkam wie ein Volksschullehrer, der mit seinen kleinen Jungen einen Ausflug unternimmt und sich bemüht, ihnen einen recht schönen Tag zu bereiten.

Sie fürchtete, es würde keinen Sinn haben, Alban von dem Gespräch zu erzählen.

Er war unfähig, sich zu verstellen, was, wie sie sich fröhlich eingestand, ihr selbst so leichtfiel. Was sollte man mit diesen Leuten anfangen? Die Männer waren als junge Burschen von zweitrangigen Schulen in die Kolonien herausgekommen, und das Leben hatte sie nichts gelehrt. Mit Fünfzig hatten sie den Horizont von Grünschnäbeln. Die meisten von ihnen tranken viel zuviel. Sie lasen nichts, was des Lesens wert war. Ihr Ehrgeiz war, so zu sein wie alle andern. Das größte Lob, das sie einem Menschen spendeten, war, er sei ›ein verdammt guter Kerl‹. Wenn man sich für geistige Dinge interessierte, war man ein Bildungsprotz. Sie waren zerfressen von Neid und verzehrten sich in kleinlichen Eifersüchteleien. Und die Frauen, die armen Dinger, waren voll von kleinen Rivalitäten. Sie bildeten einen Kreis, der provinzlerischer war als die Gesellschaft der kleinsten Stadt in England. Sie waren prüde und gehässig. Was hatte es zu sagen, wenn sie Alban nicht mochten? Sie würden sich mit ihm abfinden müssen, weil seine Fähigkeiten so groß waren. Er war klug und energisch. Sie konnten ihm nicht vorwerfen, daß er seine Arbeit nicht gut verrichtete. Er hatte an jedem Posten, den er bisher bekleidet hatte, Erfolg gehabt. Dank seinem Einfühlungsvermögen und seiner Phantasie drang er in die Mentalität der Eingeborenen ein und vermochte sie zu Leistungen anzuspornen, wie sie kein anderer in seiner Stellung erzielt hatte. Er hatte Sprachentalent und sprach alle lokalen Dialekte. Er beherrschte nicht nur die gewöhnliche Umgangssprache, wie sie von den meisten Regierungsbeamten gesprochen wurde, sondern er hatte sich überdies gewisse Feinheiten angeeignet, so daß er sich gelegentlich einer zeremoniellen Ausdrucksweise bedienen konnte, die den Häuptlingen schmeichelte und ihnen Eindruck machte. Er hatte Organisationstalent. Er scheute nicht vor Verantwortung zurück. Mit der Zeit mußte er es zum Residenten bringen. Alban hatte einen gewissen Rückhalt in England; sein Vater war Brigadegeneral gewesen und im Kriege gefallen, und obgleich er kein Vermögen geerbt hatte, besaß er einflußreiche Freunde. Er sprach von ihnen mit scherzhafter Ironie.

»Der große Vorteil der Demokratie«, pflegte er zu sagen, »besteht darin, daß Verdienst, gestützt auf gute Beziehungen, auf die gebührende Anerkennung rechnen darf.«

Alban war so offensichtlich der befähigteste Mann unter seinen Kollegen, daß es durchaus möglich schien, daß er eines Tages zum Gouverneur ernannt wurde. Dann, überlegte Anne, würde die überlegene Haltung, die man ihm jetzt zum Vorwurf machte, am Platz sein. Man würde ihn als Vorgesetzten anerkennen, und er würde es verstehen, sich Achtung und Gehorsam zu verschaffen. Die Position, die sie voraussah, blendete sie nicht. Sie faßte sie auf als etwas, worauf sie ein Anrecht hatten. Es würde schön sein für Alban, Gouverneur zu sein, und für sie, die Frau des Gouverneurs. Und was für ein Betätigungsfeld! Diese Regierungsbeamten und Pflanzer waren ja Schafe; wenn das Haus des Gouverneurs ein Sitz der Kultur war, würden sie sich bald anpassen. Wenn die Gunst des Gouverneurs am ehesten durch Intelligenz zu erlangen war, würde es Mode werden, intelligent zu sein. Sie und Alban würden die einheimischen Künste pflegen und mit Sorgfalt die Denkmäler entschwundener Epochen sammeln. Das Land würde eine Entwicklung nehmen, die es sich nie erträumt hatte. Sie würden es erschließen, aber nach Richtlinien der Ordnung und Schönheit. Sie würden ihren Untergebenen eine Leidenschaft für dieses schöne Stück Erde und ein liebevolles Interesse für seine romantischen Völkerstämme einflößen. Sie würden ihnen begreiflich machen, was Musik ist. Sie würden die Literatur pflegen. Sie würden Schönheit schaffen. Es sollte das Goldene Zeitalter werden.

Plötzlich hörte sie Albans Schritte. Anne erwachte aus ihren Träumen. All dies lag noch weit in der Zukunft. Alban war vorläufig noch Distriktsoffizier, und das, worauf es ankam, war das Leben, das sie gegenwärtig führten. Sie hörte Alban ins Badezimmer gehen und sich mit Wasser übergießen. Bald darauf erschien er. Er hatte sich umgezogen und trug Hemd und Shorts. Sein blondes Haar war noch feucht.

»Das Essen fertig?« fragte er.

»Ja.«

Er setzte sich ans Klavier und spielte das Stück, das er am Morgen gespielt hatte. Die silbernen Töne fielen in Kaskaden kühl durch die schwüle Luft. Man vermeinte, einen streng angelegten Garten mit hohen Bäumen und eleganten Springbrunnen zu sehen, und sanfte Wege, von pseudoklassischen Statuen eingefaßt. Alban spielte mit zartester Empfindung. Der Lunch wurde gemeldet. Er erhob sich vom Klavier. Sie gingen Hand in Hand miteinander ins Eßzimmer. Ein Punkah fächelte träge die Luft. Anne warf einen Blick auf den Tisch. Mit seinem lebhaft farbigen Tischtuch und seinen amüsanten Tellern sah er sehr lustig aus.

»Gibt es etwas Neues im Büro?« fragte sie.

»Nein, nicht viel. Eine Büffelaffäre. Oh, Prynne hat hergeschickt und mich gebeten, nach seiner Pflanzung zu kommen. Ein paar Kulis haben Bäume beschädigt, und er möchte, daß ich mir die Sache ansehe.«

Prynne war der Leiter der Gummiplantage am Fluß oben, und hin und wieder verbrachten sie einen Abend mit ihm.

Manchmal, wenn er eine Abwechslung brauchte, kam er zum Dinner herunter und übernachtete bei ihnen. Sie hatten ihn beide gern. Er war ein Mann von Fünfunddreißig, mit einem roten, zerfurchten Gesicht und sehr schwarzem Haar. Er war völlig ungebildet, aber heiter und natürlich, und da er der einzige Engländer im Umkreis von zwei Tagereisen war, konnten sie gar nicht anders als freundlich zu ihm sein. Er war anfangs etwas schüchtern ihnen gegenüber gewesen. Neuigkeiten verbreiten sich rasch im Orient, und lang ehe sie eingetroffen waren, hatte er bereits gehört, sie wären Intellektuelle. Er war sich nicht im klaren, wie er sich zu ihnen stellen sollte. Wahrscheinlich wußte er nicht, daß er Charme hatte, was viele weit wertvollere Eigenschaften aufwiegt, und Alban, mit seiner fast weiblichen Empfindsamkeit, war außerordentlich empfänglich dafür. Prynne fand also Alban bedeutend menschlicher, als er erwartet hatte, und Anne war natürlich wunderbar. Alban spielte ihm Ragtimes vor, was er nicht einmal dem Gouverneur zuliebe getan hätte, und er spielte Domino mit ihm. Als Alban seine erste Distriktsreise mit Anne unternahm und ihm mitteilte, daß er gerne ein paar Nächte auf seiner Pflanzung zubringen wollte, hatte Prynne sich verpflichtet gefühlt, ihn aufmerksam zu machen, daß er mit einer eingeborenen Frau lebte und zwei Kinder mit ihr hatte. Er würde sein möglichstes tun, sie vor Anne verborgen zu halten, aber er konnte sie nicht wegschicken, denn er wußte nicht, wohin. Alban lachte.

»Anne ist nicht so. Lassen Sie es sich ja nicht einfallen, sie zu verstecken. Anne liebt Kinder.«

Anne schloß schnell Freundschaft mit der scheuen, hübschen kleinen Frau und spielte bald fröhlich mit den Kindern. Sie und das Mädchen hatten lange, vertrauliche Gespräche miteinander, die Kinder faßten eine große Zuneigung zu ihr. Sie brachte ihnen reizende Spielsachen aus Port Wallace mit. Prynne, der ihre lächelnde Toleranz mit der mißbilligenden Säuerlichkeit der andern Frauen der Kolonie verglich, war völlig überwältigt. Er konnte sich gar nicht genugtun, seiner Freude und seiner Dankbarkeit Ausdruck zu geben.

»Wenn alle Intellektuellen so sind wie Sie«, sagte er, »dann will ich nur mehr mit Intellektuellen verkehren.«

Es tat ihm weh, zu denken, daß sie in einem Jahr den Distrikt für immer verlassen würden. Denn wenn der nächste Distriktsoffizier eine Frau hatte, mußte er sich auf ihre mißbilligende Ablehnung gefaßt machen. Sie würde es schrecklich finden, daß er, anstatt allein zu leben, eine Eingeborene bei sich hatte und, was noch schlimmer war, an ihr hing.

Aber es hatte in letzter Zeit allerhand Mißhelligkeiten gegeben auf der Plantage. Die Kulis waren Chinesen und von kommunistischen Ideen angesteckt. Sie waren ungefügig. Alban hatte sich gezwungen gesehen, einige von ihnen zu Gefängnisstrafen zu verurteilen.

»Prynne sagt mir, daß er sie alle, sobald ihr Quartal um ist, nach China zurückschicken und sich statt ihrer Javaner nehmen will«, erzählte Alban. »Ich bin überzeugt, er hat recht. Javaner sind viel leichter zu behandeln.«

»Du glaubst doch nicht, daß es ernsthafte Unruhen geben wird?«

»Ach nein. Prynne versteht sein Handwerk und ist ein energischer Mensch. Er wird schon fertig werden mit diesen Burschen. Überdies hat er mich und unsere Polizisten hinter sich; da werden sie es bestimmt nicht wagen, ernsthaft aufzumucken.« Er lächelte. »Die eiserne Hand im samtenen Handschuh.«

Die Worte waren kaum ausgesprochen, als ein plötzliches Geschrei sich erhob. Es gab einen Tumult, und man hörte das Getrappel von Schritten. Laute Stimmen und Schreie.

»Tuan, Tuan.«

»Was, zum Teufel, ist los?«

Alban sprang von seinem Stuhl auf und ging schnell auf die Veranda. Anne folgte ihm. Am Fuße der Treppe stand eine Gruppe von Eingeborenen, auch der Sergeant war da, drei oder vier Polizisten, Bootsleute und ein paar Männer aus dem Sträflingslager.

»Was gibt's?« rief Alban.

Zwei oder drei antworteten gleichzeitig. Der Sergeant schob die andern beiseite, und Alban sah auf dem Boden einen Mann liegen in Hemd und Khakihosen. Er rannte die Treppen hinunter und erkannte in ihm den Hilfsaufseher von Prynnes Plantage. Er war ein Mischling. Seine Hosen waren voll Blut, und die eine Seite seines Gesichtes und seines Kopfes war von geronnenem Blut überzogen. Er war bewußtlos.

»Bringt ihn herauf«, rief Anne.

Alban gab einen Befehl. Der Mann wurde aufgehoben und auf die Veranda getragen. Man legte ihn auf den Boden, und Anne schob ihm ein Kissen unter den Kopf. Sie ließ Wasser und ihr Medikamentenkästchen bringen.

»Ist er tot?« fragte Alban.

»Nein.«

»Versuche, ihm etwas Brandy einzuflößen.«

Die Bootsleute brachten grausige Nachricht. Die chinesischen Kulis hatten sich plötzlich erhoben und Prynnes Büro angegriffen. Prynne war getötet worden, und der Hilfsaufseher, Oakley mit Namen, hatte sich nur mit äußerster Not retten können. Er war erschienen, als die Aufrührer im Begriffe waren, das Büro zu plündern, hatte gesehen, wie man Prynnes Leichnam zum Fenster hinauswarf und hatte die Flucht ergriffen. Einige von den Chinesen erblickten ihn und jagten hinter ihm her. Er rannte zum Fluß hinunter und wurde verwundet, als er in das Motorboot sprang. Dem Bootsführer gelang es, abzustoßen, ehe noch die Chinesen an Bord kommen konnten, und man war so rasch wie möglich flußabwärts gefahren. Unterwegs hatte man Flammen aus den Verwaltungsgebäuden emporschlagen gesehen. Es gab keinen Zweifel, daß die Kulis alles niedergebrannt hatten, was niederzubrennen war.

Oakley stöhnte auf und öffnete die Augen. Er war ein kleiner dunkelhäutiger Mann mit glatten Zügen und dickem, grobem Haar. Seine großen Augen waren von Entsetzen erfüllt.

»Fürchten Sie sich nicht«, sagte Anne. »Sie sind in Sicherheit.«

Er seufzte auf und lächelte. Anne wusch ihm das Gesicht und benetzte es mit antiseptischen Mitteln. Die Wunde auf seinem Kopf war nicht ernst.

»Können Sie schon sprechen?« fragte Alban.

»Warte ein bißchen«, sagte sie. »Wir müssen uns zuerst sein Bein ansehen.«

Alban befahl dem Sergeanten, die Leute von der Veranda zu entfernen. Anne schlitzte das eine Hosenbein auf. Der Stoff klebte an der Wunde.

»Ich habe geblutet wie ein Schwein«, sagte Oakley.

Es war bloß eine Fleischwunde. Alban hatte geschickte Finger, und obgleich das Blut von neuem zu fließen begann, stillte er es bald. Er legte einen Verband an. Der Sergeant und ein Polizist hoben Oakley auf einen Liegestuhl. Alban flößte ihm etwas Brandy ein, und bald fühlte er sich kräftig genug, zu sprechen. Er wußte nicht mehr, als die Bootsleute bereits berichtet hatten. Prynne war tot, und die Plantage stand in Flammen.

»Und das Mädchen und die Kinder?« fragte Anne.

»Ich weiß nicht.«

»Ach, Alban!«

»Ich muß die Polizei hinschicken. Sind Sie sicher, daß Prynne tot ist?«

»Ja, Sir. Ich habe ihn gesehen.«

»Haben die Aufrührer Feuerwaffen?«

»Ich weiß nicht, Sir.«

»Was heißt das: Sie wissen nicht?« rief Alban gereizt. »Prynne hatte doch ein Gewehr, nicht?«

»Ja, Sir.«

»Es müssen mehrere Gewehre dagewesen sein. Sie hatten doch auch eines, nein? Und der Hauptaufseher ebenfalls?«

Der Mann schwieg. Alban blickte ihn streng an.

»Wie viele von diesen verdammten Chinesen sind da?«

»Hundertfünfzig.«

Anne wunderte sich, daß er so viele Fragen stellte. Es erschien ihr als Zeitverlust. Jetzt kam es darauf an, Kulis für den Transport flußaufwärts zu sammeln, die Boote flottzumachen und Munition für die Polizei auszugeben.

»Wie viele Polizisten haben Sie, Sir?« fragte Oakley.

»Acht und den Sergeanten.«

»Könnte ich mitkommen? Dann wären wir zehn. Es wird bestimmt gehen, jetzt, wo ich verbunden bin.«

»Ich fahre nicht hin«, sagte Alban.

»Alban, du mußt«, rief Anne. Sie traute ihren Ohren kaum.

»Es kommt gar nicht in Frage. Es wäre der hellste Wahnsinn. Mit Oakley können wir nicht rechnen. In ein paar Stunden wird er Fieber haben. Er stünde uns nur im Wege. So blieben uns im ganzen neun Gewehre. Die Chinesen sind hundertfünfzig und haben Waffen und Munition, soviel sie brauchen.«

»Wieso weißt du das?«

»Das sagt mir der Verstand, sonst hätten sie diesen Aufstand nicht gewagt. Es wäre idiotisch, hinzufahren.«

Anne starrte ihn offenen Mundes an. Die Augen Oakleys blickten verständnislos.

»Was wirst du denn tun?«

»Nun, glücklicherweise haben wir das Boot. Ich werde es nach Port Wallace schicken mit der Bitte um Verstärkung.«

»Aber die kann erst frühestens in zwei Tagen hier sein.«

»Nun, und was liegt daran? Prynne ist tot und die Plantage niedergebrannt. Was könnte es nützen, wenn wir jetzt hinauffahren? Ich werde einen Eingeborenen hinschicken, damit er genau auskundschaftet, was die Aufrührer tun.« Er lächelte Anne auf seine bezaubernde Weise zu. »Glaube mir, Kleines, den Schurken bleibt nichts erspart, wenn sie ein, zwei Tage auf ihr Strafgericht warten müssen.«

Oakley öffnete den Mund, um zu sprechen, aber vielleicht versagte ihm der Mut. Er war ein Mischling, ein kleiner Hilfsaufseher, und Alban, der Distriktsoffizier, repräsentierte die Regierung. Aber die Augen des Mannes suchten die Annes, und sie hatte den Eindruck, als läse sie in ihnen einen ernsten und persönlichen Appell.

»Aber in zwei Tagen können sie die entsetzlichsten Greuel anrichten«, rief sie. »Es ist nicht auszudenken, was sie alles tun können.«

»Was sie auch anrichten, sie werden es bezahlen, das versichere ich dir.«

»Oh, Alban, du kannst nicht stillsitzen und nichts tun. Ich flehe dich an, sofort selbst hinzufahren.«

»Sei nicht so dumm. Ich kann nicht mit acht Mann und einem Sergeanten einen Aufstand unterdrücken. Ich habe nicht das Recht, ein solches Wagnis auf mich zu nehmen. Wir müßten in Booten hinfahren. Und du glaubst doch nicht, daß wir unbemerkt hingelangen könnten? Der Busch längs der Ufer ist ein sicherer Hinterhalt, und sie könnten uns einfach abknallen, während wir dahinfahren. Wir hätten nicht die geringste Chance.«

»Ich fürchte, sie werden es bloß für Schwäche halten, wenn zwei Tage einfach gar nichts unternommen wird, Sir«, sagte Oakley.

»Wenn ich Ihre Meinung hören will, werde ich Sie fragen«, erwiderte Alban eisig. »Was haben denn Sie getan in der Gefahr? Einfach ausgerissen sind Sie, das ist alles. Ich kann mir nicht vorstellen, daß Ihre Hilfe im Notfall sehr wertvoll wäre.«

Der Mischling errötete. Er sagte nichts mehr. Mit verstörten Augen blickte er vor sich hin.

»Ich gehe ins Büro hinunter«, sagte Alban. »Ich will schnell einen Bericht schreiben und ihn dann sofort mit dem Boot wegschicken.«

Er gab dem Sergeanten, der die ganze Zeit über steif oben an der Treppe gestanden hatte, einen Befehl. Der Sergeant salutierte und eilte fort. Alban begab sich in einen kleinen Vorraum, den sie hatten, um sich einen Tropenhelm zu holen. Anne folgte ihm rasch.

»Alban, um Gottes willen, höre mir eine Minute zu«, flüsterte sie.

»Ich will nicht unhöflich zu dir sein, Liebling, aber ich habe Eile. Du tätest besser, dich um deine eigenen Angelegenheiten zu kümmern.«

»Du kannst nicht einfach nichts tun, Alban. Du mußt gehen. Auf jede Gefahr hin.«

»Mach dich nicht lächerlich«, sagte er scharf.

Er war noch nie böse zu ihr gewesen. Sie erfaßte seine Hand, um ihn zurückzuhalten.

»Ich habe dir schon gesagt, daß nichts damit geholfen ist, wenn ich hinfahre.«

»Das weißt du nicht. Es ist doch noch die Frau da und Prynnes Kinder. Wir müssen etwas tun, um sie zu retten. Laß mich mitkommen. Sie werden sie umbringen.«

»Das haben sie vermutlich schon getan.«

»Ach, wie kannst du so roh sein! Wenn es nur die geringste Möglichkeit gibt, sie zu retten, ist es deine Pflicht, alles zu versuchen.«

»Es ist mein Pflicht, wie ein vernünftiger Mensch zu handeln. Ich denke nicht daran, mein Leben und das Leben meiner Polizisten wegen einer Eingeborenen und ihrer halbblütigen Bälger aufs Spiel zu setzen. Für was für einen Idioten hältst du mich?«

»Sie werden sagen, daß du Angst gehabt hast.«

»Wer?«

»Alle in der Kolonie.«

Er lächelte verächtlich.

»Wenn du wüßtest, welch restlose Verachtung ich für die Meinung jedes einzelnen in der Kolonie habe.«

Sie warf ihm einen langen, forschenden Blick zu. Seit acht Jahren war sie mit ihm verheiratet und kannte jeden Ausdruck seines Gesichtes, jeden Gedanken seines Hirns. Sie starrte in seine blauen Augen, als wären es offene Fenster. Plötzlich wurde sie totenblaß. Sie ließ seine Hand fallen und wandte sich ab. Wortlos ging sie auf die Veranda zurück. Ihr häßliches kleines Affengesicht war eine Maske des Entsetzens.

Alban ging in sein Büro, schrieb einen kurzen Bericht nieder, und ein paar Minuten später stampfte das Motorboot den Fluß hinunter.

Die nächsten beiden Tage waren endlos. Entflohene Eingeborene brachten Nachrichten von den Geschehnissen auf der Plantage. Aber es war unmöglich, sich nach ihren aufgeregten und schreckerfüllten Berichten ein genaues Bild von der Wirklichkeit zu machen. Es hatte viel Blutvergießen gegeben. Der Erste Aufseher war getötet worden. Sie erzählten wilde Geschichten von Grausamkeiten und Gewalttätigkeiten. Anne konnte nichts von Prynnes Frau und den beiden Kindern erfahren. Sie schauderte bei dem Gedanken an ihr Schicksal. Alban sammelte so viele Eingeborene, wie er konnte. Sie waren mit Speeren und Schwertern bewaffnet. Er requirierte Boote. Die Situation war ernst, aber er bewahrte seine Fassung. Er hatte die Empfindung, sein möglichstes getan zu haben, wonach ihm nichts mehr übrigblieb, als sein normales Leben weiterzuführen. Er verrichtete seine Büroarbeit. Er spielte viel Klavier. Er ritt am frühen Morgen mit Anne. Er schien vergessen zu haben, daß es zwischen ihnen die erste ernste Meinungsverschiedenheit ihrer Ehe gegeben hatte. Er schien es für ausgemacht zu halten, daß Anne sich der Weisheit seines Entschlusses gebeugt hatte. Er zeigte sich ihr gegenüber so amüsant, so herzlich und heiter wie immer. Wenn er von den Aufrührern sprach, so geschah es mit grimmiger Ironie: kam erst die Zeit der Abrechnung, dann würden die meisten von ihnen wünschen, sie wären nie geboren.

»Was wird ihnen denn geschehen?« fragte Anne.

»Ach, sie werden baumeln.« Er zuckte voll Abscheu die Schulter. »Ich hasse es, bei Hinrichtungen zugegen sein zu müssen. Es macht mich ganz elend.«

Er war teilnahmsvoll zu Oakley, den Anne ins Bett gelegt hatte und pflegte. Vielleicht tat es ihm leid, daß er in der Aufregung des Augenblickes so beleidigend zu ihm gesprochen hatte, und nun konnte er sich gar nicht genug tun, nett zu ihm zu sein.

Dann, am Nachmittag des dritten Tages, als sie nach dem Lunch ihren Kaffee tranken, erlauschte Albans scharfes Ohr das Geräusch eines herannahenden Motorbootes. Im gleichen Augenblick kam ein Polizist gelaufen und meldete, daß das Regierungsboot in Sicht wäre.

»Endlich«, rief Alban.

Er stürzte aus dem Hause. Anne zog eine von den Jalousien hoch und schaute auf den Fluß hinaus. Das Geräusch war nun schon ganz laut, und im nächsten Augenblick sah sie das Motorboot um die Biegung kommen. Sie sah Alban auf der Landungsbrücke. Er sprang in einen Prahu, und als das Boot die Anker auswarf, ging er an Bord. Sie teilte Oakley mit, daß Verstärkung eingetroffen sei.

»Wird der Herr Distriktsoffizier mitgehen, wenn sie angreifen?« fragte er.

»Selbstverständlich«, antwortete Anne kühl.

»Ich war mir nicht ganz klar.«

Anne fühlte einen merkwürdigen Schmerz im Herzen. Die beiden letzten Tage hatte sie ihre ganze Selbstbeherrschung aufwenden müssen, um nicht zu weinen. Sie antwortete nicht. Sie ging aus dem Zimmer.

Eine Viertelstunde später kam Alban zurück, in Gesellschaft des Polizeihauptmanns, der mit zwanzig Sikhs geschickt worden war, um gegen die Aufständischen vorzugehen. Captain Stratton war ein kleiner Mann mit einem roten Gesicht, rotem Schnurrbart und O-Beinen, sehr jovial und schneidig, mit dem sie in Port Wallace oft zusammengekommen war.

»Nun, Mrs. Torel, da haben wir ja eine schöne Bescherung«, rief er, während er ihr die Hand schüttelte, mit lauter, fröhlicher Stimme. »Aber wir wollen es ihnen schon heimzahlen, diesen Burschen, ich und meine Armee. Können es kaum erwarten. Gibt's übrigens etwas zu trinken in diesem gottverlassenen Nest?«

»Boy«, rief sie lächelnd.

»Etwas Langes und Kühles und schwach Alkoholisches, und dann bin ich bereit, den Feldzugsplan zu besprechen.«

Seine Munterkeit war sehr tröstlich. Sie blies die düstere

Bangigkeit fort, die seit dem Unglück über dem verlorenen Frieden des Bungalows gelastet hatte. Der Boy kam mit dem Tablett herein, und Stratton mischte sich einen Stengah. Alban machte ihn mit den Tatsachen bekannt. Er erzählte sie klar, kurz und präzis.

»Ich bewundere Sie«, sagte Stratton. »In Ihrem Falle wäre ich nicht imstande gewesen, der Versuchung zu widerstehen. Ich hätte meine acht Mann genommen und wäre losgezogen.«

»Ich hielt es für ein nicht zu verantwortendes Risiko.«

»Safety first, alter Junge, was?« sagte Stratton aufgeräumt. »Ich bin ja froh, daß Sie gewartet haben. Es bietet sich nicht oft Gelegenheit zu einem kleinen Abenteuer. Es wäre gemein von Ihnen gewesen, das Ganze für sich zu behalten.«

Captain Stratton war dafür, einfach den Fluß hinaufzufahren und sofort anzugreifen, aber Alban machte ihn auf die Unratsamkeit eines solchen Vorgehens aufmerksam. Das Geräusch des herannahenden Motorbootes würde die Aufrührer warnen. Das hohe Gras an den Flußufern bot ihnen Deckung, und sie hatten genügend Gewehre, um eine Landung schwierig zu machen. Es schien zwecklos, die Angreifer dem Feuer dieser Burschen auszusetzen. Man durfte nicht vergessen, daß man hundertfünfzig zum Äußersten entschlossene Männer vor sich hatte, und man könnte leicht in eine Falle geraten. Alban setzte seinen eigenen Plan auseinander. Stratton hörte ihm zu. Hin und wieder nickte er. Der Plan war zweifellos gut. Er würde ihnen die Möglichkeit geben, den Aufrührern in den Rücken zu fallen, sie zu überrumpeln und die Strafexpedition durchzuführen, ohne auch nur einen einzigen Mann zu opfern. Es wäre Narrheit, ihn nicht anzunehmen.

»Aber warum haben Sie das nicht selbst gemacht?« fragte Stratton.

»Mit acht Mann und einem Sergeanten?«

Stratton antwortete nicht.

»Immerhin, es ist keine schlechte Idee, und wir wollen dabei bleiben. Es läßt uns eine Menge Zeit, und wenn Sie gestatten, Mrs. Torel, werde ich zuvor ein Bad nehmen.«

Sie machten sich bei Sonnenuntergang auf, Captain Stratton und seine zwanzig Sikhs, Alban mit seinen Polizisten und den Eingeborenen, die er zusammengetrommelt hatte. Die Nacht war dunkel und ohne Mond. Hinter sich schleiften sie die Kanus einher, die Alban gesammelt hatte und in die später die Mannschaft verladen werden sollte. Es war wichtig, daß kein Laut ihr Herannahen verriet. Nachdem sie ungefähr drei Stunden mit dem Motorboot gefahren waren, stiegen sie in die Kanus und paddelten leise flußaufwärts. Sie erreichten die Grenzen der ausgedehnten Plantage und gingen an Land. Führer wiesen ihnen einen Pfad, der so schmal war, daß einer hinter dem andern marschieren mußte. Der Weg war lange nicht benützt worden, und das Gehen war beschwerlich. Zweimal mußten sie einen Wasserlauf durchwaten. Der Pfad führte sie auf Umwegen bis hinter die Quartiere der Aufständischen, aber sie wollten sie erst knapp vor Morgengrauen erreichen, und Stratton gab den Befehl haltzumachen. Es war eine lange, kalte Wartezeit; endlich schien die Nacht etwas weniger finster; man sah die Baumstämme zwar noch nicht, erriet sie aber vage in der Dunkelheit. Stratton hatte an einen Baum gelehnt dagesessen. Er gab dem Sergeanten einen geflüsterten Befehl, und einige Minuten später befand sich die Kolonne wieder auf dem Marsch. Plötzlich war sie auf der Straße. Sie bildete Viererreihen. Die Dämmerung brach an, und in dem gespenstischen Licht wurden die Gegenstände ringsherum undeutlich sichtbar. Die Kolonne blieb auf einen leisen Befehl hin stehen. Man erblickte die Quartiere der Kulis. Stille herrschte dort. Die Kolonne schlich abermals weiter und machte abermals halt. Stratton lächelte Alban mit leuchtenden Augen zu.

»Wir haben die Gauner im Schlafe überrumpelt.«

Er reihte seine Leute in einer Linie auf. Sie luden ihre Gewehre. Er trat vor und hob die Hand. Die Karabiner waren auf die Quartiere der Kulis gerichtet.

»Feuer!«

Man hörte ein Rasseln und gleich darauf das Krachen der Salve. Dann, plötzlich, entstand ein furchtbares Getöse, und die Chinesen strömten hervor, schreiend und Arme schwenkend, aber allen voran lief, zu Albans äußerster Verblüffung, laut brüllend und die Fäuste gegen sie schüttelnd, ein weißer Mann.

»Wer, zum Teufel, ist das?« rief Stratton.

Ein sehr großer, sehr dicker Mann in Khakihosen und Unterhemd kam auf sie zugerannt, so schnell ihn seine fetten Beine trugen, schüttelte im Rennen beide Fäuste und schrie:

»Smerige flikkers! Verlockte plörten!«

»Mein Gott, das ist ja Van Hasseldt«, sagte Alban.

Das war der holländische Leiter des Holzcamps, das an einem wichtigen Nebenfluß des Stromes, etwa zwanzig Meilen entfernt lag.

»Was, zum Donnerwetter, fällt euch ein? Seid ihr verrückt?« keuchte er, als er näher kam.

»Wie kommen Sie daher?«, fragte Stratton zurück.

Er sah, daß die Chinesen nach allen Himmelsrichtungen auseinanderstoben, und gab seinen Leuten den Befehl, sie zu umzingeln. Dann wandte er sich wieder Van Hasseldt zu.

»Was hat das zu bedeuten?«

»Zu bedeuten? Zu bedeuten?« brüllte der Holländer wütend. »Das möchte *ich* wissen. Sie und Ihre verfluchten Polizisten. Was hat das zu bedeuten, daß Sie in aller Herrgottsfrühe hier erscheinen und einfach losfeuern? Schießübungen wohl? Um ein Haar hätten Sie mich umgebracht. Idioten!«

»Nehmen Sie eine Zigarette«, sagte Stratton.

»Wie sind Sie hergekommen, Van Hasseldt?« fragte Alban sehr ratlos. »Dies ist die Abteilung, die von Port Wallace hergeschickt wurde, um den Aufstand niederzuschlagen.«

»Wie ich hergekommen bin? Zu Fuß. Wie soll ich sonst hergekommen sein? Und der Aufstand ist längst erledigt. *Ich* habe ihn niedergeschlagen. Wenn Sie deshalb gekommen sind, können Sie Ihre verdammten Polizisten wieder nach Hause schicken. Zwei Zoll von meinem Kopf entfernt hat eine Kugel eingeschlagen.«

»Ich verstehe nicht«, sagte Alban.

»Da gibt's nichts zu verstehen«, blubberte Van Hasseldt noch immer keuchend vor Wut. »Ein paar Kulis kamen zu mir und meldeten, daß die Chinesen Prynne umgebracht und alles hier niedergebrannt hätten, und da nahm ich meinen Assistenten, meinen Aufseher und einen holländischen Freund, der gerade bei mir wohnte, und ging mit ihnen herüber, um zu sehen, was los sei.«

Captain Stratton riß die Augen auf.

»Was, einfach herüberspaziert wie zu einem Picknick?« fragte er.

»Glauben Sie, daß ich mich von ein paar Chinesen einschüchtern lasse? Dazu habe ich viel zu lange in diesem Land gelebt. Ich fand sie alle halb von Sinnen vor Angst. Einer von ihnen hatte die Frechheit, auf mich zu schießen. Dem habe ich eine Ladung Schrot in den Kopf gejagt, und die übrigen haben sich ergeben. Die Anführer habe ich fesseln lassen. Heute wollte ich Ihnen ein Boot hinunterschicken und Ihnen sagen lassen, Sie sollten sie sich holen.«

Stratton starrte ihn eine Minute an und brach dann in ein schallendes Gelächter aus. Er lachte, bis ihm die Tränen über die Wangen liefen. Der Holländer schaute zornig zurück und fing dann ebenfalls zu lachen an. Er lachte das dröhnende, aus dem Bauch kommende Lachen des sehr dicken Menschen, und seine Fettmassen wogten und bebten. Alban betrachtete die beiden mürrisch, er war sehr böse.

»Was ist mit Prynnes Mädchen und den Kindern geschehen?« fragte er.

»Ach, sie sind ganz gut weggekommen.«

Es zeigte sich, wie klug es von ihm gewesen war, sich nicht von Annes Hysterie beeinflussen zu lassen. Natürlich war den Kindern nichts geschehen. Er hatte es nicht anders erwartet.

Van Hasseldt und seine kleine Truppe traten den Rückweg nach dem Holzwerk an, und gleich darauf schiffte Stratton seine zwanzig Sikhs ein und fuhr mit ihnen nach Port Wallace, während es Alban, seinem Sergeanten und seinen Polizisten überlassen blieb, die Angelegenheit weiterzuführen. Alban gab Stratton einen kurzen Bericht für den Gouverneur mit. Er fand eine Menge zu tun. Es sah aus, als würde er lange hierbleiben müssen; aber da alle Häuser auf der Plantage niedergebrannt waren und er in den Quartieren der Kulis Unterkunft nehmen mußte, hielt er es für geraten, Anne nicht nachkommen zu lassen. Er sandte ihr eine kurze Nachricht in diesem Sinne. Er freute sich, sie über das Schicksal von Prynnes Frau beruhigen zu können. Er machte sich sofort an die Arbeit, um Licht in die Angelegenheit zu bringen. Er verhörte eine Unmenge Zeugen. Aber eine Woche später erhielt er den Befehl, sich sofort nach Port Wallace zu begeben. Das Motorboot, das die Botschaft gebracht hatte, sollte ihn mitnehmen, und unterwegs blieb ihm bloß eine knappe Stunde Zeit, sich von Anne zu verabschieden. Alban war sehr verärgert.

»Der Gouverneur könnte wirklich warten, bis ich die Sache in Ordnung gebracht habe, anstatt mich mitten drin herauszureißen. Es kommt mir äußerst ungelegen.«

»Auf so etwas pflegt die Regierung keine Rücksicht zu nehmen ihren Untergebenen gegenüber«, lächelte Anne.

»Amtsschimmel, nichts weiter. Ich würde dich gerne mitnehmen, Liebling, aber ich will keine Minute länger dort bleiben als unbedingt nötig. Ich möchte so rasch wie möglich das Material für die Gerichtssitzung zusammenbringen. Ich finde, hierzulande sollte rasch gerichtet werden.«

Als das Boot Port Wallace erreichte, sagte ihm jemand von der Hafenpolizei, daß der Hafenmeister einen Brief für ihn habe. Er war vom Sekretär des Gouverneurs und enthielt die Mitteilung, daß Seine Exzellenz ihn baldmöglichst nach seiner Ankunft zu sprechen wünsche. Es war zehn Uhr vormittags. Alban ging in den Klub, nahm ein Bad, rasierte sich, und dann, in sauberen weißen Hosen, mit frisch gebürstetem Haar, rief er eine Rikscha und gab dem Boy den Auftrag, ihn zum Gouvernementsgebäude zu bringen. Er wurde sofort in das Zimmer des Sekretärs geführt. Der Sekretär schüttelte ihm die Hand.

»Ich werde Seiner Exzellenz melden, daß Sie hier sind«, sagte er. »Wollen Sie nicht Platz nehmen?«

Der Sekretär verließ das Zimmer und kam bald darauf wieder.

»Seine Exzellenz wird Sie sofort empfangen. Gestatten Sie, daß ich mit meinen Briefen fortfahre?«

Alban lächelte. Der Sekretär war nicht gerade herzlich. Er wartete, rauchte eine Zigarette und unterhielt sich mit seinen eigenen Gedanken. Die Voruntersuchung ging gut vonstatten. Sie interessierte ihn. Dann kam eine Ordonnanz und meldete Alban, daß der Gouverneur ihn erwarte. Er stand auf und ließ sich in das Zimmer des Gouverneurs geleiten.

»Guten Morgen, Torel.«

»Guten Morgen, Sir.«

Der Gouverneur saß an einem großen Schreibtisch. Er nickte Alban zu und lud ihn mit einer Geste zum Sitzen ein. Der Gouverneur war ganz grau. Sein Haar war grau, sein Gesicht, seine Augen; er sah aus, als ob die tropische Sonne alle Farbe aus ihm herausgewaschen hätte; er war seit dreißig Jahren im Lande und war Stufe um Stufe durch alle Ränge bis zu seiner heutigen Stellung emporgestiegen; er sah müde und bedrückt aus. Selbst seine Stimme war grau. Alban mochte ihn gern, weil er still war; er hielt ihn nicht für klug; aber er wußte, daß er eine unvergleichliche Kenntnis des Landes besaß, und diese große Erfahrung bildete einen sehr guten Ersatz für Klugheit. Er blickte Alban eine volle Minute an, ohne zu sprechen, und Alban kam auf die sonderbare Idee, daß er befangen sei. Er hatte das Gefühl, er müßte ihm über die Situation hinweghelfen.

»Ich habe gestern mit Van Hasseldt gesprochen«, sagte der Gouverneur plötzlich.

»Ja, Sir?«

»Geben Sie mir bitte eine genaue Darstellung der Ereignisse auf der Alud-Plantage und erzählen Sie mir, was für Schritte Sie unternommen haben, sich mit ihnen auseinanderzusetzen.«

Alban war ein methodischer Kopf. Er besaß eine große Sicherheit. Er übersah seine Tatsachen und war imstande, sie mit Präzision darzulegen. Er wählte seine Worte mit Sorgfalt und sprach sie fließend.

»Sie hatten einen Sergeanten und acht Polizisten. Warum haben Sie sich nicht sofort an den Tatort begeben?«

»Ich hielt es für ein nicht zu rechtfertigendes Wagnis.«

Ein dünnes Lächeln erschien auf dem grauen Gesicht des Gouverneurs.

»Wenn die Beamten dieses Gouvernements gezögert hätten, nicht zu rechtfertigende Wagnisse auf sich zu nehmen, wäre es nie eine Provinz des britischen Weltreiches geworden.«

Alban schwieg. Es war schwer, mit einem Mann zu sprechen, der so offenkundigen Unsinn redete.

»Ich bin begierig, die Gründe für Ihr Verhalten zu erfahren.«

Alban setzte sie kühl auseinander. Er war vollkommen von der Richtigkeit seines Handelns überzeugt. Er wiederholte, aber ausführlicher, was er schon einmal zu Anne gesagt hatte. Der Gouverneur hörte aufmerksam zu.

»Van Hasseldt mit seinem Verwalter, einem Freund und einem eingeborenen Aufseher scheint sehr gut mit der Situation fertig geworden zu sein«, sagte der Gouverneur.

»Er hatte Glück. Das schließt nicht aus, daß er ein Narr ist. Was er tat, war der hellste Wahnsinn.«

»Indem Sie einem holländischen Pflanzer überließen, was Sie selber hätten tun sollen, haben Sie die Regierung der Lächerlichkeit preisgegeben. Sind Sie sich dessen bewußt?«

»Nein, Sir.«

»Sie haben sich zur Zielscheibe des Spottes für die ganze Kolonie gemacht.«

Alban lächelte.

»Mein Rücken ist breit genug, um den Spott von Menschen zu ertragen, deren Meinung mir vollkommen gleichgültig ist.«

»Die Verwendbarkeit eines Regierungsbeamten hängt zum großen Teil von seinem Ansehen ab, und ich fürchte, daß das Ansehen leidet, wenn ihm das Stigma der Feigheit anhaftet.«

Alban errötete leicht.

»Ich verstehe nicht genau, was Sie meinen, Sir.«

»Ich habe die Sache sehr genau untersucht. Ich habe mit Captain Stratton gesprochen, mit Oakley, dem Assistenten des armen Prynne, und ich habe mit Van Hasseldt gesprochen. Ich habe mir Ihre Verteidigung angehört.«

»Ich wußte nicht, daß ich mich verteidigte, Sir.«

»Seien Sie so freundlich, mich nicht zu unterbrechen. Ich finde, daß Sie einen schweren Irrtum begangen haben. Es hat sich erwiesen, daß das Risiko sehr gering war, aber wie groß es auch gewesen wäre, Sie hätten es auf alle Fälle auf sich nehmen müssen. In solchen Angelegenheiten sind Raschheit und Festigkeit unerläßlich. Es steht mir nicht an, zu entscheiden, was für ein Motiv Sie veranlaßt hat, eine Polizeitruppe kommen zu lassen und bis zu deren Eintreffen nichts zu unternehmen. Doch muß ich zu meinem Bedauern feststellen, daß mein Glaube an Ihre Verwendbarkeit im Dienste erschüttert ist.«

Alban blickte ihn erstaunt an.

»Ja, wären Sie etwa hingefahren, unter den gleichen Umständen?« fragte er.

»Jawohl.«

Alban zuckte die Achseln.

»Glauben Sie mir nicht?« fuhr ihn der Gouverneur an.

»Selbstverständlich glaube ich Ihnen, Sir. Aber ich darf mir vielleicht die Bemerkung erlauben, daß, falls Sie getötet worden wären, die Kolonie einen nicht wiedergutzumachenden Verlust erlitten hätte.«

Der Gouverneur trommelte mit den Fingern auf die Tischplatte. Er schaute zum Fenster hinaus und dann wieder auf Alban. Als er sprach, war es nicht ohne eine gewisse Güte.

»Ich glaube, Sie sind Ihrem Temperament nach ungeeignet

für dieses etwas rauhe Leben, Torel. Wenn Sie auf meinen Rat hören, gehen Sie lieber nach Hause zurück. Ich bin überzeugt, daß Sie bei Ihren Fähigkeiten bald eine Beschäftigung finden werden, die Ihnen besser liegt.«

»Ich bedaure, aber ich verstehe nicht, was Sie meinen, Sir.«

»Ach, Torel, Sie sind doch nicht dumm. Ich versuche, es Ihnen leichtzumachen. Um Ihrer Frau und auch um Ihrer selbst willen möchte ich es Ihnen ersparen, die Kolonie mit dem Makel zu verlassen, wegen Feigheit aus dem Dienst entlassen worden zu sein. Ich biete Ihnen die Gelegenheit, selbst um Ihren Abschied einzukommen.«

»Ich danke Ihnen vielmals, Sir. Aber ich kann mich nicht bereit finden, diese Gelegenheit zu ergreifen. Wenn ich um meinen Abschied einkomme, gebe ich zu, daß ich einen Fehler begangen habe und daß die Anklage, die Sie gegen mich erheben, gerechtfertigt ist. Ich gebe das nicht zu.«

»Sie können tun, was Ihnen beliebt. Ich habe die Angelegenheit sehr genau geprüft und hege keinerlei Zweifel mehr. Ich sehe mich gezwungen, Sie aus dem Dienst zu entlassen. Die nötigen Papiere werden Sie binnen kurzem erreichen. Inzwischen bitte ich Sie, an Ihren Posten zurückzukehren und dem Beamten, der zu Ihrem Nachfolger bestimmt ist, nach seiner Ankunft das Amt zu übergeben.«

»Sehr wohl, Sir«, entgegnete Alban, ein belustigtes Zwinkern in den Augen. »Wann wünschen Sie, daß ich an meinen Posten zurückkehre?«

»Sofort.«

»Haben Sie etwas dagegen einzuwenden, wenn ich vor meinem Aufbruch in den Klub gehe und frühstücke?«

Der Gouverneur blickte ihn erstaunt an. In seine Gereiztheit mischte sich unfreiwillige Bewunderung.

»Nicht das geringste. Es tut mir leid, Torel, daß dieses unglückselige Ereignis die Regierung eines Dieners beraubt hat, dessen Eifer so offensichtlich war und dessen Takt, Intelligenz und Fleiß ihn als Anwärter für ein sehr hohes Amt bestimmt zu haben schienen.«

»Exzellenz lesen wohl nicht Schiller, nehme ich an. Vermutlich ist Ihnen die berühmte Zeile unbekannt: ›Mit der Dummheit kämpfen Götter selbst vergebens‹.«

»Was heißt das?«

Alban übersetzte.

»Guten Morgen.«

Erhobenen Hauptes, ein Lächeln auf den Lippen, verließ Alban das Amt des Gouverneurs. Der Gouverneur war bloß ein Mensch und hatte die Neugierde, seinen Sekretär später zu fragen, ob Torel wirklich in den Klub gegangen war.

»Jawohl, Sir. Er frühstückte dort.«

»Dazu gehört Courage.«

Alban betrat unbefangen den Klub und gesellte sich zu der Gruppe von Männern, die an der Bar standen. Er sprach mit ihnen in dem flotten, kordialen Ton, den er ihnen gegenüber immer anschlug. Er sollte eine ungezwungene Atmosphäre schaffen. Sie hatten, seit Stratton aus Port Wallace zurückgekehrt war, unaufhörlich über ihn gesprochen, sich über ihn lustig gemacht und über ihn gelacht, und alle, die ihm seine Überlegenheit übelgenommen hatten – und sie waren in der Majorität –, triumphierten, weil sein Stolz zu Fall gekommen war. Aber nun waren sie so verblüfft, ihn plötzlich in ihrer Mitte zu sehen, so verwirrt, ihn so sicher wie immer zu finden, daß sie die Verlegenen waren.

Einer von ihnen fragte ihn, obgleich er es ganz genau wußte, was er in Port Wallace zu tun hätte.

»Ach, ich bin wegen des Aufstandes auf der Alud-Plantage hier. Seine Exzellenz wollte mich sprechen. Er sieht die Sache anders als ich. Der alte Esel hat mich entlassen. Ich kehre nach England zurück, sobald er mir einen Nachfolger schickt.«

Es trat eine verlegene Pause ein. Einer, der etwas freundlicher gesinnt war als die andern, sagte:

»Das tut mir aber furchtbar leid.«

Alban zuckte die Achsel.

»Mein guter Junge, was will man mit einem solchen Schafskopf anfangen? Das einzige ist, ihn laufenlassen.«

Als der Sekretär seinem Chef so viel von dem Vorgefallenen mitteilte, als er für angemessen hielt, lächelte der Gouverneur.

»Es ist eine sonderbare Sache um den Mut. Ich hätte mich eher erschossen, als in einem solchen Augenblick in den Klub zu gehen und mich all den Leuten zu zeigen.«

Vierzehn Tage später, nachdem sie dem neueingetroffenen Distriktsoffizier die Wohnungsausstattung, auf die Anne soviel Mühe verwandt hatte, verkauft und den Rest ihrer Habe in Kisten und Koffern verstaut hatten, trafen sie in Port Wallace ein, um den Dampfer abzuwarten, der sie nach Singapur bringen sollte. Die Frau des Padre lud sie ein, bei ihr zu wohnen, aber Anne lehnte ab; sie ließ sich nicht davon abbringen, ins Hotel zu gehen. Eine Stunde nach ihrer Ankunft bekam sie einen sehr freundlichen Brief von der Frau des Gouverneurs, die sie zum Tee einlud. Sie ging hin. Sie fand Mrs. Hannay allein, aber nach einer kleinen Weile erschien auch der Gouverneur. Er sprach ihr sein Bedauern aus über ihr Fortgehen und versicherte ihr, wie sehr er die Ursache beklage.

»Sie sind sehr gütig«, erwiderte Anne, heiter lächelnd, »aber Sie dürfen nicht glauben, daß ich es mir allzusehr zu Herzen nehme. Ich bin vollkommen auf Albans Seite. Ich finde sein Verhalten durchaus richtig und – wenn ich mir gestatten darf, es zu sagen – die Behandlung, die Sie ihm zuteil werden ließen, höchst ungerecht.«

»Glauben Sie mir, es war mir furchtbar, diesen Schritt zu tun.«

»Sprechen wir lieber nicht davon«, sagte Anne.

»Was haben Sie für Pläne für die Zukunft?« fragte Mrs. Hannay.

Anne fing an, lebhaft zu plaudern. Man hätte meinen können, daß keinerlei Sorge sie bedrückte. Sie schien sich sehr auf England zu freuen. Sie war fröhlich und amüsant und scherzte unbekümmert. Als sie sich von dem Gouverneur und seiner Frau verabschiedete, dankte sie ihnen für ihre Güte. Der Gouverneur begleitete sie zur Tür.

Am übernächsten Tag, nach dem Dinner, begaben sie sich an Bord des bequemen, sauberen kleinen Schiffes. Der Padre und seine Frau gaben ihnen das Geleit. Als sie in ihre Kajüte kamen, fanden sie ein Paket auf Annes Bett. Es war an Alban adressiert. Er öffnete es und sah, daß es eine riesenhafte Puderquaste enthielt.

»Sieh doch, wer kann uns das bloß geschickt haben?« rief er lachend. »Es muß für dich sein, Liebling.«

Anne warf ihm einen raschen Blick zu. Sie wurde blaß. Diese gemeinen Menschen! Wie konnten sie nur so grausam sein? Sie zwang sich zu lächeln.

»Sie ist ungeheuer, nicht? Noch nie im Leben habe ich eine so große Puderquaste gesehen.«

Aber als er die Kajüte verließ und sie das freie Meer erreicht hatten, warf sie sie leidenschaftlich über Bord.

Und nun, da sie wieder in London waren und Sondurah neuntausend Meilen hinter ihnen lag, ballte sie die Fäuste, als sie daran dachte. Beinahe erschien es ihr als das Schlimmste von allem. Es war so unverhüllt ungut, Alban dieses absurde Ding zu schicken; Puderquasten-Percy; es zeigte eine so kleinliche Bösartigkeit. War das der Begriff von Humor, den diese Leute hatten? Nichts hatte sie tiefer verletzt, und selbst jetzt noch mußte sie an sich halten, um nicht in Tränen auszubrechen. Plötzlich fuhr sie in die Höhe, denn die Tür ging auf, und Alban kam herein. Sie saß immer noch in dem Stuhl, in dem er sie verlassen hatte.

»Hallo, warum hast du dich nicht umgezogen?« Er blickte sich im Zimmer um. »Du hast ja nicht ausgepackt.«

»Nein.«

»Warum nicht, um Gottes willen?«

»Ich werde nicht auspacken. Ich bleibe nicht hier. Ich gehe von dir fort.«

»Was redest du da?«

»Ich habe bis jetzt durchgehalten. Ich hatte mir vorgenommen, es zu tun, sobald wir zu Hause wären. Ich habe die Zähne zusammengebissen, ich habe mehr ertragen, als ich je für möglich gehalten hätte, aber nun ist es aus. Wir sind zurück, in London, und ich kann gehen.«

Er starrte sie in heller Bestürzung an.

»Bist du wahnsinnig, Anne?«

»Ach, mein Gott, was habe ich gelitten! Die Reise nach Singapur, wo alle es wußten, selbst die chinesischen Stewards. Und in Singapur, wie uns die Leute im Hotel anstarrten; und das Mitleid, das ich hinnehmen mußte, die taktlosen Bemerkungen, die man zu hören bekam, und die Verlegenheit, wenn den Betreffenden klarwurde, was sie angerichtet hatten! Mein Gott, ich hätte sie ermorden können. Und dann: die endlose Heimreise. Es war auch nicht ein Passagier auf dem Schiff, der es nicht wußte. Die Verachtung, die sie für dich hatten und die betonte Freundlichkeit, die sie mir gegenüber an den Tag legten. Und du, so selbstgefällig, so zufrieden mit dir selbst; nichts hast du bemerkt, nichts hast du gefühlt. Du mußt die Haut eines Rhinozeros' haben. Wie elend war ich, wenn ich dich so gesprächig, so liebenswürdig sah. Parias sind wir, nichts anderes. Du hast sie ja geradezu herausgefordert, dich zu schneiden. Wie kann man nur so schamlos sein.«

Sie flammte vor Leidenschaft. Nun, da sie die Maske von Gleichgültigkeit und Stolz, die sie sich aufgezwungen hatte, nicht länger zu tragen brauchte, warf sie alle Zurückhaltung und Selbstbeherrschung über Bord. Die Worte stürzten in einem reißenden Strom über ihre bebenden Lippen.

»Aber, meine Liebe, wie kannst du nur so unvernünftig sein?« sagte er gutmütig lächelnd. »Du mußt sehr nervös und überreizt sein, um auf solche Gedanken zu kommen. Warum hast du mir nichts gesagt? Du bist wie ein Bauer, der nach London kommt und sich einbildet, daß jeder ihn anstarrt. Niemand hat sich über uns den Kopf zerbrochen, und wenn es doch geschehen ist, was liegt daran. Du solltest wirklich gescheiter sein, als dich um das Gerede der Leute zu kümmern. Was meinst du, haben sie denn gesagt?«

»Sie haben gesagt, daß du entlassen worden bist.«

»Nun, das ist ja wahr«, lachte er.

»Sie haben gesagt, du seist ein Feigling.«

»Was liegt daran?«

»Es ist eben auch wahr.«

Er blickte sie einen Augenblick nachdenklich an. Seine Lippen wurden schmal.

»Und wie kommst du zu dieser Ansicht?« fragte er scharf.

»Ich habe es in deinen Augen gelesen, an dem Tag, an dem die Nachricht kam, als du ablehntest, auf die Plantage zu gehen, und ich dir ins Vorzimmer nachlief. Ich flehte dich an, zu gehen, ich fühlte, daß du die Gefahr, wie groß sie auch sei, auf dich nehmen mußtest – und plötzlich erkannte ich die Angst in deinen Augen. Ich wurde beinahe ohnmächtig vor Entsetzen.«

»Ich wäre ein Narr gewesen, für nichts und wieder nichts mein Leben zu riskieren. Warum hätte ich es tun sollen? Nichts, was mich anging, stand auf dem Spiel. Mut ist die seichte Tugend der Dummen. Ich messe ihr keine besondere Wichtigkeit bei.«

»Was meinst du damit, daß nichts, was dich anging, auf dem Spiel stand? Wenn das wahr ist, dann ist dein ganzes Leben eine Lüge. Du hast alles preisgegeben, was du hochhieltest, alles, was wir beide hochhalten. Du hast uns verraten. Wir haben uns erhaben gefühlt, wir haben uns für besser gehalten als die übrigen, weil wir Kunst und Literatur und Musik liebten, wir gaben uns nicht damit zufrieden, ein Leben unwürdiger Eifersüchteleien und vulgärer Kleinlichkeiten zu führen, wir liebten die Dinge des Geistes, und wir liebten die Schönheit. Sie war uns Speise und Trank. Man lachte uns aus und verspottete uns. Das war unvermeidlich. Die Unwissenden und Gewöhnlichen hassen und verachten diejenigen, die sich mit Dingen beschäftigen, die sie selbst nicht verstehen. Wir kümmerten uns nicht darum. Wir nannten sie Philister. Wir verachteten sie, und wir hatten ein Recht, sie zu verachten. Unsere Rechtfertigung war, daß wir besser, edler, weiser und tapferer waren als sie. Und du warst nicht besser, nicht edler, nicht tapferer. Als die Stunde der Prüfung kam, schlichst du dich hinweg wie ein geprügelter Hund mit eingezogenem Schweif. Du, vor allen andern, hattest nicht das Recht, feige zu sein. Jetzt verachten sie uns, und sie haben ein Recht, uns zu verachten. Uns und alles, wofür wir einstanden. Jetzt können sie sagen, daß Kunst und Schönheit Quatsch sind; wenn es hart auf hart kommt, versagen Leute wie wir. Sie haben ja bloß auf eine Gelegenheit gelauert, uns in der Luft zu zerreißen; du hast sie ihnen gegeben. Sie können sagen, daß sie nichts anderes von uns erwartet haben. Es ist ein Triumph für sie. Ich war so empört, daß sie dich den Puderquasten-Percy nannten. Wußtest du das überhaupt?«

»Natürlich wußte ich es. Ich fand es sehr abgeschmackt, und es ließ mich vollkommen gleichgültig.«

»Es ist komisch, daß ihr Instinkt so richtig war.«

»Hast du diesen Groll gegen mich die ganzen Wochen mit dir herumgetragen? Das hätte ich dir nie zugetraut.«

»Ich konnte dich nicht im Stich lassen, solange alle gegen dich waren. Dazu war ich zu stolz. Ich hatte mir zugeschworen, bei dir auszuharren, bis wir nach England kämen. Es war eine Tortur.«

»Liebst du mich denn nicht mehr?«

»Lieben? Dein bloßer Anblick ist mir verhaßt.«

»Anne.«

»Gott weiß, daß ich dich geliebt habe. Acht Jahre lang habe ich den Boden angebetet, auf dem du gingst. Du warst mir alles. Ich habe an dich geglaubt, wie manche Menschen an Gott glauben. Als ich an jenem Tag die Angst in deinen Augen sah und du mir sagtest, du würdest dein Leben nicht aufs Spiel setzen für eine ausgehaltene Frau und ihre halbblütigen Bälger, war ich vernichtet. Mir war, als hätte mir jemand das Herz aus dem Leibe gerissen und es zertreten. In diesem Augenblick hast du meine Liebe getötet, Alban. Du hast sie für ewig getötet. Seither mußte ich, wenn du mich küßtest, die Fäuste ballen, um mein Gesicht nicht abzuwenden. Der bloße Gedanke an mehr verursacht mir Übelkeit. Ich verabscheue deine Selbstgefälligkeit und deine erschreckende Unempfindlichkeit. Vielleicht hätte ich dir verzeihen können, wenn es bloß die Schwäche eines Augenblicks gewesen wäre und du dich nachher geschämt hättest. Ich wäre unglücklich gewesen, aber ich glaube, meine Liebe war so groß, daß ich nur Mitleid für dich gefühlt hätte. Aber du bist der Scham unfähig. Und jetzt glaube ich dir nichts mehr. Du bist nichts weiter als ein dummer, anmaßender, vulgärer Poseur. Ich möchte lieber die Frau eines zweitrangigen, kleinen Pflanzers sein, wenn er bloß die gewöhnlichen, menschlichen Tugenden des Mannes hätte, anstatt mit einem Blender, wie du es bist, verheiratet zu sein.«

Er antwortete nicht. Langsam ging eine Veränderung in seinem Gesicht vor. Seine schönen, regelmäßigen Züge verzerrten sich erschreckend, und mit einem Male brach er in lautes Schluchzen aus. Sie stieß einen leisen Schrei aus.

»Nicht, Alban, nicht.«

»Oh, Liebling, wie kannst du so grausam zu mir sein? Ich bete dich an. Ich würde alles hingeben, dir zuliebe. Ich kann ohne dich nicht leben.«

Sie streckte die Arme aus, als wollte sie einen Schlag abwehren.

Er sank vor ihr nieder und versuchte, ihre Knie zu umfassen. Mit einem Stöhnen sprang sie auf, und er vergrub sein Gesicht in dem leeren Stuhl. Er weinte qualvoll, sein Schluchzen zerriß ihr die Brust. Es war furchtbar anzuhören. Tränen entströmten Annes Augen, und die Hände über die Ohren pressend, um sich gegen dieses furchtbare, hysterische Schluchzen abzusperren, stürzte sie blind taumelnd zur Tür und rannte hinaus.

Hinweis

Der Verlag dankt dem ›Estate of the Late W. Somerset Maugham‹, der Literary Agency Mohrbooks, Zürich, und folgenden Verlagen für die Erteilung der Rechte:

- dem Diana Verlag, Zürich, für ›Strandgut‹ und ›Des Obersten Lady‹ (aus dem Band *Schein und Wirklichkeit*)
- dem Rainer Wunderlich Verlag Hermann Leins, Tübingen, für ›Die Unvergleichliche‹ und ›Lord Mountdrago‹ (aus dem Band *Die Unvergleichliche*)
- dem Limes Verlag, Wiesbaden, für ›Der Taipan‹ und ›Der Konsul‹ (aus dem Band *Das Lied des Flusses*)

Die von Felix Gasbarra übersetzten Erzählungen erscheinen erstmals in deutscher Sprache.

31 Hensel, Wider die Theaterverhunzer *

32 Ely, Aus! *

33/I Goya, Caprichos

33/II Goya, Desastres de la Guerra

34 Whistler, Die vornehme Kunst sich Feinde zu machen

35/I–IV o Maugham, Gesammelte Erzählungen in 4 Bänden

36 [Samisdat] Unruhen aus neuester Zeit *

Titel mit * sind Erstausgaben bzw. deutsche Erstausgaben
Titel mit o sind auch als Textbücher für Schule und Universität empfohlen

Diogenes Taschenbücher

0 Flora, Premiere *
1 o Andersch, Die Kirschen der Freiheit
2/I o O'Casey, Purpurstaub *
2/II o O'Casey, Dubliner Trilogie *
3 o Wilde, Der Sozialismus und die Seele des Menschen
4 o Sillitoe, Guzman Go Home *
5 Amalrik, Kann die Sowjetunion das Jahr 1984 erleben?
6 Ungerer, Der Sexmaniak
7 o Henkel, Eisenwichser *
8 o Tschukowskaja, Ein leeres Haus
9 Mercer, Flint *
10 Rosendorfer, Über das Küssen der Erde *
11 o D. H. Lawrence, Pornographie und Obszönität *
12 o Erckmann-Chatrian, Der Rekrut
13 Loriot, Kleine Prosa *
14 Searle, Weil noch das Lämpchen glüht
15 o E. Fischer, Überlegungen zur Situation der Kunst *
16 O'Flaherty, Ich ging nach Rußland
17 Ungerer, Fornicon
18 o Braun-Iden, Neues deutsches Theater *
19 o Thoreau, Walden oder Leben in den Wäldern
20 o McCullers, Die Ballade vom traurigen Café
21/I o L. Marcuse, Philosophie des Glücks
21/II o L. Marcuse, Sigmund Freud
22 Jägersberg, Cosa Nostra *
23 Topor, Tragödien *
24 Brechbühl, Der geschlagene Hund
25/I Hottinger, Mord
25/II Hottinger, Mehr Morde
25/III Hottinger, Noch mehr Morde
26 Richartz, Tod den Ärtzten
27 Gorey, Balaclava *
28 o Einstein-Freud, Warum Krieg?
29 Spark, Memento Mori
30/I–V o Faulkner, Gesammelte Erzählungen in 5 Bänden